문헌분류 편

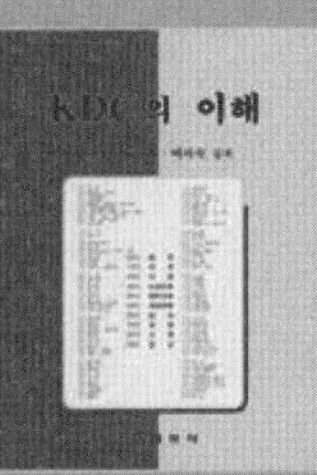

객관식

자료조직론 해설 I

제4개정판

[DDC23 및 KDC 6]

오 동 근 편저

도서출판 태 일 사

제4개정판 서문

이 책은 문헌분류에 관한 기본적인 이론을 이해하기 쉽도록 알기 쉽게 요약하여 정리하고 이를 실제의 각종 시험에도 대비할 수 있도록 재구성한 것이다. 주지하는 바와 같이, 문헌분류는 도서관의 여러 업무 가운데 편목업무와 더불어, 정보나 자료를 체계적으로 정리하여 이용자들이 이를 신속하고 정확하게 찾아내어 이용할 수 있도록 하기 위한 자료조직의 핵심을 이루는 중요한 업무이다. 특히 오늘날과 같이 인터넷이 활성화되고 있는 시점에서는 문헌분류는 전통적인 매체뿐만 아니라 인터넷정보, 각종 상품 등의 체계적인 정리와 코드화 등에 광범위하게 적용되고 있다. 이와 같은 현상들은 문헌분류에 대한 연구가 그 영역과 활용범위가 더욱 더 넓어질 수 있음을 보여주는 좋은 예들이라고 할 수 있을 것이다. 이와 관련하여 문헌정보학의 영역에서는 문헌분류에 관한 교과서적인 성격의 단행본들이 상당수 발행되어 있어 실무자는 물론 이 분야에 관심을 가지고 있는 많은 사람들에게 도움을 주고 있다. 아울러 전통적인 문헌분류의 영역을 넓힌 새로운 연구들이 문헌정보학 전공자들은 물론 타 전공자들에 의해서도 다수 발표되고 있어 그에 대한 관심이 문헌정보학 연구자의 전유물이 아님을 재삼 확인시켜 주고 있다.

특히 문헌분류에 관련된 교과목들은 편목과목과 함께 전국의 모든 대학에서 핵심교과목으로 개설되어 강의되고 있는 중요한 과목이다. 또한 이와 같은 사정을 반영하여, 이 두 과목은 “자료조직개론”이나 “자료조직론”이라는 이름으로 각종 공무원시험의 필수과목으로 지정되어 있다. 따라서 이와 같은 시험을 준비하는 수험생에게는 그에 대비한 준비를 필요로 하는 전략적으로 중요한 과목이 될 것이다. 이 책은 기본적으로 이와 같은 독자들의 요구에 부응하기 위해 준비된 것이다. 따라서 이 책에서는 문헌분류에 관한 새롭고 독창적인 이론을 소개하기보다는 기존의 주요이론을 독자들이 알기 쉽게 해설하고 각종의 시험에서 좀 더 나은 성과를 거둘 수 있도록 도움을 주는 데 중점을 두었다. 이를 위해 이 책에서는 문헌분류의 주요영역들을 여섯 장으로 구분하고 각각 “주요내용의 요약 및 해설”편과 “객관식문제 및 해설”편으로 나누어 구성하였다. 내용요약 편에서는 문헌분류의 일반이론들을 기존의 개론서들에 제시된 내용들을 바탕으로 요약하여 해설하고, 객관식문제 편에서는 각종의 시험에서 출제된 바 있는 기출문제와 유사문제들을 중심으로 해설을 덧붙여 설명하였다. 아울러 고등고시, 사서직공무원의 승진시험 및 신규임용시험, 사서교사 임용고시 등의 각종시험의 출제자로서 참여했던 편자 본인의 경험을 바탕으로 새로운 유형의 문제를 개발하여 제시하였다. 특히 이번 제4개정판에서는 이전판의 오류를 바로잡는 한편, 제3개정판 초쇄 이후에 새로이 개정된 DDC 제23판과 KDC 제6판의 내용을 반영하여 전체적으로 수정을 가하였다. 제3개정판의 최근 인쇄본에서는 판의 변경없이 DDC 제23판의 내용을 포함시켰으나, 초쇄 기준으로 상당부분의 내용을 변경하였기에 제4개정판으로 발행하게 된 점을 밝혀주고자 한다.

이 책이 나오기까지 여러 면에서 조언해 주신 계명대학교 문헌정보학과의 박일종 교수님, 김종성 교수님, 이용구 교수님, 김은기 교수님, 여지숙 교수님과 지속적으로 좋은 의견을 주신 경기대 조현양 교수님, 중앙대 남영준 교수님, 인천대 정옥경 교수님, 전주대 최홍식 교수님과 김홍렬 교수님, 경일대 임형연 교수님, 공주대 이병기 교수님, 전남대 김정현 교수님, 대림대 박재혁 교수님, 지속적인 피드백을 통해 잘못된 부분을 바로잡을 수 있도록 도와주신 독자 여러분, 그리고 여러모로 부족한 원고를 아담한 책으로 만들어주신 태일사의 김선태 사장님과 직원 여러분에게 깊이 감사드린다. 또한 이 책의 내용들은 그 대부분이 기존의 개론서들을 바탕으로 하고 있다는 점에서, 그 저자들에게도 특별히 감사의 말씀을 전해드리고자 한다.

2016. 1.

편자 적음

차 례

제 1 장 문헌분류의 기초이론

제 2 장 문헌분류의 역사

제 3 장 DDC의 이해

제 4 장 KDC의 이해

제5장 현대의 주요 분류법

제6장 청구기호의 이해

부 록

목록이론 · 서지기술 편
객관식
자료조직론
해설 III
오 동 근 편저
태일사

객관식 자료조직론 해설 IV / 차례

제 1 장

문헌분류의 기초이론

1.1. 분류의 개념과 의의
1.2. 문헌분류의 의의와 필요성
1.3. 학문분류와 문헌분류
1.4. 분류표의 요건과 종류
1.5. 분류작업과 분류규정

제 1 장

문헌분류의 기초이론

주요내용의 요약 및 해설

1.1. 분류의 개념과 의의

분류의 정의: "어떤 대상(유개념: 類概念)을 어떤 성격이나 특징을 기준으로 점차로 분석하여 최저의 종개념(種概念)으로 조직화하는 것"(정필모 1991, p.11)이다.

개념과 분류의 관계:

① 개념의 정의: "어떤 대상 혹은 존재를 가리키는 의미형식"이며 "일반적 관념"(박준택 1980, pp.42-43)이다.

② 명사(名辭: term): "개념을 말로써 나타낸 것"(박준택 1980, p.44)이다.

③ 개념은 "명석(明晳: clear)하고 판명(判明: distinct)해야 한다"(김정소 1987, p.13). "어떤 개념이 다른 개념과 그 구별이 충분할 때 그것을 명석하다고 하며, 그 구별이 불충분할 때 그것을 애매(曖昧: obscure)하다고 한다. 개념을 명석하게 하기 위해 구분과 분류가 필요하다. 또한 개념을 이루는 요소인 의미가 분명한 것을 판명이라 하고, 분명치 못한 것을 혼란(混亂: confused)이라고 한다. 개념의 내용을 판명하기 위해 정의가 필요하다"(박준택 1980, p.44).

개념의 내포와 외연: 모든 개념에는 내포와 외연이 있다.

① 내포(內包: intension): "개념이 지닌 의미(implication), 개념의 내용"으로,

"개념과 개념의 상호분별의 요소를 징표(徵表: note)라 하는데, 이 징표의 전체를 개념의 내포라 한다"(박준택 1980, p.44).

② 외연(外延: extension): "개념이 가리키는 대상의 전체, 즉 징표를 공통적으로 지니고 있는 대상의 전체를 말한다"(박준택 1980, p.44).

③ 예: "사람"이라는 개념을 예로 들면 이 개념의 내포는 말하는 것, 생각하는 것, 물건을 제작하는 것 등과 같이 이성적인 것, 동물이라는 것, 즉 "이성적인 동물"이라고 할 수 있고, 이 개념의 외연은 "황인종, 흑인종, 백인종" 등이 될 수 있다.

④ 내포와 외연의 관계(정의와 분류): "내포는 개념의 깊이, 외연은 개념의 넓이라 할 수 있고, 내포를 전개시켜 대상의 본질이 무엇이라 규정하는 것을 정의(definition)라 하고, 그 외연을 전개시키는 것을 분류(classification)라고 한다"(박준택 1980, p.45).

⑤ 내포와 외연의 관계(한정과 개괄): "개념의 내포와 외연은 서로 분리될 수 없는 관계로, 항상 일정한 양을 가지고 있어 이 양자간의 관계에 따라 서로 증감한다. 이 때 개념의 내포가 증가되고 외연이 감소되는 과정은 개념이 구체화되거나 특수화되는 과정으로 이를 한정(限定: determination)이라 하고, 반대로 내포가 감소되고 외연이 증가되는 과정은 추상화되거나 보편화되는 과정으로 이를 개괄(概括: generalization)이라 한다"(김정소 1987, p.14).

개념의 종류:

① 유개념과 종개념: 포섭관계에 있는 두 개념 가운데 다른 개념을 포섭하는 개념을 "유개념"(類概念: genus)이라 하고, 다른 개념에 포섭되는 개념을 "종개념"(種概念: species)이라 한다. 예를 들면 동물과 사자라는 개념 중 "동물"은 유개념이 되고 "사자"는 종개념이 된다.

② 상위개념과 하위개념, 동위개념: 포섭의 상하관계에 따라 유개념은 "상위개념"(superordinate concept)이라고도 하고, 종개념은 "하위개념"(subordinate concept)이라고도 하며, 동일한 유개념 속에 포섭되는 동위(同位)의 종개념을 "동위개념"(coordinate concept)이라 한다. 따라서 "생물"이라는 상위개

념(유개념)에 포섭되는 두 하위개념(종개념), "동물"과 "식물"은 서로 동위개념이 된다.

③ 반대개념과 모순개념: "대－소," "상－하," "고－저" 등과 같이 분량이나 정도의 차이를 나타내는 두 개념으로 그 사이에 제3자의 개입을 허용하는 것을 "반대개념"(contrary concept)이라 하고, "유－무," "생－사," "참－거짓" 등과 같이 그 질이 아주 상반되고 서로 배척하여 그 중간에 제3자의 개입이 불가능한 두 개념을 "모순개념"(矛盾槪念: contradictory concept)이라 한다.

④ 이류개념과 상관개념: 내포가 완전히 달라 공통적인 징표를 찾을 수 없는 두 개념을 "이류개념"(異類槪念: heterogeneous concept)이라 하고, "부(父)－자(子)," "아들－딸"과 같이 동위개념으로서 서로 의존함으로써 그 뜻이 더욱 분명해지는 개념을 "상관개념"(correlative concept)이라 한다.

⑤ 선언개념과 교착개념: "남－녀," "동물－식물"과 같이 동일한 유개념에 속하는 동위개념으로서 그 외연이 완전히 달라 서로 교차되어 있지 않은 개념을 "선언개념"(選言槪念: disjunctive concept)이라 하고, "운동선수－학생," "교수－학자"와 같이 그 외연의 일부가 서로 교차되어 있는 개념을 "교착개념"(交錯槪念: cross concept)이라 한다.

⑥ 동일개념과 동연개념: "부모－양친," "네모－사각형"과 같이 개념의 내포와 외연이 완전히 일치하는 개념을 동일개념(identical concept, 일명 동의(同義)개념)이라 하고, "서울－한국의 수도"와 같이 개념의 내포는 다르나 외연이 같은 개념을 "동연개념"(同延槪念: equipollent concept, 일명 등치(等値)개념, 등가(等價)개념)이라 한다(박준택 1980, p.51).

정의(내포적 정의 = 본질적 정의 = 논리적 정의)의 성질:

① 정의(定義: definition): "개념의 내포를 정확히 규정함으로써 개념의 의미를 판명하게 하는 것"(박준택 1980, p.54)이다.; "개념의 외연이 공통적으로 가지고 있는 본질적 속성, 즉 개념의 내포를 나타내어 그 의미를 간단히 규정하는 것"(김정소 1987, p.16)이다.

② "정의 = 종차(種差: specific difference) + 최근류(最近類)," 즉 정의는 "한

유개념 속에 포섭되는 종개념과 종개념을 구별지우는 그 종개념 특유의 징표인 종차"와 해당개념에 가장 가까운 유개념을 들어봄으로써 가능해진다. 예를 들면 "사람은 이성적인[종차] 동물[최근류]이다"라고 정의하는 것과 같다 (박준택 1980, p.54).

논리적 정의의 규칙: (박준택 1980, pp.55-56. 참조)

① 정의는 본질적인 징표(徵表)를 들어야 한다. 그렇지 않으면 너무 넓은 정의가 되거나 너무 좁은 정의가 된다. "사람은 동물이다"는 이 규칙을 위반한 경우의 예이다.

② 정의는 정의될 개념과 동의어를 사용해서는 안 된다. "생물은 살아있는 것을 말한다"와 같은 순환정의가 이 규칙을 위반한 예에 해당한다.

③ 정의는 부정을 써서는 안 된다. "무(無)란 유(有)가 아닌 것이다"는 이 규칙을 위반한 경우의 예이다.

④ 정의는 애매한 말이나 비유를 써서는 안 된다. "고독은 나의 고향이다"는 문학적 수사로는 적합하나, 이 규칙을 위반한 잘못된 정의의 예이다.

분류(구분)의 3요소: 피분류체, 분류지, 분류원리

① 피분류체(被分類體: classifiable totality): 분류의 대상이 되는 유개념을 말한다.

② 분류지(分類肢: members of classification): 분류결과로 생겨나는 각각의 종개념. 분류지의 수에 따라 이분법, 삼분법, 사분법, 다분법 등으로 구분되며, 이분법의 대표적인 예로 "Porphyrios의 나무"가 있다.

③ 분류원리(分類原理: principle of classification): 분류의 기준으로 사용되는 일정한 특징을 말한다.

④ 예: 사람의 분류를 예로 들면, 분류대상이 되는 "사람"은 피분류체, 분류의 기준이 되는 "피부색"은 분류원리, 그와 같은 분류결과로 나타나는 "황인종, 백인종, 흑인종"은 각각 분류지가 된다.

피분류체 ————————	사람
분류원리 ————————	피부색
분류지 ————————	황인종, 백인종, 흑인종

⑤ 구분과 분류의 관계: 일반형식논리학의 개념론에서는 "구분"(division)은 "개념의 외연을 나눔으로써 개념과 개념을 분명히 구별해주고 개념의 적용범위를 판명하게 하는 것, 즉 하나의 유개념을 종개념으로 나누어 계통있는 배열을 하는 것"으로 설명하고 이를 개념의 "외연적 정의"라고 한다. 한편 "분류"(classification)는 "구분지를 다시 구분하여 개념의 외연을 계통적으로 세분하여 개념을 분명하게 하는 것"으로 설명하고 있다(박준택 1980, pp.57-58). 따라서 앞서 살펴본 "분류의 3요소"는 "개념론"에서 말하는 "구분의 3요소"를 원용한 것으로, 구분의 3요소는 피구분체, 구분지, 구분원리이다.

구분(분류)의 규칙: (김정소 1987, pp.19-20; 윤희윤 2005, p.8; 최달현, 이창수 2005, p.4)

① 구분원리는 반드시 한 개에 한하여야 한다. 즉 유일무이한 하나의 원리나 기준이 일관성 있게 적용되어야 한다. 동시에 2개 이상의 구분원리를 적용하면 혼란을 면키 어렵다.

② 모든 구분지는 그 외연에 있어서 서로 중첩되어서는 안 되고 상호배타적이어야 한다. 즉 상호배타성을 유지해야 한다(상호배타성의 규칙: rule of exclusivity). 구분지가 서로 중첩되면 특정의 부류들이 두 구분지에 구분되는 교착구분(cross division)이 이루어지게 된다.

③ 구분지의 전체(총화)는 피구분체의 외연전체와 부합되어야 한다. 즉 망라성이 준수되어야 한다(망라성의 규칙: rule of exhaustivity). "직업"을 구분할 경우는 일부의 직업만을 열거해서는 안되며 해당구분원리에 따른 모든 직업을 다 열거해야 한다.

④ 구분은 점진적 최상의 유(類)로부터 점차 최하의 종(種)에 달해야 하며 비약이 있어서는 안된다. 즉 점진성(漸進性)의 원칙이 지켜져야 한다. 예를 들어 행정구역의 구분에서는 "시도－시군구－읍면동"의 순서가 유지되어야 하며 "시도－읍면동"으로 비약되면 구분이 명확치 않은 경우가 생긴다는 것이다.

⑤ "모든 분류는 합목적성(合目的性)을 견지해야 한다"(윤희윤 2005, p.8). 즉 그 목적이나 성질, 용도, 대상 등에 적합해야 한다.

1.2. 문헌분류의 의의와 필요성

문헌분류의 정의: "일체의 정보자료를 그의 주제에 따라서 배열하고 형식에 따라서 구분하기 위한 체계적인 조직(분류표) 및 그 조직에 따라서 정보자료를 당해 위치에 배정하는 것(분류작업)"(정필모 1991, p.15)이다.; "도서관에 입수되는 정보자료의 배가위치를 결정하는 동시에 접근이용의 편의성을 제공하기 위하여 주제나 형식의 유사성 또는 특정원칙이나 목적에 따라 체계적으로 조정하는 행위나 과정"(윤희윤 2005, p.9)이다.

서지분류(bibliographic classification)와 서가분류(shelf classification)의 비교: (〈표 1-1〉 참조) (김정소 1987, pp.32-34; 윤희윤 2005, pp.12-13; 최달현, 이창수 2005, pp.7-8)

〈표 1-1〉 서지분류와 서가분류의 비교

구분	서지분류	서가분류 (배가분류)
개념	자료의 목록정보를 책자서지에 체계적으로 배열하기 위한 분류	자료의 주제와 서지정보를 서가상에 체계적으로 배열하기 위한 분류
복수주제의 표현	복수주제의 다면적 표현이 가능(분류부출 등)	복수주제의 다면적 표현이 불가능(특히 열거식분류법을 적용할 경우 서가배열상 불가피함)
배열기준	자료의 크기, 장정, 입수, 연대, 서지분류번호 등	청구기호순(필수)
배가방식	고정식 배가법(순차적 배가법)	상관식 배가법(이동식 배가법)
분류목적	서지작성(자료검색은 간접효과)	서가상의 배가 및 검색(개가제)
역사	고대부터 19세기까지 (칠략, Pinakes 등)	19세기 이후부터 현대까지

① 서지분류와 서가분류의 일원화: 1870년 W. T. Harris의 분류법에서 일원화가 시도되었으며, 1876년 Melvil Dewey의 DDC에 의해 서지분류법과 서가분류법이 결정적으로 일원화되었다.

② 현대의 대부분의 문헌분류법은 서가분류와 서지분류에 동시에 적용되는 공용분류법이라고 할 수 있다.

문헌분류의 목적 및 효과(도서관의 입장): (김정소 1987, p.36; 정필모 1991, pp.18-19; 윤희윤 2005, pp.15-16; 최달현, 이창수 2005, p.9)

① 소장자료의 구성내용이나, 주제별 분포정도나 밀집정도, 강약점 등을 파악하기가 용이하다.

② 자료선택 및 장서구성에 필요한 통계데이터를 제공하여 장서개발에 도움을 준다.

③ 소장자료의 대출 및 이용상황이나 경향(학문영역별, 주제별, 유형별, 이용자집단별 등)을 신속하게 파악할 수 있다.

④ 분류기호가 부여되어 있어 신착(新着)자료의 배가(配架)나 반납자료의 정확한 재배열에 도움이 된다.

⑤ 분류기호를 활용하여 대출과 반납업무(出納)를 효율적으로 수행할 수 있다.

⑥ 주제별서지의 작성이나 자료전시에 도움이 된다.

⑦ 청구기호순 서가목록이나 DB를 활용할 경우 장서점검이나 문헌의 제적 및 제거에 편리하다.

⑧ 각 도서관이 표준분류법을 채용할 경우 도서관협력이나 분류작업의 효율화를 도모할 수 있다.

문헌분류의 목적 및 효과(이용자의 입장): (김정소 1987, p.36; 정필모 1991, pp.18-19; 윤희윤 2005, p.16; 최달현, 이창수 2005, pp.9-10)

① 자료의 전체적인 체계(장서구성, 수서경향, 주제별장서량, 강약점 등)를 파악하기가 용이하다.

② 특정주제내의 자료소장정도를 일목요연하게 파악할 수 있다.

③ 특히 개가제의 경우, 체계적인 브라우징(systematic browsing)을 통해 유사

자료의 접근이 용이하고, 신속한 검색이 가능하다.

④ 학문영역별, 주제별, 관심분야별 지식의 체계화에 도움이 된다.

⑤ 분류기호를 활용하면 서가접근이나 탐색에 소요되는 시간과 노력을 줄일 수 있다.

문헌분류와 도서관학의 5법칙: (Ranganathan 1931; 오동근 1994, pp.202-204)

① 제1법칙(책은 이용하기 위한 것이다: Books are for use)은 책은 보존보다는 이용을 위한 것임을 의미한다.

② 제2법칙(책은 모든 사람을 위한 것이다: Books are for all)은 책은 특정인을 위한 것이 아니라 모든 사람을 위한 것임을 의미한다.

③ 제3법칙(모든 책을 독자에게: Every books its reader)은 모든 책은 그에 적합한 이용자에게 제공되어야 함을 의미한다.

④ 제4법칙(독자의 시간을 절약하라: Save the time of the reader)은 효율적인 서비스를 통해 이용자의 시간을 줄여줄 것을 주장한다.

⑤ 제5법칙(도서관은 성장하는 조직체이다: A library is a growing organization)은 도서관은 자료나 직원, 이용자 등의 모든 측면에서 성장과 변화를 거듭하게 됨을 의미한다.

⑥ 5법칙 모두가 문헌분류에 관련되지만, 주제에 의한 분류는 그 가운데 특히 제3법칙과 제4법칙에 가장 적합한 것으로 판단된다.

1. Books are for use.
2. Books are for all.
3. Every Books its reader.
4. Save the time of the reader.
5. A library is a growing organization.

1.3. 학문분류와 문헌분류

학문분류와 문헌분류의 비교: (〈표 1-2〉 참조) (김명옥 1989, pp.21-22; 정필모 1991, pp.21-22; 최달현, 이창수 2005, pp.4-7)

〈표 1-2〉 학문분류와 문헌분류의 비교

구분	학문분류	문헌분류
정의	학문 자체의 구분과 배열	정보자료의 체계적 배열과 배치
목적	학문자체의 분류나 사물 및 개념 상호간의 관계 발견	정보 및 자료의 효과적 이용을 위한 배치(이용의 효율성 제고)
분류대상	사물 및 학문연구과정에서 얻어진 개념 및 사상	정보, 정보자료, 문헌
분류기준	학문의 논리적 특성과 성질	자료 및 문헌의 주제 및 표현형식
분류지	학문의 대상, 방법, 목적	자료, 문헌자체
성격	추상적 성격(사상 및 개념의 배열)	구체적, 실용적 성격

동양의 학문분류: (정필모 1991, pp.22-23)

① 육예(六藝):

(가) 주대(周代)의 선비가 배워야 할 6종의 예술 – 예(禮: 예의), 악(樂: 음악), 사(射: 활쏘기), 어(御: 말타기), 서(書: 글쓰기), 수(數: 셈하기)

(나) 사마천의 사기(史記)에 나타난 육경(六經) – 예(禮: 예기), 악(樂: 악기), 시(詩: 시경), 서(書: 서경), 역(易: 역경), 춘추(春秋)

(다) 육예는 원래 실과적인 성격을 띠었으나, 후에 학과적인 성격으로 변화되었으며, 육경은 당시 학문 전반을 포괄한 것으로, 공자와 그 정통계열 학자들에 의해 대성되어 경학(經學)으로 발전되었다.

② 동양의 학문은 인생의 원리를 연구하는 학문(경학 및 제자(諸子)들의 학문)

과 실천과정에 대한 학문(사학), 정서에 대해 연구하는 학문(시학)을 기초로 하였다.

서양학문분류의 주요 분류원리(기준): (정필모 1991, p.24)

① 정신능력에 의한 분류: Aristoteles 학파, Bacon 등
② 학문의 목적에 의한 분류: Aristoteles 학파 등
③ 학문의 대상에 의한 분류: Wundt 등
④ 학문의 방법에 의한 분류: Winderband 등

Aristoteles 학파의 학문분류: (정필모 1991, p.24)

① Aristoteles는 분석론 후서(Analytica hystera)에서 학문분류 시도한 후 제자들에 의해 계승되었다.
② 정신능력에 의해 각각 이성, 감각적 지각, 의지 및 욕망에 대응하는 학문으로 3구분하였다.
③ 학문의 목적에 의해 이론학과 실천학(윤리학)으로 구분하고, 이론학은 변증학과 물리학으로 구분한 후 추가로 세분하였다.

서양중세대학의 학문분류 – 7자유과목(liberal arts): (김태수 2000, pp.69-70)

① 13세기 이후 중세대학에서 널리 채택하였으며, 3학 4과로 이루어진다.
② 3학(trivium): 문법, 수사학, 논리학
③ 4과(quadrivium): 산술, 기하, 천문, 음악

Bacon의 학문분류: (김영귀 1983, pp.46-54; 김태수 2000, pp.72-75; 정필모 1991, pp.25-26)

① 학문의 진보(*Advancement of Learning*)와 과학의 위엄과 진보에 관하여(*Dignitate et Augmentis Scientiarum*)에서 학문분류를 시도하였다.
② 인간의 정신능력을 기억(memory), 상상(imagination), 오성(understanding/reason)의 셋으로 구분하고, 그 각각에 대응하는 학문을 사학(history), 시학(poesy), 이학(philosophy)으로 구분하였다.

정신능력		학 문
기억(memory)	⟷	사학(history)
상상(imagination)	⟷	시학(poesy)
오성(understanding)	⟷	이학(philosophy)

③ 2차분류는 학문의 대상을 분류원리로 하고 있다(사학은 인류사와 자연사, 이학은 자연신학, 우주론, 인류론으로 추가세분).

④ W. T. Harris의 분류법과 Melvil Dewey의 DDC(Dewey Decimal Classification)에 영향을 끼친 분류법이다.

Ampere의 학문분류: (김태수 2000, p.83)

① 당초 학문을 우주론과 정신과학으로 구분하였으나, 과학철학시론(*Essai sur la Philosopie des Science*)에서 학문분류를 시도하였다.

② 학문을 기초과학(물리학, 공학; 지리, 광업; 식물학, 농학; 동물학, 축산학; 의학), 실용과학(useful arts), 응용과학(applied science)으로 구분하였다.

③ S. R. Ranganathan에 의해 콜론분류법(CC: Colon Classification)에 도입되어 활용되었다.

Comte의 학문분류: (김태수 2000, pp.83-84)

① 모든 지식을 이론적 지식과 실증적 지식으로 구분하였다.

② 이론적 지식은 다시 자연과학과 형이상학으로 구분하고, 자연과학은 다시 추상적 지식(모든 현상을 규정할 수 있는 법칙을 발견하는 영역)과 구체적 지식(법칙을 실제 존재하는 사물에 적용하는 영역)으로 구분하였다.

③ 실증적 지식은 수학과 5대현상군(천문학, 물리학, 화학, 생물학, 사회학)의 6개 실증과학으로 체계화하였다.

④ C. A. Cutter의 전개분류법(EC: Expansive Classification), 미국의회도서관분류법(LCC: Library of Congress Classification), 일본십진분류법(NDC)에 영향을 미친 학문분류이다.

Wundt의 학문분류: (김태수 2000, pp.87-89; 정필모 1991, pp.26-27)

① 과학을 그 대상에 의해, 추상적 형식을 다루는 형식과학(순수수학)과 경험을 주로 하는 실질과학으로 구분하였다.

② 실질과학은 객관적 경험을 다루는 자연과학과 주관적 경험을 다루는 정신과학으로 추가세분하였다.

③ 3차분류에서는 자연과학과 정신과학을 그 연구방법에 따라 각각 현상론적 연구, 발생론적 연구, 조직론적 연구로 추가세분하였다.

Winderband의 학문분류(정필모 1991, pp.27-28): 과학을 방법론에 의해 선험(先驗)과학과 경험(經驗)과학으로 구분하였다.

학문분류와 문헌분류의 관계(정필모 1991, pp.29-30): 현대의 학문분류는 학문의 목적, 대상, 방법 등 다양한 기준에 의한 분류를 채택하고 있으나, 문헌분류에서는 이 가운데 대상에 의한 분류와 목적에 의한 분류를 주로 채용하게 된다.

Bacon의 학문분류	→	Melvil Dewey의 DDC
Ampere의 학문분류	→	S. R. Ranganathan의 CC
Comte의 학문분류	→	C. A. Cutter의 EC; LCC; NDC

서양중세대학의 학문분류 – 7자유과목(liberal arts): (김태수 2000, pp.69-70)

① 13세기 이후 중세대학에서 널리 채택하였으며, 3학 4과로 이루어진다.

② 3학(trivium): 문법, 수사학, 논리학

③ 4과(quadrivum): 산술, 기하, 천문, 음악

1.4. 분류표의 요건과 종류

문헌분류 및 분류표의 기본요건: (김정소 1987, pp.51-52; 정필모 1991, pp.19-20; 윤희윤 2005, pp.35-37; 최달현, 이창수 2005, pp.13-14)

① 분류표의 전반적인 체계는 학계에서 객관성과 보편성을 인정받는 학문분류에 기초해야 하며, 학문분류체계의 변화에 순응하는 유연성과 최신성을 갖추어야 한다.

② 분류표의 각 항목의 전개에 적용되는 원리는 논리적이어야 하며 계층적 구조를 갖도록 하는 것이 바람직하다.
③ 분류표상의 용어는 명백하고, 시대에 적합하며, 통일된 용어를 사용해야 한다.
④ 분류표는 구체적이고 상세하고 정밀하며, 도서관의 규모에 따라 적절히 적용할 수 있는 융통성을 가져야 한다.
⑤ 분류(구분)의 일반원칙(일관성, 망라성, 상호배타성, 점진성)이 준수되어야 한다.
⑥ 분류기호는 물론 가능하면 본표와 보조표에 대한 상관색인을 갖추어야 한다.
⑦ 적절한 분류기호를 부여해야 하며, 사용되는 분류기호는 기호법의 일반요건을 충족해야 한다.
⑧ 표에 대한 설명과 사용법이 가능한 한 상세하여 이용의 편의를 도모할 수 있어야 한다.
⑨ 영구적인 기관에 의해 유지되고 관리되어야 한다.

분류기호의 요건: (김정소 1987, pp.52-55; 최달현, 이창수 2005, pp.14-18; 최정태 등 1998, pp.20-23)

① 단순성(simplicity): 기호의 형태가 단순해야 한다. 문자보다는 숫자가 단순하며, 여러 기호를 함께 사용하는 혼합기호법(mixed notation)보다는 한 종류의 기호만을 사용하는 순수기호법(pure notation)이 단순성에 적합하다.
② 간결성(짤막성: brevity): 기호는 시각적으로나 발음상으로 가능한 한 짧고 간결해야 한다. 길이상으로는 아라비아숫자만 사용하는 순수기호법보다 여러 기호를 사용하는 혼합기호법의 경우가 짧아지지만, 발음상으로는 그 반대인 경우가 많다.
③ 신축성(flexibility): 기호는 분류의 전체 체제를 흩트리지 않고 새로운 주제를 적절한 위치에 삽입하기가 용이해야 한다. 즉 지식의 발전에 따른 새로운 주제와 토픽들의 출현에 대비하여 이들을 분류표의 적절한 위치에 삽입할 수 있도록 하는 능력을 갖추어야 한다.
④ 계층성(hierarchy): 기호는 분류상에 나타나는 주제나 토픽의 상하관계, 동위관계 등 분류체계의 계층을 나타낼 수 있어야 한다.
⑤ 조기성(mnemonics): 가능한 한 동일개념에 동일기호를 부여함으로써 기억

하기 쉽도록 해야 한다. 조기성은 기억을 도와주는 성질로서, 기호체계속에 조기법을 적용시키면 검색할 때 추리를 도울 수 있는 장치가 된다.

⑥ 명확한 순서(순서성): 기호는 순서를 잘 나타내 줄 수 있어야 한다. 기호는 순서를 결정해주는 것이 아니라 이를 반영하는 것으로, 순서를 기계화해 주어야 한다.

⑦ 상관계의 표현능력: 기호는 패싯의 각각의 변화와 상관계(phase relationships)의 성격을 나타내줄 수 있어야 한다. 패싯의 구분을 위해서는 패싯지시기호(facet indicator)를 도입하고, 비교관계나 영향관계와 같은 상관계를 나타내기 위해 다양한 기호들을 사용하기도 한다.

⑧ 통용성: 기호는 가능하면 국제적으로 널리 사용되는 것이 좋다.

⑨ 분류기호의 요건은 상호배타적인 것이 아니며, 어느 한 요건을 충족시키려면 다른 요건을 희생시켜야 하는 경우도 있다. 예를 들면 계층성을 살리기 위해 분류기호가 길어져 간결성을 살리지 못하는 경우와 같다.

분류표의 색인: (최달현, 이창수 2005, pp.18-19)

① 분류항목을 쉽게 찾을 수 있도록 분류표의 주요항목과 관련항목들을 알파벳순 또는 가나다순으로 배열하고 그에 해당하는 분류기호를 제시한 것이다.

② 종류로는 열거색인(enumerative index)과 상관색인(relative index)이 있다.

③ 열거색인은 분류표상의 용어만을 수록한 색인이다.

④ 상관색인은 분류표상의 용어는 물론 이용자가 검색할 가능성이 있는 관련용어들을 모두 수록한 색인이다. DDC에서 처음 도입된 이래 오늘날에는 아주 일반화된 색인이다.

분류표의 종류: (오동근 1998; 윤희윤 2005, pp.37-42)

① 분류표의 구조원리 또는 작성방식에 의한 분류: 열거식, 분석합성식, 준열거식

② 기호법에 의한 분류: 십진식, 비십진식

③ 지식 및 주제의 적용범위에 의한 분류: 종합(일반)분류법, 특수(전문)분류법

④ 작성의도에 의한 분류: 일관(一館)분류표, 표준분류표

열거식분류법(enumerative classification): (Buchanan 저; 정필모, 오동근 역 1998, p.7; p.39; 오동근 1998)

① 정의: "하나의 표에 과거와 현재, 예상되는 미래의 모든 주제를 열거"하는 분류표이다.

② 방식: "지식의 영역을 설정하고 이를 하위류로 계속하여 구분하고, 분류표에서 조정해야 할 기본류, 중복류, 합성류들이 모두 포함되고 이들이 계층적 관계를 표시해주는 순서로 배열되며, 따라서 필요한 모든 유가 열거되거나 나열되는 분류표"이다.

③ 대표적인 예로는 미국의회도서관분류법(LCC: Library of Congress Classification)이 있다.

분석합성식분류법(analytico-synthetic classification): (오동근 1998)

① 정의 및 방식(1): "주제 또는 지식의 전 분야를 어떤 특성을 근거로 하여 기본주제로 세분하고 분류표에도 이들 기본주제와 이를 합성하기 위한 공통구분표, 특수구분표만 나열하게 되는 분류표"로 "연속적인 작업 가운데 일어나는 분석과 합성의 과정을 중시하여 분석합성식분류표라고 한다"(Buchanan 저; 정필모, 오동근 역 1998, p.7).

② 정의 및 방식(2): "구분지에 나타나는 전 주제를 일일이 열거하는 대신에 지식의 전 분야를 특정한 구분원리에 따라 몇 개의 구성요소로 분석한 다음 각각의 요소들을 다시 일정한 공식으로 합성하여 특정 주제를 나타내는 일종의 조합 내지 조립식 분류방법"이다(최정태 등 1998, p.24).

③ Ranganathan의 분석합성식 문헌분류의 3단계(Buchanan 저; 정필모, 오동근 역 1998, p.7):

(가) 아이디어단계(idea plane)는 각 주제를 기본주제로 분석하여 그 일반적인 구조를 설계하고 각 주제간의 관계와 순서를 결정하는 단계이다.

(나) 언어단계(verbal plane)는 각 주제에 대해 이름을 붙이고 명칭을 표준화하는 단계이다.

(다) 기호단계(notational plane)는 주제와 용어를 기호로 변환하여 합성하는 단계이다.

(라) 3단계 중 아이디어단계가 가장 중요하며, 언어단계와 기호단계는 부수적인 단계이다.

④ 특징:

(가) 열거식분류표에 비해 편찬하기가 용이하다

(나) 분류표의 부피가 적어질 수 있다.

(다) 분류담당자가 문헌의 그룹화방법을 선택하기가 용이하다.

(라) 새로운 주제를 분류표에 삽입하기가 용이하며, 따라서 지식의 폭발적 발전에 대처하기가 용이하다.

(마) 조기성(助記性)을 광범위하게 도입할 수 있다.

(바) 합성에 의해 만들어지는 분류기호가 때로는 열거식의 경우보다 더 길고 복잡해질 수 있다.

(사) 분류작업시 열거순서(citation order)가 어려움을 야기시킬 수도 있기 때문에, 분류담당자가 더 많은 사고를 해야 할 수도 있다.

⑤ 일명 패싯식분류법(faceted classification)이라고도 한다.

⑥ 대표적인 예로는 S. R. Ranganathan이 고안한 콜론분류법(CC: Colon Classification)과 H. E. Bliss의 서지분류법(BC: Bibliographic Classification)이 있다.

준열거식분류법(semi-enumerative classification): (오동근 1998)

① 대부분의 항목은 열거하고 있으나 열거식에 비해 상당부분의 합성방식을 도입하고 있는 분류표이다.

② 대표적인 예로는 국제십진분류법(UDC: Universal Decimal Classification), 듀이십진분류법(DDC: Dewey Decimal Classification), 한국십진분류법(KDC: Korean Decimal Classification), 일본십진분류법(NDC: Nippon Decimal Classification) 등이 있다.

열거식과 분석합성식의 특성: (오동근 1998)

① 열거식분류법이 단선(單線)으로 이루어지는 일면적(一面的)인 분류라면, 분석합성식분류법은 다면적(多面的) 분류라고 할 수 있다.

② 일부학자의 경우 분류표의 구조적 측면에 중점을 두고 분류표를 계층구조형(hierarchical structure) 분류표와 다차원구조형(multi-dimensional structure)

분류표로 구분하기도 한다(윤희윤 2005, pp.40-42). 이러한 관점은 모든 계층구조형분류표가 열거식을 채택하는 것은 아니며, 모든 다차원구조형이 반드시 분석합성식의 기법만으로 이루어지는 것은 아니라는 점을 강조하는 시각이라는 사실에 유의해야 한다.

③ 참고로, 일부교재에서 DDC, KDC, NDC를 열거식분류법에 포함시키는 경우가 있으나, 논란의 여지가 있는 것으로 보인다. 분명한 것은 열거식과 분석합성식으로만 구분할 경우, 이 분류표들은 당연히 열거식에 해당한다고 할 수 있을 것이다.

십진식분류법(decimal classification): (윤희윤 2005, pp.37-38; 최달현, 이창수, 2005, pp.22-23)

① "순수 아라비아 숫자를 사용하여 주제의 내용을 10구분씩 점진적으로 세분하여 계층구분하는 분류시스템"이다.

② 대표적인 예로는 DDC, UDC, KDC, KDC(P), NDC 등이 있다.

③ 장점:

(가) 기호가 단순하고 이해하기 쉽다.

(나) 기호의 상하관계가 분명하여 개념파악이 용이하다.

(다) 기호가 신축성이 있어 계속적인 전개를 통해 새로운 주제를 삽입하기가 용이하다.

(라) 조기성(助記性)이 풍부하여 기억하기 쉽다.

(마) 국제적 적용성을 가지며 실용적이다.

(바) 특히 상관색인이 마련되어 있을 경우 사용이 편리하다.

④ 단점:

(가) 분류지가 9개로 한정되어 있어 형식적이고 동위류의 전개능력이 떨어진다.

(나) 지식전체의 구분이 지나치게 기계적이고 인위적이 될 가능성이 크다.

(다) 새로운 항목을 적절한 위치에 삽입하기가 곤란한 경우가 많다.

(라) 십진식 전개에 의해 분류기호가 불필요하게 길어지는 경우가 생길 수 있다.

(마) 주제의 배열에 비논리적인 곳이 많아질 가능성이 있다.

비십진식분류법(non-decimal classification): (윤희윤 2005, pp.38-39; 최달현, 이창수, 2005, p.23)

① 십진식 전개방식을 사용하지 않고 기호를 전개하는 분류법으로, 분류기호로 문자만을 사용하는 경우와 문자와 숫자를 혼용하는 경우가 있다.

② 대표적인 예로는 LCC, EC, SC, CC 등이 있다.

③ 장점:

(가) 기호의 전개능력이 십진식에 비해 크다.

(나) 분류기호에 구애되지 않고 분류체계를 합리적으로 구성할 수 있다.

(다) 학문적이고 명확하고 논리적인 구성 가능성이 높다.

(라) 새로운 주제를 적절한 위치에 삽입하기가 용이한 경우가 많다.

④ 단점:

(가) 기호가 복잡해지고 따라서 배열이 어려워지는 경우가 많다.

(나) 조기성을 부여하기가 어렵고 따라서 관련분류기호를 기억하기가 어렵다.

(다) 최초의 기호배정이 잘못될 경우 신규주제를 삽입하기가 곤란하다.

종합(일반)분류법(general classification):

① 일반도서관을 위한 분류표로, 지식의 전 분야를 망라적으로 체계화한 분류표이다.

② 대표적인 예로는 DDC, LCC, UDC, CC, BC, KDC, NDC 등이 있다.

③ 특성 (김정소 1987, pp.46-47):

(가) 분류표에 필요한 모든 조건을 구비하게 되며 각종 도서관에 공통적으로 사용할 수 있다.

(나) 공간(公刊)으로 출판되는 경우가 많아 구입하기가 용이하다.

(다) 해당분류표를 보호하고 육성하기 위한 영구적인 관리기관이 설립되어 있는 경우가 많다.

(라) 도서관계에 널리 채택되어 표준분류표가 되는 경우가 많다.

특수(전문)분류법(special classification): (윤희윤 2005, pp.42-44; 최달현, 이창수, 2005, p.20)

① 특정주제분야(예를 들면 의약학, 법률, 음악 등)나 특정유형의 자료(지도, 신문기사, 특허 등)를 분류하기 위한 분류표이다.
② 대표적인 예로는 NLMC(National Library of Medicine Classification), IPC(International Patent Classification), 한국특허분류표, 정부공문서분류법, 행정자료분류법, 신문기사자료분류표 등이 있다.

표준분류표(standard classification): 한 도서관에서만 사용하기 위해 작성되는 일관분류표와 달리, 각종도서관에서 공통적으로 사용하도록 할 목적으로 간행되는 분류표. 종합(일반)분류표와 동일한 성격을 갖는다.

문헌분류표의 선정시 유의사항: (김정소 1987, pp.56-58; 윤희윤 2005, pp.44-51; 최달현, 이창수 2005, p.182)
① 분류표가 본질적으로 갖추어야 할 조건을 갖추고 있어야 한다.
② 분류표의 사용이 용이해야 한다.
③ 쉽게 구할 수 있고 주기적인 개정이 이루어져야 한다.
④ 해당도서관의 특수한 요구를 충족시킬 수 있어야 한다. 즉 도서관의 성격, 소장자료, 이용자의 특성과 지적수준 등을 종합적으로 고려해야 한다.
⑤ 장서구성의 범위에 따라 적절한 분류표를 채택해야 한다. 예를 들면 광범위한 주제를 대상으로 한 도서관은 종합분류표, 특정의 한정된 주제를 대상으로 한 도서관은 특수분류표를 채택하는 것이 바람직할 것이다.
⑥ 종합분류표를 선택하는 경우에도 해당도서관의 성격과 장서구성을 반영해야 한다. 예를 들면 서양서의 비중이 높은 대학도서관은 DDC, 특정학문분야를 중심으로 하는 단과대학성격의 대학도서관은 LCC, 동양서를 중심으로 하는 공공도서관은 KDC를 채택하는 것이 바람직할 것이다.
⑦ 외부의 서지적 도구(bibliographic tool)의 활용가능성을 포함한, 널리 보급된 분류표의 잇점을 고려해야 한다. 오늘날과 같은 카피편목(copy cataloging)의 시대에는 분류기호를 포함한 편목데이터를 외부에서 쉽게 얻을 수 있는 분류표를 채택하는 것이 바람직할 것이다. 예를 들면 KORMARC에서는 KDC와 DDC 기호, MARC 21에서는 DDC와 LCC 기호를 제공하고 있다.

1.5. 분류작업과 분류규정

분류작업의 일반적 순서: (한국도서관협회 1997, pp.21-24)

① 자관(自館)에 맞는 분류표의 선정

② 분류표 및 그 사용법에 대한 이해

③ 문헌에 대한 분류기호의 부여

④ 소정의 도서기호 결정

⑤ 완성된 청구기호에 의한 서가상의 배열

분류규정의 특성: (김정소 1987, pp.155-159; 정필모 1991, pp.302-309; 오동근 2007, pp.97-99; 윤희윤 2005, pp.56-63; 최정태 1998, pp.217-227)

① 분류규정(classification code)의 정의: 분류표의 적용과 운용을 위한 규칙으로, 자관(自館)의 분류방침이나 규칙을 공식화한 것이다. 분류가 하나의 선체(船體)라면 분류규정은 그 배의 조타법(操舵法)이고, 분류표가 하나의 기계라면 분류규정은 그 기계의 조종법에 해당한다.

② 분류규정에 필수적으로 포함되어야 할 요소:

(가) 분류표 운용상의 기본적인 방침

(나) 분류도구의 결정

(다) 분류표에 있어서 양자택일(임의규정: options)의 취사(取捨)에 관한 결정

(라) 분류항목(名辭)의 의미나 범위의 한정과 해석의 통일

(마) 분류기호의 추가전개 및 세구분의 결정

③ 분류규정은 일반규정과 특수규정으로 구분된다.

(가) 일반규정: 문헌분류에 있어서의 기본방침이나 원칙을 규정하는 것으로, 분류의 기본원칙, 주제와 형식의 취급, 복합주제의 처리, 원저작과 관련저작의 취급, 신주제의 처리 등에 관한 규정 등이 포함된다.

(나) 특수규정: 각 분류표의 개개의 분류항목에 적용하는 규정

④ 분류규정상에 포함되는 기본원칙:

(가) 자료는 일시적 요구보다는 영구적 유용성을 바탕으로 하여 이용자에게 편리하도록 분류해야 한다.

(나) 분류기호는 정당한 이유에 의해 원칙에 따라 결정하고 그 절차에 일관성이 있어야 한다.

(다) 자료는 그 연원이 된 학문보다는 그 자료가 의도하는 학문분야나 주제에 분류해야 한다.

(라) 자료는 우선 주제에 따라 분류하고 필요에 따라 형식에 의해 세분한다.

⑤ 복수주제의 취급:

(가) 복수주제의 각 주제가 독립성을 갖는 경우는 저자가 강조하거나 중점을 둔 주제나 더 포괄적으로 다룬 주제에 우선적으로 분류한다. 다만 각 주제가 균등하게 다루어져 중요성을 파악할 수 없을 경우에는, DDC의 경우와 같이 해당분류표에서 앞에 나타나는 주제에 분류할 수도 있다(선행규칙: first of two rule).

(나) 영향관계를 다룬 경우는 영향을 받는 주제에 분류한다(적용규칙: rule of application).

(다) 인과(因果)관계를 다룬 경우는 결과에 해당하는 주제에 분류한다.

(라) 어떤 상위주제의 하위주제에 해당하는 셋 이상의 주제를 다루는 경우는 그 상위주제에 분류한다(3자규칙: rule of three).

(마) 이론과 응용 양 측면을 함께 다루고 있는 것은 응용에 분류한다.

(바) 어떤 주제를 설명하기 위한 재료로 다른 주제를 사용하는 경우는 저자가 원래 설명하고자 하는 주제에 분류한다.

(사) 특정이용자만을 대상으로 하여 쓰여진 저작은 원칙적으로 그 목적에 의해 분류한다. 다만 일반적으로도 활용할 수 있는 것은 주제에 의해 분류한다.

(아) 둘 이상의 관점에서 다루어진 저작은 주된 관점에 의해 분류하고, 그것이 어려운 경우에는 저자의 전공분야를 고려하여 분류한다.

⑥ 원저작과 관련저작의 취급:

(가) 원저작의 번역이나 비평, 해설, 주석, 연구, 색인 등은 모두 원저작과 함께 분류한다.

(나) 언어에 대한 학습이나 습득을 주목적으로 하는 원저작의 대역서(對譯書), 주해서(註解書)는 학습대상이 되는 언어의 해석이나 독본(讀本)에 분류한다.

(다) 번안(飜案) 및 각색은 번안가 및 각색자의 작품으로 분류한다.

(라) 어떤 의도를 가지고 원저작의 일부를 발췌하여 단독으로 간행한 것은 발췌된 부분의 주제에 의해 분류한다.

⑦ 신주제: 그 주제와 가장 밀접한 관계가 있다고 생각되는 주제를 찾아 그 주제에 부가하거나, 그 주제를 전개하거나 그 안에 신주제의 항목을 신설하여 분류한다.

⑧ 총서 및 다권본(多卷本)의 취급:

(가) 특정주제에 한정되지 않고 여러 주제를 망라하고 있는 총서나 전집으로 총서명과 권호표시가 있는 것은 총류(總類)의 일반전집에 분류한다.

(나) 총서명은 표시되어 있으나, 권호표시가 없는 경우, 해당총서의 일부만을 소장하고 있는 경우 등은 단행본으로 취급하여 각각의 해당주제에 분류한다.

(다) 출판사가 판매를 목적으로 임의로 부여한 총서는 단행본으로 취급하여 분류한다.

(라) 개인의 저작집(전집, 선집, 작품집 등)은 일괄하여 총서로 분류한다.

(마) 여러 사람의 저작집으로 내용의 배열이 체계적이거나 연대순인 것 그리고 총서의 각 책에 다수의 저작을 포함하고 있는 것은 일괄하여 총서로 분류한다.

(바) 특정주제의 총서로 체계적으로 편집된 것, 특히 마지막 권에 총목차나 총색인 등이 붙어있는 것은 총서로 분류한다. 다만 권차가 없고 독립의 서명을 가지며 총서명이 작게 표시되어 있는 것은 단행본으로 취급하여 분류한다.

제 1 장
문헌분류의 기초이론

객관식문제 및 해설

1 다음 중 분류의 개념과 가장 거리가 먼 것은 어느 것인가?

① 유개념(genus) ② 종개념(species)
③ 최근류(proximate genus) ④ 종차(specific difference)
⑤ 분할(separation)

해 설 ①② 분류의 어의는 "유개념(類槪念)을 어떤 특징을 기준으로 삼아 점차 분석하여 종개념(種槪念)으로 조직화하는 것"이다. ③④ 우리가 어떤 사물을 정의할 때에도 분류를 이용하여, 정의되는 개념의 최근류(最近類)와 종차(種差)를 사용하게 된다. ⑤ 분할은 대상을 어떤 목적에 따라 임의로 나누는 것으로, 분할된 결과는 분할 이전의 개념이 그대로 존속하게 된다는 점에서 분류와는 구별된다.

2 다음 중 개념에 대한 설명으로 적합하지 않은 것은?

① 개념은 어떤 대상 혹은 존재를 가리키는 의미형식으로 일반적 관념이라고 할 수 있다.
② 구분과 분류는 개념을 명석(明晳: clear)하게 하기 위해 필요하다.
③ 개념을 말로써 나타낸 것을 명사(名辭: term)라고 한다.
④ 개념이 가리키는 대상의 전체를 내포(內包)라 한다.
⑤ 정의는 개념의 내용을 판명(判明: distinct)하기 위해 필요하다.

해 설 ④ 개념이 가리키는 대상의 전체는 외연(外延)이라 한다. 내포는 개념이 지닌 의미(implication), 개념의 내용으로, 개념과 개념의 상호분별의 요소를 징표(徵表: note)라 하는데, 이 징표의 전체를 내포라 한다.

Answer 1 ⑤ 2 ④

3 다음은 학문분류와 문헌분류에 관한 설명이다. 이 가운데 가장 적합하지 않은 것은?

① 문헌분류에서는 학문분류 가운데 대상에 의한 분류와 목적에 의한 분류를 주로 채용하고 있다.
② 학문분류는 구체적, 실용적 성격을 갖는다.
③ 문헌분류의 목적은 정보 및 자료의 효과적 이용을 위한 배치에 있다.
④ 문헌분류는 자료 및 문헌의 주제는 물론 그 표현형식을 분류기준으로 한다.
⑤ 학문분류는 사물 및 학문연구과정에서 얻어진 개념 및 사상을 분류대상으로 한다.

해 설 ② 구체적, 실용적 성격을 갖는 것은 문헌분류이며, 학문분류는 추상적 성격을 갖는다.

4 이분법, 삼분법, 사분법, 다분법 등의 구분의 기준이 되는 것은 무엇인가?

① 피구분체 ② 유개념
③ 구분지 ④ 구분원리
⑤ 기준

해 설 구분은 구분된 구분지의 수에 따라 이분법, 삼분법, 사분법, 다분법으로 나뉜다.

5 다음 중 학문의 분류와 대비되는 문헌(자료)분류의 특성에 대한 설명으로 가장 적합하지 못한 것은?

① 문헌분류에서는 학문분류 가운데 대상에 의한 분류와 목적에 의한 분류를 주로 채용하고 있다.
② 기록된 자료의 체계적 배열을 주된 목적으로 한다.
③ 분류의 기준은 학문의 논리적 성질과 특성만을 기준으로 삼는다.
④ 자료이용의 효율성에 목적을 둔다.
⑤ 서가분류의 경우에는 한 곳에만 분류된다.

해 설 문헌분류에서는 자료의 주제뿐만 아니라 형식도 고려해야 하므로, 학문의 분류에서 논리적 관계나 내용에 따라 분류가 이루어지는 것과는 차이가 있다.

6 다음 중 문헌분류와 가장 거리가 먼 것은?

① 서가분류 ② 서지분류
③ 자연적 분류 ④ 인위적 분류
⑤ 임의분류

해 설 문헌분류는 주로 자연적 특성에 기초를 두는 것이 사실이다. 그러나 문헌분류는 자연적 분류라기보다는 인위적인 임의분류라 할 수 있다.

7 다음 중 개념이 지닌 의미, 개념의 내용, 개념을 구성하는 본질적 속성의 총화(總和)를 가리키는 용어로 가장 적합한 것은?

① 외연(外延) ② 내포(內包)
③ 유개념(類概念) ④ 종개념(種概念)
⑤ 상위개념

해 설 ② 내포(intension)는 개념과 개념을 서로 분별해주는 요소인 징표, 즉 속성 전체를 말하며, 개념의 깊이라고도 할 수 있다.

8 다음 중 동일한 유개념을 가진 동위(同位)의 종개념이면서 내포상의 질이 아주 상반되고 서로 배척하여 중간에 제3자의 개입을 허용하지 않는 두 개념을 가리키는 용어로 가장 적합한 것은?

① 반대개념 ② 모순개념
③ 이류(異類)개념 ④ 교착(交錯)개념
⑤ 단순개념

해 설 ② 모순개념(contradictory concept)은 '진(眞)—위(僞)', '생—사', '유—무' 처럼, 그 질이 서로 상반되어 중간에 제3자의 개입이 허용되지 않는 두 개념을 말한다. ① 반대개념(contrary concept)은 '고—저', '상—하', '대—소'처럼 분량이나 정도의 차이를 나타내는 두 개념으로, 중간에 제3자의 개입을 허용하는 것을 말한다. ③ 이류(異類)개념(heterogeneous concept)은 '전쟁과 사랑'처럼 내포가 전혀 달라 한 유개념 속에 포괄할 수 없는 두 개념을 말한다. ④ 교착개념(cross concept)은 그 외연의 일부가 서로 중첩되는 개념을 말한다. ⑤ 단순개념(simple concept)은 '존재', '무'와 같이 내포의 양과 성질이 가장 단순하고 적은 개념을 말한다.

Answer 3 ② 4 ③ 5 ③ 6 ③ 7 ② 8 ②

9 다음 중 개념이 가리키는 대상 전체를 의미하는 용어로 가장 적합한 것은?

① 외연(外延) ② 내포(內包)
③ 유개념(類槪念) ④ 종개념(種槪念)
⑤ 상위개념

해 설 ① 개념의 외연(extension)은 그 개념이 적용될 수 있는 전체범위 또는 그 개념의 속성을 가지고 있는 개체의 전부를 말하며, 개념의 넓이라고도 할 수 있다.

10 Jevons는 논리학과 분류의 유사성에 대해 언급한 바 있다. 논리학에서는 정의(定義)를 중요하게 다루고 있다. 그렇다면 다음 중 논리적 정의에서 사용하는 일반적인 규칙과 가장 거리가 먼 것은?

① 정의는 본질적인 징표(徵表)를 들어야 한다.
② 정의는 비유를 통해 표현할 수 있다.
③ 정의는 부정을 써서는 안 된다.
④ 정의는 애매한 말을 써서는 안 된다.
⑤ 정의는 정의될 개념과 동의어를 사용해서는 안 된다.

해 설 ② '인생은 한편의 시이다'와 같은 비유적 표현은 문학적 수사로는 인정되나, 논리적 정의로는 적합하지 않다.

11 다음 중 구분의 일반적인 규칙으로 가장 적합하지 않은 것은?

① 필요에 따라서는 둘 이상의 구분의 기준 또는 원칙을 적용해야 한다.
② 구분지는 서로 외연에 있어서 중첩되어서는 안 된다.
③ 구분지의 총화(總和)는 피구분체의 외연전체와 부합되어야 한다.
④ 모든 구분지는 그 외연에 있어 상호배타적이어야 한다.
⑤ 구분은 점진적 최상의 유(類)에서 점차 최하의 종(種)으로 이어져야 하며 비약이 있어서는 안 된다.

해 설 ① 구분의 기준 또는 원리는 반드시 한 개에 한해야 하며, 둘 이상의 기준을 사용하게 되면 구분의 혼란이 초래된다.

12 "문헌분류는 일체의 정보자료를 그 주제에 따라 배열하고 형식에 따라 구분하기 위한 체계적인 조직 및 그 조직에 따라 정보자료를 해당위치에 배정하는 것" 이라고 할 때, 이것이 의미하는 바는?

① 분류표 + 분류작업

② 분류표 + 도서기호배정

③ 분류표 + 청구기호의 부여

④ 분류기호의 부여 + 서가배열

⑤ 청구기호의 부여 + 서가배열

해 설 ① 문헌분류의 정의 중 일체의 정보자료를 그 주제에 따라 배열하고 형식에 따라 구분하기 위한 체계적인 조직은 분류표를 의미하며, 그 조직에 따라 정보자료를 당해위치에 배정하는 것은 분류작업을 의미한다.

13 다음 괄호 안에 들어갈 가장 적합한 용어로 올바르게 짝지어진 것은?

"(①)은(는) '진(眞)－위(僞)', '유－무'처럼, 그 질이 서로 상반되어 중간에 제3자의 개입이 허용되지 않는 두 개념을 말하고, (②)은 '고－저', '대－소' 처럼 중간에 제3자의 개입을 허용하는 개념을 말한다."

① 반대개념 － 모순개념

② 모순개념 － 반대개념

③ 반대개념 － 이류(異類)개념

④ 모순개념 － 이류(異類)개념

⑤ 이류(異類)개념 － 반대개념

해 설 모순개념(contradictory concept)은 '진(眞) - 위(僞)', '생 - 사', '유 - 무'처럼, 그 질이 아주 상반되어 중간에 제3자의 개입이 허용되지 않는 두 개념을 말한다. 반대개념(contrary concept)은 '고 - 저', '상 - 하', '대 - 소' 처럼 분량이나 정도의 차이를 나타내는 두 개념으로, 중간에 제3자의 개입을 허용하는 것을 말한다. 이류(異類)개념(heterogeneous concept)은 '전쟁과 사랑' 처럼 내포가 전혀 달라 한 유개념 속에 포괄할 수 없는 두 개념을 말한다.

Answer 9 ① 10 ② 11 ① 12 ① 13 ②

14 다음 중 문헌분류의 일반적인 과정을 가장 올바른 순서로 열거한 것은?

〈보 기〉

가. 분류표를 이해한다.
나. 도서기호를 배정한다.
다. 청구기호에 따라 자료를 서가에 배열한다.
라. 분류기호를 배정한다.
마. 문헌의 내용을 파악한다.

① 가 – 나 – 다 – 라 – 마
② 가 – 마 – 나 – 다 – 라
③ 가 – 마 – 라 – 나 – 다
④ 마 – 가 – 나 – 라 – 다
⑤ 마 – 가 – 라 – 나 – 다

15 다음 중 문헌분류에 대한 설명과 가장 거리가 먼 것은?

① 서가상의 자료의 배열 및 목록이나 서지에 있어서의 배열 두 가지 형식을 취한다.
② 지식 또는 학문의 분류와 동일한 목적을 갖는 것이다.
③ 자료의 주제와 형식이 문헌분류의 기준으로 사용된다.
④ 일반적으로 해당위치에 자료를 배정하는 것까지를 포함하는 의미로 사용된다.
⑤ 인위적이며 임의적인 분류라고 할 수 있다.

해 설 학문의 분류는 사물이나 개념 사이의 관계를 발견하기 위한 것이지만, 문헌분류는 이용자의 요구에 대비하여 자료를 체계적 순서로 배치하기 위한 것이다.

16 다음 중 문헌 또는 자료의 내용을 파악하기 위한 일반적인 검토순서로 가장 적합한 것은?

① 서명 – 서문, 발문 – 참고서 – 본문 – 목차
② 서명 – 목차 – 서문, 발문 – 본문 – 참고서
③ 서명 – 서문, 발문 – 목차 – 참고서 – 본문
④ 서명 – 본문 – 서문, 발문 – 목차 – 참고서
⑤ 서명 – 서문, 발문 – 목차 – 본문 – 참고서

17 도서관에서는 자료를 주제에 의한 분류와 같은 체계적인 순서로 배열함으로써 더 많은 이용자에게 도움을 주고자 한다. 그러면 다음 중 이른바 도서관학의 5법칙 가운데 이러한 문헌분류에 가장 적합한 법칙들로 올바르게 짝지어진 것은?

① 제1법칙 – 제2법칙
② 제2법칙 – 제3법칙
③ 제3법칙 – 제4법칙
④ 제4법칙 – 제5법칙
⑤ 제1법칙 – 제5법칙

해 설 도서관학의 5법칙은 인도의 도서관학자 Ranganathan이 제시한 것이다. 제1법칙(Books are for use)은 책은 보존보다는 이용을 위한 것임을 의미하며, 제2법칙(Books are for all)은 책은 특정인을 위한 것이 아니라 모든 사람을 위한 것임을 의미한다. 제3법칙(Every books its reader)은 모든 책은 그에 적합한 이용자에게 제공되어야 함을 의미하고, 제4법칙(Save the time of the reader)은 효율적인 서비스를 통해 이용자의 시간을 줄여줄 것을 주장한다. 제5법칙(A library is a growing organization)은 도서관은 자료나 직원, 이용자 등의 모든 측면에서 성장과 변화를 거듭하게 됨을 의미한다. 따라서 모든 법칙이 문헌분류에 관련된다고 할 수 있다. 주제에 의한 분류는 그 가운데 특히 제3법칙과 제4법칙에 가장 적합한 것으로 판단된다.

18 학문분류와 대비해 볼 때, 문헌분류에 대한 설명으로 가장 거리가 먼 것은 어느 것인가?

① 어떤 사물이나 개념 자체의 상호간의 관계를 발견하는 수단으로서의 역할을 한다.
② 구체적이고 실용적인 목적을 갖는다.
③ 문헌을 일정한 질서하에 서가상에 편성하기 위한 것이다.
④ 기본적으로 자료나 문헌을 효과적으로 이용하기 위한 것이다.
⑤ 문헌의 주제와 형식 등이 분류기준이 된다.

해 설 ① 문헌분류는 학문자체의 분류나 사물, 개념간의 상호관계를 밝히는 것보다는 자료나 문헌의 효과적인 이용을 그 목적으로 하는 것이다. 학문자체의 분류나 사물, 개념간의 상호관계를 밝히는 것은 학문분류의 목적에 해당하는 것이다.

Answer 14 ③ 15 ② 16 ② 17 ③ 18 ①

19 다음 괄호 안에 들어갈 가장 적합한 용어로 가장 올바르게 짝지어진 것은?

> "분류란 어떤 대상 또는 (①)을(를) 어떤 성격이나 특징을 기준으로 점차로 분석하여 최저의 (②)로(으로) 조직화하는 것이다."

① 유개념(類概念) − 종개념(種概念)

② 종개념(種概念) − 유개념(類概念)

③ 최근류(最近類) − 유개념(類概念)

④ 최근류(最近類) − 종개념(種概念)

⑤ 종개념(種概念) − 최근류(最近類)

해 설 유개념(genus)은 일반적으로 상위개념으로 일컬어지며, 구분(분류)의 대상이 되는 피구분(분류)체가 여기에 해당된다. 종개념(species)은 일반적으로 하위개념으로 일컬어지며, 구분(분류)결과로 생겨나는 구분(분류)지가 여기에 해당한다. 최근류는 여러 유개념 가운데 가장 가까운 유개념을 의미한다. ① 따라서 분류는 유개념을 종개념으로 조직화하게 된다.

20 다음 중 동일한 유개념(類概念) 아래에 있는 같은 위치의 종개념(種概念)을 가리키는 용어로 가장 적합한 것은?

① 모순개념 ② 반대개념

③ 동위개념 ④ 포섭개념

⑤ 하위개념

해 설 ③ 동일한 유개념 아래에 있는 같은 위치의 종개념을 동위개념(同位概念)이라 한다.

21 다음 중 이른바 동양의 선비가 배워야 할 여섯 가지 항목, 즉 육예(六藝)에 속하지 않는 것은?

① 악(樂) ② 예(禮)

③ 서(書) ④ 수(數)

⑤ 충(忠)

해 설 주대(周代)에는 선비가 배워야 할 육예로서, 예, 악, 사(射), 어(御), 서, 수를 중시하였다. 이와 같이 육예는 원래 실과적(實科的) 성질을 띤 것이었으나, 시대의 변천에 따라 학과적(學科的) 성질을 띠게 되었다.

22 다음 중 사마천의 사기(史記)에서 일컫는 육경(六經)에 해당하지 않는 것은?

① 시(詩) ② 춘추(春秋)
③ 악(樂) ④ 예(禮)
⑤ 수(數)

해 설 사기에서 말하는 육경의 내용은 예(禮), 악(樂), 시(詩), 서(書), 역(易), 춘추(春秋)로, 이는 당시의 학문의 전반을 포괄한 것이다.

23 다음 중 Aristoteles 학파 및 Bacon이 학문의 분류를 위하여 사용한 분류원리에 해당하는 것은?

① 학문의 목적 ② 학문의 대상
③ 정신능력 ④ 학문의 방법
⑤ 실제생활

해 설 Aristoteles 학파는 학문을 정신능력과 학문의 목적에 따라 분류하고자 시도했으며, Bacon은 정신능력에 의하여 학문을 분류하고자 하였다.

24 Aristoteles는 학문을 그 목적에 따라 이론학과 실천학으로 분류하고 있다. 다음 중 실천학에 속하는 것은 어느 것인가?

① 수학 ② 논리학
③ 물리학 ④ 수사학
⑤ 심리학

해 설 Aristoteles의 목적에 의한 학문의 분류는 다음과 같다.

- 이론학
  - 변증학 – 분석학(논리학), 형이상학
  - 물리학 – 수학, 물리학, 심리학
- 실천학
  - 실천학(협의) – 윤리학, 정치학
  - 작시학 – 수사학, 시학

Answer 19 ① 20 ③ 21 ⑤ 22 ⑤ 23 ③ 24 ④

25 다음 중 학문의 대상을 분류기준으로 삼아 학문의 분류를 시도한 학자는?

① Platon ② Aristoteles
③ Bacon ④ Wundt
⑤ Winderband

해 설 독일의 심리학자이며 철학자인 Wilhelm Wundt는 학문을 그 대상에 따라 형식과학과 실질과학으로 분류하고, 실질과학을 다시 자연과학과 정신과학으로 세분하였다.

26 다음 중 Bacon이 취하고 있는 지식의 분류순서를 가장 올바르게 나타낸 것은?

① 사학 – 시학 – 이학 ② 시학 – 이학 – 사학
③ 이학 – 사학 – 시학 ④ 시학 – 사학 – 이학
⑤ 이학 – 시학 – 사학

해 설 Bacon은 학문을 사학(history), 시학(poesy), 이학(philosophy)으로 분류하고 있다. Harris는 이러한 순서를 도치시켜 이른바 역Bacon식의 순서를 취하고 있는데, 이것이 DDC에 영향을 미치고 있다.

27 다음 중 Bacon이 분류한 인간의 정신능력에 속하지 않는 것은?

① 기억 ② 오성
③ 상상 ④ 의지
⑤ 정답 없음

해 설 Bacon은 인간의 정신능력을 기억, 상상, 오성으로 구분하고, 이에 대응하는 학문으로 각각 사학, 시학, 이학을 들고 있다.

28 다음 중 Harris와 Dewey의 분류법에 가장 큰 영향을 미친 분류법은?

① Aristoteles의 분류법 ② Bacon의 분류법
③ Wundt의 분류법 ④ Gesner의 분류법
⑤ Winderband의 분류법

해 설 ② 인간의 정신능력을 기준으로 학문을 분류한 Bacon의 분류법은 19세기 초기까지 널리 채택되었으며, Harris와 Dewey의 분류법도 이에 기초를 두고 있다.

29 다음 중 Bacon의 학문분류와 가장 관계가 깊은 저서는 어느 것인가?

① Analytica hystera(분석론후서)

② Advancement of learning(학문의 진보)

③ Bibliotheca Universalis(세계서지)

④ Callimachus

⑤ Myriobiblion

해 설 ① Analytica hystera는 Aristoteles의 저서로, 학문의 분류를 시도하고 있다. ② Advancement of Learning은 정신능력을 기준으로 학문의 분류를 시도한 Bacon의 저서이다. ③ Bibliotheca Universalis는 Gesner가 편찬한 서지이다. ④ Callimachus는 Alexandria도서관의 장서목록인 Pinakes의 편찬자이다. ⑤ Myriobiblion은 중세의 대표적인 목록의 하나로 Photius에 의해 편찬되었다.

30 다음 중 Porphyrios의 나무와 가장 관련이 깊은 것은?

① 이분법 ② 삼분법

③ 사분법 ④ 오분법

⑤ 다분법

해 설 Porphyrios는 그리스의 논리학자로서 이분법을 사용하였으며, 이는 초창기의 학문분류 및 자료분류에 널리 적용되었다.

31 다음 괄호 안에 들어갈 가장 적합한 용어는 어느 것인가?

> "Porphyrios의 나무(Tree of Porphyrios)는 (①)의 전형적인 유형이다."

① 2분법 ② 3분법

③ 4분법 ④ 5분법

⑤ 다분법

해 설 ① 그리스의 논리학자 Porphyrios가 모든 자연 또는 어떤 대상을 계속적으로 둘씩 세분해 나가는 Pophyrios의 나무는 2분법의 전형적인 예가 된다.

Answer 25 ④ 26 ① 27 ④ 28 ② 29 ② 30 ① 31 ①

32 다음 중 Wundt가 분류한 학문의 분류에 있어서 형식과학에 속하는 것은?

① 물리학 ② 순수수학
③ 사회학 ④ 역사
⑤ 경제학

해 설 Wundt는 과학을 그 대상에 따라 다음과 같이 분류하고 있다.

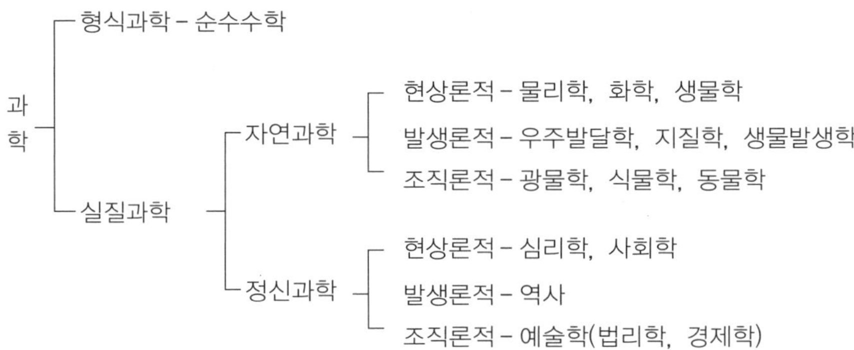

33 다음 중 2분법, 3분법, 4분법, 다분법 등의 구분과 가장 관계가 깊은 것은?

① 분류(구분)원리 ② 피분류(구분)체
③ 분류(구분)지 ④ 분류(구분)기준
⑤ 분류(구분)대상

해 설 ③ 분류 또는 구분의 결과로 생기는 각 부분, 즉 종개념을 분류(구분)지라 하는데, 2분법, 다분법 등은 분류(구분)지의 수효에 따른 구분이다.

34 다음 괄호 안에 들어갈 가장 적합한 용어는 어느 것인가?

> "분류(구분)대상이 되는 유개념(類槪念)을 어떤 원칙에 따라 나누게 되면, 하위개념인 종개념(種槪念), 즉 (①)이(가) 나타나게 된다."

① 분류(구분)원리 ② 피분류(구분)체
③ 분류(구분)지 ④ 분류(구분)기준
⑤ 분류(구분)대상

해 설 ③ 분류(구분)지는 분류(구분)결과 생겨나는 각 부분, 즉 종개념을 말한다.

35 다음은 사람을 특정의 구분(분류)원리에 따라 구분(분류)한 것이다. 구분(분류)원리와 구분(분류)지의 연결이 가장 적합하지 못한 것은?

① 피부색 – 황인종, 백인종, 흑인종

② 성별 – 남자, 여자

③ 민족별 – 한국인, 중국인, 일본인, 미국인

④ 혈액형별 – A형, B형, AB형, O형

⑤ 사회계층별 – 상류층, 중류층, 하류층

해설 ③ 한국인, 중국인, 일본인, 미국인 등의 구분(분류)은 민족보다는 국가별로 구분(분류)한 것이다.

36 다음 괄호 안에 들어갈 가장 적절한 용어로 가장 올바르게 짝지어진 것은?

> "구분(분류)의 3요소는 구분(분류)의 기준이 되는 (①)와(과) 구분(분류)대상이 되는 (②), 구분(분류)결과로 나타나는 각각의 (③)인 구분(분류)지를 말한다."

① 구분(분류)원리 – 피구분(분류)체 – 유개념

② 구분(분류)원리 – 피구분(분류)체 – 종개념

③ 피구분(분류)체 – 구분(분류)원리 – 종개념

④ 피구분(분류)체 – 구분(분류)원리 – 유개념

⑤ 구분(분류)기준 – 피구분(분류)체 – 최근류

해설 ② 분류(구분)의 3요소는 구분될 개념의 전 범위를 말하는 피분류(구분)체와 분류(구분)의 결과로 생겨나는 각 부분인 분류(구분)지, 분류(구분)에 사용되는 기준인 분류(구분)원리를 말한다.

Answer 32 ② 33 ③ 34 ③ 35 ③ 36 ②

37 다음 괄호 안에 들어갈 가장 적절한 용어로 가장 올바르게 짝지어진 것은?

> "동양의 학문분류는 중국 주나라 때 육예(六藝)로 발전하였는데, 이는 예(禮), 악(樂), 사(射), 어(御), (①), (②)을(를) 가리킨다."

① 서(書) – 수(數)
② 언(言) – 서(書)
③ 언(言) – 수(數)
④ 서(書) – 판(判)
⑤ 수(數) – 판(判)

해 설 주대(周代)에는 선비가 배워야 할 육예로서, 예, 악, 사, 어, 서, 수를 중시하였다.

38 다음 괄호 안에 들어갈 가장 적절한 용어는 어느 것인가?

> "동일한 유개념(類概念)이라도, (①)의 적용방법에 따라 분류결과가 달라지기 때문에, (①)은(는) 분류의 3요소 가운데 가장 중요하다고 할 수 있다."

① 분류(구분)원리
② 피분류(구분)체
③ 분류(구분)지
④ 유개념
⑤ 분류(구분)대상

해 설 ① 동일한 유개념이라도 분류(구분)원리를 어떻게 적용하느냐에 따라 분류(구분)지가 달라지므로, 분류(구분)원리는 3요소 중 가장 중요하다고 할 수 있다.

39 다음 중 7자유과목(liberal arts)의 4과(quadrivium)로만 가장 올바로 짝지어진 것은?

① 산술 – 기하 – 천문 – 지리
② 기하 – 천문 – 지리 – 역사
③ 천문 – 지리 – 역사 – 음악
④ 지리 – 역사 – 음악 – 산술
⑤ 음악 – 산술 – 기하 – 천문

해 설 7자유과목(liberal arts)은 문법, 수사학, 논리학(3학: trivium)과 산술, 기하, 천문, 음악(4과: quadrivium)로 이루어진다.

40 다음 괄호 안에 들어갈 가장 적절한 용어로 가장 올바르게 짝지어진 것은?

> "인간은 성별에 따라 남성과 여성으로 분류된다. 이 때 인간은 (①), 성별은 (②), 남성과 여성은 (③)에 해당한다."

① 구분(분류)원리 – 피구분(분류)체 – 유개념
② 구분(분류)원리 – 피구분(분류)체 – 구분(분류)지
③ 피구분(분류)체 – 구분(분류)원리 – 구분(분류)지
④ 피구분(분류)체 – 구분(분류)원리 – 유개념
⑤ 구분(분류)기준 – 피구분(분류)체 – 종개념

해 설 구분의 3요소 중 피구분체는 구분될 개념의 전 범위를 말하며, 구분지는 구분의 결과로 생겨나는 각 부분을 말하고, 구분원리는 구분에 사용되는 기준을 말한다.

41 다음 괄호 안에 들어갈 가장 적절한 용어로 가장 올바르게 짝지어진 것은?

> "Bacon은 학문 전체를 사학(history), 시학(poesy), 이학(philosophy)으로 구분하였는데, 이는 각각 (①), (②), (③)에 대응하는 학문이다."

① 기억 – 이성 – 상상
② 이성 – 상상 – 기억
③ 상상 – 기억 – 이성
④ 기억 – 상상 – 이성
⑤ 상상 – 이성 – 기억

해 설 Bacon에 따르면, 학문은 인간의 정신능력과 밀접하게 관련되는데, 사학은 기억, 시학은 상상, 이학은 이성에 대응하는 학문이라고 한다.

Answer 37 ① 38 ① 39 ⑤ 40 ③ 41 ④

42 다음 괄호 안에 들어갈 가장 적절한 용어는 어느 것인가?

> "Bacon의 학문분류는 (①)을 분류기준으로 사용하였다."

① 학문의 대상
② 학문의 목적
③ 학문의 방법
④ 문헌의 형식
⑤ 인간의 정신능력

해 설 ⑤ Bacon은 일차적으로 인간의 정신능력을 기준으로 하여 학문의 분류를 시도한 바 있다.

43 다음 중 각 학자와 그가 학문분류를 위해 사용한 분류원리가 올바르게 연결되어 있지 않은 것은?

① Bacon – 인간의 정신능력
② Aristoteles – 학문의 목적
③ Aristoteles – 인간의 정신능력
④ Wundt – 학문의 대상
⑤ Winderband – 학문의 목적

해 설 ⑤ Winderband는 학문의 방법에 의해 선험과학과 경험과학으로 분류한 바 있다.

44 다음 중 Bacon의 학문분류의 순서가 가장 올바르게 나열된 것은 어느 것인가?

① 사학 – 시학 – 이학
② 시학 – 이학 – 사학
③ 이학 – 사학 – 시학
④ 사학 – 이학 – 시학
⑤ 시학 – 사학 – 이학

해 설 ① Bacon에 따르면, 학문은 인간의 정신능력과 밀접하게 관련되는데, 사학은 기억, 시학은 상상, 이학은 이성에 대응한다. 아울러 학문분류의 순서도 그와 같은 순서를 택하고 있다.

45 다음 중 7자유과목(liberal arts)의 3학(trivium)에 해당하지 않는 것은?

① 논리학　　② 문법
③ 수사학　　④ 역사학
⑤ 해당사항 없음

해 설 7자유과목(liberal arts)은 문법, 수사학, 논리학(3학: trivium)과 산술, 기하, 천문, 음악(4과: quadrivium)로 이루어진다.

46 다음 중 Bacon의 학문분류에 대한 설명으로 가장 적합하지 않은 것은?

① 인간의 정신능력을 일차적인 분류원리로 사용하고 있다.
② 기억에 대응하는 학문은 사학(역사)이다.
③ 이학(철학)은 오성(이성)에 대응하는 학문이다.
④ Harris와 Cutter의 전개분류법(EC)의 기반이 되었다.
⑤ 2차적으로는 학문의 대상을 분류원리로 사용하고 있다.

해 설 ④ Bacon의 학문분류는 Harris와 Dewey의 분류법에 영향을 미친 바 있다.

47 다음 중 7자유과목(liberal arts)의 3학(trivium)으로만 올바르게 짝지어진 것은 어느 것인가?

① 문법 – 논리학 – 역사학
② 문법 – 역사학 – 수사학
③ 문법 – 논리학 – 수사학
④ 역사학 – 수사학 – 논리학
⑤ 기하학 – 수사학 – 논리학

해 설 7자유과목(liberal arts)은 문법, 수사학, 논리학(3학: trivium)과 산술, 기하, 천문, 음악(4과: quadrivium)로 이루어진다.

Answer 42 ⑤　43 ⑤　44 ①　45 ④　46 ④　47 ③

48 다음 중 7자유과목(liberal arts)의 4과(quadrivium)에 해당하지 않는 것은 어느 것인가?

① 산술　　② 기하학
③ 천문학　　④ 지리
⑤ 음악

해 설 7자유과목(liberal arts)은 문법, 수사학, 논리학(3학: trivium)과 산술, 기하, 천문, 음악(4과: quadrivium)로 이루어진다.

49 다음 중 동양의 육예(六藝)와 서양의 7자유과목(liberal arts)에 공통적으로 포함되는 것들로만 올바르게 짝지어진 것은?

① 수(數) – 음악　　② 수(數) – 역사
③ 역사 – 음악　　④ 역사 – 천문
⑤ 음악 – 천문

해 설 동양의 육예(六藝)는 예(禮), 악(樂), 사(射), 어(御), 서(書), 수(數)를 가리키며, 서양의 7자유과목(liberal arts)은 문법, 수사학, 논리학(3학: trivium)과 산술, 기하, 천문, 음악(4과: quadrivium)로 이루어진다. 따라서 육예와 7자유과목에 공통적으로 포함되는 것은 수와 음악이다.

50 다음 괄호 안에 들어갈 가장 적절한 단어로 올바르게 짝지어진 것은?

> "문헌분류는 일반적으로 학문분류 가운데 (①)에 의한 분류와 (②)에 의한 분류를 하게 된다."

① 대상 – 방법
② 대상 – 목적
③ 방법 – 목적
④ 정신능력 – 방법
⑤ 정신능력 – 대상

해 설 ② 학문분류는 인간의 정신능력이나 학문의 대상, 목적, 방법 등의 분류원리를 사용한다. 문헌분류는 이 가운데 특히 학문의 대상과 목적에 의한 분류를 하게 된다.

51 다음 중 문헌분류와 대비해 볼 때, 학문분류에 대한 설명으로 가장 적합한 것은?

① 구체적 성격을 갖는다.
② 주제와 형식이 분류기준이 된다.
③ 실용적인 목적을 갖는다.
④ 학문 자체의 논리적 성격을 분석하고 규명하고자 한다.
⑤ 반드시 기호화되어야 한다.

해 설 ④ 학문분류의 기본목적은 학문 자체의 논리적 성격을 분석하고 규명하고자 하는 것으로, 문헌분류의 구체적이고 실용적인 목적과는 차이가 있다.

52 다음 중 문헌분류가 이용자에게 주는 효과와 가장 거리가 먼 것은 어느 것인가?

① 도서관장서의 구성범위와 내용을 알 수 있다.
② 특정부문이나 특정주제의 장서를 파악할 수 있다.
③ 분류기호에 대한 이해를 통해 자료검색의 시간과 노력을 절약할 수 있다.
④ 유사자료나 관련자료에 대한 체계적인 브라우징(browsing)이 가능하다.
⑤ 분류기호를 매개로 장서점검(inventory)을 효율적으로 할 수 있도록 하는 데 도움을 준다.

해 설 ⑤ 문헌분류가 효율적인 장서점검에 도움을 주는 것은 이용자보다는 도서관측에 미치는 효과라고 할 수 있다.

53 다음 중 Bacon이 열거한 정신능력의 순서가 올바르게 나열된 것은 어느 것인가?

① 상상 – 기억 – 오성
② 기억 – 오성 – 상상
③ 오성 – 상상 – 기억
④ 상상 – 오성 – 기억
⑤ 기억 – 상상 – 오성

해 설 Bacon에 따르면, 학문은 인간의 정신능력과 밀접하게 관련되는데, 사학은 기억, 시학은 상상, 이학은 이성에 대응한다. 아울러 인간의 정신능력의 순서도 그와 같은 순서를 택하고 있다.

Answer 48 ④ 49 ① 50 ② 51 ④ 52 ⑤ 53 ⑤

54 다음 중 분류기호가 가져야 할 특성으로 가장 거리가 먼 것은?

① 간결성(brevity) ② 단순성(simplicity)

③ 계층성(hierarchy) ④ 다의성(多意性)(ambiguity)

⑤ 조기성(助記性)(mnemonics)

해 설 분류기호는 기호의 형태가 단순해야 하며(단순성), 짧고 간결해야 하고(간결성), 새로운 주제의 상입이 용이해야 하고(유연성: 신축성), 분류체계의 계층을 나타낼 수 있어야 하고(계층성), 기억하기 쉬워야 한다(조기성).

55 다음 중 패싯식분류표(faceted classification)에 열거되지 않는 것은 어느 것인가?

① 기본주제

② 복합주제

③ 공통구분표(schedule of common isolate)

④ 특수구분표(schedule of special isolate)

⑤ 패싯지시기호(facet indicator)

해 설 패싯식분류표 또는 분석합성식분류표(analytico-synthetic classification)는 모든 주제를 분류표에 하나하나 열거하는 대신에, 지식의 각 분야를 어떤 특성을 기초로 하여 기본주제로 구분하고, 분류표에도 이들 기본주제와 이를 합성하기 위한 공통구분표, 특수구분표만을 포함하게 된다. 따라서 복합주제나 합성주제는 패싯식분류표에는 열거되지 않는다. 패싯지시기호는 각 패싯을 결합시키기 위해 사용되는 기호이다.

56 다음 중 열거식분류표(enumerative classification)에 대한 설명으로 가장 거리가 먼 것은 어느 것인가?

① 과거, 현재 및 예상되는 미래의 모든 주제를 분류표에 열거한다.

② 의회도서관분류표(LCC)가 대표적이다.

③ 분류기호의 길이가 길어지기 쉽다.

④ 새로운 주제를 적절한 위치에 삽입하기가 곤란하다.

⑤ 기본주제와 복합주제, 합성주제가 모두 열거된다.

해 설 열거식분류표의 가장 큰 단점은 분류표가 길어지고, 새로운 주제를 적절한 위치에 삽입하기가 곤란하다는 것이다.

57 다음 중 분류기호의 필수적 조건과 거리가 먼 것은?

① 간결성(brevity) ② 단순성(simplicity)
③ 유연성(flexibility) ④ 조기성(助記性: mnemonics)
⑤ 다의성(多意性: arbitrariness)

해 설 분류기호는 가능한 한 짧아야 하며, 형태가 간결해야 하고, 새로운 주제의 삽입에 있어 유연성을 가져야 하며, 기억에 용이해야 한다.

58 다음 중 분석합성식분류표(analytico-synthetic classification)의 설명으로 가장 적합하지 않은 것은?

① 패싯식분류표(faceted classification)라고도 한다.
② Ranganathan의 분류이론에 많은 영향을 받고 있다.
③ CC가 그 대표적인 예이다.
④ 분류기호의 길이가 짧아진다.
⑤ 분류담당자가 작업을 수행하기 위하여 더 많은 사고를 해야 한다.

해 설 분석합성식분류표의 단점 가운데 하나는 합성에 의하여 때로는 열거된 유에 부여되는 분류기호보다 더 길고 복잡한 기호를 만들어낼 수 있다는 것이다.

59 Ranganathan은 문헌분류를 3개의 수준에서 개념화하고 있다. 다음 중 이러한 문헌분류의 3단계와 가장 거리가 먼 것은?

① 아이디어단계 ② 언어단계
③ 의미단계 ④ 기호단계
⑤ 해당사항 없음

해 설 Ranganathan은 분류를 세 개의 수준, 즉 아이디어단계(idea plane), 언어단계(verbal plane), 기호단계(notational plane)로 구분하여 설명하고 있다.

Answer 54 ④ 55 ② 56 ③ 57 ⑤ 58 ④ 59 ③

60 다음 중 Ranganathan이 말하는 분류의 3단계 가운데 최고의 단계로서, 다른 단계에 절대적 영향을 미치는 단계는 어느 것인가?

① 아이디어단계 ② 언어단계
③ 기호단계 ④ 의미단계
⑤ 표현단계

해 설 아이디어단계에서는 각 주제가 기본주제로 분석되어, 그 일반적인 구조가 설계되고, 그 주제간은 관계와 순서가 결정되는 단계이다. 이 단계는 최고의 단계로, 언어단계와 기호단계는 아이디어단계의 발견결과를 성취하기 위한 단계인 것이다.

61 Bliss는 “분류기호는 가능한 한 짧아야 하며, 그 경제적 한계는 셋 내지 네 자리”라고 하였다. 이것은 다음 중 분류기호의 어느 성질을 말하는 것인가?

① 간결성(brevity)
② 단순성(simplicity)
③ 계층성(hierarchy)
④ 다의성(多意性: arbitrariness)
⑤ 조기성(助記性: mnemonics)

해 설 ① 기호의 간결성은 기호가 길어서는 안됨을 의미하는 것으로, 짤막성이라고도 한다.

62 다음 중 분류표상에 나와 있는 용어는 물론 분류자가 접근할 가능성이 있는 유사어, 동의어, 용어의 도치형식 등 모든 용어를 추가하고 해당분류기호를 제시한 색인을 가리키는 용어로 가장 적합한 것은?

① 열거색인(enumerative index)
② 상관색인(relative index)
③ KWIC색인
④ PRECIS
⑤ SCI

해 설 분류표의 색인은 용어의 배열체계에 따라 열거색인과 상관색인으로 구분한다. ① 열거색인은 분류표상에 나와 있는 용어만을 알파벳순으로 나열하고 분류기호를 추가하는 색인이다. ② 상관색인은 여기에 모든 관련용어들을 추가하여 편성한 색인이다.

63 다음 중 문헌분류표가 갖추어야 할 기본적 조건으로 가장 적합하지 않은 것은?

① 문헌분류표는 학문분류에 완전히 순응해야 한다.
② 대상분야의 주제를 포괄해야 한다.
③ 분류기호를 구비해야 한다.
④ 영구기관에 의해 유지관리 되어야 한다.
⑤ 구분이 논리적이어야 한다.

해 설 ① 문헌분류는 기본적으로 학문분류에 바탕을 두어야 한다. 그러나 완전한 순응은 실제적으로 불가능하며, 따라서 가능한 한 학문분류에 근접하는 것이 바람직하다고 할 수 있다.

64 분류기호는 기억하기 쉽도록 가능한 한 동일기호가 같은 의미를 갖도록 하는 것이 바람직하다. 다음 중 기호의 이와 같은 성질을 가리키는 것으로 가장 적합한 것은?

① 간결성(brevity)
② 단순성(simplicity)
③ 계층성(hierarchy)
④ 다의성(多意性: arbitrariness)
⑤ 조기성(助記性: mnemonics)

해 설 ⑤ 조기성은 동일개념에 대해 동일기호를 부여함으로서 기억이 용이하도록 하는 것을 의미한다.

65 다음 중 십진식분류법의 일반적인 특성과 가장 거리가 먼 것은?

① 기호가 단순하고 이해하기가 쉽다.
② 기호의 전개능력이 매우 크다.
③ 기호의 상하개념이 확실하다.
④ 분류의 전개가 기계적이고 인위적이다.
⑤ 숫자의 사용이 국제적이며 실용적이다.

해 설 ② 십진식분류법은 10이라는 숫자로 전개를 한정하고 있어서 그 수용능력이 제한적이다.

Answer 60 ① 61 ① 62 ② 63 ① 64 ⑤ 65 ②

66 다음 중 지식의 전 분야를 특정한 구분원리에 따라 몇 개의 구성요소로 분석한 다음, 각 요소들을 다시 일정한 공식에 따라 합성하여 특정주제로 나타내는 분류법을 가리키는 용어로 가장 적합한 것은?

① 특수분류법 ② 전문분류법
③ 십진식분류법 ④ 패싯식분류법
⑤ 열거식분류법

해 설 ④ 패싯식분류법(faceted classification)은 패싯분석을 통해 분석된 개념들을 합성하여 복합개념을 표현하는 분류법으로, 분석합성식분류법이라고도 한다.

67 다음 중 분류법의 유형상의 구분에 따를 경우, DDC와 가장 거리가 먼 것은 어느 것인가?

① 십진식분류법 ② 일반분류법
③ 종합분류법 ④ 준열거식분류법
⑤ 분석합성식분류법

해 설 DDC는 십진식전개를 하는 대표적인 분류법으로, 모든 학문분야와 주제를 다루는 종합분류법 내지 일반분류법으로, 그 구조로 볼 때 분석합성식이라기보다는 준열거식이라 할 수 있다.

68 다음 중 분류법의 유형상의 구분에 따를 경우, CC와 가장 거리가 먼 것은?

① 십진식분류법 ② 일반분류법
③ 종합분류법 ④ 패싯식분류법
⑤ 분석합성식분류법

해 설 CC는 분석합성식 내지 패싯식분류법의 대표적인 유형으로, 모든 학문분야와 주제를 다루는 종합분류법 내지 일반분류법이다. ① CC의 전개는 십진식과는 무관하다.

69 다음 중 십진식분류법에 해당하는 분류표는 어느 것인가?

① EC ② SC
③ LCC ④ KDCP
⑤ CC

70 다음 중 십진식분류법의 장점과 가장 거리가 먼 것은?

① 구성면에서 단순성이 있다.

② 조기성이 풍부하다.

③ 기본기호(기수(基數): base number)의 증가로 주제의 논리적 배열이 가능하다.

④ 배열순서상의 개념이 명확하다.

⑤ 국제적 통용성이 있다.

해 설 ③ 십진식분류법은 기본기호가 10개로 제한되어 있어서 그 수용능력이 한정되어 때로는 주제의 논리적 배열이 어려운 경우가 많다.

71 다음 중 문헌분류표를 지식의 적용범위에 따라 구분한 것으로 적합한 것은?

① 십진식분류표(decimal classification)
 – 비십진식분류표(non-decimal classification)

② 열거식분류표(enumerative classification)
 – 분석합성식분류표(analytico-synthetic classification)

③ 열거식분류표(enumerative classification)
 – 패싯식분류표(faceted classification)

④ 일반분류표(general classification)
 – 특수분류표(special classification)

⑤ 일관분류표(classification for one library)
 – 표준분류표(standard classification)

해 설 ④ 분류표는 그 적용범위에 따라 전주제를 대상으로 하는 일반분류표 또는 종합분류표와 특정주제나 특정자료만을 대상으로 하는 특수분류표 또는 전문분류표로 나눌 수 있다.

Answer 66 ④ 67 ⑤ 68 ① 69 ④ 70 ③ 71 ④

72 다음 중 분석합성식분류법(analytico-synthetic classification)에 대한 설명으로 가장 거리가 먼 것은 어느 것인가?

① 패싯식분류법(faceted classification)이라고도 한다.

② Ranganathan이 고안한 CC(Colon Classification)가 대표적인 유형이다.

③ 분류표의 부피가 열거식분류법에 비해 월등히 줄어든다.

④ 기본주제와 복합주제 등의 주제와 이들의 포괄적인 관계가 분류표에 표시된다.

⑤ 분류기호의 길이는 열거식분류법의 경우에 비해 길어질 수 있다.

해 설 ④ 분석합성식분류표에는 기본주제와 이들의 포괄적인 관계가 표시되고, 복합주제 등은 합성에 의해 표시된다.

73 다음 중 한 도서관에서만 사용하고자 작성된 것이 아니라, 여러 도서관에서 공통적으로 사용할 것을 목적으로 개발된 분류표를 가리키는 용어로 가장 적합한 것은 어느 것인가?

① 십진식분류표(decimal classification)

② 열거식분류표(enumerative classification)

③ 표준분류표(standard classification)

④ 일반분류표(general classification)

⑤ 패싯식분류표(analytico-synthetic classification)

해 설 ③ 표준분류표는 일관(一館)분류표와는 달리, 여러 도서관에서 공통으로 사용하고자 개발된 분류표를 말한다. ④ 일반분류표는 특정분야나 특정자료만을 대상으로 하는 특수분류표와는 달리, 모든 분야와 주제를 대상으로 하는 분류표를 말한다.

74 다음 중 서가분류(shelf classification)의 배열기준이 되는 것은 어느 것인가?

① 청구기호　　② 저자명

③ 주제명　　④ 서명

⑤ 수입순

해 설 ① 서가상에 문헌이나 자료를 배열할 때는 청구기호를 기준으로 한다.

75 다음 중 Bacon의 학문분류에 대한 설명으로 가장 적합하지 않은 것은?

① 인간의 정신능력을 분류기준으로 사용하고 있다.

② 기억에 대응하는 사학, 상상에 대응하는 시학, 오성에 대응하는 이학의 3분야로 학문을 분류하고 있다.

③ Ranganathan이 개발한 CC의 주류배열에 영향을 미치고 있다.

④ Advance of Learning에서 이와 같은 학문의 분류를 시도한 바 있다.

⑤ 학문분류의 순서는 사학 – 시학 – 이학의 순서를 취하고 있다.

해 설 ③ Bacon의 학문분류의 순서는 Harris에 의해 이른바 역Bacon식의 순서로 변경되었고, 이것이 DDC의 주류배열에 영향을 미치고 있다. Ranganathan이 개발한 CC는 Ampere의 학문분류의 영향을 받고 있다.

76 다음 중 문헌분류표를 기호법에 따라 구분한 것으로 적합한 것은 어느 것인가?

① 십진식분류표(decimal classification)
– 비십진식분류표(non-decimal classification)

② 열거식분류표(enumerative classification)
– 분석합성식분류표(analytico-synthetic classification)

③ 일관분류표(classification for one library)
– 표준분류표(standard classification)

④ 일반분류표(general classification)
– 특수분류표(special classification)

⑤ 열거식분류표(enumerative classification)
– 패싯식분류표(analytico-synthetic classification)

해 설 ① 분류표는 기호법이나 그 전개방법에 따라 십진식분류표와 비십진식분류표로 나눌 수 있다

Answer 72 ④ 73 ③ 74 ① 75 ③ 76 ①

77 다음 중 서가분류(shelf classification)에 대한 설명으로 가장 거리가 먼 것은 어느 것인가?

① 자료를 서가상에 체계적으로 배열하기 위한 분류이다.
② 분류부출 등을 통하여 복수주제를 다면적으로 표현할 수 있다.
③ 청구기호순으로 배열된다.
④ 일반적으로 이동식 또는 상관적 배가법(relative location)을 사용한다.
⑤ 특히 자료의 배가와 검색을 위해 사용되는 경우가 많다.

해 설 ② 서지분류(bibliographic classification)에서는 분류부출 등을 통해 복수주제의 다면적 표현이 가능한 반면, 서가분류(shelf classification)에서는 일반적으로 복수주제의 다면적 표현이 불가능한 경우가 많다.

78 다음 중 서지분류(bibliographic classification)와 가장 거리가 먼 것은?

① 칠략(七略)
② 피나케스(Pinakes)
③ 사부분류법
④ 고정식배가법(fixed location)
⑤ 청구기호순배열

해 설 칠략과 피나케스, 사부분류법 등은 서지분류법의 대표적인 유형이며, 서지분류에서는 고정식배가법을 택하게 된다. ⑤ 청구기호순 배열은 서지분류보다는 서가분류에서 택하는 배열방법이다.

79 다음 중 서지분류 및 서가분류에 대한 설명으로 가장 적합하지 않은 것은?

① 서지분류는 주로 장서목록이나 서지, 색인 등에서 사용한다.
② 서지분류에는 반드시 분류기호가 포함되어야 한다.
③ 서가분류는 배가분류(配架分類)라고도 한다.
④ 19세기 이전의 문헌분류는 주로 서지분류체계가 중심을 이루었다.
⑤ DDC를 위시한 현대의 주요 문헌분류법은 서가분류는 물론 서지분류를 동시에 지향하는 분류법이다.

해 설 ② 서지분류를 사용할 경우, 장서목록에는 분류기호가 포함되기도 하나, 그 밖의 경우는 분류기호를 사용하지 않는 경우가 많다.

80 다음 중 서지분류(bibliographic classification)에 대한 설명으로 가장 거리가 먼 것은 어느 것인가?

① 서지분류는 자료의 목록정보를 책자서지에 체계적으로 배열하기 위한 것이다.
② 근대적인 문헌분류의 역사를 놓고 볼 때, 서지분류의 연원은 서가분류의 연원에 비해 훨씬 더 짧다고 할 수 있다.
③ 서지분류는 서지의 작성을 기본목적으로 하며, 검색은 부차적인 것이다.
④ 서지분류는 일반적으로 고정식배가법(fixed location)을 택하게 된다.
⑤ 서지분류의 배열기준은 자료의 크기나 장정, 입수순, 연대, 서지분류번호 등 다양한 방법을 사용하게 된다.

해 설 ② 문헌분류의 역사에서 볼 때, 서가분류가 시작된 것은 근대도서관에서 개가제(開架制)가 도입된 이후로 보는 것이 일반적이다. 이에 비해 서지분류는 문헌분류의 초기부터 사용되었다고 할 수 있다.

81 다음 중 문헌분류표를 그 구조원리나 작성과정에 따라 구분한 것으로 가장 적합한 것은 어느 것인가?

① 십진식분류표(decimal classification)
　– 비십진식분류표(non-decimal classification)
② 열거식분류표(enumerative classification)
　– 분석합성식분류표(analytico-synthetic classification)
③ 일관분류표(classification for one library)
　– 표준분류표(standard classification)
④ 일반분류표(general classification)
　– 특수분류표(special classification)
⑤ 종합분류표(general classification)
　– 전문분류표(special classification)

해 설 ② 분류표는 구조원리나 작성과정에 따라, 모든 주제를 분류표에 열거하는 열거식분류표와 패싯분석과 분석된 개념의 합성을 통해 분류가 이루어지는 분석합성식 또는 패싯식분류표로 나눌 수 있다.

Answer 77 ② 78 ⑤ 79 ② 80 ② 81 ②

82 다음 중 문헌분류에서 일반적으로 채택해야 하는 분류원칙으로 가장 거리가 먼 것은?

① 다학문적인 문헌을 분류할 경우에는, 총류의 적용가능성을 고려해야 한다. 즉 다양한 학문분야의 논쟁을 다룬 전집은 총류의 전집에 분류해야 한다.

② 복수주제가 동등하게 취급된 경우는, 분류표상에서 앞에 나타나는 주제에 분류해야 한다.

③ 서로 원인과 결과의 관계에 있는 주제들을 다루고 있는 문헌은 결과에 해당하는 주제에 분류해야 한다.

④ 서로 영향관계에 있는 주제들을 다루고 있는 문헌은 영향을 받고 있는 주제에 분류해야 한다.

⑤ 대역서(對譯書)나 주해서(註解書)는 비록 그것이 언어에 대한 학습을 목적으로 간행된 경우라 하더라도, 원전의 해당주제에 분류해야 한다. 따라서 어학용 학습서로 간행된 대역본 햄릿은 문학에 분류해야 한다.

해 설 ② 복수주제가 동등하게 취급된 경우는, "선행규칙"(first of two rules)에 따라, 분류표상에서 앞에 오는 주제에 분류한다. ③④ 서로 인과관계나 영향관계에 있는 주제들을 다루고 있는 문헌은 "적용규칙(rule of application)"에 따라, 결과에 해당하는 주제나 영향을 받고 있는 주제에 분류한다. ⑤ 언어에 대한 학습용 대역서나 주해서는 학습할 언어의 독본에 분류해야 한다.

83 자관(自館)에 입수되는 자료를 분류할 때 적용할 일반원칙이나 개별주제에 관한 특별규정을 성문화한 지침을 무엇이라 하는가?

① 분류표(classification scheme)

② 저자기호표(author table)

③ 보조표(tables)

④ 분류규정(classification code)

⑤ 임의규정(options)

해 설 ② 저자기호표는 동일분류번호에 속하는 자료를 개별화하기 위해 저자명을 코드화한 기호표이다. ③ 보조표는 본표의 전개를 지원하기 위한 조기성을 갖는 표들이다. ⑤ 임의규정은 어떤 주제를 둘 이상의 방식으로 다룰 경우 공식적으로 채택된 방식과 다른 방식으로 이루어지는 분류에 대한 규정을 말한다. ④ 분류규정은 분류결과의 통일성을 유지하기 위한 자관의 공식적인 지침서이다.

84 다음 중 문헌의 서가상 배열에 있어 문헌의 증가에 따라 해당문헌의 주제와 관련하여 유사한 자료가 한 곳에 모일 수 있도록 문헌을 이동할 수 있도록 하는 방법을 가리키는 용어로 가장 적합한 것은?

① 고정식배가법(fixed location)

② 상관식배가법(relative location)

③ 순차적배가법(sequential location)

④ 서가중심배가법

⑤ 수입순배가법

해 설 ①③ 고정식배가법은 순차적 배가법이라고도 하며, 문헌의 서가상 배열이 주제와는 관계없이 문헌의 형태나 수입순에 따라 배가되는 것으로, 자료의 위치가 한 번 정해지면 변경되지 않는다. ② 상관식배가법은 이와는 달리, 주제의 관련성에 따라 부단히 이동되는 이동식배가법(movable location)인 것이다.

85 다음 중 분류규정에 대한 설명으로 가장 적합하지 못한 것은 어느 것인가?

① 분류담당자가 특정의 분류표를 사용하여 자료를 적절한 위치에 분류할 때 일관성 있게 지켜야 할 방침을 규정해준다.

② 분류표에 명시되지 않은 새로운 내용과 주제가 등장했을 때, 특히 유사주제나 관련주제의 분류에 도움을 준다.

③ 분류담당자가 바뀌었을 때 분류업무의 일관성 유지에 도움을 준다.

④ 분류표에 명시된 임의규정(options)이나 선택조항의 선택을 규정해준다.

⑤ 다양한 문헌분류표 가운데 자관(自館)에 가장 적합한 분류표를 선정하는 데 도움을 준다.

해 설 ⑤ 분류규정(classification code)은 특정분류표를 사용할 경우에 그 적용의 일관성을 보장하기 위한 것으로, 다양한 분류표 가운데 특정분류표를 선정하도록 하는 것과는 무관하다.

Answer 82 ⑤ 83 ④ 84 ② 85 ⑤

86 다음 중 분류규정의 일반규정에서 다루어야 할 내용과 가장 거리가 먼 것은?

① 문헌분류의 기본원칙과 방침

② 복수주제의 상호관련성

③ 원저작과 번역본 등에 대한 분류원칙

④ 다권본(多卷本)의 취급규정

⑤ 분류표의 일부항목에 대한 재전개

해 설 분류규정의 일반규정은 문헌분류의 기본적인 방침이나 원칙을 규정하게 된다. 따라서 분류에 관한 일반원칙, 단일주제에 대한 다양한 관점의 취급, 복수주제의 처리, 원저작과 영인, 번역, 색인 등과의 관계, 다권본의 취급 등이 여기에 해당하게 된다. ⑤ 분류표의 일부항목에 대한 재전개는 특별규정에서 다루어야 할 내용이다.

87 다음 중 문헌분류에서 일반적으로 채택하는 원칙과 가장 거리가 먼 것은?

① 문헌분류는 학문분류와는 달리, 자료나 문헌의 형식이 특히 중요한 만큼, 분류의 일차적인 기준은 그 형식이다.

② 복수주제가 동등하게 취급된 경우는, 분류표상에서 앞에 오는 주제에 분류한다.

③ 서로 영향관계에 있는 주제들을 다루고 있는 문헌은 영향을 받고 있는 주제에 분류한다.

④ 어떤 문헌에서 두 개의 주제를 다루고 있는 경우는, 더욱 완전하게 다루어지는 주제에 분류한다.

⑤ 모두가 동일한 상위주제의 세목에 해당하는 셋 이상의 주제를 다루고 있는 문헌은 어느 한 주제가 다른 주제들보다 더욱 완전하게 다루어지지 않는 한, 이 주제들을 모두 포함하는 첫 번째 상위기호에 분류한다.

해 설 ① 문헌분류의 일차적인 기준은 문헌의 내용, 즉 주제이며, 필요한 경우 표현형식이나 물리적 형식, 지역, 시대 등의 세목을 추가하게 된다. ② 복수주제가 동등하게 취급된 경우는, "선행규칙"(first of two rules)에 따라, 분류표상에서 앞에 오는 주제에 분류한다. ③ 서로 영향관계에 있는 주제들을 다루고 있는 문헌은 "적용규칙(rule of application)"에 따라, 영향을 받고 있는 주제에 분류한다. ④ 어떤 문헌에서 두 개의 주제를 다루고 있는 경우는, 어느 한 주제가 더 완전하게 다루어진 경우에는 더욱 완전하게 다루어지는 주제에 분류한다. ⑤ 모두가 동일한 상위주제의 세목에 해당하는 셋 이상의 주제를 다루고 있는 문헌은 어느 한 주제가 다른 주제들보다 더욱 완전하게 다루어지지 않는 한, "삼자규칙"(rule of the three)에 따라, 이 주제들을 모두 포함하는 첫 번째 상위기호에 분류한다.

88 다음 중 문헌분류에서 일반적으로 채택해야 하는 분류원칙으로 가장 거리가 먼 것은 어느 것인가?

① 복수주제가 동등하게 취급된 경우는, 분류표상에서 앞에 오는 주제에 분류한다.

② 두 개의 주제를 다룬 문헌에서 어느 한 주제가 다른 주제의 하위개념에 해당될 경우에는, 상위주제에 분류한다.

③ 서로 인과관계에 있는 주제들을 다루고 있는 문헌은 원인에 해당하는 주제에 분류해야 한다.

④ 원저작의 영인(影印)과 역주, 번역, 색인 등은 원저작이 분류된 항목에 분류한다.

⑤ 어떤 문헌에서 두 개의 주제를 다루고 있는 경우는, 더욱 완전하게 다루어지는 주제에 분류한다.

해 설 ③ 서로 인과관계나 영향관계에 있는 주제들을 다루고 있는 문헌은 "적용규칙(rule of application)"에 따라, 결과에 해당하는 주제나 영향을 받고 있는 주제에 분류한다.

89 다음 중 분류기호에 대한 이른바 카피편목(copy cataloging)을 위해 사용할 수 있는 서양출판물의 표제지 뒷면(verso)에 표기된 편목정보를 가리키는 용어는 어느 것인가?

① MARC　　② CIP data

③ Segmentation　　④ BIP

⑤ CD ROM

해 설 ① MARC는 Machine Readable Catalog(ing)을 가리킨다. ③ Segmentation은 분류기호의 간략화를 위해 분류기호에 절단위치를 지정한 것을 말한다. ④ BIP는 Books in Print를 가리킨다. ⑤ CD-ROM은 compact disk read only memory를 말한다. ② 서양의 많은 국가에서 표제지의 이면에 표시하고 있는 출판물내 편목정보는 CIP(Cataloging in Publication) 데이터라 한다.

Answer 86 ⑤　87 ①　88 ③　89 ②

90 분류에서는 때로 어떤 주제를 둘 이상의 방식으로 다룰 수도 있다. 이러한 경우 어떤 주제를 분류표에서 공식적으로 채택하는 방식과 다른 방식으로 분류할 수 있는 융통성을 부여하기도 한다. 다음 중 이를 가리키는 용어로 가장 적합한 것은?

① 부가표(add tables) ② 저자기호표(author table)
③ 보조표(tables) ④ 분류규정(classification code)
⑤ 임의규정(선택적 조항: options)

해 설 ⑤ 임의규정은 도서관에 융통성을 부여해주는 일종의 선택적 조항이라 할 수 있다.

91 다음 중 분류규정의 특별규정에서 다루어야 할 내용과 가장 거리가 먼 것은?

① 임의규정(options) 또는 선택적 조항의 처리
② 상세분류나 간략분류에 따른 분류기호의 절단(segmentation) 문제
③ 원저작과 번역본 등에 대한 분류원칙
④ 일반규정에서 제시되지 않은 자료의 유형구분 등의 문제
⑤ 분류표의 일부항목에 대한 재전개

※ 다음 표본분류표를 보고 질문에 답하시오([문 92] - [문 94]).

800	문학
820	영국문학
821	영국시
822	영국희곡
822.3	엘리자베스시대의 희곡
823	영국소설

92 다음 중 800 - 820 - 822 - 822.3으로 이어지는 구조를 가리키는 분류용어로 가장 적합한 것은 어느 것인가?

① array ② facet
③ chain ④ citation order
⑤ focus

해 설 ③ 분류표상에서 분류의 단계별로 이어지는 구조는 연쇄구조(chain)라 한다.

93 다음 중 821 - 822 - 823 - 824로 이어지는 구조를 가리키는 분류용어로 가장 적합한 것은 어느 것인가?

① array　② facet
③ chain　④ citation order
⑤ focus

94 위의 분류표에서 822.33은 "학문 - 언어 - 문학형식 - 시대"의 순서로 패싯들을 배열하여 이루어진 합성된 분류기호라 할 수 있다. 이와 같은 순서를 나타내는 용어로 가장 적합한 것은?

① array　② precedence order
③ chain　④ citation order
⑤ options

해 설 ④ 분류기호의 합성을 위한 패싯의 배열순서를 열거순서(citation order)라 한다.

95 다음 중 구분(분류)의 대상이 되는 개념전체를 가리키는 용어로 가장 적합한 것은?

① 구분지　② 구분원리
③ 피구분체　④ 기준
⑤ 종개념

해 설 구분(분류)의 일반적 의미는 유개념을 종개념으로 분석하여 체계적으로 배열하는 것이다. 이러한 구분의 3요소로는 구분의 대상이 되는 피구분체(divisible totality), 구분의 결과로서 생기는 구분지(members of division), 구분의 기준으로 사용되는 구분원리(principle of division)를 들 수 있다. 따라서 구분의 대상이 되는 개념전체는 피구분체에 해당한다.

Answer 90 ⑤　91 ③　92 ③　93 ①　94 ④　95 ③

96 다음은 개념의 종류에 대한 설명이다. 이 가운데 가장 적절치 않은 것은?

① 포섭관계에 있는 두 개념 중 다른 개념을 포섭하는 개념을 유개념, 다른 개념에 포섭되는 개념을 종개념이라 한다.

② '대－소,' '상－하' 등과 같이 분량이나 정도의 차이를 나타내는 두 개념으로 그 사이에 제3자의 개입을 허용하는 것을 모순개념, '유－무,' '생－사' 등과 같이 그 질이 아주 상반되고 서로 배척하여 그 중간에 제3자의 개입이 불가능한 두 개념을 반대개념이라 한다.

③ 포섭의 상하관계에 따라 유개념은 상위개념, 종개념은 하위개념, 동일한 유개념 속에 포섭되는 동위(同位)의 종개념은 동위개념이라 한다.

④ 내포가 완전히 달라 공통적인 징표를 찾을 수 없는 두 개념을 이류개념, '부－자,' '아들－딸'과 같이 동위개념으로서 서로 의존함으로써 그 뜻이 더욱 분명해지는 개념을 상관개념이라 한다.

⑤ '남－녀', '동물－식물'과 같이 동일한 유개념에 속하는 동위개념으로 그 외연이 완전히 달라 서로 교차되어 있지 않은 개념을 선언개념, '운동선수－학생'과 같이 그 외연의 일부가 서로 교차되어 있는 개념을 교착개념이라 한다.

해 설 ② 대소, 상하 등과 같이 분량이나 정도의 차이를 나타내는 두 개념으로 그 사이에 제3자의 개입을 허용하는 것은 반대개념(contrary concept)이고, 유무, 생사 등과 같이 그 질이 아주 상반되고 서로 배척하여 그 중간에 제3자의 개입이 불가능한 두 개념은 모순개념(矛盾概念: contradictory concept)이다.

97 다음은 개념의 종류를 예를 들어 설명한 것이다. 이 가운데 가장 적합하지 않은 것은?

① 동물 － 유개념; 호랑이 － 종개념

② 식물 － 상위개념; 소나무 － 하위개념

③ '동물－식물' － 선언개념; '연예인－배우' － 교착개념

④ '참－거짓' － 반대개념; '고－저' － 모순개념

⑤ '부모－양친' － 동일개념; '동경－일본수도' － 동연개념

해 설 ④ '참－거짓' 은 그 중간에 제3자의 개입이 불가능한 모순개념이고, '고－저' 는 그 중간에 제3자의 개입이 가능한 반대개념이다.

98 다음 중 개념의 내포와 외연에 관한 설명으로 가장 적합한 것은?

① 내포는 개념의 깊이라고 할 수 있고, 외연은 개념의 넓이라고 할 수 있다.
② 개념의 내포와 외연은 서로 분리될 수 없는 관계로 어떤 개념의 내포가 증가하게 되면 외연도 그에 따라 증가하게 된다.
③ 외연은 개념이 지닌 의미, 개념의 내용으로, 어떤 개념이 갖는 징표의 전체를 가리킨다.
④ 내포는 개념이 나타내는 대상의 전체, 즉 징표를 공통적으로 지니고 있는 대상의 전체를 가리킨다.
⑤ 개념의 내포를 전개시켜 대상의 본질이 무엇이라 규정하는 것을 분류라 하고, 그 외연을 전개시키는 것을 정의라 한다.

해 설 ② 개념의 내포와 외연은 항상 일정한 양을 가지고 있어 이 양자간의 관계에 따라 서로 증감하는 반비례관계이다. ③ 개념이 지닌 의미, 개념의 내용으로, 어떤 개념이 갖는 징표의 전체를 가리키는 것은 내포이다. ④ 개념이 나타내는 대상의 전체, 즉 징표를 공통적으로 지니고 있는 대상의 전체를 가리키는 것은 외연이다. ⑤ 개념의 내포를 전개시켜 대상의 본질이 무엇이라 규정하는 것은 정의(definition)이며, 그 외연을 전개시키는 것은 분류(classification)이다.

99 다음 중 정의에 대한 설명으로 가장 거리가 먼 것은?

① 정의는 "종차 + 최근류"의 형식으로 이루어진다.
② 정의는 개념의 내포를 정확히 규정함으로써 개념의 의미를 판명하게 하는 것이다.
③ 정의는 본질적인 징표를 들어야 한다.
④ 정의는 필요한 경우 부정을 사용하여 내릴 수 있다.
⑤ 정의는 정의될 개념과 동의어를 사용해서는 안된다.

해 설 ④ 정의는 부정이나 애매한 말, 비유를 써서는 안된다.

Answer 96 ② 97 ④ 98 ① 99 ④

100 다음 중 서지분류 및 서가분류에 대한 설명으로 가장 적합한 것은?

① 서가분류에서는 복수주제를 다면적으로 표현하기가 용이하다.

② 서가분류에서는 상관적 배가법(relative location)이 가능하다.

③ 서지분류와 서가분류는 Harris의 분류법에서 일원화가 시도되었으며, Ranganathan의 CC에서 결정적으로 일원화되었다.

④ 19세기 이전에는 서가분류법이 주류를 이루었으나, 19세기 이후 현대에 이르기까지는 서지분류법이 주류를 이루고 있다.

⑤ 서가분류에서는 자료의 크기, 장정, 입수, 연대, 서지분류기호 등이 주요한 배열기준이 된다.

해 설 ① 복수주제를 다면적으로 표현하기가 용이한 것은 서지분류이다. ③ 서지분류와 서가분류는 Harris의 분류법에서 일원화가 시도되었으며, Dewey의 DDC에서 결정적으로 일원화되었다. ④ 19세기 이전에는 서지분류법, 19세기 이후 현대에 이르기까지는 서가분류법이 주류를 이루고 있다. ⑤ 자료의 크기, 장정, 입수, 연대, 서지분류기호 등이 주요한 배열기준이 되는 것은 서지분류법이다.

101 문헌분류는 도서관과 이용자에게 효과를 준다. 다음 중 분류가 이용자에게 주는 효과와 가장 거리가 먼 것은?

① 분류기호가 부여되어 있어 신착자료의 배가나 반납자료의 정확한 재배열에 도움이 된다.

② 자료의 전체적인 체계(장서구성, 수서경향, 주제별장서량, 강약점 등)을 파악하기가 용이하다.

③ 체계적인 브라우징을 통해 유사자료에 쉽게 접근할 수 있고, 신속한 검색이 가능하다.

④ 분류기호를 활용하면 서가접근이나 탐색에 소요되는 시간과 노력을 줄일 수 있다.

⑤ 학문영역별, 주제별, 관심분야별 지식의 체계화에 도움이 된다.

해 설 ① 신착자료의 배가나 반납자료의 정확한 재배열에 도움이 되는 것은 도서관에게 주는 효과이다.

102 다음 중 아래 그림에 대한 설명으로 가장 거리가 먼 것은?

① "동물"류는 "척추동물"류의 상위개념이다.
② "동물"류는 "포유류"류의 유개념이다.
③ "어류"류는 "조류"류의 동연개념이다.
④ "무척추동물"류는 "동물"류의 하위개념이다.
⑤ "척추동물"류는 "동물"류의 종개념이다.

해 설 ③ "어류"류는 "조류"류의 동위개념(coordinate concept)이다. 동연개념은 "서울 - 한국의 수도"와 같이 개념의 내포는 다르나 외연이 같은 개념을 말한다.

103 다음 중 구분의 3요소 가운데 가장 중요한 역할을 하게 되는 것은?

① 구분원리 ② 유개념
③ 종개념 ④ 구분지
⑤ 피구분체

해 설 구분의 3요소(구분지, 피구분체, 구분원리) 중 동일한 개념 또는 동일 피구분체에 대해 어떤 구분원리를 적용하느냐에 따라 구분지가 완전히 달라질 수 있다. 따라서 구분원리는 구분의 3요소에서 가장 중요하다고 할 수 있다.

Answer 100 ② 101 ① 102 ③ 103 ①

104 다음 중 서양의 학문분류에 대한 설명으로 가장 적합한 것은?

① Aristoteles 학파는 정신능력과 학문의 목적에 의해 학문을 분류하였다.

② Bacon은 일차적으로 학문의 대상에 의해 학문을 분류하였다.

③ Bacon의 학문분류에 관한 이론은 분석론후서(Analytica hystera)에 잘 나타나 있다.

④ Ampere의 학문분류는 DDC의 기본구조에 큰 영향을 미치고 있다.

⑤ 7자유과목(liberal arts)은 고대그리스의 대학의 주요교과목의 분류에 널리 응용되었다.

해 설 ② Bacon은 일차적으로 인간의 정신능력에 의해 학문을 분류하였다. ③ Bacon의 학문분류에 관한 이론은 학문의 진보(Advancement of Learning)와 과학의 위엄과 진보에 관하여(Dignitate et Augmentis Scientiarum)에 잘 나타나 있다. 분석론후서(Analytica hystera)는 Aristoteles의 저작이다. ④ Ampere의 학문분류는 CC에 영향을 미치고 있다. ⑤ 7자유과목은 유럽중세대학의 주요교과목의 분류에 응용되었다.

105 다음은 문헌분류 및 분류표의 기본요건을 설명한 것이다. 가장 적합하지 않은 것은 어느 것인가?

① 분류의 일반원칙(일관성, 망라성, 상호배타성, 점진성)을 준수해야 한다.

② 분류표의 각 항목의 전개에 논리적인 원칙을 적용해야 하며 계층적 구조를 갖도록 하는 것이 바람직하다

③ 분류표는 하나의 명확하게 확정된 단일구조를 갖춤으로써 모든 도서관이 동일한 자료에 대해 동일한 기호를 부여할 수 있도록 해야 한다.

④ 분류표는 기본적으로 학문분류체계의 변화에 순응하는 유연성과 최신성을 갖추어야 한다.

⑤ 분류표는 분류기호뿐만 아니라 가능하면 본표와 보조표에 대한 상관색인을 갖추어야 한다.

해 설 ③ 분류표는 구체적이고 상세하고 정밀하며, 도서관의 규모에 따라 적절히 적용할 수 있는 융통성을 가져야 한다.

106 다음 중 Ranganathan의 CC에 영향을 준 학문분류는?

① Aristoteles의 학문분류

② Bacon의 학문분류

③ Ampere의 학문분류

④ Comte의 학문분류

⑤ Winderband의 학문분류

해 설 ③ Ampere는 과학철학시론(Essai sur la Philosopie des Science)에서 학문을 기초과학(물리학, 공학; 지리, 광업; 식물학, 농학; 동물학, 축산학, 의학), 실용과학(useful arts), 응용과학(applied science)으로 구분하였는데, Ranganathan은 CC(Colon Classification)에서 이를 바탕으로 기본구조를 설정하였다.

107 다음은 분류기호의 요건에 대한 설명이다. 가장 적합한 것은?

① 숫자보다는 문자가 단순성의 기준에 적합하다.

② 분류기호의 길이로 보면 순수기호법이 혼합기호법에 비해 간결성의 기준에 적합하다.

③ 기호의 계층성은 동일개념에 동일기호를 부여함으로써 기억하기 쉽도록 하는 것을 말한다.

④ 기호의 통용성이란 분류의 전체 체제를 흩트리지 않고 새로운 주제를 적절한 위치에 삽입하기가 용이하도록 하는 것을 말한다.

⑤ 분류기호의 요건은 상호배타적인 것이 아니며, 어느 한 요건을 충족시키려면 다른 요건을 희생시켜야 하는 경우도 생기게 된다.

해 설 ① 문자보다는 숫자가 단순성의 기준에 적합하다. ② 간결성의 면에서 보면 혼합기호법이 순수기호법에 비해 더 적합하다. ③ 동일개념에 동일기호를 부여함으로써 기억하기 쉽도록 하는 것은 조기성이다. ④ 분류의 전체 체제를 흩트리지 않고 새로운 주제를 적절한 위치에 삽입하기가 용이하도록 하는 것은 신축성(flexibility)이다.

Answer 104 ① 105 ③ 106 ③ 107 ⑤

108 다음 중 Cutter의 EC(Expansive Classification)에 가장 큰 영향을 미친 학문분류법은?

① Aristoteles의 학문분류

② Bacon의 학문분류

③ Wunt의 학문분류

④ Comte의 학문분류

⑤ Winderband의 학문분류

해 설 ④ EC에 영향을 준 Auguste Comte의 학문분류에서는 모든 지식을 이론적 지식과 실증적 지식으로 구분하고, 다시 이론적 지식은 자연과학과 형이상학으로 구분하였다. 자연과학은 다시 추상적 지식(모든 현상을 규정할 수 있는 법칙을 발견하는 영역)과 구체적 지식(법칙을 실제 존재하는 사물에 적용하는 영역)으로 구분하였다. 실증적 지식은 수학과 5대현상군(천문학, 물리학, 화학, 생물학, 사회학)의 6개 실증과학으로 체계화하였다.

109 다음은 동양의 학문분류에 관한 설명이다. 가장 거리가 먼 것은?

① 동양 고대의 학문분류에서 사용한 육예(六藝)는 원래 학과적 성격을 띤 것이었다.

② 육예가 변화된 육경(六經)은 공자와 그 제자들에 의해 경학으로 발전하였다.

③ 동양의 전통적인 학문은 경학과 사학, 시학을 기초로 하고 있었다.

④ 육예는 원래 주대(周代)의 선비가 배워야 할 6종의 예술을 가리키는 것이었다.

⑤ 육경은 예(禮), 악(樂), 시(詩), 서(書), 역(易), 춘추(春秋)를 말한다.

해 설 ① 육예는 원래 실과적인 성격을 띠었으나, 후에 학과적인 성격으로 변화되어 육경을 의미하게 되었다.

110 다음 중 "분류항목을 쉽게 찾을 수 있도록 분류표의 주요항목과 관련항목들을 알파벳순 또는 가나다순으로 배열하고 그에 해당하는 분류기호를 제시한 것"을 가리키는 용어로 가장 적합한 것은?

① 본표(schedule)

② 보조표(table)

③ 색인(index)

④ 부록(appendices)

⑤ 매뉴얼(manual)

111 다음 중 분류기호의 요건과 그 설명의 연결이 올바르지 않은 것은?

① 단순성 – 기호는 시각적으로나 발음상으로 가능한 한 짧고 간결해야 한다.

② 통용성 – 기호는 가능하면 국제적으로 널리 사용되는 것이 좋다.

③ 신축성 – 새로운 주제의 삽입이 용이해야 한다.

④ 계층성 – 분류체계의 계층을 잘 나타낼 수 있어야 한다.

⑤ 조기성 – 기억하기 쉬워야 한다.

해 설 ① 시각적으로나 발음상으로 가능한 한 짧고 간결한 것은 간결성을 말하며, 단순성은 기호의 형태가 단순해야 한다는 것이다.

112 다음 중 동일개념에 대해 동일기호를 부여함으로써 얻게 되는 분류기호의 특성에 가장 적합한 것은?

① 계층성
② 신축성
③ 통용성
④ 조기성
⑤ 단순성

해 설 ④ 조기성은 가능한 한 동일개념에 동일기호를 부여함으로써 기억하기 쉽도록 하는 것을 말한다.

113 다음 괄호안에 들어갈 용어로 가장 적절하게 짝지어진 것은?

> "(①)은 분류표상의 용어만을 수록한 색인을 말하며, (②)은 분류표상의 용어는 물론 이용자가 검색할 가능성이 있는 관련용어들을 모두 수록한 색인을 말한다."

① 상관색인 – 열거색인
② 열거색인 – 상관색인
③ 상관색인 – KWIC색인
④ KWIC색인 – 상관색인
⑤ 열거색인 – KWIC색인

Answer 108 ④ 109 ① 110 ③ 111 ① 112 ④ 113 ②

114 다음은 분류표의 구조원리에 따른 종류별 구분과 특성에 대한 설명이다. 가장 거리가 먼 것은?

① 분류표의 구조원리에 따라 대체로 열거식, 분석합성식, 준열거식으로 구분된다.

② 분석합성식분류표는 일반적으로 열거식분류표에 비해 분류표의 부피가 줄어든다.

③ DDC는 분석합성식분류표의 대표적인 예이다.

④ 열거식분류표는 하나의 표에 과거와 현재, 예상되는 미래의 모든 주제를 열거하는 분류표이다.

⑤ 분석합성식분류표는 패싯식분류표(faceted classification)라고도 한다.

해 설 ③ 분석합성식분류표의 대표적인 예는 CC(Colon Classification)이다.

115 다음은 분석합성식분류에 대한 설명이다. 가장 적합한 것은?

① 분류담당자가 문헌의 그룹화방법을 선택하기가 어렵다는 문제점이 있다.

② Ranganathan은 분석합성식분류의 단계를 3단계로 구분하고, 그 중 기호단계(notational plane)를 가장 중요한 단계로 설명하고 있다.

③ 기본주제, 복합주제, 합성주제가 모두 분류표상에 나타난다.

④ 조기성을 광범위하게 도입하기가 어렵다는 점이 단점으로 지적되고 있다.

⑤ 합성에 의해 만들어지는 분류기호가 때로는 열거식의 기호보다 더 길고 복잡해질 수 있다.

해 설 ① 분석합성식분류에서는 분류담당자가 문헌의 그룹화방법을 선택하기가 용이하다. ② Ranganathan은 아이디어단계(idea plane)를 가장 중요한 단계로 설명하고 있다. ③ 분석합성식분류에서는 주제 또는 지식의 전 분야를 어떤 특성을 근거로 하여 기본주제로 세분하고 분류표에도 이들 기본주제와 이를 합성하기 위한 공통구분표, 특수구분표만 나열하게 된다. ④ 분석합성식분류에서는 조기성을 광범위하게 도입할 수 있다.

116 Bliss가 고안한 BC(Bibliographic Classification)는 다음 중 어디에 해당하는가?

① 일관(一館)분류표　　② 특수분류표

③ 십진식분류표　　④ 분석합성식분류표

⑤ 전문분류표

117 다음 중 분석합성식분류표의 장단점에 대한 설명으로 적합하지 않은 것은?

① 열거식분류표에 비해 편찬하기가 어렵다.

② 분류작업시 열거순서(citation order)가 어려움을 야기시킬 수도 있기 때문에, 분류담당자가 더 많은 사고를 해야 할 수도 있다.

③ 지식의 폭발적 발전에 대처하기가 용이하다.

④ 분류표의 부피가 적어질 수 있다.

⑤ 새로운 주제를 분류표에 삽입하기가 용이하다.

해 설 ① 분석합성식분류표를 편찬할 때는 열거식의 경우처럼 모든 주제를 다 열거하지 않아도 되므로, 편찬하기가 용이하다.

118 다음 중 분류규정에 포함되어야 할 요소와 가장 거리가 먼 것은?

① 분류표의 선택기준

② 분류표 운용상의 기본적인 방침

③ 분류표에 있어서 양자택일(임의규정: options)의 취사(取捨)에 관한 결정

④ 분류기호의 전개 및 세구분의 결정

⑤ 각종 분류도구의 결정

해 설 ① 분류규정은 분류표의 적용과 운용을 위한 규칙으로, 분류표가 하나의 기계라면 분류기계는 그 기계의 조종법에 해당하는 것이다. 따라서 분류규정은 특정분류표의 선택에 관한 기준과는 거리가 멀다.

119 다음 중 분류규정의 일반규정에 포함되어야 할 규정으로 가장 거리가 먼 것은?

① 분류의 기본원칙

② 복합주제의 처리에 관한 규정

③ 원저작과 관련저작의 취급에 관한 규정

④ 분류표의 개개 분류항목에 적용하는 규정

⑤ 신주제의 처리 등에 관한 규정

해 설 ④ 분류표의 개개의 분류항목에 적용하는 규정은 분류규정의 특수규정에서 다루게 된다.

Answer 114 ③ 115 ⑤ 116 ④ 117 ① 118 ① 119 ④

120 다음 보기의 설명에 해당하는 가장 적합한 분류표는?

〈보 기〉

① 분류표에 필요한 모든 조건을 구비하며 각종 도서관에서 공통적으로 사용할 수 있다.
② 공간(公刊)되는 경우가 많아 구입하기가 용이하다.
③ 해당분류표를 보호하고 육성하기 위한 영구관리기관이 설립되어 있는 경우가 많다.
④ 도서관계에서 널리 채택되어 표준분류표가 되는 경우가 많다.

① 일관(一館)분류표
② 종합분류표
③ 비십진식분류표
④ 분석합성식분류표
⑤ 전문분류표

121 다음 중 복수주제의 취급에 관한 분류규정의 내용으로 가장 적합한 것은?

① 인과(因果)관계를 다룬 경우는 원인에 해당하는 주제에 분류한다.
② 복수주제의 각 주제가 독립성을 갖는 경우는 저자가 강조하거나 중점을 둔 주제나 더 포괄적으로 다룬 주제에 우선적으로 분류한다.
③ 어떤 주제를 설명하기 위한 재료로 다른 주제를 사용하는 경우는 그 재료로 사용되는 주제에 분류한다.
④ 영향관계를 다룬 경우는 영향을 미치는 주제에 분류한다.
⑤ 어떤 상위주제의 하위주제에 해당하는 셋 이상의 주제를 다루는 경우는 하위주제중 해당분류표에서 앞에 나타나는 주제에 분류한다.

해 설 ① 인과관계를 다룬 경우는 결과에 해당하는 주제에 분류한다. ③ 어떤 주제를 설명하기 위한 재료로 다른 주제를 사용하는 경우는 저자가 원래 설명하고자 하는 주제에 분류한다. ④ 영향관계를 다룬 경우는 영향을 받는 주제에 분류한다. ⑤ 어떤 상위주제의 하위주제에 해당하는 셋 이상의 주제를 다루는 경우는 그 상위주제에 분류한다.

122 다음 중 분류규정의 기본원칙과 가장 거리가 먼 것은?

① 자료는 우선 주제에 따라 분류하고 필요에 따라 형식에 의해 세분한다.

② 자료는 일시적 요구보다는 영구적 유용성을 바탕으로 하여 이용자에게 편리하도록 분류해야 한다.

③ 자료는 그 자료가 의도하는 학문분야나 주제보다는 그 연원이 된 학문분야에 분류해야 한다.

④ 분류기호는 정당한 이유에 의해 원칙에 따라 결정해야 한다.

⑤ 분류기호의 결정절차에는 일관성이 있어야 한다.

해 설 ③ 자료는 그 연원이 된 학문보다는 그 자료가 의도하는 학문분야나 주제에 분류해야 한다.

123 다음 중 원저작과 관련저작의 취급에 관한 분류규정의 내용으로 가장 적합한 것은 어느 것인가?

① 언어에 대한 학습이나 습득을 주목적으로 하는 원저작의 대역서(對譯書)는 원저작의 해당주제에 분류한다.

② 어떤 의도를 가지고 원저작의 일부를 발췌하여 단독으로 간행한 것은 발췌된 부분의 주제에 의해 분류한다.

③ 원저작의 번역은 번역자의 작품으로 분류한다.

④ 원저작의 색인은 색인작성자의 저작과 함께 분류한다.

⑤ 번안(飜案)작품은 원저작자의 작품과 함께 분류한다.

해 설 ① 언어에 대한 학습이나 습득을 주목적으로 하는 원저작의 대역서, 주해서(註解書)는 학습대상이 되는 언어의 해석이나 독본에 분류한다. ③④ 원저작의 번역이나 비평, 해설, 주석, 연구, 색인 등은 모두 원저작과 함께 분류한다. ⑤ 번안 및 각색은 번안가 및 각색자의 작품으로 분류한다.

Answer 120 ② 121 ② 122 ③ 123 ②

124 다음 중 총서 및 다권본의 취급에 관한 분류규정의 내용으로 가장 적합한 것은?

① 총서명은 표시되어 있으나, 해당총서의 일부만을 소장하고 있는 경우는 단행본으로 취급하여 각각의 해당주제에 분류한다.

② 출판사가 판매를 목적으로 임의로 부여한 총서의 경우는 그 총서의 주제에 따라 일괄하여 총서로 분류한다.

③ 여러 사람의 저작집으로 내용의 배열이 연대순인 것은 단행본으로 취급하여 각각의 해당주제에 분류한다.

④ 총서명이 표시되어 있는 경우는 권호표시가 없더라도 일괄하여 총서로 분류한다.

⑤ 특정주제에 한정되지 않고 여러 주제를 망라하고 있는 총서나 전집으로 총서명과 권호표시 여부에 관계없이 총류(總類)의 일반전집에 분류한다.

해 설 ② 출판사가 판매를 목적으로 임의로 부여한 총서는 단행본으로 취급하여 분류한다. ③ 여러 사람의 저작집으로 내용의 배열이 체계적이거나 연대순인 것 그리고 총서의 각 책에 다수의 저작을 포함하고 있는 것은 일괄하여 총서로 분류한다. ④ 총서명은 표시되어 있으나, 권호표시가 없는 경우는 단행본으로 취급하여 각각의 해당주제에 분류한다. ⑤ 특정주제에 한정되지 않고 여러 주제를 망라하고 있는 총서나 전집으로 총서명과 권호표시가 있는 것은 총류(總類)의 일반전집에 분류한다.

125 다음 중 총서 및 다권본의 취급에 관한 분류규정에 따를 경우 단행본으로 분류되어야 하는 경우는?

① 총서명은 표시되어 있으나, 권호표시가 없는 경우

② 여러 주제를 망라하고 있는 총서나 전집으로 총서명과 권호표시가 있는 것

③ 여러 사람의 저작집으로 내용의 배열이 체계적인 것

④ 여러 사람의 저작집으로 총서의 각 책에 다수의 저작을 포함하고 있는 것

⑤ 특정주제의 총서로 체계적으로 편집된 것

해 설 ② 여러 주제를 망라하고 있는 총서나 전집으로 총서명과 권호표시가 있는 것은 총류(總類)의 일반전집에 분류한다. ③④ 여러 사람의 저작집으로 내용의 배열이 체계적이거나 연대순인 것 그리고 총서의 각 책에 다수의 저작을 포함하고 있는 것은 일괄하여 총서로 분류한다. ⑤ 특정주제의 총서로 체계적으로 편집된 것, 특히 마지막 권에 총목차나 총색인 등이 붙어있는 것은 총서로 분류한다.

126 다음 중 총서 및 다권본의 취급에 관한 분류규정에 따를 경우 총서로 분류되어야 하는 경우는?

① 총서명은 표시되어 있으나, 해당총서의 일부만을 소장하고 있는 경우
② 출판사가 판매목적으로 임의로 부여한 총서
③ 개인의 저작집(전집, 선집, 작품집 등)
④ 총서명은 표시되어 있으나, 권호표시가 없는 경우
⑤ 권차가 없고 독립서명을 가지며 총서명이 작게 표시된 것

해 설 ① 총서명은 표시되어 있으나, 해당총서의 일부만을 소장하고 있는 경우나 총서의 권호표시가 없는 경우는 단행본으로 취급하여 각각의 해당주제에 분류한다. ② 출판사가 판매를 목적으로 임의로 부여한 총서는 단행본으로 취급한다. ③ 개인의 저작집(전집, 선집, 작품집 등)은 일괄하여 총서로 분류한다. ⑤ 권차가 없고 독립서명을 가지며 총서명이 작게 표시된 총서는 단행본으로 취급한다.

127 다음 〈보기〉 중 분류의 개념과 밀접한 것들로만 올바르게 짝지어진 것은?

〈보 기〉	
가. 유개념(genus)	나. 종개념(species)
다. 종차(specific difference)	라. 분할(separation)

① 가 – 나
② 가 – 나 – 다
③ 가 – 라
④ 나 – 다 – 라
⑤ 나 – 라

해 설 가.나. 분류의 어의는 "유개념(類概念)을 어떤 특징을 기준으로 삼아 점차 분석하여 종개념(種概念)으로 조직화하는 것"이다. 다. 어떤 사물을 정의할 때는 분류를 이용하여, 정의되는 개념의 최근류(最近類)와 종차(種差)를 사용하게 된다. 라. 분할은 대상을 어떤 목적에 따라 임의로 나누는 것으로, 분할된 결과는 분할 이전의 개념이 그대로 존속하게 된다는 점에서 분류와는 구별된다는 사실에 유의해야 한다.

Answer 124 ① 125 ① 126 ③ 127 ②

128 다음 〈보기〉 중 패싯식분류법에 대한 설명으로 적합한 것을 모두 모은 것은?

〈보 기〉

가. Ranganathan은 패싯식분류를 아이디어단계와 언어단계, 기호단계의 3단계로 구분하고 있다.
나. 패싯식 분류과정에서는 기호단계(notational plane)가 가장 중요하다.
다. 조기성을 도입하기가 어렵다는 단점이 있다.
라. 분류기호가 때로는 열거식분류에 의한 기호보다 더 길고 복잡해질 수 있다.

① 가 − 나
② 가 − 나 − 다
③ 가 − 라
④ 나 − 다 − 라
⑤ 나 − 라

해 설 가. 나. Ranganathan은 패싯식분류법(분석합성식분류법)의 단계를 3단계로 구분하고, 그 중 아이디어단계(idea plane)를 가장 중요한 단계로 설명하고 있다. 다. 패싯식분류법은 조기성을 도입하기가 용이하다는 장점이 있다. 라. 패싯식분류법에서는 분류기호가 합성에 의해 이루어지는 경우가 많기 때문에 때로는 열거식분류법에 의한 기호보다 더 길고 복잡해질 수 있다.

129 다음 〈보기〉 중 개념에 관련된 설명으로 적합한 것을 모두 모은 것은?

〈보 기〉

가. 개념을 말로써 나타낸 것을 명사(名辭: term)라고 한다.
나. 개념이 가리키는 대상의 전체를 내포(內包)라 한다.
다. 개념과 개념의 상호분별의 요소를 징표(徵表)라 한다.
라. 개념의 내포를 전개시키는 것을 분류라 한다.

① 가 − 나
② 가 − 나 − 다
③ 가 − 다
④ 나 − 다 − 라
⑤ 나 − 라

해 설 나. 개념이 가리키는 대상의 전체는 외연(外延)이라 한다. 내포는 개념이 지닌 의미(implication), 개념의 내용이다. 라. 분류는 개념의 외연을 전개시키는 것을 말한다.

130 다음 〈보기〉 중 학문분류에 대한 설명으로 적합한 것을 모두 모은 것은?

〈보 기〉

가. 구체적, 실용적 성격을 갖는다.
나. 사물 및 학문연구과정에서 얻어진 개념 및 사상을 분류대상으로 한다.
다. 대상에 의한 분류와 목적에 의한 분류를 주로 채용하고 있다.
라. 학문의 논리적 특성이나 성질을 분류기준으로 삼는다.

① 가 – 나
② 가 – 나 – 다
③ 가 – 나 – 다 – 라
④ 나 – 다 – 라
⑤ 나 – 라

해 설 가. 문헌분류는 구체적, 실용적 성격을 갖는 반면, 학문분류는 추상적 성격을 갖는다. 다. 학문분류는 학문의 목적이나 대상, 방법 등 다양한 분류기준에 의해 분류하지만, 문헌분류는 이 가운데 대상에 의한 분류와 목적에 의한 분류를 주로 채용하고 있다.

131 다음 〈보기〉 중 문헌분류에 관련이 깊은 것을 모두 모은 것은?

〈보 기〉

가. 서지분류
나. 서가분류
다. 임의분류
라. 인위적 분류

① 가 – 나
② 가 – 나 – 다
③ 가 – 나 – 다 – 라
④ 나 – 다 – 라
⑤ 나 – 라

해 설 문헌분류는 서지분류와 서가분류를 포함하며, 인위적인 임의분류로 자연적 분류와 구별된다.

Answer 128 ③ 129 ③ 130 ⑤ 131 ③

132 다음 〈보기〉 중 Jevons 등의 논리적 정의에서 사용하는 일반적인 규칙에 대한 설명으로 적합한 것을 모두 모은 것은?

〈보 기〉

가. 정의는 부정을 써서는 안 된다.
나. 정의는 애매한 말을 써서는 안 된다.
다. 정의는 적절한 비유를 통해 표현해야 한다.
라. 정의는 정의될 개념과 동의어를 사용해서는 안 된다.
마. 정의는 본질적인 징표(徵表)를 들어야 한다.

① 가 － 나 － 다
② 가 － 나 － 다 － 라
③ 가 － 나 － 라 － 마
④ 나 － 라 － 마
⑤ 다 － 라 － 마

해 설 다. 비유적 표현은 문학적 수사로는 인정될 수 있겠지만, 논리적 정의로는 적합하지 않다.

133 다음 〈보기〉 중 구분(분류)의 규칙에 적합한 것을 모두 모은 것은?

〈보 기〉

가. 구분은 점진적 최상의 유(類)로부터 점차 최하의 종(種)에 달해야 하며 비약이 있어서는 안 된다.
나. 구분원리는 필요에 따라 둘 이상의 원리를 적용하여 적절하게 구분해야 한다.
다. 모든 구분지는 그 외연에 있어서 서로 중첩되어서는 안 되고 상호배타적이어야 한다.
라. 구분지의 전체(총화)는 피구분체의 외연전체와 부합해야 한다.

① 가 － 나
② 가 － 나 － 다
③ 가 － 다 － 라
④ 나 － 다 － 라
⑤ 나 － 라

해 설 나. 구분원리는 반드시 한 개에 한하여야 한다. 즉 하나의 원리가 일관성 있게 적용되어야 한다. 동시에 2개 이상의 구분원리를 적용하면 혼란을 면키 어렵게 된다.

134 다음 〈보기〉 중 분류의 3요소로만 올바르게 짝지어진 것은?

〈보 기〉	
가. 분류원리	나. 분류지
다. 종차	라. 내포
바. 피분류체	

① 가 – 나 – 다　② 가 – 나 – 바
③ 나 – 다 – 라　④ 나 – 다 – 바
⑤ 다 – 라 – 바

해 설 분류(구분)의 3요소는 분류할 개념의 전 범위를 말하는 피분류(구분)체와 분류(구분)의 결과로 생겨나는 각 부분인 분류(구분)지, 분류(구분)에 사용되는 기준인 분류(구분)원리를 말한다.

135 다음 〈보기〉 중 정의(definition)에 밀접한 개념으로만 연결된 것은 어느 것인가?

〈보 기〉	
가. 최근류	나. 분류지
다. 종차	라. 피분류체

① 가 – 나　② 가 – 다
③ 가 – 라　④ 나 – 다
⑤ 나 – 라

해 설 "정의 = 종차(種差: specific difference) + 최근류(最近類)"라는 식에서 알 수 있는 것처럼, 정의는 "한 유개념 속에 포섭되는 종개념과 종개념을 구별지우는 그 종개념 특유의 징표인 종차"와 해당개념에 가장 가까운 유개념을 제시함으로써 가능해진다.

Answer　132 ③　133 ③　134 ②　135 ②

136 다음 〈보기〉 중 서가분류(shelf classification)에 대한 설명으로 적합한 것을 모두 모은 것은?

〈보 기〉

가. 분류부출 등을 통하여 복수주제를 다면적으로 표현할 수 있다.
나. 일반적으로 이동식 또는 상관적 배가법(relative location)을 사용한다.
다. 청구기호순으로 배열된다.
라. 자료를 서가상에 체계적으로 배열하기 위한 분류이다.
마. 특히 자료의 배가와 검색을 위해 사용되는 경우가 많다.

① 가 − 나 − 다
② 가 − 나 − 다 − 라
③ 가 − 나 − 라 − 마
④ 나 − 다 − 라 − 마
⑤ 다 − 라 − 마

해 설 가. 서지분류(bibliographic classification)에서는 분류부출 등을 통해 복수주제의 다면적 표현이 가능한 반면, 서가분류(shelf classification)에서는 일반적으로 복수주제의 다면적 표현이 불가능한 경우가 많다.

137 다음 〈보기〉 중 주요분류법과 그 바탕이 되고 있는 학문분류의 연결이 적합한 것을 모두 모은 것은?

〈보 기〉

가. DDC − Bacon의 학문분류
나. LCC − Ampere의 학문분류
다. EC − Comte의 학문분류
라. NDC − Bacon의 학문분류
마. CC − Ampere의 학문분류

① 가 − 나
② 가 − 나 − 다
③ 가 − 다 − 마
④ 나 − 다 − 라
⑤ 나 − 라 − 마

해 설 나. 라. LCC와 NDC는 EC와 마찬가지로 Comte의 학문분류를 바탕으로 하고 있다.

138 다음 〈보기〉 중 도서관학의 5법칙과 그 내용의 연결이 올바른 것으로만 연결된 것은 어느 것인가?

〈보 기〉
가. 제1법칙 – Books are for all
나. 제2법칙 – Books are for use
다. 제3법칙 – Save the time of the reader
라. 제4법칙 – Every books its reader
마. 제5법칙 – A library is a growing organization

① 가 – 나
② 가 – 나 – 마
③ 다 – 라 – 마
④ 다 – 라
⑤ 마

해 설 Ranganathan의 도서관학의 5법칙은 다음과 같다. 가. 제1법칙 –Books are for use. 나. 제2법칙 – Books are for all. 다. 제3법칙 – Every books its reader. 라. 제4법칙 – Save the time of the reader. 마. 제5법칙 – A library is a growing organization.

139 다음 〈보기〉 중 이른바 3학(trivium)에 해당하는 것만으로 올바르게 연결된 것은 어느 것인가?

〈보 기〉	
가. 문법	나. 수사학
다. 기하학	라. 천문학
마. 논리학	

① 가 – 나 – 다
② 가 – 나 – 마
③ 나 – 다 – 라
④ 나 – 다 – 마
⑤ 다 – 라 – 마

해 설 서양중세대학의 학문분류로 널리 채택된 바 있는 7자유과목(liberal arts)의 3학은 문법, 수사학, 논리학이다.

Answer 136 ④ 137 ③ 138 ⑤ 139 ②

140 다음 〈보기〉 중 동양의 전통적인 학문분류의 6예(六藝)에 해당하는 것으로만 연결된 것은 어느 것인가?

〈보 기〉

가. 예(禮)
나. 문(文)
다. 악(樂)
라. 사(射)
마. 수(數)

① 가 – 나 – 다
② 가 – 나 – 다 – 라
③ 가 – 다 – 라 – 마
④ 나 – 다 – 라 – 마
⑤ 다 – 라 – 마

해 설 동양의 전통적인 학문분류에서 육예(六藝)는 원래 주대(周代)의 선비가 배워야 할 6종의 예술로서, 예(禮: 예의), 악(樂: 음악), 사(射: 활쏘기), 어(御: 말타기), 서(書: 글쓰기), 수(數: 셈하기)를 일컫는 것이었다.

141 다음 〈보기〉 중 분류표의 색인에 관한 설명으로 적합한 것을 모두 모은 것은?

〈보 기〉

가. 분류항목을 쉽게 찾을 수 있도록 분류표의 주요항목과 관련항목들을 알파벳순 또는 가나다순으로 배열한 것이다.
나. 통상 각 분류항목과 그에 해당하는 분류기호가 함께 제시된다.
다. 열거색인(enumerative index)은 분류표상의 용어만을 수록한 색인이다.
라. 열거색인은 오늘날에는 아주 일반화된 색인이다.

① 가 – 나 – 다
② 가 – 다
③ 가 – 라
④ 나 – 다 – 라
⑤ 다 – 라

해 설 라. DDC에서 처음 도입된 이래 오늘날 아주 일반화된 색인은 상관색인(relative index)이다.

142 다음 〈보기〉 중 모순개념으로 연결된 것을 모두 모은 것은 어느 것인가?

〈보 기〉	
가. 대 – 소	나. 상 – 하
다. 유 – 무	라. 생 – 사
마. 참 – 거짓	

① 가 – 나
② 가 – 나 – 다
③ 나 – 마
④ 나 – 다 – 라
⑤ 다 – 라 – 마

해 설 가. 나. "대 – 소," "상 – 하" 등과 같이 분량이나 정도의 차이를 나타내는 두 개념으로 그 사이에 제3자의 개입을 허용하는 것은 "반대개념"(contrary concept)이라 한다. 다. 라. 마. "모순개념"(矛盾槪念: contradictory concept)은 "유 – 무", "생 – 사," "참 – 거짓"과 같이 그 질이 아주 상반되고 서로 배척하여 그 중간에 제3자의 개입이 불가능한 두 개념을 말한다.

143 다음 〈보기〉 중 일반(종합)분류표에 해당하는 분류표를 모두 모은 것은 어느 것인가?

〈보 기〉	
가. CC	나. DDC
다. NLMC	라. IPC

① 가 – 나
② 가 – 다
③ 가 – 나 – 다
④ 가 – 나 – 다 – 라
⑤ 다 – 라

해 설 다.라. NLMC(National Library of Medicine Classification)와 IPC International Patent Classification)는 특수(전문)분류표의 대표적인 예들이다.

Answer 140 ③ 141 ① 142 ⑤ 143 ①

144 다음 〈보기〉 중 분류의 3요소와 그 예시의 연결이 올바른 것을 모두 모은 것은 어느 것인가?

〈보 기〉

가. 피분류체 – 황인종, 백인종, 흑인종
나. 분류원리 – 피부색
다. 분류지 – 사람

① 가
② 가 – 나
③ 가 – 다
④ 나
⑤ 나 – 다

해 설 분류의 3요소와 관련하여, 사람의 분류를 예로 들면, 분류대상이 되는 "사람"은 피분류체, 분류의 기준이 되는 "피부색"은 분류원리, 그 분류결과가 되는 "황인종, 백인종, 흑인종"은 각각 분류지가 된다.

145 다음 〈보기〉 중 분류기호의 요건과 그에 대한 설명의 연결이 올바른 것을 모두 모은 것은 어느 것인가?

〈보 기〉

가. 통용성 – 기호는 가능하면 국제적으로 널리 사용되는 것이어야 한다.
나. 신축성 – 새로운 주제의 삽입이 용이해야 한다.
다. 계층성 – 기호는 기억하기 쉬워야 한다.
라. 간결성 – 기호는 시각적으로나 발음상 가능한 한 짧아야 한다.

① 가 – 나 – 다
② 가 – 나 – 다 – 라
③ 가 – 나 – 라
④ 나 – 다 – 라
⑤ 다 – 라

해 설 다. 계층성(hierarchy)은 기호는 분류상에 나타나는 주제나 토픽의 상하관계, 동위관계 등 분류체계의 계층을 나타낼 수 있어야 한다는 것이다. 가능한 한 동일개념에 동일기호를 부여함으로써 기억하기 쉽도록 해야 한다는 것은 조기성(mnemonics)을 말한다.

146 다음 〈보기〉 중 이른바 4과(quadrivium)에 해당하는 것만으로 올바르게 연결된 것은 어느 것인가?

〈보 기〉	
가. 문법	나. 음악
다. 기하	라. 천문
마. 논리	바. 산술

① 가 — 나 — 다 — 라　② 가 — 나 — 마 — 바
③ 가 — 다 — 라 — 마　④ 나 — 다 — 라 — 바
⑤ 다 — 라 — 마 — 바

해 설 서양중세대학의 학문분류로 널리 채택된 바 있는 7자유과목(liberal arts)의 4과는 산술, 기하, 천문, 음악이다.

147 다음 〈보기〉 중 동양의 전통적인 학문분류의 육예와 서양의 7자유과목에 공통적으로 나타나는 요소들을 모두 모은 것은 어느 것인가?

〈보 기〉	
가. 문법	나. 수학
다. 천문학	라. 음악

① 가 — 나 — 다　② 가 — 나 — 다 — 라
③ 가 — 나 — 라　④ 나 — 다 — 라
⑤ 나 — 라

해 설 동양의 육예(六藝)는 예(禮: 예의), 악(樂: 음악), 사(射: 활쏘기), 어(御: 말타기), 서(書: 글쓰기), 수(數: 셈하기)를 말하고, 서양의 7자유과목(liberal arts)은 문법, 수사학, 논리학(이상 3학: trivium), 산술, 기하, 천문, 음악(이상 4과: quadrivium)을 말한다. 따라서 수학(산술)과 음악이 공통적인 요소라고 할 수 있다.

Answer 144 ④ 145 ③ 146 ④ 147 ⑤

148 다음 〈보기〉 중 서지분류(bibliographic classification)에 대한 설명으로 적합한 것을 모두 모은 것은 어느 것인가?

〈보 기〉

가. 서지분류의 연원은 서가분류의 연원에 비해 훨씬 더 짧다고 할 수 있다.
나. 서지분류는 서지의 작성을 기본목적으로 하며, 검색은 부차적인 것이다.
다. 서지분류는 일반적으로 상관식배가법(relative location)을 택하게 된다.
라. 서지분류의 배열기준은 청구기호순이 일반적이다.

① 가 － 나 － 다 ② 가 － 나 － 다 － 라
③ 가 － 나 － 라 ④ 나
⑤ 다 － 라

해 설 가. 서지분류는 문헌분류의 초기부터 사용된 반면, 서가분류가 시작된 것은 근대도서관에서 개가제(開架制)가 도입된 이후로 보는 것이 일반적이다. 다. 서지분류는 일반적으로 고정식배가법(fixed location)을 택하게 된다. 라. 서지분류의 배열기준은 자료의 크기나 장정, 입수순, 연대, 서지분류번호 등 다양한 방법을 사용하게 된다.

149 다음 〈보기〉 중 원저작과 관련저작의 취급에 대한 분류규정의 설명이 올바른 것을 모두 모은 것은?

〈보 기〉

가. 언어에 대한 학습이나 습득을 주목적으로 하는 원저작의 대역서(對譯書), 주해서(註解書)는 학습대상이 되는 언어의 해석이나 독본(讀本)에 분류한다.
나. 번안(飜案) 및 각색은 원저작과 함께 분류한다.
다. 원저작의 번역이나 비평, 해설 등은 모두 원저작과 함께 분류한다.
라. 원저작의 연구나 색인 등은 연구자 및 색인자의 저작으로 분류한다.

① 가 － 나 ② 가 － 나 － 다
③ 가 － 다 ④ 나 － 다
⑤ 나 － 다 － 라

해 설 나. 번안(飜案) 및 각색은 번안가 및 각색자의 작품으로 분류한다. 다. 라. 원저작의 번역이나 비평, 해설, 주석, 연구, 색인 등은 모두 원저작과 함께 분류한다.

150 다음 〈보기〉 중 분류규정의 일반규정에 포함되어야 할 내용을 모두 모은 것은?

〈보 기〉

가. 복수주제의 상호관련성
나. 원저작과 번역본 등에 대한 분류원칙
다. 분류표의 일부항목에 대한 재전개
라. 신주제의 처리 등에 관한 규정

① 가 – 나 – 다
② 가 – 나 – 다 – 라
③ 가 – 나 – 라
④ 나 – 다 – 라
⑤ 다 – 라

해 설 분류규정 중 일반규정에는 문헌분류에 있어서의 기본방침이나 원칙을 규정하는 것으로, 분류의 기본원칙, 주제와 형식의 취급, 복합주제의 처리, 원저작과 관련저작의 취급, 신주제의 처리 등에 관한 규정 등이 포함된다. 다. 분류표의 일부항목에 대한 재전개는 각 분류표의 개개의 분류항목에 적용하는 규정으로, 일반적으로 특수규정으로 분류한다.

151 분류표를 열거식과 준열거식, 분석합성식으로 분류할 경우, 다음 〈보기〉 중 대표적인 열거식 분류표를 모두 모은 것은 어느 것인가?

〈보 기〉

가. LCC
나. UDC
다. DDC
라. CC
마. BC

① 가
② 가 – 나
③ 나 – 다
④ 라 – 마
⑤ 마

해 설 가. 열거식분류표의 대표적인 예로는 미국의회도서관분류법(LCC: Library of Congress Classification)이 있다.

Answer 148 ④ 149 ③ 150 ③ 151 ①

152 다음 〈보기〉 중 서지분류 및 서가분류에 대한 설명으로 적합한 것을 모두 모은 것은 어느 것인가?

〈보 기〉

가. 서가분류는 배가분류(配架分類)라고도 한다.
나. 서지분류는 주로 장서목록이나 서지, 색인 등에서 사용한다.
다. 19세기 이전의 문헌분류는 주로 서가분류체계가 중심을 이루었다.
라. 서지분류의 기본목적은 자료검색에 있다.

① 가 － 나
② 가 － 나 － 다
③ 가 － 다 － 라
④ 나 － 다
⑤ 나 － 라

해 설 다. 19세기 이전의 문헌분류는 주로 서지분류체계가 중심을 이루었다. 라. 서지분류의 기본목적은 서지작성에 있으며, 자료검색은 부차적인 목적에 해당한다.

153 다음 〈보기〉 중 개념의 종류와 그 예시가 적절한 것을 모두 모은 것은 어느 것인가?

〈보 기〉

가. 반대개념 － "유 － 무"
나. 상관개념 － "아들 － 딸"
다. 교착개념 － "학자 － 교수"
라. 동일개념 － "네모 － 사각형"

① 가 － 나 － 다
② 가 － 나 － 다 － 라
③ 가 － 나 － 라
④ 나 － 다 － 라
⑤ 다 － 라

해 설 가. "반대개념"(contrary concept)은 "대－소," "상－하," "고—저" 등과 같이 분량이나 정도의 차이를 나타내는 두 개념으로 그 사이에 제3자의 개입을 허용하는 것을 말한다. "유－무"와 같이 그 질이 아주 상반되고 서로 배척하여 그 중간에 제3자의 개입이 불가능한 두 개념은 "모순개념"(矛盾概念: contradictory concept)이라 한다. 나. "아들－딸"과 같이 동위개념으로서 서로 의존함으로써 그 뜻이 더욱 분명해지는 개념을 "상관개념"(correlative concept)이라 한다. 다. "학자－교수"와 같이 그 외연의 일부가 서로 교차되어 있는 개념을 "교착개념"(交錯概念: cross concept)이라 한다. 라. "세모－삼각형" 과 같이 개념의 내포와 외연이 완전히 일치하는 개념을 동일개념(identical concept, 일명 동의(同義)개념)이라 한다.

154 다음 〈보기〉 중 총서 및 다권본의 취급에 관한 분류규정의 설명으로 올바른 것을 모두 모은 것은 어느 것인가?

〈보 기〉

가. 특정주제에 한정되지 않고 여러 주제를 망라하고 있는 총서나 전집으로 총서명과 권호표시가 있는 것은 총류(總類)의 일반전집에 분류한다.
나. 출판사가 판매를 목적으로 임의로 부여한 총서의 경우는 그 주요주제에 해당하는 곳에 일괄하여 총서로 분류한다.
다. 총서명은 표시되어 있으나, 해당총서의 일부만을 소장하고 있는 경우는 단행본으로 취급하여 각각의 해당주제에 분류한다.
라. 특정주제의 총서로 체계적으로 편집되고 마지막 권에 총목차가 붙어있는 것은 총서로 분류한다.

① 가 － 나　② 가 － 나 － 다
③ 가 － 다 － 라　④ 나 － 다
⑤ 나 － 다 － 라

해 설 나. 출판사가 판매를 목적으로 임의로 부여한 총서는 단행본으로 취급하여 분류한다.

155 다음 〈보기〉 중 Comte의 학문분류의 영향을 받은 분류표를 모두 모은 것은 어느 것인가?

〈보 기〉

가. Colon Classification　나. Expansive Classification
다. Library of Congress Classification　라. Bibliographic Classification

① 가 － 나　② 가 － 나 － 다
③ 가 － 나 － 다 － 라　④ 나 － 다
⑤ 나 － 다 － 라

해 설 Comte의 학문분류는 EC, LCC, NDC 등에 영향을 미친 바 있다.

Answer　152 ①　153 ④　154 ③　155 ④

156 다음 〈보기〉 중 구분(분류)의 규칙과 그 내용의 연결이 올바른 것을 모두 모은 것은 어느 것인가?

〈보 기〉

가. 일관성의 규칙 – 구분지의 전체는 피구분체의 전체외연과 부합되어야 한다.
나. 상호배타성의 규칙 – 구분원리는 반드시 한 개에 한해야 한다.
다. 점진성의 규칙 – 구분은 점진적 최상의 유로부터 점차 최하의 종에 달해야 한다.
라. 망라성의 규칙 – 모든 구분지는 그 외연에 있어서 서로 중첩되어서는 안 된다.

① 가 – 나
② 가 – 나 – 다
③ 나 – 다
④ 나 – 라
⑤ 다

해 설 가. 구분지의 전체는 피구분체의 전체외연과 부합되어야 한다는 것은 망라성의 규칙이다. 나. 구분원리는 반드시 한 개에 한해야 한다는 것은 일관성의 규칙이다. 라. 모든 구분지는 그 외연에 있어서 서로 중첩되어서는 안 된다는 것은 상호배타성의 규칙이다.

157 다음 〈보기〉 중 Bacon의 학문분류에서 정신능력과 학문의 연결이 올바른 것을 모두 모은 것은 어느 것인가?

〈보 기〉

가. memory – philosophy
나. understanding – history
다. imagination – poesy
라. analysis – science

① 가 – 나
② 가 – 나 – 다
③ 나 – 다
④ 다
⑤ 라

해 설 Bacon은 인간의 정신능력을 기억(memory), 상상(imagination), 오성(understanding, 또는 reason)으로 나누고, 그 각각에 대응하는 학문을 사학(history), 시학(poesy), 이학(philosophy)으로 구분한 바 있다.

158 다음 〈보기〉 중 문헌분류에서 일반적으로 채택하는 원칙으로 적합한 것을 모두 모은 것은?

〈보 기〉

가. 복수주제가 동등하게 취급된 경우는, 분류표상에서 앞에 오는 주제에 분류한다.
나. 서로 영향관계에 있는 주제들을 다루고 있는 문헌은 영향을 미치는 주제에 분류한다.
다. 어떤 상위주제의 하위주제에 해당하는 셋 이상의 주제를 다루는 경우는 그 상위주제에 분류한다.
라. 어떤 문헌에서 두 개의 주제를 다루고 있는 경우는, 더욱 완전하게 다루어지는 주제에 분류한다.

① 가 – 나 – 다　　② 가 – 나 – 라
③ 가 – 다 – 라　　④ 나 – 다 – 라
⑤ 다 – 라

해 설 가. 복수주제가 동등하게 취급된 경우는, "선행규칙"(first of two rules)에 따라, 분류표상에서 앞에 오는 주제에 분류한다. 나. 서로 영향관계에 있는 주제들을 다루고 있는 문헌은 "적용규칙(rule of application)"에 따라, 영향을 받고 있는 주제에 분류한다. 다. 모두가 동일한 상위주제의 세목에 해당하는 셋 이상의 주제를 다루고 있는 문헌은 어느 한 주제가 다른 주제들보다 더욱 완전하게 다루어지지 않는 한, "삼자규칙"(rule of the three)에 따라, 이 주제들을 모두 포함하는 첫 번째 상위기호에 분류한다. 라. 어떤 문헌에서 두 개의 주제를 다루고 있는 경우는, 어느 한 주제가 더 완전하게 다루어진 경우에는 더욱 완전하게 다루어지는 주제에 분류한다.

Answer 156 ⑤ 157 ④ 158 ③

159 다음 〈보기〉 중 분류기호의 요건에 관련된 설명으로 올바른 것을 모두 모은 것은 어느 것인가?

〈보 기〉

가. 간결성의 측면에서는 아라비아 숫자만을 사용하는 순수기호법이 다양한 기호를 함께 사용하는 혼합기호법보다 더 적합하다.

나. 분류기호는 분류의 순서를 결정하기 위한 필수요건으로 그 선택에 신중을 기해야 한다.

다. 분류기호의 요건들은 상호배타적인 속성이 있다.

라. 동일개념에 대해 동일기호를 부여하는 것은 분류기호의 조기성을 높이는 대표적인 방법의 하나이다.

① 가 - 나
② 가 - 나 - 다 - 라
③ 가 - 다 - 라
④ 나 - 다
⑤ 나 - 라

해 설 가. 간결성의 측면에서 보면 아라비아 숫자만을 사용하는 순수기호법보다는 다양한 기호를 함께 사용하는 혼합기호법이 더 적합하다. 다. 분류기호의 요건들은 상호배타적인 것이 아니며, 어느 한 요건을 충족시키려면 다른 요건을 희생시켜야 하는 경우도 있다.

160 다음 〈보기〉 중 패싯식분류법(faceted classification)에 해당하는 분류표를 모두 모은 것은 어느 것인가?

〈보 기〉

가. Colon Classification
나. Expansive Classification
다. Library of Congress Classification
라. Bibliographic Classification

① 가 - 나
② 가 - 나 - 다
③ 가 - 라
④ 나 - 다
⑤ 나 - 다 - 라

해 설 CC와 BC는 패싯식분류법(분석합성식분류법)의 대표적인 유형이다.

161 다음 〈보기〉 중 서로 동일한 개념끼리 연결된 것을 모두 모은 것은 어느 것인가?

〈보 기〉

가. 유개념 – 상위개념　　나. 반대개념 – 모순개념
다. 종개념 – 하위개념　　라. 동일개념 – 동연개념

① 가 – 나　　② 가 – 나 – 다
③ 가 – 다　　④ 나 – 다 – 라
⑤ 나 – 라

해 설 가. 다. 포섭의 상하관계에 따라 유개념은 상위개념, 종개념은 하위개념이라고도 한다. 나. 반대개념은 두 개념 사이에 제3자의 개입을 허용하는 개념이고, 모순개념은 제3자의 개입이 허용되지 않는 개념이다. 라. 동일개념은 개념의 내포와 외연이 완전히 일치하는 개념이고, 동연개념은 내포는 다르면서 외연이 같은 개념이다.

162 다음 〈보기〉 중 열거식분류법에 대한 설명으로 적합한 것을 모두 모은 것은 어느 것인가?

〈보 기〉

가. 과거와 현재, 예상되는 미래의 모든 주제를 열거하는 분류표이다.
나. UDC가 대표적인 예이다.
다. 지식의 영역을 설정하고 이를 하위류로 계속 구분한다.
라. 일반적으로 분류기호는 분석합성식에 비해 다소 길어지는 경향이 있다.

① 가 – 나　　② 가 – 나 – 다
③ 가 – 다　　④ 나 – 다 – 라
⑤ 나 – 라

해 설 나. 열거식분류표의 대표적인 예는 LCC이며, UDC는 준열거식분류표의 대표적인 예이다. 라. 일반적으로 분류기호는 분석합성식의 경우가 열거식분류표의 경우에 비해 다소 길어지는 경향이 있다.

Answer 159 ⑤ 160 ③ 161 ③ 162 ③

163 다음 〈보기〉 중 Bacon의 학문분류에 관련된 설명으로 올바른 것을 모두 모은 것은 어느 것인가?

〈보 기〉

가. 인간의 정신능력을 일차적인 분류기준으로 삼았다.
나. 사학은 오성(understanding)에 대응하는 학문이다.
다. 특히 CC의 분류에 직접적인 영향을 미친 바 있다.
라. Harris는 Bacon의 학문분류의 역순을 사용하였다.

① 가 - 나　　② 가 - 다 - 라
③ 가 - 라　　④ 나 - 다
⑤ 나 - 다 - 라

해 설 나. 사학은 기억(memory)에 대응하는 학문이다. 다. Bacon의 학문분류는 DDC에 영향을 끼친 학문분류이다.

Answer 163 ③

제 2 장
문헌분류의 역사

2.1. 중국의 문헌분류사
2.2. 한국의 문헌분류사
2.3. 서양 및 일본의 문헌분류사

제 2 장

문헌분류의 역사

주요내용의 요약 및 해설

2.1. 중국의 문헌분류사

칠략(七略): (정필모 1991, pp.32-33)

① 분류의 연원을 알 수 있는 중국최고(最古)의 목록이다.

② 전한(前漢) 성제(成帝)(BC 25-5)시대 비부(秘府)에서 주관하여 편찬하였다.

③ 유향(劉向)은 경전(經傳), 제자(諸子), 시부(詩賦)를 정리하였고, 임굉(任宏)은 병서(兵書)를 정리하였으며, 이주국(李柱國)은 방기(方技)를 정리하였다.

④ 유향이 정리하여 "별록"(別錄)을 작성하였으나 완성치 못하고, 그 아들 유흠(劉歆)이 이를 완성하여 "칠략"이라 표제하였다(BC 5).

⑤ 칠략의 내용:

(가) 집략(輯略): 나머지 육략 전반에 대한 총설.

(나) 육예략(六藝略): 역, 서, 시, 예, 악, 춘추, 논어, 효경, 소학 등 9종의 유교경전.

(다) 제자략: 유가, 도가, 음양가(陰陽家), 법가, 명가, 묵가(墨家), 종횡가(縱橫家), 잡가(雜家), 농가(農家), 소설가(小說家) 등 10종의 제자백가서.

(라) 시부략: 굴부(屈賦), 육부(陸賦), 손부(孫賦), 잡부(雜賦), 가시(歌詩) 등 5종의 문학서.

(마) 병서략: 병권모(兵權謀), 병형세(兵形勢), 음양, 병기교(兵技巧) 등 5종의 병서.

(바) 수술략(數術略): 천문, 역보(曆譜), 오행, 시구(蓍龜), 잡점(雜占), 형법(形法) 등 6종.

(사) 방기략: 의경(醫經), 경방(經方), 방중(房中), 신선(神仙) 등 4종.

⑥ 집략은 나머지 6개략에 대한 총설로 각 유의 내용을 설명하는 부분이라는 점에서, 실제적으로는 6분법이라고 할 수 있다.

⑦ 이후 중국의 칠분법의 기원이 되었으며, 송 나라의 "칠지"(七志), 양(梁)나라의 "칠록"(七錄) 등은 칠분법의 예이다.

불전의 삼장(三藏)분류법: (정필모 1991, pp.34-40)

① 불교의 특징적 분류법이다.

② "개원석교록"(開元釋敎錄)(당(唐)나라 지승(智昇)이 730년에 편찬한 불전목록)에서 체계가 완성되었다.

③ 이후 동양의 거의 모든 불전목록은 모두 개원석교록의 분류체계를 따르고 있다.

④ 경(經)장(경전), 율(律)장(불법의 금계(禁戒), 계율), 논(論)장(연구서)의 삼장으로 이루어진다.

사부(四部)분류법: (정필모 1991, pp.40-48; 천혜봉 1980, pp.15-40)

① 유교의 특징적인 분류법이다.

② 중경신부(中經新簿)(265-316)는 진(晋)나라 초 순욱(荀勗)이 편찬한 것으로, 칠분법에서 사분법으로 옮겨가는 과도기적 성격의 사분법(四分法) 최고(最古)의 목록서이다.

③ 진원제서목(晋元帝書目)(317-322)은 동진(東晋) 초 이충(李充)이 편찬한 것으로, 갑을병정의 명칭을 사용하였으나, 사분법의 내용차서가 확정되었다.

④ 수서경적지(隋書經籍志)(641)는 당 태종의 칙령(勅令)으로 이순풍(李淳風), 위안인(韋安仁), 이연수(李延壽) 등이 편찬한 것으로, 경부(經部), 사부(史部), 자부(子部), 집부(集部)의 구분을 바탕으로 하는 사분법의 토대가 확립되었다.

⑤ 사고전서총목(四庫全書總目)(1773-1782)은 청(淸) 고종의 명으로 기윤(紀昀), 육석웅(陸錫熊), 손사의(孫士毅) 등에 의해 편찬된 것으로, 문연각(文淵閣), 문원각(文源閣), 문진각(文津閣), 문조각(文潮閣) 등 사고(四庫)의 책 총 3,475종 79,070권을 사부분류법으로 정리한 200권의 목록이다. 사부분류법의 정점이 되었고, 후대의 한적분류에 큰 영향을 미친 바 있다.

⑥ 사부분류법의 장점: (천혜봉 1980, p.34)

(가) 분류조직이 간단하여 기억하기 쉽고 정리가 간편하다.

(나) 전통적인 동양문화를 분산시키지 않고 원형 그대로 집약적으로 조직할 수 있다.

(다) 고서의 보존위주인 각종문고와 동양학 전문도서관에 적합하다.

(라) 동양학에 관한 지식을 가지고 있는 사람이라면 사서가 아니라도 분류업무를 담당할 수 있다.

⑦ 사부분류법의 단점: (천혜봉 1980, pp.34-39)

(가) 분류법의 유문(類門)배열이 실제보다 명분에 치우치고 있다. 희곡이나 소설 등이 집부에 포함되지 못한 것 등이 그 예이다.

(나) 분류법의 유문이 주제의 이론적인 체계로 전개되어 있지 않고, 체재(體裁)위주의 전통적인 방법으로 나열되어 있다. 사부의 경우에 정사류(기전체)를 중심으로 하는 것이 그 예이다.

(다) 특히 자부의 경우 제자(諸子)의 저술 이외에도, 총류에 해당하는 자료나 서학(西學) 및 신학(新學)의 잡다한 여러 책들이 집중되어 있어 불합리하다.

(라) 유속(類屬)의 명사(名辭) 가운데는 부적당하거나 그 개념이 명석치 않아 이해하기 어려운 것이 있으며, 분류항목이 부족한 것도 있다.

(마) 본래 중국의 전통적인 고전을 대상으로 만들어진 것이기 때문에, 중국 이외의 동양제국의 고전과 서학(西學)을 수용하기 어렵다.

(바) 사부분류법으로 정리된 목록은 부유속(部類屬)의 순서로 책이 적혀 있을 뿐, 개개 책의 배가위치를 정확하게 알려주는 분류기호가 매겨져 있지 않은 것이 통례이기 때문에 그 검색이 불편하다.

사고전서총목(四庫全書總目)의 분류체계: (정필모 1991, pp.42-48)

① 사부분류법에 의거하여 경 · 사 · 자 · 집을 강(綱)으로 삼고, 경부 10류, 사부 15류, 자부 14류, 집부 5류 등 총 44류로 분류하고, 유 아래에서 각각 별도의 자목(子目)으로 나누었다.

② 경부: 역(易)류
서(書)류
시(詩)류
예(禮)류: 주례(周禮), 의례(儀禮), 예기(禮記), 삼례통의(三禮通義), 통례(通禮), 잡예서(雜禮書)
춘추(春秋)류
효경(孝經)류
오경총의(五經總義)류
사서(四書)류
악(樂)류
소학(小學)류: 훈고(訓詁), 자서(字書), 운서(韻書)

③ 사부: 정사(正史)류
편년(編年)류
기사본말(紀事本末)류
별사(別史)류
잡사(雜史)류
조령주의(詔令奏議)류: 조령, 주의
전기(傳記)류: 성현(聖賢), 명인(名人), 총록(總錄), 잡록(雜錄), 별록(別錄)
사초(史鈔)류
재기(載記)류
시령(時令)류
지리(地理)류: 총지(總志,) 도회군현(都會郡縣), 하거(河渠), 변방(邊方), 산천(山川), 고적(古蹟), 잡기(雜記), 유기(遊記), 외기(外記)
직관(職官)류: 관제(官制), 관잠(官箴)

정서(政書)류: 통제,(通制), 전례(典禮), 방계(邦計), 군정(軍政), 법령(法令), 고공(考工)

목록(目錄)류: 경적(經籍), 금석(金石)

사평(史評)류

④ 자부: 유가(儒家)류

병가(兵家)류

법가(法家)류

농가(農家)류

의가(醫家)류

천문산법(天文算法)류: 추보(推步), 산서(算書)

술수(術數)류: 수학(數學), 점후(占候), 상택상묘(相宅相墓), 점복(占卜), 명서상서(命書相書), 음양오행(陰陽五行), 잡기술(雜技術)

예술(藝術)류: 서화(書畵), 금보(琴譜), 전각(篆刻), 잡기(雜技)

보록(譜錄)류: 기용(器用), 식보(食譜), 초목(草木), 조수(鳥獸), 충어(蟲魚)

잡가(雜家)류: 잡학(雜學), 잡고(雜考), 잡설(雜說), 잡품(雜品), 잡찬(雜簒), 잡편(雜編)

유서(類書)류

소설가(小說家)류: 잡사(雜事), 이문(異聞), 쇄어(瑣語)

석가(釋家)류

도가(道家)류

⑤ 집부: 초사(楚辭)류

별집(別集)류

총집(總集)류

시문평(詩文評)류

사곡(詞曲)류: 사집(詞集), 사선(詞選), 사화(詞話), 사보(詞譜), 사운(詞韻), 남북곡(南北曲)

중국의 주요현대분류법 (3대분류법): (최달현, 이창수 2005, pp.31-33)

① 중국인민대학도서관도서분류법은 중국적 특징을 가진 사회주의 분류법으로, 1996년에 제6판이 발행된 바 있다.

② 중국과학원도서관도서분류법은 중국의 전국문헌분류법 통일의 경험을 제공한 분류법으로, 1994년에 제3판이 발행되었다.

③ 중국도서관분류법은 중국에서 가장 널리 사용되는 대형종합문헌분류법으로, 1999년에 제4판이 발행되었다.

2.2. 한국의 문헌분류사

고려시대의 불교목록: (정필모 1991, pp.83-88)

① 삼장분류법에 의해 분류되었다.

② 초조대장목록(初雕大藏目錄)(1011-1083)은 최사위(崔士威)에 의해 편찬된 우리나라 최고(最古)의 목록으로 추정되나, 현존하지는 않는다. 대승경율론(大乘經律論), 소승(小乘)경율론, 성현집전(聖賢集傳)으로 분류되었다.

③ 신편제종교장총록(新編諸宗敎藏總錄)(1090)은 현존하는 우리나라 최고(最古)의 목록으로, 의천록(義天錄), 교장총록, 속장(續藏)목록이라고도 한다. 우리나라 불교 장소(章疏)목록의 효시가 된 목록이다. "고려·송·요·일본 등 여러 나라의 경·율·논 삼장(三藏)에 대한 고래 학문승들의 장소(章疏)를 집록한 속장간행목록(續藏刊行目錄)"(엠파스백과사전)이다.

④ 재조(再雕)대장목록(1236-1248)은 수기법사(守其法師)에 의해 편찬된 재조대장경의 목록으로, 재조대장경(통칭 팔만대장경)은 한역불경 전체를 망라한 총체적인 불전대장경이다.

조선시대의 유교목록: (정필모 1991, pp.88-94)

① 해동문헌총록(海東文獻總錄)(1637)은 김휴(金烋)가 편찬한 우리나라 최고(最古)의 유교목록으로, 임진왜란 이후 경상도 명문가의 문헌에 대한 해제서목이다. 중국의 사부분류법을 참고하였다.

② 규장총목(奎章總目)(1781)은 서호수(徐浩修)가 편찬한 중국본(中國本)의 해제서목으로, 열고관서목, 개유와서목이라고도 한다. 중국의 사부분류법에 따라 분류되었다. 통상 "『열고관서목』(閱古觀書目) 6권과 『서서서목』(西序書目) 2권의 합본에 개유와(皆有窩)에 소장된 서적을 추가로 정리하여 편찬한 『개유와서목』(皆有窩書目) 4권 3책을 더한 것"(엠파스백과사전)을 말한다. 때로는 "필사본으로 된 『개유와서목』 4권 3책"만(네이버백과사전)을 일컫는 경우도 있다.

③ 누판고(鏤板考)(1796)는 서유구(徐有榘)가 편찬한 각판(刻板)한 판목의 목록으로, 사부분류법에 따라 분류되었다.

④ 기타 사부분류법으로 분류된 주요목록: 한치윤(韓致奫)의 해동역사예문지(海東繹史藝文志), 제실도서목록(帝室圖書目錄), 조선도서해제, 조선총독부고도서목록, 규장각도서한국본총목록

Courant의 한국서지(Bibliographie Corienne): 프랑스인 Mourice Courant이 편찬한 한국관련서적 3,821종에 대한 4권으로 된 목록(1894-1901)으로, 사부분류법과는 판이한 분류법에 의해 분류되었다.

조선십진분류표(KDCP)(1947): (오동근 2000; 정필모 1991, pp.98-107)

① 박봉석(朴奉石)이 편찬한 한국인에 의한 최초의 십진분류표이다.

② 박봉석의 주요업적:

(가) 국립도서관 부관장으로 도서관행정에 기여
(나) 국립도서관 부설 국립도서관학교의 교수로서 도서관교육에 기여
(다) 조선도서관협회의 결성 주도 및 초대위원장 역임
(라) 조선십진분류표 편찬
(마) 동서편목규칙 편찬

③ 국립도서관학교의 교재로 사용되던 동서도서분류표를 개정하여 조선도서관협회 분류위원회의 승인을 받아 1947년 조선십진분류표라는 서명으로 국립도서관에서 발행하였다.

④ 1965년 국립중앙도서관의 개정판(한국십진분류표로 개제), 1980년 고려대 중앙도서관의 고대보정판이 발행된 바 있다.

⑤ 초기 한국도서관계에 널리 채용되었으나, DDC와 KDC에 밀려 현재는 도태된 상태이다.

⑥ 주류의 배열:

(가) 십진식의 통례에 따라 전 주제를 1류부터 9류까지 나누고 0류에 총류를 두었다.

(나) 독창적인 주류배열을 하고 있다:

1류 – 철학 · 종교
2류 – 역사 · 지지
3류 – 어학 · 문학
4류 – 미술 · 연예
5류 – 사회 · 교육
6류 – 정법 · 경제
7류 – 이학 · 의학
8류 – 공학 · 공업
9류 – 산업 · 교통

(다) 인문과학 3개류(철학·종교, 어학·문학, 미술·연예), 사회과학 3개류(역사 · 지지, 사회 · 교육, 정법 · 경제), 과학기술 3개류(이학 · 의학, 공학 · 공업, 산업 · 교통)의 구분으로 학문간 균형을 유지하였다.

⑦ 장점:

(가) 아라비아기호법의 순수기호를 채택하고 있다.

(나) 주류를 학문간에 균형적으로 배분하였고, 그 순서도 비교적 자연스럽다.

(다) 어문학을 제3류에 통합하여 분리되는 것을 방지하였다.

⑧ 단점:

(가) 정기적인 개정이 이루어지지 않아 새로운 주제가 누락되어 있다.

(나) 분류기호의 전개를 네 자리로 국한하고 있어 새로운 분야의 세분전개가 불가능하다.

(다) 기호를 네 자리로 제한하였기 때문에 조기성의 변칙이 많아 기호배정이나 기호식별이 어렵다.

(라) 새로운 주제를 적절한 위치에 삽입하기가 어렵다.

2.3. 서양 및 일본의 문헌분류사

Pinakes(BC 310-240): (남태우, 김창하 2007, pp.127-167; 澁川雅俊. 1985, pp.34-46)

① BC 310-240년경에 편찬된 것으로 전해지는, 분류의 전반적인 내용을 파악할 수 있는 최고(最古)의 목록이다.

② Callimachus가 편찬한 것으로 알려진 Alexandria도서관의 소장목록이다.

③ "어떤 종류의 문학에 뛰어난 저자 및 저작 일람"이란 뜻을 담고 있으며, Pinakes의 어원은 '점토판'(tablet)에서 유래하였으며, 점토판을 모아놓은 상태의 것이란 의미를 가지고 있다.

④ "어원은 점토판이지만, 파피루스조각에 기술된 목록"(남태우, 김창하 2007, p.141)으로, 현재는 그 일부만이 남아있기 때문에 전체의 형태와 내용을 정확하게 파악하기가 어렵다.

중세의 분류법:

① 중세전기는 수도원을 중심으로 기독교 및 세속문헌의 관리가 이루어졌으며, 12-13세기 이후 대학을 중심으로 자료관리가 이루어졌다.

② 서양중세대학의 학문분류는 7자유과목(liberal arts)으로 구분되었으며, 3학과 4과로 이루어진다.

3학(trivium): 문법, 수사학, 논리학

4과(quadrivium): 산술, 기하, 천문, 음악

Gesner의 분류법(1548):

① 박물학자 Konrad von Gesner가 세계서지(*Bibliotheca Universalis*)를 편찬하기 위해 사용한 분류법이다.

② 세계서지는 일정한 원칙에 따라 분류된 라틴어, 그리스어, 히브리어의 도서목록이다.

③ 최초의 서지학적 분류, 철학적 기초를 가진 분류로 평가받은 바 있으나, 후세의 문헌분류법에는 거의 영향을 미치지 못하였다.

Naudé 의 분류법(1643):

① 추기경 Mazarin의 장서를 관리한 바 있는 서지학자 Gabriel Naudé는 *Advis Pour Dresser une Bibliotheque*에서 문헌분류를 시도한 바 있다.

② 프랑스분류법(French Classification System)의 기초가 되었다.

Harris의 분류법(1870): (정필모 1991, pp.135-137)

① 미국 St. Louis공립학교도서관의 William T. Harris가 고안한 분류법을 말한다.

② 분류기호와 도서기호를 서가배열, 목록배열, 출납 등의 모든 경우에 사용한 최초의 분류법이다.

③ 서지분류와 서가분류의 통합을 시도한 최초의 분류법으로 알려져 있다.

④ Harris의 "Essay on the system of classification"의 내용을 바탕으로 4부문 100구분으로 되어 있다.

⑤ 베이컨의 학문분류의 순서를 도치시킨 역베이컨식(inverted Bacon)을 사용하였으며, DDC의 주류배열에 직접적인 영향을 미친 바 있다.

Dewey의 십진분류법(Dewey Decimal Classification: 1876): Melvil Dewey에 의해 고안된 십진식분류법. 구체적인 내용은 제3장 참조.

Cutter의 전개분류법(Expansive Classification: 1891-1893): (김정소 1987, pp.118-122; 정필모 1991, pp.142-151)

① C. A. Cutter가 고안한 미완성의 분류법이다.

② Cutter의 주요 업적:

(가) Boston Athenaeum의 도서관장으로 봉직
(나) 사전체편목규칙(1875)의 편찬
(다) Boston Athenaeum 장서목록의 편찬
(라) 전개분류표의 편찬

③ 주제의 이론적 배열이 특징이다: 사물의 진화순에 의한 배열로 서양 4대분류표 중 가장 이론적 배열로 평가되고 있다.

④ 주류의 배열은 주로 Auguste Comte의 지식분류의 영향을 받은 바 있다.

⑤ 공통세목(형식구분)과 지역구분표(지방표) 등의 보조표를 설정하고 있다.

⑥ EC의 장점:

(가) 논리적이다.
(나) 학구적이다.
(다) 명사(名辭)와 배열이 당시로서는 근대적이다.
(라) 도서관의 실제에 기초하고 있다.
(마) 조기성이 풍부하다.
(바) 무한히 전개할 수 있다.
(사) 일국(一國)에 관한 주제를 한 곳에 모을 수 있다.

⑦ EC의 단점:

(가) 미완성이다: 제7표는 미완성인 채로 Cutter가 사망하였으며, 그 후로도 완성되지 못하였다.
(나) 주제간의 구분이 불균등하다.
(다) 기호가 기록하고, 기억하고, 배가하기 곤란하다(미완성인 제7표를 고려할 경우).

미국의회도서관분류법(Library of Congress Classification: 1901): 상세한 내용은 제5장 참조.

Bliss의 서지분류법(Bibliographic Classification: 1902년 고안):

(〈http://en.wikipedia.org/wiki/Bliss_bibliographic_classification〉)

① New York 시립대학도서관장 H. E. Bliss가 분류에 대한 이론적 연구를 바탕으로 고안한 분류법으로, Bliss의 문헌분류이론은 S. R. Ranganathan에게 많은 영향을 끼친 바 있다.

② 1940년부터 1953년에 걸쳐 *A Bibliographic Classification*으로 발표되었으며, 현재는 Bliss Classification Association에 의해 연구되고 있으며, 1977년부터 BC2를 발행하고 있다.

③ BC의 특성: 〈홈페이지: http://www.blissclassification.org.uk/ 참조〉

(가) 현대분류표의 총류(generalities)에 해당하는 선행류(anterior classes)를 두고 있다.

(나) 자연과학을 상위에 두고 있다.

(다) 도서관의 성격에 따라 분류의 위치를 선택할 수 있는 양자택일의 방법(alternative)을 채택하고 있다.

(라) 알파벳대문자와 숫자 등으로 구성된 혼합기호법을 채택하고 있다.

국제십진분류법(Universal Decimal Classification: 1905): 상세한 내용은 제5장 참조.

Brown의 주제분류법(Subject Classification: 1906): (정필모 1991, pp.124-135)

① 고안자 James Duff Brown의 주요업적: 영국근대도서관의 아버지, 개가제의 선구자, *Manual of Library Economy*(1930) 등 많은 저술활동, Subject Classification의 고안.

② Quinn-Brown Classification(1894), Adjustable Classification(1898)을 개선하여 1906년에 Subject Classification으로 발표하였다.

③ 이른바 서양4대분류표(DDC, EC, LCC, SC)의 하나이다.

④ SC의 특색:

(가) 주제의 이론적 배열: 주류의 배열을 B-D(물리학)는 Matter and Force,

E-I(생물학, 인종학 및 의학, 실용생물학 및 가정학)는 Life, J-L(철학 및 종교, 사회과학 및 정치학)은 Mind, M-X(어문학, 문학형식, 역사 및 지리, 전기)는 Record의 순으로 하고 있다.

(나) CC 및 BC와 같이 자연과학을 상위에 배열하였다.

(다) 자연과학과 그 응용분야를 접근시키고 있다: 예를 들면 "B000 물리학 및 역학"과 그 응용분야인 "B166 기계공학," "B200 토목공학"을 접근시키고, "D700 화학"과 그 응용분야인 "D800 화학공학"을 접근시키고 있다.

(라) 주요주제를 같은 곳에 배정하고 있다: 현대의 대부분의 분류표는 학문적 분류표로서 동일주제라 하더라도 그 취급방법에 따라 서로 다른 곳에 배정되지만, SC는 그 명칭이 나타내는 것처럼, 동일주제를 동일한 곳에 배정한다. 예를 들면 DDC에서는 "설탕"이라는 주제가 그 취급방법에 따라 각각 "chemistry 547.7815," "food 641.336"에 분산되어 분류되는 반면, SC에서는 "I885" 한 곳에 배정되고 그 취급방법은 범주표에 따라 "chemistry I885.348," "food I885.604" 등으로 분류된다.

(마) 범주표(categorical table)를 사용하고 있다: 동일한 곳에 배정되는 주제를 추가세분하는 데 사용하기 위한 보조표로, 주제취급의 입장, 방법, 형식 등을 포함하고 있다.

(바) 지역구분표(지방표)를 사용하고 있다.

(사) 혼합기호법을 사용하고 있다: 알파벳대문자 A-X와 아라비아숫자 000-999를 사용한다.

(아) 열거색인(specific index)을 사용하고 있다: 본표에 나타나는 명사 및 동의어 등을 수록한 색인을 사용한다.

(자) "인명기호표," "연대기호표," "저작세분표" 등을 마련하고 있다.

Ranganathan의 콜론분류법(Colon Classification: 1933): 상세한 내용은 제5장 참조.

일본십진분류법(NDC: 1950): (최달현, 이창수 2005, pp.45-46)

① 1929년 모리(森清)가 편찬한 일본십진분류법을 개선하여 일본도서관협회가 편찬하는 일본의 표준십진분류법이다.

② 1995년에 신정9판이 발행된 바 있다.

③ 주류는 000 총기(總記), 100 철학, 200 역사, 300 사회과학, 400 자연과학, 500 기술, 600 산업, 700 예술, 800 언어, 900 문학의 순으로 배열된다.

④ 일반보조표(6종)와 고유보조표의 두 종류 보조표가 있다.

⑤ 일반보조표: 전 주제분야 또는 한 주류 전체나 둘 이상의 주류의 일부에서 사용되는 보조표로, 형식구분, 지리구분, 해양구분, 언어구분, 언어공통구분, 문학공통구분의 6종이 마련되어 있다.

⑥ 고유보조표: 특정 유의 일부에서만 적용되는 보조표로, 신도(神道)의 각 교파(178)나 불교의 각 종파(188)에 대한 공통세구분표가 그 예이다.

⑦ 상관색인을 갖추고 있고, 아라비아숫자만을 사용하는 순수기호법의 분류법이다.

제 2 장
문헌분류의 역사

객관식문제 및 해설

1 다음 중 칠략(七略) 가운데 정리된 목록의 실제내용을 열거하지 않은 것은?

① 집략(輯略) ② 육예략(六藝略)
③ 제자략(諸子略) ④ 시부략(詩賦略)
⑤ 방기략(方技略)

해 설 칠략(七略)은 집략(輯略), 육예략(六藝略), 수술략(數術略), 병서략(兵書略), 시부략(詩賦略), 방기략(方技略), 제자략(諸子略)으로 이루어진다. ① 이 가운데 집략은 도서를 분류한 유문(類門)이 아니라, 나머지 여섯 개 유 전반에 걸친 총설에 해당하는 것이다.

2 다음 중 동양의 고서 및 서목의 정리에 사용되어 온 주요분류법과 가장 거리가 먼 것은?

① 칠분법 ② 사분법
③ 사분개수법(四分改修法) ④ 이분법
⑤ 십진법

해 설 ① 칠분법은 한대에 시작되어 칠략(七略) 등의 분류에 사용되었다. ② 사분법은 이른바 사부분류법으로 대표되는 것으로서, 청대의 사고전서총목(四庫全書總目)에 이르러 크게 발전된 이후 우리 나라와 일본에까지 큰 영향을 미친 분류법이다. ③ 사분개수법은 사부분류법을 바탕으로 그 일부나 전체를 개수한 것으로, 대만에서 민국 이후에 많이 사용되고 있다. ⑤ 십진법은 DDC 등의 영향을 받은 분류법으로, 특히 중국에서 신·구도서의 혼합분류에 이용되고 있다.

Answer 1 ① 2 ④

3 다음 중 동양의 분류법으로서 그 기원이 가장 오래된 것은 어느 것인가?

① 칠분법　　② 사분법

③ 사분개수법　　④ 이분법

⑤ 십진법

해 설 ① 동양최고(最古)의 목록으로 알려져 있는 칠략(七略)은 칠분법을 사용한 목록이다.

4 다음 중 칠략(七略)의 7개 유문에 포함되어 있지 않은 것은 어느 것인가?

① 춘추략(春秋略)　　② 육예략(六藝略)

③ 제자략(諸子略)　　④ 시부략(詩賦略)

⑤ 방기략(方技略)

해 설 칠략의 7개 유문은 집략(輯略), 육예략, 수술략(數術略), 병서략(兵書略), 시부략, 방기략, 제자략이다.

5 다음 중 칠략(七略)의 분류체계에서 문학류에 해당하는 것은?

① 집략(輯略)　　② 육예략(六藝略)

③ 수술략(數術略)　　④ 시부략(詩賦略)

⑤ 방기략(方技略)

해 설 ④ 칠략의 시부략은 굴부(屈賦)와 육부(陸賦), 손부(孫賦), 잡부(雜賦), 가시(歌詩)의 5종을 포함하며, 현대의 문학에 해당하는 유이다.

6 다음 중 칠략(七略)의 분류체계에 포함되지 않는 것은?

① 집략(輯略)　　② 사서략(四書略)

③ 수술략(數術略)　　④ 시부략(詩賦略)

⑤ 방기략(方技略)

해 설 칠략의 내용은 집략(輯略), 육예략(六藝略), 수술략(數術略), 병서략(兵書略), 시부략(詩賦略), 방기략(方技略), 제자략(諸子略)의 7개략으로 이루어져 있다.

7 다음 중 동양의 고서분류에 가장 널리 사용된 분류법은?

① 칠분법
② 사분법
③ 사분개수법(四分改修法)
④ 이분법
⑤ 십진법

해 설 ② 이른바 사부분류법(四部分類法)으로 대표되는 사분법은 동양의 가장 대표적인 분류법으로서, 중국은 물론 우리 나라와 일본에서도 널리 사용되었다.

8 다음 중 칠략(七略)과 가장 거리가 먼 것은?

① 유향(劉向)
② 유흠(劉歆)
③ 비부(秘府)
④ 사분법(四分法)
⑤ 동양 최고(最古)의 목록

해 설 ①②⑤ 칠략은 분류의 연원을 알 수 있는 동양 최고(最古)의 목록으로, 유향이 시작한 작업을 그 아들인 유흠이 마무리하여 완성한 것이다. ③ 비부는 칠략의 작업을 수행한 기관이다. ④ 한편 칠략은 칠분법을 사용하고 있으므로, 사분법과는 무관하다.

9 다음 중 칠략(七略)의 분류체계에서 다른 유들과는 그 성격이 다른 하나는 어느 것인가?

① 집략(輯略)
② 육예략(六藝略)
③ 제자략(諸子略)
④ 시부략(詩賦略)
⑤ 방기략(方技略)

해 설 ① 칠략의 집략은 나머지 육략 전반에 걸친 총설에 해당하므로, 다른 유들과는 그 성격이 다르다. 이러한 이유 때문에, 칠략은 내용상으로는 육분법(六分法)에 해당한다고도 할 수 있다.

Answer 3 ① 4 ① 5 ④ 6 ② 7 ② 8 ④ 9 ①

10 다음 중 칠략(七略)의 분류체계에서 유교의 경전류에 해당하는 것은 어느 것인가?

① 집략(輯略) ② 육예략(六藝略)
③ 수술략(數術略) ④ 시부략(詩賦略)
⑤ 방기략(方技略)

해 설 ② 칠략의 육예략은 역(易), 서(書), 시(詩), 예(禮), 악(樂), 춘추(春秋), 논어(論語), 효경(孝經), 소학(小學)의 9종을 포함하며, 유교의 경전에 해당하는 유이다.

11 다음 중 괄호 안에 들어갈 가장 적합한 것은 어느 것인가?

> "칠략의 분류체계 중 (①)은 도서를 분류한 유문(類門)이 아니라 나머지 육략 전반에 걸친 총설에 해당하는 부분이다."

① 집략(輯略) ② 육예략(六藝略)
③ 수술략(數術略) ④ 시부략(詩賦略)
⑤ 방기략(方技略)

해 설 ① 칠략의 집략은 나머지 육략 전반에 걸친 총설로, 다른 유들과는 그 성격이 다르다.

12 다음 괄호 안에 들어갈 용어들로 가장 올바르게 짝지어진 것은?

> "칠략(七略) 중 (①)은 현대의 문학류에 해당하며, (②)은 유교의 경전류에 해당한다."

① 집략(輯略) – 육예략(六藝略) ② 육예략(六藝略) – 제자략(諸子略)
③ 집략(輯略) – 제자략(諸子略) ④ 시부략(詩賦略) – 육예략(六藝略)
⑤ 시부략(詩賦略) – 제자략(諸子略)

해 설 ④ 칠략의 시부략은 굴부(屈賦)와 육부(陸賦), 손부(孫賦), 잡부(雜賦), 가시(歌詩)의 5종을 포함하며, 현대의 문학에 해당하는 유이다. 육예략은 역(易), 서(書), 시(詩), 예(禮), 악(樂), 춘추(春秋), 논어(論語), 효경(孝經), 소학(小學)의 9종을 포함하며, 유교의 경전에 해당하는 유이다.

13 다음 중 사부분류법(四部分類法)에서 경사자집(經史子集)의 순서가 확립된 것은?

① 중경신부(中經新簿) ② 진원제서목(晋元帝書目)
③ 칠략(七略) ④ 수서경적지(隋書經籍志)
⑤ 사고전서총목(四庫全書總目)

해 설 ② 이충(李充)의 진원제서목은 경사자집(經史子集)의 명칭을 구체적으로 사용하지는 않았으나, 사부분류법의 순서를 결정하는 데 있어서 하나의 전기를 마련하였다.

14 다음 중 경사자집(經史子集)의 명칭을 사용하고, 사부분류법의 토대를 확립시킨 것은?

① 중경신부(中經簿) ② 진원제소목(晋元帝書目)
③ 수서경적지(隋書經籍志) ④ 사고전서총목(四庫全書總目)
⑤ 칠략(七略)

해 설 당 태종 정관 15년(641)에 편찬된 수서경적지에서는 경사자집의 명칭을 구체적으로 사용하고 있다

15 다음 중 사고전서총목(四庫全書總目)의 경부(經部) 예류(禮類)에 속하지 않는 것은 어느 것인가?

① 주례(周禮) ② 의례(儀禮)
③ 통례(通禮) ④ 예기(禮記)
⑤ 소학(小學)

해 설 예류에는 주례, 의례, 예기, 삼례통의(三禮通義), 통례(通禮), 잡례서(雜禮書)가 포함된다. ⑤ 소학은 별도의 유로 설정되어 있다.

16 다음 중 사부분류법의 사부(史部)에 속하는 것은?

① 춘추류 ② 목록류
③ 잡가류 ④ 유서(類書)류
⑤ 보록(譜錄)류

해 설 춘추류는 경부, 목록류는 사부, 잡가류, 유서류, 보록류는 자부에 속한다.

Answer 10 ② 11 ① 12 ④ 13 ② 14 ③ 15 ⑤ 16 ②

17 다음 중 동양의 문헌분류법에 대한 설명으로 가장 적합한 것은?

① 동양에서 분류의 연원을 알 수 있는 최고(最古)의 목록은 칠록(七錄)이다.

② 불교의 삼장(三藏)분류법은 "개원석교록"(開元釋敎錄)에서 그 체계가 완성되었다.

③ 순욱(荀勗)이 편찬한 중경신부(中經新簿)는 경부(經部), 사부(史部), 자부(子部), 집부(集部)의 구분을 바탕으로 하는 사분법의 토대가 확립된 목록이다.

④ 사부분류법은 지나치게 전문적이어서 사서가 아니고서는 분류업무를 담당할 수 없다는 단점을 가지고 있다.

⑤ 사고전서총목(四庫全書總目)에서 "춘추류"는 "사부"(史部)에 속하는 대표적인 예이다.

해 설 ① 동양에서 분류의 연원을 알 수 있는 최고(最古)의 목록은 유흠(劉歆)이 BC 5년경에 완성한 "칠략"(七略)이다. ③ 경부(經部), 사부(史部), 자부(子部), 집부(集部)의 구분을 바탕으로 하는 사분법의 토대가 확립된 목록은 수서경적지(隋書經籍志)이다. ④ 사부분류법은 동양학에 관한 지식을 가지고 있는 사람이라면 사서가 아니라도 분류업무를 담당할 수 있다는 장점을 가지고 있다. ⑤ "춘추류"는 "경부"(經部)에 속한다.

18 다음 중 사고전서총목(四庫全書總目)의 분류에서 경부(經部)에 속하지 않는 것은 어느 것인가?

① 춘추류
② 효경류
③ 악류(樂類)
④ 소학류
⑤ 유서류(類書類)

해 설 사고전서총목의 경부에는 역(易)류, 서(書)류, 시(詩)류, 예(禮)류, 춘추(春秋)류, 효경(孝經)류, 오경총의(五經總義)류, 사서(四書)류, 악(樂)류, 소학(小學)류가 포함된다. ⑤ 유서(類書)류는 자부에 속한다.

19 다음 중 사고전서총목(四庫全書總目)의 자부(子部)에 해당하지 않은 것은?

① 목록류
② 보록(譜錄)류
③ 유서(類書)류
④ 석가(釋迦)류
⑤ 술수(術數)류

해 설 사고전서총목의 자부에는 유가류, 병가류, 법가류, 농가류, 의가류, 천문산법류, 술수류, 보록류, 잡가류, 유서류, 소설가류, 석가류, 도가류가 포함된다. ① 목록류는 사부에 속한다.

20 다음 중 사고전서총목(四庫全書總目)의 사부(史部)에 속하지 않는 것은?

① 재기(載記)류
② 춘추(春秋)류
③ 시령(時令)류
④ 목록(目錄)류
⑤ 정서(政書)류

해 설 사고전서총목의 사부에는 정사(正史)류, 기사본말(紀事本末)류, 편년(編年)류, 별사(別史)류, 잡사(雜史)류, 조령주의(詔令奏議)류, 전기(傳記)류, 사초(史鈔)류, 재기(載記)류, 시령(時令)류, 지리(地理)류, 직관(職官)류, 정서(政書)류, 목록(目錄)류, 사평(史評)류가 포함된다. ② 춘추류는 경부에 속한다.

21 다음 중 사부분류법에 대한 설명으로 가장 거리가 먼 것은?

① 서적의 많고 적음(多寡)을 반영한 분류법이다.
② 주제의 논리적 체계보다는 명분위주의 전통적 방법으로 나열되어 있다.
③ 분류항목이 부족하다.
④ 대개의 경우 분류기호가 부여되어 있지 않아 검색이 불편하다.
⑤ 조기성이 풍부하다.

해 설 ⑤ 사부분류법은 조기성과는 거리가 멀다.

22 다음 중 사부분류법에서 현대의 문학에 해당하는 부분은?

① 경부
② 소설가류
③ 사부
④ 자부
⑤ 집부

해 설 ⑤ 사고전서총목(四庫全書總目)의 경우 집부(集部)에는 초사(楚辭)류, 별집(別集)류, 총집(總集)류, 시문평(詩文評)류, 사곡(詞曲)류가 포함된다. 따라서 문학의 모든 분야를 다루게 된다.

Answer 17 ② 18 ⑤ 19 ① 20 ② 21 ⑤ 22 ⑤

23 다음 중 괄호 안에 들어갈 가장 적절한 인물은 누구인가?

> "칠략(七略)은 BC 5년 (①)에 의해 완성된 동양 최고(最古)의 목록이다."

① 유흠(劉歆)
② 유향(劉向)
③ 왕검(王儉)
④ 애제(哀帝)
⑤ 지승(智昇)

해 설 ①②④ 칠략의 편찬작업은 유향에 의해 시작되었으나 완성되지 못하고, 애제(哀帝)시에 그 아들 유흠에 의해 완성되었다. ③ 왕검은 칠지(七志)의 편찬자이다. ⑤ 지승은 불교목록이 개원석교록(開元釋敎錄)의 편찬자이다.

24 다음 중 삼장(三藏)분류법에 대한 설명으로 가장 거리가 먼 것은?

① 중국은 물론 한국에서 널리 사용되어온 불교의 특징적인 분류법이다.
② 경장(經藏)은 불교의 경전을 다룬다.
③ 논장(論藏)은 불교에 관한 연구서를 다룬다.
④ 율장(律藏)은 불교의 계율과 규율을 다룬다.
⑤ 당나라 지승(智昇)이 편찬한 "정원석교록"(貞元釋敎錄)에서 그 체계가 완성되었다.

해 설 ⑤ 삼장분류법의 체계는 "개원석교록"(開元釋敎錄)(당나라 지승(智昇)이 730년에 편찬한 불전목록)에서 완성되었다.

25 다음 중 칠략(七略)에 대한 설명으로 가장 거리가 먼 것은?

① 전한(前漢) 성제(成帝)시대에 비부(秘府)에서 주관하여 이루어진 사업의 결과물이다.
② 분류의 연원을 알 수 있는 중국최고(最古)의 목록이다.
③ BC 5년경에 유향(劉向)이 편찬작업을 완성하였다.
④ 일곱 개의 약(略)으로 구성되어 있으나, 집략(輯略)이 총설적 성격을 갖는다는 점에서, 실제적으로는 6분법이라고 할 수 있다.
⑤ 육예략(六藝略)은 역, 서, 시, 예, 악, 춘추, 논어, 효경, 소학 등 9종의 유교 경전으로 구성된다.

해 설 ③ 유향이 비부의 자료를 분석하고 정리하여 "별록"(別錄)을 작성하였으나 완성치 못하고, 그 아들 유흠(劉歆)이 이를 완성하여 "칠략"이라 표제하였다.

26 다음 중 사부분류법에 대한 설명으로 가장 거리가 먼 것은?

① 수서경적지(隋書經籍志)에서 경부(經部), 사부(史部), 자부(子部), 집부(集部)의 구분을 바탕으로 하는 사분법의 토대가 확립되었다.

② 이충(李充)이 편찬한 진원제서목(晋元帝書目)은 칠분법에서 사분법으로 옮겨가는 과도기적 성격의 사분법(四分法) 최고(最古)의 목록서이다.

③ 기윤(紀昀), 육석태(陸錫態), 손사의(孫士毅) 등에 의해 편찬된 사고전서총목(四庫全書總目)은 사부분류법의 정점이 되었다.

④ 사부분류법은 원래 중국의 전통적인 고전을 대상으로 만들어진 것이기 때문에, 중국 이외의 동양제국의 고전과 서학(西學)을 수용하기 어렵다.

⑤ 사부분류법은 분류조직이 간단하여 기억하기 쉽고 정리가 간편하다.

해 설 ② 칠분법에서 사분법으로 옮겨가는 과도기적 성격의 사분법 최고(最古)의 목록서는 순욱(荀勖)이 편찬한 중경신부(中經新簿)이다.

27 다음 중 사부분류법의 장점과 단점에 대한 설명으로 가장 적합하지 않은 것은?

① 동양의 전통문화를 분산시키지 않고 원형 그대로 집약적으로 조직할 수 있다.

② 고서의 보존위주인 각종문고나 동양학 전문도서관에 적합하다.

③ 동양학에 관한 지식을 가지고 있는 사람이라면 사서가 아니라도 분류업무를 담당할 수 있다.

④ 상세하고 체계적인 분류가 가능하여 검색과 이용에 편리하다.

⑤ 원래 중국의 전통적인 고전을 대상으로 만들어진 분류법이기 때문에, 중국 이외 국가의 고전이나 서양학문을 수용하기가 어렵다.

해 설 ④ 사부분류법으로 정리된 목록은 부유속(部類屬)의 순서로 책이 적혀 있을 뿐, 개개 책의 배가위치를 정확하게 알려주는 분류기호가 매겨져 있지 않은 것이 통례이기 때문에 그 검색이 불편하다.

Answer 23 ① 24 ⑤ 25 ③ 26 ② 27 ④

28 다음 중 사부분류법(四部分類法)에 대한 설명으로 가장 부적합한 것은?

① 고서를 보존위주로 관리하는 동양학 전문도서관에 적합하다.

② 각 책의 배가위치를 정확하게 지시하는 분류기호가 부여되지 않아 검색에 불편하다.

③ 특히 자부(子部)에는 제자(諸子)의 저술 이외에 잡다한 주제들이 집중되어 있어 불합리하다.

④ 분류의 체계가 복잡하고 어려워, 문헌분류에 관한 전문지식을 갖춘 전문사서가 아니고서는 도저히 분류업무를 담당하기 어렵다.

⑤ 유의 배열이 실제보다는 유교중심 내지는 명분에 치우친 감이 있다.

해 설 사부분류법은 분류조직이 비교적 간단하여 기억하기 쉽고, 정리가 매우 간편하다. ④ 따라서 동양학에 관한 지식을 갖고 있는 사람이라면 사서가 아니더라도 기본적인 분류업무를 담당할 수 있을 정도로 보편적이다.

29 다음 중 동양의 문헌분류법의 일반적인 흐름으로 가장 적합한 것은?

① 칠분법 – 사분법 – 삼분법 – 십분법

② 칠분법 – 삼분법 – 사분법 – 십분법

③ 칠분법 – 사분법 – 십분법

④ 칠분법 – 삼분법 – 십분법

⑤ 삼분법 – 사분법 – 십분법

해 설 동양의 문헌분류법의 흐름은 칠략으로부터 시작된 칠분법에서, 불교의 삼장(三藏)분류법의 삼분법과 유교의 사부분류법의 사분법을 거쳐, 현대의 십진식분류법의 십분법으로 이어지고 있다고 할 수 있다.

30 다음 중 삼장(三藏)분류법의 3장에 해당하지 않는 것은?

① 경장(經藏) ② 율장(律藏)

③ 논장(論藏) ④ 집장(集藏)

⑤ 해당사항 없음

해 설 불교의 삼장분류법의 삼장은 불경을 다루는 경장과 계율을 다루는 율장, 연구서를 다루는 논장의 세부분으로 이루어진다.

31 다음 괄호 안에 들어갈 용어들이 가장 올바른 순서로 짝지어진 것은?

> "사분법의 효시는 (①)이며, 사부분류법의 내용차서는 (②)에서 확정되었다. 아울러 (③)에 이르러 사부분류법의 토대가 확립되었다고 할 수 있다."

① 중경부(中經簿) – 수서경적지(隋書經籍志) – 사고전서총목제요(四庫全書總目提要)
② 진원제서목(晋元帝書目) – 중경부(中經簿) – 수서경적지(隋書經籍志)
③ 중경부(中經簿) – 진원제서목(晋元帝書目) – 수서경적지(隋書經籍志)
④ 중경부(中經簿) – 진원제서목(晋元帝書目) – 사고전서총목제요(四庫全書總目提要)
⑤ 진원제서목(晋元帝書目) – 수서경적지(隋書經籍志) – 사고전서총목제요(四庫全書總目提要)

해 설 ③ 정묵(鄭默)이 궁중장서를 정리하여 편찬한 중경부는 사분법의 효시로 알려지고 있으며, 이충(李充)의 진원제서목에서 사부분류법의 내용차서가 확정되었고, 수서경적지에 이르러 그 토대가 확립되었다.

32 다음 괄호 안에 들어갈 용어들이 올바른 순서로 짝지어진 것은?

> "사부분류법에 따를 경우 춘추류(春秋類)는 (①)부에 해당하고, 사서류(四書類)는 (②)부에 해당하며, 유서류(類書類)는 (③)부에 해당한다."

① 경(經) – 사(史) – 자(子)
② 경(經) – 경(經) – 자(子)
③ 사(史) – 경(經) – 자(子)
④ 경(經) – 사(史) – 사(史)
⑤ 사(史) – 사(史) – 자(子)

해 설 춘추류와 사서류는 경부, 유서류는 자부에 속한다.

Answer 28 ④ 29 ② 30 ④ 31 ③ 32 ②

33 다음 중 사고전서총목(四庫全書總目)의 분류법에 대한 설명으로 가장 거리가 먼 것은?

① 사부분류법에 의거하여 경 · 사 · 자 · 집을 강(綱)으로 삼고, 경부 10류, 사부 15류, 자부 14류, 집부 5류 등 총 44류로 분류하고 있다.

② 소학(小學)류는 경부에 속한다.

③ 목록(目錄)류는 사부에 속한다.

④ 재기(載記)류는 사부에 속한다.

⑤ 유서(類書)류는 사부에 속한다.

해 설 ⑤ 유서류는 자부에 속한다.

34 다음 괄호 안에 들어갈 용어들이 가장 올바른 순서로 짝지어진 것은?

> "사부분류법에 따를 경우 소학류(小學類)는 (①)부에 해당하고, 목록류(目錄類)는 (②)부에 해당하며, 재기류(載記類)는 (③)부에 해당한다."

① 경(經) – 사(史) – 집(集)

② 경(經) – 경(經) – 자(子)

③ 사(史) – 경(經) – 자(子)

④ 경(經) – 사(史) – 사(史)

⑤ 사(史) – 사(史) – 자(子)

해 설 소학류는 경부, 목록류와 재기류는 사부에 속한다.

35 다음 중 불교의 분류법과 가장 관계가 깊은 것은?

① 이분법 ② 삼분법

③ 사분법 ④ 십분법

⑤ 다분법

해 설 ② 불교의 분류법은 경(經) · 율(律) · 논(論)의 삼장분류법을 근간으로 하고 있다. 따라서 불교의 분류법은 삼분법에 해당한다.

36 다음 괄호 안에 들어갈 용어들이 가장 올바른 순서로 짝지어진 것은?

> "사부분류법에 따를 경우 초사류(楚辭類)는 (①)부에 해당하고, 목록류(目錄類)는 (②)부에 해당하며, 유서류(類書類)는 (③)부에 해당한다."

① 집(集) — 사(史) — 자(子)

② 경(經) — 사(史) — 자(子)

③ 사(史) — 경(經) — 자(子)

④ 경(經) — 사(史) — 사(史)

⑤ 집(集) — 자(子) — 자(子)

해 설 초사류는 집부, 목록류는 사부, 유서류는 자부에 속한다.

37 다음 괄호 안에 들어갈 용어들이 가장 올바른 순서로 짝지어진 것은?

> "불교의 삼장분류법은 (①)이(가) 730년에 편찬한 (②)에서 그 전통이 확립되었다고 할 수 있다."

① 최사위(崔士威) — 초조대장목록(初雕大藏目錄)

② 지승(智昇) — 개원석교록(開元釋敎錄)

③ 의천(義天) — 신편제종교장총록(新編諸宗敎章總錄)

④ 지승(智昇) — 정원석교록(貞元釋敎錄)

⑤ 원조(元照) — 정원석교록(貞元釋敎錄)

해 설 ② 불교의 삼장분류법의 전통을 확립한 것은 당나라의 지승이 편찬한 개원석교록이다.

38 다음 중 현재 중국에서 가장 널리 사용되는 분류법은?

① 중국인민대학도서관도서분류법 ② 중국과학원도서관도서분류법

③ 중국도서관분류법 ④ 사부분류법

⑤ DDC

해 설 ③ 중국도서관분류법은 현재 중국에서 가장 널리 사용되는 대형종합문헌분류법으로, 1999년에 제4판이 발행된 바 있다.

Answer 33 ⑤ 34 ④ 35 ② 36 ① 37 ② 38 ③

39 다음 중 불교의 분류법의 전형이 되고 있는 삼장(三藏)분류법의 형식을 체계화 시킨 목록은 어느 것인가?

① 초조대장목록(初雕大藏目錄)

② 개원석교록(開元釋敎錄)

③ 신편제종교장총록(新編諸宗敎章總錄)

④ 누판고(鏤板考)

⑤ 정원석교록(貞元釋敎錄)

해 설 ② 당나라의 지승(智昇)이 편찬한 개원석교록은 불전에 대한 분류법과 목록법의 전통을 확립한 것으로 평가되고 있다.

40 다음 중 연원이 알려진 우리나라 최고(最古)의 목록으로 인정되고 있는 것은?

① 초조대장목록
② 신편제종교장총록
③ 재조대장목록
④ 해동문헌총록
⑤ 규장총목

해 설 ① 초조대장목록은 최고(最古)로는 고려 현종 2(1011)년, 최하로는 문종 37(1083)년에 편찬된 것으로 추정되는 우리나라 최고(最古)의 목록이다.

41 다음 중 우리나라 불교분류법에 대한 설명으로 가장 거리가 먼 것은?

① 삼장분류법에 의해 분류된다.

② 초조대장목록(初雕大藏目錄)은 분류의 연원을 알 수 있는 현존하는 최고의 목록이다.

③ 초조대장목록은 최사위(崔士威)에 의해 편찬되었다.

④ 신편제종교장총록(新編諸宗敎藏總錄)은 의천록(義天錄), 교장총록, 속장(續藏)목록이라고도 한다.

⑤ 신편제종교장총록은 우리나라 불교 장소(章疏)목록의 효시이다.

해 설 ② 최사위(崔士威)에 의해 편찬된 초조대장목록(初雕大藏目錄)(1101–1083)은 우리나라 최고(最古)의 목록으로 추정되나, 현존하지는 않는다. 현존하는 우리나라 최고(最古)의 목록은 신편제종교장총록(新編諸宗敎藏總錄)(1090)이다.

42 다음 중 우리나라 유교목록에 대한 설명으로 가장 거리가 먼 것은?

① 해동문헌총록(海東文獻總錄)은 임진왜란 이후 경상도 명문가의 문헌에 대한 해제서목이다.

② 해동문헌총록은 현재까지 알려진 우리나라 최고(最古)의 유교목록이다.

③ 서호수(徐浩修)가 편찬한 누판고(鏤板考)는 각판(刻板)한 판목의 목록으로, 사부분류법에 따라 분류되었다.

④ 규장총목(奎章總目)은 중국본(中國本)의 해제서목이다.

⑤ 한치윤(韓致奫)의 해동역사예문지(海東繹史藝文志)나 조선총독부고도서목록, 규장각도서한국본총목록 등은 사부분류법에 의해 분류된 목록이다.

해 설 ③ 누판고는 서유구(徐有榘)에 의해 편찬되었다.

43 다음 중 한국과 중국의 불교목록의 분류법에 대한 설명으로 가장 거리가 먼 것은 어느 것인가?

① 대체로 삼장분류법으로 된 분류법을 공통적으로 사용하고 있다.

② 삼장분류법은 지승(智昇)이 730년에 편찬한 개원석교록(開元釋敎錄)에서 그 체제가 갖추어졌다.

③ 최사위(崔士威)에 의해 편찬된 초조대장목록(初雕大藏目錄)은 그 연원을 알 수 있는 우리나라 최고(最古)의 목록으로 추정되고 있다.

④ 수기법사(守其法師)에 의해 편찬된 재조대장경의 목록은 우리나라의 현존하는 최고(最古)의 목록이다.

⑤ 삼장분류법의 삼장은 경(經)장(경전), 율(律)장(불법의 금계(禁戒), 계율), 논(論)장(연구서)으로 구성된다.

해 설 ④ 현존하는 우리나라 최고(最古)의 목록은 신편제종교장총록(新編諸宗敎藏總錄)(1090)이다.

Answer 39 ② 40 ① 41 ② 42 ③ 43 ④

44 다음 중 신라에서 조선중엽까지의 문헌을 수록한 해제서목은 어느 것인가?

① 해동문헌총록 ② 신편제종교장총록
③ 규장총목 ④ 누판고
⑤ 해동역사예문지

해 설 ① 해동문헌총록은 조선 인조 15(1637)년에 김휴가 편찬한 것으로, 경상도 지방의 명문에 소장된 문헌을 수집편찬한 해제서목이며, 분류법은 중국의 사부분류법을 참고하였다.

45 다음 중 사부분류법과 가장 거리가 먼 것은 어느 것인가?

① 해동문헌총록 ② 누판고
③ 규장총목 ④ 해동역사예문지
⑤ 한국서지

해 설 ⑤ Mourice Courant의 한국서지는 외국인에 의해 한국에 있는 서적만을 조사하여 수록한 것으로, 전통적인 사부분류법과는 다른 분류법을 채용하고 있다.

46 다음 중 열고관(閱古觀)에 소장되어 있는 중국본을 대상으로 편찬된 해제서목은 어느 것인가?

① 해동문헌총록 ② 규장총목
③ 누판고 ④ 해동역사예문지
⑤ 한국서지

해 설 ② 규장총목은 조선 정조 5(1781)년에 서호수(徐浩修)가 편찬한 것으로서, 열고관의 중국본을 대상으로 사부분류법에 따라 분류배열하고 있다.

47 다음 중 도서를 대상으로 한 목록에 해당하지 않는 것은?

① 해동문헌총록 ② 누판고
③ 규장총목 ④ 해동역사예문지
⑤ 한국서지

해 설 ② 누판고는 도서가 아니라 각판한 판본만을 대상으로 하고 있다.

48 다음 중 외국인에 의해 작성된 한국서적의 해제목록은 어느 것인가?

① 해동문헌총록 ② 규장총목
③ 누판고 ④ 해동역사예문지
⑤ 한국서지

해 설 ⑤ 한국서지는 프랑스인인 Mourice Courant에 의해 작성되어 파리에서 출판되었다.

49 다음 중 분류체계를 알 수 있는 현존하는 우리나라 최고(最古)의 목록은?

① 초조대장목록 ② 재조대장목록
③ 신편제종교장총록 ④ 누판고
⑤ 해동문헌총록

해 설 ③ 현재까지 알려진 바로는 현존하는 우리나라 최고(最古)의 목록은 신편제종교장총록(1090)이다.

51 다음 중 우리나라의 분류법에 관한 설명으로 가장 적합하지 않은 것은?

① 초조대장목록은 현존하지는 않으나, 분류체계를 알 수 있는 우리나라 최고(最古)의 목록으로 알려져 있다.
② 꾸랑(Mourice Courant)의 한국서지는 외국인에 의해 작성된 사부분류법에 의한 대표적인 목록의 하나이다.
③ 규장총목(奎章總目)은 열고관(閱古觀)의 중국본에 대한 해제서목이다.
④ 박봉석이 고안한 조선십진분류법(KDCP)은 한국인에 의한 최초의 십진식분류법이다.
⑤ 서유구(徐有榘)가 편찬한 누판고(鏤板考)는 각판한 판본만을 수록한 목록이다.

해 설 ② 프랑스인 꾸랑(Mourice Courant)에 의해 파리에서 발행된 한국서지의 분류체계는 사부분류법과는 무관하다.

Answer 44 ① 45 ⑤ 46 ② 47 ② 48 ⑤ 49 ③ 50 ②

51 다음 중 현재 알려진 우리나라 최고(最古)의 유교목록은?

① 한국서지 ② 규장총목
③ 신편제종교장총록 ④ 누판고
⑤ 해동문헌총록

해 설 ⑤ 1637년에 김휴(金烋)가 편찬한 해동문헌총록은 현재까지 알려진 바로는 현존하는 우리나라 최고(最古)의 유교목록이다.

52 다음 중 주요목록과 그 편찬자의 연결이 가장 적절치 못한 것은?

① 누판고(鏤板考) – 서유구(徐有榘)
② 해동문헌총록(海東文獻總錄) – 김휴(金烋)
③ 규장총목(奎章總目) – 서호수(徐浩修)
④ 초조대장목록(初雕大藏目錄) – 대각국사 의천(義天)
⑤ 한국서지(韓國書誌) – 꾸랑(Mourice Courant)

해 설 ④ 초조대장목록의 편찬자는 최사위(崔士威)로 알려져 있으며, 대각국사 의천은 신편제종교장총록을 편찬한 바 있다.

53 다음 중 한국과 중국의 사부분류법에 관련된 설명으로 가장 적합한 것은?

① 사부분류법은 경부(經部), 사부(史部), 제부(諸部), 집부(集部)의 구분을 바탕으로 하고 있다.
② 사고전서총목(四庫全書總目)은 기윤(紀昀), 육석태(陸錫態), 손사의(孫士毅) 등에 의해 편찬되었다.
③ 이충(李充)이 편찬한 진원제서목(晋元帝書目)에서 사부분류법의 체제가 확정되었다.
④ 규장총목(奎章總目)은 열고관(閱古觀)에 소장되어 있던 한국본(韓國本)의 해제서목이다.
⑤ 누판고(鏤板考)는 서호수(徐浩修)가 편찬한 각판(刻板)한 판목의 목록이다.

해 설 ① 사부분류법은 경부, 사부, 자부(子部), 집부로 구분된다. ③ 진원제서목에서 사분법의 내용차서가 확정되기는 하였으나, 갑을병정의 명칭을 사용하였다. 경부, 사부, 자부, 집부의 체제가 확립된 것은 수서경적지(隋書經籍志)(641)이다. ④ 규장총목은 열고관에 소장되어 있던 중국본(中國本)의 해제서목이다. ⑤ 누판고는 서유구(徐有榘)가 편찬한 목록이다.

54 다음 중 목록의 발행순서가 가장 올바르게 나열된 것은?

① 초조대장목록 – 재조대장목록 – 신편제종교장총록 – 해동문헌총록

② 신편제종교장총록 – 초조대장목록 – 재조대장목록 – 해동문헌총록

③ 초조대장목록 – 신편제종교장총록 – 재조대장목록 – 해동문헌총록

④ 신편제종교장총록 – 초조대장목록 – 해동문헌총록 – 재조대장목록

⑤ 초조대장목록 – 재조대장목록 – 해동문헌총록 – 신편제종교장총록

해 설 ③ 초조대장목록은 1011년에서 1083년 사이에 완성된 것으로 추정되고 있고, 신편제종교장총록은 1090년에 발행되었다. 재조대장목록은 1236년에서 1248년 사이에 편찬된 것으로 알려지고 있으며, 해동문헌총록은 1637년에 편찬되었다.

55 다음 중 조선십진분류법(KDCP)에 대한 설명으로 가장 적합한 것은?

① 박봉석(朴奉石)이 편찬한 한국도서관에서 사용된 최초의 십진분류표이다.

② 국립도서관학교의 교재로 사용되던 분류표를 개정하여 조선도서관협회 분류위원회의 승인을 받아 조선도서관협회에서 발행하였다.

③ 십진식의 통례에 따라 전 주제를 1류 부터 9류 까지 나누고 0류에 총류를 두고 있다.

④ 다른 십진식분류법과 마찬가지로, 다양한 보조표(조기표)를 도입하여 풍부하고 일관성 있는 조기성을 갖도록 하고 있다.

⑤ KDCP의 주류배열은 대체로 DDC의 순서를 따르고 있고, 그 이하의 전개에서는 NDC를 주로 참고하였다.

해 설 ① 조선십진분류법에 앞서 한국에서는 일제시대에 이미 조선총독부도서관분류법과 같은 십진식분류법이 사용된 바 있다. 조선십진분류법은 한국인에 의해 편찬된 최초의 십진식분류법이라는 데 의의가 있다. ② 당초 국립도서관학교의 교재로 사용되던 동서도서분류표를 개정하여 조선도서관협회 분류위원회의 승인을 받아 1947년 조선십진분류표라는 서명으로 국립도서관에서 발행하였다. ④ 조기성의 변칙이 많아 기호배정이나 기호식별이 어렵다. ⑤ KDCP에서는 DDC와는 전혀 다르게 다음과 같은 독창적인 주류배열을 하고 있다: 1류 – 철학·종교, 2류 – 역사·지지, 3류 – 어학·문학, 4류 – 미술·연예, 5류 – 사회·교육, 6류 – 정법·경제, 7류 – 이학·의학, 8류 – 공학·공업, 9류 – 산업·교통.

Answer 51 ⑤ 52 ④ 53 ② 54 ③ 55 ③

56 다음 중 고려대장목록(高麗大藏目錄)에 대한 설명으로 가장 적합하지 않은 것은 어느 것인가?

① 고려초조대장목록은 우리나라에서 분류체계를 알 수 있는 현존하는 최고(最古)의 목록이다.

② 초조대장목록의 편찬자는 최사위(崔士威)이다.

③ 대장목록은 불경의 경판을 인출하기 위한 누판목록(鏤板目錄)이다.

④ 배열을 위한 기호로 경전의 맨머리에 천자문의 함차(函次)번호를 부여하고 있다.

⑤ 대장목록의 분류체계는 삼장분류법(三藏分類法)에 따르고 있다.

해 설 ① 1011년에서 1083년 사이에 완성된 것으로 추정되는 고려초조대장목록은 현재까지 밝혀진 바로는 우리나라 최고(最古)의 목록이라 할 수 있으나, 일찍이 일실(逸失)되어 현존하지는 않는다.

57 다음 중 규장총목(奎章總目)에 대한 설명으로 가장 적절치 못한 것은?

① 1781년 서호수가 편찬한 목록이다.

② 현존하는 우리나라 최고(最古)의 유교목록이다.

③ 열고관(閱古觀)에 소장된 중국본의 서목이다.

④ 사부분류법에 따라 분류, 배열되었다.

⑤ 해제서목(解題書目)이다.

해 설 ② 현존하는 최고(最古)의 유교목록은 1637년에 김휴(金烋)가 편찬한 해동문헌총록이다.

58 다음 중 우리나라 최초의 한국인에 의한 십진분류표는?

① 조선십진분류표 ② 한은분류표

③ 국연십진분류표 ④ 한국십진분류표

⑤ 조선총독부도서관분류표

해 설 ① 조선십진분류표는 박봉석에 의해 1947년에 편찬된 한국인에 의한 최초의 십진분류표이다.

59 다음 중 박봉석과 그의 분류법에 대한 설명으로 가장 거리가 먼 것은?

① 박봉석은 자신이 교수로 있던 국립도서관학교의 교재로 사용되던 동서도서분류표를 개정하여 조선십진분류표(KDCP)를 발행하였다.

② KDCP는 초기 한국도서관계에 널리 채용되었으나, DDC와 KDC에 밀려 현재는 도태된 상태이다.

③ KDCP는 1947년에 발행된 이후 1950년 편찬자의 납북으로 인해 한번의 개정판도 발행하지 못하였다.

④ 박봉석은 KDCP의 편찬은 물론 국립도서관 부관장과 국립도서관 부설 국립도서관학교의 교수를 역임한 바 있고, 조선도서관협회의 결성을 주도하였고, 동서편목규칙을 편찬한 바 있다.

⑤ KDCP에서는 주류를 학문간에 균형적으로 배분하였고, 그 순서도 비교적 자연스럽다.

해 설 ③ KDCP는 1965년 국립중앙도서관의 개정판(한국십진분류표로 개제), 1980년 고려대 중앙도서관의 고대보정판이 발행된 바 있다.

60 다음 중 조선십진분류표에 대한 설명으로 가장 적합하지 않은 것은?

① 1947년 박봉석에 의해 편찬되었다.

② 국립도서관의 도서관학교에서 교재로 사용되어 널리 보급되었다.

③ 아라비아 숫자의 순수기호법을 채택하고 있다.

④ 1980년 고려대학교 도서관에서 고려대 보정판을 발행하였다.

⑤ DDC와 동일한 순서로 주류를 배열하고 있다.

해 설 ⑤ 조선십진분류표의 주류는 0류에서 9류까지에 걸쳐 배열되고 있는데 그 순서는 DDC와 차이가 있다. 즉 총류(0), 철학·종교(1), 역사·지리(2), 어학·문학(3), 미술·연예(4), 사회·교육(5), 정법·경제(6), 이학·의학(7), 공학·공업(8), 산업·교통(9)의 순서로 주류가 배열되고 있다.

Answer 56 ① 57 ② 58 ① 59 ③ 60 ⑤

61 다음 중 조선십진분류표에서 주제부문과 관련이 없는 주류는?

① 0류 ② 1류
③ 5류 ④ 9류
⑤ 10류

해 설 ① 조선십진분류표의 0류(총류)는 종합적이거나 어느 특정한 주제에 속할 수 없는 것을 포함하게 된다.

62 다음 중 박봉석(朴奉石)과 가장 거리가 먼 것은?

① 조선십진분류법(KDCP)의 편찬
② 국립중앙도서관 부관장 역임
③ 동서편목규칙의 편찬
④ 한국도서관협회 결성 참여
⑤ 국립도서관 부설 국립도서관학교의 강의 담당

해 설 ④ 박봉석은 한국도서관협회가 아닌, 조선도서관협회의 결성에 참여한 바 있다.

63 다음 괄호 안에 들어갈 가장 적합한 것으로 올바르게 연결된 것은?

> "해방 이후 우리나라 최초의 분류표는 당시 국립도서관 부관장이던 (①)이(가) 편찬한 (②)이다."

① 박봉석 – 한국십진분류법
② 박봉석 – 조선십진분류법
③ 고재창 – 한은도서분류법
④ 한국도서관협회 – 한국십진분류법
⑤ 고재창 – 조선십진분류법

해 설 ② 박봉석이 1947년에 발행한 조선십진분류법은 한국인에 의한 최초의 십진식분류표인 동시에 해방 이후 한국에서 발행된 최초의 분류표이다.

64 다음 괄호 안에 들어갈 가장 적합한 것은?

> "조선십진분류법 원표에서는 다른 십진식분류법들과 마찬가지로, 십진식전개를 하고 있으나, 분류번호의 자리수를 (①) 자리로 고정시켰기 때문에, 새로이 발전하는 분야의 세분전개가 곤란하였다."

① 3　　② 4
③ 5　　④ 6
⑤ 7

해 설 ② 조선십진분류법에서는 분류번호의 자리수를 4자리로 제한하였기 때문에, 새로운 세분전개나 표 전반에 걸친 조기표의 통일적 적용이 어렵다는 문제점이 있었다.

65 다음 중 일본도서관협회에서 발행하는 표준분류표의 약칭으로 가장 올바른 것은 어느 것인가?

① JDC　　② NDC
③ LCC　　④ DDC
⑤ KDC

해 설 ② 일본도서관협회에서 발행하는 표준분류법은 일본십진분류법으로, NDC(Nippon Decimal Classification)으로 약칭되고 있다. 1995년에 신정9판이 발행된 바 있다.

66 다음 중 현재까지 알려진 최고(最古)의 분류법을 고안한 사람은?

① Gesner　　② Callimachus
③ Naudé　　④ Bacon
⑤ Harris

해 설 ② 기록에 나타나는 최고(最古)의 분류법은 Callimachus(BC310~240)가 Alexandria에 있는 도서관을 위해 고안한 분류법이다.

Answer 61 ①　62 ④　63 ②　64 ②　65 ②　66 ②

67 다음 중 분류기호와 도서기호를 서가배열, 목록배열, 대출, 기타의 모든 경우에 사용한 최초의 분류법은 어느 것인가?

① Gesner의 분류법 ② Callimachus의 분류법
③ Naudé의 분류법 ④ Bacon의 분류법
⑤ Harris의 분류법

해 설 ① Bibliotheca Universalis에 제시된 Konrad von Gesner의 분류법은 최초의 서지학적 분류법으로서 또한 철학적인 기초를 가진 분류법으로 인정되고 있다. 그러나 이후의 분류표에는 큰 영향을 미치지 못하였다. ⑤ 분류기호와 도서기호를 서가배열, 목록배열, 대출, 기타의 모든 경우에 사용한 최초의 분류법은 W. T. Harris의 분류법이다.

68 다음 중 Gesner의 분류법에 대한 설명으로 가장 거리가 먼 것은?

① Gesner는 세계서지(Bibliotheca Universalis)를 편찬하기 위해 분류법을 고안하였다.
② 세계서지는 라틴어, 그리스어, 히브리어의 도서목록이다.
③ 최초의 서지학적 분류법으로 평가받고 있으며, 이후의 문헌분류에 지대한 영향을 미친 바 있다.
④ 철학적 기초를 가진 분류로 인정받고 있다.
⑤ Gesner는 자신의 독창적인 체계에 따라 분류를 시도하였다.

해 설 ③ Gesner의 분류법은 최초의 서지학적 분류, 철학적 기초를 가진 분류로 평가받았지만, 그 이후의 문헌분류법에는 거의 영향을 미치지 못하였다.

69 다음 중 이른바 역Bacon식의 분류순서를 채택하여 DDC에 큰 영향을 미친 분류법은?

① Gesner의 분류법 ② Naudé의 분류법
③ Harris의 분류법 ④ Brown의 분류법
⑤ Bliss의 분류법

해 설 ③ Harris가 St. Louis의 Public School Library를 위해 고안한 분류법은 Bacon의 학문의 분류순서인 사학, 시학, 이학의 순서를 이학(철학 포함), 문학, 역사의 순서로 배열한 이른바 역Bacon식의 순서를 채택하고 있다.

70 다음 중 Pinakes에 대한 설명으로 가장 적합하지 않은 것은?

① 현재까지 알려진 바로는 분류의 전반적인 내용을 파악할 수 있는 최고(最古)의 목록이다.

② Callimachus가 편찬한 것으로 알려져 있다.

③ "어떤 종류의 문학에 뛰어난 저자 및 저작 일람"이란 뜻을 담고 있다.

④ 현재 프랑스국립박물관에 원형이 그대로 보관되어 있어, 분류의 연구에 소중한 자료가 되고 있다.

⑤ 고대 Alexandria도서관의 소장목록이다.

해 설 ④ 현재는 멸실되어 그 양상을 정확히 파악할 수 없으나, 대략 시, 역사, 철학, 수사, 잡록 등으로 분류된 것으로 알려지고 있다.

71 다음 중 서지분류법(Bibliographic Classification)을 고안한 사람은 누구인가?

① S. R Ranganathan ② H. E. Bliss

③ J. D Brown ④ C. A Cutter

⑤ W. T. Harris

72 다음 중 Harris의 분류법에 대한 설명으로 가장 거리가 먼 것은 어느 것인가?

① 문헌분류가 서지분류에서 서가분류로 변화해 가는 과정의 최초의 분류법으로 알려져 있다.

② 베이컨의 학문분류의 순서를 도치시킨 역베이컨식(inverted Bacon)을 사용하였다.

③ DDC의 주류배열에 직접적인 영향을 미친 바 있다.

④ Harris의 "Essay on the system of classification"의 내용을 바탕으로 4부문 100구분으로 세분하고 있다.

⑤ 분류기호와 도서기호를 서가배열, 목록배열, 출납 등의 모든 경우에 사용한 최초의 분류법이다.

해 설 ① Harris의 분류법은 서지분류와 서가분류의 통합을 시도한 최초의 분류법으로 알려져 있다.

Answer 67 ⑤ 68 ③ 69 ③ 70 ④ 71 ② 72 ①

73 다음 중 서양의 문헌분류법에 대한 설명으로 가장 적합한 것은?

① 서양중세대학의 학문분류는 9자유과목(liberal arts)을 기준으로 구분되었다.
② Callimachus가 편찬한 것으로 알려진 책자형목록인 Pinakes가 현재 최고(最古)의 목록으로 인정되고 있다.
③ 유럽의 중세전기에는 수도원을 중심으로 기독교 및 세속문헌의 관리가 이루어졌다.
④ Gesner의 세계서지는 유럽중세각국의 자국어로 된 도서들의 종합목록이다.
⑤ 서지학자 Mazarin은 *Advis Pour Dresser une Bibliotheque*에서 문헌분류를 시도한 바 있다.

해 설 ① 서양중세대학의 학문분류는 7자유과목(liberal arts)으로 구분되었다. ② Pinakes는 고대 Alexandria 도서관의 소장목록으로, 그 형태는 명확치 않다. ④ 세계서지는 일정한 원칙에 따라 분류된 라틴어, 그리스어, 히브리어의 도서목록이다. ⑤ *Advis Pour Dresser une Bibliotheque*의 저자는 추기경 Mazarin의 장서를 관리한 바 있는 Gabriel Naude이다.

74 다음 중 주제분류법(Subject Classification)을 고안한 사람은 누구인가?

① S. R. Ranganathan ② H. E. Bliss
③ J. D. Brown ④ C. A. Cutter
⑤ W. T. Harris

75 다음 중 전개분류법(Expansive Classification)을 고안한 사람은 누구인가?

① S. R. Ranganathan ② H. E. Bliss
③ J. D. Brown ④ C. A. Cutter
⑤ W. T. Harris

76 다음 중 상관색인(relative index)이 최초로 사용된 분류표는 어느 것인가?

① LCC ② DDC
③ UDC ④ SC
⑤ CC

해 설 ② 상관색인은 DDC의 가장 중요한 부분의 하나로, 분류표에서는 분산되어 있는 모든 기호를 어떤 관념의 명칭 아래에 오도록 함으로써 상호관계를 보여주게 된다.

77 다음 중 십진분류표에 속하지 않는 것은 어느 것인가?

① UDC　② NDC
③ KDC　④ DDC
⑤ CC

해 설 UDC는 Universal Decimal Classification, NDC는 Nippon Decimal Classification, KDC는 Korean Decimal Classification, CC는 Colon Classification의 약어이다. ⑤ CC는 십진식분류와는 무관하다.

78 다음 중 열거식분류표와 가장 거리가 먼 것은?

① LCC　② DDC
③ KDC　④ NDC
⑤ UDC

해 설 ⑤ 국제십진분류표(UDC)는 기본표 이외에 각종의 보조기호표 및 합성의 방식을 도입하고 있다. 그리하여 Ranganathan은 이를 주패싯식분류표, Mills는 준열거식분류법이라 일컫고 있다.

79 다음 중 분석합성식분류표(analytico-synthetic classification scheme)와 가장 밀접한 분류표는 어느 것인가?

① LCC　② DDC
③ KDC　④ UDC
⑤ CC

해 설 ⑤ 모든 주제를 분류표에 열거하는 대신에, 기본주제와 공통구분표, 특수구분표만을 분류표에 나열하고 이들의 합성에 의해 그 주제를 표현하게 되는 이른바 패싯식분류표 또는 분석합성식분류표의 대표적인 예로는 S. R. Rangnathan이 창안한 Colon Classification을 들 수 있다.

Answer　73 ③　74 ③　75 ④　76 ②　77 ⑤　78 ⑤　79 ⑤

80 다음 중 가장 대표적인 열거식분류표는 어느 것인가?

① LCC ② DDC
③ UDC ④ SC
⑤ CC

해 설 ① 전체 지식의 각 주제, 즉 과거와 현재 및 예상되는 미래의 모든 주제를 분류표에 열거하게 되는 열거식분류표로는 현재 30권 이상의 별도의 표를 발행하고 있는 LCC가 대표적이다.

81 다음 중 가장 대표적인 패싯식분류표로 일컬어지는 분류표는?

① LCC ② DDC
③ UDC ④ SC
⑤ CC

해 설 패싯식분류표(faceted classification)와 분석합성식분류표는 그 기능적인 면과 구조적인 면에서 붙여진 동일한 명칭이다. ⑤ CC는 분석합성식 또는 패싯식분류표의 대표적인 예이다.

82 다음 중 통칭 서양의 4대분류법에 해당하지 않는 것은?

① LCC ② CC
③ SC ④ EC
⑤ DDC

해 설 일반적으로 서양의 4대분류법은 주제분류법(SC: Subject Classification)과 전개분류법(EC: Expansive Classification), 듀이십진분류법(DDC: Dewey Decimal Classification), 미국의회도서관분류법(LCC: Library of Congress Classification)을 말한다.

83 다음 중 J. D. Brown에 의해 편찬된 분류표는 어느 것인가?

① UDC ② EC
③ SC ④ BC
⑤ CC

84 다음 중 EC와 가장 관계가 깊은 기관은?

① Amherst College ② Boston Athenaeum
③ British Library ④ Library of Congress
⑤ Smithsonian Institution

해 설 ② 전개분류법(EC: Expansive Classification)은 C. A. Cutter가 Boston Athenaeum에서 완성한 분류표이다.

85 다음 중 Mills가 말하는 준열거식분류표(semi-enumerative classification)란 어느 분류표를 말하는가?

① LCC ② DDC
③ UDC ④ SC
⑤ CC

해 설 준열거식분류표는 대체로 열거식분류표의 형식을 취하면서 공통구분표를 상당부분 수용하고 있는 분류표를 말한다. ③ UDC는 기본표 외에도 각종 보조기호 형식의 특수구분표를 마련하고 있다. 이런 의미에서 Ranganathan은 이를 주패싯식분류표, Mills는 준열거식분류표로 구분하고 있다.

86 다음 중 EC, LCC, NDC 등의 주류배열에 가장 큰 영향을 미치고 있는 학문분류는?

① Bacon의 학문분류 ② Comte의 학문분류
③ Aristoteles의 학문분류 ④ Kant의 학문분류
⑤ Ampere의 학문분류

해 설 ② EC, LCC, NDC는 August Comte의 학문분류를 기초로 한 것으로, Bacon의 학문분류를 바탕으로 하는 DDC, UDC, KDC 등과는 그 계열을 달리하고 있다.

Answer 80 ① 81 ⑤ 82 ② 83 ③ 84 ② 85 ③ 86 ②

87 다음 중 Adjustable Classification과 관계가 깊은 것은?

① DDC ② UDC

③ EC ④ SC

⑤ CC

해 설 ④ J. D. Brown은 자신의 Quinn-Brown Classification과 Adjustable Classification을 개선하여 주제분류법(SC: Subject Classification)을 1906년에 편찬하였다.

88 다음 중 전개분류표(EC)에 대한 설명으로 적합하지 않은 것은?

① C. A. Cutter에 의해 고안되었다.

② 제1표부터 제7표의 7개표로 구성된다.

③ 미완성이다.

④ DDC의 주류배열에 직접적인 영향을 미친 바 있다.

⑤ 주제의 구분과 배열에 진화의 순서를 따르는 것을 원칙으로 하였다.

해 설 ④ C. A. Cutter가 고안한 전개분류표(EC: Expansive Classification)는 DDC가 이미 제4판을 발행한 상태인 1891년에 발표되었으며, LCC의 주류배열에 영향을 미친 바 있다.

89 다음 중 서양의 4대분류법으로 올바르게 짝지어진 것은?

① LCC – EC – CC – SC

② EC – CC – SC – DDC

③ CC – SC – DDC – LCC

④ SC – DDC – LCC – EC

⑤ DDC – LCC – EC – CC

해 설 일반적으로 서양의 4대분류법은 주제분류법(SC: Subject Classification)과 전개분류법(EC: Expansive Classification), 듀이십진분류법(DDC: Dewey Decimal Classification), 미국의회도서관분류법(LCC: Library of Congress Classification)을 말한다.

90 다음 중 LCC의 작성에 가장 큰 영향을 미친 분류표는 어느 것인가?

① DDC ② UDC
③ EC ④ SC
⑤ CC

해 설 ③ C. A. Cutter에 의해 작성된 전개분류법(EC: Expansive Classification)은 특히 주류의 배열에 있어서 LCC에 큰 영향을 미치고 있다.

91 다음 중 저자기호표와 함께 작성된 분류표는?

① DDC ② UDC
③ LCC ④ EC
⑤ CC

해 설 ④ EC는 동일한 주제를 가진 도서를 구분하기 위하여 함께 사용할 저자기호표와 같이 고안되었는데, 이를 Cutter의 저자기호표라 한다. 이 기호표는 저자기호표 가운데 세계적으로 가장 널리 보급되어 사용되고 있는 기호표로 알려져 있다.

92 다음의 괄호 안에 들어갈 가장 적합한 것들로 올바르게 짝지어진 것은?

> "1891년에 (①)이(가) 고안한 전개분류표는 기호법에서는 (②)을(를) 채택하고 있다."

① J. D. Brown – 혼합기호법
② C. A. Cutter – 혼합기호법
③ H. E. Bliss – 혼합기호법
④ J. D. Brown – 순수기호법
⑤ C. A. Cutter – 순수기호법

해 설 전개분류표는 알파벳대문자와 아라비아 숫자 등의 다양한 기호를 사용하는 혼합기호법을 채택하고 있어, 기호체계가 복잡하여 읽고, 기억하고, 배가하기가 어렵다.

Answer 87 ④ 88 ④ 89 ④ 90 ③ 91 ④ 92 ②

93 다음의 분류표 가운데 미완성인 채로 남아 있는 것은?

① Universal Decimal Classification

② Expansive Classification

③ Subject Classification

④ Library of Congress Classification

⑤ Bibliographic Classification

해 설 ② C. A. Cutter가 고안한 전개분류표(EC: Expansive Classification)는 제1표부터 제6표는 완성되었으나, 핵심분류표인 제7표는 미완성의 상태로 남아 있다.

94 다음 중 전개분류법(EC)의 장점과 가장 거리가 먼 것은?

① 주류의 배열이 이론적이다.

② 기호의 조기성을 고려하고 있다.

③ 도서관의 규모에 따라 적합한 수준의 표를 선택적으로 사용할 수 있다.

④ 순수기호법을 택하고 있어 읽고, 기억하고, 배가하기가 용이하다.

⑤ 보조표의 도입을 통해 열거식분류표의 문제점을 보완하고 있다.

해 설 ④ 전개분류법은 알파벳대문자와 아라비아 숫자 등의 다양한 기호를 사용하는 혼합기호법을 채택하고 있어, 기호체계가 복잡하여 읽고, 기억하고, 배가하기가 어렵다는 단점을 가지고 있다.

95 다음의 괄호 안에 들어갈 가장 적합한 것들로 올바르게 짝지어진 것은?

> "(①)에 의해 1906년에 초판이 발행된 (②)은(는) 대부분의 분류법에서는 동일한 주제라도 그 취급방법이나 관점에 따라 분류표상의 여러 곳에 흩어져 나타나게 되는데 반해, 그 관점에 관계없이 동일주제를 한 곳에 모으고 있다."

① La Fontaine와 Otlet — Universal Decimal Classification

② M. Dewey — Dewey Decimal Classification

③ J. D. Brown — Subject Classification

④ C. A. Cutter — Expansive Classification

⑤ H. E. Bliss — Bibliographic Classification

96 주제분류법(SC)은 어떤 주제를 다루는 형식이나 관점 등에 따라서 세구분할 수 있도록 하기 위해 별도의 표를 마련하고 있다. 다음 중 이 표를 가리키는 명칭은 어느 것인가?

① 조기표(mnemonic table)

② 보조표(auxiliary table)

③ 범주표(categorical table)

④ 체계보조표(systemic auxiliary table)

⑤ 형식구분표(form divisions)

해 설 ③ 범주표는 동일주제를 한 곳에 모으는 주제분류법이 갖는 특징적인 표로, 동일 주제에 대한 다양한 관점을 표현하기 위한 것이다.

97 다음 중 C. A. Cutter가 고안한 분류법에 대한 설명으로 가장 적합한 것은 어느 것인가?

① 전개분류법(EC: Expansive Classification)으로 불리며, 제1표로부터 제7표에 이르는 7개의 표로 완성되어 발표되었다.

② 사물의 진화순에 의한 배열로 서양 4대분류표 중 가장 이론적 배열로 평가되고 있다.

③ 조기성이 충분히 반영되지 못했다는 단점이 있다.

④ 주류의 배열은 주로 Bacon의 지식분류의 영향을 받은 바 있다.

⑤ 순수기호법을 사용하고 있어 기호의 사용이 편리하다.

해 설 ① 제7표는 미완성의 분류법이다. ③ 조기성이 풍부하다. ④ 주류의 배열은 주로 Auguste Comte의 지식분류의 영향을 받았다. ⑤ EC는 혼합기호법을 사용하고 있어서, 기호가 기록하고, 기억하고, 배가하기 곤란하다.

Answer 93 ② 94 ④ 95 ③ 96 ③ 97 ②

98 다음 중 서지분류법(BC)에 대한 설명으로 가장 적합하지 않은 것은?

① New York 시립대학도서관장 H. E. Bliss가 분류에 대한 이론적 연구를 바탕으로 고안한 분류법이다.

② 현대분류표의 총류(generalities)에 해당하는 선행류(anterior classes)를 두고 있다.

③ 인문과학을 상위에 두고 있다.

④ 도서관의 성격에 따라 분류의 위치를 선택할 수 있는 양자택일의 방법(alternative)을 채택하고 있다.

⑤ 알파벳대문자, 숫자, 부호 등으로 구성된 혼합기호법을 채택하고 있다.

해 설 ③ BC는 자연과학을 상위에 두고 있는 분류법의 대표적인 유형의 하나이다.

99 다음 중 일본십진분류법(NDC)에 대한 설명으로 가장 거리가 먼 것은?

① 1929년 모리(森淸)가 편찬한 일본십진분류법을 개선하여 일본도서관협회가 편찬하는 일본의 표준십진분류법이다.

② 일반보조표(6종)와 고유보조표의 두 종류 보조표가 있다.

③ 혼합기호법을 사용하고 있다.

④ 1995년에 신정9판이 발행된 바 있다.

⑤ 주류는 000 총기(總記), 100 철학, 200 역사, 300 사회과학, 400 자연과학, 500 기술, 600 산업, 700 예술, 800 언어, 900 문학의 순으로 배열된다.

해 설 ③ NDC는 아라비아숫자만을 사용하는 순수기호법의 분류법이다.

100 다음 중 전개분류법(EC)의 장단점에 대한 설명으로 가장 거리가 먼 것은?

① 주제간의 구분이 비교적 균등하게 이루어져 있다.

② 주제를 사물의 진화순에 의해 배열하고 있다.

③ 기호가 기록하고, 기억하고, 배가하기 곤란하다.

④ 학구적인 분류표로 인정받고 있다.

⑤ 일국(一國)에 관한 주제를 한 곳에 모을 수 있다.

해 설 ① EC는 주제간의 구분이 불균등하다는 단점을 가지고 있다.

101 다음 중 William T. Harris의 분류법에 대한 설명으로 가장 거리가 먼 것은?

① 미국 St. Louis 공립학교도서관을 위해 분류법을 고안한 바 있다.
② 서지분류와 서가분류의 통합을 시도한 최초의 분류법으로 알려져 있다.
③ "Essay on the system of classification"의 내용을 바탕으로 4부문 100구분으로 되어 있다.
④ 분류기호와 도서기호를 서가배열, 목록배열, 출납 등의 모든 경우에 사용한 최초의 분류법이다.
⑤ 베이컨의 학문분류의 순서를 도치시킨 역베이컨식(inverted Bacon)을 사용하였으며, CC(Colon Classification)의 주류배열에 직접적인 영향을 미친 바 있다.

해 설 ⑤ Harris의 분류법은 DDC의 주류배열에 직접적인 영향을 미친 바 있다.

102 다음 중 저자기호표와 함께 작성된 분류표는?

① DDC ② UDC
③ LCC ④ EC
⑤ CC

해 설 ④ EC는 동일한 주제를 가진 도서를 구분하기 위하여 함께 사용할 저자기호표와 같이 고안되었는데, 이를 Cutter의 저자기호표라 한다. 이 기호표는 저자기호표 가운데 세계적으로 가장 널리 보급되어 사용되고 있는 기호표로 알려져 있다.

103 다음 중 서지분류법(BC)에 대한 설명으로 가장 적합하지 않은 것은 어느 것인가?

① 양자택일의 원칙을 적용한 분류표이다.
② H. E. Bliss에 의해 고안되었다.
③ 범주표(categorical table)를 사용하여 분석합성식의 기법을 도입하고 있다.
④ 기호가 간결하다.
⑤ 학문 및 지식의 분류에 근거하여 주류를 배열하였기 때문에 학구적이다.

해 설 ③ 서지분류법에서 사용하는 보조표는 체계보조표(systemic auxiliary table)이며, 범주표는 주제분류법(SC)에서 사용하는 보조표이다.

Answer 98 ③ 99 ③ 100 ① 101 ⑤ 102 ④ 103 ③

104 다음 〈보기〉 중 칠략(七略)에 대한 설명으로 적합한 것들로만 올바르게 짝지어진 것은?

〈보 기〉

가. BC 5년경에 유향(劉向)이 편찬작업을 완성하였다.
나. 분류의 연원을 알 수 있는 중국최고(最古)의 목록이다.
다. 육예략(六藝略)은 총설적 성격을 갖기 때문에, 실제적으로는 6분법이라고 할 수 있다.
라. 전한(前漢) 성제(成帝)시대에 비부(秘府)에서 주관하여 이루어진 사업의 결과물이다.

① 가 – 나
② 가 – 나 – 다
③ 가 – 라
④ 나 – 다 – 라
⑤ 나 – 라

해 설 가. 칠략의 기초작업은 유향(劉向)에 의해 시작되었다고도 할 수 있으나, 그 완성은 유흠(劉歆)에 의해 이루어졌다. 다. 나머지 육략 전반에 대한 총설에 해당하는 것은 집략(輯略)이다.

105 다음 〈보기〉 중 이른바 불교의 삼장(三藏)분류법에 대한 설명으로 적합한 것을 모두 모은 것은?

〈보 기〉

가. 경장(經藏), 계장(戒藏), 논장(論藏)의 삼장으로 이루어진다.
나. 불교의 특징적인 분류법이다.
다. 개원석교록에서 그 체제가 완성되었다고 할 수 있다.
라. 계장은 불교의 금계(禁戒)나 계율을 다루는 자료들을 포함하고 있다.

① 가
② 가 – 라
③ 나
④ 나 – 다
⑤ 나 – 다 – 라

해 설 가. 삼장분류법은 경장, 율장(律藏), 논장의 삼장으로 이루어진다. 라. 불교의 금계(禁戒)나 계율을 다루는 자료들을 포함하고 있는 것은 율장이다.

106 다음 〈보기〉 중 사부분류법의 장점에 대한 설명으로 적합한 것을 모두 모은 것은?

〈보 기〉

가. 동양학 전문도서관에 적합하다.
나. 동양학의 전문지식이 있는 사람이면 사서가 아니라도 분류업무를 담당할 수 있다.
다. 분류조직이 간단하여 정리가 간편하다.
라. 전통적인 동양문화를 분산시키지 않고 원형 그대로 집약적으로 조직할 수 있다.

① 가 － 나　② 가 － 나 － 다
③ 가 － 나 － 다 － 라　④ 나 － 다 － 라
⑤ 나 － 라

해 설 가. 나. 다. 라. 사부분류법은 동양의 전통적인 자료를 용이하게 정리할 수 있다는 장점이 있다.

107 다음 〈보기〉 중 사부분류법에 대한 설명으로 적합한 것을 모두 모은 것은?

〈보 기〉

가. 유교의 특징적인 분류법이다.
나. 사고전서총목에서 그 체제와 토대가 확립되었다.
다. 진원제서목(晋元帝書目)에서 경사자집의 명칭을 최초로 사용한 바 있다.
라. 중경신부(中經新簿)에서는 갑을병정의 명칭을 사용하고는 있지만, 사부분류법의 내용차서가 확정되었다.

① 가　② 가 － 나
③ 가 － 나 － 다　④ 나 － 다 － 라
⑤ 나 － 라

해 설 나. 사부분류법의 체제와 토대가 확립된 것은 수서경적지이다. 라. 갑을병정의 명칭을 사용하고는 있지만, 사부분류법의 내용차서를 확정한 것은 진원제서목이다.

Answer 104 ⑤　105 ④　106 ③　107 ①

108 다음 중 자연과학을 상위에 배열하고 있는 분류표는?

① DDC ② UDC
③ LCC ④ EC
⑤ SC

해 설 ⑤ J. D. Brown에 의해 작성된 주제분류법(SC: Subject Classification)은 다른 분류표들이 정신과학을 상위에 배열하는 데 비하여 자연과학을 상위에 배열하고 있다. CC와 BC도 과학상위의 배열을 채용한 예에 속한다.

109 다음 〈보기〉 중 사고전서총목의 분류체계에 따를 경우 경부에 속하는 유들을 모두 모은 것은?

〈보 기〉	
가. 춘추(春秋)류	나. 사서(四書)류
다. 재기(載記)류	

① 가 － 나 ② 가 － 나 － 다
③ 가 － 다 ④ 나 － 다 － 라
⑤ 나 － 라

해 설 다. 라. 재기류는 사부, 석가류는 자부에 속한다.

110 다음 〈보기〉 중 사고전서총목의 분류체계에 따를 경우 사부에 속하는 유들을 모두 모은 것은?

〈보 기〉	
가. 조령(詔令)류	나. 시령(時令)류
다. 목록(目錄)류	라. 전기(傳記)류

① 가 － 나 ② 가 － 나 － 다
③ 가 － 나 － 다 － 라 ④ 나 － 다
⑤ 나 － 다 － 라

해 설 가. 나. 다. 라. 모두 사부에 속하는 유들이다.

111 다음 〈보기〉 중 한국의 불교분류법에 대한 설명으로 적합한 것을 모두 모은 것은 어느 것인가?

〈보 기〉

가. 고려시대의 대장목록은 삼장분류법에 의해 분류되었다.
나. 초조대장목록은 현존하는 우리나라 최고(最古)의 목록이다.
다. 신편제종교장총록은 대각국사 의천이 편찬한 것이다.
라. 재조대장목록은 수기법사에 의해 편찬되었다.

① 가 – 나 ② 가 – 나 – 다
③ 가 – 나 – 다 – 라 ④ 가 – 다 – 라
⑤ 나 – 다 – 라

해 설 나. 현재까지 알려진 바로는 현존하는 우리나라 최고(最古)의 목록은 신편제종교장총록이며, 초조대장목록은 현존하지 않는다.

112 다음 〈보기〉 중 한국의 유교분류법에 대한 설명으로 적합한 것을 모두 모은 것은 어느 것인가?

〈보 기〉

가. 해동문헌총록은 현재까지 알려진 바로는 가장 오래된 유교목록이다.
나. 누판고는 사부분류법에 따라 편찬된 경상도 명문가의 소장문헌에 대한 해제서목이다.
다. 규장총목은 열고관에 소장된 한국본의 해제서목이다.

① 가 ② 가 – 나
③ 가 – 나 – 다 ④ 나
⑤ 나 – 다

해 설 나. 누판고는 각판한 판목의 목록이며, 경상도 명문가의 소장문헌에 대한 해제서목의 대표적인 예는 해동문헌총록이다. 다. 규장총목은 열고관에 소장된 중국본의 해제서목이다.

Answer 108 ⑤ 109 ① 110 ③ 111 ④ 112 ①

113 다음 〈보기〉 중 사고전서총목의 자부에 속하는 유들을 모두 모은 것은?

〈보 기〉	
가. 보록(譜錄)류	나. 유서(類書)류
다. 도가(道家)류	라. 목록(目錄)류

① 가 – 나 ② 가 – 나 – 다
③ 나 – 다 ④ 나 – 다 – 라
⑤ 다 – 라

해 설 라. 목록류는 사부에 속한다.

114 다음 〈보기〉 중 자연과학을 상위에 배열하고 있는 분류표를 모두 모은 것은?

〈보 기〉	
가. Expansive Classification	나. Bibliographic Classification
다. Subject Classification	라. Colon Classification

① 가 – 나 ② 가 – 나 – 다
③ 가 – 다 ④ 나 – 다 – 라
⑤ 나 – 라

해 설 나. 다. 라. Bibliographic Classification, Subject Classification, Colon Classification은 자연과학을 상위에 배열하고 있다.

115 다음 〈보기〉 중 혼합기호법을 사용하고 있는 분류표를 모두 모은 것은?

〈보 기〉	
가. Expansive Classification	나. Bibliographic Classification
다. Subject Classification	라. Colon Classification

① 가 – 나 ② 가 – 나 – 다
③ 가 – 나 – 다 – 라 ④ 나 – 다 – 라
⑤ 나 – 라

해 설 가. 나. 다. 라 모두 혼합기호법을 사용하는 분류표에 해당한다.

116 다음 〈보기〉 중 사고전서총목의 분류체계에 따를 경우 사부에 속하는 유들로만 짝지어진 것을 모두 모은 것은?

〈보 기〉	
가. 직관류 － 정서류	나. 정서류 － 시령류
다. 시령류 － 사서류	라. 사서류 － 재기류

① 가 － 나　　② 가 － 나 － 다
③ 가 － 나 － 다 － 라　　④ 나 － 다
⑤ 나 － 다 － 라

해 설 다. 라. 사서(四書)류는 경부에 속한다. 가. 나. 직관류, 정서류, 시령류는 사부에 속한다.

117 다음 〈보기〉 중 조선십진분류표에 대한 설명으로 적합한 것을 모두 모은 것은 어느 것인가?

〈보 기〉

가. 박봉석에 의해 편찬되었다.
나. 조선도서관협회에서 발행하였다.
다. 국립도서관학교의 교재로 사용되던 동서도서분류표를 개정한 것이다.
라. 현재에도 상당수의 도서관에서 이를 채택하고 있다.

① 가 － 나　　② 가 － 나 － 다
③ 가 － 다　　④ 나 － 라
⑤ 다 － 라

해 설 나. 조선십진분류표는 국립도서관에서 발행하였다. 라. 해방직후 초기의 한국도서관계에서 널리 사용하였으나, 현재는 사실상 도태된 상태이다.

Answer 113 ② 114 ④ 115 ③ 116 ① 117 ③

118 다음 〈보기〉 중 박봉석의 주요업적에 해당하는 것을 모두 모은 것은?

〈보 기〉

가. 국립도서관부관장으로 행정에 기여
나. 조선도서관협회의 결성
다. 한국목록규칙 초판의 편찬
라. 연세대도서관학당에서 후진 양성

① 가 － 나 ② 가 － 다
③ 가 － 라 ④ 나 － 다 － 라
⑤ 다 － 라

해 설 다. 박봉석은 동서편목규칙을 편찬한 바 있으며, 한국목록규칙 초판과는 관련이 없다. 라. 박봉석은 국립도서관 부설 국립도서관학교의 교수로서 도서관교육에 공헌한 바 있으나, 연세대도서관학당과는 무관하다.

119 다음 〈보기〉 중 조선십진분류표의 장점 및 단점에 대한 설명으로 적합한 것을 모두 모은 것은 어느 것인가?

〈보 기〉

가. 어문학을 3류에 통합함으로써 DDC에서 분리되는 단점을 해결하였다.
나. 정기적인 개정을 통해 최신성을 유지하고 있다.
다. 주류의 배열에서 학문간 균형을 유지하고 있다.
라. 분류기호를 십진식의 일반원리에 따라 전개함으로써 무한히 전개할 수 있다.

① 가 － 나 ② 가 － 다
③ 가 － 나 － 다 ④ 가 － 나 － 다 － 라
⑤ 다 － 라

해 설 나. 조선십진분류표는 개정이 이루어지지 않아 새로운 주제가 누락되어 있다. 라. 조선십진분류표는 기호의 전개를 4자리로 제한하고 있기 때문에 조기성의 변칙이 많고 기호의 배정이 어렵다는 단점이 있다.

120 다음 〈보기〉 중 사고전서총목의 분류체계에 따를 경우 자부에 속하는 유들로만 짝지어진 것을 모두 모은 것은?

〈보 기〉

가. 소학류 – 보록류　　나. 유서류 – 석가류
다. 석가류 – 도가류　　라. 예술류 – 소설가류

① 가 – 나　　② 가 – 나 – 다
③ 가 – 다 – 라　　④ 나 – 다
⑤ 나 – 다 – 라

해 설 가. 소학류는 경부에 속한다. 나. 다. 라. 유서(類書)류, 석가류, 도가류, 예술류, 소설가류는 모두 자부에 속한다.

121 다음 〈보기〉 중 한국의 문헌분류사에 관한 설명으로 적합한 것을 모두 모은 것은 어느 것인가?

〈보 기〉

가. 최사위가 편찬한 것으로 알려진 초조대장목록(初雕大藏目錄)은 우리나라 최고(最古)의 목록으로 추정되고 있다.
나. 김휴가 편찬한 해동문헌총록(海東文獻總錄)은 우리나라 최고(最古)의 유교목록으로 알려져 있다.
다. 프랑스인 Mourice Courant이 편찬한 한국서지는 사부분류법과는 판이한 분류법에 의해 분류되었다.

① 가　　② 가 – 나
③ 가 – 나 – 다　　④ 나
⑤ 나 – 다

해 설 가. 나. 다. 모두 올바른 설명에 해당한다.

Answer 118 ①　119 ②　120 ⑤　121 ③

122 다음 〈보기〉 중 조선십진분류표의 주류와 그 내용이 올바르게 연결된 것을 모두 모은 것은 어느 것인가?

〈보 기〉

가. 1류 – 철학 · 종교
나. 2류 – 언어 · 문학
다. 3류 – 미술 · 연예
라. 4류 – 사회 · 교육

① 가
② 가 – 나
③ 가 – 나 – 다
④ 나 – 다
⑤ 나 – 다 – 라

해 설 나. 2류는 역사 · 지지이다. 다. 3류는 언어 · 문학이다. 라. 4류는 미술 · 연예이며, 사회 · 교육은 5류이다.

123 다음 〈보기〉 중 한국과 중국의 불교목록에 대한 설명으로 적합한 것들을 모두 모은 것은 어느 것인가?

〈보 기〉

가. 의천의 신편제종교장총록(新編諸宗教藏總錄)은 우리나라 불교 장소(章疏)목록의 효시가 된 목록이다.
나. 송나라 때 편찬된 개원석교록(開元釋教錄)에서 삼장분류법의 체계가 완성되었다.
다. 삼장분류법은 경장, 율장, 논장의 삼장으로 구성된다.

① 가
② 가 – 나
③ 가 – 다
④ 나
⑤ 나 – 다

해 설 나. 개원석교록은 당나라 지승(智昇)이 730년에 편찬한 불전목록이다.

124 다음 〈보기〉 중 그 분류체계가 사부분류법으로 이루어진 목록을 모두 모은 것은 어느 것인가?

〈보 기〉

가. 수서경적지　　나. 사고전서총목제요
다. 누판고　　라. 규장총목

① 가 － 나 － 다　　② 가 － 나 － 다 － 라
③ 가 － 나 － 라　　④ 나 － 다 － 라
⑤ 다 － 라

해 설 가. 나. 중국의 대표적인 사부분류법에 의한 목록이다. 다. 라. 사부분류법에 의해 분류된 한국의 목록들이다.

125 다음 〈보기〉 중 규장총목에 관한 설명으로 적합한 것을 모두 모은 것은 어느 것인가?

〈보 기〉

가. 서호수(徐浩修)가 편찬한 목록이다.
나. 열고관(閱古觀)에 소장되어 있던 중국본(中國本)의 해제서목이다.
다. 현재까지 알려진 바로는 우리나라 최고(最古)의 유교목록이다.

① 가　　② 가 － 나
③ 가 － 다　　④ 나
⑤ 나 － 다

해 설 다. 현재까지 알려진 우리나라 최고(最古)의 유교목록은 해동문헌총록이다.

Answer 122 ①　123 ③　124 ②　125 ②

126 다음 〈보기〉 중 주요목록과 그 편찬자의 연결이 올바른 것을 모두 모은 것은 어느 것인가?

〈보 기〉	
가. 초조대장목록 – 수기법사	나. 신편제종교장총록 – 의천
다. 재조대장목록 – 최사위	라. 개원석교록 – 지승

① 가 – 나 – 다　　② 가 – 나 – 다 – 라
③ 가 – 라　　④ 나 – 라
⑤ 다 – 라

해 설 가. 초조대장목록의 편찬자는 최사위이다. 다. 재조대장목록의 편찬자는 수기법사이다.

127 다음 〈보기〉 중 Gesner와 그의 분류법에 대한 설명으로 적합한 것을 모두 모은 것은 어느 것인가?

〈보 기〉
가. Gesner는 세계서지(Bibliotheca Universalis)를 편찬한 바 있다.
나. Gesner가 편찬한 서지는 최초의 서지학적 분류법으로 평가받고 있다.
다. Gesner는 당대에 각국에서 자국어로 발행되는 주요저서들을 대상으로 서지를 편찬하였다.
라. 그의 분류법은 후세의 문헌분류법에 막대한 영향을 미친 바 있다.

① 가 – 나　　② 가 – 나 – 다
③ 가 – 다　　④ 나 – 다
⑤ 나 – 다 – 라

해 설 다. 세계서지는 당대의 자국어로 된 저서에 대한 서지가 아니라, 라틴어, 그리스어, 히브리어의 도서의 서지이다. 라. 그의 분류법은 후대의 문헌분류법에는 거의 영향을 미치지 못하였다.

128 다음 〈보기〉 중 주요목록과 그 편찬자의 연결이 올바른 것을 모두 모은 것은 어느 것인가?

〈보 기〉

가. 해동문헌총록 – 김휴　　나. 규장총목 – 서유구
다. 누판고 – 서호수　　라. 해동역사예문지 – 한치윤

① 가 – 나 – 다　　② 가 – 나 – 다 – 라
③ 가 – 라　　④ 나 – 라
⑤ 다 – 라

해 설 나. 규장총목의 편찬자는 서호수이다. 다. 누판고의 편찬자는 서유구이다.

129 다음 〈보기〉 중 Pinakes에 대한 설명으로 적합한 것을 모두 모은 것은?

〈보 기〉

가. 현재까지 알려진 바로는 원형이 그대로 보존된 최고(最古)의 목록의 하나이다.
나. Callimachus가 편찬한 것으로 알려져 있다.
다. Alexandria도서관의 소장목록이다.
라. "어떤 종류의 문학에 뛰어난 저자 및 저작 일람"이란 뜻을 담고 있다.

① 가 – 나　　② 가 – 나 – 다
③ 가 – 다　　④ 나 – 다
⑤ 나 – 다 – 라

해 설 가. Pinakes는 현재는 멸실되어 일부만이 전하므로 그 양상을 정확히 파악하기 어렵다고 한다.

Answer 126 ④ 127 ① 128 ③ 129 ⑤

130 다음 〈보기〉 중 서양중세의 분류법에 대한 설명으로 적합한 것을 모두 모은 것은 어느 것인가?

〈보 기〉

가. 중세전기에는 중세대학을 중심으로 문헌의 관리가 이루어졌다.
나. 중세대학의 학문분류는 7자유과목(liberal arts)으로 구분되었다.
다. 7자유과목은 3학과 4과로 이루어진다.
라. 4과(quadrivium)는 산술, 기하, 천문, 지리로 이루어져 있다.

① 가 － 나　② 가 － 다
③ 가 － 라　④ 나 － 다
⑤ 나 － 라

해 설 가. 중세전기는 수도원을 중심으로 기독교 및 세속문헌의 관리가 이루어졌다. 라. 4과는 산술, 기하, 천문, 음악으로 이루어져 있다.

131 다음 〈보기〉 중 Harris의 분류법에 대한 설명으로 적합한 것을 모두 모은 것은?

〈보 기〉

가. 분류기호와 도서기호를 서가배열, 목록배열, 출납 등의 모든 경우에 사용한 최초의 분류법으로 알려져 있다.
나. Harris의 "Essay on the system of classification"의 내용을 바탕으로 한다.
다. 베이컨의 학문분류의 순서를 그대로 사용하였다.
라. 그 내용은 4부문 100구분으로 되어 있다.

① 가 － 나　② 가 － 나 － 라
③ 가 － 다 － 라　④ 나 － 다
⑤ 나 － 라

해 설 다. 베이컨의 학문분류의 순서를 도치시킨 역베이컨식(inverted Bacon)을 사용하였다.

132 다음 〈보기〉 중 조선십진분류표의 주류와 그 내용이 올바르게 연결된 것을 모두 모은 것은 어느 것인가?

〈보 기〉

가. 2류 – 역사 · 지지　　나. 4류 – 사회 · 교육
다. 6류 – 정법 · 경제　　라. 8류 – 공학 · 공업

① 가 – 나 – 다　　② 가 – 나 – 라
③ 가 – 다 – 라　　④ 나 – 다 – 라
⑤ 다 – 라

해 설 나. 조선십진분류표의 4류는 미술 · 연예이다.

133 다음 〈보기〉 중 분류표와 그 고안자의 연결이 올바른 것을 모두 모은 것은 어느 것인가?

〈보 기〉

가. Expansive Classification – C. A. Cutter
나. Bibliographic Classification – H. E. Bliss
다. Subject Classification – J. D. Brown
라. Colon Classification – S. R. Ranganathan

① 가 – 나 – 다　　② 가 – 나 – 다 – 라
③ 가 – 나 – 라　　④ 나 – 다 – 라
⑤ 다 – 라

해 설 가. 나. 다. 라. 모두 올바르게 연결되어 있다.

Answer　130 ④　131 ②　132 ③　133 ②

134 다음 〈보기〉 중 전개분류법(EC)에 대한 설명으로 적합한 것을 모두 모은 것은 어느 것인가?

〈보 기〉

가. 미완성의 분류표이다.
나. Ampere의 지식분류의 영향을 받은 바 있다.
다. 사물의 진화순에 의한 배열방식을 채택하고 있다.
라. 공통세목(형식구분)과 지역구분표(지방표) 등의 보조표를 설정하고 있다.

① 가 – 나
② 가 – 나 – 다
③ 가 – 다 – 라
④ 나 – 다
⑤ 나 – 다 – 라

해 설 나. EC는 Comte의 지식분류의 영향을 받은 바 있다.

135 다음 〈보기〉 중 서지분류법(BC)에 대한 설명으로 적합한 것을 모두 모은 것은 어느 것인가?

〈보 기〉

가. Bliss Classification Association에 의해 개정되고 있다.
나. 현대분류표의 총류(generalities)에 해당하는 선행류(anterior classes)를 두고 있다.
다. 인문과학을 상위에 두고 있다.
라. 도서관의 성격에 따라 분류의 위치를 선택할 수 있는 양자택일의 방법(alternative)을 채택하고 있다.

① 가 – 나
② 가 – 나 – 라
③ 가 – 나 – 다 – 라
④ 다 – 라
⑤ 라

해 설 다. BC는 자연과학을 상위에 두고 있다.

136 다음 〈보기〉 중 전개분류법(EC)의 장점에 대한 설명으로 적합한 것을 모두 모은 것은 어느 것인가?

〈보 기〉

가. 도서관의 실제에 기초하고 있다.
나. 조기성이 풍부하다.
다. 주제간의 구분이 불균등하다.
라. 기호가 단순하고 이해하기 쉽다.

① 가 – 나
② 가 – 나 – 다
③ 나 – 다
④ 나 – 라
⑤ 다

해 설 다. EC는 주제간의 구분이 불균등하다는 단점을 가지고 있다. 라. EC의 기호는 기록하고, 기억하고, 배가하기 곤란하다는 단점을 갖고 있다.

137 다음 〈보기〉 중 주제분류법(SC)에 대한 설명으로 적합한 것을 모두 모은 것은 어느 것인가?

〈보 기〉

가. 혼합기호법을 사용하고 있다.
나. 상관색인(relative index)을 사용하고 있다.
다. 지역구분표(지방표)를 사용하고 있다.
라. 범주표(categorical table)를 사용하고 있다.

① 가 – 나
② 가 – 나 – 다
③ 가 – 나 – 다 – 라
④ 가 – 다 – 라
⑤ 나 – 다 – 라

해 설 나. SC는 열거색인(specific index)을 사용하고 있다.

Answer 134 ③ 135 ② 136 ① 137 ④

138 다음 〈보기〉 중 일본십진분류법에 관련된 설명으로 적합한 것을 모두 모은 것은 어느 것인가?

〈보 기〉

가. 통상 JDC로 약칭된다.
나. 1929년 모리(森淸)가 편찬한 일본십진분류법을 개선한 것이다.
다. 현재는 일본도서관협회가 편찬하는 일본의 표준십진분류법이다.
라. 일반보조표(6종)와 고유보조표의 두 종류 보조표가 있다.

① 가 － 나 ② 가 － 나 － 다
③ 가 － 나 － 다 － 라 ④ 나 － 다
⑤ 나 － 다 － 라

해 설 가. 일본십진분류법의 영문은 Nippon Decimal Classification으로, 통상 NDC로 약칭되고 있다.

139 다음 〈보기〉 중 C. A. Cutter의 주요업적에 해당하는 것을 모두 모은 것은 어느 것인가?

〈보 기〉

가. 미국의회도서관(LC) 장서목록의 편찬
나. 사전체편목규칙의 편찬
다. 전개분류표의 편찬
라. Boston Athenaeum의 도서관장으로 봉직

① 가 － 나 ② 가 － 나 － 다
③ 가 － 라 ④ 나 － 다
⑤ 나 － 다 － 라

해 설 가. Cutter는 Boston Athenaeum의 장서목록을 편찬한 바 있다.

140 다음 〈보기〉 중 사고전서총목의 분류체계에 따를 경우 경부에 속하는 유들로만 짝지어진 것을 모두 모은 것은?

〈보 기〉	
가. 춘추류 – 사서류	나. 춘추류 – 소학류
다. 사서류 – 소학류	라. 소학류 – 전기류

① 가 – 나　　② 가 – 나 – 다
③ 가 – 다 – 라　　④ 나 – 다 – 라
⑤ 나 – 라

해 설 가. 나. 다. 춘추류, 사서류, 소학류는 경부에 속한다. 라. 전기류는 사부에 속한다.

141 다음 〈보기〉 중 사고전서총목의 분류체계에 따를 경우 사부에 속하는 유들로만 짝지어진 것을 모두 모은 것은?

〈보 기〉	
가. 춘추류 – 전기류	나. 전기류 – 재기류
다. 재기류 – 목록류	라. 목록류 – 시령류

① 가 – 나　　② 가 – 나 – 다
③ 가 – 다 – 라　　④ 나 – 다
⑤ 나 – 다 – 라

해 설 가. 춘추류는 경부에 속한다. 나. 다. 라. 전기류, 재기류, 목록류, 시령류는 사부에 속한다.

Answer 138 ⑤　139 ⑤　140 ②　141 ⑤

제 3 장

DDC의 이해

3.1. DDC의 탄생과 발전과정

3.2. DDC의 일반적 특성과 평가

3.3. DDC 제23판의 성격과 구조

3.4. DDC를 활용한 분류작업의 실제

3.5. 보조표의 특성과 사용법

3.6. 본표의 개요와 특성

제 3 장
DDC의 이해

주요내용의 요약 및 해설

3.1. DDC의 탄생과 발전과정

DDC의 의의:

① Dewey Decimal Classification의 머리 글자를 딴 약성어이다.

② "Dewey"는 이를 창안한 Melvil Dewey(1851-1931)의 성을 딴 것이다.

③ "Decimal"은 이 분류법에서 채택하고 있는 아라비아 숫자의 기호를 십진식으로 전개하고 있음을 나타낸다.

④ "DC"나 "Decimal Classification"으로 부르는 이유는 DDC가 십진식 분류법의 최초의 유형이기 때문이다.

Dewey의 업적: (오동근 2007, pp.29-31)

① 원래 이름은 Melville Louis Kossuth Dewey이다.

② Amherst대학 2학년 때 대학도서관의 학생보조원(student assistant)으로 도서관에서 일하면서 도서관과 인연을 맺었다.

③ '도서관학의 개척자'(pioneer of library economy), 도서관 학교 운동의 아버지(father of library school movement), 문헌 분류법의 아버지(father of library classification), 사서직의 아버지(father of library profession), 도서관의 수호 성인(library patron saint) 등으로 칭송되고 있다.

④ 문헌정보학에 관련된 주요업적:
 (가) DDC의 창안
 (나) 미국도서관협회(ALA: American Library Association)의 발전에 기여함: 1876년 결성 주도, 사무국장(1876-1880) 역임, 2대에 걸친 회장(1890/1891, 1892/1893) 역임
 (다) Library Journal(도서관학분야 최초의 전문잡지)의 창간 주도 및 편집자(1876-1880) 역임
 (라) 1887년 도서관학교(School of Library Economy)(세계최초의 공식적인 문헌정보학 교육기관)를 Columbia대학에 개설
 (마) 뉴욕주립도서관(New York State Library)의 관장으로 봉직
⑤ 그 밖의 주요활동:
 (가) 남녀공학운동
 (나) 미터법운동
 (다) 철자법간소화운동

DDC의 창안과정 및 초판의 발행: (오동근 2007, pp.32-33)

① 1873년 Amherst 대학당국에 DDC의 아이디어를 담은 “3종의 기원논문”(Three genetic papers)을 제출하였다.
② 1873년 대학당국이 Dewey의 제안을 받아들여 Amherst대학도서관의 분류표로 DDC를 사용하였다.
③ 1876년 DDC의 초판을 *A Classification and Subject Index for Cataloguing and Arranging the Books and Pamphlets of a Library*라는 서명으로 Amherst대학에서 공식적으로 발행하였다.
④ 표제지에는 Dewey의 이름이 보이지 않으나, 그 이면(裏面)에 “Copyrighted 1876. Melvil Dewey”라고 기록되어 있다.
⑤ 초판은 서문과 주류표 및 강목표, 주제색인, 사용법에 대한 해설 등 총 44페이지짜리 소책자로 1,000부만 발행하였다.
⑥ W. T. Harris에 대한 감사의 말씀(謝辭)를 바탕으로, Harris의 분류법의 영향을 받은 것으로 인정되고 있다.

문헌분류이론상의 DDC의 의의: (오동근 2007, pp.34-35)

① 단순하고 유연성을 갖춘 기호를 사용하여 체계적인 순서를 기계화: 기존의 고정식배가법(固定式排架法: fixed location)의 원칙을 상관식배가법(相關式排架法: relative location)의 원칙으로 변화시켰다.

② 포괄적인 상관색인(相關索引: relative index)의 도입: 어떤 주제에 관한 다양한 관점들, 즉 분산된 관련 항목들을 알파벳 순으로 한곳에 모아 줌으로써 체계적 순서(systematic order)의 단점을 해결했다.

DDC의 발전과 이용: (오동근 2007, pp.36-41)

① DDC 발행의 역사(〈표 3-1〉 참조)

〈표 3-1〉 DDC 발행의 역사

판차	발행연도	보조표면수	본표면수	색인면수	총페이지	편집책임자
1	1876		10	18	44	Melvil Dewey
2	1885		176	86	314	Melvil Dewey
3	1888		215	185	416	Melvil Dewey
4	1891		222	186	471	E. M. Seymour
5	1894		222	186	471	E. M. Seymour
6	1899		255	241	612	E. M. Seymour
7	1911		408	315	779	E. M. Seymour
8	1913		419	332	850	E. M. Seymour
9	1915		452	334	856	E. M. Seymour
10	1919		504	358	940	E. M. Seymour
11	1922		539	366	990	J. D. Fellows
12	1927		670	477	1243	J. D. Fellows
13	1932	4	890	653	1647	J. D. Fellows
14	1942	4	1044	749	1927	C. Mazney
15	1951	1	467	191	716	M. J. Ferguson
15r	1952	1	467	400	927	G. Dewey
16	1958	5	1313	1003	2439	B. A. Custer
17	1965	249	1132	633	2153	B. A. Custer
18	1971	325	1165	1033	2718	B. A. Custer
19	1979	452	1574	1217	3385	B. A. Custer
20	1989	476	1804	726	3388	J. P. Comaromi
21	1996	625	2205	1207	4037	J. S. Mitchell
22	2003	530	2318	923	3983	J. S. Mitchell
23	2011	583	2425	963	4175	J. S. Mitchell

② 제2판(1885):

(가) 차후의 이 분류표의 형식과 방침을 설정해 주었다는 점에서 가장 중요한 판의 하나이다.

(나) 기호의 세 자리 다음에 소수점을 찍고 세목을 전개하였다.

(다) 기호의 합성을 상당부분 도입하여 형식구분(form division)과 시대구분(period division)의 방식으로 활용하였다.

(라) 지리 및 역사언어세목의 사용을 "divide like"의 형식으로 지시하였다.

(마) 색인의 명칭을 초판의 "주제색인"(subject index)에서 "상관색인"(relative index)으로 변경하였다.

(바) "기호의 안정성"(integrity of numbers)의 원칙(필요에 따라 전개는 하지만 재배치는 최소화한다)을 천명하였다.

DDC의 개정절차: (오동근 2007, pp.41-43)

① DDC 편집국은 1923년 이후 미국의회도서관(LC)의 Dewey십진분류부(DCD: Decimal Classification Division) 내에 소재하고 있다.

② DDC는 DCD에서 개발·유지·보수하고 있다고 할 수 있다.

③ DDC편집정책위원회(EPC: Decimal Classification Editorial Policy Committee):

(가) DDC의 방향과 정책의 결정에 대해 조언하기 위해 1937년에 구성되어 현재에 이르고 있다.

(나) DDC의 변경과 혁신, 일반적인 개발에 관련된 문제들에 관해 DDC의 편집자 및 OCLC에 조언하는 역할을 수행하고 있다.

(다) 도서관교육분야는 물론 공공도서관과 전문도서관, 대학도서관에 종사하는 10여명의 사람들로 구성된다.

(라) ALA와 미국의회도서관(LC), DDC의 출판사인 OCLC Forest Press, 영국도서관협회(LA)를 대표하며, 캐나다와 오스트레일리아 출신의 위원들도 포함되어 있다.

(마) 편집자에 의해 준비된 초안은 EPC로 넘겨져 검토와 추천과정을 거치게 된다.

DDC의 이용현황: (오동근 2007, pp.43-46)

① 세계에서 가장 널리 사용되는 문헌분류법으로 인정되고 있다.

② 2011년 현재 138개 이상의 국가에서 이를 사용하고 있고, 30개 이상의 언어로 번역되고 있다.

③ 미국에서는 전체 공공도서관과 학교도서관의 95 퍼센트와 전체 대학도서관의 25 퍼센트, 전문도서관의 20 퍼센트가 사용하고 있다.

④ 미국의회도서관(LC)의 DCD는 실제로 LC에서 목록을 작성하는 저작에 대하여 매년 11만 건 이상의 DDC 기호를 부여하고 있다.

⑤ MARC 서지 레코드에 통합되어, 컴퓨터 매체와 CIP(Cataloging in Publication) 데이터 등을 통하여 도서관에 배포되고 있다.

⑥ 전 세계의 여러 나라에서 발행하는 MARC 레코드와 국가 서지에 사용되고 있다.

3.2. DDC의 일반적 특성과 평가

학문에 의한 분류: (오동근 2007, pp.47-49)

① 동일한 주제를 다루고 있는 자료라고 하더라도, 그 주제를 어떤 관점이나 어느 측면에서 다루는가에 따라 해당 학문분야나 연구분야에 분류하는 것을 의미한다.

② 측면적 분류표(aspect scheme)라고도 한다.

③ 경우에 따라서는 동일한 주제의 자료가 분류표상에서 둘 이상의 곳에 나타날 수도 있다.

④ 상관색인(相關索引: relative index): 동일주제를 다루면서도 본표에서는 그 학문적 측면에 따라 분산되게 되는 관련항목을 함께 모으기 위한 장치. 상관색인을 통하여 어떤 주제의 다양한 측면을 한 곳에서 확인할 수 있다.

계층적 구조: (오동근 2007, pp.49-52)

① DDC는 계층적 분류표(hierarchical classification): 학문이나 주제의 관계를 나타내기 위해서, 일반적인 것들로부터 시작하여 점차 구체적인 것들로 전개하게 된다.

② 그러나 이것은 하나의 원칙으로 채택된 것으로서, 반드시 모든 경우에 완전하게 적용된다는 것은 아니다.

③ Dewey는 지식을 전통적인 학문분야에 따라 9개 주류로 구분하고, 어떤 유에도 속하기 어려운 것들을 모아 총류라는 열 번째 유를 설정하여, 10개 유가 DDC의 주류(主類: main classes)를 구성하도록 하였다.

④ 주류들은 다시 각각 10개의 강(綱: divisions)으로 나뉘고, 강들은 다시 각각 10개의 목(目: sections)으로 나뉜다.

⑤ '기호에 의한 계층구조'(notational hierarchy): 기호법에 의해 표현되는 DDC의 계층적 구조

600	Technology
630	Agriculture and related technologies
636	Animal husbandry
636.7	Dogs
636.8	Cats

여기에서는 밑줄로 표시된 의미를 갖는 분류기호의 자리수에 의해 계층구조가 표현된다. 'Agriculture'는 의미를 갖는 자리수가 그보다 하나 적은 'Technology'의 하위류(subordinate class)가 되며, 그보다 하나 많은 'Animal husbandry'의 상위류(superordinate class)가 된다. 'Dogs'와 'Cats'는 둘 다 축산업의 하위류가 되지만, 둘 사이는 서로 동위류 또는 등위류(coordinate class)의 관계가 된다.

⑥ 계층적 구조가 반드시 기호로만 표시되는 것은 아니며, 이러한 원칙에 위배되는 예들이 종종 나타나게 된다. 본표에서 뒷쪽산형괄호(〉)를 앞세워 중앙부분에 기록되는 저록(중앙엔트리: centered entry)은 그 대표적인 예이다.

⑦ '구조에 의한 계층 구조'(structural hierarchy): 전체에 적용되는 것은 무엇이든 그 일부에도 적용되는 것으로, '계층적 구속력'(hierarchical force)이라고도 한다. 즉 어떤 유의 성격에 관한 모든 주기는 해당류의 모든 하위류에도 적용된다.

십진식에 의한 전개: (오동근 2007, pp.52-53)

① 모든 지식을 주류라는 열 개의 광범위한 학문분야로 구분하고, 이들을 계속적으로 강, 목, 세목의 단계로 십진식으로 세분한다.

② 주류와 강의 단계에서는 최소자리수를 세 자리로 채우기 위해 필요한 만큼 '0'(zero)을 추가하고, 세목의 경우는 세 자리 다음에 소수점을 찍는다.

③ 이론상으로는 계속적인 십진식 전개에 의해 무한히 전개할 수 있다.

④ 그러나 십진식전개는 모든 주제를 항상 열 개씩으로 세분해야 한다는 점 자체에서 근본적으로 불합리성을 내재하고 있다.

⑤ 그럼에도 불구하고 그 편리성 때문에 DDC가 국제적으로 채택될 수 있도록 하는 데 일조를 하고 있다.

조기성의 도입: (오동근 2007, pp.53-55)

① 조기성(助記性) 또는 조기법(mnemonics): 기억을 돕거나 향상시키기 위한 기술이나 방법 또는 그것을 통해 기억을 새로이 하거나 향상시키는 것이다.

② 분류기호의 조기성: '분류체계가 개념을 표현할 때 어떤 개념이 출현하는 위치에 관계없이 이를 동일한 기호로 표현하여 기억을 돕는 것, 또는 그 반대로 분류체계에서 동일기호는 동일한 개념을 표현하도록 하여 기억을 돕는 것'(김성원 1989, pp.7-8)이다.

③ DDC에서는 특히 주제의 합성을 위해 많은 부분에서 조기성의 기법을 도입하고 있는데, 동일한 개념에 대해서는 동일한 기호를 부여하도록 하는 체계적 조기성(systematic mnemonics) 또는 일정적(一定的) 조기성 내지 표에 의한 조기성(scheduled mnemonics)의 기법을 주로 채택하고 있다.

④ 보조표를 사용하는 경우 외에도, DDC에서는 본표의 다른 부분에서 사용하고 있는 분류기호를 해당분류기호에 직접 추가하도록 함으로써 조기성을 부여하거나, 특정주제분야에 대해 별도의 부가표(add tables)를 만들어 놓고 본표의 구체적인 사용지시에 따라 이를 추가하도록 함으로써 조기성을 부여하는 경우가 있다.

DDC의 초창기 도입단계의 성공요인(장점의 일부): (오동근 2007, pp.55-56)

① DDC는 장서의 증가에 따라 자료들을 상관식배가법(relative location)에 의해 서가에 배열할 수 있도록 했다.

② 아라비아숫자만으로 이루어지는 순수기호법(pure notation)의 기호가 단순하고 이해하기 쉽다.

③ 십진식에 의한 전개가 가능하기 때문에, 새로운 지식영역을 수용하기 위해 분류표를 비교적 용이하게 무한히 전개할 수 있다.

④ DDC의 본표에서는 사용법과 기호합성에 대해 비교적 명확하고 간략한 지시사항을 수록하고 있어, 분류표를 이해하고 사용하기가 편리하다.

DDC의 장점: (오동근 2007, pp.56)

① DDC는 실용적인 분류표이다.

② 분류표를 유지관리할 수 있는 영구기관이 설립되어 있으며, 이 기관에 의해 비교적 정기적으로 개정판이 발행됨으로써 분류표의 최신성을 유지할 수 있다.

③ 우수한 상관 색인(relative index)을 갖추고 있다.

④ 조기성이 풍부할 뿐만 아니라, 조기성에 비교적 일관성을 유지하고 있다.

⑤ 기호의 계층적 성격을 통해 분류기호 간의 상호관계를 나타내 줌으로써 탐색에 도움을 준다.

⑥ OCLC나 LC, 국내의 국립중앙도서관이나 국회도서관을 포함한 많은 중앙집중식 편목서비스기관(centralized cataloging services)에서 DDC기호를 사전(事前)에 부여한 목록정보를 제공하고 있다.

⑦ 중소규모도서관을 위해 간략판을 발행하고 있다.

DDC의 단점: (오동근 2007, pp.56-57)

① 철학분야와 과학기술분야의 예를 대비해 보면 알 수 있는 것처럼 학문분야에 따른 주제의 구분이 불균등할 뿐만 아니라, 특히 역사나 지리, 어문학, 종교 등 특정분야의 경우는 지나치게 영국과 미국 내지 서양중심으로 전개되어 있다.

② 300 사회과학과 900 역사 및 지리, 400 언어와 800 문학의 예에서 볼 수

있는 것처럼, 주류의 배열에서 상호관련 된 학문이 서로 분리되어 있다.

③ 십진식 분류법의 일반적인 문제점이기도 하지만, 기계적인 10구분법의 불합리성으로 불균형이 생기게 되며, 십진식 전개를 이용하여 무한히 전개할 수 있기는 하지만 새로운 주제를 적절한 위치에 삽입하기가 지극히 어렵고, 계속적인 전개를 통해 상세한 분류를 시도할 경우에는 분류기호가 지나치게 길어질 수 있다.

④ 특정주제의 위치와 열거순서 등과 관련하여, 총류(000)에 배정된 문헌정보학과 철학류(100)에 배정된 심리학, 예술류(700)에 배정된 스포츠와 오락의 적절성 문제와 문학류(800)에서 문학형식을 우선적으로 고려함으로써 동일저자에 의한 여러 형식의 작품들이 분산되도록 하는 문제에 대해 의문이 제기되고 있다.

⑤ 지식의 발전에 부응하여 불가피하게 이루어지는 재배치(relocation)와 전면개정(complete revision)은 분류표를 사용하는 일선도서관에 재분류(reclassification)라는 현실적인 부담을 안겨주게 된다.

3.3. DDC 제23판의 성격과 구조

DDC 제23판의 개요:

① 2011년 인쇄형식과 웹형식(Web-Dewey)으로 배포

② 편집 및 출판:

(가) 편집자 – J. S. Mitchell

(나) 출판사 – OCLC Forest Press

③ 네 권으로 된 DDC 제23판 인쇄본의 주요구성부분:

(가) 제1권 – 서언 및 서문, 서론, 매뉴얼, 보조표 등

(나) 제2권 – DDC 개요표, 본표(000-599)

(다) 제3권 – 본표(600-999)

(라) 제4권 – 상관색인

주요특징: (오동근 등 2011, p.214)

① 주요개정분야:

(가) 표준세구분의 -06과 -08, -09에서 주로 개정 및 전개, 이치. 특히 사람 집단에 대한 표현 변경

(나) 제2보조표에서 "Persons"가 "Biography"로 변경, 900 역사류 아래의 일부 분류항목에 지역구분을 적용하기 위한 보조표 항목 새로 전개

(다) 제5보조표와 제6보조표: -9에서 주로 개정 및 전개

(라) 003-006 컴퓨터과학: 최신 추세 반영 업데이트

(마) 200 종교(Religion): 동방정교회 및 이슬람 관련 항목 업데이트

(바) 음식과 의복에 관련된 390, 640, 660, 680의 상당부분 개정과 업데이트

(사) 610 의료 및 보건(Medicine & health) : 전체항목, 특히 영양과 요법, 질병 관련항목 신설

(아) 690의 명칭변경(Construction of building), 빌딩관련항목 추가전개

(자) 760의 Graphic arts를 740으로 이치, 740 명칭변경(Drawing & decorative arts → Graphic arts and decorative arts)

(차) 790의 스포츠 분야에 다수의 항목 신설

(카) 800 문학: T.6(추가된 언어) 및 T.2(지리적 변경) 관련항목, 문학시대구분 추가

(타) 900 역사 및 지리: T.2의 지리적 변경 관련항목, 시대구분 업데이트

② 구조적 변화:

(가) 이중표목(dual heading): 개념상의 혼돈을 줄이기 위해 단일표목으로 변경

(나) 범위표시(spans): 불균형 했던 주제 범위의 시작과 끝을 나타내는 분류기호의 양쪽 범위의 표시를 모두 동일한 길이로 표시

DDC 제23판 인쇄본의 주요구성부분:

① 제1권 – 서론, 보조표, 매뉴얼, 비교표 등:

(가) "서론"(The introduction to Dewey Decimal Classification) – DDC

와 그 사용방법에 대해 설명

(나) "용어해설"(Glossary) — DDC에서 사용하는 용어들에 대한 간략한 정의

(다) "매뉴얼" — 난해한 분야의 분류작업을 위한 지침이며, 새로운 본표에 대한 정보. 미국의회도서관의 DCD(Dewey Decimal Classification Division)에서 따르고 있는 방침과 관례에 대한 설명. 매뉴얼의 정보는 본표와 보조표의 기호에 의해 배열된다.

(라) 6개의 보조표(Tables) 및 그 내용:

제1보조표	표준세구분표 (Standard Subdivisions)
제2보조표	지역 · 시대 · 인물구분표 (Geographic Areas, Historical Periods, Biography)
제3보조표	예술 · 개별문학 · 특수문학형식세구분표 (Subdivisions for the Arts, for Individual Literatures, for Specific Literary Forms)
제4보조표	각 언어 및 어족 세구분표 (Subdivisions of Individual Languages and Language Families)
제5보조표	민족 및 국가군구분표 (Ethnic and National Groups)
제6보조표	언어구분표 (Languages)

② 제2권과 제3권 — 본표(Schedule):

(가) DDC의 핵심을 이루는 부분으로 모든 분류기호를 포함한 본표(schedules)를 DDC의 분류기호순에 따라 수록

(나) 일반적으로 DDC기호와 그에 해당하는 주제를 나타내주는 표목, 용법에 대한 설명을 담고 있는 주기 등이 포함된다.

(다) 제본과 이용상의 편리성을 위해 제2권에는 000-599, 제3권에는 600-999를 수록하고 있다.

③ 제4권 — 상관색인: 기본적으로 각 표목 아래에 알파벳순으로 세분배열되며, 다루어지는 학문분야와 함께 배열되는 주제에 대한 알파벳순 리스트이다.

개요표(summary):

① 본표와 보조표에는 그 구조를 개괄적으로 살펴볼 수 있도록 하기 위한 세 종류의 개요표가 있다.

② 분류기호와 표목을 개략적으로 제시함으로써, DDC의 지적구조와 기호법상의 구조를 대략적으로 살펴보는 데 도움을 준다.

③ 본표에 대한 전체적인 개요표: 제2권부터 시작되는 본표의 맨앞에 주류표, 100 구분표, 1000 구분표의 순으로 제시되어 있다.

④ 단일단계개요표: 어떤 유가 4페이지 이상에 걸쳐 나타날 때 이를 개략적으로 살펴볼 수 있도록 하기 위해 해당류의 맨 앞에 제시된다.

⑤ 2단계 개요표: 각각의 주류와 본표의 강 그리고 40페이지 이상의 세목을 갖는 제2보조표의 주요기호에 나타난다.

엔트리의 구조와 내용: (오동근 2007, pp.70-73)

① DDC의 기본엔트리(entry): (가) 분류기호칼럼(number column)과 (나) 표목(heading), (다) 주기(notes)로 구성되는데, 주기는 필요에 따라 추가되는 경우가 많다.

② 기호칼럼의 분류기호와 그에 대응하는 표목은 계층구조상의 위치에 따라 다양한 활자로 인쇄된다.

③ 기본적인 엔트리의 예 (146)

146	**Naturalism and related systems and doctrines**
	Including dynamism, energism
.3	Materialism

④ 기호칼럼:

(가) 본표의 분류기호 가운데 주류와 강, 목을 나타내는 처음 세 자리는 기호칼럼에는 맨처음에 단 한 번만 표시된다.

(나) 해당기호가 다음 페이지로 이어질 때는 기호칼럼이 아닌 페이지의 상단에 반복적으로 표시되며, 이후의 기호칼럼에는 이를 제외한 나머지 자리

만이 표시된다.

(다) 보조표(Tables)의 기호는 항상 붙임표(–)를 앞세워 완전형으로 기호 칼럼에 표시된다.

(라) 분류기호는 십진식으로 전개되고, 언제나 최소한 세 자리를 유지하게 되며, 세 번째 자리와 네 번째 자리 사이에는 소수점을 찍는다.

(마) 각괄호([ ])는 해당류가 다른 곳으로 재배치되었거나 더 이상 사용하지 않는 기호의 경우에 부가한다. 따라서 각괄호로 묶여 있는 기호는 사용해서는 안 된다.

(바) 원괄호(( ))는 임의규정(options)의 기호에 대해 부가한다.

⑤ 표목칼럼:

(가) 표목칼럼의 표목들은 주제의 종속관계를 나타내는 계층구조를 반영할 수 있도록 인덴션(indention)을 통해 주제가 구체화될수록 오른쪽으로 들이켜 적는다.

(나) 기호법에 의한 계층구조를 위반하는 토픽들 사이의 관계는 특수표목과 주기, 엔트리(entry)들을 통해 표시된다.

⑥ 중앙엔트리(centered entry):

(가) 분류기호와 표목, 주기가 페이지의 중앙에 위치하는 엔트리로 기호법에 의한 계층구조를 벗어난 것으로 이루어지는 경우가 많다.

(나) 이용 가능한 구체적인 계층구조에 의한 기호법이 존재하지 않는 어떤 단일개념을 함께 구성해 주는 일정범위의 기호들을 지시해 주고 구조적으로 연결시켜 준다.

(다) 인쇄상에서 항상 기호칼럼에 〉라는 부호로 표시된다.

(라) 실례:

〉	071-079	Geographic treatment of journalism and newspapers

주기사항: (오동근 2007, pp.77-91)

① 기호나 표목에 명확하게 나타나 있지 않은 순서나 구조, 종속관계, 그 밖의 문제에 관련된 추가의 정보를 제공하기 위해 사용된다.

② 해당엔트리가 다루고 있는 주제의 의미와 범위, 한계를 설명하고 해석하는 데 도움을 준다.

③ 문헌을 정확하게 분류하는 데 있어 분류기호와 표목 못지 않게 중요한 역할을 한다.

④ DDC의 주기의 종류:

(가) 해당류와 그 세목에 나타나 있는 것을 설명하는 주기 — 정의주기(definition notes), 범위주기(scope notes), 기호합성주기(number-built notes), 이전표목주기(former heading notes), 별명주기(variant name notes), 분류지시주기(class-here notes).

(나) 포함주기(including notes)('입석'(立席: standing room)의 토픽들을 식별해 주는 주기) — 현재는 문헌이 충분치 못하여 자체의 기호를 가질 수 없으나 장차는 문헌이 증가하여 별도의 기호를 가질 수도 있는 토픽을 식별해 준다.

(다) 다른 유에 나타나 있는 것을 설명해 주는 주기 — 분류기호안내주기(class-elsewhere notes), 보라참조(see references), 도보라참조(see also references).

(라) 본표와 보조표의 변경사항이나 불규칙성을 설명해 주는 주기 — 개정주기(revision notes), 미사용주기(discontinued notes), 재배치주기(relocation notes), 사용금지주기(do-not-use notes).

⑤ 매뉴얼참조주기(see-manual notes):

(가) 특정기호나 특정범위의 기호, 기호들 간의 선택에 관한 추가의 정보를 매뉴얼에서 얻을 수 있도록 해주기 위한 주기이다.

(나) "*See Manual at . . .*"라는 어구로 시작하는 주기 형식으로 기재된다.

(다) 이탤릭체로 표기되며, 도보라참조(see-also reference)가 추가되는 경우도 있다.

(라) 실례:

> 412 **Etymology of standard forms of languages**
>
> *See Manual at 401.43 vs. 306.44, 401.45, 401.9, 412, 415*

⑥ 기호합성주기:

(가) 개별적인 부가주기 – 해당 엔트리에만 적용되는 주기

(나) 종합적인 부가주기 – 일련의 여러 기호에 적용

⑦ 종합적 부가주기:

(가) 모든 합성대상 분류기호에 별표(*)나 그 밖의 기호를 표시한다.

(나) 그와 같은 엔트리를 수록하고 있는 해당페이지의 하단에 관련부가지시의 소재를 지시해주는 각주(脚註: footnote)를 기재한다.

(다) 이 각주는 해당기호로 표시된 모든 분류기호에 적용된다.

(라) 이러한 기법은 필요한 모든 엔트리마다 동일한 합성지시를 반복해야 하는 필요성을 줄이게 된다.

(마) 각주에 따른 지시의 일부로 특정주제 분야에 대해 별도의 부가표(add tables)가 제시되는 경우도 많다.

(바) 실례:

> 표목에 → 032 *General encyclopedic works in English
>
> 각주에 → *Add as instructed under 031-039
>
> 이 각주에 따라, 031-039의 중앙엔트리(centered entry) 아래로 가보면, 기호합성에 대한 구체적인 지시가 별도의 부가표(add tables) 형식으로 나타난다.

상관색인: (오동근 2007, pp.73-76)

① 분류표 전체에 걸쳐 각 학문분야로 분산되어 있는 동일한 주제에 관한 서로 다른 관점들을 함께 모아 주는 기능을 한다.

② 본표와 보조표의 표목과 주기 등 분류표상에 나타나는 기본적인 용어뿐만

아니라 본표와 보조표에 의해 표현되는 개념들에 대해 문헌적 타당성(literary warrant)을 갖는 용어들을 모두 들어 해당위치를 표시해준다.

③ 필요한 경우는 도치형식과 동의어, 유사어를 망라하여 알파벳순으로 배열한다.

④ 특정주제의 여러 측면이나 관점을 한 곳에서 파악하고 확인할 수 있다.

⑤ 분류시 상관색인에서 찾아낸 번호를 적용하기 전에 항상 본표와 보조표를 참고해야 한다.

⑥ 배열과 형식: 색인항목(index entry)들은 단어순배열방법(word by word)에 따라 알파벳순으로 배열되며, 두문자어(initialism)와 약성어(acronym)는 구두점 없이 기재하고 한 단어로 표기되는 경우와 마찬가지로 배열한다. 보조표의 기호는 T1부터 T6을 앞세워 표시한다. 색인항목에 표시되는 첫 번째 분류기호(들이켜 표시되어 있지 않은 용어)는 다학문적 저작(interdisciplinary works)에 대한 기호이다.

* 참고: 열거식색인(specific index) – 분류표에 표시되어 있는 용어만을 알파벳순으로 나열하여 그 위치를 지시해준다.

매뉴얼: (오동근 2007, pp.67-68)

① 난해한 분야를 분류하기 위한 조언을 제공하고, 주요 개정부분에 대한 심층정보를 제공해주고, 미국의회도서관 DCD의 정책과 관례에 대해 설명해 주는 부분이다.

② 동일한 토픽에 관한 기호들간의 선택에 대한 지원과 복잡한 분류표의 사용에 대한 상세한 지시, 주요 개정사항에 대한 자세한 소개를 포함하는 선별적인 지침이다.

③ 매뉴얼주기의 종류:

(가) 둘 이상의 기호에 공통적으로 나타나는 문제에 대한 주기.

(나) 단하나의 기호(또는 그 세목 포함)에 관련되는 문제에 대한 주기.

(다) 오분류(誤分類)의 가능성이 있는 기호들간의 구분에 관한 주기.

④ 배열과 형식: 사용에 편리하도록 하기 위해 보조표와 본표의 기호에 따라 배열되며, 가장 광범위한 저록이 더 좁은 범위나 개별기호에 대한 기호보다 앞에 온다. 표목의 용어들은 보조표와 본표의 동일한 기호에 관련된 용어들과 일치된다.

3.4. DDC를 활용한 분류작업의 실제

문헌의 주제결정을 위한 참고자료:

① 서명(title)

② 목차(table of contents)

③ 서문, 서론, 발문(跋文)

④ 본문 자체

⑤ 참고문헌 및 색인항목

⑥ 중앙의 편목서비스기관이 제공하는 편목카피(cataloging copy) – CIP데이터, Biblio File, 국가도서관의 온라인목록 등

⑦ 각종 참고정보원 – 서평, 참고도서, 주제전문가 등

둘 이상의 주제를 다루는 문헌의 취급: (오동근 2007, pp.97-99)

① 적용규칙(適用規則: rule of application): 서로 영향관계에 있는 주제들을 다루고 있는 문헌은 영향을 받고 있는 주제에 분류한다. 이 규칙은 다른 어느 규칙보다도 우선순위를 갖는다.

② 포괄적 취급 규칙: 어떤 문헌에서 두 개의 주제를 다루고 있을 경우에는, 더욱 완전하게 다루어지는 주제와 함께 분류한다.

③ 선행규칙(先行規則: first-of-two rule): 어떤 문헌에서 두 주제를 동등하게 다루고 있고, 서로에 대한 소개나 설명이 이루어져 있지 않을 때에는, 해당 문헌을 그 분류기호가 DDC 본표에서 첫 번째로 나타나는 주제에 분류한다.

④ 삼자규칙(三者規則: rule of three): 모두가 동일한 상위주제의 세목에 해당하는 셋 이상의 주제를 다루고 있는 문헌은 어느 한 주제가 다른 주제들보다 더욱 완전하게 다루어지지 않는 한, 이 주제들을 모두 포함하는 첫 번째 상위기호에 분류한다.

⑤ 0의 규칙(rule of zero): 기호법의 계층구조에서 동일한 위치에 0과 1-9의 선택권이 있을 경우에는, 0으로 시작되는 세목은 피해야 한다. 마찬가지로, 00과 0의 선택권이 있을 경우에는, 00으로 시작되는 세목은 피해야 한다.

둘 이상의 학문분야를 다루는 문헌의 취급: (오동근 2007, pp.99-100)

① 다학문적 기호(interdisciplinary number): 본표나 상관색인에 다학문적 기호가 제시되어 있고, 해당문헌이 다학문적 기호가 나타나 있는 학문분야에 관한 상당한 자료를 수록하고 있을 경우에는, 이를 사용한다.

② 포괄적 취급 학문분야: 다학문적 기호가 부여되지 않은 문헌은 그 문헌에서 해당주제를 가장 완전하게 다루고 있는 학문분야에 분류한다.

③ 총류의 적용가능성: 다학문적 문헌을 분류할 경우에는, 주류 000 총류의 가능성을 간과해서는 안된다.

④ 그 밖의 경우에는 동일학문의 둘 이상의 주제의 경우와 같은 방식으로 처리한다.

최종참고표: (오동근 2007, pp.100-101)

① 어떤 문헌에 대해 몇 개의 분류기호를 부여할 수 있고, 그 각각의 기호가 모두 똑같이 유익한 것으로 판단될 경우에 사용한다.

② 참고표의 우선순위:

(가) 사물의 종류(kinds)
(나) 사물의 일부(parts)
(다) 사물이나 종류, 부품을 만들어내는 재료(materials)
(라) 사물이나 종류, 부품, 재료의 속성(properties)
(마) 사물이나 종류, 부품, 재료내에서 이루어지는 절차(processes)
(바) 사물이나 종류, 부품, 재료에 대한 작업(operations)
(사) 그와 같은 작업을 수행하기 위한 수단(instrumentalities)

분류기호의 합성: DDC의 분석합성식 분류법의 요소 (오동근 2007, pp.102-106)

① 제1보조표(Table 1 standard subdivisions)를 사용하는 방법: 3.5.1 참조.

② 표준세구분표 이외의 보조표(Table 2 – Table 6)를 사용하는 방법: 3.5.2-3.5.6 참조.

③ 본표의 다른 부분으로부터의 합성:

(가) 본표의 다른 부분에서 사용하고 있는 분류기호를 해당분류기호에 직접 추가하는 것.

(나) 전주제(全主題: 001-999)를 추가되는 경우 – 의학서지의 예:

016 Bibliographies and catalogs of works on specific subjects

Add to base number 016 notation 001-999 . . .

의학서지의 예:

016	**기본기호**
610	의학 (Medical sciences)

016 + 610 - '0' → 016.61

(다) 다른 분류기호의 일부를 추가하는 경우 – 불교철학의 예:

181.04-.09 Philosophies based on specific religions

Add to base number 181.0 the numbers following 29 in 294-299. . .

불교철학의 예:

181.0	**기본기호**
43	불교(Buddhism)의 분류기호 294.3에서 29 다음의 기호

181.0 + 43 → 181.043

④ 본표에 마련되어 있는 별도부가표(add table)로부터의 합성 – 구약성서시편의 용어사전의 예:

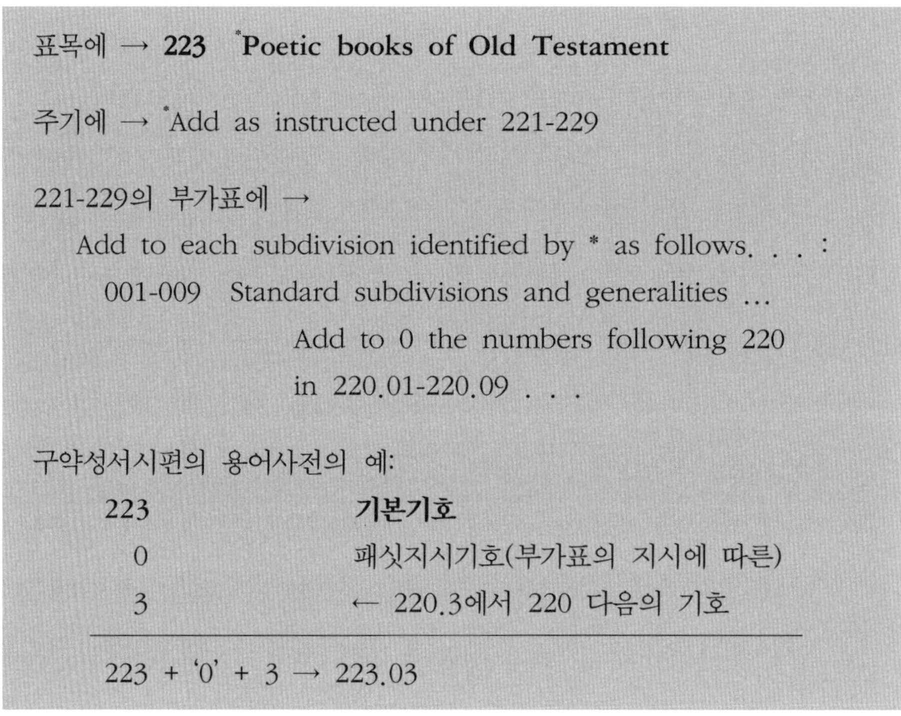

표목에 → **223** ***Poetic books of Old Testament**

주기에 → *Add as instructed under 221-229

221-229의 부가표에 →

Add to each subdivision identified by * as follows. . . :

001-009 Standard subdivisions and generalities ...

Add to 0 the numbers following 220 in 220.01-220.09 . . .

구약성서시편의 용어사전의 예:

223	**기본기호**
0	패싯지시기호(부가표의 지시에 따른)
3	← 220.3에서 220 다음의 기호

223 + '0' + 3 → 223.03

열거순서(citation order): (오동근 2007, pp.107-108)

① 분류기호를 합성할 때 어떤 주제나 유에 나타나는 여러 패싯(facets)이나 특성들을 어떤 순서로 결합할 것인가를 결정해 주는 순서이다.

② DDC에서는 열거순서에 대한 지시 사항을 주기에 명시하고 있으므로, 해당 문헌에 어떤 특성이나 패싯을 적용할 것인지를 결정하고, 분류표의 지시에 따라 이를 순서화해야 한다.

③ DDC의 일반적인 열거순서: (가) 학문 – (나) 주제와 각 계층의 세분주제 – (다) 지리 및 시대세분 – (라) 표현형식

④ 다만 000 총류와 800 문학은 형식을 중시하는 별도의 순서를 채택하고 있어 형식류(form class)라 한다.

⑤ 총류의 열거순서: (가) 학문 – (나) 표현형식 – (다) 언어나 장소

⑥ 문학류의 열거순서: (가) 학문 – (나) 언어 – (다) 문학형식 – (라) 시대

⑦ 열거순서의 예 (한국과 미국의 정치적 관계):

327.3-.9 Foreign relations of specific continents, countries, localities

Add to base number 327 notation 3-9 from Table 2, e.g., foreign relations of Brazil 327.81...; then, for the relations between that nation and another nation or region, add 0* and to the result add notation from 1-9 from Table 2, e.g., relations between Brazil and France 327.81044, between Brazil and Arab world 327.810174927

한국과 미국의 정치적 관계의 열거순서 분석:

327	**국제관계**
-5195	대한민국(T.2)
0	패싯지시기호(facet indicator)
-73	미국(T.2)

327 + -5195 + '0' + -73 → 327.5195073

우선순위(preference order): (오동근 2007, p.108)

① 어떤 주제의 여러 특성을 기호의 합성을 통해서는 충분히 나타낼 수 없을 경우에, 그와 같은 특성을 나타내는 기호 가운데 어느 기호를 선택해야 할는지를 지시해 주는 순서이다.

② 복수의 특성이나 패싯에 관련된다는 점에서는 열거순서와 동일하지만, 그 특성을 기호를 통하여 합성할 수 있는 경우는 열거순서에 의하고, 합성할 수 없는 경우에는 우선순위에 따른다는 점에서 차이가 있다.

③ DDC에서 우선순위는 주기를 통해 우선순위에 대한 지시사항을 지시하거나 우선순위를 설정한 보조표(table of preference)를 제시하게 된다.

④ 우선순위를 위한 보조표의 실례 (Table 3 –1–8 특정문학형식):

〉 –1–8 Specific forms

Unless other instructions are given, observe the following table of preference for works combining two or more literary forms, e.g., drama written in verse –2 (not –1):

Drama	–2
Poetry	–1
Class epigrams in verse in	–8
Fiction	–3
Essays	–4
Speeches	–5
Letters	–6
Miscellaneous writings	–8

시와 수필이 함께 수록된 문학작품집의 경우는 이상의 우선순위에 따라, 시(–1)에 분류한다.

임의규정(options): (오동근 2007, pp.108-110)

① 어떤 주제를 공식적으로 채택된 방식과는 다른 방식으로 배열하고자 하는 도서관에 융통성을 부여하기 위해, 특정주제에 대해 임의기호(任意記號: optional numbers)를 제공하는 것이다.

② DDC는 기본적으로 영어권 이용자들을 위한 표준기호를 제공하고 있으므로, 표준영어판에 나타나 있는 요구를 넘어서는 요구에 부응할 수 있도록 하기 위한 장치로 마련된 것이다.

③ 임의규정은 기본적으로 문화적 격차를 수용하기 위한 수단으로서, 관할구역이나 민족 및 국가군, 언어 등의 측면에서 자국의 특성이 중요시되는 토픽들을 강조하기 위한 방법으로 제시된다.

④ 주기에 설명되는 임의규정은 원괄호(( ))로 묶어 표시되며, “Option:”을 앞세워 적는다.

⑤ 전(全) 항목에 적용되는 임의규정은 해당항목의 맨끝에 나타나며, 해당항목의 특정지시사항에 대한 임의규정은 해당주기 아래에 한 칸 들이켜 표시한다.

⑥ 임의규정의 실례 (016 주제별서지):

> **016 Bibliographies and catalogs of works on specific subjects**
>
> (Option: Class with the specific subject, plus notation 016 from Table 1, e.g., bibliographies of medicine 610.16)
>
> "의학서지"의 표준기호는 016.61이지만, 임의규정에 따를 경우 "610 - '0' + -016(표준구분: 서지) → 610.16"이 된다.

⑦ 알파벳순배열주기(arrange-alphabetically notes)와 연대순배열주기(arrange-chronologically notes)는 괄호로 묶어 기재하지는 않고 있지만, 이들도 임의규정에 해당한다.

상세분류와 간략분류: (오동근 2007, pp.110-111)

① 상세분류(詳細分類: close classification): 어떤 문헌의 내용을 가능한 최대한도로 기호를 사용하여 구체적으로 표시하는 것이다.

② 간략분류(簡略分類: broad classification): 논리에 따라 간략화시킨 기호를 사용하여 해당문헌을 상위류에 분류할 수 있도록 하는 것이다.

③ DDC에서는 그 계층적 구조와 십진식 기호법의 이점을 활용하여, 상세분류 대 간략분류에 대한 기본적인 임의규정을 제공하고 있다.

④ 각 도서관에서는 해당장서의 규모와 이용자의 필요성을 바탕으로 상세분류 대 간략분류에 대한 결정을 내려야 한다.

⑤ 도서관의 장서가 아무리 소규모라 하더라도, 기호를 가장 구체적인 세 자리 기호 이하로 줄여서는 안 되며, 소수점 오른쪽의 어느 곳에서도 0으로 끝나도록 기호를 줄여서는 안 된다.

⑥ 미국의회도서관(LC: Library of Congress)과 영국도서관(BL: British Library) 등에서 제공하는 CIP(Cataloging in Publication) 데이터에는 구분장치(segmentation device)를 활용하면 DDC 기호를 논리적으로 간략화하는 데 도움이 될 수 있다.

⑦ LC CIP 데이터의 예:

> Library of Congress Cataloging in Publication Data
>
> Powell, Ronald R.
> Basic research methods for librarians.
>
> Includes bibliographies and index.
> 1. Library science-Research-Methodology. I. Title.
> Z669.7.P68 1985 020'.72 84-28401
> ISBN 0-89391-154-2
>
> 이 데이터에서 020'.72가 DDC의 분류기호로, 020 다음의 " ' "이 구분기호에 해당한다. 따라서 이것은 대규모도서관에서는 "020.72"로 분류하고, 작은 규모의 도서관에서는 필요에 따라 "020"으로 분류할 수 있음을 의미하는 것이다.

⑧ DDC의 간략판은 20,000권 안팎의 장서를 가진 도서관의 간략분류를 위해 사용할 수 있다. DDC 23판(2011)에 대응하는 간략판은 15판(2012)이다.

3.5. 보조표의 특성과 사용법

3.5.1. 제1보조표 표준세구분표 (Table 1: Standard Subdivisions)

개념과 역사: (오동근 2007, pp.115-117)

① 형식 가운데 반복적으로 나타나는 사전이나 정기간행물, 서지 등과 같은 물리적 형식 또는 이론이나 역사, 연구와 같은 접근법 내지는 표현형식에 대해 공통적인 기호를 부여하기 위해 마련된 조기표(助記表)이다.

② 그 성격에 따라 6종류로 구분:

(가) 다른 학문의 기법들을 해당주제와 관련지어 주는 세구분 – 교육이나 연구, 경영 관리, 철학 및 이론 등

(나) 해당주제를 그 이용자들과 관련지어 주는 세구분 – 직업으로서의 주제, 특정 직업에 종사하는 사람들을 위한 주제 등

(다) 해당주제에 관한 특정종류의 정보를 파악해 주는 세구분 – 디렉토리(directory)나 상품 목록, 통계 등

(라) 전체주제를 어떤 제한된 상황에서 다루는 세구분 – 사람의 종류나 지역, 시대 등에 의한 경우 등

(마) 서지적 형식을 지시해 주는 세구분 – 백과사전이나 정기간행물 등

(바) 그 밖의 잡다한 세구분 – 전기(傳記)나 공식, 명세서 등

③ 아이디어가 구체적으로 나타난 것은 1885년에 발행된 DDC 제2판이다.

④ 처음에는 명칭이 “형식구분”(form divisions)이었으나, 제17판부터 현재의 이름으로 변경되어 사용하고 있다.

표준세구분표의 개요:

–01	**Philosophy and theory**
–011	Systems
–012	Classification
–[013]	Value
–014	Communication
–015	Scientific principles
–(016)	Bibliographies, catalogs, indexes
–019	Psychological principles
–02	**Miscellany**
–021	Tabulated and related materials
–022	Illustrations, models, miniatures
–023	The subject as a profession, occupation, hobby
–024	The subject for people in specific occupations
–025	Directories of persons and organizations
–(026)	Law
–027	Patents and identification marks
–028	Auxiliary techniques and procedures; apparatus, equipment, materials
–029	Commercial miscellany
–03	**Dictionaries, encyclopedias, concordances**
–04	**Special topics**
–05	**Serial publications**
–06	**Organizations and management**
–068	Management
–07	**Education, research, related topics**
–071	Education
–072	Research
–074	Museums, collections, exhibits
–075	Museum activities and services
–076	Review and exercise
–078	Use of apparatus and equipment in study and teaching
–079	Competitions, awards, financial support

–08	**Groups of people**
–081	People by gender or sex
–082	Women
–083	Young people
–084	People in specific stages of adulthood
–085	Relatives
–086	People by miscellaneous social attributes
–087	People with disabilities and illnesses, gifted people
–088	Occupational and religious groups
–089	Ethnic and national groups
–09	**History, geographic treatment, biography**
–091	Areas, regions, places in general
–092	Biography
–093–099	Specific continents, countries, localities; extraterrestrial worlds

표준세구분표의 조기성:

–01	←	100	Philosophy and psychology
–02	←	(020)	Library & information sciences
–03	←	030	General encyclopedic works
–04			
–05	←	050	General serial publications
–06	←	060	General organizations & museology
–07	←	370	Education
–08	←	080	(19판까지) General collections
–09	←	900	History and Geography

표준세구분표의 대부분은 총류의 강목과 상당부분이 일치한다. 다만 –02는 020과 어느 의미에서 유사한 정도이고, –07은 370 교육학과 조기성을 가지며, –01과 –09는 각각 주류인 100 철학 및 900 역사 및 지리와 조기성을 갖는다. 아울러 –08은 제20판부터 그 의미가 변경되어, 기존의 조기성이 상실되었다.

표준세구분표의 특성: (오동근 2007, pp.118-119)

① 표준세구분표는 대개 (가) 어떤 주제에 반복적으로 나타나는 비본질적인 특성과 (나) 해당 문헌의 일차적인 주제보다는 오히려 문헌 자체에 관련된 비주제적 특성을 나타내 준다.

② 표준세구분표는 본표에 이 보조표를 사용하지 못하도록 하는 구체적인 지시가 설정되어 있거나 이를 사용하면 중복되는 경우가 아니면, 토픽의 범위나 상세도에 관계없이, 해당 분류 기호의 전체에 상당하는 모든 토픽의 분류기호에 적용할 수 있다.

③ 몇몇 예외적인 경우를 제외하고, 표준세구분표는 공식적인 부가지시사항 없이 열거되거나 합성된 어느 주제에 대해서나 추가할 수 있다.

④ 표준세구분표 기호의 앞에 붙은 붙임표(–)는 다른 보조표의 경우와 마찬가지로, 표준세구분표가 단독으로 사용될 수 없음을 나타내는 것이다. 이 기호들은 본표의 분류기호에 부가될 경우에만 의미를 갖는다.

⑤ 표준세구분표의 기호는 최소한 두 자리로 구성되며, 항상 영(zero: 0)으로 시작된다. 이 영은 기본주제 또는 해당주제의 기본요소로부터 두 번째 주제 또는 해당주제의 두 번째 요소로 변경되고 있음을 나타내 주는 패싯지시기호(facet indicator)의 역할을 한다.

⑥ 표준세구분표는 DDC의 다른 모든 기호들과 마찬가지로, 십진식으로 확장·전개될 수 있다.

표준세구분표의 적용단계(바이올린의 역사의 예): (오동근 2007, pp.120-121)

① 해당문헌의 고유주제와 표준세구분표를 통해 표현된 요소를 분리시킨다. – 고유주제는 "바이올린," T.1은 "역사"

② 일반적인 과정에 따라 고유주제에 대해 분류기호를 부여한다. – 바이올린의 분류기호는 "787.2"

③ 표준세구분표에서 해당기호를 찾아낸다. 표준세구분표의 윤곽을 정확하게 파악하지 못하고 있을 경우에는 상관색인을 이용한다. – 역사의 T.1의 분류기호는 "–09"

④ 고유주제에 대한 본표의 기호에 표준세구분표에 대한 기호를 부가한다. – "787.2 + –09 → 787.209"

⑤ 사용례 – 바이올린의 역사:

787.2	**Violin**
–09	History (T.1)
787.2 + –09 → 787.209	

영(0)의 사용규칙: (오동근 2007, pp.121-124)

① DDC의 주류(主類)와 강(綱)에 대해 표준세구분표의 기호를 부여할 때는 영의 사용과 관련하여 특히 주의해야 한다.

② DDC의 주류와 강의 기호에는 모든 분류기호는 기본적으로 세 자리를 유지하도록 한다는 원칙에 따라, 세 자리를 채우기 위한 추가의 영(0)이 부가되어 있는데, 이와 같이 형식적으로 추가된 영은 원칙적으로는 특별한 지시가 없는 한, 표준세구분표의 기호를 부가하기 전에 이를 삭제해야 한다.
예 – "철학대백과사전": "100 - 00 + –03 → 103"

100	**Philosophy & psychology**
–03	Encyclopedia (T.1)
100 - '00' + –03 → 103	

③ 그러나 10개 주류 중 네 개 주류는 이러한 규칙의 적용을 받지 않는다:

(가) 총류(000)는 표준세구분표와 함께 사용할 의미를 갖는 기호가 존재하지 않을 뿐만 아니라, 003-006에는 이미 시스템 및 컴퓨터과학에 관한 주제를 부여하고 있기 때문에 일반적인 규칙을 적용할 수 없다.

(나) 종교류(200)는 201-209를 종교류의 특수측면을 다루기 위해 사용하기 때문에 일반적인 규칙을 적용할 수 없다. → 표준세구분표는 200.1-200.9.

(다) 사회과학류(300)는 301-307에 이미 사회학에 대한 주제를 부여하고 있기 때문에 일반적인 규칙을 적용할 수 없다. → 표준세구분표는 300.1-300.9.

(라) 예술류(700)는 701-709를 예술류의 대부분을 차지하고 있는 미술 및 장식 예술의 표준세구분표로 국한시키고 있기 때문에 일반적인 규칙을 적용할 수 없다. → 예술류의 표준세구분표는 700.1-700.9.

④ 강(綱)의 경우도 일반적인 경우는 무의미하게 부여된 영('0')을 삭제해야 하지만, 어느 경우에는 경제학(330)의 예와 같이 '0'의 삭제를 유보하는 경우도 있고, 공학(620)의 예와 같이 오히려 '0'을 추가해야 하는 경우도 있다. 별도의 '0'을 추가하는 경우는 목(目)의 경우에도 나타난다. 따라서 본표의 지시(기호칼럼의 기호법, 표준세구분표가 적용되는 부가표(add table)로 연결되는 각주(脚註: footnotes), 추가의 '0'을 사용하도록 규정하고 있는 부가지시 자체로부터의 각주 등)를 잘 확인하여 분류해야 한다.

⑤ 경우에 따라서는, 복수주제로 이루어진 강이나 목의 경우, 강이나 목 전체에 대한 표준세구분표와 그 일부에 대한 표준세구분표가 달라질 수도 있다. 예 – 동유럽 및 러시아의 경우:

947 Russia and neighboring east European countries

SUMMARY

947.000 1-.000 9　Standard subdivisions of eastern Europe
.001-.009　Standard subdivisions of Russia
.01-.08　Historical periods of Russia
.5　Caucasus
.6　Moldova
.7　Ukraine
.8　Belarus
.9　Lithuania, Latvia, Estonia

이 경우 러시아에 대한 표준세구분표는 947.001-947.009, 목 전체 즉 동유럽 대한 표준세구분표는 947.0001-947.0009가 된다.

표준세구분표 적용상의 기타 유의사항: (오동근 2007, pp.125-128)

① 전체주제에 상당하는 기호에 대한 적용: 표준세구분표는 입수된 문헌이 해당 분류기호가 나타내는 주제전체 또는 그 전체에 상당하는 부분을 다루고 있을 경우에만 추가할 수 있다.

② 부가지시사항에 따른 표준세구분표의 확장·전개: 표준세구분표는 본표의 경우와 마찬가지로 부가지시사항(add instructions)에 따라 확장·전개할 수 있다.

③ 표준세구분표의 의미변형: 표준세구분표의 의미가 특정류를 표현하는 더 중요한 세구분을 나타내기 위해 다소 또는 완전히 변형되는 경우도 있다.

④ 대치(代置)된 표준세구분표(displaced standard subdivision): 해당 표준세구분표의 일상적인 위치로부터 다른 곳으로 옮겨진 표준세구분표로, 특히 –09에 많이 나타난다.

⑤ 복수의 표준세구분표: 구체적인 지시가 없는 경우에는, 어느 한 표준세구분표에 다른 표준세구분표를 추가하지 않으나, 다음과 같은 경우에는 두 번째 표준세구분표를 추가할 수 있다:

(가) 표준세구분표 T1 –04와 함께 사용할 경우

(나) 의미가 변경되었거나 의미가 확장된 표준세구분표와 함께 사용할 경우

(다) 표준세구분표 T1 –08과 T1 –09 아래에서는, 다른 특정 표준세구분표를 구체적으로 추가할 수 있다.

(라) 특히 지리적 취급과 관련하여, 표준세구분표의 개념이 '0'을 사용하지 않는 기호로 대체된 경우에는 표준세구분표를 전면적으로 추가할 수 있다.

⑥ 표준세구분표를 사용할 수 없는 경우:

(가) 해당분류기호가 이미 표준세구분표의 의미를 함축하고 있는 경우 – 951.9(한국사)에 –09(역사)를 부가할 수 없는 경우와 같다.

(나) 해당주제를 표현하는 구체적인 분류기호를 갖고 있지 않은 주제

(다) 본표에서 표준세구분표를 추가하지 못하도록 지시된 경우

표준세구분표의 우선순위: DDC에는 둘 이상의 표준세구분표를 적용할 수 있는 문헌을 분류할 경우에 대비한 우선순위표가 설정되어 있다.

3.5.2. 제2보조표 지역구분표 (Table 2: Geographic areas, Historical periods, Biography)

개념 및 역사: (오동근 2007, pp.133-136)

① 분류의 대상이 되는 문헌의 주제가 특정국가나 특정지역에 국한하여 다루어질 때 그 특정지역을 나타내기 위해 사용하기 위한 보조표이다.

② 본표의 기본적인 분류기호에 지역구분표의 특정지역을 나타내는 기호를 추가하여 분류기호를 완성하게 된다.

③ 제2판에서 시작되었으며, 제16판까지는 주로 900 역사의 지역구분을 적용하여 "Divide like 930-999"와 같은 지시사항에 의해 지역구분을 추가하였던 것이 제17판부터 별도의 보조표로 정착되었다.

④ 역사류(900)의 항목과 조기성을 갖는다.

⑤ 지역구분표는 역사상의 시대와 인물, 지역을 나타내주는 기호법으로 이루어진다.

개요 및 기호법: (오동근 2007, pp.134-137)

① 개요(주요항목별):

–001-009	Standard subdivisions
–01-05	Historical periods
–1	**Areas, regions, places in general; oceans and seas**
–2	**Biography**
–22	Collected biography
–3	**Ancient world**
–4	**Europe**
–41	British Isles
–42	England and Wales
–43	Germany and neighboring central European countries
–44	France and Monaco
–45	Italy, San Marino, Vatican City, Malta
–46	Spain, Andorra, Gibraltar, Portugal
–47	Russia and neighboring east European countries
–48	Scandinavia
–49	Other parts of Europe

–5	**Asia**
–51	China and adjacent areas
–52	Japan
–53	Arabian Peninsula and adjacent areas
–54	India and neighboring south Asian countries
–55	Iran
–56	Middle East (Near East)
–57	Siberia (Asiatic Russia)
–58	Central Asia
–59	Southeast Asia
–6	**Africa**
–7	**North America**
–71	Canada
–72	Mexico, Central America, West Indies, Bermuda
–73	United States
–74	Northeastern United States (New England and Middle Atlantic states)
–75	Southeastern United States (South Atlantic states)
–76	South central United States
–77	North central United States
–78	Western United States
–79	Great Basin and Pacific Slope of United States
–8	**South America**
–9	**Australasia, Pacific Ocean islands, Atlantic Ocean islands, Aarctic islands, Antarctica, extraterrestrial worlds**
–93	New Zealand
–94	Australia
–95	New Guinea and neighboring countries of Melanesia
–96	Polynesia and other Pacific Ocean islands
–97	Atlantic Ocean islands
–98	Arctic islands and Antarctica
–99	Extraterrestrial worlds

② 제2보조표의 주요기호:

(가) 기호합성을 위한 기호: -001-009와 -01-05, -2. 특히 -01-05는 역사시대구분

(나) 지형이나 기후, 사회 경제적 지역과 같이, 지리적으로나 개념적으로는 연결되어 있으나 물리적으로는 분산되어 있는 지역들을 나타내는 일반적 성격에 기초한 지역구분: -1

(다) 전기자료를 표현하기 위한 기호: -2

(라) 실제의 지역구분을 위한 기호: -3-9. -3은 고대세계, -4-9는 현대국가의 지역구분을 표현한다.

③ -4-9의 기호는 구대륙에서 신대륙으로 이어지는 대륙별 구분을 바탕으로 하며, 국제적으로 받아들여지고 있는 지리적, 정치적 구분을 따른다.

④ 영국과 미국을 위시한 서양의 전개는 상세한 반면, 한국을 포함한 기타 지역은 충분한 전개가 이루어지지 않고 있다.

⑤ 제2보조표의 대륙별 구분(-4-9):

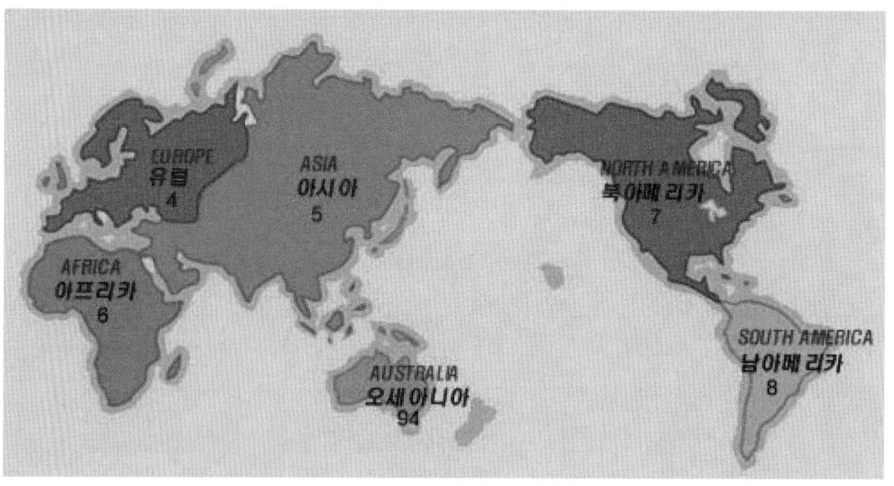

⑥ 제2보조표의 기호들은 계층적인 세분이 가능하다(한국의 예):

-5	Asia	Orient	Far East
-51	China and adjacent areas		
-519	Korea		
-5195	South Korea (Republic of Korea)		

지역구분표의 특성: (오동근 2007, p.139)

① 시대와 지역은 물론 전 세계의 자연적 구분과 지리적 구분, 지구물리학적 구분도 포함한다.

② 기본적인 구분은 정치적이다.

③ DDC의 6개 보조표 가운데 가장 길다.

④ 보조기호로, 단독으로 사용될 수 없으며, 상관색인에서 T.2 - 를 앞세워 나타난다.

⑤ 부가주기(add notes)에 따르거나 T.1의 -09를 사용하여 본표나 보조표의 거의 모든 다른 기호에 추가될 수 있다.

지역구분기호의 사용방법: (오동근 2007, pp.139-142)

① 직접 추가해야 할 분류기호의 아래에 제시되어 있는 부가지시사항(add instructions)에 따라 지역구분표의 기호를 해당분류기호에 직접 추가하는 방법

– 영국도서관의 예:

027 General libraries, archives, information centers

.01-.09 Geographic treatment

Add to base number 027.0 notation 1-9 from Table 2, e.g., libraries in France 027.044

영국도서관의 예:

027.0	Base number
-41	British Isles (T.2)

027.0 + -41 → 027.041

② 본표의 지시 없이 분류담당자의 판단에 따라 표준세구분의 기호 -09 **History, geographic treatment, biography**를 본표의 해당분류기호에 추가하고 이어서 지역구분표의 기호를 추가하는 방법－일본은행의 예:

332.1	Banks
-09	**History, geographic treatment, biography** (T.1)
-52	Japan (T.2)

332.1 + -09 + -52 → 332.10952

③ 본표의 부가지시사항에 따라 지역구분기호를 본표의 기호에 직접 추가하는 것이 -09를 사용하는 것보다 우선적으로 적용된다.

3.5.3. 제3보조표 문학형식구분표 (Table 3: Subdivisions for the Arts, for Individual Literatures, for Specific Literary Forms)

문학형식구분표의 개념과 특성: (오동근 2007, pp.147-148)

① 기본적으로 특정언어로 된 문학작품이나 문학에 관련된 문헌들(800류)을 분류하기 위한 보조표. 다만 제21판부터 예술류의 700.4와 791.4에도 지시에 따라 추가할 수 있다.

② 보조표 3A와 3B, 3C의 세 개 보조표로 구성:

(가) T.3A: 한 명의 개인저자의 문학작품이나 한 명의 개인저자에 관한 문헌에 대한 기호를 세구분하기 위한 보조표

(나) T.3B: 두 명 이상의 저자의 문학 작품이나 두 명 이상의 저자에 관한 문헌에 대한 기호를 세구분하기 위한 보조표

(다) T.3C: 기본적으로 3-B를 보완하기 위한 보조표로, 보조표 3-B와 700.4, 791.4, 808-809의 지시에 따라 해당분류기호에 추가

③ 단독으로는 사용할 수 없으며, 개별문학의 세구분 아래 제시되어 있는 부가주기(add notes)에 따라 또는 810-890 아래에서 *로 표시되어 있는 개별문학에 대한 기본기호(base numbers)와 함께 사용한다. 문학형식구분표의 기호를 추가하라는 지시사항이 제시되어 있지 않은 개별문학에 대해서는 사용할 수 없다.

④ 800 문학류의 열거순서 "주류(문학) + 언어(language) + 문학형식(literary form) + 문학시대(literary period)"에서 세 번째 패싯에 사용된다.

문학형식구분의 사용법: T.3A, B의 전형적인 패턴의 적용순서(오동근 2007, pp.149-163)

① 해당언어로 된 문학에 대한 기본기호(base number)를 찾아내기 위해 본표 810-890을 확인한다.

② T.3A에서 문학형식에 대한 올바른 세구분을 찾아내어, 해당기호를 기본기호에 추가한다.

T.3A의 개요		**T.3B의 개요**	
−1	Poetry	−1	Poetry
−2	Drama	−2	Drama
−3	Fiction	−3	Fiction
−4	Essays	−4	Essays
−5	Speeches	−5	Speeches
−6	Letters	−6	Letters
−8	Miscellaneous writings	−7	Humor and Satire
		−8	Miscellaneous writings

③ 본표 810-890의 해당기호로 돌아가서 적용할 수 있는 문학시대구분표(period table)가 있는지 확인하고, 해당시대구분표가 없으면 종결하고, 있으면 해당 시대구분기호를 추가한다.

한국문학시대구분표의 예

895.7 Korean literature

PERIOD TABLE

1	Early period to 1392
2	Yi period, 1392-1910
28	1894-1910
3	1910-1945
4	1945-1999 Class here 20th century *For 1900-1910, see 28; for 1910-1945, see 3*
5	2000-

④ 사용례 (이광수의 소설):

895.7	Korean literature
-3	Fiction (T.3-A)
-3	1910-1945 (Period Table for Korean literature)

895.7 + 3 + 3 → 895.733

3.5.4. 제4보조표 언어공통구분표 (Table 4: Subdivisions of Individual Languages and Language Families)

언어공통구분표의 개념과 특성: (오동근 2007, pp.167-168)

① 400 언어류의 각국어의 공통적인 형식이나 특성에 대해 공통의 기호를 부여하기 위해 마련된 보조표이다.

② 언어류의 개별언어와 어족을 나타내는 420부터 490의 주요기호에 대해서만 사용된다.

③ DDC의 보조표 가운데 구조와 적용면에서 가장 간단한 보조표이다.

④ 단독으로는 사용할 수 없으며, 개별언어나 어족의 세구분 아래에 제시되어 있는 부가주기(add notes)에 따르거나 420-490 아래에서 *으로 표시되어 있는 개별언어에 대한 기본기호(base numbers)와 함께 사용된다.

⑤ 언어학의 여러 요소들과 문제, 그 밖의 측면들이 포함되어 있다.

⑥ 개요:

-01-09	Standard subdivisions
-1	Writing systems, phonology, phonetics of the standard form of the language
-2	Etymology of the standard form of the language
-3	Dictionaries of the standard form of the language
-5	Grammar of the standard form of the language
-7	Historical and geographic variations, modern nongeographic variations
-8	Standard usage of the language (Prescriptive linguistics)

⑦ -5와 -8의 구분에 유의해야 한다:

(가) -5 문법에 관한 포괄적인 저작과 기술문법(記述文法: descriptive grammar): 어느 한 언어의 특정시기의 언어나 문법현상을 있는 그대로 객관적으로 기술하는 문법

(나) -8 규범문법(規範文法: prescriptive grammar): 언어생활을 올바르게 하기 위한 실용적인 목적에서 언어 사용상의 옳고 그름을 결정하는 규칙을 설정하고 그것을 지키도록 명령하는 문법. 언어학습을 위한 교재류는 모두가 -8에 해당한다.

언어공통구분표의 사용법: (오동근 2007, pp.169-174)

① 언어류(400)의 기본적인 열거순서 "주류(언어) + 언어(language) + 언어의 제요소(T.4)"에서 세 번째 패싯이 언어공통구분에 해당한다.

② 일반적으로 언어류에 제시된 주류와 언어가 결합된 형식의 기본기호(base numbers)에 언어공통구분표의 기호를 추가하여 분류 기호를 완성하게 된다.

③ 사용례 (독일어방언):

43 Base number of German language
-7 Historical and geographic variations, modern nongeographic variations (T.4)

43 + -7 → 437

④ 2개국어사전(bilingual dictionaries)의 분류: 아주 엄밀한 분류기호를 부여할 수 있도록, 원칙적으로 표목(entry words)으로 사용되는 언어를 기준으로 분류하고, 제6보조표(T.6) 국어구분표를 활용하여 확장·전개하고 있다. 즉 그 열거순서는 "첫 번째 언어의 기본기호 + -3(T.4) + 두 번째 언어의 기호 (T.6)"의 순서를 채택하고 있다.

2개국어 분류에 대한 지시

-32-39 Bilingual dictionaries

Add to the base number -3 notation 2-9 from Table 6, e.g., dictionaries of the language and English -321, dictionary of French and English 443.21

사용례 (영한사전: 영어를 표목으로 하는 경우)

42	Base number for English
-3	Dictionaries (T.4)
-957	Korean (T.6)

42 + -3 + -957 → 423.957

3.5.5. 제5보조표 민족 및 국가군 구분표 (Table 5: Ethnic and National Groups)

민족 및 국가군 구분표의 개념과 특성: (오동근 2007, pp.181-182)

① 어떤 주제가 특정 민족이나 국가에 한정하여 다루어질 때 이를 나타내기 위해 사용된다.

② 일반적으로 본표의 부가지시사항(add instructions)에 따라 추가되는 경우가 많으나, 경우에 따라서는 표준세구분표(T.1)의 -089 민족 및 국가군 기호를 앞세워 추가할 수도 있다.

③ 개요:

-1	North Americans
-2	British, English, Anglo-Saxons
-3	Germanic peoples
-4	Modern Latin peoples
-5	Italians, Romanians, related groups
-6	People who speak, or whose ancestors spoke, Spanish Portuguese, Galician
-7	Other Italic peoples
-8	Greeks and related groups
-9	Other ethnic and national groups
-957	Koreans

민족 및 국가군 구분표의 사용법: (오동근 2007, pp.183-185)

① 부가지시사항에 따른 민족 및 국가군 구분표의 사용례

(북미원주민: 704.0397)

704.03 Ethnic and national groups

.031-.039 Specific ethnic and national groups

Add to base number 704.03 notation 1-9 from Table 5, e.g., art of North American native peoples 704.0397

704.03	Base number of the schedule
−97	North American native peoples (T.5)

704.03 + −97 → 704.0397

② 표준세구분표의 −089의 민족 및 국가군 구분표 사용지시

(중국민족의 예술: 700.89951)

−089 1-089 9 Specific ethnic and national groups

Add to base number −089 notation 1-9 from Table 5, e.g., groups of Italian descent -08951, groups of italian descent in United States -08951073

700	The arts Fine and decorative arts
−089	Standard subdivision (T.1)
−951	Chinese (T.5)

700 − '0' + −089 + −951 → 700.89951

3.5.6. 제6보조표 국어구분표 (Table 6: Languages)

국어구분표의 개념과 특성: (오동근 2007, pp.174-175)

① 기본적으로 어떤 주제가 해당주제의 특정 언어적 측면을 다루고 있을 때 해당언어를 나타내기 위해 사용된다.

② 국어구분표의 가장 중요한 용도는 490과 890에서 개별언어와 개별문학의 기호합성의 기초를 제공해주는 것이지만, 그 밖에도 본표와 보조표 전반에 걸쳐 다양한 기호들과 결합하여 사용된다.

③ 국어구분표는 어족에 따라 그룹화된 전 세계의 다양한 언어들로 이루어지는 체계적인 리스트로 구성되며, 기본적인 개요는 400 언어류 및 800 문학류의 개요와 조기성을 갖는다.

④ 개요:

-1	Indo-European languages
-2	English and Old English (Anglo-Saxon)
-3	Germanic languages
-4	Romance Languages
-5	Italian, Dalmatian, Romanian, Rhaetian, Sardinian, Corsican
-6	Spanish, Portuguese, Galician
-7	Italic languages
-8	Hellenic languages
-9	Other languages
-957	Korean

국어구분표의 사용법: (오동근 2007, pp.175-177)

① 본표나 보조표에 제시되어 있는 부가주기(add notes)에 따라 해당기호에 추가된다.

② 부가주기 및 사용례 (독일어 근대성경: 220.531)

220.53-.59 (Modern) Versions in other languages (of Bible)

Add to base number 220.5 notation 3-9 from Table 6, e.g., the Bible in German 220.531

220.5 Modern versions in other languages of Bible
-31 German language (T.6)

220.5 + -31 → 220.531

3.6. 본표의 개요와 특성

000 컴퓨터, 정보, 총류 (Computer science, information & general works):

① 1876년의 초판에는 아무런 이름도 부여되지 않았으나, "General works", "Generalia" 등의 이름을 거쳐 22판부터 현재의 이름으로 변경되었다.

② 이 유의 문헌들은 다음과 같은 두 개의 범주로 구분된다:

(가) "포괄적"(umbrella)이거나 "도구적"(tool)인 학문분야의 문헌: 시스템분석 및 컴퓨터과학(003-006), 서지학(010과 090), 문헌정보학(020), 박물관학(069), 저널리즘 및 출판(070) 등

(나) 다학문적인 저작들(multidisciplinary works): 일반백과사전(030)과 일반정기간행물(050), 일반단체에 관한 저작(060), 일반전집(080) 등

③ 개요:

000	컴퓨터과학, 지식, 시스템 (Computer science, knowledge & systems)
010	서지, 서지학 (Bibliographies)
020	문헌정보학 및 도서관학 (Library & information science)
030	백과사전 및 사실에 관한 책 (Encyclopedias & books of facts)
040	[미사용기호] ([Unassigned])
050	잡지, 저널, 연속간행물 (Magazines, journals & serials)
060	학회, 협회, 단체, 조직, 박물관 (Associations, organizations & museums)
070	뉴스미디어, 저널리즘, 출판 (News media, journalism & publishing)
080	일반 전집(General collections)
090	필사본 및 희귀자료, 고서 (Manuscripts & rare books)

100 철학 및 심리학 (Philosophy & psychology):

① 사회과학에 속하는 것으로 인정되고 있는 심리학이 중간에 삽입되었다는 점에서 많은 비판을 받아왔다.

② 그러나 철학의 전통적인 주요 분과인 형이상학(metaphysics)(110), 인식론(epistemology)(120), 철학적 논리학(Philosophical logic)(160), 윤리학

(ethics)(170), 미학(aesthetics) 등에서 미학을 제외하고는, 비교적 적절한 순서로 다루고 있다는 평가를 받고 있다.

③ 개요:

100	철학 (Philosophy)
110	형이상학 (Metaphysics)
120	인식론 (Epistemology)
130	초심리학, 신비주의 (Parapsychology & occultism)
140	특정철학학파 (Philosophical schools of thought)
150	심리학 (Psychology)
160	철학적 논리학 (Philosophical logic)
170	윤리학(도덕철학) (Ethics)
180	고대철학, 중세철학, 동양철학 (Ancient, medieval & eastern philosophy)
190	근대서양철학 (Modern western philosophy)

200 종교 (Religion):

① 초판에서는 종교를 위한 것이 아니라 신학(theology)을 위한 것으로 제시되었으나, 제2판에서 종교로 바뀌어 현재에 이르고 있다.

② 강(綱)의 대부분인 220-280을 기독교에 배정함으로써, 기독교 중심의 편향된 시각으로 계속적인 비판의 대상이 되고 있는 유이다.

③ 개요:

200	종교 (Religion)
210	종교철학 및 종교이론 (Philosophy & theory of religion)
220	성서 (The Bible)
230	기독교 (Christianity)
240	예배 및 행사 (Christian practice & observance)
250	목회 및 목회학 (Christian pastoral practice & religious orders)
260	기독교단체, 사회사업, 참배 (Christian organization, social work & worship)
270	기독교사 (History of Christianity)
280	기독교교파 (Christian denominations)
290	기타 종교 (Other religions)

④ 기독교 이외의 종교를 강조하기 위한 임의 규정: 기독교중심이라는 비판에 따라, DDC의 종교류에서는 기독교 이외의 종교를 강조하고자 할 때, 특별히 강조하고자 하는 특정종교에 우위를 둘 수 있도록 하는 5가지의 임의규정을 마련하고 있다(그림 참조).

290 Other religions

(Options: To give preferred treatment or shorter numbers to a specific religion, use one of the following;

(Option A: Class the source of the religion in 220, other specific aspects of the religion in 230-280, comprehensive works on the religion in 230; in that case class the Bible and Christianity in 298

(Option B: Class in 210, and add to base number 21 the numbers following the base number for the religion in 292-299, e. g., Hinduism 210, Mahabharata 219.23; in that case class philosophy and theory of religion in 200, its subdivisions 211-218 in 200.1)

(가) 임의규정 A는 230-280에 강조할 종교를 두고, 220에 그 종교의 경전을, 200에 포괄적인 저작을 분류하도록 하고, 기독교와 성경에 대해서는 298에 분류하도록 한다. 임의규정 A는 220, 230-280에 있는 임의규정에서 다시 설명된다.

(나) 임의규정 B는 210에 그 종교를 분류하게 한다. 임의규정 B는 210에 있는 임의규정에서 다시 설명된다(자세한 대비표는 〈표 3-2〉 참조).

〈표 3-2〉 종교류의 임의규정

주제	우선적인 기 호	임의규정	
		A	B
Other religions	292-299	230-280	210

300 사회과학 (Social sciences):

① DDC의 10개 주류 가운데 두 번째로 긴 주류로, 문헌정보학(020), 저널리즘(070), 심리학(150), 역사학(900), 자연인류학(physical anthropology: 599.9)을 제외한 사회과학의 제 분야를 포함하고 있다.

② 개요:

300	사회과학, 사회학, 인류학 (Social sciences, sociology & anthropology)
301-307	사회학, 인류학 (Sociology and anthropology)
310	통계, 통계학 (Statistics)
320	정치학 (Political science)
330	경제학 (Economics)
340	법률 (Law)
350	행정, 행정학, 군사학 (Public administration & military science)
360	사회문제 및 사회서비스 (Social problems & social services)
370	교육 (Education)
380	통상, 커뮤니케이션, 무역 (Commerce, communications & transportation)
390	관습, 에티켓, 민속, 민속학 (Customs, etiquette & folklore)

400 언어 (Language):

① 전 세계의 모든 언어들을 거의 모두 다루고 있으나, 문학류(800)의 경우와 마찬가지로, 서양언어를 중심으로 하여 전개하고 있다.

② 특정언어에 대해 자국우위(local emphasis)를 부여할 수 있도록 하기 위해 임의규정(options)을 마련하고 있다.

③ 언어류의 각국어의 전개는 제4보조표를 활용하여 이루어지므로 패싯식분류법의 성격이 강한 주류의 하나이다.

400	언어 (Language)
410	언어학 (Linguistics)
420	영어 및 고대영어 (English & Old English Languages)
430	독일어 및 관련어 (German & related languages)
440	불어 및 관련어 (French & related languages)
450	이탈리아어, 루마니아어 등 관련어 (Italian, Romanian & related languages)
460	스페인어, 포르투갈어, 갈리시안어 (Spanish, Portuguese, Galician)
470	라틴어 및 고대이탈리아어 (Latin & Italic languages)
480	고대 및 현대 그리스어 (Classical & modern Greek languages)
490	기타 언어 (Other languages)

⑤ 자국어를 강조하기 위한 임의규정: (Option A 및 Option B)

> **410 Linguistics**
>
> (Option A: To give local emphasis and a shorter number to a specific language, e. g., Russian, class it here and add to base number 41 as instructed under 420-490; in that case linguistics in 400, its subdivisions in 401-409, standard subdivisions of language and of linguistics in 400.1-400.9. Option B is described under 420-490)
>
> 〉 **420-490 Specific languages**
>
> (Option B: To give local emphasis and a shorter number to a specific language, place it first by use of a letter or other symbol, e.g., Arabic language 4A0 [preceding 420], for which the base number is 4A. Option A is described under 410)

(가) 임의규정 A를 이용하면, 495.7에 있던 한국어가 410에 재전개되고, 410-419에 있던 언어학은 400으로 옮겨진다.

(나) 임의규정 B를 이용하면, 495.7에 있던 한국어는 4K0에 재전개되어 420의 앞에 배열된다.

500 과학 (Science):

① 주류의 대부분은 자연과학이며, 수학은 510에 배정되어 있다.

② 전반부에는 순수과학의 여섯 개 분야, 수학(510)과 천문학(520), 물리학(530), 화학(540), 지구과학(550), 고생물학(560)이 배정되어 있고, 후반부의 세 개 강에는 생물학분야, 즉 생명과학(570), 식물(580), 동물(590)이 배정되어 있다.

③ 개요:

500	과학 (Science)
510	수학 (Mathematics)
520	천문학 (Astronomy)
530	물리학 (Physics)
540	화학 (Chemistry)
550	지구과학 및 지학 (Earth sciences & geology)
560	화석 및 선사시대 생명체 (Fossils & prehistoric life)
570	생물학 (Biology)
580	식물 (식물학) (Plants (Botany))
590	동물 (동물학) (Animals (Zoology))

600 기술과학 (Technology):

① DDC 초판의 발행 이래로 가장 많은 성장을 보인 분야로, 가장 긴 주류이다.

② 응용과학(applied sciences)에 해당하는 분야들이 포함되어 있다.

③ 강(綱)의 배열순서가 주류 가운데 가장 혼란스럽다는 비판을 받기도 하며, 비논리적 배열과 학문적인 중복, 학문의 성장에 따른 불가피한 세분전개에 대한 문제점도 지적되고 있다.

④ 개요:

600	기술, 테크놀로지 (Technology)
610	의학 및 보건 (Medicine & health)
620	공업, 공학 (Engineering)
630	농업, 농학 (Agriculture)
640	가정학 및 가정관리 (Home & family management)
650	경영학 및 홍보 (Management & public relations)
660	화학공학 (Chemical engineering)
670	제조업 (Manufacturing)
680	특정제조업 (Manufacture for specific uses)
690	건물의 건축 (Construction of buildings)

700 예술 및 레크리에이션 (Arts & Recreation):

① 문학(800)을 제외한 예술 및 레크리에이션의 전 분야를 포함하고 있다.

② 개요:

700	예술 (Arts)
710	조경, 도시계획, 지역계획 (Area planning & landscape architecture)
720	건축술 (Architecture)
730	조각, 요업, 금속세공 (Sculpture, ceramics & metalwork)
740	그래픽아트, 장식예술 (Graphic arts & decorative arts)
750	회화, 회화작품 (Painting)
760	판화, 판화작품 (Printmaking & prints)
770	사진술, 사진작품, 컴퓨터아트, 영화, 비디오 (Photography, computer art, film, video)
780	음악 (Music)
790	스포츠, 게임, 오락 (Sports, games & entertainment)

800 문학 (Literature):

① 전 세계의 문학작품들과 문학에 관한 저작들을 거의 모두 다루고 있으나, 언어류(400)의 경우와 마찬가지로, 서양문학을 중심으로 전개하고 있다.

② 특정문학에 대해 자국우위(local emphasis)를 부여할 수 있도록 하기 위해 임의규정(options)을 마련하고 있다.

③ 각국어 문학의 전개는 제3보조표를 활용하여 이루어지므로, 패싯식분류법의 성격이 강한 주류의 하나이다.

800	문학, 수사학, 비평 (Literature, rhetoric & criticism)
810	미국문학 (American literature in English)
820	영문학 (English & Old English literatures)
830	독일문학 (German & related literatures)
840	프랑스문학 (French & related literatures)
850	이탈리아 및 루마니아문학 (Italian, Romanian & related literatures)
860	스페인문학, 포르투갈문학, 갈리시안문학 (Spanish, Portuguese, Galician literatures)
870	라틴문학, 고대 이탈리아문학 (Latin & Italic literatures)
880	고대 및 현대 그리스문학 (Classical & modern Greek literatures)
890	기타문학 (Other literatures)

⑤ 자국문학을 강조하기 위한 문학류(800)의 임의규정 (810-890)

〉 **810-890 Literatures of specific language and language families**

(Option: To give preferred treatment to, or make available more and shorter numbers for the classification of, literature of any specific language that it is desired to emphasize, use one of the following options:

(Option A: Class in 810, where full instructions appear

(Option B: Give preferred treatment by placing before 810 through use of a letter or other symbol, e.g., literature of Arabic language 8A0, for which the base number is 8A

(Option C: Where two or more countries share the same language, either[1] use initial letters to distinguish the separate countries, or [2] use the special number designated for literatures of those countries that are not preferred. Full instructions appear under 811-818, 819, 821-828, 828.99, 841-848, 848.99, 861-868, 868.99, 869, 869.899)

810 American literature in English

English-language literature of North America, South America, Hawaii, and associated islands

Class comprehensive works on American literature in English and English literature in 820

(Option: To give local emphasis and a shorter number to a specific literature other than American literature in English, e.g., Afrikaans literature, class it here; in that case class American literature in English in 820. Other options are described under 810-890)

(가) 임의규정 A를 이용하면, 895.7에 있던 한국문학은 810에 재전개되며, 이 경우 영어로 된 미국문학은 820에 분류된다.

(나) 임의규정 B를 이용하면, 895.7에 있던 한국문학은 8K0에 재전개되는데, 이때 기본기호(base number)는 8K가 되며, 8K0은 820의 앞에 배열된다.

(다) 임의규정 C는 810, 820, 840, 860 등과 같이, 둘 이상의 국가가 동일한 언어를 공유할 경우에 적용하기 위해 마련된 것으로, 강조하고자 하는 해당문학의 앞에 이니셜 문자를 추가하여 구분하거나, 자국우위를 필요로 하지 않는 문학을 별도의 지정된 분류기호에 분류할 수 있게 된다.

900 역사 및 지리 (History & geography):

① 통상 "역사류"로 불리며, 제2보조표(T.2) 지역구분표와 밀접한 관련을 갖는다.

② 930-990의 7개 강은 제2보조표의 -3-9와 조기성을 갖고, 강 910 지리와 여행의 목 913-919도 제2보조표의 -3-9와 조기성을 갖는다.

③ 개요:

900	역사 (History)
910	지리, 지리학, 여행 (Geography & travel)
920	전기 및 보학 (Biography & genealogy)
930	고대사 (History of ancient world (to ca. 499))
940	유럽사 (History of Europe)
950	아시아사 (History of Asia)
960	아프리카사 (History of Africa)
970	북미사 (History of North America)
980	남미사 (History of South America)
990	기타 지역 역사(History of other areas)

④ 특정주제의 사람들의 전기에 대한 임의규정(920):

920 Biography, genealogy, insignia

Class biography of people associated with a specific subject with subject, plus notation 092 from Table 1, e.g., biography of chemists 540.92

(Option A: For biography of people associated with a specific subject, use subdivisions identified by *, then, for each number identified by †, add notation 3-9 from Table 2, e.g., Baptists from Louisiana 922.6763

(Option B: Class individual biography in 92 or B; class collected biography in 92 or 920 undivided

(Option C: Class individual biography of men in 920.71; class incividual biography of women in 920.72

(가) 임의규정 A는 920의 기호를 사용하는 것이다.

(나) 임의규정 B는 개인 전기를 92나 B에 분류하고, 집단의 전기는 구분 없이 모두 92나 920에 분류하는 것이다.

(다) 임의규정 C는 남성의 전기는 920.71, 여성의 전기는 920.72에 분류하는 것이다.

제 3 장
DDC의 이해

객관식문제 및 해설

1 다음 중 DDC의 창안과정과 초판의 발행과정에 대한 설명으로 가장 적합하지 않은 것은 어느 것인가?

① 1873년 Amherst 대학당국에 DDC의 아이디어를 담은 "3종의 기원논문"(Three genetic papers)을 제출하였다.

② 1873년 대학당국이 Dewey의 제안을 받아들여 Amherst대학도서관의 분류표로 DDC를 사용하였다.

③ 1876년 DDC의 초판을 *A Classification and Subject Index for Cataloguing and Arranging the Books and Pamphlets of a Library*라는 서명으로 미국도서관협회(ALA)에서 공식적으로 발행하였다.

④ 표제지에는 Dewey의 이름이 보이지 않으나, 그 이면(裏面)에 "Copyrighted 1876. Melvil Dewey"라고 기록되어 있다.

⑤ 초판은 서문과 주류표 및 강목표, 주제색인, 사용법에 대한 해설 등 총 44페이지짜리 소책자로 1,000부만 발행하였다.

해 설 ③ 1876년 DDC의 초판을 공식적으로 발행한 기관은 미국도서관협회(ALA)가 아니라 Amherst대학이다.

Answer 1 ③

2 다음 중 DDC 초판에 대한 설명으로 가장 적합하지 않은 것은?

① 1876년에 발행되었다.

② DDC의 초판은 *A Classification and Subject Index for Cataloguing and Arranging the Books and Pamphlets of a Library*라는 서명으로 발행되었다.

③ Amherst대학에서 공식적으로 발행하였다.

④ 표제지에 Melvil Dewey의 이름이 저자로 표시되어 나타나 있다.

⑤ 총 44페이지짜리 소책자로 1,000부만 발행하였다.

해 설 ④ 표제지에는 Dewey의 이름이 표시되어 있지 않으나, 그 이면(裏面)에 "Copyrighted 1876. Melvil Dewey"라고 기록되어 있다.

3 다음 중 Melvil Dewey와 가장 거리가 먼 것은?

① DDC의 창안

② 철자법 간소화 운동

③ 미국도서관협회 창설에 참여

④ 도서관학교의 설립

⑤ 사전체목록규칙의 편찬

해 설 ⑤ 사전체목록규칙을 편찬한 사람은 C. A. Cutter이다.

4 다음 중 DDC 초판과 가장 거리가 먼 것은?

① 고정식배가법(fixed location)

② 1876년

③ Melvil Dewey

④ Amherst College

⑤ 역베이컨순

해 설 ②③④ Melvil Dewey가 고안한 DDC 초판은 1876년 Amherst College에 의해 초판이 발행되었다. ⑤ DDC의 주류의 배열순서는 Bacon의 학문분류의 역순을 택하고 있다. ① 고정식배가법이 아닌 상관식배가법(relative location)을 택하고 있다.

5 다음 중 문헌정보학에 관련된 Melvil Dewey의 업적과 가장 거리가 먼 것은 어느 것인가?

① DDC를 창안하였다.

② 도서관학분야 최초의 전문잡지인 Library Journal의 창간을 주도하고 그 편집자를 역임하는 등 발전에 기여하였다.

③ 미국도서관협회(ALA: American Library Association)의 결성을 주도하고, 사무국장과 회장을 역임하면서 그 발전에 기여하였다.

④ 세계최초의 공식적인 문헌정보학 교육기관인 도서관학교(School of Library Economy)를 Columbia 대학에 개설하는 데 주도적 역할을 하였다.

⑤ Boston Athenaeum의 관장으로 봉직하면서 도서관의 발전에 공헌하였다.

해 설 ⑤ Melvil Dewey는 뉴욕주립도서관(New York State Library)의 관장으로 봉직한 바 있다. Boston Athenaeum의 관장으로 봉직했던 대표적인 인물로는 C. A. Cutter가 있다.

6 다음 중 DDC와 가장 관계가 깊은 것은?

① 고정식 배가법(fixed location)

② 순차식 배가법(sequential location)

③ 상관식 배가법(relative location)

④ 직접색인(specific index)

⑤ 주제에 의한 분류(classification by subject)

해 설 ①②③ DDC는 기존의 고정식배가법(固定式排架法: fixed location) 또는 순차식배가법의 원칙을 상관식배가법(相關式排架法: relative location) 또는 이동식배가법(movable location)의 원칙으로 변화시켰다. ④ DDC는 상관색인(relative index)을 도입하여 어떤 주제에 관한 다양한 관점들, 즉 분산된 관련항목들을 알파벳순으로 한 곳에 모아줌으로써 체계적 순서(systematic order)의 단점을 해결했다. ⑤ DDC는 주제에 의한 분류 방식이 아니라, 동일한 주제를 다루고 있는 자료라고 하더라도, 그 주제를 어떤 관점이나 어느 측면에서 다루는가에 따라 해당학문분야나 연구분야에 분류하는 이른바 "학문에 의한 분류"(classification by discipline) 방식을 채택하고 있다.

Answer 2 ④ 3 ⑤ 4 ① 5 ⑤ 6 ③

7 다음 중 DDC에서 "어떤 주제에 관한 다양한 관점들을 알파벳순으로 한 곳에 모아줌으로써 체계적 순서(systematic order)의 단점을 해결하기 위해"도입하고 있는 것은?

① 고정식배가법(fixed location)

② 상관식배가법(relative location)

③ 상관색인(relative index)

④ 직접색인(specific index)

⑤ 주제에 의한 분류(classification by subject)

해 설 ③ 상관색인은 어떤 주제에 관한 다양한 관점들, 즉 분산된 관련항목들을 알파벳순으로 한 곳에 모아줌으로써 체계적 순서(systematic order)의 단점을 해결해 준다. 따라서 상관색인을 통하여 어떤 주제의 다양한 측면을 한 곳에서 확인할 수 있다.

8 다음 중 DDC 초판의 발행년도는?

① 1876년 ② 1789년

③ 1874년 ④ 1901년

⑤ 1906년

해 설 ① DDC의 초판은 서문 12페이지, 총표 12페이지, 색인 등이 총 18페이지, 합계 42페이지, 총표 1,000강목, 색인 210항목의 소책자로 1876년에 Dewey에 의해 발행되었다.

9 다음 중 도서관과 관련된 Dewey의 업적과 관련이 없는 것은?

① DDC의 창안

② ALA 결성의 주도적 역할

③ Library Journal의 편집에 참여

④ Boston Athenaeum 장서목록의 편찬

⑤ Columbia 대학의 도서관학교 설립

해 설 ④ Boston Athenaeum의 장서목록을 편찬한 사람은 C. A. Cutter이다.

10 DDC 제2판은 DDC의 역사에서 그 주요방향을 결정해 준 중요한 판으로 인정되고 있다. 다음 중 DDC 제2판과 가장 거리가 먼 것은?

① 기호의 세 자리 다음에 소수점을 찍고 세목을 전개하였다.
② 필요에 따라 해당주제의 내용을 전면적으로 개정한다는 "전면수정"(complete revision)의 원칙을 천명하였다.
③ 기호의 합성을 상당부분 도입하여 형식구분(form division)과 시대구분(period division)의 방식으로 활용하였다.
④ 지리 및 역사언어세목의 사용을 "divide like"의 형식으로 지시하였다.
⑤ 색인의 명칭을 초판의 "주제색인"(subject index)에서 "상관색인"(relative index)으로 변경하였다.

해 설 ② DDC 제2판에서는 필요에 따라 전개는 하지만 재배치는 최소화한다는 "기호의 안정성" (integrity of numbers)의 원칙을 천명한 바 있다.

11 다음 중 DDC의 이용현황에 대한 설명으로 가장 거리가 먼 것은?

① 현재 세계에서 가장 널리 사용되는 문헌분류법으로 인정되고 있다.
② 135개 이상의 국가에서 이를 사용하고 있고, 30개 이상의 언어로 번역되고 있다.
③ 전세계의 여러 나라에서 발행하는 MARC 레코드와 국가서지에 사용되고 있다.
④ 미국에서는 전체 공공도서관과 학교도서관, 대학도서관의 90 퍼센트 이상이 DDC를 사용하고 있다.
⑤ MARC 서지레코드에 통합되어, 컴퓨터매체와 CIP (Cataloging-in-Publication) 데이터 등을 통하여 도서관에 배포되고 있다.

해 설 ④ 미국에서는 전체 공공도서관과 학교도서관의 95 퍼센트 정도가 DDC를 사용하고 있으나, 대학도서관은 25 퍼센트, 전문도서관은 20 퍼센트 정도가 DDC를 사용하고 있는 것으로 알려져 있다.

Answer 7 ③ 8 ① 9 ④ 10 ② 11 ④

12 다음 중 DDC의 방향과 정책의 결정에 대해 조언하고, DDC의 변경과 혁신, 일반적인 개발을 촉진시키기 위해, 도서관교육분야는 물론 공공도서관과 전문도서관, 대학도서관에 종사하는 10여명의 사람들로 구성된 기구를 가리키는 것은?

① DCD (Decimal Classification Division)

② DC EPC (Decimal Classification Editorial Policy Committee)

③ DC Editorial Board

④ OCLC Forest Press

⑤ CIP (Cataloging in Publication)

해 설 ② DDC편집정책위원회(EPC: Decimal Classification Editorial Policy Committee)는 DDC의 방향과 정책의 결정에 대해 조언하기 위해 1937년에 구성되어 현재에 이르고 있으며, DDC의 변경과 혁신, 일반적인 개발을 촉진시키기 위해 DDC의 편집자와 함께 일하고 있다. 도서관교육분야는 물론 공공도서관과 전문도서관, 대학도서관에 종사하는 10여명의 사람들로 구성되며, 완성된 초안은 편집자들의 검토를 거쳐, EPC로 넘겨져 검토와 추천과정을 거치게 된다.

13 다음 중 DDC에서 필요할 경우 확장전개는 하되 가능한 한 위치재배치는 피한다는 이른바 분류기호의 안정성의 원칙을 천명한 판은 어느 것인가?

① 초판 ② 제2판

③ 제16판 ④ 제20판

⑤ 제21판

해 설 ② DDC 제2판(1885)의 서문에서는 분류기호는 확정된 것으로 생각하고, 이제부터는 필요할 경우 확장전개는 하되 가능한 한 위치재배치는 피한다는 "분류기호의 안정성"의 원칙을 천명한 바 있으며, 이 원칙은 이후 DDC 개정의 기본원칙이 되었다.

14 다음 중 DDC 제23판의 편찬책임자는?

① J. P. Comaromi ② J. S. Mitchell

③ B. A. Custer ④ S. R. Ranganathan

⑤ C. A. Cutter

해 설 ② DDC 제23판의 편찬책임자는 J. S. Mitchell이며, Julianne Beall, Rebecca Green, Giles Martin, Michael Panzer 등이 편찬에 함께 참여한 바 있다.

15 다음 중 DDC 제23판이 발행된 연도는?

① 2007년 ② 2008년
③ 2009년 ④ 2010년
⑤ 2011년

해 설 ⑤ DDC 제23판은 제22판이 발행된 지 8년만인 2011년에 발행되었다.

16 다음 중 DDC의 개발과 유지, 보수에 가장 직접적으로 관련된 기구는 어느 것인가?

① Lake Placid Foundation ② LC의 DCD
③ OCLC ④ ALA
⑤ LA

해 설 ② DDC 편집국은 1923년 이후 현재까지 미국의회도서관(LC)의 DCD (Decimal Classification Division)내에 소재하고 있는데, 이 DCD는 LC의 서지레코드에 DDC 기호를 부여하는 부서로서, DDC는 DCD에서 개발, 유지, 보수하고 있다고 할 수 있다. ① Lake Placid Foundation은 DDC가 OCLC에 매각되기 전에 DDC의 출판을 담당했던 재단이다. ③ OCLC는 현재 DDC의 발행을 맡는 Forest Press를 소유하고 있다. ④ ALA는 미국도서관협회(American Library Association)의 약칭이다. ⑤ LA는 영국도서관협회(Library Association)의 약칭으로 현재는 CILIP으로 통합되었다.

17 다음 중 DDC와 가장 거리가 먼 것은?

① 조기성의 도입 ② 계층적 구조
③ 주제에 의한 분류 ④ 십진식에 의한 전개
⑤ 상관식배가법

해 설 ③ 엄밀한 의미에서 말할 때, DDC는 주제에 의한 분류보다는 학문에 의한 분류를 택하고 있다고 할 수 있다. 즉 DDC에서는 동일한 주제를 다루고 있는 자료라고 하더라도, 그 주제를 어느 관점이나 어느 측면에서 다루는가에 따라 해당학문분야나 연구분야에 분류하게 되는 것이다.

Answer 12 ② 13 ② 14 ② 15 ⑤ 16 ② 17 ③

18 다음 중 소규모도서관을 위해 발행되는 DDC를 가리키는 것은?

① Expanded edition ② Universal edition
③ Abridged edition ④ International edition
⑤ Web edition

해 설 ③ DDC는 소규모도서관의 편의를 위해 간략판(abridged edition)을 발행하고 있는데, 제23판에 대응하는 간략판은 제15판으로, 2012년에 발행되었다.

19 다음 중 주제에 의한 분류에 대응하는 이른바 학문에 의한 분류에 대한 설명으로 가장 적합하지 않은 것은?

① 측면적 분류표(aspect scheme)라고도 한다.
② 동일한 주제를 다루고 있는 자료라고 하더라도, 그 주제를 어떤 관점이나 어느 측면에서 다루는가에 따라 해당학문분야나 연구분야에 분류하는 것을 의미한다.
③ 동일한 주제의 자료는 분류표상에서는 한 곳에만 나타나게 된다.
④ DDC에서 채택하고 있는 방법이다.
⑤ 상관색인을 통하여 어떤 주제의 다양한 측면을 한 곳에서 확인할 수 있다.

해 설 ③ 학문에 의한 분류를 하게 되면, 경우에 따라서는 동일한 주제의 자료가 분류표상에서 둘 이상의 곳에 나타날 수도 있다. ⑤ 상관색인(相關索引: relative index)은 이와 같이 동일주제를 다루면서도 본표에서는 그 학문적 측면에 따라 분산되게 되는 관련항목을 함께 모으기 위한 장치인 것이다.

20 DDC 제23판은 제22판이 발행된 지 몇 년 만에 발행되었는가?

① 3년 ② 5년
③ 7년 ④ 8년
⑤ 9년

해 설 ④ DDC 제23판은 제22판이 발행된 지 8년만인 2011년에 발행되었다.

21 다음 중 DDC의 이른바 계층적 구조에 대한 설명으로 가장 거리가 먼 것은 어느 것인가?

① DDC는 계층적 분류표(hierarchical classification)로서, 대개의 경우 학문이나 주제의 관계를 나타내기 위해 일반적인 것들로부터 시작하여 점차 구체적인 것들로 전개하게 된다.

② Dewey는 지식을 전통적인 학문분야에 따라 9개 주류로 구분하고, 어떤 유에도 속하기 어려운 것들을 모아 총류라는 열 번째 유를 설정하여, 10개 유가 DDC의 주류(主類: main classes)를 구성하도록 하였다. 주류들은 다시 각각 10개의 강(綱: divisions)으로 나뉘고, 강들은 다시 각각 10개의 목(目: sections)으로 나뉜다.

③ DDC의 계층적 구조는 '기호에 의한 계층 구조'(notational hierarchy)로 나타나는 경우가 많다.

④ 본표에서 뒷쪽산형괄호(〉)를 앞세워 중앙부분에 기록되는 저록(중앙엔트리: centered entry)은 계층적 구조가 철저히 지켜지는 대표적인 예이다.

⑤ '구조에 의한 계층 구조'(structural hierarchy)는 전체에 적용되는 것은 무엇이든 그 일부에도 적용되는 것을 의미하며, 따라서 어떤 유의 성격에 관한 모든 주기는 해당류의 모든 하위류에도 적용된다.

해 설 ④ DDC에서는 계층적 구조가 반드시 기호로만 표시되는 것은 아니며, 이러한 원칙에 위배되는 예들이 종종 나타나게 되는데, 중앙엔트리(centered entry)는 그 대표적인 예에 해당한다.

22 다음 중 DDC 제23판의 주요개정분야와 가장 거리가 먼 것은 어느 것인가?

① 컴퓨터과학 ② 종교
③ 의료 및 보건 ④ 생명과학
⑤ 예술

해 설 ④ 생명과학은 DDC 제21판의 전면개정 주제였다.

Answer 18 ③ 19 ③ 20 ④ 21 ④ 22 ④

23 다음 중 DDC의 편찬과정에서 DDC의 편집자들에게 DDC의 변경과 혁신, 일반적인 개발에 대해 조언하고 자문하는 기구의 공식적인 명칭은 어느 것인가?

① DC EPC ② LC의 DCD
③ OCLC ④ ALA
⑤ LA

해 설 ① DC EPC(Decimal Classification Editorial Policy Committee)는 DDC 기호적용의 우선순위를 정하거나 개정중이거나 확장전개중인 DDC의 유들을 검토하는 것과 같은 구체적인 문제에 대해 조언하는 기구이다. ② 미국의회도서관(LC)의 DCD(Decimal Classification Division)는 LC의 서지레코드에 DDC 기호를 부여하는 부서로서, DDC는 DCD에서 개발, 유지, 보수하고 있다고 할 수 있다. ③ OCLC는 현재 DDC의 발행을 맡는 Forest Press를 소유하고 있다. ④ ALA는 미국도서관협회(American Library Association)의 약칭이다. ⑤ LA는 영국도서관협회(Library Association)의 약칭이다.

24 다음 중 DDC 제23판에 대한 설명으로 가장 거리가 먼 것은?

① 2011년에 발행되었다.
② J. S. Mitchell에 의해 편찬되었다.
③ OCLC Online Computer Library Center, Inc.에서 발행하였다.
④ 인쇄형식과 CD-ROM 버전으로 발행되었다.
⑤ 인쇄본은 제22판의 경우와 마찬가지로 4권으로 구성되어 있다.

해 설 ④ DDC 제23판은 인쇄형식과 웹형식(Web-Dewey)으로 배포되고 있다.

25 DDC의 기호 가운데 원괄호(( ))로 표시된 기호는 다음 중 어느 것에 해당하는가?

① 패싯지시기호(facet indicator) ② 중앙엔트리(centered entry)의 기호
③ 미사용기호 ④ 임의규정(options)의 기호
⑤ 재배치기호

해 설 ④ DDC에서 임의규정(options)은 어떤 분류항목에 대해 도서관에 따라 본표의 기본적인 전개와는 다른 방식으로 분류할 수 있도록 하는 것으로, 임의규정의 기호는 원괄호 안에 표시된다.

26 다음 중 DDC 제23판의 주요개정분야에 해당하지 않는 것은 어느 것인가?

① 003-006　　② 200
③ 390　　④ 570
⑤ 610

해 설 DDC 제23판의 주요개정분야는 다음과 같다: (가) 표준세구분의 -06과 -08, -09에서 주로 개정 및 전개, 이치. 특히 사람집단에 대한 표현 변경, (나) 제2보조표에서 "Persons" 가 "Biography" 로 변경, 900 역사류 아래의 일부 분류항목에 지역구분을 적용하기 위한 보조표 항목 새로 전개, (다) 제5보조표와 제6보조표: -9에서 주로 개정 및 전개, (라) 003-006 컴퓨터과학: 최신 추세 반영 업데이트, (마) 200 종교(Religion): 동방정교회 및 이슬람 관련 항목 업데이트, (바) 음식과 의복에 관련된 390, 640, 660, 680의 상당부분 개정과 업데이트, (사) 610 의료 및 보건(Medicine & health) : 전체항목, 특히 영양과 요법, 질병 관련항목 신설, (아) 690의 명칭변경(Construction of building), 빌딩관련항목 추가전개, (자) 760의 Graphic arts를 740으로 이치, 740 명칭 변경, (차) 790의 스포츠 분야에 다수의 항목 신설, (카) 800 문학: T.6(추가된 언어) 및 T.2(지리적 변경) 관련항목, 문학시대구분 추가, (타) 900 역사 및 지리: T.2의 지리적 변경 관련항목, 시대구분 업데이트 ④ 570은 제21판 당시의 전면개정분야이다.

27 다음 중 DDC 제23판 인쇄본의 주요구성부분에 대한 설명으로 가장 거리가 먼 것은?

① 제1권은 "서론"(The introduction to Dewey Decimal Classification)과 "용어해설"(Glossary), 매뉴얼(Manual), 7개의 보조표(Tables) 등을 포함하고 있다.
② DDC의 본표(Schedule)는 제2권과 제3권으로 나뉘어져 있다.
③ 본표에는 일반적으로 DDC기호와 그에 해당하는 주제를 나타내주는 표목, 용법에 대한 설명을 담고 있는 주기 등이 포함된다.
④ 제4권에는 상관색인이 수록되어 있다.
⑤ 매뉴얼은 난해한 분야의 분류작업을 위한 지침이 되는 부분이다.

해 설 ① DDC 제23판은 6개의 보조표로 구성되어 있다.

Answer 23 ① 24 ④ 25 ④ 26 ④ 27 ①

28 다음 중 DDC 제23판에서 제시하고 있는 이른바 최종적인 참고표에서 첫 번째 우선순위를 갖는 것은 어느 것인가?

① 사물의 종류(kinds)

② 사물의 일부(parts)

③ 사물이나 종류, 부품을 만들어내는 재료(materials)

④ 사물이나 종류, 부품, 재료의 속성(properties)

⑤ 사물이나 종류, 부품, 재료 내에서 이루어지는 절차(processes)

해 설 DDC 제23판에서 제시하고 있는 최종적인 참고표의 우선순위는 사물의 종류(kinds) - 사물의 일부(parts) - 사물이나 종류, 부품을 만들어내는 재료(materials) - 사물이나 종류, 부품, 재료의 속성(properties) - 사물이나 종류, 부품, 재료 내에서 이루어지는 절차(processes) - 사물이나 종류, 부품, 재료에 대한 작업(operations) - 그와 같은 작업을 수행하기 위한 수단(instrumentalities)으로 되어 있다.

29 다음 중 DDC 엔트리의 기호칼럼에 대한 설명으로 가장 적합한 것은?

① 본표의 분류기호 가운데 주류와 강, 목을 나타내는 처음 세 자리는 기본적인 분류기호로 기호칼럼에서 항상 표시된다.

② 해당기호가 다음 페이지로 이어질 때는 기호칼럼에 연속되는 기호가 반복적으로 표시된다.

③ 보조표(Tables)의 기호는 항상 붙임표(—)를 앞세워 적되, 공통되는 부분은 생략한 형식으로 기호칼럼에 표시된다.

④ 분류기호는 십진식으로 전개되고, 언제나 최소한 네 자리를 유지하게 되며, 세 번째 자리와 네 번째 자리 사이에는 소수점을 찍는다.

⑤ 원괄호(( ))로 묶여 있는 임의규정(options)은 도서관에 따라 선택적으로 사용할 수 있는 기호를 표시하는 것이다.

해 설 ① 본표의 분류기호 가운데 주류와 강, 목을 나타내는 처음 세 자리는 기호칼럼에는 맨처음에 단 한 번만 표시된다. ② 해당기호가 다음 페이지로 이어질 때는 기호칼럼이 아닌 페이지의 상단에 반복적으로 표시되며, 이후의 기호칼럼에는 이를 제외한 나머지 자리만이 표시된다. ③ 보조표(Tables)의 기호는 항상 붙임표(—)를 앞세워 완전형으로 기호칼럼에 표시된다. ④ 분류기호는 십진식으로 전개되고, 언제나 최소한 세 자리를 유지하게 되며, 세 번째 자리와 네 번째 자리 사이에는 소수점을 찍는다.

30 DDC의 개요표(summary)에 대한 설명으로 가장 거리가 먼 것은?

① 본표와 보조표의 구조를 개괄적으로 살펴볼 수 있도록 하기 위한 것으로 네 종류가 있다.

② 분류기호와 표목을 개략적으로 제시함으로써, DDC의 지적구조와 기호법상의 구조를 대략적으로 살펴보는 데 도움을 준다.

③ 제2권부터 시작되는 본표의 맨앞에는 주류표, 100 구분표, 1000 구분표의 순으로, 본표에 대한 전체적인 개요표가 제시되어 있다.

④ 어떤 유가 4페이지 이상에 걸쳐 나타날 때는 이를 개략적으로 살펴볼 수 있도록 하기 위해 해당류의 맨앞에 단일단계개요표가 제시된다.

⑤ 제2보조표의 주요항목과 주류 및 강 등에는 2단계의 개요가 제시되어 있다.

해 설 ① 개요표는 (가) 본표에 대한 개요표, (나) 단일단계개요표, (다) 2단계개요표 등의 세 종류가 있다.

31 다음 중 DDC의 엔트리(entry)의 구조와 내용에 대한 설명으로 가장 적합하지 않은 것은 어느 것인가?

① DDC의 기본엔트리는 분류기호칼럼(number column), 표목 및 주기칼럼(heading and notes column)으로 구성된다.

② 주기는 모든 표목에 대응하여 필수적으로 추가되어 있다.

③ 중앙엔트리(centered entry)는 분류기호와 표목, 주기가 페이지의 중앙에 위치하는 엔트리로 기호법에 의한 계층구조를 벗어난 것으로 이루어지는 경우가 많다.

④ 기호칼럼의 분류기호와 그에 대응하는 표목은 계층구조상의 위치에 따라 다양한 활자로 인쇄되어 있다.

⑤ 중앙엔트리는 인쇄상에서 항상 기호칼럼에 〉라는 부호를 앞세워 표시된다.

해 설 ② 주기는 필요에 따라 추가되는 경우가 많다.

Answer 28 ① 29 ⑤ 30 ① 31 ②

32 DDC의 기호 가운데 각괄호([ ])로 표시된 기호는 다음 중 어느 것에 해당하는가?

① 패싯지시기호(facet indicator)

② 중앙엔트리(centered entry)의 기호

③ 미사용기호

④ 임의규정(options)의 기호

⑤ 보조표의 기호

해 설 ③ DDC에서는 분류기호의 재배치(relocation) 등으로 분류기호의 내용 전부 또는 일부를 다른 기호로 옮기는 등의 이유로, 더 이상 사용하지 않는 기호가 있는데, 이러한 기호들은 각괄호 안에 표시된다.

33 DDC의 기호 가운데 뒷쪽산형괄호(〉)로 표시된 기호는 다음 중 어느 것에 해당하는가?

① 패싯지시기호(facet indicator)

② 중앙엔트리(centered entry)의 기호

③ 미사용기호

④ 임의규정(options)의 기호

⑤ 재배치기호

해 설 ② 중앙엔트리는 계층구조에 의한 기호법이 존재하지 않는 어떤 단일개념을 함께 구성해주는 일정범위의 기호들을 지시해주고 구조적으로 연결시켜 주는 것으로, 뒤쪽산형괄호를 앞세워 표시한다.

34 다음 중 DDC의 기호법에 의한 계층구조나 표목에는 명확하게 나타나 있지 않은 순서나 구조, 종속관계, 그 밖의 문제에 관련된 정보를 가리키는 용어는 어느 것인가?

① 임의규정(options)

② 보조표(tables)

③ 상관색인(relative index)

④ 개요표(summary)

⑤ 주기(notes)

해 설 ⑤ 주기(notes)는 기본엔트리에서 파악하기 어려운 추가의 정보를 제공해주는 요소로, 해당엔트리가 다루고 있는 주제의 의미와 범위, 한계를 설명하고 해석하는데 도움을 주는 요소이다.

35 다음 괄호 안에 들어갈 용어들이 올바른 순서로 짝지어진 것은?

> "DDC의 분류기호에는 다른 여러 기호들이 함께 사용된다. 이 가운데 원괄호(( ))로 묶여진 기호는 (①)를 나타내며, 각괄호([ ])로 묶여진 기호는 (②)를 나타낸다."

① 패싯지시기호(facet indicator) − 미사용기호
② 임의규정(options)의 기호 − 미사용기호
③ 미사용기호 − 패싯지시기호(facet indicator)
④ 임의규정(options)의 기호 − 패싯지시기호(facet indicator)
⑤ 미사용기호 − 임의규정(options)의 기호

해 설 ② 중앙엔트리는 계층구조에 의한 기호법이 존재하지 않는 어떤 단일개념을 함께 구성해주는 일정범위의 기호들을 지시해주고 구조적으로 연결시켜 주는 것으로, 뒤쪽산형괄호를 앞세워 표시한다.

36 다음 중 DDC의 주기사항에 대한 설명으로 가장 거리가 먼 것은?

① 기호나 표목에 명확하게 나타나 있지 않은 순서나 구조, 종속관계, 그 밖의 문제에 관련된 추가의 정보를 제공한다.
② 문헌을 정확하게 분류하는 데 있어 분류기호와 표목 못지 않게 중요한 역할을 한다.
③ 난해한 분야를 분류하기 위한 조언을 제공하고, 주요 개정부분에 대한 심층정보를 제공해주고, 미국의회도서관 DCD의 정책과 관례에 대해 설명해 주는 부분이다.
④ 매뉴얼참조주기는 "See Manual at . . ."라는 어구로 시작된다.
⑤ 주기는 엔트리의 필수적인 요소가 아니며, 필요에 따라 추가되는 경우가 많다.

해 설 ③ 난해한 분야를 분류하기 위한 조언을 제공하고, 주요 개정부분에 대한 심층정보를 제공해주고, 미국의회도서관 DCD의 정책과 관례에 대해 설명해 주는 부분은 매뉴얼(manual)이다.

Answer 32 ③ 33 ② 34 ⑤ 35 ② 36 ③

37 다음 중 DDC 제23판 서문에 제시된 이른바 "3자규칙"(rule of three)에 대한 설명으로 가장 적합한 것은?

① 모두가 동일한 상위주제의 세목에 해당하는 셋 이상의 주제를 다루고 있는 문헌은 어느 한 주제가 다른 주제보다 더욱 완전하게 다루어지고 있는지의 여부에 관계없이, 이 주제들을 모두 포함하는 첫 번째 상위기호에 분류한다.

② 모두가 동일한 상위주제의 세목에 해당하는 셋 이상의 주제를 다루고 있는 문헌은 어느 한 주제가 다른 주제보다 더욱 완전하게 다루어지지 않는 한, 이 주제들을 모두 포함하는 첫 번째 상위기호에 분류한다.

③ 모두가 동일한 상위주제의 세목에 해당하는 넷 이상의 주제를 다루고 있는 문헌은 어느 한 주제가 다른 주제보다 더욱 완전하게 다루어지지 않는 한, 이 주제들을 모두 포함하는 첫 번째 상위기호에 분류한다.

④ 모두가 동일한 상위주제의 세목에 해당하는 넷 이상의 주제를 다루고 있는 문헌은 어느 한 주제가 다른 주제보다 더욱 완전하게 다루어지고 있는지의 여부에 관계없이, 이 주제들을 모두 포함하는 첫 번째 상위기호에 분류한다.

⑤ 셋 이상의 주제를 다루고 있는 문헌은 그 첫 번째 주제에 대한 기호에 분류한다.

해 설 DDC에서 말하는 "삼자규칙"은 모두가 동일한 상위주제의 세목에 해당하는 셋 이상의 주제를 다루고 있는 문헌은 어느 한 주제가 다른 주제보다 더욱 완전하게 다루어지지 않는 한, 이 주제들을 모두 포함하는 첫 번째 상위기호에 분류한다는 원칙이다.

38 다음 괄호 안에 들어갈 가장 적절한 용어는 다음 중 어느 것인가?

> "(①)은(는) 분류기호를 합성할 때 어떤 주제나 유에 나타나는 여러 패싯이나 특성을 어떤 순서로 결합할 것인가를 결정해주는 순서이다."

① 패싯화(faceting) ② 규칙화(regularization)
③ 열거순서(citation order) ④ 임의규정(options)
⑤ 우선순위(preference order)

해 설 ③ 열거순서는 패싯의 배열순서를 말하는 것으로, DDC에서는 이에 대한 지시사항을 주기에 명시하고 있다.

39 다음 중 DDC의 서문에 나타난 동일학문에 속하는 둘 이상의 주제에 대한 분류원칙에 대한 설명으로 적합하지 않은 것은?

① 서로 영향관계에 있는 주제를 다루고 있는 문헌은 영향을 미치는 주제에 분류한다.

② 어떤 문헌에서 두 주제가 동등하게 취급되고 있고, 서로에 대한 소개나 설명이 이루어져 있지 않을 경우는, 그 문헌을 그 분류기호가 DDC 본표에서 첫 번째로 나타나는 주제에 분류한다.

③ 어떤 문헌에서 두 개의 주제 중 하나를 더 포괄적으로 다루고 있는 경우는, 더욱 완전하게 다루어지는 주제에 분류한다.

④ 모두가 동일한 상위주제의 세목에 해당하는 셋 이상의 주제를 다루고 있는 문헌은 어느 한 주제가 다른 주제들보다 더욱 완전하게 다루어지지 않는 한, 이 주제들을 모두 포함하는 첫 번째 상위기호에 분류한다.

⑤ 기호법의 계층구조에서 동일한 위치에 0과 1—9의 선택권이 있을 경우에는, 0으로 시작되는 세목은 피해야 한다.

해 설 ① 서로 영향관계에 있는 주제들을 다루고 있는 문헌은 "적용규칙(rule of application)"에 따라, 영향을 받고 있는 주제에 분류한다. ② 복수주제가 동등하게 취급된 경우는, "선행규칙"(first of two rules)에 따라, 분류표상에서 앞에 오는 주제에 분류한다. ③ 어떤 문헌에서 두 개의 주제 중 어느 한 주제를 더 상세하게 다루고 있는 경우는, 더욱 완전하게 다루어지는 주제에 분류한다. ④ 모두가 동일한 상위주제의 세목에 해당하는 셋 이상의 주제를 다루고 있는 문헌은 어느 한 주제가 다른 주제들보다 더욱 완전하게 다루어지지 않는 한, "삼자규칙"(rule of the three)에 따라, 이 주제들을 모두 포함하는 첫 번째 상위기호에 분류한다. ⑤ 기호법의 계층구조에서 동일한 위치에 0과 1-9의 선택권이 있을 경우에는, "0의 규칙"(rule of three)에 따라, 0으로 시작되는 세목은 피해야 한다.

Answer 37 ② 38 ③ 39 ①

40 DDC 제23판에서는 어떤 문헌에 대해 몇 개의 분류기호를 부여할 수 있고, 그 각각의 기호가 모두 똑같이 유익한 것으로 판단될 경우에는, 최종적인 참고표를 사용하도록 하고 있다. 다음 중 최종적인 참고표에 제시된 우선순위와 일치하는 것은?

① 사물의 종류 – 사물의 일부 – 사물 등의 재료 – 사물 등의 속성
② 사물의 종류 – 사물 등의 재료 – 사물의 일부 – 사물 등의 속성
③ 사물의 일부 – 사물의 종류 – 사물 등의 재료 – 사물 등의 속성
④ 사물의 일부 – 사물의 종류 – 사물 등의 속성 – 사물 등의 재료
⑤ 사물의 종류 – 사물 등의 속성 – 사물의 일부 – 사물 등의 재료

해 설 DDC 제23판에서 제시하고 있는 최종적인 참고표의 우선순위는 사물의 종류(kinds) - 사물의 일부(parts) - 사물이나 종류, 부품을 만들어내는 재료(materials) - 사물이나 종류, 부품, 재료의 속성(properties) - 사물이나 종류, 부품, 재료 내에서 이루어지는 절차(processes) - 사물이나 종류, 부품, 재료에 대한 작업(operations) - 그와 같은 작업을 수행하기 위한 수단(instrumentalities)으로 되어 있다.

41 다음 중 DDC의 상관색인에 대한 설명으로 가장 적합한 것은 어느 것인가?

① 색인항목에 표시되는 첫 번째 분류기호(들이켜 표시되어 있지 않은 용어)는 다학문적 저작(interdisciplinary works)에 대한 기호이다.
② 보조표의 기호는 T1부터 T6를 괄호에 묶어 표시한다.
③ 분류작업을 할 때 상관색인에서 찾아낸 기호를 바로 해당자료에 부여할 수 있다는 점에서 큰 장점이 있다.
④ 색인항목(index entry)들은 문자순배열방법(letter by letter)에 따라 알파벳순으로 배열된다.
⑤ 두문자어(initialism)와 약성어(acronym)는 일상적인 구두점을 표시하여 기재하고 한 단어로 표기되는 경우와 마찬가지로 배열한다.

해 설 ② 보조표의 기호는 T1부터 T6을 앞세워 표시한다. ③ 분류작업을 수행할 때 상관색인에서 찾아낸 기호를 적용하기 전에 항상 본표와 보조표를 참고해야 한다. ④ 색인항목들은 단어순배열방법(word by word)에 따라 알파벳순으로 배열된다. ⑤ 두문자어와 약성어는 구두점 없이 기재하고 한 단어로 표기되는 경우와 마찬가지로 배열한다.

42 다음 중 DDC의 상관색인에 대한 설명으로 가장 거리가 먼 것은 어느 것인가?

① 분류표 전체에 걸쳐 각 학문분야로 분산되어 있는 동일한 주제에 관한 서로 다른 관점들을 함께 모아 주는 기능을 한다.

② 분류표에 표시되어 있는 용어만을 알파벳순으로 나열하여 그 위치를 지시해준다.

③ 기본적으로 알파벳순으로 배열되어 있다.

④ 특정 주제의 여러 측면이나 관점을 한 곳에서 파악하고 확인할 수 있다.

⑤ 분류시 상관색인에서 찾아낸 기호를 적용하기 전에 항상 본표와 보조표를 참고해야 한다.

해 설 ② 분류표에 표시되어 있는 용어만을 알파벳순으로 나열하여 그 위치를 지시해주는 것은 열거색인(specific index)이다.

43 다음 중 DDC의 매뉴얼에 대한 설명으로 가장 적합하지 않은 것은?

① 동일한 토픽에 관한 기호들간의 선택에 대한 지원과 복잡한 분류표의 사용에 대한 상세한 지시, 주요 개정사항에 대한 자세한 소개를 포함하는 선별적인 지침이다.

② 난해한 분야를 분류하기 위한 조언을 제공하고, 주요 개정부분에 대한 심층정보를 제공해주며, 미국의회도서관 DCD의 정책과 관례에 대해 설명해준다.

③ 사용하기 편리하도록 보조표와 본표의 기호에 따라 배열되어 있다.

④ 표목의 용어들은 보조표와 본표의 동일한 기호에 관련된 용어들과 일치된다.

⑤ 대표적인 예로는 이른바 '입석'(立席: standing room)의 토픽(현재는 문헌이 충분치 못하여 자체의 기호를 가질 수 없으나 장차는 문헌이 증가하여 별도의 기호를 가질 수도 있는 토픽)을 식별해주기 위한 내용 등이 있다.

해 설 ⑤ 입석의 토픽을 식별해주기 위한 것은 매뉴얼이 아니라 주기로서 표시된다.

Answer 40 ① 41 ① 42 ② 43 ⑤

44 DDC에서 이른바 형식류(form classes)에 해당하는 유끼리 올바르게 짝지어진 것은 다음 중 어느 것인가?

① 총류 − 역사류
② 총류 − 문학류
③ 언어류 − 문학류
④ 총류 − 언어류
⑤ 문학류 − 역사류

해 설 ② DDC에서는 일반적으로 학문 - 주제와 각 계층의 세분주제 - 지리 및 시대세분 - 표현형식의 열거순서를 택하고 있다. 그러나 총류(000)와 문학류(800)의 경우는 표현형식 또는 문학형식을 열거순서상에서 상위에 두고 있다. 그리하여 이 두 유를 흔히 형식류라 한다.

45 다음 중 DDC의 총류(000)에서 택하고 있는 일반적인 열거순서로 올바르게 나열된 것은 어느 것인가?

① 학문 − 주제와 각 계층의 세분주제 − 지리 및 시대세분 − 표현형식
② 학문 − 표현형식 − 언어나 장소
③ 학문 − 주제와 각 계층의 세분주제 − 표현형식
④ 학문 − 지리 및 시대세분 − 표현형식
⑤ 학문 − 언어나 장소 − 표현형식

해 설 ② DDC의 총류(000)에서는 DDC의 일반적인 열거순서와는 달리, 학문 - 표현형식 - 언어나 장소의 열거순서를 택하고 있다.

46 다음 중 DDC에서 분류기호의 합성과 가장 밀접하게 관련되는 것은?

① 우선순위표(table of preference)
② 목차(table of contents)
③ 열거순서(citation order)
④ 임의규정(options)
⑤ 우선순위(preference order)

해 설 ③ 열거순서는 복수의 특성이나 패싯을 합성하여 배열하기 위한 순서를 나타낸다. 우선순위는 복수의 특성이나 패싯에 관련되기는 하지만, 그 특성을 기호를 통하여 합성할 수 없다는 점에서 차이가 있다.

47 다음 괄호 안에 들어갈 가장 적절한 용어는 다음 중 어느 것인가?

> "(①)은(는) 어떤 주제의 여러 특성을 기호의 합성을 통해서는 충분히 나타낼 수 없을 경우에, 그와 같은 특성을 나타내는 기호 가운데 어느 기호를 선택해야 할는지를 지시해주는 순서이다."

① 패싯화(faceting) ② 규칙화(regularization)
③ 열거순서(citation order) ④ 임의규정(options)
⑤ 우선순위(preference order)

48 다음 중 열거순서(citation order)와 우선순위(preference order)에 대한 설명으로 가장 적합하지 않은 것은 어느 것인가?

① DDC의 총류는 "학문 – 표현형식 – 언어나 장소"의 열거순서를 채택하고 있다.
② DDC의 문학류는 "학문 – 언어 – 문학형식 – 시대"의 열거순서를 채택하고 있다.
③ 복수의 특성이나 패싯에 관련된다는 점에서 열거순서와 우선순위는 동일하지만, 그 특성을 기호를 통하여 합성할 수 있는 경우는 우선순위에 의하고, 합성할 수 없는 경우에는 열거순서에 따른다는 점에서 차이가 있다.
④ DDC에서 우선순위는 주기를 통해 우선순위를 지시하거나 우선순위를 설정한 보조표(table of preference)를 제시하게 된다.
⑤ 우선순위의 한 예로 문학형식의 경우는 "드라마 – 시 – 소설 – 수필" 등의 순서를 채택하고 있다.

해 설 ③ 그 특성을 기호를 통하여 합성할 수 있는 경우는 열거순서에 의하고, 합성할 수 없는 경우에는 우선순위에 따른다.

Answer 44 ② 45 ② 46 ③ 47 ⑤ 48 ③

49 다음 중 DDC에서 이른바 패싯지시기호(facet indicator)로 사용되는 것은?

① 0 ② 1
③ 5 ④ 8
⑤ 9

해 설 ① 패싯지시기호는 패싯간의 구분을 위해 사용되는 기호로, DDC에서는 '0'을 패싯지시기호로 사용하고 있다.

50 다음 중 DDC에서 사용하는 보조표에 해당하지 않는 것은?

① 표준세구분 ② 언어공통구분
③ 국어구분 ④ 인물군구분
⑤ 종교공통구분

해 설 ⑤ 종교공통구분은 한국십진분류법(KDC)에서 사용되는 특징적인 조기표로, DDC에서는 사용되지 않는다.

51 다음 중 DDC의 임의규정(options)에 대한 설명으로 가장 거리가 먼 것은 어느 것인가?

① DDC가 기본적으로 영어권 이용자들을 위한 표준기호를 제공하고 있다는 점에서, 표준영어판에 나타나 있는 요구를 넘어서는 요구에 부응할 수 있도록 하기 위한 장치로 마련된 것이다.
② 어떤 주제를 공식적으로 채택된 방식과는 다른 방식으로 배열하고자 하는 도서관에 융통성을 부여하기 위한 장치로 제공하는 것이다.
③ 전(全) 항목에 적용되는 임의규정은 해당항목의 맨 끝에 나타나며, 해당항목의 특정지시사항에 대한 임의규정은 해당주기 아래에 한 칸 들이켜 표시한다.
④ 임의규정은 기본적으로 문화적 격차를 수용하기 위한 수단으로서, 관할구역이나 인종, 민족, 국가군, 언어 등의 측면에서 자국의 특성이 중요시되는 토픽들을 강조하기 위한 방법으로 제시된다.
⑤ 주기에 설명되는 임의규정은 각괄호([ ])로 묶어 표시된다.

해 설 ⑤ 임의규정은 원괄호(( ))로 묶어 표시된다.

52 다음 중 DDC의 문학류(800)에서 택하고 있는 일반적인 열거순서로 올바르게 나열된 것은 어느 것인가?

① 학문 – 주제와 각 계층의 세분주제 – 지리 및 시대세분 – 표현형식
② 학문 – 문학형식 – 언어나 장소 – 시대
③ 학문 – 주제와 각 계층의 세분주제 – 문학형식 – 시대
④ 학문 – 언어 – 문학형식 – 시대
⑤ 학문 – 언어 – 시대 – 문학형식

해 설 ④ DDC의 문학류(800)에서는 DDC의 일반적인 열거순서와는 달리, "학문 - 언어 - 문학형식 - 시대"의 열거순서를 채택하고 있다.

53 다음 중 DDC의 표준세구분(standard subdivisions)에 대한 설명으로 적합하지 않은 것은?

① 표준세구분은 어떤 주제에 반복적으로 나타나는 비본질적인 특성과 문헌 자체에 관련된 비주제적인 특성을 나타내준다.
② 표준세구분의 기호는 본표에 구체적인 지시가 있을 경우에만 사용한다.
③ 표준세구분의 기호는 최소한 두 자리로 구성되며, 항상 0으로 시작된다.
④ 표준세구분의 모든 기호는 십진식으로 확장, 전개될 수 있다.
⑤ 표준세구분의 기호 앞에 붙은 붙임표(–)는 표준세구분의 기호가 단독으로 사용될 수 없음을 나타내는 것이다.

해 설 ② 표준세구분의 기호는 본표에서 사용하지 못하도록 지시하거나 중복되는 경우를 제외하고는, 해당분류기호의 전체에 상당하는 모든 토픽의 분류기호에 이를 적용할 수 있다.

54 다음 중 DDC의 문학형식구분표(T.3)에서 드라마를 나타내기 위한 기호는 어느 것인가?

① -1 ② -2
③ -3 ④ -4
⑤ -5

Answer 49 ① 50 ⑤ 51 ⑤ 52 ④ 53 ② 54 ②

55 다음 중 상세분류(詳細分類: close classification)와 간략분류(簡略分類: broad classification)에 대한 설명으로 가장 거리가 먼 것은 어느 것인가?

① 간략분류는 어떤 문헌의 내용을 가능한 최대한도로 기호를 사용하여 구체적으로 표시하는 것이다.

② 각 도서관에서는 해당장서의 규모와 이용자의 필요성을 바탕으로 상세분류 대 간략분류에 대한 결정을 내려야 한다.

③ DDC에서는 그 계층적 구조와 십진식 기호법의 이점을 활용하여, 상세분류 대 간략분류에 대한 기본적인 임의규정을 제공하고 있다.

④ LC나 BL 등에서 제공하는 CIP(Cataloging in Publication) 데이터에 나타나 있는 구분장치(segmentation device)를 활용하면 DDC 기호를 논리적으로 간략화하는 데 도움이 될 수 있다.

⑤ 도서관의 장서가 아무리 소규모라 하더라도, 기호를 가장 구체적인 세 자리 기호 이하로 줄여서는 안 되며, 소수점 오른쪽의 어느 곳에서도 0으로 끝나도록 기호를 줄여서는 안 된다.

해 설 ① 간략분류는 논리에 따라 간략화 시킨 기호를 사용하여 해당문헌을 상위류에 분류할 수 있도록 하는 것이다.

56 DDC의 표준세구분표(T.1)에서 철학 및 이론을 나타내는 기호는 다음 중 어느 것인가?

① -01 ② -02

③ -03 ④ -05

⑤ -07

해 설 ① DDC의 표준세구분표의 -01은 자료의 주제가 철학적이거나 이론적인 관점에서 다루어진 경우에 부여되는 기호이다.

57 성경(Bible)에 해당하는 DDC의 분류기호는 다음 중 어느 것인가?

① 210 ② 220

③ 230 ④ 240

⑤ 250

58 다음 중 DDC를 구성하는 주요부분과 거리가 먼 것은?

① 본표(schedule) ② 보조표(table)
③ 매뉴얼(manual) ④ 색인(index)
⑤ 범주표(categorial table)

해 설 ⑤ 범주표는 J. D. Brown의 주제분류법(SC: Subject Classification)에서 사용되고 있는 것으로, 형식, 관점, 수식 그 밖의 주제구분방법을 나타내기 위해 사용된다.

59 다음 중 DDC의 제1보조표(Table 1)에 대한 설명으로 가장 적합한 것은 어느 것인가?

① 이 보조표의 아이디어는 초판으로부터 시작되었다.
② 통상 "형식구분"(form divisions)으로 불린다.
③ 처음에는 표준세구분표(standard subdivisions)라는 명칭으로 사용된 바 있다.
④ 제19판부터 현재의 이름으로 변경되어 사용하고 있다.
⑤ 물리적 형식 또는 접근법 내지는 표현형식에 대해 공통적인 기호를 부여하기 위해 마련된 조기표(助記表)이다.

해 설 ① 이 보조표의 아이디어가 구체적으로 나타난 것은 1885년에 발행된 DDC 제2판이다. ② 통상 표준세구분표(standard subdivisions)로 불린다. ③ 처음에는 "형식구분"(form divisions)이라는 명칭으로 사용된 바 있다. ④ 제17판부터 현재의 이름으로 변경되어 사용하고 있다.

60 다음 중 DDC의 800에 적용하기 위해 마련된 보조표는 어느 것인가?

① 표준세구분표 ② 문학형식구분표
③ 언어형식구분표 ④ 국어구분표
⑤ 종교공통구분표

해 설 ② DDC의 문학형식구분표(T.3)는 문학(800)에서 각국의 문학의 공통된 형식에 대하여 동일한 기호를 부여하기 위해 마련된 것이다.

Answer 55 ① 56 ① 57 ② 58 ⑤ 59 ⑤ 60 ②

61 다음 중 DDC의 주제배열과 가장 관련이 깊은 것은?

① Ampere의 분류 ② Bacon의 분류
③ Aristoteles의 분류 ④ Wundt의 분류
⑤ Kant의 분류

해 설 ② DDC의 주류배열은 Harris의 분류표의 주류배열에 기초를 두고 있으며, Harris의 분류표는 Bacon의 학문분류의 역순으로 이루어져 있다.

62 다음 중 DDC의 표준세구분표와 KDC의 표준구분표의 의미가 서로 다른 기호만으로 올바르게 짝지어진 것은?

① -01과 -07 ② -02와 -03
③ -03과 -08 ④ -04와 -07
⑤ -04와 -08

해 설 ⑤ DDC의 표준세구분표의 -04는 특수토픽(special topics)를 나타내는데 비해, KDC의 표준구분표의 -04는 강연집, 수필집, 연설문집을 나타낸다. DDC의 -08은 사람들의 집단(Groups of people)을 나타내는 데 비해, KDC의 -08은 총서, 선집, 전집을 나타낸다.

63 다음 중 DDC의 표준세구분에 해당하지 않는 것은?

① 다른 학문의 기법들을 해당주제와 관련지어 주는 세구분
② 해당주제를 그 이용자들과 관련지어 주는 세구분
③ 서지적 형식을 지시해주는 세구분
④ 전체주제를 어떤 제한된 상황에서 다루는 세구분
⑤ 언어에 의한 구분을 지시해주는 세구분

해 설 DDC의 표준세구분은 그 성격에 따라, ① 다른 학문의 기법들을 해당주제와 관련지어 주는 교육이나 연구, 철학 및 이론과 같은 세구분, ② 해당주제를 그 이용자들과 관련지어 주는 직업으로서의 주제 등과 같은 세구분, ③ 서지적 형식을 지시해주는 백과사전이나 정기간행물과 같은 세구분, ④ 전체주제를 어떤 제한된 상황에서 다루는 사람의 종류나 지역, 시대 등의 세구분, ⑤ 해당주제에 관한 특정종류의 정보를 파악해주는 디렉토리, 통계 등과 같은 세구분, ⑥ 그 밖의 전기나 공식과 같은 잡다한 세구분으로 나눌 수 있다.

64 다음 괄호 안에 들어갈 가장 적절한 것은 다음 중 어느 것인가?

> "DDC의 (①)은(는) 주제를 표현하는 형식 가운데 반복적으로 나타나는 물리적 형식 또는 접근법 내지는 표현형식에 대해 공통적인 기호를 부여하기 위해 마련된 조기표이다."

① T.1 ② T.2
③ T.5 ④ T.6
⑤ T.7

해 설 ① DDC의 제1보조표인 표준세구분표(Table 1. Standard subdivisions)는 반복적으로 나타나는 내적 및 외적 형식을 나타내기 위한 조기표이다.

65 DDC에서 윤리학(ethics)에 해당하는 분류기호는 다음 중 어느 것인가?

① 140 ② 150
③ 160 ④ 170
⑤ 180

66 다음 중 DDC에서 400에 적용하기 위해 마련된 보조표는 어느 것인가?

① 국어구분표(languages)
② 언어공통구분표(subdivisions of individual languages)
③ 문학형식구분표(subdivisions for individual literatures)
④ 표준세구분(standard subdivisions)
⑤ 공통보조표(common auxiliaries)

해 설 ② DDC의 언어공통구분표(T.4)는 어학(400)에서 각 언어의 형식이 동일할 경우에는 동일한 기호를 부여하기 위해 마련된 것이다.

Answer 61 ② 62 ⑤ 63 ⑤ 64 ① 65 ④ 66 ②

67 다음 중 DDC의 표준세구분표(Table 1)에 대한 설명으로 가장 적합하지 않은 것은?

① DDC의 주류와 강(綱)에서 세 자리를 채우기 위해 부여된 무의미한 영(0)들은 표준세구분표를 부가하기에 앞서 반드시 제거해야 한다.

② 복수주제로 이루어진 강이나 목의 경우는, 강이나 목 전체에 대한 표준세구분표와 그 일부에 대한 표준세구분표가 달라질 수도 있다.

③ 표준세구분표는 본표의 경우와 마찬가지로 부가지시사항(add instructions)에 따라 확장·전개할 수 있다.

④ 해당분류기호가 이미 표준세구분표의 의미를 함축하고 있는 경우는 해당표준세구분기호를 부가할 수 없다. 즉 역사류의 주제들에 대해서는 -09(역사)를 부가할 수 없다.

⑤ DDC에는 둘 이상의 표준세구분표를 적용할 수 있는 문헌을 분류할 경우에 대비한 우선순위표가 설정되어 있다.

해 설 ① DDC의 주류와 강의 세 자리를 채우기 위해 형식적으로 추가된 영은 원칙적으로는 특별한 지시가 없는 한, 표준세구분표의 기호를 부가하기 전에 삭제해야 한다. 그러나 특정의 주류나 강의 경우는 이를 삭제해서는 안 되므로 반드시 본표의 지시를 확인해야 한다.

68 심리학(psychology)에 해당하는 DDC의 분류기호는 다음 중 어느 것인가?

① 150　　② 160

③ 170　　④ 180

⑤ 190

69 DDC 표준세구분표(T.1)에서 교수방법이나 연구방법 등에 관한 자료에 사용하기 위한 기호는 어느 것인가?

① -01　　② -03

③ -05　　④ -07

⑤ -08

해 설 ④ DDC의 표준세구분표의 -07은 Education, research, related topics이다.

70 다음 중 교육학(education)에 해당하는 DDC의 분류기호는 어느 것인가?

① 340 ② 350
③ 360 ④ 370
⑤ 380

71 DDC를 사용하여 둘 이상의 문학형식으로 된 작품에 대해 분류할 때, 다음 중 그 우선순위가 가장 높은 것은 어느 것인가?

① Poetry ② Fiction
③ Essays ④ Letters
⑤ Drama

해 설 DDC에서는 둘 이상의 문학형식으로 된 작품에 대해서는, 다른 지시 사항이 없는 한, Drama - Poetry - Fiction - Essays - Speeches - Letters - Miscellaneous writings의 우선순위를 택하도록 하고 있다.

72 다음 중 DDC 제23판의 문학형식구분표(T.3)에 대한 설명으로 적합하지 않은 것은 어느 것인가?

① 그 적용대상에 따라 A와 B, C 세 개의 하위표로 구성되어 있다.
② 전적으로 문학류(800)에만 적용되는 보조표이다.
③ 문학류(800)의 세 번째 패싯에 주로 적용된다.
④ 어느 한 저자와 그 저자의 모든 작품에 대해서는 단하나의 문학시대만을 사용해야 한다.
⑤ 언어의 경우는 저자가 작품을 쓰거나 저술한 언어에 저자를 분류해야 한다.

해 설 ② DDC의 문학형식구분표는 원래 특정언어로 된 문학작품이나 문학에 관련된 문헌들을 분류하기 위한 보조표였으나, 제21판부터는 이 보조표를 예술류의 700.4와 791.4에도 지시에 따라 추가할 수 있도록 하고 있다.

Answer 67 ① 68 ① 69 ④ 70 ④ 71 ⑤ 72 ②

73 다음 중 DDC 제23판에 따를 경우, Shakespeare에 대한 분류기호로 가장 적합한 것은?

① 821. 3 ② 822.33

③ 823. 33 ④ 824. 3

⑤ 821

해 설 ② Shakespeare는 DDC에 독자적인 분류기호가 마련된 유일한 작가이다. 그는 주로 희곡을 위주로 한 작품을 발표한 영국작가이므로, 영국문학의 희곡에 분류하고, 시대구분기호를 추가하면 기본적인 분류기호가 완성된다. 즉 82(영국문학의 기본기호) + –2(T.3–A) + –3(영국문학의 시대구분기호) → 822.3이 된다. Shakespeare의 고유기호는 여기에 –3을 추가한 형식이다.

74 다음 중 DDC의 제2보조표(Table 2)에 대한 설명으로 가장 거리가 먼 것은 어느 것인가?

① 1885년에 발행된 제2판에서부터 그 아이디어가 시작되었다.

② 주로 900 역사의 지역구분을 적용하여 "Divide like 930-999"와 같은 지시사항에 의해 지역구분을 추가하였다.

③ 제19판부터 별도의 보조표로 정착되었다.

④ 역사상의 시대와 인물, 지역을 나타내주는 기호법으로 이루어진다.

⑤ 역사류(900)의 항목과 조기성을 갖는다.

해 설 ③ 제2보조표인 지역구분표가 별도의 보조표로 정착된 것은 17판부터이다.

75 다음 중 DDC의 보조표 가운데 언어에 관련되는 보조표로만 올바르게 짝지어진 것은 어느 것인가?

① T.3 – T.4 ② T.3 – T.6

③ T.4 – T.6 ④ T.4 – T.5

⑤ T.5 – T.6

해 설 ③ DDC의 보조표 가운데 언어에 관련되는 보조표는 언어공통구분표(T.4: Subdivisions of Individual Languages and Language Families)와 국어구분표(T.6: Languages)이다.

76 다음 괄호 안에 들어갈 가장 적절한 것은 다음 중 어느 것인가?

> "DDC의 (①)은(는) 기본적으로 특정언어로 된 문학작품이나 문학에 관련된 문헌들을 분류하기 위해 마련된 조기표이다."

① T.5　　② T.2
③ T.3　　④ T.4
⑤ T.7

해설 ③ DDC의 제3보조표인 문학형식구분표(Table 3. Subdivisions for the arts, for individual literatures, for specific literary forms)는 기본적으로 DDC의 문학분야의 자료를 분류하기 위해 고안된 것이다. 다만 제21판부터는 이 보조표를 예술류의 700.4와 791.4에도 지시에 따라 추가할 수 있도록 하고 있다.

77 다음 중 DDC의 지역구분표(Table 2)에 대한 설명으로 가장 거리가 먼 것은?

① 실제의 지역구분을 위한 기호는 -3-9로, -3은 고대세계, -4-9는 현대국가의 지역구분을 표현한다.
② -4-9의 기호는 신대륙에서 구대륙으로 이어지는 대륙별구분을 바탕으로 하고 있다.
③ 국제적으로 받아들여지고 있는 지리적, 정치적 구분을 따른다.
④ 시대와 지역은 물론 전세계의 자연적 구분과 지리적 구분, 지구물리학적 구분도 포함한다.
⑤ 영국과 미국을 위시한 서양의 전개는 상세한 반면, 한국을 포함한 기타 지역은 충분한 전개가 이루어지지 않고 있다.

해설 ② -4-9의 기호는 구대륙에서 신대륙의 순서로 전개되고 있다.

Answer 73 ② 74 ③ 75 ③ 76 ③ 77 ②

78 다음 중 경영학(management & public relations)에 해당하는 DDC의 분류기호는 어느 것인가?

① 320 ② 330
③ 640 ④ 650
⑤ 760

79 DDC에서 철학적 논리학(Philosophical logic)에 해당하는 분류기호는 다음 중 어느 것인가?

① 140 ② 150
③ 160 ④ 170
⑤ 180

80 DDC의 언어공통구분표(T.4)에서 사전을 나타내기 위한 기호는 어느 것인가?

① -1 ② -2
③ -3 ④ -5
⑤ -6

81 DDC의 문학형식구분표(T.3)에서 시를 나타내기 위한 기호는 어느 것인가?

① -1 ② -2
③ -3 ④ -4
⑤ -5

82 DDC의 문학형식구분표(subdivisions for individual literatures)의 세목과 분류기호의 연결이 잘못된 것은?

① -1 Poetry ② -2 Drama
③ -3 Fiction ④ -4 Satire and humor
⑤ -5 Speeches

해 설 DDC의 문학(800) 부분은 그 형식에 따라 공통구분이 마련되어 있는데, 그 구분은 T.3-A와 T.3-B에 따르면, -1 Poetry, -2 Drama, -3 Fiction, -4 Essays, -5 Speeches, -6 Letters, -7 Satire and humor, -8 Miscellaneous writings로 되어 있다.

83 연속간행물에 해당하는 DDC의 분류기호는 다음 중 어느 것인가?

① 020 ② 030
③ 040 ④ 050
⑤ 060

84 DDC의 표준세구분표(standard subdivisions)에서 -030이 나타내는 것은?

① Philosophy and theory
② Education, research, related topics
③ Organizations and management
④ Dictionaries, encyclopedias, concordances
⑤ History, geographic treatment, biography

해 설 DDC의 표준세구분표는 체재나 물리적 형식, 취급방법이 동일한 자료에 대하여 동일한 분류기호를 부여하기 위하여 마련된 것으로 –01 Philosophy and theory, –02 Miscellany, –03 Dictionaries, encyclopedias, concordances, –04 Special topics, –05 Serial publications, –06 Organizations and management, –07 Education, research, related topics, –08 Group of people, –09 History, geographic treatment, biography로 구분된다.

85 다음 중 DDC의 제2보조표(T.2)에 대한 설명으로 가장 거리가 먼 것은?

① 통상 지역구분표로 불린다.
② DDC의 6개 보조표 가운데 길이가 가장 길다.
③ 부가주기(add notes)에 따르거나 T.1의 -089를 사용하여 본표나 보조표의 거의 모든 다른 기호에 추가될 수 있다.
④ 단독으로 사용될 수 없으며, 상관색인에서 "T.2 -"를 앞세워 나타난다.
⑤ 역사상의 시대와 인물, 지역을 나타내주는 기호법으로 이루어진다.

해 설 ③ T.1의 –09를 사용하여 다른 기호에 추가할 수 있다.

Answer 78 ④ 79 ③ 80 ③ 81 ① 82 ④ 83 ④ 84 ④ 85 ③

86 다음 중 수학에 해당하는 DDC의 분류기호는 어느 것인가?

① 500　② 510
③ 520　④ 530
⑤ 540

87 의학에 해당하는 DDC의 분류기호는 다음 중 어느 것인가?

① 510　② 520
③ 610　④ 620
⑤ 650

88 다음 중 DDC에서 경제학에 해당하는 분류기호는?

① 320　② 330
③ 340　④ 650
⑤ 660

89 다음 중 DDC에서 분류표 전체에 걸쳐 동일한 의미로 사용되도록 마련된 보조표는 어느 것인가?

① 표준세구분표　② 문학형식구분표
③ 언어구분표　④ 관점보조기호
⑤ 체계구분표

해 설 ① DDC의 표준세구분표(standard subdivisions)는 분류표 전반에 걸쳐 본표의 지시 없이도, 적용할 수 있도록 고안된 보조표이다.

90 DDC의 표준세구분표(T.1)에서 어떤 주제나 영역에 대하여 역사적 또는 지리적 측면에서 취급한 경우에 부여되는 기호는?

① -01　② -03
③ -07　④ -08
⑤ -09

91 다음 중 DDC의 800에 적용하기 위해 마련된 보조표는 어느 것인가?

① T.1 ② T.3
③ T.4 ④ T.6
⑤ T.7

해 설 ② DDC의 문학형식구분표(T.3)는 문학(800)에서 각국의 문학의 공통된 형식에 대하여 동일한 기호를 부여하기 위해 마련된 것이다.

92 다음 중 DDC에 마련되어 있는 색인을 가리키는 용어로 가장 적합한 것은?

① 직접색인 ② 인용색인
③ 열거색인 ④ 상관색인
⑤ 조합색인

해 설 ④ 상관색인(relative index)은 본문에 나타난 용어의 소재만을 표시하는 열거색인과는 달리 서로 관계있는 주제에 있어서는 어느 한 주제 아래에서도 다른 주제나 용어를 제시하여 검색을 용이하도록 하는 것으로, DDC의 독창적인 부분이라고 Dewey는 말하고 있다.

93 다음 중 DDC의 장점에 대한 설명으로 적합하지 않은 것은?

① 실용적인 시스템이다.
② 서로 다른 학문분야에 분산되어 있는 동일한 주제의 여러 측면을 상관색인에 의해 한 곳에 모을 수 있다.
③ 조기성이 풍부하다.
④ 새로운 주제의 삽입이 용이하다.
⑤ 기호가 단순하고 국제적으로 기록과 기억이 용이하다.

해 설 ④ DDC에서는 중요한 새로운 주제를 삽입하기가 어렵기 때문에, 기존의 주제 가운데 가장 밀접한 관계에 있는 주제에 이를 첨가하거나 혹은 그 주제가 아래에 전개하도록 해야 한다.

Answer 86 ② 87 ③ 88 ② 89 ① 90 ⑤ 91 ② 92 ④ 93 ④

94 다음 중 DDC의 주제배열에 대한 설명으로 적합하지 않은 것은?

① Language와 Literature가 분리되어 있다.
② Social sciences와 History가 분리되어 있다.
③ Economics와 Management & Public relations가 분리되어 있다.
④ Psychology, Logic, Ethics가 분리되어 있다.
⑤ Political science와 Public administration이 분리되어 있다.

95 다음 중 DDC에서 400에 적용하기 위해 마련된 보조표는 어느 것인가?

① T.1 ② T.3
③ T.4 ④ T.6
⑤ T.7

해 설 ③ DDC의 언어공통구분표(T.4)는 어학(400)에서 각 언어의 형식이 동일할 경우에는 동일한 기호를 부여하기 위해 마련된 것이다.

96 다음 중 DDC 간략판에서 사용되는 보조표가 아닌 것은?

① 공통세구분 ② 지역구분표
③ 국어구분 ④ 문학형식구분
⑤ 언어공통구분

해 설 DDC 간략판에는 표준세구분(T.1), 지역구분표(T.2), 문학형식구분표(T.3), 언어공통구분표(T.4)만이 마련되어 있다.

97 DDC 제23판에 대응하는 DDC 간략판은?

① 제11판 ② 제12판
③ 제13판 ④ 제14판
⑤ 제15판

해 설 DDC는 장서수가 많지 않은 소규모의 도서관을 위하여 1894년에 간략판을 발행하였다. 간략판은 완전판의 2/5의 분량에 해당하며, 제23판에 대응하는 판은 제15판(2012년 발행)이다.

98 다음 중 DDC에서 분산될 수 있는 어떤 특정주제의 여러 측면을 함께 모을 수 있도록 해주는 부분은?

① Phoenix schedule ② Relative index
③ Auxiliary table ④ Schedule
⑤ Manual

해 설 ① phoenix표는 어떤 학문 또는 주제분야에 대하여 본표(schedule)를 완전히 새로 전개시킨 표를 말한다. 이 경우 그 분야의 기본기호만이 이전의 판과 동일하게 사용되며, 다른 모든 기호는 자유롭게 다시 사용되게 된다. DDC의 제20판부터는 완전개정(complete revision)이라는 용어로 대체되었다. ② 상관색인(relative index)은 Dewey가 분류법에 끼친 영향의 하나로 인정되는 것으로서, 모든 주제의 여러 측면을 함께 모으고 분류표 전체에 걸쳐 분산되어 있는 상태를 볼 수 있도록 해주는 본표에 대한 알파벳순색인이다.

99 DDC에서 정치학(political science)에 해당하는 분류기호는 다음 중 어느 것인가?

① 650 ② 310
③ 320 ④ 330
⑤ 350

100 다음 중 DDC의 단점에 대한 설명으로 적합하지 않은 것은?

① 영미본위의 분류표이다. ② 비논리적이다.
③ 구분이 균등하지 않다. ④ 신축성이 부족하다.
⑤ 관련된 학문분야가 분산되는 경우가 있다.

해 설 ① DDC는 특히 900 History & geography 와 800 Literature가 영미중심으로 전개되고 있다. ②⑤ 400 Language와 800 Literature, 300 Social science와 900 History & geography가 서로 분리되는 등 비논리적인 부분이 있다. ④ DDC는 신축성이 풍부하여 도서관의 성질에 따라서 세분표를 사용하거나 간략표를 사용할 수 있다.

Answer 94 ④ 95 ③ 96 ③ 97 ⑤ 98 ② 99 ③ 100 ④

101 음악에 해당하는 DDC의 분류기호는 다음 중 어느 것인가?

① 720 ② 740
③ 750 ④ 770
⑤ 780

102 다음 중 한국에서 DDC를 사용할 경우 이를 재전개해야 할 필요성이 가장 적은 분야에 해당하는 것은?

① 언어분야 ② 문학분야
③ 종교분야 ④ 역사분야
⑤ 교육분야

103 다음 중 DDC에 마련되어 있는 조기표에 해당하지 않는 것은?

① 지역구분표 ② 문학형식구분표
③ 종교공통구분표 ④ 언어구분표
⑤ 표준세구분표

해 설 DDC에 마련된 조기표는 제1표 Standard subdivisions, 제2표 Geographic areas, historical periods, biography, 제3표 Subdivisions for individual literatures, for specific literary forms, 제4표 Subdivision of individual languages, 제5표 Ethnic and national groups, 제6표 Languages가 있다. ③ 종교공통구분은 KDC의 특징적인 조기표이다.

104 다음 중 DDC의 민족 및 국가군 구분표(T.5)를 추가하기 위한 패싯지시기호(facet indicator)로 사용할 수 있는 표준세구분의 기호는?

① -024 ② -09
③ -089 ④ -093-099
⑤ -092

해 설 ③ DDC 표준세구분표의 −089 Ethnic and national group은 본표의 지시가 없이도, 민족 및 국가군 구분표(T.5)를 추가하기 위한 패싯지시기호(facet indicator)로 사용할 수 있다.

105 다음 중 사전, 백과사전 등을 의미하는 DDC의 표준세구분의 기호는?

① -01 ② -03
③ -05 ④ -06
⑤ -07

106 다음 중 DDC의 지역구분표(T.2)를 추가하기 위한 패싯지시기호(facet indicator)로 사용할 수 있는 표준세구분표의 기호는?

① -024 ② -09
③ -089 ④ -07
⑤ -092

해 설 ② DDC 표준세구분의 -09 History, geographic treatment, biography의 093-099는 특정대륙이나 국가를 다루기 위한 것으로, -09 + T.2의 형식을 취하게 된다. 따라서 -09는 T.2의 패싯지시기호의 역할을 하게 되는 것이다.

107 DDC 제23판의 주류(main classes)들의 대부분은 이른바 "0의 사용규칙"에 따라, 표준세구분과 합성하기 위해서는, 무의미하게 추가된 두 개의 0을 합성에 앞서 삭제해야 한다. 다음 중 그와 같은 규칙이 적용되지 않는 주류들로 올바르게 짝지어진 것은?

① 200 − 700 ② 200 − 900
③ 200 − 300 − 700 ④ 000 − 300 − 700
⑤ 000 − 200 − 300 − 700

해 설 DDC의 주류 중 총류(000)는 표준세구분과 함께 사용할 의미를 갖는 기호가 존재하지 않을 뿐만 아니라, 003-006에는 이미 시스템 및 컴퓨터과학에 관한 주제를 부여하고 있기 때문에, 일반적인 0의 사용규칙을 적용할 수 없다. 종교류(200)는 201-209까지를 종교류의 특수측면을 다루기 위한 표준세구분으로 사용하기 때문에, 일반규칙을 적용할 수가 없다. 사회과학류(300)의 경우는 301-307에 이미 사회학에 대한 주제를 부여하고 있기 때문에 일반규칙을 적용할 수 없다. 예술류(700)의 경우는 701-709를 예술류의 대부분을 차지하고 있는 미술 및 장식예술의 표준세구분으로 국한시키고 있기 때문에 일반규칙을 적용할 수 없다.

Answer 101 ⑤ 102 ⑤ 103 ③ 104 ③ 105 ② 106 ② 107 ⑤

108 다음 중 DDC의 표준세구분표의 내용이 KDC의 표준구분표의 내용과 서로 다른 의미를 갖는 기호는 어느 것인가?

① -01 ② -03
③ -04 ④ -05
⑤ -07

해 설 ③ DDC의 표준세구분의 −04는 특수토픽(special topics)을 나타내는 데 비해, KDC의 표준구분표의 −04는 강연집, 수필집, 연설문집을 나타낸다.

109 다음 중 DDC 제23판의 표준세구분의 기호와 조기성을 갖는 유와의 연결이 적합하지 않은 것은?

① -01 – 100 ② -07 – 370
③ -05 – 050 ④ -08 – 080
⑤ -09 – 900

110 다음 중 DDC의 지역구분표(T.2)의 기호 가운데 현대국가의 지역구분을 나타내는 기호에 해당하지 않는 것은?

① -3 ② -4
③ -5 ④ -6
⑤ -9

해 설 DDC의 지역구분 가운데, −1은 지리적으로나 개념적으로는 연결되어 있으나 물리적으로는 분산되어 있는 지역들을 나타내는 일반적 성격에 기초한 지역구분에 사용된다. −2는 전기적 자료표현에 사용되며, −3은 고대세계를 나타내기 위해 사용된다. 현대국가의 지역구분은 −4−9로 표현된다.

111 DDC 제23판에 따를 경우, 대한민국에 해당하는 T.2의 기호는?

① -1 ② -957
③ -51 ④ -5195
⑤ -52

해 설 ④ DDC 제23판의 대한민국에 대한 T.2의 기호는 −5195이다.

112 다음 중 DDC의 T.1에서 -06이 나타내는 것은?

① Philosophy and theory
② Education, research, related topics
③ Organizations and management
④ Dictionaries, encyclopedias, concordances
⑤ History, geographic treatment, biography

해 설 DDC의 표준세구분은 체재나 물리적 형식, 취급방법이 동일한 자료에 대하여 동일한 분류기호를 부여하기 위하여 마련된 것으로 -01 Philosophy and theory, -02 Miscellany, -03 Dictionaries, encyclopedias, concordances, -04 Special, topics, -05 Serial publications, -06 Organizations and management, -07 Education, research, related topics, -08 Groups of people, -09 History, geographic treatment, biography로 구분된다.

113 다음 중 DDC의 표준세구분표와 KDC의 표준구분표의 의미가 서로 다른 기호는?

① -01
② -02
③ -03
④ -07
⑤ -08

해 설 ⑤ DDC의 -08은 사람들의 집단(Groups of people)을 나타내는 데 비해, KDC의 -08은 총서, 선집, 전집을 나타낸다.

114 다음 중 DDC의 문학형식구분표(T.3)의 기호와 문학형식의 연결이 올바르지 않은 것은?

① -1 — Poetry
② -2 — Fiction
③ -4 — Essays
④ -6 — Letters
⑤ -8 — Miscellaneous writings

해 설 ② DDC의 문학형식구분에서 -2는 Drama이며, Fiction에 대한 기호는 -3이다.

Answer 108 ③ 109 ④ 110 ① 111 ④ 112 ③ 113 ⑤ 114 ②

115 다음 괄호 안에 가장 적합한 것은 어느 것인가?

> "DDC의 지역구분표(T.2)는 구체적인 부가지시가 있을 경우 그에 따라 이를 추가한다. 그러나 그와 같은 지시가 없을 경우에는, 표준세구분표의 (①)을(를) 사용하여 해당분류기호에 지역구분기호를 추가할 수 있다."

① −024 ② −09

③ −089 ④ −07

⑤ −092

해 설 ② DDC의 표준세구분표(T.1)의 −093−099의 주기에는 기본기호 −09에 지역구분표(T.2)의 3−9까지의 기호를 추가하도록 되어 있는데, 이에 따라 T.1의 −09를 패싯지시기호로 사용하여 T.2의 기호를 추가하게 되는 것이다.

116 다음 괄호 안에 들어갈 가장 적절한 것은 다음 중 어느 것인가?

> "DDC의 (①)은(는) 어떤 주제나 영역의 지역적 측면에 대해 공통적인 기호를 부여하기 위해 마련된 조기표이다."

① T.1 ② T.2

③ T.5 ④ T.6

⑤ T.7

해 설 ② DDC의 제2보조표인 지역구분표(Table 2. Geographic areas, Historical periods, Biography)분류의 대상이 되는 문헌의 주제가 특정국가나 특정지역에 국한하여 다루어질 때 그 특정지역을 나타내기 위해 사용하는 보조표이다.

117 다음 중 DDC의 언어공통구분표 가운데 문법에 대한 포괄적인 저작과 기술문법(記述文法)을 분류하는 데 가장 적합한 기호는 어느 것인가?

① −1 ② −2

③ −5 ④ −7

⑤ −8

해 설 ③ DDC의 언어공통구분표 가운데 −5는 문법에 관한 포괄적인 저작과 아울러 어느 한 언어의 특정시기의 언어나 문법현상을 있는 그대로 객관적으로 기술하는 기술문법(descriptive cataloging)에 대한 기호이다.

118 다음 중 DDC의 언어공통구분 가운데 언어학습을 위한 교재류를 분류하는 데 가장 적합한 기호는 어느 것인가?

① -1 ② -2
③ -5 ④ -7
⑤ -8

해 설 ⑤ DDC의 언어공통구분 가운데 -8은 언어생활을 올바르게 하기 위한 실용적인 목적에서 언어사용상의 옳고 그름을 결정하는 규칙을 설정하고 그것을 지키도록 명령하는 이른바 규범문법(prescriptive grammar)에 대한 기호로, 교재류의 분류를 위해서는 이 기호를 사용해야 한다.

119 다음 괄호 안에 들어갈 보조표가 올바른 순서로 연결된 것은 다음 중 어느 것인가?

> "DDC의 언어류의 "490 기타어"의 열거순서는 "4(언어) + (①) + (②)"의 순서를 취하게 된다."

① T.3 + T.4 ② T.4 + T.3
③ T.3 + T.6 ④ T.6 + T.3
⑤ T.6 + T.4

해 설 DDC의 언어류(400)의 열거순서는 학문 - 언어 - 언어의 제요소의 순서를 택하고 있는데, 490의 경우는 "4 + T.6 + T.4"의 순서를 취하게 된다. 따라서 "한국어사전"은 "4 + -957 + -3 → 495.73"이 된다.

120 다음 중 DDC 문학류(800)의 세 번째 패싯에 사용되는 보조표는 어느 것인가?

① T.1 ② T.2
③ T.3 ④ T.4
⑤ T.6

해 설 ③ DDC의 문학류를 분류하기 위한 보조표는 T.3 문학형식구분표로, 문학류의 열거순서는 "학문 - 언어 - 문학형식 - 시대"의 순서를 택하고 있으므로, T.3는 세 번째 패싯에 적용된다.

Answer 115 ② 116 ② 117 ③ 118 ⑤ 119 ⑤ 120 ③

121 다음 중 DDC의 제4보조표(Table 4) 에 대한 설명으로 가장 거리가 먼 것은 어느 것인가?

① 언어류의 개별언어와 어족을 나타내는 420부터 490의 주요기호에 대해서만 사용된다.

② 일반적으로 언어공통구분표로 불리며, 언어학의 여러 요소들과 문제, 그 밖의 측면들을 포함하고 있다.

③ 각국어의 공통적인 형식이나 특성에 대해 공통의 기호를 부여하기 위해 마련된 보조표이다.

④ DDC의 보조표 가운데 구조와 적용면에서 가장 간단한 보조표의 하나이다.

⑤ 언어류(400)의 기본적인 열거순서에서 두 번째 패싯에 사용된다.

해 설 ⑤ 언어류(400)의 기본적인 열거순서 "주류(언어) + 언어(language) + 언어의 제요소(T.4)"에서 세 번째 패싯이 언어공통구분에 해당한다.

122 다음 중 DDC의 제4보조표의 적용대상으로 가장 적합한 것은 어느 것인가?

① 410
② 410-490
③ 420-490
④ 490
⑤ 810-890

해 설 ③ 제4보조표(T.4)인 언어공통구분표는 언어류(400)에서 개별언어와 어족을 나타내는 420부터 490의 주요기호에 대해서만 사용된다.

123 다음 중 DDC에서 2개 국어사전(bilingual dictionaries)을 분류할 때 열거순서에서 첫 번째 언어의 기본기호 다음에 오는 패싯에 해당하는 요소로 가장 적합한 것은?

① T.3의 해당기호
② −2
③ T.6의 해당기호
④ −3
⑤ −4

해 설 ④ 2개 국어사전은 원칙적으로 표목(entry words)으로 사용되는 언어를 기준으로 분류하고, 제6보조표(T.6) 국어구분표를 활용하여 확장·전개하도록 하고 있다. 따라서 그 열거순서는 "첫 번째 언어의 기본기호 + −3(T.4) + 두 번째 언어의 기호(T.6)"가 된다.

124 다음 중 DDC 언어류(400)의 세 번째 패싯에 사용되는 보조표는 어느 것인가?

① T.1 ② T.2
③ T.3 ④ T.4
⑤ T.6

해 설 ④ DDC의 언어류를 분류하기 위한 보조표는 T.4 언어공통구분으로, 언어류의 열거순서는 "학문 - 언어 - 언어의 제요소"의 순서를 택하고 있으므로, T.4는 세 번째 패싯에 적용된다.

125 다음 괄호 안에 들어갈 보조표가 올바른 순서로 연결된 것은 다음 중 어느 것인가?

"DDC의 언어공통구분표(T.4)를 사용할 때 기술문법(記述文法: descriptive grammar)은 (①)을(를) 부여하고, 규범문법(規範文法: prescriptive grammar)은 (②)을(를) 부여한다."

① -5 — -7 ② -7 — -5
③ -5 — -8 ④ -8 — -5
⑤ -2 — -5

해 설 ③ 문법에 관한 포괄적인 저작과 어느 한 언어의 특정시기의 언어나 문법현상을 있는 그대로 객관적으로 기술하는 기술문법(記述文法: descriptive grammar)에 대해서는 "-5"를 부여하고, 언어생활을 올바르게 하기 위한 실용적인 목적에서 언어사용상의 옳고 그름을 결정하는 규칙을 설정하고 그것을 지키도록 명령하는 규범문법(規範文法: prescriptive grammar)에 대해서는 "-8"을 부여한다.

126 DDC 제23판에 따를 경우, 한국어에 해당하는 T.6의 기호는?

① -1 ② -957
③ -51 ④ -5195
⑤ -951

해 설 ② DDC 제23판의 한국어에 대한 T.6의 기호는 -957이다.

Answer 121 ⑤ 122 ③ 123 ④ 124 ④ 125 ③ 126 ②

127 다음 중 DDC에서 2개 국어사전(bilingual dictionaries)의 제1차적인 분류 기준으로 사용되는 것은?

① 표목(entry word)으로 사용된 언어
② 이용자에게 더 도움이 되는 언어
③ 분류되는 국가에서 더 적게 사용되는 언어
④ 분류되는 국가에서 더 많이 사용되는 언어
⑤ 분류표상에 앞에 나오는 언어

해 설 ① DDC에서는 2개 국어사전에 대해 아주 엄밀한 분류기호를 부여할 수 있도록 하고 있는데, 원칙적으로 표목으로 사용되는 언어를 일차적인 분류기준으로 사용한다. 다만 두 개 언어가 모두 표목으로 나타나는 경우에는, 이용자에게 더 많은 도움이 되는 언어(사용정도가 적은 언어)에 분류한다. 판단이 어려울 경우에는 본표의 420-490에서 뒤에 오는 언어에 분류한다.

128 다음 괄호 안에 들어갈 가장 적절한 것은 다음 중 어느 것인가?

"DDC의 (①)은(는) 기본적으로 언어류(Languages)의 각국어의 공통적인 형식이나 특성에 대해 공통의 기호를 부여하기 위해 마련된 조기표이다."

① T.1　　② T.2
③ T.3　　④ T.4
⑤ T.7

해 설 ④ DDC의 제4보조표인 언어공통구분표(Table 4. Subdivisions of Individual Languages and Language Families)는 400 언어류에 적용하기 위한 보조표이다.

129 다음 중 DDC의 T.4를 사용하여 분류하기에 가장 적합한 유는 어느 것인가?

① 410　　② 420
③ 710　　④ 810
⑤ 910

해 설 ② DDC의 제4보조표인 언어공통구분표(Table 4)는 400 언어류에 적용하기 위한 보조표로, 언어류의 개별언어와 어족을 나타내는 420부터 490의 주요기호에 부여된다. ① 410은 언어학으로 T.4의 적용과는 관계가 없다.

130 다음 중 DDC의 제3보조표(T.3)의 적용대상으로 가장 적합한 것은 어느 것인가?

① 810　　② 810-890
③ 820-890　　④ 890
⑤ 420-490

해 설 ② DDC의 제3보조표인 문학형식구분표는 기본적으로 특정언어로 된 문학작품이나 문학에 관련된 문헌들(810–890)을 분류하기 위한 보조표이다. 다만 제21판부터 예술류의 700.4와 791.4에도 지시에 따라 추가할 수 있도록 하고 있다는 사실에 유의해야 한다.

131 다음 중 DDC의 언어류의 "490 기타언어"에서 두 번째 패싯의 기호로 사용하기에 가장 적합한 보조표는 어느 것인가?

① T.1　　② T.2
③ T.3　　④ T.4
⑤ T.6

해 설 ⑤ DDC의 언어류(400)의 열거순서는 "학문 – 언어 – 언어의 제요소"의 순서를 택하고 있는데, 490의 경우 두 번째 패싯인 각국어의 언어를 나타내기 위한 기호로 T.6의 기호를 적용하게 된다.

132 다음 중 DDC 제23판에 따를 경우, 표목이 영어로 된 영한사전의 분류기호로 가장 적합한 분류기호는 어느 것인가?

① 423.957　　② 823.957
③ 495.7321　　④ 895.7321
⑤ 495.7

해 설 ① DDC 제23판에 따를 경우, 2개국어사전은 표목으로 사용된 언어를 기본기호로 하고 여기에 언어공통구분(T.4)의 기호 –3을 더하고, 두 번째 언어에 대한 국어구분표(T.6)의 기호를 추가한다. 따라서 예의 사전은 "42(기본기호) + –3(T.4) + –957(T.6) → 423.957"이 된다.

Answer 127 ① 128 ④ 129 ② 130 ② 131 ⑤ 132 ①

133 다음 괄호 안에 들어갈 가장 적절한 것은 다음 중 어느 것인가?

> "DDC의 (①)의 가장 중요한 용도는 490과 890의 개별언어와 개별문학의 기호를 합성하기 위한 기초를 제공하는 것이다."

① T.2 ② T.4
③ T.5 ④ T.6
⑤ T.7

해 설 ④ DDC의 제6보조표인 국어구분표(Table 6. Languages)는 어떤 주제가 해당 주제의 특정 언어적 측면을 다루고 있을 때 해당언어를 나타내기 위해 사용되는 것으로, 특히 490과 890의 두 번째 패싯의 중요한 구성요소가 된다.

134 다음 중 DDC의 문학류의 "890 기타어문학"에서 두 번째 패싯의 기호로 사용하기에 가장 적합한 보조표는 어느 것인가?

① T.1 ② T.2
③ T.3 ④ T.4
⑤ T.6

해 설 ⑤ DDC의 문학류(800)의 열거순서는 "학문 - 언어 - 문학형식 - 시대"의 순서를 택하고 있는데, 890의 경우 두 번째 패싯인 각국어의 언어를 나타내기 위한 기호로 T.6의 기호를 적용하게 된다.

135 다음 괄호 안에 들어갈 가장 적절한 것은 다음 중 어느 것인가?

> "DDC의 (①)은(는) 어떤 주제가 특정민족이나 국가에 한정하여 다루고 있을 때 이를 나타내기 위해 사용된다."

① T.2 ② T.4
③ T.5 ④ T.6
⑤ T.7

해 설 ③ DDC의 제5보조표인 민족 및 국가군 구분표(Table 5. Ethnic and national groups)는 특정민족이나 국가를 나타내기 위한 보조표이다.

136 다음 중 DDC 제23판에 따를 경우, "한국어로 된 일반전집"의 기호로 가장 적합한 것은?

① 080.957 ② 080.519

③ 089.957 ④ 089.519

⑤ 808.957

해 설 ③ "한국어로 된 일반전집"의 기호는 "기타언어전집의 기호 089 + -957(T.6) → 089.957"이 된다.

137 다음 괄호 안에 들어갈 가장 적절한 것은 다음 중 어느 것인가?

"DDC의 2개국어사전(bilingual dictionaries)의 열거순서는 "첫 번째 언어의 기본기호 + (①) + 두 번째 언어의 기호(T.6)"의 순서를 채택하고 있다.

① T.3 ② T.4

③ -3 ④ -5

⑤ -8

해 설 ③ DDC에서 2개국어사전의 열거순서에서 첫 번째 언어의 기본기호 다음에는 "사전"을 나타내는 언어공통구분표(T.4)의 기호 "-3"이 사용된다.

138 다음 괄호 안에 들어갈 보조표가 올바른 순서로 연결된 것은 다음 중 어느 것인가?

"DDC의 문학류의 "890 기타어문학"의 열거순서는 "8(문학) + (①) + (②) + 문학시대구분"의 순서를 취하게 된다."

① T.3 + T.4 ② T.4 + T.3

③ T.3 + T.6 ④ T.6 + T.3

⑤ T.6 + T.4

해 설 ④ DDC의 문학류(800)의 열거순서는 "학문 - 언어 - 문학형식 - 시대"의 순서를 택하고 있는데, 890의 경우는 "8 + T.6 + T.3 + 시대구분(period table)"의 순서를 취하게 된다. 따라서 "한국소설"은 "8 + -957 + -3 → 895.73"이 된다.

Answer 133 ④ 134 ⑤ 135 ③ 136 ③ 137 ③ 138 ④

139 다음 괄호 안에 들어갈 유들이 올바른 순서로 연결된 것은 다음 중 어느 것인가?

> "DDC의 철학 및 심리학류(100)은 110 Metaphysics . . . 140 Philosophical schools of thought – 150 (①) – 160 (②) – 170 (③) – 180 Ancient, medieval & eastern philosophy . . . 등으로 구성된다."

① Philosophical Logic – Psychology – Ethics
② Psychology – Ethics – Philosophical Logic
③ Ethics – Philosophical Logic – Psychology
④ Philosophical Logic – Ethics – Psychology
⑤ Psychology – Philosophical Logic – Ethics

해 설 ⑤ DDC의 150은 심리학(Psychology), 160은 철학적 논리학(Philosophical Logic), 170은 윤리학(Ethics)에 해당한다.

140 다음 중 DDC의 종교류(200)의 유 가운데 기독교에 대한 유에 해당하지 않는 것은?

① 210 ② 220
③ 230 ④ 240
⑤ 250

해 설 ① DDC의 210은 종교의 철학과 이론(Philosophy & theory of religion)으로, 종교전반을 다루는 유이다.

141 다음 중 DDC의 000류에 대한 설명으로 가장 거리가 먼 것은 어느 것인가?

① 제23판에서 사용하고 있는 000류의 명칭은 컴퓨터·정보·총류(Computer science, information & general works)이다.
② 이 주류에는 다학문적인 저작들(Interdisciplinary works)이 포함된다.
③ 이전에는 총류(Generalia)로 불렸다.
④ 040은 미사용기호이다.
⑤ 090에는 향토자료(Materials of local areas)가 분류된다.

해 설 ⑤ DDC의 090에는 필사본 및 희귀도서(Manuscripts & rarebooks)가 분류된다.

142 DDC 백구분표를 사용할 경우, 다음 중 "신약성서"에 대한 분류기호로 가장 적합한 것은?

① 220 ② 230
③ 240 ④ 250
⑤ 260

해 설 ① DDC의 백구분표(강목표)에서 The Bible은 220에 해당하므로 백구분표를 사용하여 분류할 때는 이 기호를 사용해야 한다.

143 다음 괄호 안에 들어갈 유들이 올바른 순서로 연결된 것은 다음 중 어느 것인가?

> "DDC의 사회과학류(300)에서 320은 정치학, 330은 (①), 340은 (②), 350은 행정학 및 군사학, 370은 (③)에 해당한다."

① 경제학 – 교육학 – 법학
② 경제학 – 법학 – 교육학
③ 법학 – 교육학 – 경제학
④ 법학 – 경제학 – 교육학
⑤ 교육학 – 법학 – 경제학

해 설 ② DDC에서 330은 경제학(Economics), 340은 법학(Law), 370은 교육학(Education)에 해당한다.

144 다음 DDC 총류(000)의 분류기호 가운데 해당분류기호의 내용이 KDC의 내용과 다른 것은?

① 020 ② 030
③ 040 ④ 050
⑤ 080

해 설 ③ DDC의 040에는 어떤 주제도 할당되어 있지 않으나, KDC에서는 강연집, 수필집, 연설문집을 여기에 할당하고 있다.

Answer 139 ⑤ 140 ① 141 ⑤ 142 ① 143 ② 144 ③

145 다음 DDC 철학 및 심리학류(100)의 분류기호 가운데 해당분류기호의 내용이 KDC의 내용과 동일한 것은?

① 110 ② 130
③ 140 ④ 150
⑤ 160

해 설 ① DDC의 110은 Metaphysics로, KDC의 110 형이상학과 동일하다.

146 DDC의 종교류(200)에 설정된 아래와 같은 임의규정 A(option A)에 따라 "불교"를 강조하고자 할 경우 다음 중 "불경"의 분류기호로 가장 적합한 것은 어느 것인가?

> 290 **Other religions**
> (Option: To give preferred treatment or shorter numbers to a specific religion, use one of the following;
> (Option A: Class the sources of the religion in 220, other specific aspects of the religion in 230-280, comprehensive works on the religion in 230; in that case class the Bible and Christianity in 298

① 200 ② 210
③ 220 ④ 230-280
⑤ 292-299

해 설 ③ 임의규정 A에서는 강조하고자 하는 종교는 230-280에 분류하고, 그 경전은 220에 분류하며, 해당종교의 포괄적인 저작은 230에 분류하도록 하고 있다.

147 다음 괄호 안에 들어갈 유들이 올바른 순서로 연결된 것은 다음 중 어느 것인가?

> "DDC의 400과 800은 서로 조기성을 갖는데, 430과 830은 각각 (①)의 언어와 문학을 나타내며, 480과 880은 각각 (②)의 언어와 문학을 나타낸다."

① 독일어 – 프랑스어 ② 독일어 – 이탈리아어
③ 독일어 – 그리스어 ④ 프랑스어 – 이탈리아어
⑤ 프랑스어 – 그리스어

148 다음 DDC 사회과학류(300)의 분류기호 가운데 해당분류기호의 내용이 KDC의 내용과 동일한 것으로만 올바르게 짝지어진 것은?

① 310 － 330 － 350
② 310 － 350 － 370
③ 330 － 350 － 370
④ 310 － 350 － 390
⑤ 330 － 350 － 390

해 설 ② DDC의 310은 Statistics, 350은 Public administration & military science, 370은 Education으로, 각각 KDC의 310 통계학, 350 행정학, 370 교육학과 동일하다.

149 다음 분류기호 중 DDC와 KDC에서 동일한 주제를 나타내기 위해 사용되는 것은?

① 030
② 090
③ 150
④ 160
⑤ 170

해 설 ① DDC의 030은 Encyclopedias & books of facts로 KDC의 030 백과사전과 동일한 내용을 다룬다.

150 다음 중 DDC의 언어류(400)에 대한 설명으로 가장 거리가 먼 것은 어느 것인가?

① 서양언어를 중심으로 하여 전개하고 있다.
② 각국어는 420-499에 전개된다.
③ 특정언어에 대해 자국우위(local emphasis)를 부여할 수 있도록 하기 위해 임의규정(options)을 마련하고 있다.
④ 각국어의 전개는 제3보조표(T.3)를 활용하여 이루어지므로 패싯식분류법의 성격이 강한 주류의 하나이다.
⑤ 411-419에는 특정언어가 아닌 언어학 일반에 관한 저작이 분류된다.

해 설 ④ 각국어의 전개에 사용되는 보조표는 제4보조표인 언어공통구분표이다.

Answer 145 ① 146 ③ 147 ③ 148 ② 149 ① 150 ④

151 다음 중 DDC에서 택하고 있는 생물학(560 - 590)의 순서가 올바르게 나열된 것은?

① Fossils & prehistoric life — Biology — Plants — Animals

② Biology — Plants — Animals — Fossils & prehistoric life

③ Biology — Fossils & prehistoric life — Plants — Animals

④ Fossils & prehistoric life — Biology — Animals — Plants

⑤ Biology — Plants — Fossils & prehistoric life

해설 ① DDC의 생물학(560-590)의 순서는 560 고생생물학(Fossils & prehistoric life) - 570 생물학(Biology) - 580 식물(Plants) - 590 동물(Animals)의 순서를 택하고 있다.

152 다음 괄호 안에 들어갈 유들이 올바른 순서로 연결된 것은 다음 중 어느 것인가?

> "DDC의 과학(500)에서 천문학은 (①), 화학은 (②), 지구과학은 (③)에 해당한다."

① 520 — 530 — 540 ② 520 — 540 — 550

③ 520 — 550 — 560 ④ 530 — 540 — 550

⑤ 530 — 550 — 560

해설 ② DDC에서 천문학(Astronomy)은 520, 화학(Chemistry)은 540, 지구과학(Earth sciences)은 550에 해당한다.

153 다음 괄호 안에 들어갈 유들이 올바른 순서로 연결된 것은 다음 중 어느 것인가?

> "DDC의 백구분표(강목표)에서 화학의 분류기호는 (①), 화공학의 분류기호는 (②)에 해당한다."

① 530 — 540 ② 530 — 620

③ 540 — 620 ④ 540 — 660

⑤ 530 — 660

해설 ④ DDC에서 화학(Chemistry)은 540, 화공학(Chemical engineering)은 660에 해당한다.

154 다음 중 DDC의 과학기술분야에 대한 설명으로 가장 거리가 먼 것은 어느 것인가?

① 순수과학 및 자연과학은 500류에 분류된다.

② 600류에는 주로 응용과학 분야가 분류된다.

③ 생물학 분야는 600류에 분류된다.

④ 600류는 초판 발행 이후 가장 많은 변화와 성장을 보인 분야이다.

⑤ 수학은 510에 분류된다.

해 설 ③ 생물학 분야는 500류의 후반부에 생명과학(570), 식물(580), 동물(590)의 순으로 배정되어 있다.

155 다음 중 DDC에서 건물의 건축(Construction of bulildings)과 건축술(Architecture)에 대한 백구분표(강목표)의 기호가 올바르게 연결된 것은?

① 670 – 710　　② 670 – 690

③ 690 – 710　　④ 690 – 720

⑤ 670 – 720

해 설 ④ DDC에서는 건물의 건축과 건축술이 별도의 분류기호를 갖는데, 각각 690과 720에 분류된다.

156 DDC 제23판에 따를 경우, 다음 중 "심리학의 역사"의 분류기호로 가장 적합한 것은?

① 130.7　　② 130.9

③ 150.7　　④ 150.9

⑤ 170.9

해 설 ④ DDC 제23판에서 "심리학의 역사"는 "심리학의 기본기호 150 + –09(T.1) → 150.9"가 된다. 여기에서 150의 마지막 숫자 '0'은 T.1의 '0'과 중복되므로 생략된다.

Answer 151 ① 152 ② 153 ④ 154 ③ 155 ④ 156 ④

157 DDC 제23판에 따를 경우, 다음 중 "한국의 도서관"의 분류기호로 가장 적합한 것은?

① 027.05
② 027.051
③ 027.05195
④ 027.0957
⑤ 027.0956

해 설 ③ DDC 제23판에서 "한국의 도서관"은 "도서관의 기본기호 027 + 0 + –5195(T.2) → 027.05195"가 된다. 여기에서 '0'은 본표의 지시에 따라 패싯지시기호로 추가된 것이다.

158 DDC 제23판에 따를 경우, 다음 중 "경영학 서지"의 분류기호로 가장 적합한 것은?

① 016.6
② 016.65
③ 016.650
④ 016.32
⑤ 016.320

해 설 ② DDC 제23판에서 "경영학 서지"는 "주제별서지의 기본기호 016 + 650(본표의 000–999에서 경영학의 기호) → 016.65"가 된다. 여기에서 소수점 이하의 '0'은 생략

159 다음 괄호 안에 들어갈 유들이 올바른 순서로 연결된 것은 다음 중 어느 것인가?

> "DDC의 백구분표(강목표)에서 530은 (①), 540은 (②), 550은 (③)에 해당한다."

① 물리학 – 화학 – 지구과학
② 물리학 – 지구과학 – 화학
③ 화학 – 물리학 – 지구과학
④ 화학 – 지구과학 – 물리학
⑤ 지구과학 – 물리학 – 화학

해 설 ① DDC에서 530은 물리학(Physics), 540은 화학(Chemistry), 550은 지구과학(Earth sciences & geology)에 해당한다.

160 DDC 제23판에 따를 경우, "한국과 유럽의 국제관계"의 분류기호는"327.519504"가 된다. 이 기호 중 이른바 패싯지시기호(facet indicator)는 어느 것인가?

① 5195 ② 0
③ 4 ④ 04
⑤ 519504

해 설 ② DDC에서 "한국과 유럽의 국제관계"는 국제관계의 기본기호 327 + −5195(T.2의 한국에 대한 기호) + 0(패싯지시기호) + −4(T.2의 유럽에 대한 기호) → 327.519504가 된다. 여기서 패싯지시기호 '0'는 기호의 중복을 막기 위해 사용되는 것이다.

161 다음 괄호 안에 들어갈 유들이 올바른 순서로 연결된 것은 다음 중 어느 것인가?

> "DDC의 백구분표(강목표)에서 공학의 분류기호는 (①), 가정학의 분류기호는 (②), 농업의 분류기호는 (③)에 해당한다."

① 620 − 630 − 640 ② 620 − 640 − 630
③ 630 − 620 − 640 ④ 520 − 530 − 540
⑤ 520 − 540 − 530

해 설 ② DDC에서 공학(Engineering)은 620, 가정학(Home & family management)은 640, 농업(Agriculture)은 630에 해당된다.

162 DDC 제23판의 100구분표와 T.2를 사용할 경우, 다음 중 "유럽지리"의 분류기호로 가장 적합한 것은?

① 910 ② 914
③ 910.4 ④ 914.4
⑤ 980.4

해 설 ② DDC 제23판에서 "유럽지리"는 "지리의 기본기호 91 + −4(T.2에서 유럽에 대한 기호) → 914"가 된다.

Answer 157 ③ 158 ② 159 ① 160 ② 161 ② 162 ②

163 DDC 제23판에 따를 경우, 다음 중 "한국사"의 분류기호로 가장 적합한 것은?

① 915.19 ② 951.9

③ 951.09 ④ 955.19

⑤ 955.1909

해 설 ② DDC 제23판에서 "한국사"는 "역사의 기본기호 9 + –519(5)(T.2의 한국에 대한 기호) → 951.9(5)"가 된다.

164 DDC 제23판에 따를 경우, 다음 중 "세익스피어 용어사전"의 분류기호로 가장 적합한 것은 어느 것인가?

① 821.303 ② 821.3303

③ 822.3 ④ 822.3303

⑤ 823.303

해 설 ④ DDC 제23판에서 "세익스피어 용어사전"은 "세익스피어에 대한 기본기호 822.33 + –03(T.1의 용어사전에 대한 기호) → 822.3303"이 된다.

165 DDC 제23판에 따를 경우, 다음 중 "북미의 역사"의 분류기호로 가장 적합한 것은?

① 960 ② 960.9

③ 960.09 ④ 970

⑤ 970.9

해 설 ④ DDC 제23판에서 "북미의 역사"(History of North America)는 970이다. 표준세구분표(T.1)의 –09는 역사류(900)에는 첫 자리와 중복되므로 추가하지 않는다.

166 DDC 제23판에 따를 경우, 다음 중 "영국수필"의 분류기호로 가장 적합한 것은?

① 803 ② 813

③ 814 ④ 823

⑤ 824

해 설 ⑤ DDC 제23판에서 "영국수필"은 "영국문학의 기본기호 82 + –4(T.3–B의 수필에 대한 기호) → 824"가 된다.

167 DDC 제23판에 따를 경우, 다음 중 "소월시 연구"의 분류기호로 가장 적합한 것은 어느 것인가?

① 895.72　　② 895.71
③ 851.91　　④ 495.71
⑤ 451.91

해 설 ② DDC 제23판에서 "소월시 연구"는 한국시에 분류되는데, "문학의 기본기호 8 + −957(T.6의 한국어에 대한 기호) + −1(T.3의 시에 대한 기호) → 895.71"이 된다. 물론 여기에는 시대구분기호 −3을 추가하여 895.713으로 더 상세하게 분류할 수도 있을 것이다.

168 DDC 제23판에 따를 경우, 다음 중 "한국의 경제상황"의 분류기호로 가장 적합한 것은?

① 330.95　　② 330.951
③ 330.95195　　④ 330.51
⑤ 330.957

해 설 ③ DDC 제23판에서 "한국의 경제상황"은 "각국의 경제상황 및 경제조건에 대한 기본기호 330.9 + −5195(T.2의 한국에 대한 기호) → 330.95195"가 된다. "−957"은 T.6에서 한국어를 나타내는 기호이다.

169 DDC 제23판에 따를 경우, 다음 중 이광수의 "사랑"의 분류기호로 가장 적합한 것은?

① 895.74　　② 895.73
③ 851.93　　④ 495.73
⑤ 451.93

해 설 ② DDC 제23판에서 이광수의 "사랑"은 한국소설에 분류되는데, "문학의 기본기호 8 + −957(T.6의 한국어에 대한 기호) + −3(T.3의 소설에 대한 기호) → 895.73"이 된다. 물론 여기에는 시대구분기호 −3을 추가하여 895.733으로 더 상세하게 분류할 수도 있을 것이다.

Answer　163 ②　164 ④　165 ④　166 ⑤　167 ②　168 ③　169 ②

170 DDC 제23판에 따를 경우, 다음 중 "한국어의 어원"의 분류기호로 가장 적합한 것은?

① 495.71 ② 495.72
③ 451.91 ④ 895.71
⑤ 851.92

해 설 ② DDC 제23판에서 "한국어의 어원"은 "언어의 기본기호 4 + −957 (T.6의 한국어에 대한 기호) + −2(T.4의 어원에 대한 기호) → 495.72"가 된다.

171 DDC 제23판의 백구분표(강목표)에 따를 경우, 다음 중 "스포츠의 세계"의 분류기호로 가장 적합한 것은?

① 760 ② 670
③ 770 ④ 690
⑤ 790

해 설 ⑤ DDC 제23판에서 "스포츠"는 790 Sports, games & entertainment에 분류된다.

172 다음은 DDC 제23판의 본표 가운데 "327.3 - .9 특정국가의 대외관계"에 제시된 주기의 일부이다. 다음 중 괄호 안에 들어갈 가장 적합한 것은?

> Add to base number 327 notation 3-9 from (①), e.g., . . .; then, for relations between that nation or region and another nation or region, add 0* and to the result add notation 1-9 from (①). . .

① Table 2 ② Table 3
③ Table 6 ④ Table 4
⑤ Table 5

해 설 ① DDC에서 특정국가의 대외관계를 나타내기 위해서는, 제2보조표 지역구분표(T.2: Geographic areas, historical periods, biography)를 사용하게 된다. 지역적 취급에 대한 설명은 이미 지문과 주기에 제시되어 있다.

173 DDC 제23판에 따를 경우, 다음 중 "영어의 비속어(卑俗語)"의 분류기호로 가장 적합한 것은?

① 415 ② 425
③ 417 ④ 427
⑤ 827

해 설 ④ DDC 제23판에서 "영어의 비속어"는 "영어의 기본기호 42 + −7 (T.4의 역사적, 지역적 변형 및 현대의 비지역적 변형에 대한 기호) → 427"이 된다.

174 DDC 제23판에 따를 경우, 다음 중 "경상도 방언 연구"의 분류기호로 가장 적합한 것은?

① 495.7 ② 495.77
③ 451.97 ④ 895.77
⑤ 851.97

해 설 ② DDC 제23판에서 "경상도방언 연구"는 "언어의 기본기호 4 + −957(T.6의 한국어에 대한 기호) + −7(T.4의 역사적, 지역적 변형에 대한 기호) → 495.77"이 된다.

175 다음은 DDC 제23판의 본표의 일부이다. 이에 따를 경우, "성인교육 백과사전"의 분류기호로 가장 적합한 것은?

374	Adult education	
	.003-005	Standard subdivisions

① 374.03 ② 374.003
③ 374.05 ④ 374.005
⑤ 374.07

해 설 ② 표에 따를 경우, "성인교육 백과사전"은 "성인교육의 기본기호 374 + '0'(본표에 지시된 패싯지시기호) + −03(T.1의 백과사전에 대한 기호) → 374.003"이 된다.

Answer 170 ② 171 ⑤ 172 ① 173 ④ 174 ② 175 ②

176 다음은 DDC 제23판의 본표 가운데 059에 제시된 주기의 일부이다. 다음 중 괄호 안에 들어갈 가장 적합한 것은?

> Add to base number 059 notation 7-9 from (①), e.g., Chinese-language serial publications 059.951

① Table 2 ② Table 3
③ Table 6 ④ Table 7
⑤ Table 5

해 설 ③ DDC의 059는 기타정기간행물에 해당하며, 언어별로 분류하도록 되어 있다. 따라서 기본기호에 제6보조표 국어구분표(T.6: Languages)의 기호를 추가하게 된다. 이는 주기에 포함된 예, "Chinese–language . . ."를 통해서도 알 수 있다.

177 다음은 DDC 제23판의 본표 가운데 "325.23-.29 특정대륙, 국가, 지역으로부터의 이민"에 제시된 주기의 일부이다. 다음 중 괄호 안에 들어갈 가장 적합한 것은?

> Add to base number 325.2 notation 3-9 from (①), e.g., . . .

① Table 2 ② Table 3
③ Table 6 ④ Table 7
⑤ Table 5

해 설 ① DDC에서 특정지역으로부터의 이민을 나타내기 위해서는, 제2보조표 지역구분표(T.2: Geographic areas, Historical periods, Biography)를 사용하게 된다. 지역적 취급에 대한 설명은 이미 지문에 제시되어 있다.

178 다음 중 문법(Grammar)에 대한 T.4의 기호는 어느 것인가?

① −1 ② −2
③ −3 ④ −4
⑤ −5

해 설 ⑤ T.4의 문법(Grammar of the standard form of the language)의 기호는 −5이다.

179 다음은 DDC 제23판의 본표 가운데 016에 제시된 주기의 일부이다. 다음 중 괄호 안에 들어갈 가장 적합한 것은?

> Add to base number 016 notation 001-999, e.g., bibliographies of philosophy (①) . . .

① 016.001　　② 016.01
③ 016.1　　④ 016.100
⑤ 016.999

해 설 ③ DDC에서 "철학서지"의 분류기호는 "주제별서지의 기본기호 016 + 100(본표의 철학의 분류기호) → 016.1"이 된다. 여기서 소수점 이하의 "00"은 무의미하므로 삭제된다.

180 다음은 DDC 제23판의 본표 가운데 "027.01-09 Geographic treatment"에 제시된 주기의 일부이다. 다음 중 괄호 안에 들어갈 가장 적합한 것은?

> Add to base number 027.0 notation 1-9 from (①), e.g., libraries in France 027.044

① Table 2　　② Table 3
③ Table 6　　④ Table 1
⑤ Table 5

해 설 ① DDC에서 특정지역의 도서관을 나타내기 위해서는, 제2보조표 지역구분표(T.2: Geographic areas, Historical periods, Biography)를 사용하게 된다. 지역적 취급에 대한 설명은 이미 지문에 제시되어 있고, 예시를 통해서도 확인할 수 있다.

Answer 176 ③ 177 ① 178 ⑤ 179 ③ 180 ①

181 다음은 DDC 제23판의 본표 가운데 "220.53-.59 Versions in other languages"에 제시된 주기의 일부이다. 다음 중 괄호 안에 들어갈 가장 적합한 것은?

> Add to base number 220.5 notation 3-9 from (①), e.g., the Bible in German 220.531

① Table 2　　② Table 3
③ Table 6　　④ Table 7
⑤ Table 5

해 설 ③ DDC의 220.53-.59는 기타언어로 된 성서에 해당하며, 언어별로 분류하도록 되어 있다. 따라서 기본기호에 제6보조표 국어구분표(T.6: Languages)의 기호를 추가하게 된다. 이는 지문과 주기에 포함된 예를 통해서도 알 수 있다.

182 다음은 DDC 제23판의 본표 가운데 "327.3-.9 특정국가의 대외관계"에 제시된 주기의 일부이다. 다음 중 이에 따를 경우, "한국과 아프리카의 대외관계"의 분류기호로 가장 적합한 것은?

> Add to base number 327 notation 3-9 from Table 2, e.g., . . .; then, for relations between that nation or region, and another nation or region, add 0* and to the result add notation 1-9 from Table 2. . .

① 327.51956　　② 327.519506
③ 327.56　　④ 327.9576
⑤ 327.95706

해 설 ② DDC에서 "한국과 아프리카의 대외관계"는 "기본기호 327 + -5195(T.2의 한국에 대한 기호) + 0(주기에 따른 패싯지시기호) + -6(T.2의 아프리카에 대한 기호) → 327.519506"가 된다.

183 DDC 제23판에 따를 경우, "성서에 대한 사전"의 분류기호는 220.3이다. 본표의 221.1-.8에 제시된 다음과 같은 주기에 따를 경우, 다음 중 "구약성서의 사전"에 대한 분류기호로 가장 적합한 것은?

> Add to base number 221 the numbers following 220 in 220.1-220.8, e.g., . . .

① 221.1-221.8
② 220.1-220.8
③ 221.3
④ 220.3
⑤ 221.03

해 설 ③ DDC에서 "구약성서의 사전"의 분류기호는 "구약성서의 기본기호 221 + 3(본표의 성서의 사전에 대한 분류기호 220.3에서 220 다음에 오는 분류기호) → 221.3"이 된다.

184 다음은 DDC 제23판의 본표 가운데 "325.23-.29 특정대륙, 국가, 지역으로부터의 이민"에 제시된 주기의 일부이다. 다음 중 이 예에 따를 경우, "한국인의 유럽이민"에 대한 분류기호로 가장 적합한 것은?

> Add to base number 325.2 notation 3-9 from Table 2, e.g., . . . emigration from Japan to United States 325.2520973

① 325.25195
② 325.2519504
③ 325.2957
④ 325.295704
⑤ 325.25195094

해 설 ⑤ DDC에서 "한국인의 유럽이민"은 "기본기호 325.2 + -5195(T.2의 한국에 대한 기호) + -09(T.1의 지역적 취급을 위한 패싯지시기호) + -4(T.2의 유럽에 대한 기호) → 325.25195094"가 된다.

Answer 181 ③ 182 ② 183 ③ 184 ⑤

185 다음 중 DDC의 홈페이지의 정확한 주소는 어느 것인가?

① http://www.oclc.org

② http://www.oclc.gov

③ http://www.oclc.org/dewey/

④ http://www.oclc.gov/fp/

⑤ http://www.oclc.com

해 설 ③ DDC는 현재 비영리법인체인 OCLC 산하의 Forest Press에서 발행하고 있으며, 그 홈페이지는 http://www.oclc.org/dewey/이다.

186 다음 〈보기〉 중 DDC 초판에 대한 설명으로 적합한 것을 모두 모은 것은?

〈보 기〉

가. Dewey가 1873년 Amherst 대학당국에 제출한 "3종의 기원논문"(Three genetic papers)을 바탕으로 하고 있다.

나. 1876년에 Amherst대학에서 공식적으로 발행하였다.

다. 초판은 서문과 주류표 및 강목표, 주제색인, 사용법에 대한 해설 등 총 88페이지 짜리 소책자로 1,000부만 발행하였다.

라. 표제지 이면(裏面)에 "Copyrighted 1876. Melvil Dewey"라고 기록되어 있다.

① 가 - 나 ② 가 - 나 - 다

③ 가 - 나 - 다 - 라 ④ 가 - 나 - 라

⑤ 나 - 다 - 라

해 설 다. DDC 초판은 총 44페이지로 이루어져 있다.

187 다음 〈보기〉 중 Melvil Dewey의 업적에 해당하는 것을 모두 모은 것은?

〈보 기〉

가. Boston Athenaeum의 관장으로 봉직
나. 미국도서관협회(ALA)의 발전에 기여
다. 도서관학교(School of Library Economy)를 Columbia 대학에 개설
라. Library Journal의 창간 주도

① 가 － 나
② 가 － 나 － 다
③ 가 － 라
④ 나 － 다 － 라
⑤ 나 － 라

해 설 가. Dewey는 뉴욕주립도서관(New York State Library)의 관장으로 봉직한 바 있다.

188 다음 〈보기〉 중 DDC의 특성에 대한 설명으로 적합한 것을 모두 모은 것은?

〈보 기〉

가. 경우에 따라서는 동일한 주제의 자료가 분류표상에서 둘 이상의 곳에 나타날 수도 있다.
나. 학문이나 주제의 관계를 나타내기 위해서, 구체적인 것들로부터 시작하여 점차 일반적인 것들로 전개하게 된다.
다. DDC의 경우에는 반드시 그런 것은 아니지만 기호법에 의해 계층구조가 표현되는 경우가 많다.
라. DDC는 측면적 분류표(aspect scheme)라고도 할 수 있다.

① 가 － 나
② 가 － 나 － 다
③ 가 － 나 － 라
④ 가 － 다 － 라
⑤ 나 － 다 － 라

해 설 나. DDC는 일반적인 것들로부터 시작하여 점차 구체적인 것들로 전개하고 있다.

Answer 185 ③ 186 ④ 187 ④ 188 ④

189 다음 〈보기〉 중 DDC의 단점에 해당하는 것을 모두 모은 것은?

〈보 기〉

가. 역사나 지리, 어문학, 종교 등의 경우는 지나치게 영국과 미국 등 서양중심으로 전개되어 있다.
나. 신판 발행시에 이루어지는 재배치(relocation)와 전면개정(complete revision)으로 인해 일선도서관에 재분류(reclassification)라는 현실적인 부담을 안겨주는 경우가 많다.
다. 새로운 주제를 적절한 위치에 삽입하기가 어렵다.
라. 조기성의 도입이 미흡하고, 도입된 조기성의 경우에도 일관성이 결여된 경우가 많다.

① 가 – 나　　② 가 – 나 – 다
③ 가 – 나 – 다 – 라　　④ 나 – 다 – 라
⑤ 나 – 라

해 설 라. DDC는 조기성이 풍부할 뿐만 아니라, 조기성에 비교적 일관성을 유지하고 있다.

190 다음 〈보기〉 중 DDC 제23판의 물리적 특성에 대한 설명으로 적합한 것을 모두 모은 것은?

〈보 기〉

가. 인쇄형식과 CD-ROM 형식으로 배포되고 있다.
나. 인쇄형식의 제1권은 서언 및 서문, 서론, 보조표, 매뉴얼 등으로 구성되어 있다.
다. 인쇄형식 제2권은 DDC의 개요표와 본표 중 000-699를 수록하고 있다.
라. 인쇄형식에서 상관색인은 제4권에 수록되어 있다.

① 가 – 나　　② 가 – 나 – 다
③ 가 – 나 – 라　　④ 나 – 라
⑤ 다 – 라

해 설 가. DDC 제23판은 인쇄형식과 전자형식(Web-Dewey)으로 배포되고 있다. 다. 제2권은 DDC의 개요표와 본표 중 000-599를 수록하고 있다.

191 다음 〈보기〉 중 DDC 제23판의 주요개정 또는 추가분야로만 짝지어진 것을 모두 모은 것은?

〈보 기〉

가. 제1보조표 나. 예술
다. 철학 – 컴퓨터과학 라. 그래픽 아트

① 가 – 나 ② 가 – 나 – 다
③ 가 – 나 – 라 ④ 나 – 라
⑤ 다 – 라

해 설 다. 철학은 DDC 제23판의 주요개정분야에 해당하지 않는다.

192 다음 〈보기〉 중 DDC의 일반적 특성과 성공요인에 관련된 설명으로 적합한 것을 모두 모은 것은?

〈보 기〉

가. 장서의 증가에 따라 자료들을 고정식배가법(fixed location)에 의해 서가에 배열할 수 있도록 했다.
나. 본표에서는 사용법과 기호합성에 대해 비교적 명확하고 간략한 지시사항을 수록하고 있다.
다. 아라비아숫자만으로 이루어진 순수기호법(pure notation)을 채택하고 있다.
라. 우수한 열거 색인(specific index)을 갖추고 있다.

① 가 – 나 ② 가 – 나 – 다
③ 가 – 다 ④ 나 – 다
⑤ 나 – 다 – 라

해 설 가. DDC는 고정식배가법(fixed location)이 아니라 상관식배가법에 의해 서가에 배열하도록 하고 있다. 라. DDC는 우수한 상관 색인(relative index)을 갖추고 있다는 것이 큰 장점의 하나이다.

Answer 189 ② 190 ④ 191 ③ 192 ④

193 다음 〈보기〉 중 DDC 제23판의 주요개정분야만으로 연결된 것은 ?

〈보 기〉	
가. 004 – 006	나. 700
다. 300	라. 610
마. 760	

① 가 – 나 – 다 ② 가 – 나 – 다 – 라
③ 가 – 나 – 다 – 라 – 마 ④ 나 – 라 – 마
⑤ 다 – 라 – 마

해 설 가. 나. 다. 라. 마. DDC 제23판의 주요개정분야는 다음과 같다: (가) 표준세구분의 –06과 –08, –09에서 주로 개정 및 전개, 이치. 특히 사람집단에 대한 표현 변경, (나) 제2보조표에서 "Persons"가 "Biography"로 변경, 900 역사류 아래의 일부 분류항목에 지역구분을 적용하기 위한 보조표 항목 새로 전개, (다) 제5보조표와 제6보조표: –9에서 주로 개정 및 전개, (라) 003–006 컴퓨터과학: 최신 추세 반영 업데이트, (마) 200 종교(Religion): 동방정교회 및 이슬람 관련 항목 업데이트, (바) 음식과 의복에 관련된 390, 640, 660, 680의 상당부분 개정과 업데이트, (사) 610 의료 및 보건(Medicine & health) : 전체항목, 특히 영양과 요법, 질병 관련항목 신설, (아) 690의 명칭변경(Construction of building), 빌딩관련항목 추가전개, (자) 760의 Graphic arts를 740으로 이치, 740 명칭변경, (차) 790의 스포츠 분야에 다수의 항목 신설, (카) 800 문학: T.6(추가된 언어) 및 T.2(지리적 변경) 관련항목, 문학시대구분 추가, (타) 900 역사 및 지리: T.2의 지리적 변경 관련항목, 시대구분 업데이트

194 다음 〈보기〉 중 DDC에 대한 일반적인 설명으로 적합한 것을 모두 모은 것은 어느 것인가?

〈보 기〉
가. 고정식배가법(fixed location)의 원칙을 채택하고 있다.
나. 포괄적인 상관색인(relative index)을 도입하고 있다.
다. 세계에서 가장 널리 사용되는 문헌분류법으로 인정되고 있다.
라. 기호법에서 엄격한 계층적 구조를 채택하고 있다.

① 가 – 나 – 다 ② 가 – 다
③ 가 – 라 ④ 나 – 다
⑤ 나 – 라

해 설 가. DDC는 기존의 고정식배가법(固定式排架法)의 원칙을 상관식배가법(相關式排架法: relative location)의 원칙으로 변화시켰다. 라. DDC의 계층적 구조는 반드시 기호로만 표시되는 것은 아니며, 이러한 원칙에 위배되는 예들이 종종 나타나게 된다.

195 다음 〈보기〉 중 DDC의 임의규정(options)에 대한 설명으로 적합한 것을 모두 모은 것은?

〈보 기〉

가. 주기에 설명되는 임의규정은 각괄호([ ])로 묶어 표시된다.
나. 임의규정은 표준영어판에 나타나 있는 요구를 넘어서는 요구에 부응할 수 있도록 하기 위한 장치로 마련된 것이다.
다. DDC에서는 알파벳순배열주기(arrange-alphabetically notes)와 연대순배열주기(arrange-chronologically notes)도 임의규정으로 간주하고 있다.
라. 어떤 주제를 공식적으로 채택된 방식과는 다른 방식으로 배열하고자 하는 도서관에 융통성을 부여해준다.

① 가 – 나 ② 가 – 나 – 다
③ 가 – 나 – 라 ④ 나 – 다 – 라
⑤ 다 – 라

해 설 가. 주기에 설명되는 임의규정은 원괄호(( ))로 묶어 표시된다.

Answer 193 ③ 194 ④ 195 ④

196 다음 〈보기〉 중 DDC의 열거순서와 우선순위에 대한 설명으로 적합한 것을 모두 모은 것은?

〈보 기〉

가. DDC에서 사실상 열거순서와 우선순위는 동일한 순서를 택하게 된다.
나. DDC 문학류의 열거순서는 "학문 – 언어 – 문학형식 – 시대"의 순으로 되어 있다.
다. DDC 총류의 열거순서는 "학문 – 표현형식 – 언어나 장소"의 순으로 되어 있다.
라. 우선순위는 주기를 통해 우선순위에 대한 지시사항을 지시하거나 우선순위를 설정한 보조표(table of precedence)를 제시하게 된다.

① 가 – 나　　② 가 – 나 – 다
③ 가 – 다 – 라　　④ 나 – 다 – 라
⑤ 나 – 라

해 설 가. 우선순위는 복수의 특성이나 패싯에 관련된다는 점에서는 열거순서와 동일하지만, 그 특성을 기호를 통하여 합성할 수 있는 경우는 열거순서에 의하고, 합성할 수 없는 경우에는 우선순위에 따른다는 점에서 차이가 있다.

197 다음의 DDC 제23판의 임의규정(option)에 따를 경우, 〈보기〉 중 해당주제와 분류기호의 연결이 올바른 것으로만 연결된 것은 어느 것인가?

016 Bibliographies and catalogs of works on specific subjects
(Option: Class with the specific subject, plus notation 016 from Table 1, e.g., bibliographies of medicine 610.16)

〈보 기〉

가. 문헌정보학서지 – 020.16　　나. 철학서지 – 101.6
다. 예술서지 – 701.6　　라. 한국문학서지 – 895.7016

① 가 – 나　　　② 가 – 나 – 다
③ 가 – 나 – 라　　　④ 나 – 다
⑤ 나 – 다 – 라

해 설 가. "문헌정보학서지 = 020 – '0' + –016 → 020.16". 나. "철학서지 = 100 – '00' + –016 → 101.6". 다. "예술서지 = 700 – '0' + –016 → 700.16". 701.16은 미술서지로 사용된다. 라. "한국문학서지 = 895.7 + –016 → 895.7016".

198 다음은 LC CIP의 예이다. 이 예에 따를 경우 〈보기〉 중 도서관에서 채택할 수 있는 DDC 분류기호를 모두 모은 것은 어느 것인가?

> Library of Congress Cataloging in Publication Data
>
> Powell, Ronald R.
> Basic research methods for librarians.
>
> Includes bibliographies and index.
> 1. Library science–Research–Methodology. I. Title.
> Z669.7.P68　1985　　020'.72　　84-28401
> ISBN 0-89391-154-2

〈보 기〉

가. 020　　　나. 020.7
다. 020.72　　　라. 02

① 가 – 나　　　② 가 – 나 – 다
③ 가 – 다　　　④ 나 – 다
⑤ 나 – 다 – 라

해 설 나. CIP 데이터의 "020'.72"에서 구분기호(')가 사용되지 않은 '7'에서 기호를 구분해서는 안 된다. 라. DDC의 분류기호는 항상 3자리를 유지해야 한다.

Answer　196 ④　197 ③　198 ③

199 다음 〈보기〉 중 DDC 초판에 대한 설명으로 적합한 것들을 모두 모은 것은 어느 것인가?

〈보 기〉

가. Harris의 분류법의 영향을 받은 것으로 인정되고 있다.
나. 1873년 *A Classification and Subject Index for Cataloguing and Arranging the Books and Pamphlets of a Library*라는 서명으로 발행되었다.
다. 공간(公刊)되기 전 Amherst대학도서관의 분류표로 사용된 바 있다.
라. 표제지에 Melvil Dewey의 이름이 인쇄되어 있다.

① 가 – 나 ② 가 – 나 – 다
③ 가 – 나 – 다 – 라 ④ 가 – 다
⑤ 다 – 라

해 설 나. DDC 초판의 발행연도는 1876년이다. 라. 표제지에는 Dewey의 이름이 보이지 않으나, 그 이면(裏面)에 "Copyrighted 1876. Melvil Dewey"라고 기록되어 있다.

200 다음 〈보기〉 중 DDC 제23판의 상관색인에 대한 설명으로 적합한 것을 모두 모은 것은 어느 것인가?

〈보 기〉

가. 분류표 전체에 걸쳐 각 학문분야로 분산되어 있는 동일한 주제에 관한 서로 다른 관점들을 함께 모아 주는 기능을 한다.
나. 색인항목(index entry)들은 자순배열방법(letter by letter)에 따라 알파벳순으로 배열된다.
다. 본표와 보조표의 표목과 주기 등 분류표상에 나타나는 기본적인 용어만을 대상으로 색인이 작성되고 있다.
라. 상관색인에는 정확한 분류기호가 제시되어 있기 때문에, 분류작업시 상관색인에서 찾아낸 번호는 그대로 사용하는 것이 바람직하다.

① 가　　　　② 가 − 나
③ 가 − 라　　④ 나 − 다
⑤ 나 − 라

해 설 나. 색인항목들은 단어순배열방법(word by word)에 따라 알파벳순으로 배열된다. 다. 상관색인은 본표와 보조표의 표목과 주기 등 분류표상에 나타나는 기본적인 용어뿐만 아니라 본표와 보조표에 의해 표현되는 개념들에 대해 문헌적 타당성(literary warrant)을 갖는 용어들을 모두 들어 해당위치를 표시해준다. 라. 분류작업시에는 상관색인에서 찾아낸 번호를 적용하기 전에 항상 본표와 보조표를 참고해야 한다.

201 다음 〈보기〉 중 DDC 제23판의 주요개정분야만으로 연결된 것은?

〈보 기〉

가. 컴퓨터과학　　나. 종교
다. 관습, 에티켓, 민속, 민속학　　라. 스포츠
마. 의료 및 보건

① 가 − 나 − 다　　② 가 − 나 − 다 − 라
③ 가 − 나 − 다 − 라 − 마　　④ 나 − 라 − 마
⑤ 다 − 라 − 마

해 설 DDC 제23판의 주요개정분야는 (가) 표준세구분의 −06과 −08, −09에서 주로 개정 및 전개, 이치. 특히 사람집단에 대한 표현 변경, (나) 제2보조표에서 “Persons”가 “Biography”로 변경, 900 역사류 아래의 일부 분류항목에 지역구분을 적용하기 위한 보조표 항목 새로 전개, (다) 제5보조표와 제6보조표: −9에서 주로 개정 및 전개, (라) 003−006 컴퓨터과학: 최신 추세 반영 업데이트, (마) 200 종교(Religion): 동방정교회 및 이슬람 관련 항목 업데이트, (바) 음식과 의복에 관련된 390, 640, 660, 680의 상당부분 개정과 업데이트, (사) 610 의료 및 보건(Medicine & health): 전체항목, 특히 영양과 요법, 질병 관련항목 신설, (아) 690의 명칭변경(Construction of building), 빌딩관련항목 추가전개, (자) 760의 Graphic arts를 740으로 이치, 740 명칭변경, (차) 790의 스포츠 분야에 다수의 항목 신설, (카) 800 문학: T.6(추가된 언어) 및 T.2(지리적 변경) 관련항목, 문학시대구분 추가, (타) 900 역사 및 지리: T.2의 지리적 변경 관련항목, 시대구분 업데이트 등이 포함된다.

Answer 199 ④　200 ①　201 ③

202 다음 〈보기〉 중 DDC의 일반적 특성에 대한 설명으로 적합한 것을 모두 모은 것은 어느 것인가?

〈보 기〉

가. 동일한 주제를 다루고 있는 자료라고 하더라도, 그 주제를 어떤 관점이나 어느 측면에서 다루는가에 따라 해당학문분야나 연구분야에 분류하게 된다.
나. DDC에서는 특히 주제의 합성을 위해 많은 부분에서 조기성의 기법을 도입하고 있다.
다. 어떤 유의 성격에 관한 모든 주기는 해당류의 모든 하위류에도 적용된다.
라. 측면적 분류표(aspect scheme)라고도 한다.

① 가 – 나
② 가 – 나 – 다
③ 가 – 나 – 다 – 라
④ 나 – 다 – 라
⑤ 다 – 라

해 설 다. 전체에 적용되는 것은 무엇이든 그 일부에도 적용되는 것으로, '계층적 구속력'(hierarchical force)이라고도 한다. 〈보기〉의 예들은 모두 DDC의 일반적 특성을 설명하는 예들이다.

203 다음 〈보기〉 중 DDC 제23판의 표준세구분표의 기호와 그 내용의 연결이 올바른 것을 모두 모은 것은 어느 것인가?

〈보 기〉

가. -01 – Philosophy and theory
나. -04 – Special topics
다. -06 – Organizations and Management
라. -08 – Collected Works

① 가 – 나
② 가 – 나 – 다
③ 가 – 나 – 라
④ 나 – 다 – 라
⑤ 다 – 라

해 설 라. –08은 Groups of people이다.

204 다음 〈보기〉 중 DDC의 장점에 대한 설명으로 적합한 것을 모두 모은 것은 어느 것인가?

〈보 기〉

가. 아라비아숫자만으로 이루어지는 순수기호법(pure notation)의 기호가 단순하고 이해하기 쉽다.
나. 비교적 정기적으로 개정판이 발행됨으로써 분류표의 최신성을 유지할 수 있다.
다. 우수한 열거색인(specific index)을 갖추고 있다.
라. 조기성이 풍부할 뿐만 아니라, 조기성에 비교적 일관성을 유지하고 있다.

① 가 － 나 ② 가 － 나 － 다
③ 가 － 나 － 라 ④ 나 － 다 － 라
⑤ 다 － 라

해 설 다. DDC는 우수한 상관색인(relative index)을 갖추고 있다는 것이 큰 장점이다.

205 다음 〈보기〉 중 DDC 제23판의 표준세구분의 기호와 조기성을 갖는 주제의 연결이 올바른 것을 모두 모은 것은 어느 것인가?

〈보 기〉

가. -01 － 010 나. -03 － 030
다. -04 － 040 라. -05 － 050

① 가 － 나 ② 가 － 나 － 다
③ 가 － 다 － 라 ④ 나 － 다 － 라
⑤ 나 － 라

해 설 가. −01은 100 Philosophy and psychology와 조기성을 갖는다. 나. −03은 030 General encyclopedic works와 조기성을 갖는다. 다. −04는 별도의 조기성이 없다. 라. −05는 050 General serial publications와 조기성을 갖는다.

Answer 202 ③ 203 ② 204 ③ 205 ⑤

206 다음 〈보기〉 중 DDC 제23판에 따를 경우 해당자료와 그 분류기호가 올바르게 연결된 것을 모두 모은 것은 어느 것인가?

〈보 기〉	
가. 철학대백과사전 – 103	나. 사회과학백과사전 – 303
다. 미술대백과사전 – 703	라. 문학대백과사전 – 803

① 가 – 나
② 가 – 나 – 다
③ 가 – 다 – 라
④ 나 – 다 – 라
⑤ 나 – 라

해 설 가. 철학대백과사전은 "100(철학의 기본기호) – '00' + –03(백과사전을 나타내는 T.1의 기호) → 103"이 된다. 나. 사회과학대백과사전은 "300(사회과학의 기본기호) – '0' + –03(백과사전을 나타내는 T.1의 기호) → 300.3"이 된다. 301–307은 이미 사회학에 대한 주제에 부여되었기 때문에 기호의 중복을 피하기 위해 '0'의 생략에 예외가 적용되었다. 다. 미술대백과사전은 "700(예술 및 미술의 기본기호) – '00' + –03(백과사전을 나타내는 T.1의 기호) → 703"이 된다. 예술백과사전은 미술백과사전과의 중복을 피하기 위해 700.3이 된다는 사실에 유의해야 한다. 라. 문학대백과사전은 "800(문학의 기본기호) – '00' + –03(백과사전을 나타내는 T.1의 기호) → 803"이 된다.

207 다음 〈보기〉 중 DDC의 지역구분표(T.2)에 대한 설명으로 적합한 것을 모두 모은 것은?

〈보 기〉
가. 900의 항목들과 조기성을 갖는다. 나. 특정국가나 특정지역에 국한하여 다루고 있는 자료의 분류에 적합한 보조표이다. 다. 실제의 지역구분을 위한 기호는 –3부터 –9까지이다. 라. DDC의 6개보조표 중 두 번째로 긴 보조표이다.

① 가 – 나
② 가 – 나 – 다
③ 가 – 다 – 라
④ 나 – 다 – 라
⑤ 다 – 라

해 설 라. T.2는 가장 긴 보조표이다.

208 다음 〈보기〉 중 이른바 DDC의 형식류(form class)에 해당하는 유들을 모두 모은 것은 어느 것인가?

〈보 기〉	
가. 000	나. 300
다. 800	라. 900

① 가 - 나 - 다
② 가 - 나 - 라
③ 가 - 다
④ 나 - 다
⑤ 다 - 라

해 설 가. 다. DDC에서 총류(000)와 문학류(800)는 각각 표현형식과 문학형식을 열거순서상에서 앞에 둔다는 점에서 형식류라 한다.

209 다음 〈보기〉 중 DDC 제23판의 표준세구분표(T.1)에 대한 설명으로 적합한 것을 모두 모은 것은 어느 것인가?

〈보 기〉

가. 반드시 본표의 지시가 있을 경우에만 사용할 수 있다.
나. 항상 '-0'으로 시작된다.
다. 필요할 경우 단독으로 사용될 수 있다.
라. DDC의 다른 기호들과 마찬가지로 십진식으로 확장될 수 있다.

① 가 - 나 - 다
② 가 - 나 - 다 - 라
③ 가 - 나 - 라
④ 나 - 다 - 라
⑤ 나 - 라

해 설 가. 표준세구분표의 기호는 다른 보조표의 기호와는 달리, 본표에 이 보조표를 사용하지 못하도록 하는 구체적인 지시가 있거나 이를 사용할 경우 기호의 중복이 생기는 경우가 아니면, 해당분류기호의 전체에 상당하는 모든 토픽의 분류기호에 이를 부가할 수 있다. 다. 붙임표(-)가 붙어 있다는 사실에서도 알 수 있는 것처럼, DDC 보조표의 모든 기호들은 단독으로는 사용될 수 없다.

Answer 206 ③ 207 ② 208 ③ 209 ⑤

210 다음 〈보기〉 중 DDC 제23판의 지역구분표의 기호와 그 내용의 연결이 올바른 것을 모두 모은 것은?

〈보 기〉	
가. -3 – Ancient world	나. -4 – Asia
다. -7 – North America	라. -8 – South America

① 가 – 나 ② 가 – 나 – 다
③ 가 – 다 – 라 ④ 나 – 다
⑤ 다 – 라

해 설 나. –4는 Europe을 나타낸다.

211 다음 〈보기〉 중 DDC 제23판에 따를 경우 해당자료와 그 분류기호가 올바르게 연결된 것을 모두 모은 것은 어느 것인가?

〈보 기〉	
가. 사회과학 연속간행물 – 300.5	나. 문헌분류의 교육 – 020.7
다. 영어사전 – 423	라. 동양사 – 950.9

① 가 – 나 – 다 ② 가 – 나 – 다 – 라
③ 가 – 다 ④ 나 – 라
⑤ 다 – 라

해 설 가. 사회과학 연속간행물은 “300(사회과학의 기본기호) – ‘0’ + –05 (연속간행물을 나타내는 T.1의 기호) → 300.5”가 된다. 301–307은 이미 사회학에 대한 주제에 부여되었기 때문에 기호의 중복을 피하기 위해 ‘0’의 생략에 예외가 적용되었다. 나. 문헌분류의 교육은 “025.43 + –07(교육을 나타내는 T.1의 분류기호) → 025.4307”이 될 것이다. 지문의 예는 “020(문헌정보학의 기본기호) – ‘0’ + –07”로 표시한 것으로, 이는 문헌정보학 교육을 나타내는 기호가 된다. 표준세구분표의 기호는 해당분류기호가 나타내는 전체주제 또는 그 전체에 상당하는 부분을 다루고 있을 경우에만 추가할 수 있다. 이러한 점에서 문헌분류는 문헌정보학 전체에 상당한다고 할 수 없으므로 이 기호는 적합지 않다. 다. 영어사전은 “420 – ‘0’ + –3(사전을 나타내는 T.4의 기호) → 423”이다. 라. 동양사는 “950”으로 이미 첫 자리의 ‘9’가 역사를 의미하므로, 추가로 표준세구분표의 기호 ‘–09’를 추가하는 것은 잘못이다.

212 DDC 제23판에 따를 경우, 다음 〈보기〉 중 T.3-A의 기호와 문학형식의 연결이 올바른 것을 모두 모은 것은 어느 것인가?

〈보 기〉	
가. -1 – Poetry	나. -3 – Drama
다. -5 – Speeches	라. -8 – Miscellaneous writings

① 가 – 나 ② 가 – 나 – 다
③ 가 – 다 – 라 ④ 나 – 다
⑤ 다 – 라

해 설 나. -3은 Fiction을 나타내는 기호이다.

213 다음 〈보기〉 중 DDC 제23판의 문학형식구분표(T.3)에 대한 설명으로 적합한 것을 모두 모은 것은?

〈보 기〉

가. 전적으로 800류에만 적용된다.
나. T.3-A, T.3-B, T.3-C의 세 개 보조표로 구성된다.
다. 800에서는 기본적으로 열거순서 "주류(문학) + 언어 + 문학형식 + 문학시대" 중 세 번째 패싯에 적용된다.
라. 800-890의 모든 유에 대한 기본기호와 함께 사용할 수 있다.

① 가 – 나 ② 가 – 다
③ 가 – 라 ④ 나 – 다
⑤ 나 – 라

해 설 가. 기본적으로는 특정언어로 된 문학작품이나 문학관련자료의 분류를 위한 보조표이지만, 제21판부터는 700.4와 791.4에도 사용할 수 있도록 하고 있다. 라. 810-890의 개별문학에서 부가주기나 *으로 지시된 경우에 대해 적용할 수 있다.

Answer 210 ③ 211 ③ 212 ③ 213 ④

214 다음 〈보기〉 중 DDC 제23판에 따를 경우 해당자료와 그 분류기호의 연결이 올바른 것을 모두 모은 것은?

〈보 기〉

가. 영국시 – 821
나. 영국소설 – 823
다. 영국수필 – 825
라. 영국서간문 – 826

① 가 – 나
② 가 – 나 – 다
③ 가 – 나 – 라
④ 가 – 다
⑤ 나 – 라

해 설 다. 영국수필의 분류기호는 824이다.

215 다음 〈보기〉 중 DDC 제23판의 Table 4에 대한 설명으로 적합한 것을 모두 모은 것은 어느 것인가?

〈보 기〉

가. 410부터 490의 주요기호에 대해 사용된다.
나. 각국어의 공통적인 형식이나 특성에 대해 공통의 기호를 부여하기 위한 보조표이다.
다. 언어학의 여러 요소들과 문제, 그 밖의 측면들이 포함되어 있다.
라. 언어류의 기본적인 열거순서 "주류(언어) + 언어(language) + 언어의 제요소"에서 세 번째 패싯에 해당한다.

① 가 – 나 – 다
② 가 – 나 – 다 – 라
③ 가 – 나 – 라
④ 나 – 다 – 라
⑤ 다 – 라

해 설 가. 언어류의 개별언어와 어족을 나타내는 420부터 490의 주요기호에 대해서만 사용된다.

216 다음 〈보기〉 중 DDC 제23판에서 분석합성식 분류법의 성격이 강한 주류를 모두 모은 것은?

〈보 기〉	
가. 철학류	나. 언어류
다. 예술류	라. 문학류

① 가 – 나　　② 가 – 나 – 다
③ 가 – 다 – 라　　④ 나 – 다
⑤ 나 – 라

해 설 나. 라. DDC에서 언어류(400)와 문학류(800)는 분석합성식 분류법의 성격이 강한 주류에 해당한다.

217 다음 〈보기〉 중 DDC 제23판의 Table 4의 기호와 그 내용의 연결이 올바른 것을 모두 모은 것은 어느 것인가?

〈보 기〉
가. –1 – Writing systems, phonology, phonetics of the standard form of the language
나. –2 – Etymology of the standard form of the language
다. –5 – Grammar of the standard form of the language
라. –7 – Standard usage of the language (Prescriptive linguistics)

① 가 – 나　　② 가 – 나 – 다
③ 가 – 다 – 라　　④ 나 – 라
⑤ 나 – 다 – 라

해 설 라. –7은 Historical and geographic variations, modern nongeographic variations이며, Standard usage of the language (Prescriptive linguistics)는 –8에 해당한다.

Answer 214 ③ 215 ④ 216 ⑤ 217 ②

218 다음 〈보기〉 중 DDC 제23판에 따라 분류할 경우 해당자료와 그 분류기호의 연결이 올바른 것을 모두 모은 것은?

〈보 기〉

가. English Phonology – 421　　나. English Etymology – 422
다. English Grammar – 425　　라. Standard Usage of English – 428

① 가 – 나　　② 가 – 나 – 다
③ 가 – 나 – 다 – 라　　④ 나 – 다
⑤ 다 – 라

해 설 가. 나. 다. 라. 모두 올바른 예들이다.

219 다음 〈보기〉 중 한국에서 DDC 제23판에 따라 분류할 경우 해당자료와 그 분류기호의 연결이 올바른 것을 모두 모은 것은?

〈보 기〉

가. 한영사전(entry word: 한국어) – 495.7321
나. 영한사전(entry word: 영어) – 495.7321
다. 한독사전(entry word: 한국어) – 495.7331
라. 독한사전(entry word: 독일어) – 495.7331

① 가 – 나　　② 가 – 나 – 다
③ 가 – 나 – 다 – 라　　④ 가 – 다
⑤ 나 – 라

해 설 DDC에서는 2개 국어사전(bilingual dictionaries)의 분류에 대해 원칙적으로 표목(entry words)으로 사용되는 언어를 기준으로 분류하고, Table 6 국어구분표를 활용하여 확장·전개하도록 하고 있다. 즉 그 열거순서는 "첫 번째 언어의 기본기호 + –3 (T.4) + 두 번째 언어의 기호 (T.6)"의 순서를 채택하고 있다. 가. 한영사전(entry word: 한국어)은 "495.7(한국어의 기본기호) + –3 + –21(영어에 대한 T.6의 기호) → 495.7321"이 된다. 나. 영한사전(entry word: 영어)은 "42(영어의 기본기호) + –3 + –957(한국어에 대한 T.6의 기호) → 423.957"이 된다. 다. 한독사전(entry word: 한국어)은 "495.7(한국어의 기본기호) + –3 + –31(독일어에 대한 T.6의 기호) → 495.7331"이 된다. 라. 독한사전(entry word: 독일어)은 "43(독일어의 기본기호) + –3 + –957(한국어에 대한 T.6의 기호) → 433.957"이 된다.

220 다음 〈보기〉 중 DDC 제23판 600류의 분류기호와 그 내용의 연결이 올바른 것을 모두 모은 것은?

〈보 기〉	
가. 610 – Medicine & health	나. 620 – Agriculture
다. 630 – Engineering	라. 640 – Home & family management

① 가 – 나　② 가 – 나 – 다
③ 가 – 라　④ 나 – 다 – 라
⑤ 다 – 라

해 설 나. 다. 620은 Engineering, 630은 Agriculture에 해당한다.

221 다음 〈보기〉 중 DDC 제23판 000류의 분류기호와 그 내용의 연결이 올바른 것을 모두 모은 것은?

〈보 기〉
가. 010 – Bibliographies
나. 020 – Library & information science
다. 030 – Encyclopedias & books of facts
라. 040 – General collected Essays

① 가 – 나　② 가 – 나 – 다
③ 가 – 다 – 라　④ 나 – 라
⑤ 다 – 라

해 설 라. 040은 미지정기호이다.

Answer　218 ③　219 ④　220 ③　221 ②

222 다음 〈보기〉 중 DDC 제23판 100류의 내용과 해당분류기호의 연결이 올바른 것을 모두 모은 것은?

〈보 기〉

가. Ethics — 160
나. Philosophical logic — 170
다. Ancient, medieval, eastern philosophy — 180
라. Modern western philosophy — 190

① 가 – 나
② 가 – 나 – 다
③ 가 – 라
④ 나 – 다 – 라
⑤ 다 – 라

해 설 가. Ethics는 170에 분류된다. 나. Philosophical logic은 160에 분류된다.

223 다음 〈보기〉 중 DDC 제23판 200류의 내용과 해당분류기호의 연결이 올바른 것을 모두 모은 것은?

〈보 기〉

가. Philosophy & theory of religion — 210
나. The Bible — 220
다. Christianity — 230
라. Christian pastoral practice & religious orders — 240

① 가 – 나
② 가 – 나 – 다
③ 가 – 라
④ 나 – 다 – 라
⑤ 다 – 라

해 설 라. Christian pastoral practice & religious orders는 250에 분류되며, 240에는 Christian practice & observance가 분류된다.

224 다음 〈보기〉 중 DDC 제23판 사회과학류의 내용과 해당분류기호의 연결이 올바른 것을 모두 모은 것은?

〈보 기〉

가. Social problems and social services − 350
나. Public administration & military science − 360
다. Commerce, communications & transportation − 380
라. Customs, etiquette & folklore − 390

① 가 − 나　　② 가 − 나 − 다
③ 가 − 라　　④ 나 − 다 − 라
⑤ 다 − 라

해 설 가. 나. Social problems and social services는 360, Public administration & military science는 350에 분류된다.

225 다음 〈보기〉 중 DDC 제23판 400류의 내용과 해당분류기호의 연결이 올바른 것을 모두 모은 것은?

〈보 기〉

가. Linguistics − 410　　나. English Dictionary − 423
다. French Dictionary − 433　　라. German Dictionary − 443

① 가 − 나　　② 가 − 나 − 다
③ 가 − 라　　④ 나 − 다 − 라
⑤ 다 − 라

해 설 나. English language의 기호는 420으로, 영어 사전은 "42 + −3(T.4의 사전을 나타내는 기호) → 423"이 된다. 다. French language의 기호는 440으로, 프랑스어 사전은 "44 + −3(T.4의 사전을 나타내는 기호) → 443"이 된다. 라. German language의 기호는 430으로, 독일어 사전은 "43 + −3(T.4의 사전을 나타내는 기호) → 433"이 된다.

Answer　222 ⑤　223 ②　224 ⑤　225 ①

226 다음 〈보기〉 중 DDC 제23판 500류의 분류기호와 그 내용의 연결이 올바른 것을 모두 모은 것은?

〈보 기〉

가. 590 − Animals (Zoology)　　나. 580 − Plants (Botany)
다. 570 − Biology　　라. 560 − Earth sciences & geology

① 가 − 나　　② 가 − 나 − 다
③ 가 − 다　　④ 나 − 다 − 라
⑤ 나 − 라

해 설 라. 560은 Fossils & prehistoric life이며, Earth sciences & geology는 550에 해당한다.

227 다음 〈보기〉 중 DDC 제23판 800류의 내용과 해당분류기호의 연결이 올바른 것을 모두 모은 것은?

〈보 기〉

가. 미국소설 − 813　　나. 영국시 − 821
다. 프랑스수필 − 834　　라. 독일희곡 − 842

① 가 − 나　　② 가 − 나 − 다
③ 가 − 라　　④ 나 − 다 − 라
⑤ 다 − 라

해 설 가. 미국소설은 "81(미국문학의 기본기호) + −3(T.3의 소설을 나타내는 기호) → 813"이 된다. 나. 영국시는 "82(영국문학의 기본기호) + −1(T.3의 시를 나타내는 기호) → 821"이 된다. 다. 프랑스수필은 "84(프랑스문학의 기본기호) + −4(T.3의 수필을 나타내는 기호) → 844"가 된다. 라. 독일희곡은 "83(독일문학의 기본기호) + −2(T.3의 희곡을 나타내는 기호) → 832"가 된다.

228 다음 〈보기〉 중 DDC 제23판 700류의 분류기호와 그 내용의 연결이 올바른 것을 모두 모은 것은?

〈보 기〉

가. 710 – Area planning & landscape architecture
나. 720 – Construction of buildings
다. 730 – Sculpture, ceramics & metalwork
라. 740 – Painting

① 가 – 나
② 가 – 나 – 다
③ 가 – 다
④ 나 – 다 – 라
⑤ 다 – 라

해 설 나. 720은 Architecture이며, Construction of buildings는 690에 해당한다. 라. 740은 Graphic arts & decorative arts이며, Painting은 750에 해당한다.

229 다음 〈보기〉 중 DDC 제23판 400류의 내용과 해당분류기호의 연결이 올바른 것을 모두 모은 것은?

〈보 기〉

가. English Phonology – 421
나. English Etymology – 422
다. English Grammar – 427
라. Standard Usage of English – 428

① 가 – 나
② 가 – 나 – 라
③ 가 – 라
④ 나 – 다 – 라
⑤ 다 – 라

해 설 가. English language의 기호는 420으로, English Phonology는 "42 + –1(T.4의 음운론을 나타내는 기호) → 421"이 된다. 나. English Etymology는 "42 + –2(T.4의 어원학을 나타내는 기호) → 422"가 된다. 다. English Grammar는 "42 + –5(T.4의 문법을 나타내는 기호) → 425"가 된다. 라. Standard Usage of English는 "42 + –8(T.4의 표준용법을 나타내는 기호) → 428"이 된다.

Answer 226 ② 227 ① 228 ③ 229 ②

230 다음 〈보기〉 중 DDC 제23판 500류의 내용과 해당분류기호의 연결이 올바른 것을 모두 모은 것은?

〈보 기〉

가. Mathematics — 510
나. Astronomy — 520
다. Chemistry — 530
라. Physics — 540

① 가 — 나
② 가 — 나 — 다
③ 가 — 다
④ 나 — 다 — 라
⑤ 나 — 라

해 설 다. 라. Chemistry는 540, Physics는 530에 해당한다.

231 다음 〈보기〉 중 DDC 제23판 600류의 내용과 해당분류기호의 연결이 올바른 것을 모두 모은 것은?

〈보 기〉

가. Management & public relations — 650
나. Chemical engineering — 660
다. Manufacture for specific uses — 670
라. Architecture — 690

① 가 — 나
② 가 — 나 — 다
③ 가 — 라
④ 나 — 다
⑤ 나 — 다 — 라

해 설 다. Manufacture for specific uses는 680에 해당하며, 670은 Manufacturing이다. 라. Architecture는 720에 해당하며, 690은 Construction of building이다.

232 다음 〈보기〉 중 DDC 제23판 200류의 분류기호와 그 내용의 연결이 올바른 것을 모두 모은 것은?

〈보 기〉
가. 260 — Christian organization, social work & worship
나. 270 — Christian denominations
다. 280 — History of Christianity
라. 290 — Other religions

① 가 — 나
② 가 — 나 — 다
③ 가 — 라
④ 나 — 다 — 라
⑤ 다 — 라

해 설 나. 다. 270은 History of Christianity, 280은 Christian denominations이다.

233 다음 〈보기〉 중 DDC 제23판 사회과학류의 분류기호와 그 내용의 연결이 올바른 것을 모두 모은 것은?

〈보 기〉	
가. 310 — Statistics	나. 320 — Political science
다. 330 — Law	라. 340 — Economics

① 가 — 나
② 가 — 나 — 다
③ 가 — 다 — 라
④ 나 — 다
⑤ 다 —

해 설 다. 라. 330은 Economics, 340은 Law이다.

Answer 230 ① 231 ① 232 ③ 233 ①

234 다음 〈보기〉 중 DDC 제23판 700류의 내용과 해당분류기호의 연결이 올바른 것을 모두 모은 것은?

〈보 기〉

가. Sports, games & entertainment — 790
나. Music — 780
다. Graphic arts & decorative arts — 770
라. Photography & computer art, film, video — 760

① 가 – 나　② 가 – 나 – 다
③ 가 – 다　④ 나 – 다 – 라
⑤ 다 – 라

해 설 다. 라. Graphic arts & decorative arts는 740, Photography & computer art, film, video는 770에 해당한다.

235 다음 〈보기〉 중 DDC 제23판 000류의 내용과 해당분류기호의 연결이 올바른 것을 모두 모은 것은?

〈보 기〉

가. Magazines, journals & serials — 050
나. Associations, organizations & museums — 070
다. News media, journalism & publishing — 080
라. Manuscripts & rare books — 090

① 가 – 나　② 가 – 나 – 다
③ 가 – 라　④ 나 – 다
⑤ 나 – 다 – 라

해 설 나. Associations, organizations & museums는 060에 분류된다. 다. News media, journalism & publishing은 070에 분류된다. 080은 Quotations이다.

236 다음 〈보기〉 중 DDC 제23판 900류의 분류기호와 그 내용의 연결이 올바른 것을 모두 모은 것은?

〈보 기〉

가. 920 — Biography & genealogy
나. 930 — History of ancient world
다. 970 — History of South America
라. 980 — History of North America

① 가 — 나　② 가 — 나 — 다
③ 가 — 나 — 다 — 라　④ 나 — 다 — 라
⑤ 다 — 라

해 설 다. 라. 970은 History of North America, 980은 History of South America에 해당한다.

237 다음 〈보기〉 중 DDC 제23판 100류의 분류기호와 그 내용의 연결이 올바른 것을 모두 모은 것은?

〈보 기〉

가. 110 — Metaphysics　나. 120 — Epistemology
다. 130 — Parapsychology & occultism　라. 140 — Psychology

① 가 — 나　② 가 — 나 — 다
③ 가 — 다 — 라　④ 나 — 다
⑤ 다 — 라

해 설 라. 140은 Philosophical schools of thoughts이며, Psychology는 150에 분류된다.

Answer 234 ①　235 ③　236 ①　237 ②

238 다음 〈보기〉 중 DDC 제23판 800류의 내용과 분류기호의 연결이 올바른 것을 모두 모은 것은?

〈보 기〉	
가. 이탈리아소설 – 853	나. 스페인시 – 861
다. 포르투갈희곡 – 862	라. 한국수필 – 895.74

① 가 – 나　② 가 – 나 – 다
③ 가 – 나 – 라　④ 나 – 다 – 라
⑤ 다 – 라

해 설 가. 이탈리아소설은 "85(이탈리아문학의 기본기호) + –3(T.3의 소설을 나타내는 기호) → 853"이 된다. 나. 스페인시는 "86(스페인문학의 기본기호) + –1(T.3의 시를 나타내는 기호) → 861"이 된다. 다. 포르투갈희곡은 "869(포르투갈문학의 기본기호) + –2(T.3의 희곡을 나타내는 기호) → 869.2"가 된다. 라. 한국수필은 "895.7(한국문학의 기본기호) + –4(T.3의 수필을 나타내는 기호) → 895.74"가 된다.

239 다음 〈보기〉 중 DDC 제23판 400류의 분류기호와 그 내용의 연결이 올바른 것을 모두 모은 것은?

〈보 기〉
가. 450 – Italian, Romanian, & related languages
나. 460 – Spanish, Portuguese, Galician
다. 470 – Classical & modern Greek languages
라. 480 – Latin & Italic languages

① 가 – 나　② 가 – 나 – 다
③ 가 – 라　④ 나 – 다 – 라
⑤ 다 – 라

해 설 다. 라. 470은 Latin & Italic languages, 480은 Classical & modern Greek languages이다.

240 다음 〈보기〉 중 DDC 제23판의 지역구분표(T.2)에 대한 설명으로 적합한 것을 모두 모은 것은?

〈보 기〉

가. 역사상의 시대와 인물, 지역을 나타내주는 기호법으로 이루어진다.
나. -1은 전기자료를 표현하기 위한 기호이다.
다. 서양의 전개는 상세한 반면 기타지역의 전개는 미흡한 경우가 많다.
라. 본표의 지시 없이 분류담당자의 판단에 따라 T.1의 기호 -09를 본표의 해당분류기호에 추가하고 이어서 지역구분표의 기호를 추가할 수도 있다.

① 가 - 나
② 가 - 나 - 다
③ 가 - 다 - 라
④ 나 - 다 - 라
⑤ 나 - 라

해 설 나. 전기자료를 표현하기 위한 기호는 -2이다.

241 다음 〈보기〉 중 DDC 제23판의 표준세구분표의 내용과 해당기호의 연결이 올바른 것을 모두 모은 것은?

〈보 기〉

가. Dictionaries, encyclopedias, concordances - -03
나. Serial publications - -05
다. Special topics - -06
라. Education, research, related topics - -07

① 가 - 나
② 가 - 나 - 다
③ 가 - 나 - 라
④ 나 - 라
⑤ 다 - 라

해 설 다. Special topics에 해당하는 표준세구분표의 기호는 -04이다.

Answer 238 ③ 239 ① 240 ③ 241 ③

242 다음 〈보기〉 중 각 지역과 DDC 제23판의 지역구분기호의 연결이 올바른 것을 모두 모은 것은?

〈보 기〉	
가. Asia — -5	나. Europe — -6
다. South America — -8	라. Ancient world — -9

① 가 – 나　　② 가 – 다
③ 가 – 라　　④ 나 – 다
⑤ 나 – 라

해 설 나. Europe은 –4이다. 라. Ancient world는 –3이다.

243 다음 〈보기〉 중 한국에서 DDC 제23판에 따라 분류할 경우 해당자료와 그 분류기호의 연결이 올바른 것을 모두 모은 것은?

〈보 기〉
가. 한영사전(entry word: 한국어) — 495.7321
나. 영한사전(entry word: 영어) — 495.7321
다. 한국어사전(entry word: 한국어) — 495.73
라. 영어사전(entry word: 영어) — 423

① 가 – 나　　② 가 – 나 – 다
③ 가 – 나 – 다 – 라　　④ 가 – 다 – 라
⑤ 나 – 다 – 라

해 설 가. 나. DDC에서는 2개 국어사전(bilingual dictionaries)의 분류에 대해 원칙적으로 표목(entry words)으로 사용되는 언어를 기준으로 분류하고, Table 6 국어구분표를 활용하여 확장·전개하도록 하고 있다. 즉 그 열거순서는 "첫 번째 언어의 기본기호 + –3 (T.4) + 두 번째 언어의 기호 (T.6)"의 순서를 채택하고 있다. 따라서 가. 한영사전(entry word: 한국어)은 "495.7(한국어의 기본기호) + –3 + –21(영어에 대한 T.6의 기호) → 495.7321"이 된다. 나. 영한사전(entry word: 영어)은 "42(영어의 기본기호) + –3 + –957(한국어에 대한 T.6의 기호) → 423.957"이 된다. 다. 한국어사전(entry word: 한국어)은 "495.7(한국어의 기본기호) + –3 → 495.73"이 된다. 라. 영어사전(entry word: 영어)은 "42(영어의 기본기호) + –3 → 423"이 된다.

244 다음 〈보기〉 중 DDC 제23판의 표준세구분표의 기호와 조기성을 갖는 주제의 연결이 올바른 것을 모두 모은 것은?

〈보 기〉

가. -06 – 060	나. -07 – 070
다. -08 – 080	라. -09 – 090

① 가　　② 가 – 나
③ 가 – 나 – 다 – 라　　④ 나 – 다
⑤ 라

해 설 가. –06은 060 General organizations and museology와 조기성을 갖는다. 나. –07은 370 Education과 조기성을 갖는다. 다. –08은 별도의 조기성이 없다. 라. –09는 900 History & geography와 조기성을 갖는다.

245 다음 〈보기〉 중 DDC 제23판에 따를 경우, 문학형식과 그에 해당하는 기호의 연결이 올바른 것을 모두 모은 것은?

〈보 기〉

가. Drama – -2	나. Essays – -3
다. Letters – -6	라. Humor and satire – -7

① 가 – 나　　② 가 – 나 – 다
③ 가 – 다 – 라　　④ 나 – 다 – 라
⑤ 나 – 라

해 설 나. Essays의 기호는 –4이며, –3은 Fiction이다.

Answer 242 ②　243 ④　244 ①　245 ③

246 다음 〈보기〉 중 DDC 제23판 철학 및 심리학류의 내용과 분류기호의 연결이 올바른 것을 모두 모은 것은?

〈보 기〉

가. 논리학 – 160
나. 윤리학 – 170
다. 근대서양철학 – 180
라. 고대철학, 중세철학, 동양철학 – 190

① 가 – 나
② 가 – 나 – 다
③ 가 – 라
④ 나 – 다 – 라
⑤ 다 – 라

해 설 다. 근대서양철학(Modern western philosophy)은 190에 분류된다. 라. 고대철학, 중세철학, 동양철학(Ancient, medieval, eastern philosophy)은 180에 분류된다.

247 다음 〈보기〉 중 DDC 제23판 사회과학의 내용과 해당분류기호의 연결이 올바른 것을 모두 모은 것은?

〈보 기〉

가. 사회문제 및 사회서비스 – 360
나. 교육 및 교육학 – 370
다. 통상, 커뮤니케이션, 무역 – 380
라. 관습, 에티켓, 민속, 민속학 – 390

① 가 – 나
② 가 – 나 – 다
③ 가 – 나 – 다 – 라
④ 나 – 다 – 라
⑤ 다 – 라

해 설 가. 나. 다. 라. 모두 올바르게 연결되어 있다.

248 다음 〈보기〉 중 DDC 제23판 언어류의 내용과 해당분류기호의 연결이 올바른 것을 모두 모은 것은?

〈보 기〉

가. 영문법 – 425
나. 독문법 – 435
다. 불문법 – 445
라. 스페인어문법 – 455

① 가 – 나
② 가 – 나 – 다
③ 가 – 라
④ 나 – 다 – 라
⑤ 다 – 라

해 설 가. 영어의 기호는 420으로, 영문법은 "42 + –5(T.4의 문법을 나타내는 기호) → 425"가 된다. 나. 독일어의 기호는 430으로, 독문법은 "43 + –5 → 435"가 된다. 다. 불어의 기호는 440으로, 불문법은 "44 + –5 → 445"가 된다. 라. 스페인어의 기호는 460으로, 스페인어문법은 "46 + –5 → 465"가 된다. 455는 이탈리아어문법의 분류기호이다.

249 다음 〈보기〉 중 DDC 제23판에 따를 경우, 해당자료와 그 분류기호의 연결이 적합한 것을 모두 모은 것은?

〈보 기〉

가. 한국어 음운론 – 495.71
나. 한국어의 어원 – 495.72
다. 한국어 문법 – 495.75
라. 한국어 방언 – 495.76

① 가 – 나
② 가 – 나 – 다
③ 가 – 다 – 라
④ 나 – 다
⑤ 나 – 다 – 라

해 설 라. 한국어 방언의 분류기호는 495.77이다.

Answer 246 ① 247 ③ 248 ② 249 ②

250 다음 〈보기〉 중 DDC 제23판 종교류의 내용과 해당분류기호의 연결이 올바른 것을 모두 모은 것은?

〈보 기〉

가. 비교종교학 – 210
나. 성서 – 220
다. 기독교 – 230
라. 기독교 예배 및 행사 – 240

① 가 – 나 ② 가 – 나 – 다
③ 가 – 라 ④ 나 – 다 – 라
⑤ 다 – 라

해 설 가. 비교종교학(Comparative religion)은 200에 분류되며, 210은 종교의 철학과 이론(Philosophy and theory of religion)이다.

251 다음 〈보기〉 중 DDC 제23판 언어류의 내용과 해당분류기호의 연결이 올바른 것을 모두 모은 것은?

〈보 기〉

가. 한국어 음운론 – 495.71
나. 한국어 어원 – 495.72
다. 한국어 문법 – 495.75
라. 한국어 방언 – 495.77

① 가 – 나 ② 가 – 나 – 다
③ 가 – 나 – 다 – 라 ④ 나 – 다 – 라
⑤ 다 – 라

해 설 가. 한국어의 기호는 495.7로, 한국어 음운론은 "495.7 + –1(T.4의 음운론을 나타내는 기호) → 495.71"이 된다. 나. 한국어 어원은 "495.7 + –2(T.4의 어원학을 나타내는 기호) → 495.72"가 된다. 다. 한국어 문법은 "495.7 + –5(T.4의 문법을 나타내는 기호) → 495.75"가 된다. 라. 한국어 방언은 "495.7 + –7(T.4의 방언을 나타내는 기호) → 495.77"이 된다.

252 다음 〈보기〉 중 DDC 제23판 000류의 내용과 해당분류기호의 연결이 올바른 것을 모두 모은 것은?

〈보 기〉

가. 서지 – 010
나. 문헌정보학 – 020
다. 백과사전 – 040
라. 저널 및 연속간행물 – 050

① 가 – 나
② 가 – 나 – 라
③ 가 – 다
④ 나 – 다 – 라
⑤ 다 – 라

해 설 다. 백과사전(Encyclopedias & books of facts)은 030에 분류된다.

253 다음 〈보기〉 중 DDC 제23판 500류의 내용과 해당분류기호의 연결이 올바른 것을 모두 모은 것은?

〈보 기〉

가. 수학 – 510
나. 물리학 – 530
다. 화석 및 선사시대생명체 – 550
라. 생물학 – 570

① 가 – 나
② 가 – 나 – 라
③ 가 – 다
④ 나 – 다 – 라
⑤ 나 – 라

해 설 다. 화석 및 선사시대생명체(Fossils & prehistoric life)는 560에 해당하며, 550은 지구과학 및 지학(Earth sciences & geology)이다.

Answer 250 ④ 251 ③ 252 ② 253 ②

254 다음 〈보기〉 중 DDC 제23판 500류의 분류기호와 그 내용의 연결이 올바른 것을 모두 모은 것은?

〈보 기〉	
가. 590 – 식물(식물학)	나. 580 – 동물(동물학)
다. 540 – 화학	라. 520 – 천문학

① 가 – 나
② 가 – 나 – 다
③ 가 – 라
④ 나 – 다 – 라
⑤ 다 – 라

해 설 가. 나. 590은 동물(동물학), 580은 식물(식물학)에 해당한다.

255 다음 〈보기〉 중 DDC 제23판 기술과학류의 분류기호와 그 내용의 연결이 올바른 것을 모두 모은 것은?

〈보 기〉
가. 610 – 의학(의료) 및 보건
나. 630 – 농업 및 농학
다. 650 – 경영학 및 홍보
라. 670 – 화학공학

① 가 – 나
② 가 – 나 – 다
③ 가 – 라
④ 나 – 다 – 라
⑤ 다 – 라

해 설 라. 670은 제조업(Manufacturing)이며, 화학공학(Chemical engineering)은 660에 해당한다.

256 다음 〈보기〉 중 DDC 제23판 예술류의 분류기호와 그 내용의 연결이 올바른 것을 모두 모은 것은?

〈보 기〉

가. 750 – 회화
나. 740 – 그래픽아트 및 장식예술
다. 730 – 건축술
라. 720 – 조각, 요업, 금속세공

① 가 – 나
② 가 – 나 – 다
③ 가 – 다
④ 나 – 다 – 라
⑤ 다 – 라

해 설 다. 라. 730은 조각, 요업, 금속세공(Sculpture, ceramics & metalworks)이며, 720은 Architecture이다.

257 다음 〈보기〉 중 DDC 제23판 종교류의 분류기호와 그 내용의 연결이 올바른 것을 모두 모은 것은?

〈보 기〉

가. 260 – 기독교단체, 사회사업, 참배
나. 270 – 기독교사
다. 280 – 기독교교파
라. 290 – 기타종교

① 가 – 나
② 가 – 나 – 다
③ 가 – 나 – 다 – 라
④ 나 – 다 – 라
⑤ 다 – 라

해 설 가. 나. 다. 라 모두 올바르게 연결되어 있다.

Answer 254 ⑤ 255 ② 256 ① 257 ③

258 다음 〈보기〉 중 DDC 제23판 사회과학류의 내용과 해당분류기호의 연결이 올바른 것을 모두 모은 것은?

〈보 기〉

가. 통계, 통계학 – 310
나. 정치학 – 320
다. 경제학 – 340
라. 행정학 및 군사학 – 350

① 가 – 나
② 가 – 나 – 다 – 라
③ 가 – 나 – 라
④ 나 – 다 – 라
⑤ 다 – 라

해 설 다. 경제학(Economics)은 330에 분류된다.

259 다음 〈보기〉 중 DDC 제23판 000류의 분류기호와 그 내용의 연결이 올바른 것을 모두 모은 것은?

〈보 기〉

가. 060 – 학회, 협회, 단체, 조직, 박물관
나. 070 – 뉴스미디어, 저널리즘, 출판
다. 080 – 필사본, 희귀자료, 고서
라. 090 – 인용

① 가 – 나
② 가 – 나 – 다
③ 가 – 라
④ 나 – 다
⑤ 나 – 다 – 라

해 설 다. 080은 일반 전집(General collections)이다. 라. 090은 필사본, 희귀자료, 고서(Manuscripts, rare books, other rare printed materials)이다.

260 다음 〈보기〉 중 DDC 제23판 철학 및 심리학류의 분류기호와 그 내용의 연결이 올바른 것을 모두 모은 것은?

〈보 기〉

가. 110 – 형이상학
나. 120 – 인식론
다. 130 – 특정철학학파
라. 140 – 심리학

① 가 – 나
② 가 – 나 – 다
③ 가 – 다 – 라
④ 나 – 다
⑤ 다 – 라

해 설 다. 130은 초심리학 및 신비주의(Parapsychology & occultism)이다. 라. 140은 특정철학학파(Philosophical schools of thoughts)이며, 심리학(Psychology)은 150에 분류된다.

261 다음 〈보기〉 중 DDC 제23판 예술류의 내용과 해당분류기호의 연결이 올바른 것을 모두 모은 것은?

〈보 기〉

가. 회화 – 750
나. 사진술, 컴퓨터아트, 영화, 비디오 – 770
다. 음악 – 780
라. 스포츠, 게임, 오락 – 790

① 가 – 나 – 다
② 가 – 나 – 다 – 라
③ 가 – 다 – 라
④ 나 – 다 – 라
⑤ 다 – 라

해 설 가. 나. 다. 라. 모두 올바르게 연결된 예들이다.

Answer 258 ③ 259 ① 260 ① 261 ②

262 다음 〈보기〉 중 DDC 제23판의 T.3를 적용할 경우 해당자료와 그 분류기호의 연결이 올바른 것을 모두 모은 것은?

〈보 기〉

가. 노인과 바다 / 헤밍웨이 − 813
나. 햄릿 / 세익스피어 − 822
다. 수필선 / 찰스 램(영국수필가) − 824
라. 파우스트 / 괴테 − 833

① 가 − 나　　② 가 − 나 − 다
③ 가 − 라　　④ 나 − 다 − 라
⑤ 다 − 라

해 설 가. 노인과 바다(미국소설)는 "81(미국문학의 기본기호) + −3(T.3의 소설을 나타내는 기호) → 813"이 된다. 나. 햄릿(영국희곡)은 "82(영국문학의 기본기호) + −2(T.3의 희곡을 나타내는 기호) → 822"가 된다. 다. 수필선(영국수필)은 "82(영국문학의 기본기호) + −4(T.3의 수필을 나타내는 기호) → 824"가 된다. 라. 파우스트(독일희곡)은 "83(독일문학의 기본기호) + −2(T.3의 희곡을 나타내는 기호) → 832"가 된다.

263 다음 〈보기〉 중 DDC 제23판 언어류의 내용과 해당분류기호의 연결이 올바른 것을 모두 모은 것은?

〈보 기〉

가. Italian, Romanian, & related languages − 450
나. Spanish, Portuguese, Galician − 460
다. Latin & Italic languages − 470
라. Classical & modern Greek languages − 480

① 가 − 나　　② 가 − 나 − 다
③ 가 − 나 − 다 − 라　　④ 나 − 다 − 라
⑤ 다 − 라

해 설 가. 나. 다. 라. 모두 올바르게 연결되어 있다.

264 다음 〈보기〉 중 DDC 제23판의 의해 분류할 경우 해당자료와 분류기호의 연결이 올바른 것을 모두 모은 것은?

〈보 기〉

가. 유럽지리 – 914
나. 아시아지리 – 915
다. 아프리카지리 – 916
라. 남미지리 – 917

① 가 – 나
② 가 – 나 – 다
③ 가 – 나 – 라
④ 나 – 다 – 라
⑤ 다 – 라

해 설 가. 유럽지리는 "91(지리의 기본기호) + –4(T.2의 유럽을 나타내는 기호) → 914"가 된다. 나. 아시아지리는 "91(지리의 기본기호) + –5(T.2의 아시아를 나타내는 기호) → 915"가 된다. 다. 아프리카지리는 "91(지리의 기본기호) + –6(T.2의 아프리카를 나타내는 기호) → 916"이 된다. 라. 남미지리는 "91(지리의 기본기호) + –8(T.2의 남미를 나타내는 기호) → 918"이 된다.

265 다음 〈보기〉 중 DDC 제23판 과학기술류의 내용과 해당분류기호의 연결이 올바른 것을 모두 모은 것은?

〈보 기〉

가. 건물의 건축 – 690
나. 특정제조업 – 680
다. 가정학 및 가정관리 – 640
라. 공업 및 공학 – 620

① 가 – 나
② 가 – 나 – 다
③ 가 – 나 – 다 – 라
④ 나 – 다 – 라
⑤ 다 – 라

해 설 가. 나. 다. 라. 모두 올바르게 연결되어 있다.

Answer 262 ② 263 ③ 264 ② 265 ③

266 다음 〈보기〉 중 DDC 제23판에 따를 경우 해당자료와 분류기호의 연결이 올바른 것을 모두 모은 것은?

〈보 기〉

가. 문헌정보학 용어사전 – 020.3
나. 문헌정보학 정기간행물 – 020.5
다. 문헌정보학 관련단체 – 020.6
라. 문헌정보학 교육 – 020.8

① 가 – 나
② 가 – 나 – 다
③ 가 – 라
④ 나 – 다 – 라
⑤ 나 – 라

해 설 가. 문헌정보학 용어사전은 "020(문헌정보학의 기본기호) – '0' + –03 (용어사전을 나타내는 T.1의 기호) → 020.3"이 된다. 나. 문헌정보학 정기간행물은 "020 – '0' + –05(연속간행물을 나타내는 T.1의 기호) → 020.5"가 된다. 다. 문헌정보학 관련단체는 "020 – '0' + –06(단체를 나타내는 T.1의 기호) → 020.6"이 된다. 라. 문헌정보학 교육은 "020 – '0' + –07(교육을 나타내는 T.1의 기호) → 020.7"이 된다.

267 다음 〈보기〉 중 DDC 제23판의 표준세구분표의 기호와 조기성을 갖는 주제의 연결이 올바른 것을 모두 모은 것은?

〈보 기〉

가. –03 – 030
나. –05 – 050
다. –07 – 070
라. –09 – 090

① 가 – 나
② 가 – 나 – 다
③ 가 – 나 – 라
④ 나 – 다 – 라
⑤ 다 – 라

해 설 가. –03은 030 General encyclopedic works와 조기성을 갖는다. 나. –05는 050 General serial publications와 조기성을 갖는다. 다. –07은 370 Education과 조기성을 갖는다. 라. –09는 900 History & geography와 조기성을 갖는다.

268 다음 〈보기〉 중 DDC 제23판에 따를 경우 해당자료와 분류기호의 연결이 올바른 것을 모두 모은 것은?

〈보 기〉	
가. 철학사 – 109	나. 언어사 – 409
다. 예술사 – 709	라. 문학사 – 809

① 가 – 나　　② 가 – 나 – 라
③ 가 – 다　　④ 나 – 다 – 라
⑤ 다 – 라

해 설 가. 철학사는 "100(철학의 기본기호) – '00' + –09(역사를 나타내는 T.1의 기호) → 109" 가 된다. 나. 언어사는 "400(언어의 기본기호) – '00' + –09(역사를 나타내는 T.1의 기호) → 409"가 된다. 다. 예술사는 "700(예술의 기본기호) – '0' + –09(역사를 나타내는 T.1의 기호) → 700.9"가 된다. 701–709는 예술류의 대부분을 차지하는 미술 및 장식예술의 표준세구분으로 사용되기 때문에 예술류의 표준세구분은 기호의 중복을 피하기 위해 '0'의 생략에 예외가 적용되었다. 라. 문학사는 "800(문학의 기본기호) – '00' + –09(역사를 나타내는 T.1의 기호) → 809"가 된다.

269 다음 〈보기〉 중 이른바 DDC의 형식류(form class)에 해당하는 유들을 모두 모은 것은 어느 것인가?

〈보 기〉	
가. 총류	나. 종교류
다. 문학류	라. 역사류

① 가 – 나 – 다　　② 가 – 나 – 라
③ 가 – 다　　④ 나 – 다
⑤ 다 – 라

해 설 가. 다. DDC에서 총류(000)와 문학류(800)는 각각 표현형식과 문학형식을 열거순서상에서 앞에 둔다는 점에서 형식류라 한다.

Answer 266 ② 267 ① 268 ② 269 ③

270 다음은 DDC 제23판의 주기의 일부 예이다. 이에 따를 경우 〈보기〉 중 해당 주제와 분류기호의 연결이 올바른 것을 모두 모은 것은?

> Add to base number 027.0 notation 1-9 from Table 2, e.g., libraries in France 027.044

〈보 기〉

가. Libraries in the Ancient World — 027.03
나. Libraries in Asia — 027.06
다. Libraries in North America — 027.07
라. Libraries in South America — 027.08

① 가 – 나
② 가 – 나 – 다
③ 가 – 다 – 라
④ 나 – 다
⑤ 나 – 다 – 라

해 설 나. Libraries in Asia는 "027.0(기본기호) + –5(아시아를 나타내는 T.2의 기호) - 027.05"가 된다.

271 다음 〈보기〉 중 DDC 제23판에서 패싯식 분류법의 성격이 강한 주류를 모두 모은 것은?

〈보 기〉

가. 200
나. 400
다. 600
라. 800

① 가 – 나
② 가 – 나 – 다
③ 가 – 다 – 라
④ 나 – 다
⑤ 나 – 라

해 설 나. 라. DDC에서 언어류(400)와 문학류(800)는 패싯식(분석합성식) 분류법의 성격이 강한 주류에 해당한다.

272 다음 〈보기〉 중 DDC 제23판에 따를 경우, 해당자료와 그 분류기호의 연결이 적합한 것을 모두 모은 것은?

〈보 기〉

가. 한국시 – 895.71　　나. 한국소설 – 895.72
다. 한국수필 – 895.75　　라. 한국서간문 – 895.76

① 가 – 나　　② 가 – 나 – 다
③ 가 – 라　　④ 나 – 다
⑤ 다 – 라

해 설 나. 한국소설은 895.73이다. 다. 한국수필은 895.74이다.

273 다음 〈보기〉 중 DDC 제23판의 Table 3에 대한 설명으로 적합한 것을 모두 모은 것은 ?

〈보 기〉

가. T.3-A, T.3-B는 문학류는 물론 예술류의 700.4와 791.4에도 지시에 따라 추가할 수 있다.
나. T.3-A는 한 명의 개인저자의 문학작품이나 한 명의 개인저자에 관한 문헌에 대한 기호를 세구분하기 위한 보조표이다.
다. 개별문학의 세구분 아래 제시되어 있는 부가주기(add notes)에 따라 사용하거나 810-890 아래에서 *으로 표시되어 있는 개별문학에 대한 기본기호(base numbers)와 함께 사용한다.
라. 원칙적으로 문학형식구분표의 기호를 추가하라는 지시사항이 제시되어 있지 않은 개별문학에 대해서는 사용할 수 없다.

① 가 – 나　　② 가 – 나 – 다
③ 가 – 나 – 다 – 라　　④ 나 – 다
⑤ 나 – 다 – 라

해 설 가. 예술류의 700.4와 791.4에 지시에 따라 추가할 수 있는 보조표는 T.3-C이다.

Answer 270 ③ 271 ⑤ 272 ③ 273 ⑤

274 다음 〈보기〉 중 DDC 제23판의 Table 4의 기호와 그 내용의 연결이 올바른 것을 모두 모은 것은 어느 것인가?

〈보 기〉

가. Etymology of the standard form of the language — -2
나. Grammar of the standard form of the language — -6
다. Historical and geographic variations, modern nongeographic variations — -7
라. Standard usage of the language (Prescriptive linguistics) — -8

① 가 – 나
② 가 – 나 – 다
③ 가 – 다 – 라
④ 나 – 라
⑤ 나 – 다 – 라

해 설 나. Grammar of the standard form of the language의 Table 4의 기호는 –5이다.

275 다음 〈보기〉 중 DDC 제23판 000류의 내용과 해당분류기호의 연결이 올바른 것을 모두 모은 것은?

〈보 기〉

가. Bibliographies — 010
나. Library & information science — 020
다. Encyclopedias & books of facts — 030
라. Magazines, journals & serials — 040

① 가 – 나
② 가 – 나 – 다
③ 가 – 나 – 다 – 라
④ 나 – 다
⑤ 나 – 다 – 라

해 설 라. Magazines, journals & serials는 050에 분류된다.

276 다음 〈보기〉 중 DDC 제23판 300류의 분류기호와 그 내용의 연결이 올바른 것을 모두 모은 것은?

〈보 기〉

가. Public administration & military science — 350
나. Social problems and social services — 360
다. Customs, etiquette & folklore — 380
라. Commerce, communications & transportation — 390

① 가 — 나
② 가 — 나 — 다
③ 가 — 라
④ 나 — 다 — 라
⑤ 다 — 라

해 설 다. 라. Customs, etiquette & folklore는 390, Commerce, communications & transportation은 380에 분류된다.

277 다음 〈보기〉 중 DDC 제23판 100류의 분류기호와 그 내용의 연결이 올바른 것을 모두 모은 것은?

〈보 기〉

가. 160 — Ethics
나. 170 — Perception
다. 180 — Ancient, medieval & eastern philosophy
라. 190 — Modern western philosophy

① 가 — 나
② 가 — 나 — 다
③ 가 — 다 — 라
④ 나 — 라
⑤ 다 — 라

해 설 가. 나. 160에는 Pilosophical logic이 분류되며, Ethics는 170에 분류된다.

Answer 274 ③ 275 ② 276 ① 277 ⑤

278 다음 〈보기〉 중 DDC 제23판 종교류의 분류기호와 그 내용의 연결이 올바른 것을 모두 모은 것은?

〈보 기〉

가. 210 – Philosophy and theory of religion
나. 220 – Bible
다. 230 – Christianity
라. 240 – Christian practice & observance

① 가 – 나
② 가 – 나 – 다
③ 가 – 나 – 다 – 라
④ 나 – 다 – 라
⑤ 다 – 라

해 설 가. 나. 다. 라. 모두 올바르게 연결되어 있다.

279 다음 〈보기〉 중 DDC 제23판 400류의 내용과 해당분류기호의 연결이 올바른 것을 모두 모은 것은?

〈보 기〉

가. French Dictionary – 433
나. German Dictionary – 443
다. Italian Dictionary – 453
라. Spanish Dictionary – 463

① 가 – 나
② 가 – 나 – 다
③ 가 – 라
④ 나 – 다 – 라
⑤ 다 – 라

해 설 가. French language의 기호는 440으로, French Dictionary는 "44 + –3(T.4의 사전을 나타내는 기호) → 443"이 된다. 나. German language의 기호는 430으로, German Dictionary는 "43 + –3 → 433"이 된다. 다. Italian language의 기호는 450으로, Italian Dictionary는 "45 + –3 → 453"이 된다. 라. Spanish language의 기호는 460으로, Spanish Dictionary는 "46 + –3 → 463"이 된다.

280 다음 〈보기〉 중 DDC 제23판 과학류의 내용과 해당분류기호의 연결이 올바른 것을 모두 모은 것은?

〈보 기〉

가. Earth sciences & geology — 550
나. Fossils & prehistoric life — 560
다. Plants (Botany) — 570
라. Animals (Zoology) — 580

① 가 — 나
② 가 — 나 — 다
③ 가 — 다
④ 나 — 다 — 라
⑤ 나 — 라

해 설 다. 라. Plants (Botany)는 580, Animals (Zoology)는 590에 해당한다.

281 다음 〈보기〉 중 DDC 제23판 600류의 내용과 해당분류기호의 연결이 올바른 것을 모두 모은 것은?

〈보 기〉

가. Home & family management — 640
나. Agriculture — 630
다. Engineering — 620
라. Medicine & health — 610

① 가 — 나
② 가 — 나 — 다
③ 가 — 나 — 다 — 라
④ 나 — 다 — 라
⑤ 다 — 라

해 설 가. 나. 다. 라. 모두 올바르게 연결되어 있다.

Answer 278 ③ 279 ⑤ 280 ① 281 ③

282 다음 〈보기〉 중 DDC 제23판 700류의 분류기호와 그 내용의 연결이 올바른 것을 모두 모은 것은?

〈보 기〉

가. Sports, games & entertainment — 790
나. Photography, computer art, film, video — 770
다. Painting — 750
라. Graphic arts & decorative arts — 730

① 가 — 나
② 가 — 나 — 다
③ 가 — 다
④ 나 — 다 — 라
⑤ 다 — 라

해 설 라. Graphic arts & decorative arts는 740이며, 730은 Sculpture, ceramics & metalwork이다.

283 다음 〈보기〉 중 DDC 제23판 400류의 내용과 해당분류기호의 연결이 올바른 것을 모두 모은 것은?

〈보 기〉

가. 421 — English Phonology
나. 422 — English Etymology
다. 423 — English Dictionary
라. 425 — English Grammar

① 가 — 나
② 가 — 나 — 다
③ 가 — 나 — 다 — 라
④ 나 — 다 — 라
⑤ 다 — 라

해 설 가. 나. 다. 라. 모두 올바르게 연결되어 있다.

284 다음 〈보기〉 중 DDC 제23판 과학류의 분류기호와 그 내용의 연결이 올바른 것을 모두 모은 것은

〈보 기〉

가. 510 – Mathematics
나. 520 – Astronomy
다. 530 – Chemistry
라. 540 – Physics

① 가 – 나
② 가 – 나 – 다
③ 가 – 다
④ 나 – 다 – 라
⑤ 나 – 라

해 설 다. 라. 530은 Physics, 540은 Chemistry에 해당한다.

285 다음 〈보기〉 중 DDC 제23판 종교류의 내용과 해당분류기호의 연결이 올바른 것을 모두 모은 것은?

〈보 기〉

가. Christian organization, social work & worship – 260
나. Christian denominations – 270
다. History of Christianity – 280
라. Other religions – 290

① 가 – 나
② 가 – 나 – 다
③ 가 – 라
④ 나 – 다 – 라
⑤ 다 – 라

해 설 나. 다. Christian denominations는 280, History of Christianity는 270에 분류된다.

Answer 282 ② 283 ③ 284 ① 285 ③

286 다음 〈보기〉 중 DDC 제23판 300류의 내용과 해당분류기호의 연결이 올바른 것을 모두 모은 것은?

〈보 기〉

가. Statistics − 310
나. Political science − 320
다. Law − 340
라. Education − 370

① 가 − 나 ② 가 − 나 − 다
③ 가 − 나 − 다 − 라 ④ 나 − 다 − 라
⑤ 다 − 라

해 설 가. 나. 다. 라. 모두 올바르게 연결되어 있다.

287 다음 〈보기〉 중 DDC 제23판 100류의 내용과 해당분류기호의 연결이 올바른 것을 모두 모은 것은?

〈보 기〉

가. Metaphysics − 110
나. Epistemology − 120
다. Parapsychology & occultism − 140
라. Psychology − 150

① 가 − 나 ② 가 − 나 − 라
③ 가 − 다 − 라 ④ 나 − 다
⑤ 다 − 라

해 설 다. Parapsychology & occultism은 130에 분류되며, 140은 Philosophical schools of thoughts이다.

288 다음 〈보기〉 중 DDC 제23판 600류의 분류기호와 그 내용의 연결이 올바른 것을 모두 모은 것은?

〈보 기〉

가. 690 – Construction of buildings
나. 680 – Manufacture for specific uses
다. 670 – Chemical engineering
라. 660 – Management & public relations

① 가 – 나
② 가 – 나 – 다
③ 가 – 라
④ 나 – 다
⑤ 나 – 다 – 라

해 설 다. 670은 Manufacturing에 해당하며, Chemical engineering은 660이다.
라. Management & public relations는 650에 해당한다.

289 다음 〈보기〉 중 DDC 제23판 000류의 분류기호와 그 내용의 연결이 올바른 것을 모두 모은 것은?

〈보 기〉

가. 050 – Magazines, journals & serials
나. 060 – Associations, organizations & museums
다. 070 – News media, journalism & publishing
라. 080 – Manuscripts & rare books

① 가 – 나
② 가 – 나 – 다
③ 가 – 라
④ 나 – 다 – 라
⑤ 다 – 라

해 설 라. 080은 Quotations이며, Manuscripts & rare books는 090에 분류된다.

Answer 286 ③ 287 ② 288 ① 289 ②

290 다음 〈보기〉 중 DDC 제23판 700류의 내용과 해당분류기호의 연결이 올바른 것을 모두 모은 것은?

〈보 기〉
가. 710 – Area planning & landscape architecture
나. 720 – Architecture
다. 760 – Photography, computer arts, film, video
라. 780 – Music

① 가 – 나
② 가 – 나 – 다
③ 가 – 나 – 라
④ 나 – 다 – 라
⑤ 다 – 라

해 설 다. 760은 Printmaking & prints이며, Photography, computer arts, film, video는 770에 해당한다.

Answer 290 ③

제 4 장
KDC의 이해

4.1. KDC의 탄생과 발전
4.2. KDC 제6판의 특성과 체계, 구성
4.3. 조기표의 종류와 내용
4.4. 주제구분을 사용한 기호의 합성방법
4.5. 본표의 전개

제 4 장 KDC의 이해

주요내용의 요약 및 해설

4.1. KDC의 탄생과 발전

한국십진분류법(KDC):

① 한국도서관협회 분류위원회에 의해 발행과 개정이 이루어지고 있는 우리나라의 표준분류표이다.

② 특히 공공도서관과 학교도서관 등을 중심으로 널리 채택되고 있다.

③ 영문 표기인 Korean Decimal Classification의 머리글자를 따 통상 KDC로 약칭된다.

KDC 이전의 국내 주요분류법:

① 조선총독부도서관 분류법: 십진식

② 경성제국대학 부속도서관의 화한서분류표(和漢書分類表)

③ 경성제국대학 부속도서관의 양서분류표(洋書分類表): LCC와 유사한 성격

④ 박봉석의 조선십진분류표

⑤ 고재창의 한은(韓銀)분류표

⑥ 국방연구원의 국연(國硏)십진분류표

⑦ 듀이십진분류법(DDC: Dewey Decimal Classification)

KDC의 직접적인 개발동기 – 기존분류법의 문제점

① 조선십진분류표: 네 자리까지만 전개했기 때문에 분류항목이 부족하여 규모가 큰 도서관으로부터 불만을 산 바 있다.

② DDC: 서양중심의 전개로 우리 실정에 맞지 않는다는 점에서 비판을 받았다.

KDC의 개발 및 개정판 발행과정:

① 1963년 한국도서관협회 분류분과위원회를 구성하였다.

② 우리 실정에 알맞은 현대적이며 실용적인 분류표를 편찬하기 위한 작업에 착수하였다.

③ 1964년 5월 한국십진분류법의 초판을 발행하였다.

④ 한국십진분류법의 발행상황

(가) 발행 관련 사항(오동근 2015, p.203)

판차	발행년도	서설면수	조기표면수	본표면수	색인면수	총페이지	편집책임자
1	1964	12	4	420	214	642	천혜봉
2	1966	12	4	439	221	686	천혜봉
3	1980	14	8	547	438	1,027	이병수
4	1996	12	15	923	532	1,516	권기원
5	2009	12	39	922	525	1,540	남태우
6	2013	12	51	899	391	1,719	오동근

(나) DDC 및 NDC와의 비교(오동근 2015, p.202)

구 분		DDC	KDC	NDC
영문명		Dewey Decimal Classification	Korean Decimal Classification	Nippon Decimal Classification
초판	발행년도	1876	1961	1929
	편집책임자	Melvil Dewey	천혜봉	모리 키요시(森淸)
	발행기관	Amherst College	한국도서관협회	마미야상점(間宮商店)
	총권수	1권	1권	1권

<table>
<tr><td rowspan="6">최
신
판</td><td>발행년도</td><td>2011</td><td>2013</td><td>2014</td></tr>
<tr><td>판차</td><td>제23판</td><td>제6판</td><td>제10판</td></tr>
<tr><td>편집책임자</td><td>J. Mitchell</td><td>오동근</td><td>일본도서관협회</td></tr>
<tr><td>발행기관</td><td>OCLC</td><td>한국도서관협회</td><td>일본도서관협회</td></tr>
<tr><td>총권수</td><td>4권</td><td>3권</td><td>2권</td></tr>
<tr><td>총면수</td><td>4,175</td><td>1,719</td><td>800</td></tr>
<tr><td colspan="2">주요사용기관</td><td>공공도서관
학교도서관
대학도서관</td><td>공공도서관
학교도서관
대학도서관</td><td>공공도서관
학교도서관
대학도서관</td></tr>
</table>

⑤ 주요 참고자료(오동근 2015, pp.198-199):

(가) DDC: 주류 및 주요 내용 참조

(나) 일본십진분류법(NDC): 강목의 일부분과 요목 및 세목의 상당부분 참조

(다) 박봉석의 조선십진분류표: 한국과 동양관계분야의 주제

(라) 구개명(裘開明)의 한화도서분류법(漢和圖書分類法): 한국과 동양관계분야의 주제

(마) 성균관대학교의 한적분류법: 한국과 동양관계분야의 주제

(바) 미국의회도서관분류법(LCC): 사회과학의 강목

(사) 국제십진분류법(UDC): 의학분야의 요목

(아) KDC와 주요 분류표 참고 내용 요약(오동근 2015, p.199)

분류표	참고내용
듀이십진분류법(DDC)	주류 배열 등 전반
일본십진분류법(NDC)	일부 강목과 요목 및 세목의 전개
조선십진분류표(KDCP)	한국과 동양 관련 주제의 전개
구개명 한화도서분류법	한국과 동양 관련 주제의 전개
성균관대도서관 한적분류법	한국과 동양 관련 주제의 전개
미국의회도서관분류법(LCC)	사회과학 분야 강목의 전개
국제십진분류법(UDC)	의학 분야 요목의 전개

KDC 제6판의 개정작업 및 주요 특징(KDC6 2013, 제3권 pp.3-4):

① 2011년 9월 제6판의 개정작업을 수행하기 위한 분류위원회 구성

② 주요 개정방침(KDC6 2013, 제1권 p.x):

(가) 주류와 강목은 제5판의 골격을 가능한 한 그대로 유지하되, 학문의 발전과 도서관의 실제 장서구성에서 많은 차이를 보이거나 필요할 경우 특정주제분야는 적극적으로 개정

(나) 조기표의 개정 및 본표의 조기성의 일관성 유지

(다) 기술방식의 전체적 통일 및 용어의 최신화·현대화

(라) 북한 관련항목의 적절한 반영

(마) KDC 제5판의 오류와 표기상의 미비점 등 수정·보완

(바) 분류기호 합성방식의 적극 도입 및 다양한 주기의 기술

(사) 의미상 한자의 병기 필요한 경우 ( ) 속에 병기

(아) 한국지역구분표 및 한국시대구분표의 별도 조기표 폐지

(자) 별법(別法)에 대해 맨 앞에 "별법: "을 명시하여 표시

(차) 제6판의 간략판 및 해설서(매뉴얼) 발간 및 차후 KDC 기반 시소러스 편찬에 대비

③ 2013년 본표와 상관색인, 해설서 3권으로 이루어진 제6판 발행:

(가) 제1권 – 서론, 서설, 조기표, 본표 등

(나) 제2권 – 상관색인

(다) 제3권 - 해설서

④ 이용현황(오동근 2015, pp.203-204)

(가) KDC는 우리나라의 공공도서관과 학교도서관을 위한 표준분류법이다.

(나) 공공도서관에서는 2009년의 자료에 의하면, 동양서의 경우 99.1%, 서양서의 경우 97.8%가 KDC를 사용하고 있다.

(다) 대학도서관에서는 2010년의 자료에 의하면, 동양서의 경우 43.2%, 서양서의 경우 23.7%가 KDC를 사용하고 있다.

(라) KDC 분류기호는 국립중앙도서관의 '출판예정도서목록'(CIP: Cataloging In Publication) 데이터와 국립중앙도서관 온라인 종합목록(http://www.nl.go.kr) 및 MARC 레코드에 수록되어 제공되고 있다.

KDC의 일반적 특성(오동근, 배영활, 여지숙 2014, pp.10-17; 오동근 2015, pp.206-209):

① 학문에 의한 분류에 대한 주제에 의한 분류의 보완:

(가) KDC는 동일한 주제를 다루고 있는 자료라고 하더라도, 그 주제를 어떤 관점이나 어느 측면에서 다루는가에 따라 해당 학문분야나 연구분야에 분류하게 되는 학문적 분류표 또는 측면적 분류표(aspect scheme)의 범주에 속한다. 그러나 학문에 의한 분류의 원칙이 KDC에서는 일반적인 원칙으로 채택되고 있지만, KDC에는 많은 부분에서 주제분류표적 성격을 볼 수 있다. KDC의 주류의 배열순서는 DDC와 마찬가지로 Bacon의 학문분류의 역순을 따르고 있다.

(나) KDC의 주제분류적 특성을 보여주는 예(일부)(오동근 2015, p.207)

해당주제	KDC의 기호	DDC의 기호	
컴퓨터과학	004	소프트웨어 일반	005
		하드웨어 일반	004
		하드웨어 공학	621.39
조 경	525.9	조경용 작물	635
		건축관련조경	712
		치료적 활용	615.8515
건축, 건물, 건축술	540	건축시공	690
		건축예술	720
종교음악	672	종교음악 일반	203.7
		각 종교의 음악	해당종교 내 별도기호

② 계층적 구조: 학문이나 주제의 관계를 나타내기 위해 일반적인 것들로부터 시작하여 점차 구체적인 것들로 전개하게 된다. 그러나 이것은 분류표에 일반적으로 적용된다는 의미로, 반드시 모든 경우에 완전하게 적용된다는 것은 아니다.

• **기호로 본 KDC의 계층구조**

300	**사회과학**
370	**교육학**
376	**중등교육**
376.5	중학교교육
376.6	고등학교교육

여기에서 밑줄로 표시된 의미를 갖는 분류기호의 자리수에 의해 계층구조가 표현된다. 즉 자리수가 해당분야의 상하관계를 나타낸다. '교육학'은 의미를 갖는 자리수가 그보다 하나 적은 '사회과학'의 하위류(subordinate class)가 되며, 그보다 하나 많은 '중등교육'의 상위류(superordinate class)가 된다. '중학교교육'과 '고등학교교육'은 둘 다 중등교육의 하위류가 되지만, 둘 사이는 서로 동위류 또는 등위류(coordinate class)의 관계가 된다.

③ 십진식에 의한 전개: KDC에서는 모든 지식을 주류라는 열 개의 광범위한 학문분야로 구분하고, 이들을 계속적으로 강목, 요목, 세목의 단계로 십진식으로 세분한다. 또한 주류와 강의 단계에서는 최소자리수를 세 자리로 채우기 위해 필요한 만큼 '0'를 추가하고, 세목의 경우는 세 자리 다음에 소수점을 찍는다. 따라서 이론상으로 KDC에서는 계속적인 십진식전개에 의해 무한히 전개할 수 있다.

④ 조기성의 도입: 조기성(助記性) 또는 조기법(mnemonics)은 사전적 의미로는 "기억을 돕거나 향상시키기 위한 기술이나 방법" 또는 "그것을 통해 기억을 새로이 하거나 향상시키는 것"을 말한다. KDC에서는 특히 주제의 합성을 위해 많은 부분에서 조기성의 기법을 도입하고 있는데, 동일한 개념에 대해서는 동일한 기호를 부여하도록 하는 이른바 체계적 조기성(systematic mnemonics) 또는 일정적(一定的) 조기성 내지 표에 의한 조기성(scheduled mnemonics)의 기법을 주로 채택하고 있다.

KDC의 장점(오동근, 여지숙, 배영활 2014, pp.18-19):

① 대한민국 고유의 분류표로, 국립중앙도서관을 비롯한 전국의 많은 도서관에서 사용하고 있는 실용적인 분류표이다.

② 한국도서관협회라는 영구적 기관에 의해 지속적으로 유지·관리하며 개정판을 발행하고 있기 때문에, 분류표의 최신성을 유지할 수 있다.

③ 본표의 여러 곳에 분산된 관련주제들을 한 곳에서 일목요연하게 찾아볼 수 있는 우수한 상관색인(relative index)을 갖추고 있다.

④ 6개의 조기표를 포함하여 다양하고 풍부한 조기성을 유지하기 위한 장치를 갖추고 있기 때문에 분류기호를 기억하고 활용하기에 용이하다.

⑤ 분류기호의 계층적 성격을 유지하고 있기 때문에 분류기호 간의 상호관계를 이해하고 이를 통해 탐색에 도움이 될 수 있다.

⑥ 국립중앙도서관과 국회도서관에서 KDC 기호를 부여한 목록 정보를 제공하고 있기 때문에, 도서관 현장에서는 이를 활용한 카피편목(copy cataloging)이 가능하다.

⑦ 아라비아 숫자만으로 된 순수기호법(pure notation)을 채택하고 있어, 단순하고 이해하기 쉽다.

⑧ 십진식에 의한 추가전개를 통해 새로운 지식영역을 수용할 수 있기 때문에, 분류표의 확장이 비교적 용이하다.

⑨ 분류표를 이해하고 사용하기가 편리하도록 본표에 사용법에 관한 다양한 주기를 수록하고 있고 해설서도 함께 발행하고 있다.

KDC의 단점(오동근, 여지숙, 배영활 2014, p.19):

① 학문분야나 주제를 10구분법에 의해 기계적으로 구분해야 하기 때문에, 학문간 및 주제간 불균형이 생기게 되는 경우가 많다.

② 십진식 전개에 따라 기존의 분류기호가 대부분 사용된 경우 새로운 주제를 적절한 위치에 삽입하기가 어렵고, 계속적으로 전개할 경우 분류기호가 길어진다.

③ 분류표의 개정으로 특정분야의 전면개정이나 주제의 재배치(relocation)가 이루어질 경우, 기존장서를 재분류(reclassification)해야 한다.

④ 정기적이고 주기적인 개정이 이루어지지 못하는 경우가 많기 때문에, 그 발행주기를 예측하기 어렵고 도서관현장에서 특정판의 채택이나 판의 변경에 어려움을 겪고 있다.

4.2. KDC 제6판의 특성과 체계, 구성

KDC 제6판의 주요 특성(오동근 2015, pp.200-201)

① 학문발전 및 도서관의 실제 장서구성의 최신 동향에 따른 필요한 부분들의 재전개

② 불합리하다고 지적된 일부 강목('건축술 및 건물' → '540 건축, 건축학') 및 요목의 통폐합

③ 주요 분류항목에 대한 상세한 주기 추가

④ 인덴션의 도입을 포함한 상관색인의 대대적인 수정 및 보완

⑤ 국립중앙도서관 국가서지과와의 지속적 협의 및 자문을 통한 도서관 현장의 의견 반영

⑥ 주요 주제 분야의 전문가 및 교수의 자문을 통한 주제 분야의 전문성 강화

KDC 제6판의 주요 조기표:

① 조기표는 문헌의 일반적 구성형식이나 특정한 주제내에서 공통성을 가지는 것에 대해 공통적인 기호를 배당한 것으로, 이를 적용함으로써 전반적인 기호의 조직을 쉽게 이해하고 기억할 수 있도록 하기 위해 마련한 것이다.

② 종 류:

(1) 표준구분표(標準區分表)
(2) 지역구분표(地域區分表)
(3) 국어구분표(國語區分表)
(4) 문학형식구분표(文學形式區分表)
(5) 언어공통구분포(言語共通區分表)
(6) 종교공통구분표(宗教共通區分表)

③ 제6판에서는 제5판의 한국지역구분표과 한국시대구분표를 삭제하고, 한국지역구분표는 지역구분표(-111-1199)로 통합하고, 한국시대구분표는 본표 911.01-.82의 기호로 대체하였다.

KDC 제6판의 개요표:

① 개요표는 본표에 들어가기에 앞서 본표를 간단하게 전체적으로 살펴볼 수 있는 표이다.

② 개요표의 종류:

(가) 주류표(主類表): 본표의 학문의 전 주제를 10개의 주제로 구분한 주류를 한눈에 볼 수 있도록 한 표

(나) 강목표(綱目表): 주류 및 각 주류를 다시 십진으로 세분한 강목으로 구성된 100구분표

(다) 요목표(要目表): 각 강목을 또 다시 십진으로 구분한 요목까지 수록된 1000구분표

KDC 제6판 본표의 범례(KDC6 2013, p.79):

① 범례(凡例)에서는 본표에 사용된 표기법과 용어, 부호 및 표시 등을 설명하고 있다.

② 내 용:

(가) "한글표기를 우선으로 하고 동음이의어, 일부 전문용어 및 고유명사, 한글만으로는 이해가 곤란한 명사 등에는 ( )에 한자를 병기하였다."

(나) "용어의 표기는 원칙적으로 국립국어원의 「한국맞춤법」에 따르고, 외국의 인명, 일반명사 및 기타 외래어의 한글표기법은 대체로 국립국어원의 「외래어표기법」과 「로마자표기법」에 따랐다."

(다) "중국과 일본의 인명 및 지명은 현지의 원음대로 표기하고 ( )에 한자를 병기하였다."

(라) "외국어 발음에 따라 한글로 표기한 것은 대체로 그 다음에 원어를 부기하였다."

(마) "전문용어는 각 학회에서 채택한 표준용어를 사용하였다. 그러나 표준용

어로 채택되지 못한 것은 영어발음에 따라 한글로 표기하고 원어를 부기하였다."

(바) "분류법 본표에는 양서분류의 편의를 도모하기 위하여 주류와 강목, 요목 대부분의 항목과 특히 자연과학, 기술과학, 역사 및 기타의 많은 세목명에 영어를 병기하였다."

(사) "연대는 서기로 통일하였다."

(아) "분류법 본표에서 참조표시는「→」부호를 사용하였다."

(자) "본표를 간소화하기 위하여 공통으로 구분 또는 세분할 수 있는 것은 조기성을 활용하여 분류항목의 전개를 생략한 것이 많다."

(차) "분류항목(명사)이 다른 분류번호로 이치된 것은 다음과 같이 표시하였다."

〈예〉 [310.14] 자료수집
413.83에 분류한다.

(카) "분류항목(명사)이 다른 분류번호에서 이치된 것은 다음과 같이 표시하였다."

〈예〉 549.31 도서관 [전 613.1]

(타) "분류항목(명사)이 변경된 경우는 구 분류항목을 다음과 같이 표시하였다."

〈예〉 378.9 부모교육 [전 가정교육]

(파) "도서관의 상황에 따라 별도의 방법으로 선택할 수 있는 별법에 대해서는,「별법: 」을 앞세워 표시하였다."

(하) "본표 상단의 좌측(짝수면) 또는 우측(홀수면)에는 이용상의 편의를 위해 해당페이지의 마지막 분류항목의 분류기호 첫 3자리를 기재하였다."

KDC 엔트리의 구성(오동근, 여지숙, 배영활 2014, pp.26-30):

① 기본요소: 분류번호칼럼과 표목 및 주기칼럼으로 이루어진다.

② 기호칼럼: 분류기호로 구성. 본표의 분류기호 가운데 주류와 강목, 요목을 나타내는 처음 세 자리는 기호칼럼에는 맨처음에 단한번만 표시된다. 다만, 페이지가 바뀔 경우 새 페이지의 첫 엔트리는 주류와 강목, 요목 등의 기호를 포함하는 완전한 분류기호를 표시한다. 조기표의 기호칼럼은 본표의 기

호와 구별하기 위해 항상 붙임표(–)를 앞세워 기재한다. 분류기호는 언제나 최소한 세 자리를 유지하도록 하고, 세 자리가 넘게 되면 세 번째 자리와 네 번째 자리 사이에 소수점을 찍어 구분한다.

* 참고: 각괄호([ ])로 묶어 표시되는 기호: 해당류가 다른 곳으로 재배치되었거나 더 이상 사용하지 않는 기호. 따라서 각괄호로 표시된 기호는 제4판에 사용되었던 기호로, 제5판을 사용할 경우에는 더 이상 부여해서는 안 된다.

③ 표목칼럼: 해당분류기호에 상응하는 분류항목이 기재. 표목으로 사용되는 분류항목은 분류표상에 주제의 계층구조를 나타낼 수 있도록, 인덴션(indention)을 사용하고 있다. 표목칼럼의 분류항목은 일반적으로 주류, 강목, 요목에는 항목명에 영어를 부기하고, 세목의 경우는 필요에 따라 영어를 부기하고 있다.

④ 기호칼럼과 표목칼럼은 분류표내에서의 계층구조의 위치에 따라 다양한 크기의 활자로 인쇄된다.

⑤ 주기사항: 주기는 모든 엔트리에 제시되는 것은 아니며, 주기가 제시되는 경우는 분류항목만을 나열한 분류표로는 정확한 분류를 하기 힘들 경우에 제시된다.

⑥ 주기의 내용(KDC6 2013, pp.7-8):

(가) 주요 분류항목에 대한 정의, 설명, 개념의 범위를 표시하였다.

(나) "분류항목에 관련된 주제와 접근된 주제, 잘못 분류할 가능성이 높은 다른 분류기호를 갖는 주제에 대한 안내사항을 표시하였다."

(다) 이른바 입석(立席: standing room)의 토픽을 주기에 열거하였다.

(라) 고문헌의 분류에 도움이 되도록 하기 위하여 특정서명을 주기에 예시하였다.

(마) 필요한 곳에서는 인명과 지명을 수록하였다.

(바) 각종 조기표의 전개를 지시하고 예를 들었다.

(사) 별법(別法)을 선택할 수 있는 분류항목 아래에는 이를 주기로 설명하였다.

(아) 참조가 필요한 항목에는 참조표시를 열거하였다.

⑦ 기본엔트리의 예

> **090 향토자료(鄕土資料) Materials of province**
> 별법: 도서관에 따라 향토자료를 001-999와 같이 주제구분 할 수 있다.
> 예: 거창군지 099.1187; 향토불교자료 092.2

KDC의 상관색인(오동근, 배영활, 여지숙 2014, pp.30-33):

① 상관색인은 분류표 전체에 걸쳐 각 학문분야로 분산되어 있는 동일한 주제에 관한 서로 다른 관점들을 함께 모아주는 기능을 하게 된다.

② KDC의 상관색인은 특정주제와 관련된 모든 주제의 명사와 그 주제를 도치형식으로 표현한 명사를 가나다순으로 배열하여 특정주제의 분류위치, 항목의 관련성과 하위관계, 다른 입장에서 본 분류기호를 한 곳에 전부 제시하였기 때문에, 분류항목과 중요한 주를 정확하게 찾을 수 있도록 되어 있다(한국도서관협회 1997, p.13).

③ 가나다순으로 배열한 표목의 바로 옆에는 그 표목이 가지는 분류기호가 제시된다.

④ 색인을 통해 분류기호를 찾은 후에 반드시 본표에서 이를 대조·확인하여야 하며, 만일 본표에서 해당주제의 분류기호를 구했다면 정확한 분류를 위해 색인과 대조·검토한 후에 분류기호를 결정하여야 한다.

KDC를 사용하는 사서가 갖추어야 할 기초지식: (KDC6 2013, pp.9-10)

① 분류표의 조직에 정통할 것

② 상관색인의 사용법을 숙지할 것

③ 문헌의 내용을 정확히 파악할 것

④ 문헌분류에 관한 일반적인 규칙과 규정을 명확하게 이해할 것

4.3. 조기표의 종류와 내용

4.3.1. 표준구분표

개념 및 특성(오동근, 배영활, 여지숙 2002, pp.55-59):

① 주제의 취급 형식, 체제, 자료의 물리적 형태가 동일한 것은 어떤 주제에서든 동일기호를 부여하기 위해 마련한 구분표로, 표준구분표에 제시된 형식은 사전이나 연속간행물, 서지 등과 같은 물리적 형식이 있고, 이론이나 연구와 같은 접근법 내지는 표현형식이 있다.

② 표준구분표는 본표에 이 조기표를 사용하지 못하도록 하는 구체적인 지시가 설정되어 있거나 이를 사용하면 기호가 중복되는 경우가 아니면, 토픽의 범위나 상세도에 관계없이 해당분류 기호의 전체에 상당하는 모든 토픽의 분류기호에 이를 적용할 수 있다.

③ 몇몇 예외적인 경우를 제외하고는, 표준구분표는 공식적인 부가지시사항 없이 열거되거나 합성된 어느 주제에 대해서나 추가할 수 있다.

④ 표준구분표 기호의 앞에는 붙임표(−)가 붙는데 이것은 표준구분표의 기호들은 본표의 분류 기호에 부기될 경우에만 의미를 갖게 됨을 나타내는 것이다.

⑤ 표준구분표의 기호는 최소한 두 자리로 구성되며, 항상 영(0)으로 시작된다.

⑥ 표준구분표는 KDC의 다른 모든 기호들과 마찬가지로, 십진식으로 확장·전개될 수 있다.

⑦ DDC의 제1보조표인 표준세구분표(Table 1: Standard subdivisions)에 해당한다.

⑧ 제3판까지 "일반형식구분"이라는 이름으로 사용되어오다가, 제4판부터 현재의 이름으로 변경되었다.

일반적 성격(오동근, 배영활, 여지숙 2002, p.56):

① 다른 학문의 기법들을 해당주제와 관련지어 주는 세구분: 교육이나 연구, 경영 관리, 철학 및 이론 등

② 해당주제를 그 이용자들과 관련지어 주는 세구분: 직업으로서의 주제, 특정 직업에 종사하는 사람들을 위한 주제 등
③ 해당주제에 관한 특정종류의 정보를 파악해 주는 세구분: 디렉토리, 상품목록, 통계 등
④ 전체주제를 어떤 제한된 상황에서 다루는 세구분: 사람의 종류나 지역, 시대 등에 의한 경우 등
⑤ 서지적 형식을 지시해 주는 세구분: 백과사전이나 연속간행물 등
⑥ 그 밖에 잡다한 세구분: 전기, 공식, 명세서 등

개요 및 내용: 표준구분표는 항상 '0'을 앞세워 적으며, 주로 총류와 조기성을 갖는다.

-01	**철학 및 이론**
-012	분류론
-02	**잡저(雜著)**
-021	편람, 핸드북, 포켓북
-022	스크랩북, 클리핑 등
-023	법령 및 규정
-024	시청각자료 및 디지털자료
-025	제표, 사물목록, 도보
-026	서지, 도서목록, 초록, 색인, 해제
-027	보조 기법 및 절차
-028	특정직업 종사자를 위한 저작
-029	특허, 규격, 상표
-03	**사전(辭典), 사전(事典), 인용어사전, 용어집, 약어집**
-034	커뮤니케이션, 용어연구, 술어, 명명법
-04	**강연집, 수필집, 연설문집**
-05	**연속간행물**
-059	연감, 통계연감, 연보, 역(曆)
-06	**각종 단체, 조직(학회, 단체, 협회, 기관, 회의) 및 경영**
-061~067	국가 및 지방 조직
-068	경 영
-069	박물관 및 상설전시장
-07	**지도법, 연구법 및 교육, 교육자료**
-071	교육 · 양성기관(강습회, 연구집회)
-072	지도법

-073	연구방법론
-074	기술, 기기, 기구, 비품
-077	각종 시험 대비용 교재 및 문제집, 면허증
-079	경시/경진대회, 포상, 상품, 상장
-08	**총서, 전집, 선집**
-081	개인 전집, 총서, 선집
-082	2인 이상의 전집, 총서, 선집
-09	**역사 및 지역구분**
-0901	원시시대(1 BC까지)
-0902	고대(1 ~ 499)
-0903	중세(500 ~ 1499)
-0904	근세(1500 ~ 1899)
-0905	20세기(1900 ~ 1999)
-0906	21세기(2000 ~ 2099)
-091~096	대륙, 국가, 지방 구분
-097	지역구분 일반
-098	해양구분 [전 일반지대, 지방, 해양구분]
-099	전 기

표준구분과 총류의 조기성:

-01	철학 및 이론	←	100	철학
-02	잡 저	←	(020)	문헌정보학
-03	사전(辭典), 사전(事典) 등	←	030	백과사전
-04	강연집, 수필집, 연설문집	←	040	강연집, 수필집, 연설문집
-05	연속간행물	←	050	일반연속간행물
-06	각종 단체, 조직 및 경영	←	060	일반 학회, 단체 등
-07	지도법, 연구법 및 교육 등	←	370	교육학
-08	총서, 전집, 선집	←	080	일반 전집, 총서
-09	역사 및 지역구분	←	900	역사

표준구분표의 대부분은 '000' 총류의 강목과 상당부분이 조기성을 가짐을 알 수 있다. 다만 -02는 020과 유사한 정도이고, -07은 370 교육학과 조기성을 가지며, -01과 -09는 각각 100 및 900과 조기성을 갖는다.

사용단계: "판화의 역사"의 예(오동근, 배영활, 여지숙 2002, pp.59-60):

① 해당문헌의 고유주제와 표준구분표를 통해 표현된 요소를 분리한다. "판화의 역사"에서 고유 주제는 "판화"이며, 표준구분표에 의해 표현될 요소는 "역사"이다.

② 고유주제에 대해 분류기호를 부여한다. "판화"의 분류기호는 "659"이다.

③ 표준구분표에서 해당기호를 찾아낸다. "역사"의 표준구분기호는 "-09"이다.

④ 고유주제에 대한 본표의 기호에 표준구분표의 기호를 부가한다. 따라서 "판화의 역사"의 분류기호는 "659 + -09 → 659.09"가 된다.

659 **판 화**
-09 역사 (표준구분표)

659 + -09 → 659.09

'0'의 사용규칙(오동근, 배영활, 여지숙 2014, pp.49-53):

① KDC의 주류(主類)와 강목에 대해 표준구분표의 기호를 부여할 때는 영의 사용과 관련하여 특히 주의해야 한다.

② KDC의 주류와 강목의 기호에는 모든 분류기호는 기본적으로 세 자리를 유지하도록 한다는 원칙에 따라, 세 자리를 채우기 위한 추가의 영(0)이 부가되어 있다. 이와 같이 형식적으로 추가된 영은 원칙적으로는 특별한 지시가 없는 한, 표준구분표의 기호를 부가하기 전에 이를 삭제해야 한다. 예: "철학대백과사전": "100 - '00' + -03 → 103". 강목의 경우도 일반적인 경우는 무의미하게 부여된 영을 삭제해야 한다.

100 **철 학**
-03 백과사전 (표준구분표)

100 - '0' + -03 → 103

③ 그러나 주류와 강목의 경우에, 이러한 일반적인 규칙을 벗어나는 예(행정학(350)이나 공학(530)의 예)들이 많다. '0'의 사용규칙에는 일반규칙에 대한 예외적인 적용이 많기 때문에, 반드시 본표의 지시를 확인하고 표준구분표의 기호를 부여해야 한다.

4.3.2. 지역구분표

개념 및 특성(오동근, 배영활, 여지숙 2002, p.67):

① 분류의 대상이 되는 문헌의 주제가 특정국가나 특정지역에 국한하여 다루어 질 때 그 특정지역을 나타내기 위해 사용하기 위한 조기표이다.

② KDC의 조기표 가운데 가장 길다.

③ 역사상의 시대와 인물, 지역을 나타내 주는 기호법으로 이루어지는 조기표로, 그 기호들은 역사의 강목, 지리 및 전기의 요목, 일반 단체 및 신문, 언론의 요목, 아시아 철학의 요목과 조기성을 지닌다(윤희윤 2001, p.122).

④ DDC의 제2보조표인 지역·시대·인물구분표(Table 2)에 해당하는 조기표이다.

⑤ KDC 3판에서는 지리구분이라 부르던 것이 4판부터 지역구분표로 변경되었다.

⑥ 본표나 조기표에 제시되어 있는 부가주기에 따르거나 표준구분표의 -09를 사용하여 본표나 조기표의 거의 모든 다른 기호에 추가될 수 있다.

⑦ 제4판까지는 900 역사류의 세분전개를 바탕으로 전개하도록 했던 것을 제5판부터는 지역구분표에서 상세히 전개하고 900을 포함한 관련주제에서 지역구분표의 기호를 활용하여 전개할 수 있도록 하고 있다.

개요 및 내용(오동근, 배영활, 여지숙 2014, pp.65-68):

① -1-6의 기호는 대륙별구분을 바탕으로 하고 있으며, 제6판에서는 -7에 지역구분 일반, -8에 해양구분을 추가하고 있다.

② 우리나라를 중심으로 구대륙에 이어 신대륙의 순서로 기호를 부여하고 있다.

① 지역구분표의 대륙구분(-1-6)

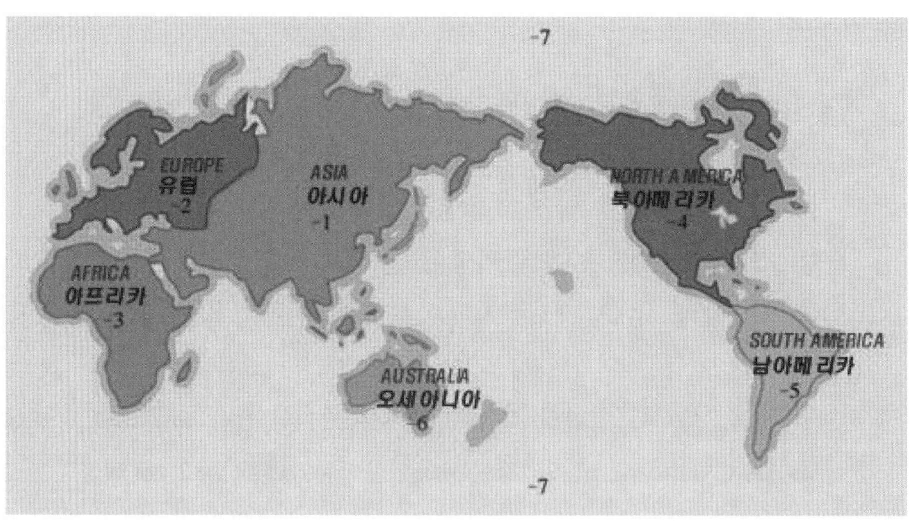

② 지역구분표의 개요

-1	**아시아**
-11	대한민국
-12	중 국
-13	일 본
-14	동남아시아
-15	인디아와 남부아시아
-16	중앙아시아
-17	시베리아
-18	서남아시아, 중동
-19	아라비아반도와 인접지역
-2	**유 럽**
-21	고대 그리스
-22	고대 로마
-23	스칸디나비아
-24	영국, 아일랜드
-25	독일과 중앙유럽
-26	프랑스와 인접국가
-27	스페인과 인접국가
-28	이탈리아와 인접국가
-29	러시아와 동부유럽
-3	**아프리카**
-31	북아프리카
-34	서아프리카
-36	중앙아프리카
-37	동아프리카
-38	남아프리카
-39	남인도양제도
-4	**북아메리카**
-41	캐나다
-42	미 국
-43	멕시코
-44	중앙아메리카
-45	과테말라, 벨리즈, 엘살바도르
-46	온두라스
-47	니카라과
-48	코스타리카, 파나마
-49	서인도제도

-5	**남아메리카**	-67	폴리네시아와 하와이
-51	콜롬비아	-68	대서양제도
-52	베네수엘라와 기아나 지역	-69	양극지방
-53	브라질	-7	**지역구분 일반**
-54	에콰도르	-71	기후에 따른 구분
-55	페 루	-72	지형에 따른 구분
-56	볼리비아	-74	식생에 따른 구분
-57	파라과이, 우루과이	-76	사회경제적 구분
-58	아르헨티나	-79	기타 구분
-59	칠 레	-8	**해 양**
-6	**오세아니아, 양극지방**	-81	태평양
-62	오스트레일리아(호주)	-84	인도양
-63	뉴질랜드	-85	대서양
-64	파푸아뉴기니	-87	북극해(북빙양)
-65	멜라네시아	-88	남극해(남빙양)
-66	미크로네시아와 인접국가		

지역구분표의 사용법:

① 지역구분기호를 직접 추가해야 할 분류기호의 아래에 제시되어 있는 주기에 따라 지역구분표의 기호를 해당분류기호에 직접 추가하는 방법 (실례: 일본 공산주의운동)

340.25 공산주의
각 국가의 공산주의는 지역구분표에 따라 세분한다.
예: 일본공산주의운동 340.2513

340.25 공산주의
-13 일본 (지역구분표)

340.25 + -13 → 340.2513

② 표준구분표의 기호 -09 역사 및 지역구분을 본표의 해당분류기호에 추가하고 이어서 지역구분표의 기호를 추가하는 방법 (지역구분표의 사용에 대한 주기가 제시되어 있지 않으나 지역에 대한 기호를 추가하는 것이 바람직한

것으로 판단될 경우)

한국의 공공도서관

026.3	공공도서관
-09	역사 및 지리구분 (표준구분표)
-11	한국 (지역구분표)

026.3 + -09 + -11 → 026.30911

4.3.3. 국어구분표

개념 및 특성(오동근, 배영활, 여지숙 2014, pp.89-91):

① 어떤 주제가 해당주제의 특정언어적 측면을 다루고 있을 때 해당언어를 나타내기 위해 사용한다.

② 가장 중요한 용도는 700과 800에서 개별언어와 개별문학의 기호를 합성하기 위한 기초를 제공해 주는 것이다.

③ 국어구분표의 기본적인 개요는 700 언어류 및 800 문학류 그리고 총류의 030 백과사전, 040 강연집, 수필집, 연설문집, 050 일반 연속간행물, 080 총서, 전집의 개요와 조기성을 갖는다.

④ DDC의 제6보조표인 국어구분표(Table 6)에 해당하는 조기표이다.

개요 및 내용(오동근, 배영활, 여지숙 2014, pp.89-91):

① 어족에 따라 그룹화된 전세계의 다양한 언어들로 이루어지는 체계적인 리스트로 구성된다.

② 국어구분표의 개요

-1	한국어
-2	중국어
-3	일본어
-39	기타 아시아 제어
-4	영 어
-5	독일어
-59	기타 게르만어
-6	프랑스어
-7	스페인어
-79	포르투갈어
-8	이탈리아어
-9	기타 제어
-928	러시아어

국어구분표와 지역구분표의 조기성(오동근, 배영활, 여지숙 2014, p.91)):

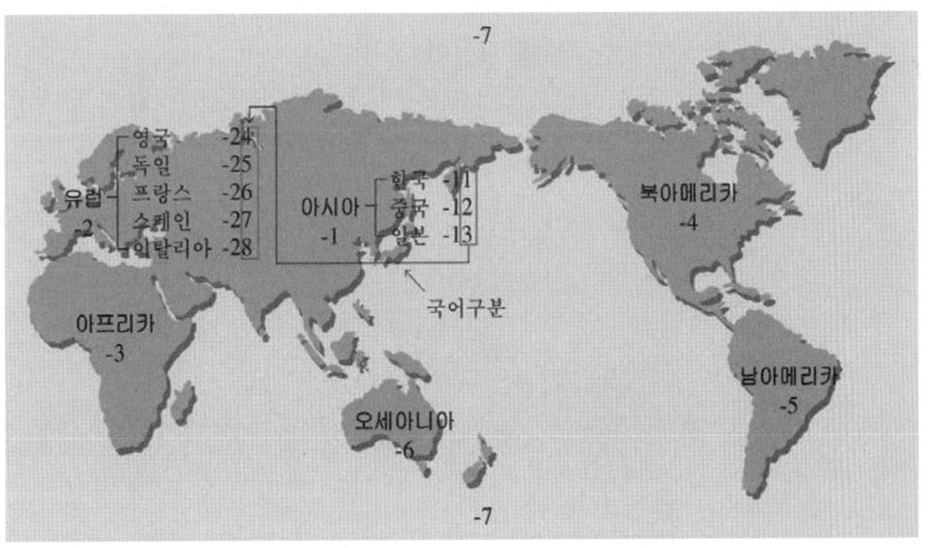

국어구분표의 사용법:

① 700 언어의 국어구분을 기본으로 하여 그 밖의 주제에 이 국어구분표를 적용하도록 하고 있다.

② 이때는 대개 "710-799와 같이 구분한다."와 같은 유형의 주기가 주어지며, 이러한 주기에 따라 해당분류기호에 기호를 추가하게 된다.

③ 실례(1): 한국어로 된 개인의 일반전집

081.1-.99 언어에 의한 일반 개인전집
710-799와 같이 구분한다.
예: 한국어의 개인 일반전집 081.1

081	일반개인전집
-1	한국어 (국어구분표)

081 + -1 → 081.1

④ 실례(2): 현대어로 된 각국성서의 분류예

233.077 현대 각국어 성서
별법: 도서관에 따라 710-799와 같이 언어구분할 수 있다. 예: 한국어 성서 233.0771;
영어 성서 233.0774

233.0773	일본어 성서	(233.077 + -3)
233.0777	스페인어 성서	(233.077 + -7)
233.077394	터키어 성서	(233.077 + -394)
233.077968	필리핀어 성서	(233.077 + -968)

4.3.4. 언어공통구분표

개념과 특성(오동근, 배영활, 여지숙 2014, pp.101-102):

① 700 언어류의 각국어의 공통적인 형식이나 특성에 대해 공통의 기호를 부여하기 위해 마련된 조기표이다.

② 700에서 "주류(언어류) + 언어 + 언어의 제요소(언어공통구분표)"로 이어지는 열거순서에서 세 번째 패싯에 사용된다.

③ 언어류의 개별언어와 어족을 나타내는 710-790의 주요기호에 대해서만 사용된다.

④ DDC의 제4보조표인 언어공통구분표(Table 4)에 해당하는 조기표이다.

개요 및 내용:

① 언어학의 여러 요소들과 문제, 그 밖의 측면들이 포함된다.

② 언어공통구분표의 개요

-1	음운 및 문자
-2	어 원
-3	사 전
-4	어 휘
-5	문 법
-6	작 문
-7	독본, 해석, 회화
-8	방언(사투리)

언어공통구분표의 사용방법:

① 언어공통구분기호는 본표의 710-788의 각 언어별 하위항목으로 제시되어 있다 (단 739 기타 아시아 제어, 749 앵글로색슨어, 759 기타 게르만어파, 769 프로방스어, 779 포르투갈어는 제외된다).

② 실례(1): 기본적인 전개방식

– 한국어문법

700	**언 어**
1	한국어(국어구분)
5	문법(언어공통구분)

700 - 00 + -1 + -5 → 715

③ 실례(2): 언어공통구분기호의 확장 및 전개

- 평양방언

718	**방언(사투리)**
.1-.9	각 지방의 방언 지역구분표 -111-1199와 같이 세분한다. 예 : 제주도방언 718.99
71	**한국어의 기본기호**
-8	방언(언어공통구분)
-29	-1129(평양직할시)에서 -11 다음의 기호

71 + -8 + -29 → 718.29

④ 실례(3): 2개국어사전의 분류

– 한영사전 및 영한사전

713.2-.9 2개국어 사전

2개국어 사전은 표제어에 분류하고 해설어를 국어구분의 기호를 사용하여 부가한다. 예: 한영사전(표제어: 한국어) 713.4; 영한사전 743.1

710-799와 같이 언어구분한다.

별법: 도서관에 따라 2개국어 사전은 이용자의 입장에서 비교적 덜 알려진 언어에 분류하고 상대어를 부가할 수 있다. 예: 한영(영한)사전 713.4(미국의 입장); 한영(영한)사전 743.1(한국의 입장)

영한사전의 경우

700	기본기호
-4	영어(국어구분)
-3	사전(언어공통구분)
-1	한국어(국어구분)

700 - 00 + -4 + -3 + -1 → 743.1

한영사전의 경우

700	기본기호
-1	한국어(국어구분)
-3	사전(언어공통구분)
-4	영어(국어구분)

700 - 00 + -1 + -3 + -4 → 713.4

4.3.5. 문학형식구분

개념과 특성(오동근, 배영활, 여지숙 2014, pp.117-118):

① 문학류(800)내에서 문학의 형식인 시, 희곡, 소설 등을 표시하는 기호가 각 국문학에 공통적으로 적용되는 조기표이다.

② 문학형식구분표는 특정 언어로 된 문학 작품이나 문학에 관련된 문헌들을 분류하기 위한 조기표이다.

③ 800에서 "주류(문학류) + 언어 + 문학형식 + 문학시대"로 이어지는 열거순서에서 세 번째 패싯에 사용된다.

④ DDC의 제3보조표인 예술·개별 문학·특수문학형식구분표(Table 3)에 해당된다.

개요 및 내용:

① 주요 문학형식이 포함된다.

② 문학형식구분표의 개요:

-1	시	-5	연설, 웅변
-2	희 곡	-6	일기, 서간, 기행
-3	소 설	-7	풍자 및 유머
-4	수필, 소품	-8	르포르타주 및 기타

문학형식구분의 사용방법:

① 작품의 문학형식을 확인하여 이 조기표를 적용시킨다.

② 실례: 독일소설의 경우

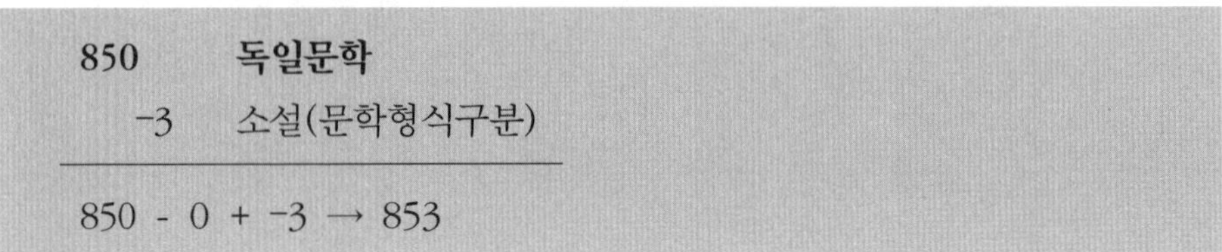

850	**독일문학**
-3	소설(문학형식구분)

850 - 0 + -3 → 853

4.3.6. 종교공통구분표

개념과 특성(오동근, 배영활, 여지숙 2014, pp.135-136):

① 각 종교에 내포된 공통적 특성을 추출하여 각 종교에 공통적으로 나타나는 특이한 주제나 의식을 8개의 유형으로 구분하여 이를 각 종교에 공통적으로 적용할 수 있도록 작성된 조기표이다.

② KDC에서는 세계의 주요종교를 강목의 단계(220-280)에 배정하고, 요목의 단계에서는 각 종교에 공통적으로 적용할 수 있는 종교공통구분표를 설정하여 적용할 수 있게 되었다.

③ 211-218 비교종교학을 구분한 요목을 근거로 하여 공통구분을 정리한 것이다.

④ 각 종교마다 요목의 구분이 동일하므로 기억이 용이하고 필요에 따라 각 종교의 종파 또는 교파에도 적용시켜 세분할 수 있도록 한 것이다.

⑤ DDC와는 달리 KDC만이 갖는 특유의 조기표이다.

개요 및 내용:

① 각 종교에 내포된 공통적 특성을 추출한 것이다.

② 종교공통구분표의 개요

−1	교리, 교의
−2	종교창시자(교주) 및 제자
−3	경전, 성전
−4	종교신앙, 신앙록, 신앙생활, 수도생활
−5	선교, 포교, 전도, 교화(교육) 활동
−6	종단, 교단
−7	예배형식, 의식, 의례
−8	종파, 교파

비교종교학과 종교공통구분의 조기성:

-1	← 211	교리
-2	← 212	종교창시자(교주) 및 제자
-3	← 213	경전, 성전
-4	← 214	종교신앙, 신앙록, 신앙생활, 수도생활
-5	← 215	선교, 포교, 전도, 교육 활동
-6	← 216	종단, 교단(교당론)
-7	← 217	예배형식, 의식, 의례
-8	← 218	종파, 교파
	← 219	신화, 신화학

종교공통구분의 사용방법:

① 각 종교의 세 번째 패싯에 공통적으로 적용된다.

② 실례(1): 불교의 경우

종교공통구분	220 불 교
-1 교리, 교의	221 불교교리
-2 종교창시자(교주) 및 제자	222 부처, 보살, 불제자
-3 경전, 성전	223 경전(불전, 불경, 대장경)
-4 종교신앙, 신앙록, 신앙생활, 수도생활	224 종교신앙, 신앙록, 신앙생활
-5 선교, 포교, 전도, 교화(교육)활동	225 포교, 교육, 교화 활동
-6 종단, 교단	226 사원론
-7 예배형식, 의식, 의례	227 법회, 의식, 행사(의궤)
-8 종파, 교파	228 종파

③ 실례(2): 천도교 교의의 경우

250 천도교

동학교를 재조직하고 개칭한 정통종파와 천도교 신, 구, 사리원, 연합파 등을 포함한다.

별법: 도서관에 따라 211-218과 같이 세분할 수 있다.

250 기본기호

−1 교의를 나타내는 종교공통구분표의 기호

250 - 0 + −1 → 251

4.4. 주제구분을 사용한 기호의 합성방법

개념과 내용, 사용방법:

① 본표의 전체주제나 특정주제에서 사용하고 있는 분류기호를 해당분류기호에 직접 추가하는 것이다.

② 종류:

(가) 전주제구분: 전주제(全主題)라 할 수 있는 '001-999'까지가 추가되는 경우

(나) 특정주제구분: 특정주제의 분류기호의 일부를 추가하는 경우

③ 실례(1): 전주제구분(수학교육과정의 경우)

374 교육과정

001-999와 같이 주제 구분한다. 예: 수학교육과정 374.41

수학교육과정

374 교육과정

410 수 학

374 + 410 → 374.41

④ 실례(2): 특정주제구분(초등교육평가의 경우)

375.3 **초등교육지도**
375.31-.39는 373.1-.9와 같이 세분한다.
예: 초등교육의 평가 375.37

375.3 **초등교육지도**
-7 학습평가, 교육평가(373.7)의 일부기호

375.3 + -7 → 375.37

4.5. 본표의 전개

주류의 배열과 전개(오동근, 배영활, 여지숙 2002, pp.30-31; 오동근 2015, pp.263-264):

① Bacon의 학문분류의 역순을 채택하고 있는 DDC의 주류배열을 바탕으로 하고 있다.

② 다만 언어와 문학을 분리하고 있는 DDC의 단점을 보완하여 이 두 유를 근접시키고 자연과학과 기술과학, 예술을 한 단계씩 옮겨 배열하고 있다. 따라서 KDC와 DDC는 주류배열에서 주류 400, 500, 600, 700의 내용을 달리하고 있다.

③ KDC와 DDC의 주류배열의 비교:

분류기호	KDC6의 주류	DDC23의 주류
000	총 류	Computer science, information & general works
100	철 학	Philosophy & Psychology
200	종 교	Religion
300	사회과학	Social sciences
400	**자연과학**	**Language**
500	**기술과학**	**Science**
600	**예 술**	**Technology**
700	**언 어**	**Arts & recreation**
800	문 학	Literature
900	역 사	History & geography

000 총 류:

① 총류는 형식류로서 그 특성은 형식적이고 아주 일반적이며, 많은 주제를 포함하고 있어 특정주제에 분류할 수 없는 유(類)이다. 전체적 성격을 갖는 유, 즉 모든 학문분야와 관련되거나 어느 한 학문분야에 분류하기 어려운 학문분야의 문헌들을 분류하기 위한 유이다.

② 현재는 특정학문분야에 속하는 유들도 다소 포함되어 있다. 즉 총류는 (가) "포괄적"(umbrella)이거나 "도구적"(tool)인 학문 분야의 문헌(시스템분석 및 컴퓨터과학(003-005), 서지학(010), 문헌정보학(020), 박물관학(069), 저널리즘 및 출판(070) 등)과, (나) 다학문적인 저작들(multidisciplinary works) (일반백과사전(030)과 일반연속간행물(050) 등)으로 구분할 수 있다.

③ 주요내용:

KDC6		DDC23	
000	총 류	000	Computer science, knowledge & systems
010	도서학, 서지학	010	Bibliographies
020	문헌정보학	020	Library & information sciences
030	백과사전	030	Encyclopedias & books of facts
040	강연집, 수필집, 연설문집	040	[미사용]
050	일반 연속간행물	050	Magazines, journals & serials
060	일반 학회, 단체, 협회, 기관, 연구기관	060	Associations, organizations & museums
070	신문, 저널리즘	070	News media, journalism & publishing
080	일반 전집, 총서	080	General collections
090	향토자료	090	Manuscripts & rare books

④ 특 성:

(가) 090 향토자료의 설정이 특징이다.

(나) 총류와 표준구분표가 조기성을 갖는다.

(다) 040에 강연집, 수필집, 연설문집을 전개시키고 있다.

(라) 제5판부터 시스템 및 컴퓨터과학 관련주제를 003-005에 통합하고 있다.

100 철 학:

① 철학 각론(110 형이상학, 130 철학의 세계, 170 논리학, 180 심리학, 190 윤리학), 각국 철학(140 경학, 150 아시아 철학, 사상, 160 서양 철학)으로 이루어져 있다.

② 주요내용:

KDC6	DDC23
100 철 학	100 Philosophy
110 형이상학	110 Metaphysics
120 인식론, 인과론, 인간학	120 Epistemology
130 철학의 체계	130 Parapsychology & occultism
140 경 학	140 Philosophical schools of thought
150 동양 철학, 사상	150 Psychology
160 서양철학	160 Philosophical logic
170 논 리 학	170 Ethics
180 심 리 학	180 Ancient, medieval & eastern philosophy
190 윤리학, 도덕철학	190 Modern western philosophy

③ 특 성:

(가) 동양관련부문을 우선적으로 배치할 수 있도록 조정하였다.

(나) 경학(經學, 140)을 설정하고 있다.

(다) 제5판부터 인식론, 인과론, 인간학을 120에 별도의 강목으로 전개하고 있다.

200 종 교:

① KDC의 특징적인 부분의 하나: 기독교 위주의 전개를 채택하고 있는 DDC와는 달리, KDC에서는 세계의 주요종교를 강목의 단계(220-280)에서 균등하게 배정하고, 요목의 단계에서는 각 종교에 공통적으로 적용할 수 있는 종교공통구분을 설정하고 있다.

② 종교의 특성과 의의 등 이론적인 면을 다루는 비교종교(210)를 먼저 배정한 후, 세계 각국의 주요종교를 7개의 강목(220-280)에 균등하게 배정하고, 마지막 강목인 290에 분류기호를 배정받지 않은 종교와 신흥종교를 포함한 기타 제종교를 배정하고 있다.

③ 주요내용:

KDC6	DDC23
200 종 교	200 Religion
210 비교종교	210 Philosophy & theory of religion
220 불 교	220 The Bible
230 기 독 교	230 Christianity
240 도 교	240 Christian practice & observance
250 천 도 교	250 Christian pastoral practice & religious orders
260 [미사용]	260 Christian organizations, social work & worship
270 힌두교, 브라만교	270 History of Christianity
280 이슬람교(회교)	280 Christion denominations
290 기타 제종교	290 Other religions

④ 특 성:

(가) 세계종교를 균등배분하고 있다.

(나) 종교공통구분을 사용하고 있다.

(다) 제5판부터 제4판까지 260에 전개되었던 신도(神道)를 291.3 일본종교에 분류하도록 하고 있다.

300 사회과학:

① 주요내용:

KDC6	DDC23
300 사회과학	300 Social sciences, sociology & anthropology
310 통계자료	310 Statistics
320 경 제 학	320 Political science
330 사회학, 사회문제	330 Economics
340 정 치 학	340 Law
350 행 정 학	350 Public administration & military science
360 법률, 법학	360 Social problems & social services
370 교 육 학	370 Education
380 풍속, 예절, 민속학	380 Commerce, communications & transportation
390 국방, 군사학	390 Customs, etiquette & folklore

② 특 성:

(가) 강목의 순서는 대략 LCC를 따르고 있다(그러나 LCC의 순위만 따랐을 뿐, 강목은 일치하지 않는다).

(나) 380 풍속, 예절, 민속학, 390 국방, 군사학은 DDC와 LCC의 강목에는 없는 것으로 NDC에서 따온 것이다.

(다) 경영학은 경제학의 하위에 있는 325 경영에 분류된다.

400 자연과학:

① 주요내용:

(가) 전반부에는 순수과학의 여섯 개 분야를 배정하고 있다: 수학(410), 물리학(420), 화학(430), 천문학(440), 지학(450), 광물학(460).

(나) 후반부의 세 개 강목에는 생물학 분야를 배정하고 있다: 생명과학(470), 식물학(480), 동물학(490).

KDC	DDC
400 자연과학	500 Science
410 수 학	510 Mathematics
420 물 리 학	520 Astronomy
430 화 학	530 Physics
440 천 문 학	540 Chemistry
450 지 학	550 Earth sciences & geology
460 광 물 학	560 Fossils & prehistoric life
470 생명과학	570 Biology
480 식 물 학	580 Plants (Botany)
490 동 물 학	590 Animals (Zoology)

② 특 성:

(가) DDC에서는 강목으로 설정된 고생물학(560)을 KDC에서는 457 요목으로 조정하고, DDC에서 요목으로 설정된 549 광물학을 KDC에서는 강목(460)으로 배정하고 있다.

(나) 천문학(440)과 지학(450)을 인접하도록 배열하고 있다.

500 기술과학:

① 의학, 농학, 공학 및 관련 공학, 제조, 가정학 등을 포함하고 있다.

② 주요내용:

KDC	DDC
500 기술과학	600 Technology
510 의 학	610 Medicine & health
520 농업, 농학	620 Engineering
530 공학, 공업일반, 토목공학, 환경공학	630 Agriculture
540 건축, 건축학	640 Home & family management
550 기계공학	650 Management & public relations
560 전기공학, 통신공학, 전자공학	660 Chemical engineering
570 화학공학	670 Manufacturing
580 제 조 업	680 Manufacture for specific uses
590 생활과학	690 Construction of buildings

③ 특 성:

(가) KDC는 DDC의 공업과 농업의 위치를 전도하여 농업(520)을 앞에 배치하였다.

(나) KDC는 DDC의 생활과학(가정학)과 건축공학의 위치를 전도하여 건축공학을 540으로, 생활과학을 590으로 하였다.

(다) 경영학을 경제학 분야의 하위류인 325로 옮겨 배정하였다.

(라) 제6판에서는 "건축, 건축학"을 통합하여 540에 배정하였다.

600 예 술:

① 주요내용:

KDC	DDC
600 예 술	700 Arts
610 [미사용]	710 Area planning & landscape architecture
620 조각 및 조형예술	720 Architecture
630 공예, 장식미술	730 Sculpture, ceramics & metalwork
640 서 예	740 Graphic arts & decorative arts
650 회화, 도화	750 Painting
660 사진예술	760 Printmaking & prints
670 음 악	770 Photography & computer art, film, video
680 공연예술 및 매체예술	780 Music
690 오락, 스포츠	790 Sports, games & entertainment

② 특 성:

(가) KDC는 DDC에서 710 조경 및 도시계획을 관련주제에 분류하도록 하였다. 즉 조경은 농업의 세목인 525.9, 도시계획은 공학, 공업의 세목인 539.7에 분류된다.

(나) DDC의 740과 750을 합하여 650 회화, 도화(圖畵)로 설정하였다.

(다) 640 서예와 680 공연예술 및 매체예술을 설정하였다.

(라) 강목의 구분과 배열순서는 DDC와 NDC를 기초로 하고 있으며, 그 배열순서는 DDC와 거의 일치하고 있으나, 강목의 구분은 NDC에 가깝다.

(마) 제6판에서는 기존에 610에 전개되었던 건축술을 "건축, 건축학"으로 통합하여 540에 배정하였다.

700 언어 및 800 문학:

① 서양어문학 중심의 전개를 한국의 실정에 맞게 전개하고 있다: 동양 특히 한국의 어문학을 중심으로 전개하고 있다.

② 주요내용:

KDC	DDC
700 언 어	400 Language
710 한 국 어	410 Linguistics
720 중 국 어	420 English & Old English languages
730 일본어 및 기타 아시아제어	430 German & related languages
740 영 어	440 French & related languages
750 독 일 어	450 Italian, Romanian & related languages
760 프랑스어	460 Spanish, Portuguese, Galician
770 스페인어 및 포르투갈어	470 Latin & Italic languages
780 이탈리아어	480 Classical & modern Greek languages
790 기타 제어	490 Other languages

③ 어문학의 전개는 국어구분표의 기호에 따르고 있다.

④ 700 언어 및 800 문학의 전개 및 국어구분표와의 조기성

700 언어류	국어구분표	800 문학류
710 한국어	-1 한국어	810 한국문학
720 중국어	-2 중국어	820 중국문학
730 일본어	-3 일본어	830 일본문학 및 기타 아시아문학
740 영 어	-4 영 어	840 영미문학
750 독일어	-5 독일어	850 독일문학
760 프랑스어	-6 프랑스어	860 프랑스문학
770 스페인어	-7 스페인어	870 스페인 및 포르투갈문학
780 이탈리아어	-8 이탈리아어	880 이탈리아문학
790 기타 제어	-9 기타 제어	890 기타 제문학

900 역 사:

① 역사(910-960)와 지리(980), 전기(990)를 지역과 국가별로 구분하여 다루고 있다.

② DDC에서는 앞에 배정되었던 지리와 전기를 후미의 980과 990으로 배정하고 각국의 역사의 순서도 동양중심으로 전개하였다.

③ 지역구분표의 기호에 따라 전개하고 있다.

④ 주요내용:

KDC	DDC
900 역 사	900 History
910 아 시 아	910 Geography & travel
920 유 럽	920 Biography & genealogy
930 아프리카	930 History of ancient world (to ca. 499)
940 북아메리카	940 History of Europe
950 남아메리카	950 History of Asia
960 오세아니아, 양극지방	960 History of Africa
970 [미사용]	970 History of North America
980 지 리	980 History of South America
990 전 기	990 History of other areas

⑤ 역사류, 언어류, 문학류, 지리류, 전기류의 조기성

역사류	언어류	문학류	지리	전기
911 한국	710 한국어	810 한국문학	981.1 한국지리	991.1 한국전기
912 중국	720 중국어	820 중국문학	981.2 중국지리	991.2 중국전기
913 일본	730 일본어	830 일본문학	981.3 일본지리	991.3 일본전기
924 영국	740 영어	840 영미문학	982.4 영국지리	992.4 영국전기
925 독일	750 독일어	850 독일문학	982.5 독일지리	992.5 독일전기
926 프랑스	760 프랑스어	860 프랑스문학	982.6 프랑스지리	992.6 프랑스전기
927 스페인	770 스페인어	870 스페인문학	982.7 스페인지리	992.7 스페인전기
928 이탈리아	780 이탈리아어	880 이탈리아문학	982.8 이탈리아지리	992.8 이탈리아전기
	790 기타 제어	890 기타 제문학		

제 4 장

KDC의 이해

객관식문제 및 해설

1 다음 중 KDC의 개발과 유지, 보수에 가장 직접적으로 관련된 기구는?

① 국립중앙도서관　　② 한국도서관협회

③ 국회도서관　　④ 한국도서관협회와 국립중앙도서관

⑤ 한국문헌정보학회

해 설 ② 한국십진분류법은 초판부터 현재까지 한국도서관협회에서 그 개발과 개정, 편찬, 발행, 판매를 전담해 오고 있다.

2 다음 중 한국십진분류법에 대한 설명으로 가장 거리가 먼 것은?

① 우리나라의 대표도서관인 국립중앙도서관에 의해 발행과 개정이 이루어지고 있다.

② 특히 공공도서관과 학교도서관 등을 중심으로 널리 채택되고 있다.

③ 통상 KDC로 약칭되고 있다.

④ 한국 실정에 알맞은 현대적이며 실용적인 분류표를 지향하여 개발되었다.

⑤ 1964년 5월에 초판이 발행되었다.

해 설 ① 한국십진분류법(KDC)은 한국도서관협회 분류위원회에 의해 발행과 개정이 이루어진다. ③ 영문표기인 Korean Decimal Classification의 머리글자를 따 통상 KDC로 약칭하고 있다.

Answer 1 ②　2 ①

3 다음 중 KDC 이전에 한국에서 널리 사용된 분류법에 해당하지 않는 것은?

① 조선총독부도서관 분류법

② Dewey Decimal Classification

③ Colon Classification

④ 박봉석의 조선십진분류표

⑤ 고재창의 한은(韓銀)분류표

해 설 ③ Ranganathan의 Colon Classification은 우리나라에서 사용된 사실이 알려진 바 없다.

4 다음 중 KDC의 개발과정에서 참고한 주요분류표와 그 내용의 연결이 가장 부적합한 것은 어느 것인가?

① DDC – 주류 및 주요 내용 참고

② 일본십진분류법(NDC) – 강목의 일부분과 요목 및 세목의 상당부분 참고

③ 박봉석의 조선십진분류표 – 한국과 동양관계분야의 주제 전개 참고

④ 성균관대학교의 한적분류법 – 한국과 동양관계분야의 주제 전개 참고

⑤ 미국의회도서관분류법(LCC) – 의학분야의 요목 전개 참고

해 설 ⑤ LCC는 사회과학의 강목 전개에 참고하였으며, 의학분야의 요목 전개에 참고한 것은 국제십진분류법(UDC)이다.

5 다음 중 KDC의 기술과학의 강목(綱目)의 순서와 체계, 수학, 물리학, 농학의 요목(要目)의 배열순서나 경제학의 구분배열에 가장 많은 영향을 주고 있는 분류표는 어느 것인가?

① DDC　　② NDC

③ LCC　　④ KDCP

⑤ UDC

해 설 ③ KDC의 기술과학의 강목의 순서와 체계, 수학, 물리학, 농학의 요목의 배열순서나 경제학의 구분배열에는 LCC를 참고하였다.

6 다음 중 KDC 제6판의 개정상의 특징과 가장 거리가 먼 것은?

① 의미상 한자의 병기 필요한 경우 ( ) 속에 병기하였다.

② 조기표의 개정을 시도하고 본표의 조기성의 일관성을 유지하고자 노력하였다.

③ 이전판에 비해 분류기호 합성방식을 적극적으로 도입하고 다양한 주기를 기술하였다.

④ 별법(別法)에 대해 맨 앞에 "별법: "을 명시하여 표시하였다.

⑤ 한국지역구분표 및 한국시대구분표를 별도 조기표로 마련하고 있다.

해 설 ⑤ 한국지역구분표 및 한국시대구분표를 별도 조기표로 마련하지 않고 있다.

7 다음 중 KDC의 주류와 강목, 요목의 기본적인 구분배열에 가장 많은 영향을 끼친 분류표들로 가장 올바르게 짝지어진 것은?

① DDC – KDCP
② DDC – NDC
③ NDC – KDCP
④ DDC – LCC
⑤ LCC – KDCP

해 설 ② KDC의 주류와 강목, 요목의 기본적인 구분배열은 DDC와 NDC를 기본자료로 참고하였다.

8 다음 중 KDC에서 조기성(助記性)의 적용과 가장 거리가 먼 주제는 어느 것인가?

① 언 어
② 문 학
③ 종 교
④ 총 류
⑤ 예 술

해 설 KDC에서는 표준구분표, 지역구분표, 국어구분표, 언어공통구분표, 문학형식구분표, 종교공통구분표 등의 조기표를 마련하고, 특히 언어와 문학, 역사와 지리, 총류, 종교 부분에서 조기성을 광범위하게 활용하고 있다.

Answer 3 ③ 4 ⑤ 5 ③ 6 ⑤ 7 ② 8 ⑤

9 다음 중 KDC에서 이루어지고 있는 한국본위, 동양본위의 전개와 가장 거리가 먼 것은?

① 총류(000) ② 역사류(900)
③ 철학류(100) ④ 언어류(700)와 문학류(800)
⑤ 순수과학류(400)

해 설 KDC에서는 총류의 백과사전(030), 강연집 등(040), 일반연속간행물(050), 일반학회 등(060), 신문(070), 향토자료(090), 철학류의 경학(140)와 동양철학(150), 종교류의 불교(220), 도교(240), 천도교(250) 등, 언어류와 문학류 역사류의 동양관련분야에서 한국본위, 동양본위의 전개를 광범위하게 도입하고 있다.

10 다음 중 KDC 총류의 강목과 해당분류기호의 연결이 올바르지 않은 것은?

① 백과사전 – 030
② 강연집, 수필집, 연설문집 – 040
③ 일반학회, 단체, 협회, 기관 – 060
④ 일반전집, 총서 – 070
⑤ 향토자료 – 090

해 설 ④ 일반전집, 총서의 분류기호는 080이며, 070은 신문, 저널리즘의 분류기호이다.

11 다음 중 KDC 총류에서 "포괄적"(umbrella)이거나 "도구적"(tool)인 학문분야와 가장 거리가 먼 것은 어느 것인가?

① 시스템 및 컴퓨터과학, 프로그래밍 등(003-005)
② 서지학(010)
③ 문헌정보학(020)
④ 박물관학(069)
⑤ 일반연속간행물(050)

해 설 시스템 및 컴퓨터과학, 프로그래밍 등(003–005), 서지학(010), 문헌정보학(020), 박물관학(069), 저널리즘 및 출판(070) 등은 "포괄적"이거나 "도구적"인 학문분야의 대표적인 예들이다. ⑤ 일반백과사전(030)과 일반연속간행물(050) 등은 다학문적인 저작들(multidisciplinary works)의 대표적인 예이다.

12 다음 중 KDC의 주류 가운데, DDC의 주류와 동일한 분류기호가 부여되어 있는 주제에 해당하는 것은?

① 사회과학　　② 어 학
③ 순수과학　　④ 기술과학
⑤ 예 술

해 설 KDC는 주류배열에 있어서 DDC의 400 어학의 위치를 700으로 옮겨 800 문학과 인접하도록 하고, 400에는 자연과학, 500에는 기술과학, 600에는 예술이 배열되도록 함으로써 DDC와는 다른 순서를 채택하고 있다.

13 다음 중 KDC 종교공통구분기호와 그 전개항목의 연결이 적절치 못한 것은?

① -1 – 교리, 교의
② -2 – 종교창시자(교주) 및 제자
③ -4 – 종교신앙, 신앙록, 신앙생활, 수도생활
④ -6 – 예배형식, 의식, 전례
⑤ -8 – 종파, 교파

해 설 ④ -6은 종단, 교단의 종교공통구분기호이며, 예배형식, 의식, 전례의 기호는 -7이다.

14 다음 중 KDC의 편찬에 참고로 사용된 분류표와 가장 거리가 먼 것은?

① 조선십진분류법　　② NDC
③ 한화도서분류법　　④ CC
⑤ LCC

해 설 KDC의 편찬에 있어서는 주로 DDC와 NDC를 참고하였다. 또한 한국 및 동양관계의 주제에 대한 분류전개를 박봉석의 조선십진분류법과 구개명의 한화도서분류법, 성균관대학교도서관의 한적분류법 등을 참고하였으며, 사회과학(300)의 강목의 배열은 LCC를, 의학(510)의 요목의 전개는 UDC에 따르고 있다. ④ CC는 KDC의 편찬과는 직접적인 관련이 없다.

Answer 9 ⑤　10 ④　11 ⑤　12 ①　13 ④　14 ④

15 KDC의 주류 가운데 어떤 주류에도 속하지 않거나, 모든 주류분야의 내용을 포함하거나, 여러 주제분야와 관련되어 있는 내용의 것을 다루고 있는 것은?

① 000 ② 100
③ 400 ④ 700
⑤ 900

해 설 ① KDC의 000은 총류이다. KDC의 총류는 다른 십진식분류법의 총류와 마찬가지로 어떤 주류에도 속하지 않거나, 모든 주류분야의 내용을 포함하거나, 여러 주제분야와 관련되어 있는 내용의 것을 다룬다.

16 KDC의 사회과학(300)의 강목(綱目)의 배열을 위하여 주로 참고된 분류법은 어느 것인가?

① DDC ② NDC
③ LCC ④ UDC
⑤ CC

해 설 ③ 강목의 순서는 대략 LCC를 따르고 있다(그러나 LCC의 순위만 따랐을 뿐, 강목은 일치하지 않는다).

17 다음 중 KDC의 문학형식구분기호와 그 구분의 연결이 올바르지 않은 것은?

① -2 – 희곡 ② -4 – 수필, 소품
③ -7 – 풍자 ④ -9 – 르포르타주 및 기타
⑤ -6 – 일기, 서간, 기행

해 설 ④ -9는 전개되지 않고 있으며, 르포르타주 및 기타는 -8에 해당한다.

18 KDC에서는 총류(000)의 강목(綱目)에 향토자료를 배정하고 있다. 그 분류기호는?

① 010 ② 040
③ 050 ④ 070
⑤ 090

해 설 ⑤ KDC 총류에서는 090 향토자료의 설정이 특징이다.

19 다음 중 DDC와는 달리, KDC에만 마련되어 있는 특징적인 조기표는 어느 것인가?

① 지역구분표 ② 국어구분표
③ 언어공통구분표 ④ 문학형식구분표
⑤ 종교공통구분표

해 설 ⑤ KDC는 세계의 주요종교를 강목에 균등하게 구분하고, 요목에 있어서는 모든 종교에 공통적으로 적용할 수 있는 종교공통구분표를 마련하고 있다.

20 DDC의 T.1(standard subdivisions)에 해당하는 KDC의 조기표는 어느 것인가?

① 표준구분표 ② 국어구분표
③ 공통형식구분표 ④ 관점보조구분표
⑤ 체계분류표

해 설 ③④ 공통형식구분표와 관점보조기호는 UDC의 조기표이며, ⑤ 체계분류표는 BC의 조기표이다.

21 다음 중 KDC가 근거로 하고 있는 주류의 분류체계의 계통과 가장 거리가 먼 것은 어느 것인가?

① Francis Bacon ② W. T. Harris
③ Auguste Comte ④ Melvil Dewey
⑤ A. M. Ampere

해 설 KDC는 그 주제배열에서 DDC를 기초로 하고 있으나, 다만 DDC에서 400에 배치한 언어를 KDC에서는 700으로 옮기게 됨에 따라 분류기호에 변동이 있을 뿐, 주류를 10개로 구분하고 십진체계를 따르고 있는 것은 DDC와 동일하다. 따라서 KDC는 DDC에 기초를 두고 주류를 배열한 것으로, 이는 Bacon의 학문분류를 바탕으로 하고 있는 이른바 역Bacon식의 Harris의 분류법과도 연관이 되는 것이다. ③ Auguste Comte의 학문분류는 EC, LCC, NDC 등의 기초가 된 것으로서 KDC와는 직접적인 관련이 없다.

Answer 15 ① 16 ③ 17 ④ 18 ⑤ 19 ⑤ 20 ① 21 ③

22 다음 중 KDC에서 100구분을 지칭하는 용어로 사용되고 있는 것은?

① 유
② 주류
③ 강목(강)
④ 요목(목)
⑤ 세목

해 설 KDC는 십진법을 기초로 하여 지식의 전 분야를 10개류로 구분하고 있는데, 이 기초구분을 주류(main classes)라고 한다. 이를 다시 2차적으로 구분한 100구분을 강목(綱目) 또는 강(divisions)이라 하고, 이를 다시 구분한 3차적 구분의 1,000구분을 요목(要目) 또는 목(sections)이라 하고, 이 요목 이하의 구분을 세목(subsections)이라 한다.

23 다음 중 KDC의 표준구분표에서 사전(辭典), 사전(事典)을 나타내기 위한 기호는?

① -01
② -03
③ -04
④ -05
⑤ -08

해 설 ② 표준구분표는 어떤 주제를 그 형식에 따라서 함께 모으고 표를 간소화하고 이용을 편리하게 하기 위한 것으로, KDC에서는 -03이 사전(辭典), 사전(事典)을 나타낸다.

24 다음 중 KDC의 표준구분표의 기호와 그 형식의 연결이 가장 올바르지 못한 것은 어느 것인가?

① 01 – 철학 및 이론
② 04 – 강연집, 수필집, 연설문집
③ 05 – 연속간행물
④ 06 – 각종 단체, 조직(학회, 단체, 협회, 기관, 회의) 및 경영
⑤ 07 – 총서, 전집, 선집

해 설 표준구분표는 어떤 주제를 그 형식에 따라서 함께 모으고 표를 간소화하고 이용을 편리하게 하기 위한 것으로, KDC에서는 -01 철학 및 이론, -02 잡저, -03 사전(辭典), 사전(事典), 인용어사전, 용어집, 약어집, -04 강연집, 수필집, 연설문집, -05 연속간행물, -06 각종 단체, 조직(학회, 단체, 협회, 기관, 회의) 및 경영, -07 지도법, 연구법 및 교육, 교육자료, -08 총서, 전집, 선집, -09 역사 및 지역구분으로 구분하고 있다.

25 KDC에서는 조기표의 하나로서 국어구분표를 마련하고 있다. 국어구분표에서 기호 −1이 나타내는 것은?

① 철학 및 이론　　② 총 류
③ 음운 및 문자　　④ 한국어
⑤ 영 어

해 설 KDC에서는 국어구분표를 동양중심으로 전개하여, −1 한국어, −2 중국어, −3 일본어로 구분하고, 그 이후에 서양어를 배정하고 있다.

26 다음 중 KDC의 언어공통구분표에서 기호와 그 내용의 연결이 가장 적합하지 않은 것은?

① −1 음운 및 문자　　② −2 어 원
③ −3 작 문　　④ −4 어 휘
⑤ −5 문 법

해 설 언어공통구분표는 언어에서 각국어에 공통적으로 적용되는 구분으로, KDC에서는 −1 음운 및 문자, −2 어원, −3 사전, −4 어휘, −5 문법, −6 작문, −7 독본, 해석, 회화, −8 방언(사투리)으로 이를 구분하고 있다.

27 다음 중 KDC의 문학형식구분표의 기호와 그 형식이 올바르게 연결되지 못한 것은 어느 것인가?

① −1 시　　② −2 소 설
③ −4 수필, 소품　　④ −6 일기, 서간, 기행
⑤ −7 풍 자

해 설 KDC에서는 문학형식구분표를 −1 시, −2 희곡, −3 소설, −4 수필, 소품, −5 연설, 웅변, −6 일기, 서간, 기행, −7 풍자 및 유머, −8 르포르타주 및 기타로 구분하고 있다.

Answer 22 ③　23 ②　24 ⑤　25 ④　26 ③　27 ②

28 KDC에서는 종교공통구분표를 마련하고 있다. 다음 중 종파나 교파를 나타내기 위한 기호는 어느 것인가?

① -1 ② -3
③ -4 ④ -6
⑤ -8

해 설 ⑤ 종교공통구분은 KDC의 특징적인 조기표로, 종파 및 교파는 -8에 해당한다.

29 다음 중 일본어의 어원의 분류기호로 가장 적합한 것은?

① 731 ② 732
③ 734 ④ 735
⑤ 736

해 설 ② 일본어의 어원의 분류기호는 "7(기본기호) + -3(국어구분: 일본어) + -2(언어공통구분: 어원) → 732"이다.

30 다음 중 KDC의 언어공통구분표에서 사전을 나타내기 위해 사용하는 기호는?

① -1 ② -2
③ -3 ④ -5
⑤ -6

해 설 언어공통구분표는 언어에서 각국어에 공통적으로 적용되는 구분으로, 사전은 -3에 해당한다.

31 KDC에서는 어떤 특정주제를 분류표의 전체주제의 순서에 따라 세분하도록 지시하는 경우가 있다. 다음 중 이를 가리키는 용어는?

① 일반형식구분표 ② 특수주제구분
③ 표준구분표 ④ 전주제구분
⑤ 공통구분표

해 설 ④ 전주제구분은 전분류구분이라고도 하는 것으로, 000-999와 같이 구분한다고 지시되어 있다.

32 KDC에서 불교에 해당하는 분류기호는 다음 중 어느 것인가?

① 210 ② 220
③ 230 ④ 290
⑤ 299

33 KDC에서 심리학에 해당하는 분류기호는 다음 중 어느 것인가?

① 110 ② 140
③ 150 ④ 170
⑤ 180

34 KDC는 본표의 강목에서부터 한국 및 동양본위로 전개하고 있다. 다음 중 그와 같은 주제에 해당하지 않는 것은?

① 철 학 ② 사회과학
③ 어 학 ④ 문 학
⑤ 역 사

35 KDC에서 전기를 나타내기 위한 분류기호는 다음 중 어느 것인가?

① 901 ② 910
③ 920 ④ 980
⑤ 990

36 KDC에서 서예를 나타내기 위한 분류기호는 다음 중 어느 것인가?

① 610 ② 620
③ 630 ④ 640
⑤ 680

해 설 KDC에서는 서예와 공예를 예술의 강목에 배정하여 우리의 실정에 맞도록 조정하였다.

Answer 28 ⑤ 29 ② 30 ③ 31 ④ 32 ② 33 ⑤ 34 ② 35 ⑤ 36 ④

37 KDC에서 정치학에 해당하는 분류기호는 다음 중 어느 것인가?

① 320 ② 330
③ 340 ④ 350
⑤ 360

해 설 KDC에서는 정치학과 행정학이 320과 350으로 분리되어 있는 DDC의 결점을 보완하여 정치학을 340에 배정하여 행정학과 근접시켰다.

38 DDC와는 구별되는 KDC의 특징에 대한 설명으로 가장 적합하지 않은 것은?

① 주류의 배열에 있어서 어학과 문학을 접근시키고 있다.
② 종교를 전 세계의 모든 종교에 균등하게 배분하고 있다.
③ 어학과 문학에 있어서는 동양삼국을 우선적으로 배정하였다.
④ 종교공통구분표를 설정하여 각 종교에 공통적으로 적용되도록 하고 있다.
⑤ 상관색인을 별도로 마련하고 있다.

해 설 ⑤ 상관색인(relative index)은 DDC의 독창적인 부분의 하나로서, KDC에서도 이에 준하여 상관색인을 마련하고 있다.

39 다음 중 KDC에서 지리에 해당하는 분류기호는 어느 것인가?

① 910 ② 920
③ 950 ④ 980
⑤ 990

40 KDC에서는 총류와 조기성을 갖도록 표준구분표를 전개하고 있다. 다음 중 총류와의 조기성에 가장 관계가 없는 표준구분표의 기호는?

① -07 ② -03
③ -04 ④ -05
⑤ -06

해 설 KDC의 표준구분표는 -03부터 -06, -08은 각각 030부터 060, 080과 서로 동일한 기호와 개념을 가지므로 조기성이 있다고 볼 수 있다. -07은 370과 조기성을 갖는다.

41 KDC에서 한국어에 해당하는 분류기호는 다음 중 어느 것인가?

① 410 ② 420
③ 710 ④ 720
⑤ 810

42 KDC에서는 철학에서 동양고유의 경학(經學)을 배정하고 있다. 그 분류기호는?

① 110 ② 120
③ 140 ④ 150
⑤ 180

해 설 ③ KDC의 140 경학의 설정은 철학류의 특징이라고 할 수 있다.

43 KDC에서는 DDC와는 달리 세계의 주요종교에 대하여 균등하게 분류기호를 배정하고 있다. 다음 중 기독교에 해당하는 KDC의 분류기호는?

① 220 ② 220-280
③ 230 ④ 240
⑤ 280

해 설 ③ KDC에서는 기독교를 유태교와 함께 230에 배정하고 있다.

44 다음 중 DDC와 비교할 때 강목(divisions)에서 가장 많은 수정이 가해진 KDC의 주제는 어느 것인가?

① 총 류 ② 철 학
③ 종 교 ④ 순수과학
⑤ 기술과학

해 설 ③ DDC에서는 종교가 구미본위로 기독교에 대하여 220에서 280까지 7개의 강을 배정한 데 비하여 KDC에서는 세계의 주요 종교에 대하여 균등하게 기호를 배정하고, 특히 목의 전개에 있어서는 모든 종교에 공통적으로 전개할 수 있는 종교공통구분표를 마련하고 있다.

Answer 37 ③ 38 ⑤ 39 ④ 40 ① 41 ③ 42 ③ 43 ③ 44 ③

45 다음 중 DDC와는 달리, KDC에서 기술과학의 강목(綱目)에 배정되지 않은 주제는 다음 중 어느 것인가?

① 의 학
② 농 학
③ 경영학
④ 제조학
⑤ 가정학

해 설 ③ KDC에서는 DDC의 기술과학에 속해 있던 경영학(650)을 경제학 분야의 325에 옮겨 배정하고 있다.

46 다음 중 KDC의 국어구분표의 1차구분에 포함되어 있지 않은 언어는?

① 중국어
② 일본어
③ 프랑스어
④ 이탈리아어
⑤ 라틴어

해 설 KDC의 국어구분표는 한국어를 제1로 하고 동양어를 중심으로 전개한 바, −1 한국어, −2 중국어, −3 일본어, −4 영어, −5 독일어, −6 프랑스어, −7 스페인어, −8 이탈리아어, 9 기타제국어로 되어 있다.

47 다음 중 KDC의 표준구분표에 대한 설명으로 가장 적합하지 않은 것은?

① 표준구분표는 어떤 주제에 반복적으로 나타나는 출판형식이나 서술형식을 나타내준다.
② 표준구분표의 기호는 본표에 구체적인 지시가 없는 경우에도 필요에 따라 사용할 수 있다.
③ 표준구분표의 기호는 최소한 두 자리로 구성되며, 항상 0으로 시작된다.
④ 표준구분표의 모든 기호는 십진식으로 확장, 전개될 수 있다.
⑤ 표준구분표의 첫 번째 세분기호(01-09)는 DDC의 표준세구분표(T.1)와 완전히 일치한다.

해 설 ⑤ KDC의 표준구분표의 첫 번째 기호 가운데 "−04 강연집, 수필집, 연설문집"과 "−08 총서, 전집, 선집"은 DDC의 T.1의 기호와 상이한 의미를 갖는다.

48 다음 중 KDC의 표준구분표와 DDC의 표준세구분표(T.1)의 의미가 서로 다른 기호만으로 올바르게 짝지어진 것은?

① -01과 -07　　② -02와 -03
③ -03과 -08　　④ -04와 -07
⑤ -04와 -08

해 설 ⑤ KDC의 표준구분표의 -04는 강연집, 수필집, 연설문집을 나타내고, DDC의 표준세구분(T.1)의 -04는 특수토픽(special topics)를 나타낸다. KDC의 -08은 총서, 선집, 전집을 나타내고, DDC의 -08은 사람들의 집단(Groups of people)을 나타낸다.

49 다음 괄호 안에 들어갈 가장 적절한 것은 다음 중 어느 것인가?

> "KDC의 (①)은(는) 주제를 표현하는 특수한 형식에 따라 함께 모으고, 표를 단순화하여 이용을 편리하게 하기 위해 마련된 조기표이다."

① 표준구분표　　② 지역구분표
③ 국어구분표　　④ 전주제구분
⑤ 특수주제구분

해 설 ① KDC의 표준구분표는 반복적으로 나타나는 내적 및 외적 형식에 공통적인 기호를 부여하기 위해 마련된 조기표이다.

50 다음 중 사전, 백과사전 등을 의미하는 KDC의 표준구분표의 기호는 어느 것인가?

① -01　　② -03
③ -05　　④ -06
⑤ -04

해 설 ② 표준구분표의 -03은 사전(辭典), 사전(事典), 인용어사전, 용어집, 약어집을 의미한다.

Answer 45 ③　46 ⑤　47 ⑤　48 ⑤　49 ①　50 ②

51 다음 괄호 안에 가장 적합한 것은 어느 것인가?

"KDC에서 전기를 역사류 아래의 해당주제에 집결하지 않고 피전자(被傳者)가 공헌한 주제 아래에 분류하는 경우에는 표준구분표의 (①)을(를) 그 주제기호에 추가하여 사용한다."

① -09
② -092
③ -093
④ -098
⑤ -099

해설 ⑤ KDC의 전기에 대한 분류기호는 990이며, 전기에 대한 표준구분표의 기호는 -099이다.

52 다음 괄호 안에 들어갈 약어들이 올바른 순서로 연결된 것은 다음 중 어느 것인가?

KDC 제6판의 서설에서는 별치기호에 대해 언급하고 있는데, 대표적인 유형으로는 참고도서를 나타내는 (①), 아동도서를 나타내는 (②), 연속간행물을 나타내는 (③) 등이 있다.

① R – C – S
② R – C – P
③ R – J – S
④ R – J – P
⑤ R – T – P

해설 ④ 참고도서는 Reference의 약어인 R, 아동도서는 Juvenile의 약어인 J, 연속간행물은 Periodicals의 약어인 P를 사용하도록 하고 있다.

53 다음 중 KDC의 표준구분표의 내용이 DDC의 표준세구분표(T.1)의 내용과 서로 다른 의미를 갖는 기호는 어느 것인가?

① -01
② -03
③ -04
④ -05
⑤ -07

해설 ③ KDC의 표준구분표의 -04는 강연집, 수필집, 연설문집을 나타내는 데 비해, DDC의 표준세구분의 -04는 특수토픽(special topics)를 나타낸다.

54 다음 중 KDC 제6판의 표준구분표의 기호와 조기성을 갖는 유와의 연결이 적합하지 않은 것은 어느 것인가?

① -01 — 100
② -07 — 370
③ -05 — 050
④ -08 — 080
⑤ -09 — 090

해 설 ⑤ 표준구분표의 -09는 900 역사와 조기성을 갖는다.

55 다음 괄호 안에 가장 적합한 것은 어느 것인가?

> KDC의 지역구분표는 본표에 '910-979와 같이 지역구분한다'라는 구체적인 부가지시가 있을 경우 그에 따라 이를 추가한다. 그러나 그와 같은 지시가 없을 경우에도, 필요할 경우에는, 표준구분표의 (①)을(를) 사용하여 해당분류기호에 지역구분기호를 추가할 수 있다.

① -024
② -09
③ -089
④ -07
⑤ -092

해 설 ② KDC에서는 DDC의 경우와 마찬가지로, 본표에는 부가지시가 없으나 추가의 지역구분표가 필요할 경우, 표준구분표의 -09를 패싯지시기호로 사용하여 지역구분표의 기호를 추가하도록 하고 있다.

56 다음 중 KDC의 표준구분표와 DDC의 표준세구분표(T.1)의 의미가 서로 다른 기호는?

① -01
② -02
③ -03
④ -07
⑤ -08

해 설 ⑤ KDC의 -08은 총서, 선집, 전집을 나타내는 데 비해, DDC의 -08은 사람들의 집단 (Groups of people)을 나타낸다.

Answer 51 ⑤ 52 ④ 53 ③ 54 ⑤ 55 ② 56 ⑤

57 다음 중 KDC 제6판의 총류(000) 가운데 DDC 제23판의 000과 그 의미가 다르게 사용되는 분류기호끼리 올바르게 짝지어진 것은?

① 040 – 080
② 040 – 090
③ 080 – 090
④ 040 – 050
⑤ 050 – 080

해 설 KDC 제6판의 040은 강연집, 수필집, 연설문집으로 배정되어 있으나, DDC 제23판의 040에는 주제가 배정되어 있지 않다. KDC의 090은 향토자료이나, DDC의 090은 필사본 및 희귀자료이다.

58 다음 괄호 안에 들어갈 가장 적절한 것은 다음 중 어느 것인가?

> KDC의 지역구분표는 어떤 주제나 영역의 지역적 측면에 대해 공통적인 기호를 부여하기 위해 마련된 조기표로서, DDC의 (①)에 해당한다.

① T.1
② T.2
③ T.5
④ T.6
⑤ T.7

해 설 ② KDC의 지역구분표에 해당하는 DDC의 제2보조표 지역구분표(Table 2. Geographic Areas, Historical Periods, Biography)는 분류의 대상이 되는 문헌의 주제가 특정국가나 특정지역에 국한하여 다루어질 때 그 특정지역을 나타내기 위해 사용하는 보조표이다.

59 KDC의 아시아지역에 대한 지역구분표의 –11–13의 둘째 자리는 국어구분표와 조기성을 갖는다. 따라서 "한국사"의 분류기호는 911임을 쉽게 알 수 있다. 그렇다면 다음 중 "일본역사"에 대한 분류기호로 가장 적합한 것은?

① 912
② 913
③ 914
④ 915
⑤ 916

해 설 ② "일본역사"에 대한 KDC의 분류기호는 "역사의 기본기호 9 + –13 (지역구분표의 일본에 대한 기호) → 913"이 된다. 아울러 유럽지역의 지역구분표의 둘째 자리가 국어구분표와 조기성을 갖는다는 사실에서, "일본역사"의 세 번째 자리는 –3이 되어야 함을 알 수 있다.

60 다음 중 KDC 제6판에 따를 경우, 대한민국의 지역구분기호는?

① -1 ② -11
③ -12 ④ -2
⑤ -519

해 설 ② KDC 제6판의 대한민국에 대한 지역구분기호는 -11이다.

61 다음 중 KDC의 문학형식구분표의 기호와 문학형식이 올바르게 짝지어지지 않은 것은?

① -1 – 시 ② -2 – 소 설
③ -4 – 수 필 ④ -6 – 일기, 서간, 기행
⑤ -8 – 르포르타주 및 기타

해 설 ② KDC의 문학형식구분표에서 -2는 희곡이며, 소설에 대한 기호는 -3이다.

62 다음 중 KDC 제6판의 문학형식구분표에 대한 설명으로 적합하지 않은 것은 어느 것인가?

① 동서양의 각국의 문학에 공통적으로 적용되는 보조표이다.
② 전적으로 문학류(800)에만 적용되는 보조표이다.
③ 문학류(800)의 세 번째 패싯, 즉 요목(要目)에 주로 적용된다.
④ 문학형식구분기호 앞에는 표준구분표와 같이, '0'을 추가하여 사용한다.
⑤ KDC의 문학형식구분표는 DDC의 T.3에 해당한다.

해 설 ④ 문학형식구분표의 앞에는 어떤 기호도 추가하지 않고 곧바로 기본기호에 추가하여 사용한다.

Answer 57 ② 58 ② 59 ② 60 ② 61 ② 62 ④

63 다음 괄호 안에 들어갈 가장 적절한 것은 다음 중 어느 것인가?

> KDC 문학류(800)의 두 번째 패싯인 언어패싯의 기호는 (①)의 기호를 사용하게 된다.

① 표준구분표
② 지역구분표
③ 문학형식구분표
④ 언어공통구분표
⑤ 국어구분표

해 설 ⑤ KDC의 문학류의 열거순서는 "학문 - 언어 - 문학형식 - 시대"의 순서를 택하고 있는데, 두 번째 패싯인 언어패싯의 기호는 국어구분표의 기호가 사용된다.

64 다음 괄호 안에 들어갈 가장 적절한 것은 다음 중 어느 것인가?

> KDC의 문학형식구분표는 기본적으로 특정언어로 된 문학작품이나 문학에 관련된 문헌들을 분류하기 위해 마련된 조기표로, DDC의 (①)에 해당한다.

① T.5
② T.2
③ T.3
④ T.4
⑤ T.7

해 설 ③ KDC의 문학형식구분표는 DDC의 제3보조표 문학형식구분표(Table 3. Subdivisions for the arts, for individual literatures, for specific literary forms)와 마찬가지로, 기본적으로 문학분야의 자료를 분류하기 위해 고안된 것이다.

65 다음 중 KDC의 언어공통구분표 가운데 독본이나 해석, 회화를 분류하는 데 가장 적합한 기호는 어느 것인가?

① -1
② -2
③ -5
④ -7
⑤ -8

해 설 ④ KDC의 언어공통구분표 가운데 -7은 독본이나 해석, 회화를 분류하기 위한 기호이다.

66 다음 괄호 안에 들어갈 보조표가 올바른 순서로 연결된 것은 다음 중 어느 것인가?

> KDC의 언어류의 열거순서는 "7(언어) + (①) + (②)"의 순서를 취하게 된다.

① 국어구분 + 언어공통구분
② 언어공통구분 + 국어구분
③ 국어구분 + 표준구분
④ 표준구분 + 국어구분
⑤ 지역구분 + 언어공통구분

해 설 ① KDC의 언어류(700)의 열거순서는 DDC의 경우와 마찬가지로, 학문 - 언어 - 언어의 제요소의 순서를 택하고 있다. 따라서 "7 + 국어구분 + 언어공통구분"의 순서를 취하게 된다. 그러므로 "한국어사전"은 "7 + –1 + –3 → 713"이 된다.

67 다음 괄호 안에 들어갈 약어들이 올바른 순서로 연결된 것은 다음 중 어느 것인가?

> KDC 제6판의 서설에서는 분류기호를 문자로 대치하여 사용할 수 있는 예들을 설명하고 있는데, 920 전기를 (①), 813, 823, 833 등의 각국소설을 (②), 아동소설을 (③)(으)로 하는 것이 그 예이다.

① B – L – C
② B – F – A
③ B – F – J
④ B – L – J
⑤ B – R – C

해 설 ③ 전기는 Biography의 약자인 B, 소설은 Fiction의 약자인 F, 아동소설은 Juvenile의 약자인 J를 사용한다.

Answer 63 ⑤ 64 ③ 65 ④ 66 ① 67 ③

68 다음 중 KDC의 언어공통구분표 가운데 작문을 분류하는 데 가장 적합한 기호는 어느 것인가?

① -1
② -2
③ -6
④ -7
⑤ -8

해 설 ③ KDC의 언어공통구분표 가운데 -6은 작문에 대한 기호이다.

69 다음 중 KDC6에서 2개국어사전의 제1차적인 분류기준으로 사용되는 것은?

① 이용자의 입장에서 비교적 덜 알려진 언어
② 표제어로 사용된 언어
③ 일반적으로 덜 알려진 국어
④ 분류되는 국가에서 더 많이 사용되는 언어
⑤ 분류표상에 앞에 나오는 언어

해 설 ② KDC6에서는 2개국어사전은 DDC와 마찬가지로, 일차적으로 표제어로 사용된 언어에 분류하고 상대어를 부가하도록 하고 있다.

70 다음 괄호 안에 들어갈 가장 적절한 것은 다음 중 어느 것인가?

> KDC의 언어공통구분표는 기본적으로 언어류(700)의 각국어의 공통적인 형식이나 특성에 대해 공통의 기호를 부여하기 위해 마련된 조기표로, DDC의 (①) 에 해당한다.

① T.1
② T.2
③ T.3
④ T.4
⑤ T.7

해 설 ④ KDC의 언어공통구분표는 DDC의 제4보조표 언어공통구분표(Table 4. Subdivisions of individual languages and language families)와 마찬가지로, 언어류에 적용하기 위한 조기표이다.

71 다음 중 KDC 문학류(800)의 세 번째 패싯에 사용되는 조기표는 어느 것인가?

① 표준구분표 ② 지역구분표
③ 문학형식구분표 ④ 언어공통구분표
⑤ 국어구분표

해 설 ③ KDC의 문학류를 분류하기 위한 조기표는 문학형식구분표로, 문학류의 열거순서는 "학문 - 언어 - 문학형식 - 시대"의 순서를 택하고 있다. 따라서 문학형식구분표는 세 번째 패싯에 적용된다.

72 다음 중 KDC 언어류(700)의 세 번째 패싯에 사용되는 조기표는 어느 것인가?

① 표준구분표 ② 지역구분표
③ 문학형식구분표 ④ 언어공통구분표
⑤ 국어구분표

해 설 ④ KDC의 언어류를 분류하기 위한 조기표는 언어공통구분표로, 언어류의 열거순서는 "학문 - 언어 - 언어의 제요소"의 순서를 택하고 있다. 따라서 언어공통구분표는 세 번째 패싯에 적용된다.

73 다음 중 KDC의 언어류(700)에서 두 번째 패싯의 기호로 사용하기에 가장 적합한 조기표는 어느 것인가?

① 표준구분표 ② 지역구분표
③ 문학형식구분표 ④ 언어공통구분표
⑤ 국어구분표

해 설 ⑤ KDC의 언어류의 열거순서는 "학문 - 언어 - 언어의 제요소"의 순서를 택하고 있는데, 두 번째 패싯인 각국어의 언어를 나타내기 위한 기호로 국어구분표의 기호를 적용하게 된다.

Answer 68 ③ 69 ② 70 ④ 71 ③ 72 ④ 73 ⑤

74 KDC 제6판에 따를 경우, 다음 중 영어에 해당하는 국어구분표의 기호는 어느 것인가?

① -1　　② -11
③ -2　　④ -3
⑤ -4

해 설 ⑤ KDC 제6판의 영어에 대한 국어구분표의 기호는 -4이다.

75 다음 중 KDC 제6판에 따를 경우, 표목이 영어로 된 영한사전을 한국의 도서관에서 분류할 때 그 분류기호로 가장 적합한 것은 어느 것인가?

① 743　　② 713
③ 713.4　　④ 743.1
⑤ 723

해 설 ④ KDC 제6판에 따를 경우, 2개국어사전은 일반적으로 표제어로 사용된 언어에 분류한다. 따라서 영어를 표목으로 하는 영한사전은 영어를 기본기호로 하고(74) 여기에 언어공통구분표의 기호 -3을 더하고 상대어를 부가하면, "74 + -3 + -1 → 743.1"이 된다.

76 다음 괄호 안에 들어갈 가장 적절한 것은 다음 중 어느 것인가?

> KDC의 국어구분표의 가장 중요한 용도의 하나는 DDC의 (①)와 마찬가지로, 개별언어와 개별문학의 기호를 합성하기 위한 기초를 제공하는 것이다.

① T.2　　② T.4
③ T.5　　④ T.6
⑤ T.7

해 설 ④ KDC의 국어구분표는 DDC의 제6보조표 국어구분표(Table 6. Languages)와 마찬가지로, 어떤 주제가 해당주제의 특정 언어적 측면을 다루고 있을 때 해당언어를 나타내기 위해 사용되는데, 특히 언어류(700)와 문학류(800)의 두 번째 패싯의 중요한 구성요소가 된다.

77 다음 괄호 안에 들어갈 유들이 올바른 순서로 연결된 것은 다음 중 어느 것인가?

> KDC의 철학류(100)은 110 형이상학 . . . 140 (①) – 150 동양철학 – 160 서양철학 – 170 (②) – 180 (③) . . . 등으로 구성된다.

① 경학 – 논리학 – 심리학
② 경학 – 심리학 – 논리학
③ 경학 – 윤리학 – 심리학
④ 경학 – 심리학 – 윤리학
⑤ 경학 – 윤리학 – 도덕철학

해 설 KDC의 140은 경학, 170은 논리학, 180은 심리학에 해당한다.

78 다음 중 KDC를 사용할 때 활용가능한 동일학문에 속하는 둘 이상의 주제에 대한 분류원칙에 대한 설명으로 적합치 않은 것은?

① 서로 영향관계에 있는 주제를 다루고 있는 문헌은 영향을 미치는 주제에 분류한다.
② 구체적인 주제와 추상적인 주제가 함께 내포되어 있을 경우는 구체적인 주제 아래 분류한다.
③ 어떤 주제를 연구하기 위하여 방법이나 이론을 응용할 경우에는 연구대상이 되는 주제 아래에 분류한다.
④ 두 주제의 원인과 결과를 다룬 것일 경우에는 결과로 된 주제에 분류한다.
⑤ 동일도서내에서 둘 또는 셋 이상의 주제를 각각 독립적으로 다룬 것은 가장 중요한 것으로 판단되는 주제 아래 분류한다.

해 설 ① 서로 영향관계에 있는 주제들을 다루고 있는 문헌은 영향을 받고 있는 주제에 분류한다.

Answer 74 ⑤ 75 ④ 76 ④ 77 ① 78 ①

79 다음 중 KDC의 문학류(800)에서 두 번째 패싯의 기호로 사용하기에 가장 적합한 보조표는 어느 것인가?

① 표준구분표 ② 지역구분표
③ 문학형식구분표 ④ 언어공통구분표
⑤ 국어구분표

해 설 ⑤ KDC의 문학류(800)의 열거순서는 "학문 - 언어 - 문학형식 - 시대"의 순서를 택하고 있는데, 두 번째 패싯인 각국어의 언어를 나타내기 위한 기호로 국어구분표의 기호를 적용하게 된다.

80 다음 중 KDC에서 사용하는 조기표에 해당하지 않는 것은?

① 표준구분표 ② 언어공통구분표
③ 국어구분표 ④ 인물군구분표
⑤ 종교공통구분표

해 설 ④ 인물군구분표(Groups of persons)는 DDC 제21판까지에 제7보조표(T.7)로 마련되어 있었으나, KDC에서는 사용되지 않는다.

81 다음 괄호 안에 들어갈 유들이 올바른 순서로 연결된 것은 다음 중 어느 것인가?

> KDC의 종교류(200)에서는 종교공통구분표를 활용하여 분류할 수 있는데, 기독교(230)의 경우, 성서는 (①), 예수그리스도는 (②), 전도는 (③)에 해당한다.

① 232 – 231 – 234 ② 232 – 234 – 238
③ 233 – 232 – 234 ④ 233 – 232 – 235
⑤ 234 – 232 – 235

해 설 ④ 종교공통구분표의 경전은 −3, 종교창시자(종조) 및 제자는 −2, 선교, 포교, 전도, 교화(교육)활동은 −5이다. 따라서 성서는 233, 예수그리스도는 232, 전도는 235에 분류된다.

82 다음 중 KDC의 문학류(800)에서 채택하고 있는 일반적인 열거순서로 올바르게 나열된 것은 어느 것인가?

① 학문 – 주제와 각 계층의 세분주제 – 지리 및 시대세분 – 표현형식
② 학문 – 문학형식 – 언어나 장소 – 시대
③ 학문 – 주제와 각 계층의 세분주제 – 문학형식 – 시대
④ 학문 – 언어 – 문학형식 – 시대
⑤ 학문 – 언어 – 시대 – 문학형식

해 설 ④ KDC의 문학류(800)에서는 DDC의 문학류의 열거순서와는 마찬가지로, "학문 - 언어 - 문학형식 - 시대"의 열거순서를 택하고 있다.

83 다음 중 KDC의 국어구분표가 적용되는 유에 해당하지 않는 것은?

① 030 ② 050
③ 080 ④ 090
⑤ 800

해 설 KDC의 국어구분표는 특정주제가 언어적 측면에서 다루어졌을 때 이에 대해 공통의 기호를 부여하기 위한 보조표로, 총류의 사전, 논문집, 잡지(030-050), 총서와 전집(080), 언어류(700)와 문학류(800)에 적용된다. ④ 090은 향토자료를 위한 강목으로, 국어구분표와는 거리가 멀다.

84 다음 KDC 철학류(100)의 분류기호 가운데 해당분류기호의 내용이 DDC의 내용과 동일한 것은?

① 110 ② 130
③ 150 ④ 170
⑤ 190

해 설 ① KDC의 110은 형이상학으로, DDC의 110 Metaphysics와 동일하다.

Answer 79 ⑤ 80 ④ 81 ④ 82 ④ 83 ④ 84 ①

85 다음 괄호 안에 들어갈 유들이 올바른 순서로 연결된 것은 다음 중 어느 것인가?

> **KDC의 사회과학류(300)에서 320은 경제학, 330은 사회학, 340은 (①), 350은 (②), 360은 (③)에 해당한다.**

① 정치학 – 행정학 – 법학
② 정치학 – 법학 – 행정학
③ 법학 – 교육학 – 정치학
④ 법학 – 정치학 – 교육학
⑤ 교육학 – 법학 – 정치학

해 설 KDC에서 340은 정치학, 350은 행정학, 360은 법학에 해당한다.

86 다음 KDC 총류(000)의 분류기호 가운데 해당분류기호의 내용이 DDC의 내용과 다른 것은?

① 020 ② 030
③ 040 ④ 050
⑤ 080

해 설 ③ DDC의 040에는 어떤 주제도 할당되어 있지 않으나, KDC에서는 강연집, 수필집, 연설문집을 여기에 할당하고 있다.

87 다음 괄호 안에 가장 적합한 기호들이 올바른 순서로 연결된 것은 다음 중 어느 것인가?

> **KDC의 국어구분표에서, 한국어는 -1, 중국어는 -2, 영어는 (①), 프랑스어는 (②), 스페인어는 (③)에 해당한다.**

① -4 – -5 – -7 ② -4 – -6 – -7
③ -4 – -5 – -8 ④ -4 – -6 – -8
⑤ -4 – -7 – -8

해 설 KDC의 국어구분표는 –1 한국어, –2 중국어, –3 일본어, –4 영어, –5 독일어, –6 프랑스어, –7 스페인어, –8 이탈리아어, –9 기타 각국어로 구성된다.

88 다음 중 KDC의 조기표와 DDC의 그에 상응하는 보조표의 연결이 올바르지 않은 것은?

① 표준구분표 － T.1
② 지역구분표 － T.2
③ 문학형식구분표 － T.3
④ 국어구분표 － T.4
⑤ 정답 없음

해 설 ④ KDC의 국어구분표는 DDC의 T.6에 해당하며, DDC의 T.4에 해당하는 것은 언어공통구분표이다.

89 다음 KDC 사회과학류(300)의 분류기호 가운데 해당분류기호의 내용이 DDC의 내용과 동일한 것으로만 올바르게 짝지어진 것은?

① 310 － 330 － 350
② 310 － 350 － 370
③ 330 － 350 － 370
④ 310 － 350 － 390
⑤ 330 － 350 － 390

해 설 KDC의 310은 통계학, 350은 행정학, 370은 교육학으로, 이는 DDC의 310 Statistics, 350 Public administration & military science, 370 Education과 동일하다.

90 다음 괄호 안에 들어갈 유들이 올바른 순서로 연결된 것은 다음 중 어느 것인가?

> KDC의 700과 800은 서로 조기성을 갖는데, 750과 850은 각각 (①)의 언어와 문학을 나타내며, 780과 880은 각각 (②)의 언어와 문학을 나타낸다.

① 독일어 － 프랑스어
② 독일어 － 이탈리아어
③ 독일어 － 그리스어
④ 프랑스어 － 이탈리아어
⑤ 프랑스어 － 그리스어

해 설 KDC의 국어구분표의 −5는 독일어, −8은 이탈리아어를 의미한다.

Answer 85 ① 86 ③ 87 ② 88 ④ 89 ② 90 ②

91 다음 분류기호 중 KDC와 DDC에서 동일한 주제를 나타내기 위해 사용되는 분류기호는 어느 것인가?

① 030 ② 090
③ 150 ④ 160
④ 170

해 설 ① KDC의 030은 백과사전으로, DDC의 030 General encyclopedic works와 동일한 내용을 다룬다.

92 다음 괄호 안에 들어갈 유들이 올바른 순서로 연결된 것은 다음 중 어느 것인가?

> KDC의 종교류(200)에서는 종교공통구분표를 활용하여 분류할 수 있는데, 불교(220)의 경우 불경은 (①), 사찰, 사원은 (②), 법회 및 의식은 (③)에 해당한다.

① 222 – 224 – 227 ② 222 – 224 – 228
③ 223 – 226 – 227 ④ 223 – 226 – 228
③ 224 – 226 – 229

해 설 종교공통구분표의 경전은 −3, 종단, 교단은 −6, 예배형식, 의식은 −7이다. 따라서 불경은 223, 사찰, 사원은 226, 법회와 의식은 227에 분류된다.

93 다음 중 KDC에서 택하고 있는 생물학의 순서가 올바르게 나열된 것은?

① 생명과학 – 식물학 – 동물학
② 생명과학 – 동물학 – 식물학
③ 식물학 – 동물학 – 생명과학
④ 식물학 – 생명과학 – 동물학
⑤ 동물학 – 식물학 – 생명과학

해 설 ① KDC의 생물학의 순서는 470 생명과학 - 480 식물학 - 490 동물학의 순서를 택하고 있다.

94 다음 괄호 안에 들어갈 유들이 올바른 순서로 연결된 것은 다음 중 어느 것인가?

> KDC의 순수과학류(400)에서 물리학은 (①), 화학은 (②), 지구과학은 (③)에 해당한다.

① 420 – 430 – 440
② 420 – 430 – 450
③ 420 – 430 – 460
④ 430 – 420 – 450
⑤ 530 – 550 – 560

해 설 ② KDC에서 물리학은 420, 화학은 430, 지구과학은 450에 해당한다.

95 다음 괄호 안에 들어갈 유들이 올바른 순서로 연결된 것은 다음 중 어느 것인가?

> KDC의 백구분표(강목표)에서 화학의 분류기호는 (①), 화학공학의 분류기호는 (②)에 해당한다.

① 430 – 440
② 430 – 560
③ 440 – 570
④ 440 – 560
⑤ 430 – 570

해 설 KDC에서 화학은 430, 화학공학은 570에 해당한다.

96 다음 중 KDC 제6판의 건축, 건축학에 대한 백구분표(강목표)의 기호는?

① 520
② 530
③ 540
④ 550
⑤ 560

해 설 ① KDC 제6판에서는 이전판의 건축공학과 건축술을 통합하여 540 건축, 건축학에 분류하도록 하고 있다.

Answer 91 ① 92 ③ 93 ① 94 ② 95 ⑤ 96 ③

97 다음 괄호 안에 들어갈 유들이 올바른 순서로 연결된 것은 다음 중 어느 것인가?

> KDC의 백구분표(강목표)에서 420은 (①), 430은 (②), 440은 (③)에 해당한다.

① 물리학 – 화학 – 천문학
② 물리학 – 천문학 – 화학
③ 화학 – 물리학 – 천문학
④ 화학 – 천문학 – 물리학
⑤ 천문학 – 물리학 – 화학

해 설 ① KDC에서 420은 물리학, 430은 화학, 440은 천문학에 해당한다.

98 다음 괄호 안에 들어갈 유들이 올바른 순서로 연결된 것은 다음 중 어느 것인가?

> KDC의 백구분표(강목표)에서 조각의 분류기호는 (①), 서예의 분류기호는 (②), 사진술의 분류기호는 (③)에 해당한다.

① 620 – 630 – 640
② 620 – 640 – 660
③ 640 – 660 – 680
④ 620 – 630 – 660
⑤ 620 – 660 – 680

해 설 ② KDC에서 조각은 620, 서예는 640, 사진술은 660에 해당된다.

99 KDC 제6판의 100구분표와 지역구분표를 사용할 경우, 다음 중 "한국지리"의 분류기호로 가장 적합한 것은?

① 911
② 911.1
③ 981
④ 981.1
⑤ 982

해 설 ④ KDC 제6판에서 "한국지리"는 "지리의 기본번호 98 + –11(지역구분표에서 한국에 대한 기호) → 981.1"이 된다.

100 KDC 제6판에 따를 경우, 다음 중 "한국사"의 분류기호로 가장 적합한 것은 어느 것인가?

① 910
② 911
③ 912
④ 915.19
⑤ 951.9

해 설 ② KDC 제6판에서 "한국사"는 "역사의 기본기호 9 + –11(지역구분표의 한국에 대한 기호) → 911"이 된다.

101 KDC의 유럽지역에 대한 지역구분표(–24–29)의 –24–28의 둘째 자리는 국어구분표와 조기성을 갖는다. 따라서 "영국사"의 분류기호는 924임을 쉽게 알 수 있다. 그렇다면 다음 중 "독일역사"에 대한 분류기호로 가장 적합한 것은?

① 920
② 925
③ 926
④ 943
⑤ 927

해 설 ② "독일역사"에 대한 KDC의 분류기호는 "역사의 기본기호 9 + –25(지역구분표의 독일에 대한 기호) → 925"가 된다. 아울러 유럽지역의 지역구분표의 둘째 자리가 국어구분표와 조기성을 갖는다는 사실에서, "독일역사"의 세 번째 자리는 –5가 되어야 함을 알 수 있다.

102 다음 괄호 안에 가장 적합한 기호들이 올바른 순서로 연결된 것은?

> KDC의 국어구분표에서, 한국어는 -1, 중국어는 -2, 독일어는 (①), 프랑스어는 (②), 이탈리아어는 (③) 에 해당한다.

① -5 – -6 – -7
② -4 – -6 – -7
③ -5 – -6 – -8
④ -4 – -6 – -8
⑤ -5 – -7 – -8

해 설 KDC의 국어구분표는 –1 한국어, –2 중국어, –3 일본어, –4 영어, –5 독일어, –6 프랑스어, –7 스페인어, –8 이탈리아어, –9 기타 각국어로 구성된다.

Answer 97 ① 98 ② 99 ④ 100 ② 101 ② 102 ③

103 다음 중 KDC의 언어공통구분표 가운데 DDC의 T.4와 내용이 같지 않은 것은?

① -1 ② -2
③ -3 ③ -5
⑤ -8

해 설 ⑤ KDC의 언어공통구분표의 −8은 방언(사투리)을 나타내며, DDC의 −8은 언어의 표준적 사용(규범문법)과 응용언어학을 나타낸다.

104 KDC 제6판에 따를 경우, 다음 중 "소월시연구"의 분류기호로 가장 적합한 것은?

① 810 ② 811
③ 812 ④ 813
⑤ 895.7

해 설 ② KDC 제6판에서 "소월시연구"는 한국시에 분류되는데, "문학의 기본기호 8 + −1(국어구분표의 한국어에 대한 기호) + −1(문학형식구분표의 시에 대한 기호) → 811"이 된다.

105 KDC 제6판에 따를 경우, 다음 중 "영국수필"의 분류기호로 가장 적합한 것은?

① 820 ② 824
③ 840 ④ 844
⑤ 845

해 설 ④ KDC 제6판에서 "영국수필"은 "영국문학의 기본기호 84 + −4(문학형식구분표의 수필에 대한 기호) → 844"가 된다.

106 KDC 제6판에 따를 경우, 다음 중 "한국어의 어원"의 분류기호로 가장 적합한 것은?

① 410 ② 412
③ 710 ④ 712
⑤ 714

해 설 ④ KDC 제6판에서 "한국어의 어원"은 "언어의 기본기호 7 + −1(국어구분표의 한국어에 대한 기호) + −2(언어공통구분표의 어원에 대한 기호) → 712"가 된다.

107 KDC 제6판의 백구분표(강목표)에 따를 경우, 다음 중 "스포츠의 세계"의 분류기호로 가장 적합한 것은?

① 760　　② 670

③ 770　　④ 690

⑤ 790

해 설 ④ KDC 제6판에서 "스포츠"는 690 오락, 스포츠에 분류된다.

108 KDC 제6판에 따를 경우, 다음 중 "영어의 방언(方言)"의 분류기호로 가장 적합한 것은?

① 427　　② 428

③ 747　　④ 748

⑤ 417

해 설 ④ KDC 제6판에서 "영어의 방언"은 "영어의 기본기호 74 + −8(언어공통구분표의 방언에 대한 기호) → 748"이 된다.

109 다음 중 "한국어사전"에 대한 KDC 제6판과 DDC 제23판의 분류기호로 올바르게 짝지어진 것은?

① 413 − 495.73　　② 413 − 895.73

③ 713 − 495.73　　④ 713 − 895.73

⑤ 895.73 − 895.73

해 설 ③ "한국어사전"에 대한 KDC의 분류기호는 "언어기본기호 7 + −1(국어구분표의 한국어에 대한 기호) + −3(언어공통구분표의 사전에 대한 기호) → 713"이며, DDC의 분류기호는 "기본기호 4 + −957(T.6의 한국어에 대한 기호) + −3(T.4의 사전에 대한 기호) → 495.73"이 된다.

Answer 103 ⑤　104 ②　105 ④　106 ④　107 ④　108 ④　109 ③

110 KDC 제6판에 따를 경우, 다음 중 "국문법"의 분류기호로 가장 적합한 것은?

① 410 ② 418
③ 710 ④ 714
⑤ 715

해 설 ⑤ KDC 제6판에서 "국문법"은 "언어의 기본기호 7 + −1(국어구분표의 한국어에 대한 기호) + −5(언어공통구분표의 문법에 대한 기호) → 715"가 된다.

111 KDC 제6판에 따를 경우, 다음 중 이광수의 "사랑"의 분류기호로 가장 적합한 것은?

① 810 ② 812
③ 813 ④ 814
⑤ 895.73

해 설 ③ KDC 제6판에서 이광수의 "사랑"은 한국소설에 분류되는데, "문학의 기본기호 8 + −1(언어구분표의 한국어에 대한 기호) + −3(문학형식구분표의 소설에 대한 기호) → 813"이 된다.

112 다음 중 KDC의 언어공통구분표 가운데 DDC의 T.4와 내용이 일치하는 것은?

① −3 ② −4
③ −6 ③ −7
⑤ −8

해 설 ① KDC의 언어공통구분표와 DDC T.4의 −3은 모두 사전을 나타낸다.

113 다음 중 "성서"(Bible)에 대한 KDC 제6판과 DDC 제23판의 분류기호로 올바르게 짝지어진 것은?

① 220 − 220 ② 223 − 221
③ 223 − 220 ④ 233 − 220
⑤ 223 − 221

해 설 ④ "성서"에 대한 KDC의 분류기호는 "기독교의 기본기호 23 + −3(종교공통구분표의 종전, 교전에 대한 기호) → 233"이며, DDC의 분류기호는 220이다.

114 다음 중 "한국소설"에 대한 KDC 제6판과 DDC 제23판의 분류기호로 올바르게 짝지어진 것은?

① 413 － 495.73　　② 813 － 495.73
③ 713 － 495.73　　④ 713 － 895.73
⑤ 813 － 895.73

해 설 ⑤ "한국소설"에 대한 KDC의 분류기호는 "문학기본기호 8 + −1(국어구분표의 한국어에 대한 기호) + −3(소설에 대한 기호) → 813"이며, DDC의 분류기호는 "기본기호 8 + −957(T.6의 한국어에 대한 기호) + −3(T.3의 소설에 대한 기호) → 895.73"이다.

115 다음 중 KDC 제6판에서 서로 간에 가장 직접적인 조기성(助記性)을 갖는 주류끼리 올바르게 연결된 것은 어느 것인가?

① 100 － 200　　② 400 － 700
③ 400 － 800　　④ 700 － 800
⑤ 800 － 900

해 설 ④ KDC의 언어류(700)와 문학류(800)는 두 번째 패싯(綱目)의 전개에 있어 모두 국어구분표의 기호를 따르기 때문에, 서로 밀접한 조기성을 갖게 된다.

116 다음 괄호 안에 가장 적합한 기호들이 올바른 순서로 연결된 것은?

> '일반연속간행물'에 대한 KDC 제6판의 분류기호는 (①), DDC 제23판의 분류기호는 (②)이다.

① 030 － 030　　② 030 － 050
③ 050 － 050　　④ 050 － 070
⑤ 070 － 080

해 설 ③ "일반연속간행물"에 대한 KDC와 DDC의 분류기호는 모두 050이다.

Answer 110 ⑤ 111 ③ 112 ① 113 ④ 114 ⑤ 115 ④ 116 ③

117 다음 중 "백과사전"에 대한 KDC 제6판과 DDC 제23판의 분류기호로 올바르게 짝지어진 것은?

① 030 － 030　② 030 － 050
③ 050 － 030　④ 050 － 050
⑤ 070 － 070

해 설 ① "백과사전"에 대한 KDC와 DDC의 분류기호는 모두 030이다.

118 다음 중 "형이상학"(metaphysics)에 대한 KDC 제6판과 DDC 제23판의 분류기호로 올바르게 짝지어진 것은?

① 110 － 110　② 110 － 120
③ 120 － 110　④ 120 － 120
⑤ 120 － 160

해 설 ① "형이상학"에 대한 KDC와 DDC의 분류기호는 모두 110이다.

119 다음 중 "심리학"(psychology)에 대한 KDC 제6판과 DDC 제23판의 분류기호로 올바르게 짝지어진 것은?

① 150 － 150　② 150 － 170
③ 170 － 150　④ 170 － 170
⑤ 180 － 150

해 설 ⑤ "심리학"에 대한 KDC의 분류기호는 180이며, DDC의 분류기호는 150이다.

120 다음 중 "논리학"(Logic)에 대한 KDC 제6판과 DDC 제23판의 분류기호로 올바르게 짝지어진 것은?

① 150 － 170　② 160 － 170
③ 170 － 160　④ 170 － 170
⑤ 180 － 160

해 설 ③ "논리학"에 대한 KDC의 분류기호는 170이며, DDC의 분류기호는 160이다.

121 다음 중 “윤리학 및 도덕철학”(ethics, moral philosophy)에 대한 KDC 제6판과 DDC 제23판의 분류기호로 올바르게 짝지어진 것은?

① 170 – 190 ② 180 – 180
③ 170 – 170 ④ 190 – 180
⑤ 190 – 170

해 설 ⑤ “윤리학, 도덕철학”에 대한 KDC의 분류기호는 190이며, DDC의 분류기호는 170이다.

122 다음 중 “비교종교”(comparative religion)에 대한 KDC 제6판과 DDC 제23판의 분류기호로 올바르게 짝지어진 것은?

① 210 – 210 ② 210 – 230
③ 210 – 200 ④ 290 – 210
⑤ 290 – 290

해 설 ③ “비교종교”에 대한 KDC 제6판의 분류기호는 210이며, DDC 제23판에서는 “comparative religion”을 200에 분류하도록 하고 있다.

123 다음 괄호 안에 가장 적합한 기호들이 올바른 순서로 연결된 것은?

> KDC의 종교공통구분표에서, 교리는 -1, 종교의 창시자는 -2, 종교의 경전은 (①), 예배형식은 (②), 종파, 교파는 (③)에 해당한다.

① -3 – -5 – -6 ② -3 – -7 – -6
③ -3 – -6 – -8 ④ -3 – -7 – -8
⑤ -3 – -7 – -9

해 설 KDC5의 종교공통구분표는 –1 교리, 교의, –2 종교창시자(교주) 및 제자, –3 경전, 성전, –4 종교신앙, 신앙록, 신앙생활, 수도생활, –5 선교, 포교, 전도, 교화(교육)활동, –6 종단, 교단, –7 예배형식, 의식, 의례, –8 종파, 교파로 구성된다.

Answer 117 ① 118 ① 119 ⑤ 120 ③ 121 ⑤ 122 ③ 123 ④

124 다음 중 “경제학”(economics)에 대한 KDC 제6판과 DDC 제23판의 분류기호로 올바르게 짝지어진 것은?

① 320 − 320　② 320 − 330
③ 330 − 330　④ 330 − 320
⑤ 330 − 340

해 설 ② “경제학”에 대한 KDC의 분류기호는 320이며, DDC의 분류기호는 330이다.

125 다음 중 “정치학”(political science)에 대한 KDC 제6판과 DDC 제23판의 분류기호로 올바르게 짝지어진 것은?

① 320 − 320　② 320 − 340
③ 340 − 340　④ 340 − 320
⑤ 350 − 350

해 설 ④ “정치학”에 대한 KDC의 분류기호는 340이며, DDC의 분류기호는 320이다.

126 다음 중 “교육학”(education)에 대한 KDC 제6판과 DDC 제23판의 분류기호로 올바르게 짝지어진 것은?

① 350 − 350　② 350 − 370
③ 370 − 370　④ 370 − 380
⑤ 380 − 370

해 설 ③ “교육학”에 대한 KDC와 DDC의 분류기호는 모두 370이다.

127 다음 중 “물리학”(physics)에 대한 KDC 제6판과 DDC 제23판의 분류기호로 올바르게 짝지어진 것은?

① 420 − 420　② 420 − 430
③ 420 − 520　④ 420 − 530
⑤ 430 − 530

해 설 ④ “물리학”에 대한 KDC의 분류기호는 420이며, DDC의 분류기호는 530이다.

128 다음 괄호 안에 가장 적합한 기호들이 올바른 순서로 연결된 것은?

> KDC의 종교류(200)에서, 불교는 220, 기독교는 230, 천도교는 (①), 힌두교는 (②), 이슬람교는 (③)에 해당한다.

① 240 – 250 – 260　　② 240 – 260 – 270
③ 240 – 250 – 270　　④ 250 – 260 – 280
⑤ 250 – 270 – 280

해 설 ⑤ KDC 제6판에서 천도교는 250, 힌두교는 270, 이슬람교(회교)는 280에 해당한다.

129 다음 괄호 안에 가장 적합한 기호들이 올바른 순서로 연결된 것은?

> '법학'(law)에 대한 KDC 제6판의 분류기호는 (①), DDC 제23판의 분류기호는 (②)이다.

① 330 – 340　　② 340 – 350
③ 350 – 340　　④ 360 – 340
⑤ 360 – 370

해 설 ④ "법학"에 대한 KDC의 분류기호는 360이며, DDC의 분류기호는 340이다.

130 다음 중 "지학(지구과학)"(earth sciences)에 대한 KDC 제6판과 DDC 제23판의 분류기호로 올바르게 짝지어진 것은?

① 450 – 450　　② 450 – 460
③ 450 – 550　　④ 450 – 560
⑤ 550 – 550

해 설 ③ "지학(지구과학)"에 대한 KDC의 분류기호는 450이며, DDC의 분류기호는 550이다.

Answer 124 ② 125 ④ 126 ③ 127 ④ 128 ⑤ 129 ④ 130 ③

131 다음 괄호 안에 가장 적합한 기호들이 올바른 순서로 연결된 것은 다음 중 어느 것인가?

> '생명과학'(생물학)(Biology)에 대한 KDC 제6판의 분류기호는 (①), DDC 제23판의 분류기호는 (②)이다.

① 460 – 470
② 460 – 560
③ 470 – 570
④ 470 – 560
⑤ 490 – 590

해 설 ③ "생명과학"에 대한 KDC의 분류기호는 470이며, DDC 제23판의 "Biology"의 분류기호는 570이다.

132 다음 중 "수학"(mathematics)에 대한 KDC 제6판과 DDC 제23판의 분류기호로 올바르게 짝지어진 것은?

① 410 – 410
② 410 – 510
③ 410 – 520
④ 420 – 510
⑤ 520 – 520

해 설 ② "수학"에 대한 KDC의 분류기호는 410이며, DDC의 분류기호는 510이다.

133 다음 괄호 안에 가장 적합한 기호들이 올바른 순서로 연결된 것은?

> '경영학'(management & public relations)에 대한 KDC 제6판의 백구분표의 분류기호는 (①), DDC 제23판의 분류기호는 (②)이다.

① 320 – 650
② 330 – 650
③ 320 – 660
④ 550 – 660
⑤ 550 – 650

해 설 ① "경영학"은 KDC에서는 경제학(320) 아래의 325 경영관리에 분류되며, DDC에서는 650에 분류된다.

134 다음 중 “화학”(chemistry)에 대한 KDC 제6판과 DDC 제23판의 분류기호로 올바르게 짝지어진 것은?

① 420 – 520
② 420 – 530
③ 430 – 530
④ 430 – 520
⑤ 430 – 540

해 설 ⑤ “화학”에 대한 KDC의 분류기호는 430이며, DDC의 분류기호는 540이다.

135 다음 중 “의학”(medicine)에 대한 KDC 제6판과 DDC 제23판의 분류기호로 올바르게 짝지어진 것은?

① 510 – 610
② 510 – 620
③ 510 – 630
④ 520 – 610
⑤ 520 – 620

해 설 ① “의학”에 대한 KDC의 분류기호는 510이며, DDC의 분류기호는 610이다.

136 다음 중 “농업, 농학”(agriculture)에 대한 KDC 제6판과 DDC 제23판의 분류기호로 올바르게 짝지어진 것은?

① 520 – 620
② 520 – 630
③ 520 – 640
④ 530 – 630
⑤ 530 – 520

해 설 ② “농업, 농학”에 대한 KDC의 분류기호는 520이며, DDC의 분류기호는 630이다.

137 다음 중 “화학공학”(chemical engineering)에 대한 KDC 제6판과 DDC 제23판의 분류기호로 올바르게 짝지어진 것은?

① 560 – 660
② 560 – 670
③ 570 – 660
④ 570 – 670
⑤ 570 – 680

해 설 ③ “화학공학”에 대한 KDC의 분류기호는 570이며, DDC의 분류기호는 660이다.

Answer 131 ③ 132 ② 133 ① 134 ⑤ 135 ① 136 ② 137 ③

138 다음 중 DDC와는 달리, KDC에만 설정되어 있는 예술류(600)의 강목(綱目)들로 올바르게 짝지어진 것은?

① 640 서예 – 670 음악

② 640 서예 – 680 공연예술 및 매체예술

③ 670 음악 – 680 공연예술 및 매체예술

④ 620 조각 – 680 공연예술 및 매체예술

⑤ 620 조각 – 640 서예

해 설 ② KDC의 예술류에서는 동양의 특징적인 분야로 서예를 강목으로 설정하고, NDC의 영향을 받아 공연예술 및 매체예술을 강목으로 설정하고 있다.

139 다음 괄호 안에 들어갈 가장 적합한 기호들이 올바른 순서로 연결된 것은 다음 중 어느 것인가?

> '음악'(music)에 대한 KDC 제6판의 분류기호는 (①), DDC 제23판의 분류기호는 (②)이다.

① 670 – 770

② 670 – 780

③ 670 – 790

④ 680 – 790

⑤ 680 – 770

해 설 ② "음악"에 대한 KDC의 분류기호는 670이며, DDC의 분류기호는 780이다.

140 KDC의 유럽지역에 대한 지역구분표(–24–29)의 –24–28의 둘째 자리는 국어구분표와 조기성을 갖는다. 따라서 "영국사"의 분류기호는 924임을 쉽게 알 수 있다. 그렇다면 다음 중 "프랑스역사"에 대한 분류기호로 가장 적합한 것은?

① 920

② 925

③ 926

④ 944

⑤ 927

해 설 ③ "프랑스역사"에 대한 KDC의 분류기호는 "역사의 기본기호 9 + –26 (지역구분표의 프랑스에 대한 기호) → 926"이 된다. 아울러 유럽지역의 지역구분표의 둘째 자리가 국어구분표와 조기성을 갖는다는 사실에서, "프랑스역사"의 세 번째 자리는 –6이 되어야 함을 알 수 있다.

141 다음 중 "천문학"(astronomy)에 대한 KDC 제6판과 DDC 제23판의 분류기호로 올바르게 짝지어진 것은?

① 440 – 510
② 440 – 520
③ 450 – 510
④ 450 – 520
⑤ 450 – 530

해 설 ② "천문학 "에대한 KDC의 분류기호는 440이며, DDC의 분류기호는 520이다.

142 다음 중 "사진술"(photography)에 대한 KDC 제6판과 DDC 제23판의 분류기호로 올바르게 짝지어진 것은?

① 650 – 750
② 650 – 760
③ 660 – 760
④ 660 – 770
⑤ 660 – 750

해 설 ④ "사진술"에 대한 KDC의 분류기호는 660이며, DDC의 분류기호는 770이다.

143 다음 중 "스포츠"에 관한 자료를 KDC 제6판과 DDC 제23판의 백구분표를 사용하여 분류하고자 할 때, 가장 적합한 분류기호로 올바르게 짝지어진 것은?

① 680 – 780
② 680 – 790
③ 690 – 790
④ 690 – 780
⑤ 670 – 770

해 설 ③ "스포츠"는 KDC에서는 오락, 스포츠를 나타내는 690, DDC에서는 Sports, games & entertainment를 나타내는 790에 분류한다.

144 다음 중 "지리"(geography & travel)에 대한 KDC 제6판과 DDC 제23판의 분류기호로 올바르게 짝지어진 것은?

① 910 – 910
② 920 – 910
③ 980 – 990
④ 980 – 990
⑤ 980 – 910

해 설 ⑤ "지리"에 대한 KDC의 분류기호는 980이며, DDC의 분류기호는 910이다.

Answer 138 ② 139 ② 140 ③ 141 ② 142 ④ 143 ③ 144 ⑤

145 다음 괄호 안에 가장 적합한 기호들이 올바른 순서로 연결된 것은 다음 중 어느 것인가?

> KDC의 지역구분표에서, 아시아는 -1, 유럽은 -2, 북아메리카는 (①), 남아메리카는 (②), 아프리카는 (③)에 해당한다.

① -3 – -4 – -5

② -3 – -5 – -4

③ -5 – -4 – -3

④ -4 – -5 – -3

⑤ -4 – -3 – -5

해 설 KDC의 지역구분표는 –1 아시아, –2 유럽, –3 아프리카, –4 북아메리카, –5 남아메리카, –6 오세아니아, –7 양극지방으로 구성된다.

146 다음 중 KDC 초판의 발행년도는?

① 1963년 ② 1964년

③ 1966년 ④ 1947년

⑤ 1924년

해 설 KDC는 한국도서관협회가 구성한 분류분과위원회에 의해 1963년 초에 착수되어 1964년 5월에 초판이 발행되었으며, 이를 수정·증보하여 1966년 5월에 수정판을 발행하고, 1980년에 제3판, 1996년에 제4판, 2009년에 제5판, 2013년에 제6판을 발행하였다.

147 다음 중 KDC 제6판의 기본개정방침에 대한 설명으로 가장 거리가 먼 것은?

① 기술방식을 전체적으로 통일하고, 용어를 최신화·현대화하였다.

② 북한 관련항목을 적절히 반영하고자 노력하였다.

③ 별법(別法)에 대해 맨 앞에 "별법: "을 명시하여 표시하였다.

④ 전면적으로 한글전용을 채택하고, 한자의 병기는 폐지하였다.

⑤ KDC 제5판의 오류와 표기상의 미비점 등을 수정하고 보완하였다.

해 설 ④ 의미상 한자의 병기가 필요한 경우 ( ) 속에 병기하도록 하였다.

148 다음 중 한국십진분류법 초판과 가장 거리가 먼 것은 어느 것인가?

① 박봉석　　② 1964년
③ 한국도서관협회　　④ 종교공통구분표
⑤ KDC

해 설 KDC는 Korean Decimal Classification의 약칭으로, 한국도서관협회 분류분과 위원회에 의해 1964년 초판이 발행되었다. ④ 종교공통구분표는 초판부터 포함되었던 KDC 특유의 조기표이다. ① 박봉석은 조선십진분류법(KDCP)의 편찬자로, KDC의 편찬에 KDCP를 참조하기는 하였으나, 박봉석 자신과 KDC와는 직접적인 연관은 없다.

149 다음 중 KDC 제6판이 발행된 연도는?

① 1996년　　② 2009년
③ 2012년　　④ 2013년
⑤ 2014년

해 설 ⑤ KDC 제6판은 2013년에 발행되었다.

150 다음 중 KDC에 대한 일반적인 설명으로 적합하지 않은 것은?

① 본표의 여러 곳에 분산된 관련주제들을 한 곳에서 일목요연하게 찾아볼 수 있는 우수한 상관색인(relative index)을 갖추고 있다.
② 기호의 계층적 성격을 통해 분류기호간의 상호관계를 나타내 줌으로써 탐색에 도움을 준다.
③ 정기적이고 주기적인 개정이 이루어지고 있어 최신성의 유지에 도움을 준다.
④ 한국도서관협회에서 그 개정과 발행을 담당하고 있다.
⑤ 주류의 배열순서는 DDC와 마찬가지로 Bacon의 학문분류의 역순을 따르고 있다.

해 설 ③ KDC는 주기적인 개정이 이루어지지 못하고 있다. 예를 들면 KDC 제4판은 16년만에, 제5판은 13년만에, 제6판은 4년만에 개정판이 발행되었다.

Answer 145 ④ 146 ② 147④ 148 ① 149 ③ 150 ③

151 다음 중 KDC의 상관색인에 대한 설명으로 가장 거리가 먼 것은?

① 분류표 전체에 걸쳐 각 학문분야로 분산되어 있는 동일한 주제에 관한 서로 다른 관점들을 함께 모아주는 기능을 한다.

② 상관색인은 특정주제와 관련된 모든 주제의 명사와 그 주제를 도치형식으로 표현한 명사를 가나다순으로 배열하고 있다.

③ 필요에 따라 보라참조와 도보라참조를 적극 활용하고 있다.

④ 가나다순으로 배열한 표목의 바로 옆에는 그 표목이 가지는 분류기호가 제시된다.

⑤ 특정주제의 분류위치, 항목의 관련성과 하위관계, 다른 입장에서 본 분류기호를 한 곳에 전부 제시하였기 때문에, 분류항목과 중요한 주를 정확하게 찾을 수 있다.

해 설 ③ 보라참조나 도보라참조는 사용되지 않는다.

152 다음 중 KDC 제6판의 범례(凡例)와 관련하여 다음의 분류기호 "[310.14]"에 대한 설명으로 가장 적합한 것은?

> [310.14] **자료수집**

① 선택조항(임의규정)

② 분류항목이 다른 분류기호로 이치된 경우

③ 분류항목이 다른 분류기호에서 이치된 경우

④ 입석(standing room) 주제

⑤ 분류항목이 변경된 경우

해 설 ② KDC6에서 분류항목(명사)이 다른 분류번호로 이치된 것은 다음과 같이 표시하고 있다.

> [310.14] **자료수집**
> 413.83에 분류한다.

153 다음 중 KDC 제6판의 범례(凡例)의 내용과 가장 거리가 먼 것은?

① 중국과 일본의 인명 및 지명은 한자음으로 표기하고 ( )에 한자와 원음을 병기하였다.

② 외국의 인명, 일반명사 및 기타 외래어의 한글표기법은 대체로 국립국어원의 외래어표기법과 로마자표기법에 따랐다.

③ 연대는 서기로 통일하였다.

④ 분류표의 본표에서 참조표시는 "→" 부호를 사용하였다.

⑤ 본표를 간소화하기 위하여 공통으로 구분 또는 세분할 수 있는 것은 조기성을 활용하여 분류항목의 전개를 생략한 경우가 많다.

해 설 ① 중국과 일본의 인명 및 지명은 현지의 원음대로 표기하고 ( )에 한자를 병기하였다.

154 다음 중 KDC의 엔트리에 대한 설명으로 적합하지 않은 것은?

① KDC의 엔트리는 분류기호칼럼과 표목 및 주기칼럼으로 이루어진다.

② DDC와는 달리, 본표의 분류기호는 항상 완전한 형태로 표목 앞에 표시된다.

③ 표목으로 사용되는 분류항목은 주제의 계층구조에 따라 인덴션(indention)을 사용한다.

④ 기호칼럼과 표목칼럼은 분류표내에서의 계층구조의 위치에 따라 다양한 크기의 활자로 인쇄된다.

⑤ 주기는 분류항목만을 나열한 분류표로는 정확한 분류를 하기 힘들 경우에만 제시된다.

해 설 ② 본표의 분류기호 가운데 주류와 강목, 요목을 나타내는 처음 세 자리는 기호칼럼에는 맨처음에 단한번만 표시된다. 다만 페이지가 바뀔 경우 새 페이지의 첫 엔트리는 완전한 분류기호를 표시한다.

Answer 151 ③ 152 ② 153 ① 154 ②

155 다음 중 KDC의 주요분야와 참고한 분류표의 연결이 가장 적절치 못한 것은 어느 것인가?

① 주류 및 주요내용 전반 – DDC
② 한국 및 동양관계주제 – 구개명의 한화도서분류법(漢和圖書分類法)
③ 의학분야의 요목 – 미국의회도서관분류법(LCC)
④ 강목의 일부분과 요목 및 세목의 상당부분 – 일본십진분류법(NDC)
⑤ 한국과 동양관계분야의 주제 – 성균관대학교의 한적분류법

해 설 ③ 의학분야의 요목의 전개에 참고한 분류표는 국제십진분류법(UDC)이며, 미국의회도서관분류법(LCC)은 사회과학의 강목의 전개에 참고하였다.

156 다음 중 KDC의 표준구분표에 대한 설명으로 가장 적합한 것은?

① 초판에서는 "일반형식구분"이라는 이름으로 사용되었으나, 제2판부터 현재의 이름으로 변경되었다.
② 본표의 지시에 따라 일부 지정된 주제에서 사용할 수 있도록 하고 있다.
③ DDC의 제3보조표(Table 3)인 Standard subdivisions에 해당한다.
④ 표준구분표는 항상 '0'을 앞세워 적으며, 주로 총류와 조기성을 갖는다.
⑤ 각각의 기호는 DDC의 Standard subdivisions와 동일한 내용으로 되어 있다.

해 설 ① 제3판까지 "일반형식구분"이라는 이름으로 사용되어오다가, 제4판부터 현재의 이름으로 변경되었다. ② 표준구분표는 모든 주제와 학문 분야에 적용할 수 있다. ③ DDC의 표준세구분표는 Table 1이다. ⑤ KDC 표준구분표의 –04와 –08은 DDC와 전혀 다른 내용으로 되어 있다.

157 다음 중 KDC 표준구분표의 기호와 해당내용의 연결이 올바르지 못한 것은?

① -01 – 철학 및 이론
② -02 – 잡저(雜著)
③ -03 – 사전(辭典), 사전(事典), 인용어사전, 약어집
④ -04 – 특수주제
⑤ -05 – 연속간행물

해 설 ④ –04는 강연집, 수필집, 연설문집에 해당한다.

158 다음 중 KDC의 표준구분표의 특성에 대한 설명으로 가장 거리가 먼 것은?

① KDC의 주류와 강목의 기호에서 세 자리를 유지하기 위해 형식적으로 추가된 영(0)은 표준구분표의 기호를 부가하기 전에 반드시 이를 삭제해야 한다.

② 표준구분표에 제시된 형식은 사전이나 연속간행물, 서지 등과 같은 물리적 형식과 이론이나 연구와 같은 접근법 내지는 표현형식이 있다.

③ 몇몇 예외적인 경우를 제외하고, 본표의 추가지시가 없는 경우에도 필요에 따라 분류담당자의 판단에 의해 적용할 수 있다.

④ 항상 '-0'을 앞세워 적는다.

⑤ 주로 총류와 조기성을 갖는다.

해 설 ① 형식적으로 추가된 영(0)의 제거는 일반적인 원칙이다. 그러나 '0'의 사용규칙에는 일반규칙에 대한 예외적인 적용이 많기 때문에, 반드시 본표의 지시를 확인하고 표준구분표의 기호를 부여해야 한다.

159 다음은 KDC의 표준구분표의 기호를 사용하여 자료를 분류한 예들이다. 해당 자료와 합성한 기호의 연결이 가장 적합하지 않은 것은?

① 문헌정보학용어사전 — 020.3

② 교육학사 — 370.9

③ 철학연구(철학분야의 연속간행물) — 105

④ 한국어사전 — 713.03

⑤ 불교의 교육과 연구 — 220.7

해 설 ① 문헌정보학용어사전은 "020(문헌정보학) − 0 + −03(표준구분기호: 사전) → 020.3"이다. ② 교육학사는 "370(교육학) − 0 + −09(표준구분기호: 역사) → 370.9"이다. ③ 철학분야 연속간행물은 "100(철학) − 00 + −05(표준구분기호: 연속간행물) → 105"이다. ④ 한국어사전은 "710(한국어) − 0 + −3(국어공통구분: 사전) → 713"이다. 713에 −03을 추가하는 것은 사전에 대한 기호를 이중으로 부여하는 것이 되므로, 합당치 않다. ⑤ 불교의 교육과 연구는 "220(불교) − 0 + −07 → 220.7"이다.

Answer 155 ③ 156 ④ 157 ④ 158 ① 159 ④

160 다음은 행정학에 관한 KDC의 일부내용이다. 이에 따를 경우 다음 중 해당주제의 자료와 분류기호의 연결이 가장 부적합한 것은 어느 것인가?

> **350 행정학(行政學) Public administration**
> 특수행정은 해당주제 아래에 분류한다. 예 : 군사행정 391; 교통행정 326.31
> 350.01-.09는 표준구분에 따라 세분한다.
> 행정법 → 363; 재정 → 329
> **.1 행정관리**

① 재정 – 329
② 교통행정의 이해 – 326.31
③ 행정학의 첫걸음 – 350
④ 군사행정론 – 391
⑤ 행정학 용어사전 – 350.3

해 설 ⑤ 행정학 용어사전은 "350.01–.09는 표준구분에 따라 세분한다"는 주기에 따라, "350(행정학) + –03(표준구분기호: 사전) → 350.03"이 된다.

161 다음 중 KDC의 표준구분표에 대한 설명으로 적합하지 않은 것은?

① 표준구분표는 본표에 이 보조표를 사용하지 못하도록 하는 구체적인 지시가 설정되어 있거나 이를 사용하면 기호가 중복되는 경우가 아니면, 필요에 따라 모든 토픽의 분류기호에 이를 적용할 수 있다.
② 표준구분표의 기호는 항상 두 자리로 구성되며, 그 첫 자리는 영(0)으로 시작된다.
③ 몇몇 예외적인 경우를 제외하고, 표준구분표는 공식적인 부가지시사항 없이 열거되거나 합성된 어느 주제에든 추가할 수 있다.
④ KDC의 주류(主類)와 강목에 대해 표준구분표의 기호를 부여할 때는 영(0)의 사용과 관련하여 특히 주의해야 한다.
⑤ 백과사전이나 연속간행물 등과 같이 서지적 형식을 지시해 주는 세구분도 포함되어 있다.

해 설 ② 표준구분표의 기호는 최소한 두 자리로 구성되며, 다른 모든 기호들과 마찬가지로, 십진식으로 확장·전개될 수 있다.

162 다음 중 KDC 지역구분표에 대한 설명으로 옳지 않은 것은?

① 문헌의 주제가 특정국가나 특정지역에 국한하여 다루어질 때 그 특정지역을 나타내기 위해 사용된다.

② DDC의 제2보조표인 지역·시대·인물구분표(Table 2)에 해당한다.

③ 역사의 강목, 지리 및 전기의 요목, 일반단체 및 신문, 언론의 요목, 아시아철학의 요목 등과 조기성을 지닌다.

④ KDC 초판에서 지리구분이라 부르던 것이 제2판에서부터 지역구분표로 변경되었다.

⑤ 역사상의 시대와 인물, 지역을 나타내 주는 기호법으로 이루어지는 보조표이다.

해 설 ④ KDC 3판에서 지리구분이라 부르던 것을 4판에서 지역구분표로 변경하였다.

163 다음 중 KDC 표준구분표의 기호와 해당내용의 연결이 올바르지 못한 것은?

① -099 – 전 기

② -09 – 역사 및 지역구분

③ -08 – 총서, 전집, 선집

④ -07 – 지도법, 연구법 및 교육, 교육자료

⑤ -06 – 강연집, 수필집, 연설문집

해 설 ⑤ -06은 학회, 단체, 협회, 기관, 회의에 해당하며, 강연집, 수필집, 연설문집은 -04에 해당한다.

164 다음 중 KDC 표준구분표의 기호와 조기성을 갖는 주제와의 연결이 옳지 않은 것은 어느 것인가?

① -01 – 010

② -03 – 030

③ -05 – 050

④ -07 – 370

⑤ -08 – 080

해 설 ① 표준구분의 -01은 100 철학과 조기성을 갖는다.

Answer 160 ⑤ 161 ② 162 ④ 163 ⑤ 164 ①

165 다음은 KDC의 일부이다. 다음 중 이 분류표의 지시에 따를 경우, 그 분류가 옳지 않은 것은 어느 것인가?

> 071-077 **각국의 신문**
> 지역구분표에 따라 세분한다.

① 한국의 신문 – 071.1
② 중국의 신문 – 071.2
③ 일본의 신문 – 071.3
④ 영국의 신문 – 072.1
⑤ 북미의 신문 – 074

해 설 지역구분표에서 한국은 –11, 중국은 –12, 일본은 –13, 영국은 –24, 북미는 –4이다. ④ 따라서 영국의 신문의 분류기호는 "07(신문의 기본기호) + –24(지역구분기호: 영국) → 072.4"이다.

166 다음은 KDC에 따른 분류기호합성의 예이다. 괄호안에 들어갈 가장 적절한 기호는 어느 것인가?

> 독일의 공공도서관:
> 026.3(공공도서관의 기본기호) + ( ) + –25(지역구분기호: 독일)

① –01
② –03
③ –05
④ –07
⑤ –09

해 설 ⑤ 지역구분표의 사용에 대한 주기가 제시되어 있지 않으나 지역에 대한 기호를 추가하는 것이 바람직한 것으로 판단될 경우에는 표준구분표의 기호 –09 역사 및 지역구분을 본표의 해당분류기호에 추가하고 이어서 지역구분표의 기호를 추가한다.

167 다음 중 해당지역과 KDC의 지역구분기호의 연결이 올바르지 않은 것은?

① 일본 – –13
② 영국 – –24
③ 독일 – –25
④ 프랑스 – –26
⑤ 이탈리아 – –27

해 설 ⑤ 이탈리아의 지역구분기호는 –28이며, –27은 스페인의 지역구분기호이다.

168 다음 중 KDC의 국어구분표에 대한 설명으로 옳은 것은?

① 각국어의 공통적인 형식이나 특성에 대해 공통의 기호를 부여하기 위해 마련된 조기표이다.

② 400 언어류와 800 문학류에서 개별언어와 개별문학의 기호를 합성하기 위한 기초가 된다.

③ 총류의 030 백과사전, 040 강연집, 수필집, 연설문집, 050 일반연속간행물, 080 총서, 전집의 개요와도 조기성을 갖는다

④ DDC의 Table 4에 해당하는 조기표이다.

⑤ 주기에 관계없이 분류담당자의 판단에 따라 해당분류기호에 기호를 추가하게 된다.

해 설 ① 국어구분표는 어떤 주제가 해당주제의 특정언어적 측면을 다루고 있을 때 해당언어를 나타내기 위해 사용되는 보조표이다. ② 700 언어류와 800 문학류에서 개별언어와 개별문학의 기호를 합성하기 위한 기초를 제공해준다. ④ 국어구분표는 DDC의 Table 6에 해당하는 조기표이다. ⑤ 대개 "710 – 799와 같이 구분한다"와 같은 유형의 주기가 주어지며, 이러한 주기에 따라 해당분류기호에 기호를 추가하게 된다.

169 다음 중 KDC 국어구분표의 기호의 내용이 잘못 연결된 것은?

① 한국어 – -1　　② 일본어 – -3

③ 영 어 – -4　　④ 프랑스어 – -5

⑤ 이탈리아어 – -8

해 설 ④ 프랑스어의 국어구분기호는 –6이며, –5는 독일어의 국어구분기호이다.

170 다음 중 KDC의 언어공통구분기호와 그 구분의 연결이 올바르지 않은 것은?

① -2 – 어 원　　② -4 – 어 휘

③ -6 – 작 문　　④ -8 – 방 언

⑤ -1 – 문 법

해 설 ⑤ –1은 음운 및 문자의 언어공통구분기호이며, 문법은 –5에 해당한다.

Answer 165 ④ 166 ⑤ 167 ⑤ 168 ③ 169 ④ 170 ⑤

171 다음은 KDC의 일부이다. 다음 중 이 분류표의 지시에 따를 경우, 그 분류가 옳지 않은 것은 어느 것인가?

> 082.1-.99 언어에 의한 2인 이상의 일반전집, 총서
> 710-799와 같이 구분한다.

① 영어로 된 전집 – 082.4

② 중국어로 된 전집 – 082.3

③ 스페인어로 된 전집 – 082.7

④ 독일어로 된 전집 – 082.5

⑤ 이탈리아어로 된 전집 – 082.8

해 설 ② 중국어로 된 전집의 분류기호는 "082(2인 이상 일반전집의 기본기호) + –2 (국어구분기호: 중국어) → 082.2"이다.

172 다음은 2개국어사전에 대한 KDC의 일부이다. 다음 중 이 분류표의 지시에 따를 경우, 독일이용자의 입장에서 볼 때 독일어를 표제어로 하는 '독한사전'의 분류가 가장 올바른 것은 어느 것인가?

> 713.2-.9 2개국어사전
> 2개국어 사전은 표제어에 분류하고 해설어를 국어구분의 기호를 사용하여 부가한다.
> 710-799와 같이 언어구분한다.
> 별법: 도서관에 따라 2개 국어사전은 이용자의 입장에서 비교적 덜 알려진 언어에 분류하고 상대어를 부가할 수 있다.

① 713.6

② 763.1

③ 713.5

④ 753.1

⑤ 713.4

해 설 ② 이용자의 입장에 관계없이 독일어를 표제로 하는 독한사전은 "7 + –5(국어구분기호: 독일어) + –3 + –1(국어구분기호: 한국어) → 753.1"이 된다.

173 다음 중 KDC의 언어공통구분에 대한 설명으로 옳은 것은?

① 언어류의 열거순서에서 두 번째 패싯에 사용된다.
② 각국어의 공통적인 형식이나 특성에 대해 공통의 기호를 부여하기 위해 마련된 조기표이다.
③ 개별언어와 어족을 추가적으로 세분하기 위해 420-490의 주요기호에 대해 사용된다.
④ DDC의 Table 6에 해당한다.
⑤ -1부터 -9까지 9개 항목으로 전개되어 있다.

해 설 ① 700에서 "주류(언어류) + 언어 + 언어의 제요소(언어공통구분표)"로 이어지는 열거순서에서 세 번째 패싯에 사용된다. ③ 710-790의 주요기호에 대해서만 사용된다. ④ DDC의 Table 4에 해당한다. ⑤ −1부터 −8까지 8개 항목으로 전개되어 있다.

174 다음 중 KDC의 국어구분과 언어공통구분에 따를 경우 그 분류가 옳지 않은 것은 어느 것인가?

① 프랑스어의 어원 − 762
② 이탈리아어 문법 − 785
③ 스페인어의 어휘 − 774
④ 독일어의 방언 − 757
⑤ 일한사전(표제어: 일본어) − 733.1

해 설 ① 프랑스어의 어원은 "7 + −6(국어구분: 프랑스어) + −2(언어공통구분: 어원) → 762"가 된다. ② 이탈리아어 문법은 "7 + −8(국어구분: 이탈리아어) + −5(언어공통구분: 문법) → 785"가 된다. ③ 스페인어의 어휘는 "7 + −7(국어구분: 스페인어) + −4(언어공통구분: 어휘) → 774"가 된다. ④ 독일어의 방언은 "7 + −5(국어구분: 독일어) + −8(언어공통구분: 고어, 방언) → 758"이 된다. ⑤ 일한사전(표제어: 일본어)은 "7 + −3(국어구분: 일본어−표제어) + −3(언어공통구분: 사전) + −1(국어구분: 한국어) → 733.1"이 된다.

Answer 171 ② 172 ④ 173 ② 174 ④

175 다음 중 KDC의 언어공통구분과 해당기호의 연결이 올바르지 않은 것은?

① 음운 및 문자 – -1 ② 사 전 – -3
③ 문 법 – -5 ④ 방 언 – -7
⑤ 어 원 – -2

해 설 ④ 방언의 언어공통구분은 –8이며, –7은 독본, 해석, 회화에 대한 언어공통구분 기호이다.

176 다음은 KDC 언어공통구분의 확장에 대한 본표의 일부이다. 괄호 안에 공통적으로 들어갈 가장 적절한 기호는 어느 것인가?

> 71( ) 방언(사투리)
> .1-.9 각 지방의 방언
> 지역구분표 111-1199와 같이 세분한다.
> 예: 제주도 방언 71( ).99

① 4 ② 5
③ 6 ④ 7
⑤ 8

해 설 ⑤ 언어공통구분에서 방언의 기호는 –8이다. 따라서 한국어의 방언의 기호는 "7(기본기호) + –1(국어구분: 한국어) + –8(언어공통구분: 방언) → 718"이 된다. 제주도 방언은 그 확장의 한 예이다.

177 다음 중 "프랑스어 작문"의 분류기호로 가장 적합한 것은?

① 756 ② 766
③ 757 ④ 767
⑤ 778

해 설 ② 프랑스어 작문의 분류기호는 "7(기본기호) + –6(국어구분: 프랑스어) + –6(언어공통구분: 작문) → 766"이다.

178 다음 중 KDC의 2개국어사전의 표준적인 분류방식에 대한 설명으로 옳은 것은 어느 것인가?

① 410-499와 같이 언어구분한다.

② 한국도서관의 경우 한영사전(표제어: 한국어)과 영한사전(표제어: 영어)은 서로 다른 분류기호를 갖게 된다.

③ 언어공통구분기호의 -3을 추가하고 상대어에 대한 기호는 부가하지 않는다.

④ 2개국어 사전은 이용자의 입장에서 비교적 덜 알려진 언어에 분류한다.

⑤ DDC와 다른 방식을 택하고 있다.

해 설 ① 710-799와 같이 언어구분한다. ③ 합성 후 상대어를 부가해야 한다. ④ 2개국어사전은 표제어에 분류하고 해설어를 국어구분의 기호를 사용하여 부가한다. ⑤ KDC6의 2개국어사전의 분류방식은 표제어의 언어를 기준으로 하는 DDC의 방식과는 동일한 방식이다. ② 한영사전(표제어: 한국어)과 영한사전(표제어: 영어)은 둘 모두 표제어로 사용된 언어의 사전에 분류하고 해설어를 부기하게 되므로 서로 다른 분류기호를 갖게 된다. 즉 영한사전은 "7(기본기호) + -4(국어구분기호: 영어) + -3(언어공통구분기호: 사전) + -1(국어구분기호: 한국어) → 743.1"이 되고, 한영사전은 "7(기본기호) + -1(국어구분기호: 한국어) + -3(언어공통구분기호: 사전) + -4(국어구분기호: 영어) → 713.4"가 된다.

179 다음 중 KDC 제6판의 2개국어사전의 표준적인 분류방식에 대한 설명으로 옳지 않은 것은 어느 것인가?

① 2개국어사전은 이용자의 입장에서 비교적 덜 알려진 언어에 분류해야 한다.

② 710-799와 같이 언어구분하도록 지시되어 있다.

③ 합성후에 상대어를 부가하도록 하고 있다.

④ DDC 제23판과 동일한 분류방식을 채택하고 있다.

⑤ 세 번째 패싯에 언어공통구분의 -3이 추가된다.

해 설 ① KDC6에서는 표제어로 사용된 언어를 기준으로 하여 분류하도록 하고 있다.

Answer 175 ④ 176 ⑤ 177 ② 178 ② 179 ①

180 KDC의 종교공통구분표에서 교리나 교의를 나타내기 위한 기호는?

① -1　　② -2
③ -4　　④ -5
⑤ -7

해 설 ① 종교공통구분에서 교리 및 교의는 -1에 해당한다.

181 다음 중 KDC의 철학(100) 및 종교(200)류에 대한 설명으로 옳지 않은 것은 어느 것인가?

① 철학류에서는 130에 배정되어 있는 경학(經學)의 설정이 특징이다.
② 철학류에서는 동양관련항목들을 우선적으로 배치할 수 있도록 조정하고 있다.
③ 종교류는 DDC와 비교해볼 때 KDC의 가장 특징적인 부분의 하나이다.
④ 종교류에서는 세계의 주요종교를 강목의 단계(220-280)에서 균등하게 배정하고 있다.
⑤ 종교류의 마지막 강목인 290에 신흥종교를 포함한 기타 제종교를 배정하고 있다.

해 설 ① KDC에서 경학은 140에 배정되어 있다.

182 다음 중 KDC의 종교공통구분에 대한 설명으로 옳지 않은 것은?

① 각 종교에 내포된 공통적 특성을 추출하여 각 종교에 공통적으로 나타나는 특징적인 주제나 의식을 9개의 유형으로 구분하고 있다.
② 각 종교에 공통적으로 적용할 수 있도록 작성된 것이다.
③ 210 비교종교학의 요목과 조기성을 갖는다.
④ DDC와 비교해 볼 때 KDC만이 갖는 특징적인 조기표이다.
⑤ 각 종교마다 요목의 구분이 동일하므로 기억이 용이하고 필요에 따라 각 종교의 종파 또는 교파에도 적용시켜 세분할 수 있다.

해 설 ① KDC 종교공통구분에서는 8개 유형으로 구분하고 있다.

183 다음 중 KDC의 문학형식구분과 해당기호의 연결이 올바르지 않은 것은?

① 시 – -1
② 소 설 – -3
③ 연 설 – -5
④ 일기, 서간 – -7
⑤ 희 곡 – -2

해 설 ④ 일기, 서간, 기행의 문학형식구분은 –6이며, –7은 풍자에 대한 문학형식구분 기호이다.

184 다음 중 KDC의 국어구분과 문학형식구분에 따를 경우 그 분류가 옳지 않은 것은 어느 것인가?

① 프랑스 희곡 – 862
② 이탈리아어 연설문 – 885
③ 스페인어 수필문학 – 874
④ 독일어 풍자문학 – 857
⑤ 일본어 기행문 – 838

해 설 ① 프랑스 희곡은 "8 + –6(국어구분: 프랑스어) + –2(문학형식구분: 어원) → 862"가 된다. ② 이탈리아어 연설문은 "8 + –8(국어구분: 이탈리아어) + –5(문학형식구분: 연설, 웅변) → 885"가 된다. ③ 스페인어 수필문학은 "8 + –7(국어구분: 스페인어) + –4(문학형식구분: 수필) → 874"가 된다. ④ 독일어 풍자문학은 "8 + –5(국어구분: 독일어) + –7(문학형식구분: 풍자문학) → 857"이 된다. ⑤ 일본어기행문은 "8 + –3(국어구분: 일본어 + –6(문학형식구분: 일기, 서간, 기행) → 836"이 된다.

185 다음 중 KDC 종교공통구분의 전개항목과 기호의 연결이 옳지 않은 것은?

① 교리, 교의 – -1
② 경전, 성전 – -3
③ 종교신앙, 신앙록, 신앙생활, 수도생활 – -5
④ 예배형식, 의식, 의례 – -7
⑤ 종파, 교파 – -8

해 설 ③ 종교신앙, 신앙록, 신앙생활, 수도생활의 종교공통구분기호는 –4이며, –5는 선교, 포교, 전도, 교화(교육)활동의 기호이다.

Answer 180 ① 181 ① 182 ① 183 ④ 184 ⑤ 185 ③

186 다음은 KDC의 일부 예이다. 이 예에 따를 경우 해당주제와 분류기호의 연결이 옳지 않은 것은 어느 것인가?

> 016 주제별 서지 및 목록
> 001-999와 같이 주제구분한다.

① 서양철학서지 – 016.16

② 불교서지 – 016.23

③ 경제학서지 – 016.32

④ 천문학서지 – 016.44

⑤ 민속학서지 –016.38

해 설 ① 서양철학서지의 분류기호는 "016(기본기호) + 160(서양철학의 분류기호) → 016.16"이 된다. ② 불교서지의 분류기호는 "016(기본기호) + 220(불교의 분류기호) → 016.22"가 된다. ③ 경제학서지의 분류기호는 "016(기본기호) + 320(경제학의 분류기호) → 016.32"가 된다. ④ 천문학의 분류기호는 "016(기본기호) + 440(천문학의 분류기호) → 016.44"가 된다. ⑤ 민속학의 분류기호는 "016(기본기호) + 380(민속학의 분류기호) → 016.38"이 된다.

187 다음 중 KDC 총류에 대한 설명으로 옳은 것은?

① 형식류라는 특성이 말해주듯이 주제나 학문이 아닌 형식에 관련된 유들만을 포함하고 있다.

② 070에 설정되어 있는 향토자료는 KDC 총류의 특징적인 유이다.

③ KDC의 총류의 모든 강목(綱目)들은 표준구분표와 조기성을 갖는다.

④ 향토자료의 설정을 제외하고는 강목의 전개가 DDC의 총류와 동일한 순서와 내용으로 되어 있다.

⑤ 030과 050의 요목(要目)들은 언어를 기준으로 전개된다.

해 설 ① 형식에 관련된 유들이 많기는 하지만, 주제나 학문에 관련된 유들도 포함되어 있다. ② 향토자료는 090에 설정되어 있다. ③ KDC의 총류와 표준구분표가 조기성을 갖기는 하지만, 모든 강목이 해당하는 것은 아니다. ④ KDC 총류 강목의 전개가 DDC 총류의 전개와 유사하기는 하지만, 특히 DDC에서는 전개되지 않고 있는 040에 강연집, 수필집, 연설문집을 전개시키고 있다. ⑤ 030 백과사전과 050 일반연속간행물의 요목(要目)들은 그 언어를 기준으로 전개된다.

188 다음 중 DDC와 더불어 KDC의 편찬에 있어 가장 주요한 참고자료로 이용된 분류표는 어느 것인가?

① UDC ② NDC
③ LCC ④ CC
⑤ EC

해 설 ② KDC는 일부분의 강목과 요목, 세목의 상당부분이 일본십진분류법(NDC)에 따라서 편찬되었다.

189 다음 중 KDC 총류의 분류기호와 해당강목의 연결이 올바르지 않은 것은 어느 것인가?

① 010 – 도서학, 서지학
② 030 – 백과사전
③ 050 – 일반연속간행물
④ 070 – 신문, 저널리즘
⑤ 080 – 향토자료

해 설 ⑤ 080은 일반전집, 총서의 분류기호이며, 향토자료의 분류기호는 090에 해당한다.

190 다음 중 KDC 종교공통구분에 대한 설명으로 가장 적합한 것은?

① DDC와 KDC에 공통적으로 설정되어 있는 조기표이다.
② 비교종교학(210)을 구분한 요목을 근거로 하여 공통구분을 정리한 것이다.
③ 세계의 주요 종교마다 강목의 구분이 동일하게 전개될 수 있도록 하고 있다.
④ 각 종교에 내포된 공통적 특성을 9개의 유형으로 구분하고 있다.
⑤ 종교공통구분에 따를 경우 불교교리는 222가 된다.

해 설 ① KDC가 DDC와 특히 다른 특징으로, 종교공통구분은 KDC에만 설정되어 있다. ③ 각 종교마다 요목의 구분이 동일하도록 하기 위한 구분이다. ④ 공통적 특성을 8개의 유형으로 구분하고 있다. ⑤ 불교교리의 분류기호는 "2(기본기호) + −2(불교) + −1(교리, 교의) → 221"이 된다.

Answer 186 ② 187 ⑤ 188 ② 189 ⑤ 190 ②

191 다음 중 KDC에 대한 설명으로 옳지 않은 것은?

① 다양한 조기성을 도입하고 있다.
② 분류표의 전개에 계층적 구조를 바탕으로 하고 있다.
③ August Comte의 학문분류에 기초하고 있다.
④ 십진식에 의한 전개를 기본으로 하고 있다.
⑤ 상관식 배가법의 채택이 가능한 분류법이다.

해 설 ③ KDC는 DDC의 주류배열에 바탕을 두고 있다. 따라서 DDC와 마찬가지로 역베이컨식의 순서를 채택하고 있다고 할 수 있다.

192 다음 중 KDC의 철학류에 대한 설명으로 가장 거리가 먼 것은?

① 동양관련부문을 우선적으로 배치하고 있다.
② 강목(綱目)의 전개에서는 150에 배정된 경학(經學)의 설정이 특징이다.
③ 강목에서는 형이상학(形而上學)은 DDC와 동일한 분류기호를 갖는다.
④ 논리학은 170에 배정되어 있다
⑤ 도덕철학은 190에 배정되어 있다.

해 설 ② 경학은 140에 배정되어 있다. ③ KDC와 DDC 공히 형이상학을 110에 배정하고 있다.

193 다음 중 KDC의 종교공통구분에 비추어볼 때 그 분류가 옳지 않은 것은?

① 기독교신학 – 231
② 성 서 – 232
③ 목회학(牧會學) – 235
④ 교회론 – 236
⑤ 기독교교파 – 238

해 설 ① 기독교신학의 분류기호는 "23(기본기호: 기독교) + –1(종교공통구분: 교리, 교의) → 231"이 된다. ② 성서의 분류기호는 "23(기본기호: 기독교) + –3(종교공통구분: 경전, 성전) → 233"이 된다. ③ 목회학의 분류기호는 "23(기본기호: 기독교) + –5(종교공통구분: 선교, 포교, 전도, 교화(교육)활동) → 235"가 된다. ④ 교회론의 분류기호는 "23(기본기호: 기독교) + –6(종교공통구분: 교단, 종단) → 236"이 된다. ⑤ 기독교교파의 분류기호는 "23(기본기호: 기독교) + –8(종교공통구분: 종파, 교파) → 238"이 된다.

194 다음 중 KDC의 사회과학류에 대한 설명으로 올바른 것은 어느 것인가?

① 강목의 순서와 내용은 완전히 LCC를 따르고 있다.

② 경영학은 별도의 강목으로 설정되지 않고, 경제학의 하위에 있는 335 경영관리에 분류된다.

③ 380에 설정된 국방 · 군사학은 DDC와 LCC의 강목에는 없는 것으로 NDC에서 따온 것이다.

④ 교육학의 분류기호는 DDC와 마찬가지로 360에 배정되어 있다.

⑤ KDC에서는 사회학, 사회문제에 대해 별도의 강목을 설정하고 있다.

해 설 ① 강목의 순서는 대략 LCC를 따르고 있으나, LCC의 순위만 따랐을 뿐, 강목의 내용은 일치하지 않는다. ② 경영학은 325 경영관리에 분류된다. ③ 국방 · 군사학은 390에 설정되어 있다. ④ 교육학의 분류기호는 370이다. ⑤ KDC에서는 사회학, 사회문제를 330에 배정하고 있다.

195 다음 중 KDC 순수과학류에 관한 설명으로 적합하지 않은 것은?

① 전반부에는 순수과학의 여섯 개 분야를 배정하고 있다.

② 후반부의 생물학 분야를 DDC와 마찬가지로 식물학, 동물학, 생명과학의 순으로 배정하고 있다.

③ 천문학과 지학을 인접하도록 배열하고 있다.

④ DDC에서는 강목으로 설정된 고생물학(560)을 KDC에서는 457 요목으로 조정하였다.

⑤ DDC에서 요목으로 설정된 549 광물학을 KDC에서는 강목(460)으로 배정하고 있다.

해 설 ① 전반부에는 수학(410), 물리학(420), 화학(430), 천문학(440), 지학(450), 광물학(460) 등 순수과학의 여섯 개 분야를 배정하고 있다. ② 후반부의 배열은 생명과학(470), 식물학(480), 동물학(490)의 순이다. ③ 천문학(440)을 지학(450)과 인접하도록 배열하고 있다.

Answer 191 ③ 192 ② 193 ② 194 ⑤ 195 ②

196 DDC와 비교해 볼 때, KDC만이 갖는 특징과 가장 거리가 먼 것은?

① 본표와는 별도로 상관색인을 마련하고 있다.
② 주류의 배열시 언어와 문학을 접근시키고 있다.
③ 종교를 전 세계 주요 종교에 균등하게 배분하고 있다.
④ 동양삼국에 대해 우선순위를 두고 있다.
⑤ 종교공통구분표를 마련하고 있다.

해 설 ① 상관색인은 KDC는 물론 DDC에도 마련되어 있다.

197 다음 중 KDC 기술과학류에 대한 설명으로 가장 거리가 먼 것은?

① 의학, 농학, 공학 및 관련 공학, 제조, 생활과학 등을 포함하고 있다.
② 경영학을 경제학 분야의 하위류인 325로 옮겨 배정하였다.
③ 생활과학을 맨 마지막 강목인 690에 배정하였다.
④ 농업을 공업의 앞에 배치하였다.
⑤ 건축공학은 기계공학의 앞에 배정되어 있다.

해 설 ③ 생활과학의 분류기호는 590이다. ④ KDC에서는 농업, 농학(520)이 공학, 공업일반(530)의 앞에 온다. ⑤ 건축공학의 분류기호는 540, 기계공학의 분류기호는 550이다.

198 다음 중 KDC 예술류의 특징에 관한 설명으로 가장 적합한 것은 어느 것인가?

① 예술의 전 영역을 총망라하고 있다.
② 강목의 구분과 배열순서는 전적으로 NDC를 기초로 하고 있다.
③ 630에 설정된 서예류는 KDC의 특징적인 강목이다.
④ 건축술은 610에 분류하도록 하고 있다.
⑤ 예술류의 표준구분기호는 600.1-.9에 전개된다.

해 설 ① 예술류의 중요한 주제인 문학류(800)가 빠져 있고, 조경 및 도시계획도 관련 주제에 분류하도록 하고 있다. ② 강목의 구분과 배열순서는 DDC와 NDC를 기초로 하고 있다. ③ 서예류는 640에 설정되어 있다. ④ 건축술은 제6판에서는 건축, 건축학으로 재전개되어 540에 분류된다. ⑤ 예술류에서는 601-609는 미술의 표준구분, 600.1-.9는 예술의 표준구분으로 사용된다.

199 다음 중 KDC 역사류에 대한 설명으로 가장 거리가 먼 것은?

① 지역구분표의 기호에 따라 전개된다.

② 강목의 전개에서는 각국의 역사를 먼저 배정한 후 전기 - 지리의 순서로 전개하고 있다.

③ 강목 및 세목의 전개에서는 지역과 국가별로 구분하여 다루고 있다.

④ 서양중심의 DDC와는 달리 동양중심으로 전개하고 있다.

⑤ 강목의 전개에서 오세아니아(大洋州)의 분류기호는 960이다.

해 설 ② 역사를 먼저 전개한 후 "지리(980) - 전기(990)"의 순서로 전개하고 있다.

200 다음 중 KDC 기술과학류의 강목들과 그 분류기호의 연결이 잘못된 것은?

① 의　　학 - 510　　② 공학, 공업일반 - 530

③ 생활과학 - 590　　④ 화학공학 - 570

⑤ 전기공학, 전자공학 - 550

해 설 ⑤ 전기공학 및 전자공학의 분류기호는 560이며, 550은 기계공학의 분류기호이다.

201 다음 중 KDC 예술류의 분류기호와 해당강목의 연결이 잘못된 것은?

① 610 - 건축술　　② 630 - 공예, 장식미술

③ 650 - 회화, 도화　　④ 670 - 사진예술

⑤ 690 - 오락, 스포츠

해 설 ④ 670은 음악의 분류기호이며, 사진예술의 분류기호는 660에 해당한다.

202 다음 중 KDC 순수과학류의 분류기호와 그 강목의 연결이 올바르지 않은 것은?

① 420 - 물리학　　② 440 - 지　학

③ 460 - 광물학　　④ 480 - 식물학

⑤ 490 - 동물학

해 설 ② 440은 천문학의 분류기호이며, 지학의 분류기호는 450이다.

Answer 196 ① 197 ③ 198 ⑤ 199 ② 200 ⑤ 201 ④ 202 ②

203 다음 중 KDC6의 사회과학류와 그 분류기호의 연결이 올바르지 못한 것은?

① 통계학 – 310　　② 경제학 – 320
③ 정치학 – 340　　④ 법　학 – 360
⑤ 풍속, 예절, 민속학 – 390

해 설 ⑤ 풍속, 예절, 민속학의 분류기호는 380이며, 390은 국방, 군사학의 분류기호이다.

204 다음은 KDC6의 일부 예이다. 이 예에 따를 경우 "민속학신문"의 분류기호로 가장 적절한 기호는 어느 것인가?

> 078　특정주제의 신문
> 　　001-999와 같이 주제구분한다.

① 078.35　　② 078.36
③ 078.37　　④ 078.38
⑤ 078.39

해 설 ④ 민속학신문의 분류기호는 "078(기본기호) + 380(풍속, 민속학의 분류기호) → 078.38"이 된다. 따라서 괄호 안에 들어갈 기호는 38이다.

205 다음은 KDC6 별법의 일부 예이다. 이 별법에 따를 경우 해당주제와 분류기호의 연결이 가장 적절치 못한 것은 어느 것인가?

> 233.077 현대 각국어 성서
> 　　별법: 도서관에 따라 710-799와 같이 언어구분할 수 있다.

① 영어로 된 성서 – 233.0774　　② 일본어로 된 성서 – 233.0772
③ 스페인어로 된 성서 – 233.0777　　④ 독일어로 된 성서 – 233.0775
⑤ 이탈리아어로 된 성서 – 233.0778

해 설 ② 일본어로 된 성서의 분류기호는 "233.077(기본기호) + –3(국어구분: 일본어) → 233.0773"이다.

206 다음은 KDC6의 일부 예이다. 이 예에 따를 경우 해당주제와 분류기호의 연결이 가장 적절치 못한 것은 어느 것인가?

> 059 연감(年鑑) Yearbook
> 지역구분표에 따라 세분한다. 예: 한국연감 059.11

① 일본연감 — 059.13
② 영국연감 — 059.24
③ 프랑스연감 — 059.26
④ 이탈리아연감 — 059.27
⑤ 오세아니아연감 — 059.6

해 설 ① 일본연감의 분류기호는 "059(기본기호) + −13(지역구분: 일본) → 059.13"이 된다. ② 영국연감의 분류기호는 "059(기본기호) + −24 (지역구분: 영국) → 059.24"가 된다. ③ 프랑스연감의 분류기호는 "059(기본기호) + −26(지역구분: 프랑스) → 059.26"이 된다. ④ 이탈리아연감의 분류기호는 "059(기본기호) + −28(지역구분: 이탈리아) → 059.28"이 된다. ⑤ 오세아니아연감의 분류기호는 "059(기본기호) + −6(지역구분: 오세아니아) → 059.6"이 된다.

207 다음은 KDC6의 일부 예이다. 이 예에 따를 경우 "지방자치용어사전"의 분류기호로 가장 적합한 것은 어느 것인가?

> 359 지방자치 및 지방행정
> 359.001-.009는 표준구분에 따라 세분한다.

① 350.3
② 350.03
③ 359.3
④ 359.03
⑤ 359.003

해 설 ⑤ 예에 따를 경우 지방자치용어사전의 분류기호는 "359(기본기호) + 0 + −03(표준구분: 용어사전) → 359.003"이 된다.

Answer 203 ⑤ 204 ④ 205 ② 206 ④ 207 ⑤

208 다음은 KDC6 별법의 일부 예이다. 이 별법에 따를 경우 해당주제와 분류기호의 연결이 옳지 않은 것은 어느 것인가?

> 374 **교육과정** Curriculum
> 001-999와 같이 주제구분한다. 예: 수학교육과정 374.4
> 별법: 도서관에 따라 각과교육 다음에 0을 부가한 후 373.1-.78과 같이 세분할 수 있다. 예: 수학교육평가 374.4107
> 각급 학교의 각과 교육과정은 해당학교 아래에 분류한다. 예: 초등학교 사회생활과 교육 375.43

① 문헌정보학교육과정의 평가 – 374.0207

② 중학교 영어의 교육과정 – 374.074

③ 생물학 교육과정 – 374.47

④ 독일문학 교육과정 – 374.85

⑤ 음악 교육과정 – 374.67

해 설 ① 문헌정보학교육과정의 분류기호는 "374(기본기호) + 020(문헌정보학) → 374.02"가 된다. 문헌정보학교육과정의 평가의 분류기호는 예의 지시에 따라 0을 추가하고 수학교육평가의 경우의 예에 따라 –7을 추가하여 "374.0207"이 된다. ② 중학교 영어의 교육과정은 분류표에 제시된 "각급 학교의 각과 교육과정은 그 학교하에 분류한다."는 지시에 따라 중학교 교육에 대한 항목(376.574)에 분류해야 한다. ③ 생물학 교육과정의 분류기호는 "374(기본기호) + 470(생물학) → 374.47"이 된다. ④ 독일문학 교육과정의 분류기호는 "374(기본기호) + 850(독일문학) → 374.85"가 된다. ⑤ 음악 교육과정의 분류기호는 "374(기본기호) + 670(음악) → 374.67"이 된다.

209 다음은 KDC6 본표의 일부 예이다. 이 예에 따를 경우, "힌두교음악"의 분류기호로 가장 적합한 것은 어느 것인가?

> 672.4 **기타 종교음악**
> 672.44-.49는 240-290과 같이 구분한다. 예: 이슬람교음악 672.8

① 672.7 ② 672.6

③ 672.5 ④ 672.4

⑤ 672.9

해 설 ① 힌두교의 분류기호는 270이므로, 힌두교음악은 "67 + 270 → 672.7"이 된다.

210 다음은 KDC6 본표의 일부 예이다. 이 예에서 괄호안에 들어갈 가장 절절한 기호는 어느 것인가?

> 502 잡 저 Miscellany
> .9 특허, 규격, 상표
> 지역구분표에 따라 세분한다. 예: 일본특허 502.9( )

① 1 ② 3
③ 03 ④ 13
⑤ 0913

해 설 ④ 일본의 특허의 분류기호는 "502.9(기본기호) + −13(지역구분: 일본) → 502.913"이 된다. 따라서 괄호안에 들어갈 기호는 13이다.

211 다음은 KDC6 본표의 일부 예이다. 이 예에서 괄호안에 들어갈 가장 절절한 기호로 올바르게 짝지어진 것은 어느 것인가?

> **600 예 술(藝術) Arts**
> **예술에 관한 표준구분은 (①)에, 미술에 관한 표준구분은 (②)에 분류한다.**

① 601-609 − 601-609
② 600.1-.9 − 600.1-.9
③ 601-609 − 600.1-.9
④ 600.1-.9 − 601-609
⑤ 610.1-.9 − 601-609

해 설 ④ 예술에 관한 표준구분은 600.1−.9에, 미술에 관한 표준구분은 601−609에 분류한다.

Answer 208 ② 209 ① 210 ④ 211 ④

212 다음은 KDC6 본표의 일부 예이다. 이 예에 따를 경우 "프랑스와 독일의 경제협력"의 분류기호로 가장 적합한 것은 어느 것인가?

> 322.83 경제협력, 경제원조
> 지역구분표에 따라 세분한다. 2개 국가간의 경제협력은 0을 부가한 후 대상국을 지역구분표에 따라 세분한다.

① 322.83026
② 322.8326
③ 322.832625
④ 322.832605
⑤ 322.8326025

해 설 ⑤ 예에 따를 경우 프랑스와 독일의 경제협력의 분류기호는 "322.83(기본기호) + −26(지역구분: 프랑스) + 0(패싯지시기호) + −25(지역구분: 독일) → 322.8326025"가 된다.

213 다음은 KDC6 본표의 일부 예이다. 이 예에 따를 경우 해당주제와 분류기호의 연결이 옳지 않은 것은 어느 것인가?

> 809.1-.8 각 문학형식의 역사
> 문학형식구분표에 따라 세분한다. 예: 소설사 809.3
> 문학형식에 의한 각국 문학사는 해당문학 아래에 분류한다.
> 예: 중국소설사 823.09

① 수필의 역사 − 809.5
② 풍자문학의 역사 − 809.7
③ 일본희곡사 − 832.09
④ 시의 역사 − 809.1
⑤ 희곡의 역사 − 809.2

해 설 ① 수필의 역사의 분류기호는 "809(기본기호) + −4(문학형식구분: 수필) → 809.4"가 된다. ② 풍자문학의 역사의 분류기호는 "809(기본기호) + −7(문학형식구분: 풍자) → 809.7"이 된다. ③ 일본희곡사의 분류기호는 "8(기본기호) + −3(국어구분: 일본) + −2(문학형식구분: 희곡) + −09(표준구분: 역사) → 832.09"가 된다. ④ 시의 역사의 분류기호는 "809(기본기호) + −1(문학형식구분: 시) → 809.1"이 된다. ⑤ 희곡의 역사의 분류기호는 "809(기본기호) + −2(문학형식구분: 희곡) → 809.2"가 된다.

214 다음은 KDC6 본표의 일부 예이다. 이 예에서 괄호안에 들어갈 가장 절절한 기호로 올바르게 짝지어진 것은 어느 것인가?

> 802.042-.049 기타 각국어 문장작법
> 720-790과 같이 언어구분에 따라 세분한다.
> 예: 일본어문장작법 802.(①); 영어문장작법 802.(②)

① 3 – 4
② 43 – 44
③ 043 – 044
④ 0423 – 0424
⑤ 0043 – 0044

해 설 ③ 기타국어문장작법의 기본기호는 "802.04"이다. 따라서 일본어문장작법의 분류기호는 "802.04 + –3(국어구분: 일본어) → 802.043"이 되고, 영어문장작법의 분류기호는 "802.04 + –4(국어구분: 영어) → 802.044"가 된다.

215 다음은 KDC6 본표의 일부 예이다. 이 예에 따를 경우 해당주제와 분류기호의 연결이 옳지 않은 것은 어느 것인가?

> 989 지도 및 지도책 Maps and atlas
> 지역구분표에 따라 세분한다. 예: 아시아지도 989.1
> 별법: 도서관에 따라 지도는 989 대신 M을 분류기호 앞에 붙여서 사용할 수 있다. 예: 아시아지도 M981

① 유럽지도 – 989.2
② 유럽지도 – M982(별법)
③ 아프리카지도 – 989.3
④ 오세아니아지도 – M987(별법)
⑤ 남미지도 – 989.5

해 설 ①② 유럽의 지역구분기호는 –2이다. 따라서 유럽지도의 분류기호는 "989(기본기호) + –2(지역구분기호) → 989.2" 또는 "M + 982 (유럽지리의 기호) → M982"가 된다. ④ 오세아니아지도(별법)는 "M + 986(오세아니아지리의 기호) → M986"이다.

Answer 212 ⑤ 213 ① 214 ③ 215 ④

216 다음 〈보기〉 중 KDC에 대한 설명으로 적합한 것을 모두 모은 것은?

〈보 기〉

가. 한국도서관협회 분류위원회에 의해 개정이 이루어지고 있다.
나. 국립중앙도서관에서 발행한다.
다. 공공도서관과 학교도서관 등을 중심으로 널리 채택되고 있다.
라. 2013년에 제6판이 발행된 바 있다.

① 가 － 나
② 가 － 나 － 다
③ 가 － 다 － 라
④ 나 － 다 － 라
⑤ 나 － 라

해 설 나. KDC는 한국도서관협회 분류위원회에 의해 발행과 개정이 이루어지고 있는 우리나라의 표준분류표이다.

217 다음 〈보기〉 중 KDC의 장점 및 단점에 해당하는 것을 모두 모은 것은?

〈보 기〉

가. 정기적인 개정을 통해 새로운 주제와 변화를 적절히 반영하고 있다.
나. 신판 발행시에 이루어지는 재배치(relocation)로 인해 일선도서관에 재분류(reclassification)라는 현실적인 부담을 안겨주는 경우가 많다.
다. 새로운 주제를 적절한 위치에 삽입하기가 어렵다.
라. 조기성의 도입이 미흡하고, 도입된 조기성의 경우에도 일관성이 결여된 경우가 많다.

① 가 － 나
② 가 － 나 － 다
③ 가 － 나 － 다 － 라
④ 나 － 다
⑤ 나 － 다 － 라

해 설 가. KDC는 주기적인 개정이 이루어지지 못하고 있다는 단점이 있다. 라. KDC는 조기성이 특히 풍부할 뿐만 아니라, 조기성에 비교적 일관성을 유지하고 있다.

218 다음 〈보기〉 중 KDC 이전에 국내에서 사용된 주요 분류법에 해당하는 것을 모두 모은 것은?

〈보 기〉

가. 듀이십진분류법(DDC)
나. 고재창의 한은(韓銀)분류표
다. 박봉석의 조선십진분류표(KDCP)
라. 국방연구원의 국연(國硏)십진분류표

① 가 – 나
② 가 – 나 – 다
③ 가 – 나 – 다 – 라
④ 가 – 나 – 라
⑤ 나 – 다 – 라

해 설 가. 나. 다. 라. 모두 국내에서 사용되던 주요 분류표이다.

219 다음 〈보기〉 중 KDC의 개발에 참고한 주요 분류표와 해당내용에 대한 설명의 연결이 적합한 것을 모두 모은 것은?

〈보 기〉

가. 미국의회도서관분류법(LCC) – 의학분야의 요목
나. 일본십진분류법(NDC) – 강목의 일부분과 요목 및 세목의 상당부분 참조
다. 박봉석의 조선십진분류표 – 한국과 동양관계분야의 주제
라. 국제십진분류법(UDC) – 사회과학의 강목

① 가 – 나
② 가 – 나 – 다
③ 가 – 나 – 다 – 라
④ 나 – 다
⑤ 나 – 다 – 라

해 설 가. 라. 미국의회도서관분류법(LCC)은 사회과학의 강목, 국제십진분류법(UDC)은 의학분야의 요목의 전개에 주로 참고한 바 있다.

Answer 216 ③ 217 ④ 218 ③ 219 ④

220 다음 〈보기〉 중 KDC의 일반적 특성에 관련된 설명으로 적합한 것을 모두 모은 것은 어느 것인가?

〈보 기〉

가. 주류의 배열순서는 DDC와 마찬가지로 Bacon의 학문분류의 역순을 따르고 있다.
나. 엄격하지는 않지만, 대체로 학문이나 주제의 관계를 나타내기 위해 일반적인 것들로부터 시작하여 점차 구체적인 것들로 전개하게 되는 계층적 구조로 되어 있다.
다. 학문적 분류의 원칙을 철저하게 지키고자 노력한 흔적이 보인다.
라. 본표의 여러 곳에 분산된 관련 주제들을 한 곳에서 일목요연하게 찾아볼 수 있는 우수한 열거색인(specific index)을 갖추고 있다.

① 가 – 나
② 가 – 나 – 다
③ 가 – 다
④ 나 – 다
⑤ 나 – 다 – 라

해 설 다. 학문에 의한 분류의 원칙이 KDC에서는 일반적인 원칙으로 채택되고 있지만, KDC에는 많은 부분에서 주제분류표적 성격을 볼 수 있다는 점이 하나의 특징이라고 할 수 있다. 라. KDC의 색인은 상관색인(relative index)이다.

221 다음 〈보기〉 중 KDC 제6판의 개정상의 특성에 대한 설명으로 적합한 것을 모두 모은 것은?

〈보 기〉

가. 별법(別法)에 대해 맨 앞에 “별법: ”을 명시하여 표시하였다.
나. 별도로 설정되어 있던 한국지역구분표, 한국시대구분표를 폐지하였다.
다. 조기표의 개정을 시도하고 본표의 조기성의 일관성을 유지하고자 노력하였다.
라. 이전판에 비해 분류기호 합성방식을 적극적으로 도입하고 다양한 주기를 기술하였다.

① 가 － 나　② 가 － 나 － 다
③ 가 － 나 － 다 － 라　④ 나 － 다 － 라
⑤ 다 － 라

해 설　가. 나. 다. 라. 모두 올바른 설명에 해당한다.

222 다음 〈보기〉 중 KDC 제5판의 색인에 대한 설명으로 적합한 것을 모두 모은 것은 어느 것인가?

〈보 기〉

가. 분류표 전체에 걸쳐 각 학문분야로 분산되어 있는 동일한 주제에 관한 서로 다른 관점들을 함께 모아 주는 기능을 한다.
나. 색인항목들은 특정주제와 관련된 모든 주제의 명사와 그 주제를 도치형식으로 표현한 명사를 가나다순으로 배열된다.
다. 표목의 바로 앞에는 그 표목에 해당하는 분류기호가 제시된다.
라. 색인의 분류기호가 정교하게 제시되어 있으므로, 본표를 참조하지 않고서도 바로 분류기호로 사용할 수 있다는 장점이 있다.

① 가 － 나　② 가 － 나 － 다
③ 가 － 나 － 다 － 라　④ 나 － 다 － 라
⑤ 나 － 라

해 설　다. 분류기호는 표목의 바로 다음에 제시된다. 라. 색인을 통해 분류기호를 찾은 후에 반드시 본표에서 이를 대조·확인하여야 하며, 만일 본표에서 해당주제의 분류기호를 구했다면 정확한 분류를 위해 색인과 대조·검토한 후에 분류기호를 결정하여야 한다.

Answer　220 ①　221 ③　222 ①

223 다음 〈보기〉 중 KDC 제6판의 본표의 범례에 대한 설명으로 적합한 것을 모두 모은 것은?

〈보 기〉

가. 연대는 서기로 통일하였다.
나. 중국과 일본의 인명 및 지명은 현지의 원음대로 표기하고 ( )에 한자를 병기하였다.
다. 본표를 간소화하기 위하여 공통으로 구분 또는 세분할 수 있는 것은 조기성을 활용하여 분류항목의 전개를 생략한 경우가 많다.
라. 본표에서 참조표시는 "↔" 부호를 사용하고 있다.

① 가 － 나
② 가 － 나 － 다
③ 가 － 나 － 라
④ 나 － 다 － 라
⑤ 다 － 라

해 설 라. 참조표시는 "→" 부호를 사용하고 있다.

224 다음 〈보기〉 중 KDC에 대한 설명으로 적합한 것을 모두 모은 것은?

〈보 기〉

가. 고정식배가법(fixed location)의 원칙을 채택하고 있다.
나. 포괄적인 상관색인(relative index)을 도입하고 있다.
다. 한국도서관협회에서 발행되며 우리나라의 표준문헌분류법으로 인정되고 있다.
라. 기호법에서 엄격한 계층적 구조를 채택하고 있다.

① 가 － 나 － 다
② 가 － 다
③ 가 － 라
④ 나 － 다
⑤ 나 － 라

해 설 가. KDC는 DDC와 마찬가지로 상관식배가법(相關式排架法: relative location)의 원칙을 채택하고 있다. 라. KDC의 계층적 구조는 반드시 기호로만 표시되는 것은 아니며, 이러한 원칙에 위배되는 예들이 종종 나타나게 된다.

225 다음 〈보기〉 중 KDC 제6판의 주기에 대한 설명으로 적합한 것들을 모두 모은 것은 어느 것인가?

〈보 기〉

가. 분류의 편리성을 도모하기 위해 모든 엔트리에 주기를 제시하고 있다.
나. 도서관에 따라 임의로 선택할 수 있는 양자택일(兩者擇一: 임의규정)을 "별법: "이라는 주기로 지시하였다.
다. 분류항목에 대한 정의, 설명, 범위를 제시하였다.
라. 분류항목에 관련된 주제와 접근된 주제, 오분류 가능성이 높은, 다른 분류기호를 갖는 주제에 대한 안내사항을 표시하였다.

① 가 – 나
② 가 – 나 – 다
③ 가 – 나 – 다 – 라
④ 나 – 다
⑤ 나 – 다 – 라

해 설 가. 주기는 모든 엔트리에 제시되는 것은 아니며, 주기가 제시되는 경우는 분류항목만을 나열한 분류표로는 정확한 분류를 하기 힘들 경우에 제시된다.

226 다음 〈보기〉 중 KDC 제6판의 표준구분표의 기호와 그 내용의 연결이 올바른 것을 모두 모은 것은 어느 것인가?

〈보 기〉

가. –01 – 철학 및 이론
나. –04 – 특수주제
다. –05 – 연속간행물
라. –08 – 총서, 전집, 선집

① 가 – 나
② 가 – 나 – 다
③ 가 – 다 – 라
④ 나 – 다 – 라
⑤ 다 – 라

해 설 나. –04는 강연집, 수필집, 연설문집이다.

Answer 223 ② 224 ④ 225 ⑤ 226 ③

227 다음 〈보기〉 중 KDC 제6판의 본표의 범례에 대한 설명으로 적합한 것을 모두 모은 것은?

〈보 기〉

가. 본표를 간소화하기 위하여 공통으로 구분 또는 세분할 수 있는 것은 조기성을 활용하여 분류항목의 전개를 생략한 경우가 많다.
나. 외국의 인명, 일반명사 및 기타 외래어의 한글표기법은 대체로 국립국어원의 외래어표기법과 로마자표기법에 따랐다.
다. 분류표의 본표에서 참조표시는 "→" 부호를 사용하였다.
라. 중국과 일본의 인명 및 지명은 한자음으로 표기하고 ( )에 한자와 원음을 병기하였다.

① 가 – 나　② 가 – 나 – 다
③ 가 – 다 – 라　④ 나 – 다 – 라
⑤ 나 – 라

해 설 라. 중국과 일본의 인명 및 지명은 현지의 원음대로 표기하고 ( )에 한자를 병기하였다.

228 다음 〈보기〉 중 KDC 제6판의 표준구분표의 기호와 조기성을 갖는 주제의 연결이 올바른 것을 모두 모은 것은 어느 것인가?

〈보 기〉

가. -01 – 010　나. -03 – 030
다. -04 – 040　라. -05 – 050

① 가 – 나 – 다　② 가 – 나 – 다 – 라
③ 가 – 나 – 라　④ 가 – 다 – 라
⑤ 나 – 다 – 라

해 설 가. –01은 100 철학과 조기성을 갖는다. 나. –03은 030 백과사전과 조기성을 갖는다. 다. –04는 040 강연집, 연설문집, 수필집과 조기성을 갖는다. 라. –05는 050 일반연속간행물과 조기성을 갖는다.

229 다음 〈보기〉 중 KDC 제6판에 따를 경우 해당자료와 그 분류기호가 올바르게 연결된 것을 모두 모은 것은 어느 것인가?

〈보 기〉	
가. 사회과학 연속간행물 – 300.5	나. 문헌정보학의 교육 – 020.7
다. 영어사전 – 743	라. 동양사 – 910.9

① 가 – 나 – 다
② 가 – 나 – 다 – 라
③ 나 – 다
④ 나 – 라
⑤ 다 – 라

해 설 가. 사회과학 연속간행물은 "300(사회과학의 기본기호) + –05(연속간행물을 나타내는 표준구분표의 기호) → 305"가 된다. 나. 문헌정보학의 교육은 "020(문헌정보학의 기본기호) – '0' + –07(교육을 나타내는 표준구분표의 분류기호) → 020.7"이 될 것이다. 다. 영어사전은 "740(영어의 기본기호) – '0' + –3(사전을 나타내는 언어공통구분의 기호) → 743"이다. 라. 동양사는 "910"으로 이미 첫 자리의 '9'가 역사를 의미하므로, 추가로 표준구분표의 기호 '–09'를 추가하는 것은 잘못이다.

230 다음 〈보기〉 중 KDC 제6판의 지역구분표의 기호와 그 내용의 연결이 올바른 것을 모두 모은 것은?

〈보 기〉	
가. –3 – 아프리카	나. –4 – 북아메리카
다. –7 – 오세아니아	라. –8 – 양극지방

① 가 – 나
② 가 – 나 – 다
③ 가 – 다 – 라
④ 나 – 다
⑤ 다 – 라

해 설 다. 라. –7은 지역구분 일반을 나타내며, –8은 해양을 나타낸다.

Answer 227 ② 228 ⑤ 229 ③ 230 ①

231 다음 〈보기〉 중 KDC 제6판에 따를 경우 해당자료와 그 분류기호가 올바르게 연결된 것을 모두 모은 것은 어느 것인가?

〈보 기〉

가. 철학대백과사전 – 103　　나. 사회과학백과사전 – 303
다. 미술대백과사전 – 703　　라. 문학대백과사전 – 803

① 가 – 나 – 다　　② 가 – 나 – 다 – 라
③ 가 – 나 – 라　　④ 가 – 다 – 라
⑤ 나 – 다 – 라

해 설 가. 철학대백과사전은 "100(철학의 기본기호) – '00' + –03(백과사전을 나타내는 표준구분표의 기호) → 103"이 된다. 나. 사회과학대백과사전은 "300(사회과학의 기본기호) + –03(백과사전을 나타내는 표준구분표의 기호) → 303"이 된다. 다. 미술대백과사전은 "600(예술 및 미술의 기본기호) – '00' + –03(백과사전을 나타내는 표준구분표의 기호) → 603"이 된다. 예술백과사전은 미술백과사전과의 중복을 피하기 위해 600.3이 된다는 사실에 유의해야 한다. 라. 문학대백과사전은 "800(문학의 기본기호) – '00' + –03(백과사전을 나타내는 표준구분표의 기호) → 803"이 된다.

232 다음 〈보기〉 중 KDC의 지역구분표에 대한 설명으로 적합한 것을 모두 모은 것은?

〈보 기〉

가. 역사류(900)의 항목들과 조기성을 갖는다.
나. 특정국가나 특정지역에 국한하여 다루고 있는 자료의 분류에 적합한 보조표이다.
다. 실제의 지역구분을 위한 기호는 -3부터 -9까지이다.
라. KDC 3판에서는 지리구분이라 부르던 것이 4판에서는 지역구분표로 변경되었다.

① 가 – 나 – 다　　② 가 – 나 – 라
③ 가 – 다 – 라　　④ 나 – 다 – 라
⑤ 다 – 라

해 설 다. 실제의 지역구분에 사용되는 –1–8의 기호는 대륙별구분과 지역구분 일반, 해양구분을 바탕으로 하고 있으며, 우리나라를 중심으로 구대륙에 이어 신대륙의 순서로 기호를 부여하고 있다.

233 다음 〈보기〉 중 KDC의 장점에 대한 설명으로 적합한 것을 모두 모은 것은 어느 것인가?

〈보 기〉

가. 아라비아숫자만으로 이루어지는 순수기호법(pure notation)의 기호가 단순하고 이해하기 쉽다.
나. 분류표를 유지관리할 수 있는 영구적 기관에서 개정판을 발행함으로써 분류표의 최신성을 유지할 수 있다.
다. 우수한 열거색인(specific index)을 갖추고 있다.
라. 조기성이 풍부할 뿐만 아니라, 조기성에 비교적 일관성을 유지하고 있다.

① 가 - 나
② 가 - 나 - 다
③ 가 - 나 - 라
④ 나 - 다 - 라
⑤ 다 - 라

해 설 다. KDC는 열거색인이 아닌 상관색인(relative index)을 갖추고 있다는 것이 큰 장점이다.

234 KDC 제6판에 따를 경우, 다음 〈보기〉 중 문학형식구분의 기호와 문학형식의 연결이 올바른 것을 모두 모은 것은 어느 것인가?

〈보 기〉

가. -1 - 시
나. -3 - 희 곡
다. -5 - 연설, 웅변
라. -8 - 르포르타주 및 기타

① 가 - 나
② 가 - 나 - 다
③ 가 - 다 - 라
④ 나 - 다
⑤ 다 - 라

해 설 나. -3은 소설을 나타내는 기호이다.

Answer 231 ③ 232 ② 233 ③ 234 ③

235 다음 〈보기〉 중 KDC 제6판의 표준구분표에 대한 설명으로 적합한 것을 모두 모은 것은 어느 것인가?

〈보 기〉

가. 반드시 본표의 지시가 있을 경우에만 사용할 수 있다.
나. 항상 '-0'으로 시작된다.
다. 필요할 경우 단독으로 사용될 수 있다.
라. KDC의 다른 기호들과 마찬가지로 십진식으로 확장될 수 있다.

① 가 - 나 - 다
② 가 - 나 - 다 - 라
③ 가 - 나 - 라
④ 나 - 다 - 라
⑤ 나 - 라

해 설 가. 표준구분표의 기호는 다른 보조표의 기호와는 달리, 본표에 이 보조표를 사용하지 못하도록 하는 구체적인 지시가 있거나 이를 사용할 경우 기호의 중복이 생기는 경우가 아니면, 해당분류기호의 전체에 상당하는 모든 토픽의 분류기호에 이를 부가할 수 있다. 다. 붙임표(-)가 붙어 있다는 사실에서도 알 수 있는 것처럼, KDC 보조표의 모든 기호들은 단독으로는 사용될 수 없다.

236 다음 〈보기〉 중 KDC 제6판에 따를 경우 해당자료와 그 분류기호의 연결이 올바른 것을 모두 모은 것은?

〈보 기〉

가. 영국시 - 841
나. 영국소설 - 843
다. 영국수필 - 845
라. 영국서간문 - 846

① 가 - 나 - 다
② 가 - 나 - 다 - 라
③ 가 - 나 - 라
④ 가 - 다 - 라
⑤ 나 - 다 - 라

해 설 다. 영국수필의 분류기호는 844이다.

237 다음 〈보기〉 중 KDC 제6판의 문학형식구분에 대한 설명으로 적합한 것을 모두 모은 것은?

〈보 기〉

가. 전적으로 800류에만 적용된다.
나. 특정언어로 된 문학작품이나 문학에 관련된 문헌들을 분류하기 위한 조기표이다.
다. 800에서는 기본적으로 열거순서 "주류(문학) + 언어 + 문학형식 + 문학시대" 중 세 번째 패싯에 적용된다.
라. DDC의 Table 4에 해당한다.

① 가 – 나 – 다　　② 가 – 나 – 다 – 라
③ 가 – 나 – 라　　④ 나 – 다 – 라
⑤ 나 – 라

해 설 라. KDC의 문학형식구분은 DDC의 Table 3에 해당한다.

238 다음 〈보기〉 중 KDC 제6판에서 분석합성식 분류법의 성격이 강한 주류를 모두 모은 것은?

〈보 기〉

가. 철학류　　나. 언어류
다. 예술류　　라. 문학류

① 가 – 나　　② 가 – 나 – 다
③ 가 – 다 – 라　　④ 나 – 다
⑤ 나 – 라

해 설 나. 라. KDC에서 언어류(700)와 문학류(800)는 분석합성식 분류법의 성격이 강한 주류에 해당한다.

Answer 235 ⑤　236 ③　237 ①　238 ⑤

239 다음 〈보기〉 중 한국에서 KDC 제6판 표준전개방식에 따라 분류할 경우 해당 자료와 그 분류기호의 연결이 올바른 것을 모두 모은 것은?

〈보 기〉

가. 한영사전(entry word: 한국어) – 743.1
나. 영한사전(entry word: 영어) – 743.1
다. 한독사전(entry word: 한국어) – 753.1
라. 독한사전(entry word: 독일어) – 753.1

① 가 – 나 ② 가 – 나 – 다
③ 가 – 나 – 다 – 라 ④ 가 – 다
⑤ 나 – 라

해 설 KDC6에서는 2개국어사전(bilingual dictionaries)의 분류에 대해 원칙적으로 표제어에 분류하고 해설어를 국어구분의 기호를 사용하여 부가한다. 그 열거순서는 "첫 번째 언어의 기본기호 + –3 (언어공통구분표의 기호) + 두 번째 언어의 기호 (국어구분표의 기호)"의 순서를 채택하고 있다. 가.의 한영사전(entry word: 한국어)은 "71(표제어인 한국어의 기본기호) + –3 + –4(영어에 대한 국어구분표의 기호) → 713.4"가 된다. 나.의 영한사전(entry word: 영어)은 "74(표제어인 영어의 기본기호) + –3 + –1(한국어에 대한 국어구분표의 기호) → 743.1"이 된다. 다.의 한독사전(entry word: 한국어)은 "71(표제어인 한국어의 기본기호) + –3 + –5(독일어에 대한 국어구분표의 기호) → 713.5"가 된다. 라.의 독한사전(entry word: 독일어)은 "75(표제어인 독일어의 기본기호) + –3 + –1(한국어에 대한 국어구분표의 기호) → 753.1"이 된다.

240 다음 〈보기〉 중 KDC 제6판의 언어공통구분표의 기호와 그 내용의 연결이 올바른 것을 모두 모은 것은 어느 것인가?

〈보 기〉

가. –1 – 음운 및 문자 나. –2 – 어 원
다. –5 – 문 법 라. –7 – 방 언

① 가 – 나 ② 가 – 나 – 다
③ 가 – 나 – 다 – 라 ④ 나 – 라
⑤ 나 – 다 – 라

해 설 라. –7은 독본, 해석, 회화에 해당하며, 방언에 해당하는 기호는 –8이다.

241 다음 〈보기〉 중 KDC 제6판의 언어공통구분에 대한 설명으로 적합한 것을 모두 모은 것은 어느 것인가?

〈보 기〉

가. 710부터 790의 주요기호에 대해 사용된다.
나. 각국어의 공통적인 형식이나 특성에 대해 공통의 기호를 부여하기 위한 보조표이다.
다. 언어학의 여러 요소들과 문제, 그 밖의 측면들이 포함되어 있다.
라. 언어류의 기본적인 열거순서 "주류(언어류) + 언어 + 언어의 제요소"에서 세 번째 패싯에 해당한다.

① 가 - 나 - 다
② 가 - 나 - 다 - 라
③ 가 - 나 - 라
④ 나 - 다 - 라
⑤ 다 - 라

해 설 가. 나. 다. 라. 모두 적합한 설명에 해당한다.

242 다음 〈보기〉 중 KDC 제6판에 따라 분류할 경우 해당자료와 그 분류기호의 연결이 올바른 것을 모두 모은 것은?

〈보 기〉

가. 한국어음운론 - 711
나. 한국어의 어원 - 712
다. 한국어문법 - 715
라. 한국어방언 - 718

① 가 - 나
② 가 - 나 - 다
③ 가 - 나 - 다 - 라
④ 나 - 다
⑤ 다 - 라

해 설 가. 나. 다. 라. 모두 올바른 예들이다.

Answer 239 ⑤ 240 ② 241 ② 242 ③

243 다음 〈보기〉 중 KDC 제6판 000류의 분류기호와 그 내용의 연결이 올바른 것을 모두 모은 것은?

〈보 기〉	
가. 010 – 도서학, 서지학	나. 020 – 문헌정보학
다. 030 – 백과사전	라. 040 – 미사용기호

① 가 – 나
② 가 – 나 – 다
③ 가 – 다 – 라
④ 나 – 라
⑤ 다 – 라

해 설 라. 040은 강연집, 수필집, 연설문집이다.

244 다음 〈보기〉 중 KDC 제6판 100류의 내용과 해당분류기호의 연결이 올바른 것을 모두 모은 것은?

〈보 기〉	
가. 서양철학 – 160	나. 심리학 – 170
다. 논리학 – 180	라. 윤리학, 도덕철학 – 190

① 가 – 나
② 가 – 나 – 다
③ 가 – 라
④ 나 – 다 – 라
⑤ 다 – 라

해 설 나. 다. 심리학은 180, 논리학은 170에 분류된다.

245 다음 〈보기〉 중 KDC 제6판 400류의 내용과 해당분류기호의 연결이 올바른 것을 모두 모은 것은?

〈보 기〉	
가. 수 학 – 410	나. 화 학 – 420
다. 물리학 – 430	라. 천문학 – 440

① 가 – 나　　② 가 – 나 – 다
③ 가 – 라　　④ 나 – 다 – 라
⑤ 다 – 라

해 설 나. 다. 화학은 430, 물리학은 420에 분류된다.

246 다음 〈보기〉 중 KDC 제6판 500류의 분류기호와 그 내용의 연결이 올바른 것을 모두 모은 것은?

〈보 기〉	
가. 590 – 생활과학	나. 580 – 제조업
다. 570 – 전기공학, 전자공학	라. 560 – 화학공학

① 가 – 나　　② 가 – 나 – 다
③ 가 – 다　　④ 나 – 다 – 라
⑤ 나 – 라

해 설 다. 라. 570은 화학공학, 560은 전기공학, 전자공학에 해당한다.

247 다음 〈보기〉 중 KDC 제6판 600류의 분류기호와 그 내용의 연결이 올바른 것을 모두 모은 것은?

〈보 기〉	
가. 610 – 건축공학	나. 620 – 조각 및 조형예술
다. 630 – 공예, 장식미술	라. 640 – 서예

① 가 – 나　　② 가 – 나 – 다
③ 가 – 나 – 다 – 라　　④ 나 – 다 – 라
⑤ 다 – 라

해 설 가. 제6판에서 건축, 건축학은 540으로 통합되었으며, 610은 미사용기호이다.

Answer 243 ②　244 ③　245 ③　246 ①　247 ④

248 다음 〈보기〉 중 KDC 제6판 700류의 분류기호와 그 내용의 연결이 올바른 것을 모두 모은 것은?

〈보 기〉	
가. 713 – 한국어사전	나. 723 – 일본어사전
다. 733 – 중국어사전	라. 743 – 영어사전

① 가 – 나
② 가 – 나 – 다
③ 가 – 라
④ 나 – 다 – 라
⑤ 다 – 라

해 설 나. 723은 "72(중국어의 기본기호) + –3(사전을 나타내는 언어공통구분의 기호) → 723"으로, 중국어사전을 의미한다. 다. 733은 "73(일본어의 기본기호) + –3(사전을 나타내는 언어공통구분의 기호) → 733"으로, 일본어사전을 의미한다.

249 다음 〈보기〉 중 KDC 제6판 800류의 내용과 해당분류기호의 연결이 올바른 것을 모두 모은 것은?

〈보 기〉	
가. 한국소설 – 813	나. 중국시 – 821
다. 일본수필 – 834	라. 독일희곡 – 842

① 가 – 나
② 가 – 나 – 다
③ 가 – 라
④ 나 – 다 – 라
⑤ 다 – 라

해 설 가. 한국소설은 "81(한국문학의 기본기호) + –3(문학형식구분의 소설을 나타내는 기호) → 813"이 된다. 나. 중국시는 "82(중국문학의 기본기호) + –1(문학형식구분의 시를 나타내는 기호) → 821"이 된다. 다. 일본수필은 "83(일본문학의 기본기호) + –4(문학형식구분의 수필을 나타내는 기호) → 834"가 된다. 라. 독일희곡은 "85(독일문학의 기본기호) + –2(문학형식구분의 희곡을 나타내는 기호) → 852"가 된다.

250 다음 〈보기〉 중 KDC 제6판 700류의 내용과 해당분류기호의 연결이 올바른 것을 모두 모은 것은?

〈보 기〉

가. 중국어음운론 – 721　　나. 중국어의 어원 – 722
다. 중국어회화 – 727　　라. 중국어작문 – 728

① 가 – 나　　② 가 – 나 – 다
③ 가 – 라　　④ 나 – 다 – 라
⑤ 다 – 라

해 설 가. 중국어의 기본기호는 72로, 중국어음운론은 "72 + –1(언어공통구분의 음운론을 나타내는 기호) → 721"이 된다. 나. 중국어의 어원은 "72 + –2(언어공통구분의 어원학을 나타내는 기호) → 722"가 된다. 다. 중국어회화는 "72 + –7(언어공통구분의 독본, 해석, 회화를 나타내는 기호) → 727"이 된다. 라. 중국어작문은 "72 + –6(언어공통구분의 작문을 나타내는 기호) → 726"이 된다.

251 다음 〈보기〉 중 KDC 제6판 500류의 내용과 해당분류기호의 연결이 올바른 것을 모두 모은 것은?

〈보 기〉

가. 의학 – 510　　나. 공학, 공업일반, 토목공학, 환경공학 – 520
다. 농업, 농학 – 530　　라. 건축공학 – 540

① 가 – 나　　② 가 – 나 – 다
③ 가 – 라　　④ 나 – 다 – 라
⑤ 나 – 라

해 설 나. 다. 공학, 공업일반, 토목공학, 환경공학은 530, 농업, 농학은 520에 해당한다.

Answer 248 ③ 249 ② 250 ② 251 ③

252 다음 〈보기〉 중 KDC 제6판 200류의 분류기호와 그 내용의 연결이 올바른 것을 모두 모은 것은?

〈보 기〉	
가. 250 – 천도교	나. 260 – 신 도
다. 270 – 도 교	라. 280 – 회교(이슬람교)

① 가 – 나 ② 가 – 나 – 다
③ 가 – 라 ④ 나 – 다 – 라
⑤ 다 – 라

해 설 나. 다. 260은 미사용기호, 270은 힌두교, 브라만교이다.

253 다음 〈보기〉 중 KDC 제6판 사회과학류의 분류기호와 그 내용의 연결이 올바른 것을 모두 모은 것은?

〈보 기〉	
가. 310 – 통계자료	나. 320 – 경제학
다. 330 – 법률, 법학	라. 340 – 정치학

① 가 – 나 ② 가 – 나 – 라
③ 가 – 다 – 라 ④ 나 – 다
⑤ 다 – 라

해 설 다. 330은 사회학, 사회문제에 해당하며, 법률, 법학은 360에 분류된다.

254 다음 〈보기〉 중 KDC 제6판 600류의 내용과 해당분류기호의 연결이 올바른 것을 모두 모은 것은?

〈보 기〉	
가. 회화, 도화, 디자인 – 650	나. 사진예술 – 660
다. 음 악 – 670	라. 공연예술, 매체예술 – 690

① 가 – 나　② 가 – 나 – 다
③ 가 – 라　④ 나 – 다
⑤ 나 – 다 – 라

해 설 라. 공연예술, 매체예술은 680에 해당하며, 690에는 오락, 스포츠가 분류된다.

255 다음 〈보기〉 중 KDC 제6판 400류의 내용과 해당분류기호의 연결이 올바른 것을 모두 모은 것은?

〈보 기〉	
가. 식물학 – 490	나. 동물학 – 480
다. 생명과학 – 470	라. 광물학 – 460

① 가 – 나　② 가 – 나 – 다
③ 가 – 다　④ 나 – 다 – 라
⑤ 다 – 라

해 설 가. 나. 490은 동물학, 480은 식물학에 해당한다.

256 다음 〈보기〉 중 KDC 제6판 000류의 내용과 해당분류기호의 연결이 올바른 것을 모두 모은 것은?

〈보 기〉	
가. 일반연속간행물 – 050	나. 신문, 저널리즘 – 070
다. 일반전집, 총서 – 080	라. 향토자료 – 090

① 가 – 나　② 가 – 나 – 다
③ 가 – 나 – 다 – 라　④ 나 – 다
⑤ 나 – 다 – 라

해 설 가. 나. 다. 라. 모두 적합하게 연결된 예들이다.

Answer 252 ③　253 ②　254 ②　255 ⑤　256 ③

257 다음 〈보기〉 중 KDC 제6판 100류의 분류기호와 그 내용의 연결이 올바른 것을 모두 모은 것은?

〈보 기〉	
가. 110 – 형이상학	나. 120 – 동양철학, 동양사상
다. 130 – 철학의 체계	라. 140 – 경 학

① 가 – 나 ② 가 – 나 – 다
③ 가 – 다 – 라 ④ 나 – 다
⑤ 다 – 라

해 설 나. 120은 인식론, 인과론, 인간학에 해당한다. 동양철학, 동양사상은 150에 분류된다.

258 다음 〈보기〉 중 KDC 제6판 800류의 내용과 분류기호의 연결이 올바른 것을 모두 모은 것은?

〈보 기〉	
가. 독일소설 – 853	나. 프랑스시 – 861
다. 프랑스희곡 – 862	라. 스페인수필 – 875

① 가 – 나 ② 가 – 나 – 다
③ 가 – 나 – 라 ④ 나 – 다 – 라
⑤ 다 – 라

해 설 가. 독일소설은 “85(독일문학의 기본기호) + –3(문학형식구분의 소설을 나타내는 기호) → 853”이 된다. 나. 프랑스시는 “86(프랑스문학의 기본기호) + –1(문학형식구분의 시를 나타내는 기호) → 861”이 된다. 다. 프랑스희곡은 “86(프랑스문학의 기본기호) + –2(문학형식구분의 희곡을 나타내는 기호) → 862”가 된다. 라. 스페인수필은 “87(스페인문학의 기본기호) + –4(문학형식구분의 수필을 나타내는 기호) → 874”가 된다.

259 다음 〈보기〉 중 KDC 제6판 900류의 분류기호와 그 내용의 연결이 올바른 것을 모두 모은 것은?

〈보 기〉	
가. 920 – 유럽사	나. 930 – 아프리카사
다. 970 – 오세아니아사	라. 980 – 전 기

① 가 – 나
② 가 – 나 – 다
③ 가 – 나 – 다 – 라
④ 나 – 다 – 라
⑤ 다 – 라

해 설 다. 라. 970은 미사용기호, 980은 지리에 해당하며, 전기는 990에 분류된다.

260 다음 〈보기〉 중 KDC 제6판 700류의 분류기호와 그 내용의 연결이 올바른 것을 모두 모은 것은?

〈보 기〉	
가. 755 – 독일어문법	나. 765 – 프랑스어문법
다. 775 – 이탈리아어문법	라. 785 – 스페인어문법

① 가 – 나
② 가 – 나 – 다
③ 가 – 나 – 다 – 라
④ 나 – 다 – 라
⑤ 다 – 라

해 설 다. 이탈리아어문법은 "78(이탈리아어 기본기호) + –5(문법을 나타내는 언어공통구분의 기호) → 785"이다. 라. 스페인어문법은 "77(스페인어 기본기호) + –5(문법을 나타내는 언어공통구분의 기호) → 775"이다.

Answer 257 ③ 258 ② 259 ① 260 ①

261 다음 〈보기〉 중 KDC 제6판의 표준구분표의 내용과 해당기호의 연결이 올바른 것을 모두 모은 것은?

〈보 기〉

가. 사 전 – -03
나. 연속간행물 – -05
다. 각종 단체, 조직(학회, 단체, 협회, 기관, 회의) 및 경영 – -06
라. 지도법, 연구법 및 교육, 교육자료 – -07

① 가 – 나
② 가 – 나 – 다
③ 가 – 나 – 다 – 라
④ 나 – 다 – 라
⑤ 다 – 라

해 설 가. 나. 다. 라. 모두 적합하게 연결되어 있다.

262 다음 〈보기〉 중 KDC 제6판의 지역구분표에 대한 설명으로 적합한 것을 모두 모은 것은?

〈보 기〉

가. KDC6의 지역구분표의 기호들은 역사류(900)를 포함한 특정지역을 대상으로 하는 주제에 적용할 수 있는 보조표이다.
나. 제6판의 개정을 통해 지역구분 일반 등을 포함한 더 상세한 전개가 이루어졌다.
다. DDC의 Table 2에 해당하는 보조표이다.
라. 본표의 지시 없이 분류담당자의 판단에 따라 표준구분표의 기호 -09를 본표의 해당분류기호에 추가하고 이어서 지역구분표의 기호를 추가할 수도 있다.

① 가 – 나 – 다
② 가 – 나 – 다 – 라
③ 가 – 다 – 라
④ 나 – 다 – 라
⑤ 나 – 라

해 설 가. 나. 다. 라. 모두 적합한 설명에 해당한다.

263 다음 〈보기〉 중 KDC 제6판의 표준구분표의 기호와 조기성을 갖는 주제의 연결이 올바른 것을 모두 모은 것은?

〈보 기〉

가. -06 – 060　　나. -07 – 070
다. -08 – 080　　라. -09 – 090

① 가 – 나　　② 가 – 나 – 다
③ 가 – 다　　④ 나 – 다 – 라
⑤ 다 – 라

해 설 나. -07은 370 교육학과 조기성을 갖는다. 라. -09는 900 역사와 조기성을 갖는다.

264 다음 〈보기〉 중 각 지역과 KDC 제6판의 지역구분기호의 연결이 올바른 것을 모두 모은 것은?

〈보 기〉

가. 중　국 – -13　　나. 일　본 – -12
다. 영　국 – -24　　라. 스페인 – -27

① 가 – 나　　② 가 – 다
③ 가 – 라　　④ 나 – 다
⑤ 다 – 라

해 설 가. 나. 중국은 -12, 일본은 -13이다.

Answer　261 ③　262 ②　263 ③　264 ⑤

265 다음 〈보기〉 중 KDC 제6판에 따를 경우, 문학형식과 그에 해당하는 기호의 연결이 올바른 것을 모두 모은 것은?

〈보 기〉	
가. 희 곡 – -2	나. 수 필 – -3
다. 일기, 서간 – -6	라. 풍 자 – -7

① 가 – 나　　② 가 – 나 – 다
③ 가 – 다 – 라　　④ 나 – 다 – 라
⑤ 나 – 라

해 설 나. 수필의 기호는 −4이며, −3은 소설의 기호이다.

266 다음 〈보기〉 중 한국에서 KDC 제6판의 표준분류방식에 따라 분류할 경우 해당자료와 그 분류기호의 연결이 올바른 것을 모두 모은 것은?

〈보 기〉
가. 한영사전(entry word: 한국어) – 743.1
나. 영한사전(entry word: 영어) – 743.1
다. 한국어사전(entry word: 한국어) – 713
라. 영어사전(entry word: 영어) – 743

① 가 – 나　　② 가 – 나 – 다
③ 가 – 나 – 다 – 라　　④ 가 – 다 – 라
⑤ 나 – 다 – 라

해 설 가. 나. KDC에서는 2개 국어사전(bilingual dictionaries)의 분류에 대해 원칙적으로 표제어에 분류하고 해설어를 국어구분의 기호를 사용하여 부가하도록 하고 있다. 아울러 그 열거순서는 "첫 번째 언어의 기본기호 + −3(언어공통구분의 사전을 나타내는 기호) + 두 번째 언어의 기호(국어구분표의 기호)"의 순서를 채택하고 있다. 따라서 가. 한영사전(entry word: 한국어)은 "71(표제어인 한국어의 기본기호) + −3 + −4(영어에 대한 국어구분표의 기호) → 713.4"가 된다. 나. 영한사전(entry word: 영어)은 "74(표제어인 영어의 기본기호) + −3 + −1(한국어에 대한 국어구분표의 기호) → 743.1" 이 된다. 다. 한국어사전(entry word: 한국어)은 "71(한국어의 기본기호) + −3 → 713"이 된다. 라. 영어사전(entry word: 영어)은 "74(영어의 기본기호) + −3 → 743"이 된다.

267 다음 〈보기〉 중 KDC 제6판에 따를 경우, 해당자료와 그 분류기호의 연결이 적합한 것을 모두 모은 것은?

〈보 기〉

가. 한국어 음운론 – 711
나. 한국어의 어원 – 712
다. 한국어 문법 – 715
라. 한국어 방언 – 716

① 가 – 나
② 가 – 나 – 다
③ 가 – 다 – 라
④ 나 – 다
⑤ 나 – 다 – 라

해 설 라. 한국어 방언의 분류기호는 "71(한국어의 기본기호) + –8(방언을 나타내는 언어공통구분의 기호) → 718"이다. 716은 한국어 작문의 기호에 해당한다.

268 다음 〈보기〉 중 KDC 제6판 000류의 내용과 해당분류기호의 연결이 올바른 것을 모두 모은 것은?

〈보 기〉

가. 서지학 – 010
나. 문헌정보학 – 020
다. 강연집 – 040
라. 일반연속간행물 – 050

① 가 – 나
② 가 – 나 – 라
③ 가 – 나 – 다 – 라
④ 나 – 다 – 라
⑤ 다 – 라

해 설 가. 나. 다. 라. 모두 적절하게 연결된 예들이다.

Answer 265 ③ 266 ⑤ 267 ② 268 ③

269 다음 〈보기〉 중 KDC 제6판 철학류의 내용과 분류기호의 연결이 올바른 것을 모두 모은 것은?

〈보 기〉

가. 논리학 – 180　　나. 윤리학 – 170
다. 서양철학 – 160　　라. 동양철학 – 150

① 가 – 나　　② 가 – 나 – 다
③ 가 – 라　　④ 나 – 다 – 라
⑤ 다 – 라

해 설 가. 논리학은 170에 분류되며, 180은 심리학에 해당한다. 나. 윤리학은 190에 분류된다.

270 다음 〈보기〉 중 KDC 제6판에 따를 경우 다음 서명을 가진 종교류의 자료와 해당분류기호의 연결이 올바른 것을 모두 모은 것은?

〈보 기〉

가. 불교의 교리 – 221
나. 석가모니의 생애 – 222
다. 불교의 제 종파 – 226
라. 불교의 법회 – 227

① 가 – 나　　② 가 – 나 – 다
③ 가 – 나 – 라　　④ 가 – 나 – 다 – 라
⑤ 나 – 다 – 라

해 설 가. 불교의 교리는 “22(불교의 기본기호) + –1(교리를 나타내는 종교공통구분의 기호) → 221”이 된다. 나. 석가모니의 생애는 “22(불교의 기본기호) + –2(종조, 창교자를 나타내는 종교공통구분의 기호) → 222”가 된다. 다. 불교의 제 종파는 “22(불교의 기본기호) + –8(종파를 나타내는 종교공통구분의 기호) → 228”이 된다. 라. 법회는 “22(불교의 기본기호) + –7(예배형식, 의식, 의례를 나타내는 종교공통구분의 기호) → 227”이 된다.

271 다음 〈보기〉 중 KDC 제6판 사회과학류의 내용과 해당분류기호의 연결이 올바른 것을 모두 모은 것은?

〈보 기〉

가. 법률, 법학 – 360
나. 교육학 – 370
다. 풍습, 예절, 민속학 – 380
라. 국방, 군사학 – 390

① 가 – 나
② 가 – 나 – 다
③ 가 – 나 – 다 – 라
④ 나 – 다 – 라
⑤ 다 – 라

해 설 가. 나. 다. 라. 모두 올바르게 연결되어 있다.

272 다음 〈보기〉 중 KDC 제6판 언어류의 내용과 해당분류기호의 연결이 올바른 것을 모두 모은 것은?

〈보 기〉

가. 영문법 – 745
나. 독문법 – 755
다. 불문법 – 765
라. 스페인어문법 – 785

① 가 – 나
② 가 – 나 – 다
③ 가 – 나 – 다 – 라
④ 나 – 다 – 라
⑤ 다 – 라

해 설 가. 영어의 기호는 740으로, 영문법은 "74 + –5(언어공통구분의 문법을 나타내는 기호) → 745"가 된다. 나. 독일어의 기호는 750으로, 독문법은 "75 + –5 → 755"가 된다. 다. 불어의 기호는 760으로, 불문법은 "76 + –5 → 765"가 된다. 라. 스페인어의 기호는 770으로, 스페인어문법은 "77 + –5 → 775"가 된다. 785는 이탈리아어문법의 분류기호이다.

Answer 269 ⑤ 270 ③ 271 ③ 272 ②

273 다음 〈보기〉 중 KDC 제6판 500류의 분류기호와 그 내용의 연결이 올바른 것을 모두 모은 것은?

〈보 기〉

가. 590 – 생활과학
나. 580 – 제조업
다. 530 – 농업, 농학
라. 520 – 공학, 공업일반, 토목공학, 환경공학

① 가 – 나
② 가 – 나 – 다
③ 가 – 라
④ 나 – 다 – 라
⑤ 다 – 라

해 설 다. 라. 530은 공학, 공업일반, 토목공학, 환경공학, 520은 농업, 농학에 해당한다.

274 다음 〈보기〉 중 KDC 제6판 언어류의 내용과 해당분류기호의 연결이 올바른 것을 모두 모은 것은?

〈보 기〉

가. 한국어 음운론 – 711
나. 한국어 어원 – 712
다. 한국어 문법 – 715
라. 한국어 방언 – 717

① 가 – 나
② 가 – 나 – 다
③ 가 – 나 – 다 – 라
④ 나 – 다 – 라
⑤ 다 – 라

해 설 가. 한국어의 기호는 710으로, 한국어 음운론은 "71 + –1(언어공통구분의 음운론을 나타내는 기호) → 711"이 된다. 나. 한국어 어원은 "71 + –2(언어공통구분의 어원학을 나타내는 기호) → 712"가 된다. 다. 한국어 문법은 "71 + –5(언어공통구분의 문법을 나타내는 기호) → 715"가 된다. 라. 한국어 방언은 "71 + –8(언어공통구분의 방언을 나타내는 기호) → 718"이 된다.

275 다음 〈보기〉 중 KDC 제6판 예술류의 분류기호와 그 내용의 연결이 올바른 것을 모두 모은 것은?

〈보 기〉
가. 620 – 조각, 조형미술 나. 630 – 공 예 다. 650 – 사진예술 라. 670 – 음 악

① 가 – 나 – 다
② 가 – 나 – 라
③ 가 – 다
④ 나 – 다 – 라
⑤ 다 – 라

해 설 다. 650은 회화, 도화이며, 사진예술은 660에 해당한다.

276 다음 〈보기〉 중 KDC 제6판 순수과학류의 분류기호와 그 내용의 연결이 올바른 것을 모두 모은 것은?

〈보 기〉	
가. 450 – 지 학	나. 440 – 천문학
다. 430 – 물리학	라. 420 – 화 학

① 가 – 나
② 가 – 나 – 다
③ 가 – 다
④ 나 – 다 – 라
⑤ 다 – 라

해 설 다. 라. 430은 화학, 420은 물리학이다.

Answer 273 ① 274 ② 275 ② 276 ①

277 다음 〈보기〉 중 KDC 제6판 500류의 내용과 해당분류기호의 연결이 올바른 것을 모두 모은 것은?

〈보 기〉

가. 의 학 – 510
나. 건축, 건축학 – 550
다. 화학공학 – 580
라. 생활과학 - 590

① 가 – 나 – 다
② 가 – 나 – 다 – 라
③ 가 – 나 – 라
④ 나 – 다 – 라
⑤ 다 – 라

해 설 다. 화학공학은 570에 해당하며, 580은 제조업이다.

278 다음 〈보기〉 중 KDC 제6판에 따라 분류된 종교류의 분류기호와 해당자료의 예시의 연결이 적합한 것을 모두 모은 것은?

〈보 기〉

가. 232 – 예수의 생애
나. 233 – 성 서
다. 235 – 기독교의 전도
라. 237 – 기독교의 교단

① 가 – 나
② 가 – 나 – 다
③ 가 – 나 – 다 – 라
④ 나 – 다 – 라
⑤ 다 – 라

해 설 라. 237은 "23(기독교의 기본기호) + –7(예배형식, 의식, 의례를 나타내는 종교공통구분의 기호) → 237"로, 기독교의 각종의식을 나타내는 기호이다. 기독교교단의 기호는 236이 된다.

279 다음 〈보기〉 중 KDC 제6판 사회과학류의 내용과 해당분류기호의 연결이 올바른 것을 모두 모은 것은?

〈보 기〉

가. 통계자료 – 310
나. 경제학 – 320
다. 사회학, 사회문제 – 340
라. 행정학 – 350

① 가 – 나 – 다
② 가 – 나 – 다 – 라
③ 가 – 나 – 라
④ 나 – 다 – 라
⑤ 다 – 라

해 설 다. 사회학, 사회문제은 330에 분류되며, 340은 정치학에 해당한다.

280 다음 〈보기〉 중 KDC 제6판 000류의 분류기호와 그 내용의 연결이 올바른 것을 모두 모은 것은?

〈보 기〉

가. 060 – 일반 학회, 단체, 협회, 기관, 연구기관
나. 070 – 신문, 저널리즘
다. 080 – 일반 전집, 총서
라. 090 – 향토자료

① 가 – 나 – 다
② 가 – 나 – 다 – 라
③ 가 – 나 – 라
④ 나 – 다
⑤ 다 – 라

해 설 가. 나. 다. 라. 모두 적합하게 연결된 예들이다.

Answer 277 ③ 278 ② 279 ③ 280 ②

281 다음 〈보기〉 중 KDC 제6판 철학류의 분류기호와 그 내용의 연결이 올바른 것을 모두 모은 것은?

〈보 기〉

가. 110 – 형이상학
나. 150 – 서양철학
다. 170 – 논리학
라. 180 – 심리학

① 가 – 나 – 다
② 가 – 나 – 라
③ 가 – 다 – 라
④ 나 – 다
⑤ 다 – 라

해 설 나. 150은 동양철학, 사상에 해당한다.

282 다음 〈보기〉 중 KDC 제6판에 따를 경우 해당자료와 그 분류기호의 연결이 올바른 것을 모두 모은 것은?

〈보 기〉

가. 노인과 바다 / 헤밍웨이 – 843
나. 햄릿 / 세익스피어 – 842
다. 수필선 / 찰스램(영국수필가) – 844
라. 파우스트 / 괴테 – 853

① 가 – 나
② 가 – 나 – 다
③ 가 – 나 – 다 – 라
④ 나 – 다 – 라
⑤ 다 – 라

해 설 가. 노인과 바다(미국소설)는 “84(영문학의 기본기호) + –3(문학형식구분의 소설을 나타내는 기호) → 843”이 된다. 나. 햄릿(영국희곡)은 “84(영문학의 기본기호) + –2(문학형식구분의 희곡을 나타내는 기호) → 842”가 된다. 다. 수필선(영국수필)은 “84(영문학의 기본기호) + –4(문학형식구분의 수필을 나타내는 기호) → 844”가 된다. 라. 파우스트(독일희곡)는 “85(독일문학의 기본기호) + –2(문학형식구분의 희곡을 나타내는 기호) → 852”가 된다.

283 다음 〈보기〉 중 KDC 제6판 예술류의 내용과 해당분류기호의 연결이 올바른 것을 모두 모은 것은?

〈보 기〉

가. 사진예술 – 660
나. 음 악 – 670
다. 공연예술, 매체예술 – 680
라. 오락, 스포츠 – 690

① 가 – 나 – 다
② 가 – 나 – 다 – 라
③ 가 – 다 – 라
④ 나 – 다 – 라
⑤ 다 – 라

해 설 가. 나. 다. 라. 모두 올바르게 연결된 예들이다.

284 다음 〈보기〉 중 KDC 제6판의 의해 분류할 경우 해당자료와 분류기호의 연결이 올바른 것을 모두 모은 것은?

〈보 기〉

가. 유럽지리 – 982
나. 아시아지리 – 983
다. 아프리카지리 – 984
라. 남미지리 – 985

① 가 – 나
② 가 – 나 – 다
③ 가 – 라
④ 나 – 다 – 라
⑤ 다 – 라

해 설 가. 유럽지리는 "98(지리의 기본기호) + –2(지역구분표의 유럽을 나타내는 기호) → 982"가 된다. 나. 아시아지리는 "98 + –1(지역구분표의 아시아를 나타내는 기호) → 981"이 된다. 다. 아프리카지리는 "98 + –3(지역구분표의 아프리카를 나타내는 기호) → 983"이 된다. 라. 남미지리는 "98 + –5(지역구분표의 남미를 나타내는 기호) → 985"가 된다.

Answer 281 ③ 282 ② 283 ② 284 ③

285 다음 〈보기〉 중 KDC 제6판 언어류의 내용과 해당분류기호의 연결이 올바른 것을 모두 모은 것은?

〈보 기〉	
가. 독일어 – 750	나. 프랑스어 – 760
다. 스페인어 – 770	라. 이탈리아어 – 780

① 가 – 나
② 가 – 나 – 다
③ 가 – 나 – 다 – 라
④ 나 – 다 – 라
⑤ 다 – 라

해 설 가. 나. 다. 라. 모두 올바르게 연결되어 있다.

286 다음 〈보기〉 중 KDC 제6판에 따를 경우 해당자료와 분류기호의 연결이 올바른 것을 모두 모은 것은?

〈보 기〉
가. 문헌정보학 용어사전 – 020.3
나. 문헌정보학 정기간행물 – 020.5
다. 문헌정보학 관련단체 – 020.6
라. 문헌정보학 총서 – 020.8

① 가 – 나
② 가 – 나 – 다
③ 가 – 나 – 다 – 라
④ 나 – 다 – 라
⑤ 나 – 라

해 설 가. 문헌정보학 용어사전은 "020(문헌정보학의 기본기호) – '0' + –03(용어사전을 나타내는 표준구분표의 기호) → 020.3"이 된다. 나. 문헌정보학 정기간행물은 "020 – '0' + –05(연속간행물을 나타내는 표준구분표의 기호) → 020.5"가 된다. 다. 문헌정보학 관련단체는 "020 – '0' + –06(단체를 나타내는 표준구분표의 기호) → 020.6"이 된다. 라. 문헌정보학 총서는 "020 – '0' + –08(총서 및 전집을 나타내는 표준구분표의 기호) → 020.8"이 된다.

287 다음 〈보기〉 중 KDC 제6판에 따를 경우 해당자료와 분류기호의 연결이 올바른 것을 모두 모은 것은?

〈보 기〉	
가. 철학사 – 109	나. 언어사 – 709
다. 예술사 – 609	라. 문학사 – 809

① 가 – 나
② 가 – 나 – 라
③ 가 – 나 – 다 – 라
④ 나 – 다 – 라
⑤ 다 – 라

해 설 가. 철학사는 "100(철학의 기본기호) – '00' + –09(역사를 나타내는 표준구분표의 기호) → 109"가 된다. 나. 언어사는 "700(언어의 기본기호) – '00' + –09 → 709"가 된다. 다. 예술사는 "600(예술의 기본기호) – '0' + –09 → 600.9"가 된다. 601–609는 예술류의 대부분을 차지하는 미술 및 장식예술 표준구분으로 사용되기 때문에 예술류의 표준구분은 기호의 중복을 피하기 위해 '0'의 생략에 예외가 적용되었다. 라. 문학사는 "800(문학의 기본기호) – '00' + –09 → 809"가 된다.

288 다음 〈보기〉 중 KDC 제6판에 따를 경우, 해당자료와 그 분류기호의 연결이 적합한 것을 모두 모은 것은?

〈보 기〉	
가. 한국시 – 811	나. 한국소설 – 812
다. 한국수필 – 815	라. 한국서간문 – 816

① 가 – 나
② 가 – 나 – 다
③ 가 – 라
④ 나 – 다
⑤ 다 – 라

해 설 나. 한국소설은 813이다. 다. 한국수필은 814이다.

Answer 285 ③ 286 ③ 287 ② 288 ③

289 다음 〈보기〉 중 KDC 제6판의 표준구분표의 기호와 조기성을 갖는 주제의 연결이 올바른 것을 모두 모은 것은?

〈보 기〉

가. -03 – 030　　나. -05 – 050
다. -07 – 070　　라. -09 – 090

① 가 – 나　　② 가 – 나 – 다
③ 가 – 나 – 라　　④ 나 – 다 – 라
⑤ 다 – 라

해 설 가. -03은 030 백과사전과 조기성을 갖는다. 나. -05는 050 일반연속간행물과 조기성을 갖는다. 다. -07은 370 교육학과과 조기성을 갖는다. 라. -09는 900 역사와 조기성을 갖는다.

290 다음 〈보기〉 중 KDC 제6판의 문학형식구분에 대한 설명으로 적합한 것을 모두 모은 것은 ?

〈보 기〉

가. 문학류(800)내에서 문학의 형식인 시, 희곡, 소설 등을 표시하는 기호가 각국문학에 공통적으로 적용되는 보조표이다.
나. 800에서 "주류(문학류) + 언어 + 문학형식 + 문학시대"로 이어지는 열거순서에서 세 번째 패싯에 사용된다.
다. DDC의 Table 4에 해당된다.

① 가　　② 가 – 나
③ 가 – 나 – 다　　④ 가 – 다
⑤ 나 – 다

해 설 다. KDC의 문학형식구분표는 DDC의 Table 3에 해당된다.

291 다음 〈보기〉 중 KDC 제6판의 언어공통구분표의 기호와 그 내용의 연결이 올바른 것을 모두 모은 것은 어느 것인가?

〈보 기〉	
가. 어 원 – -2	나. 문 법 – -6
다. 회 화 – -7	라. 방 언 – -8

① 가 – 나
② 가 – 나 – 다
③ 가 – 다 – 라
④ 나 – 라
⑤ 나 – 다 – 라

해 설 나. 문법은 –5이며, –6은 작문에 대해 사용된다.

292 다음 〈보기〉 중 해당주제와 KDC 제6판 및 DDC 제23판의 기호의 연결이 올바른 것을 모두 모은 것은 어느 것인가?

〈보 기〉
가. 서지학(Bibliography): 010 – 010
나. 문헌정보학(Library & Information Science): 020 – 020
다. 백과사전(Encyclopedia): 030 – 030
라. 일반단체(Organizations): 070 – 070

① 가 – 나
② 가 – 나 – 다
③ 가 – 다 – 라
④ 나 – 라
⑤ 나 – 다 – 라

해 설 라. 일반단체에 대한 KDC 및 DDC의 기호는 060이다.

Answer 289 ① 290 ② 291 ③ 292 ②

293 다음 〈보기〉 중 해당주제와 KDC 제6판 및 DDC 제23판의 기호의 연결이 올바른 것을 모두 모은 것은 어느 것인가?

〈보 기〉

가. 형이상학(Metaphysics): 110 — 110
나. 논리학(Logic): 170 — 160
다. 심리학(Psychology): 180 — 170
라. 동양철학(Eastern Philosophy): 150 — 180

① 가 — 나 — 다 ② 가 — 나 — 다 — 라
③ 가 — 나 — 라 ④ 나 — 라
⑤ 나 — 다 — 라

해 설 다. 심리학에 대한 KDC 및 DDC의 기호는 각각 180과 150이다.

294 다음 〈보기〉 중 해당주제와 KDC 제6판 및 DDC 제23판의 기호의 연결이 올바른 것을 모두 모은 것은 어느 것인가?

〈보 기〉

가. 물리학(Physics): 420 — 520
나. 화학(Chemistry): 430 — 530
다. 생명과학(생물학)(Biology): 470 — 570
라. 동물학(Zoology): 490 — 590

① 가 — 나 ② 가 — 나 — 다
③ 가 — 다 — 라 ④ 나 — 라
⑤ 다 — 라

해 설 가. 물리학에 대한 KDC 및 DDC의 기호는 각각 420과 530이다. 나. 화학에 대한 KDC 및 DDC의 기호는 각각 430과 540이다.

295 다음 〈보기〉 중 해당주제와 KDC 제6판 및 DDC 제23판의 기호의 연결이 올바른 것을 모두 모은 것은 어느 것인가?

〈보 기〉

가. 심리학(Psychology): 180 – 150
나. 성서(Bible): 233 – 220
다. 수학(Mathematics): 410 – 510
라. 농업, 농학(Agriculture): 520 – 620

① 가 – 나
② 가 – 나 – 다
③ 가 – 다 – 라
④ 나 – 라
⑤ 나 – 다 – 라

해 설 라. 농업, 농학에 대한 KDC 및 DDC의 기호는 각각 520과 630이다.

296 다음 〈보기〉 중 해당주제와 KDC 제6판 및 DDC 제23판의 기호의 연결이 올바른 것을 모두 모은 것은 어느 것인가?

〈보 기〉

가. 경제학(Economics): 320 – 330
나. 정치학(Political Science): 340 – 350
다. 법률, 법학(Law): 360 – 340
라. 교육학(Education): 370 – 370

① 가 – 나
② 가 – 나 – 다
③ 가 – 다 – 라
④ 나 – 라
⑤ 나 – 다 – 라

해 설 나. 정치학에 대한 KDC 및 DDC의 기호는 각각 340과 320이다.

Answer 293 ③ 294 ⑤ 295 ② 296 ③

297 다음 〈보기〉 중 해당주제와 KDC 제6판 및 DDC 제23판의 기호의 연결이 올바른 것을 모두 모은 것은 어느 것인가?

〈보 기〉

가. 공학, 공업일반(Engineering): 540 — 620
나. 화학공학(Chemical Engineering): 570 — 660
다. 농업, 농학(Agriculture): 520 — 630
라. 의학(Medicine): 510 — 610

① 가 — 나 ② 가 — 나 — 다
③ 가 — 다 — 라 ④ 나 — 라
⑤ 나 — 다 — 라

해 설 가. 공학, 공업일반에 대한 KDC 및 DDC의 기호는 각각 530과 620이다.

298 다음 〈보기〉 중 해당주제와 KDC 제6판 및 DDC 제23판의 기호의 연결이 올바른 것을 모두 모은 것은 어느 것인가?

〈보 기〉

가. 오락, 스포츠(Sports, games & entertainment): 680 — 790
나. 조각, 조형예술(Sculpture): 620 — 720
다. 사진예술(Photography): 660 — 770
라. 음악(Music): 670 — 780

① 가 — 나 ② 가 — 나 — 다
③ 가 — 나 — 다 — 라 ④ 나 — 라
⑤ 다 — 라

해 설 가. 오락, 스포츠에 대한 KDC 및 DDC의 기호는 각각 690과 790이다.
나. 조각에 대한 KDC 및 DDC의 기호는 각각 620과 730이다.

299 다음은 A도서관의 장서에 대한 통계표이다. 이 도서관에서는 동양서는 KDC6, 서양서는 DDC23을 사용하여 분류하고 있다고 한다. 다음 〈보기〉 중 이 도서관의 주제분야와 장서수의 연결이 올바른 것을 모두 모은 것은?

분류기호	동양서(권)	서양서(권)
000	100	100
100	110	120
200	100	115
300	330	312
400	200	200
500	150	170
600	200	120
700	130	220
800	500	450
900	400	330

〈보 기〉

가. 종교류 — 215권
나. 사회과학류 — 642권
다. 예술류 — 320권
라. 언어류 — 400권

① 가 — 나
② 가 — 나 — 다
③ 가 — 다 — 라
④ 나 — 라
⑤ 나 — 다 — 라

해 설 A도서관에서는 동양서는 KDC, 서양서는 DDC를 채택하고 있으므로, 학문분야별 장서수는 다음과 같다: 가. 종교류는 동양서(200) 100권 + 서양서(200) 115권 = 215권, 나. 사회과학류는 동양서(300) 330권 + 서양서(300) 312권 = 642권, 다. 예술류는 동양서(600) 200권 + 서양서(700) 220권 = 420권, 라. 언어류는 동양서(700) 130권 + 서양서(400) 200권 = 330권.

Answer 297 ⑤ 298 ⑤ 299 ①

300 다음 〈보기〉 중 해당주제와 KDC 제6판 및 DDC 제23판의 기호의 연결이 올바른 것을 모두 모은 것은 어느 것인가?

〈보 기〉

가. 한국어의 어원: 712 – 495.72
나. 영문법: 745 – 415
다. 독일어사전: 763 – 433
라. 스페인어 음운론: 771 – 461

① 가 – 나 ② 가 – 나 – 다
③ 가 – 나 – 다 – 라 ④ 가 – 라
⑤ 다 – 라

해 설 가. 한국어의 어원은 KDC의 경우 "71(한국어의 기본기호) + –2(어원을 나타내는 언어공통구분표의 기호) → 712"가 되고, DDC의 경우 "495.7(한국어의 기본기호) + –2(어원을 나타내는 T.4의 기호) → 495.72"가 된다. 나. 영문법은 KDC의 경우 "74(영어의 기본기호) + –5(문법을 나타내는 언어공통구분표의 기호) → 745"가 되고, DDC의 경우 "42(영어의 기본기호) + –5(문법을 나타내는 T.4의 기호) 425"가 된다. 다. 독일어사전은 KDC의 경우 "75(독일어의 기본기호) + –3(사전을 나타내는 언어공통구분표의 기호) → 753"이 되고, DDC의 경우 "43(독일어의 기본기호) + –3(사전을 나타내는 T.4의 기호) → 433"이 된다. 라. 스페인어 음운론은 KDC의 경우 "77(스페인어의 기본기호) + –1(음운론을 나타내는 언어공통구분표의 기호) → 771"이 되고, DDC의 경우 "46(스페인어의 기본기호) + –1(음운론을 나타내는 T.4의 기호) → 461"이 된다.

301 다음 〈보기〉 중 해당자료와 그에 대한 KDC 제6판 및 DDC 제23판의 기호(3자리)의 연결이 올바른 것을 모두 모은 것은 어느 것인가?

〈보 기〉

가. 진달래꽃 / 김소월: 811 – 895.71
나. 노인과 바다 / 헤밍웨이: 843 – 813
다. 맥베스 / 세익스피어: 842 – 822
라. 수상록 / 몽테뉴: 864 – 844

① 가 – 나　　② 가 – 나 – 다
③ 가 – 나 – 다 – 라　　④ 나 – 라
⑤ 다 – 라

해 설 가. 진달래꽃(김소월시집)은 KDC의 경우 “81(한국문학의 기본기호) + –1(시를 나타내는 문학형식구분표의 기호) → 811”이 되고, DDC의 경우 “895.7(한국문학의 기본기호) + –1(시를 나타내는 T.3의 기호) → 895.71”이 된다. 나. 노인과 바다(미국작가 헤밍웨이의 소설)는 KDC의 경우 “84(영문학의 기본기호) + –3(소설을 나타내는 문학형식구분표의 기호) → 843”이 되고, DDC의 경우 “81(미국문학의 기본기호) + –3(소설을 나타내는 T.3의 기호) → 813”이 된다. 다. 맥베스(영국작가 세익스피어의 희곡)는 KDC의 경우 “84(영문학의 기본기호) + –2(희곡을 나타내는 문학형식구분표의 기호) → 842”가 되고, DDC의 경우 “82(영국문학의 기본기호) + –2(희곡을 나타내는 T.3의 기호) → 822”가 된다. 라. 수상록(프랑스작가 몽테뉴의 수필)은 KDC의 경우 “86(프랑스문학의 기본기호) + –4(수필을 나타내는 문학형식구분표의 기호) → 864”가 되고, DDC의 경우 “84(프랑스문학의 기본기호) + –4(수필을 나타내는 T.3의 기호) → 844”가 된다.

Answer 300 ④　301 ③

제 5 장

현대의 주요 분류법

5.1. 국제십진분류법(UDC)

5.2. 미국의회도서관분류법(LCC)

5.3. 콜론분류법(CC)

제 5 장
현대의 주요 분류법

주요내용의 요약 및 해설

5.1. 국제십진분류법(UDC)

UDC(Universal Decimal Classification)의 발전과정과 특성: (http://www.udcc.org/; 이창수 2008, pp300-302; 최달현, 이창수 2005, pp.102-105)

① 1895년 창설된 국제서지학회(IIB: Institut Internationale de la Bibliographie)의 주창자인 Henry La Fontaine(1913년 노벨평화상 수상자)와 Paul Otlet이 세계서지(universal bibliography)를 편성하기 위한 분류표의 개발을 주창하여 기본적으로 DDC를 바탕으로 하여 1904년부터 1907년 사이에 불어판으로 *Manual du Repertiore Bibliographique Universel*이라는 이름으로 초판을 발행하였다.

② IIB에서 개칭된 국제도큐멘테이션학회(IID: Institute International Documentation)를 이은 국제도큐멘테이션연맹(FID: Federation International de Documentation)이 1980년대까지 UDC를 관리해왔으나, 기능을 제대로 수행하지 못하게 됨에 따라 현재는 UDC Consortium (UDCC)에서 분류표의 개정과 발전을 주도하고 있다. UDCC는 FID와 UDC의 네덜란드, 스페인, 영국, 일본, 프랑스판의 출판사의 연합체로 출범되었으며, 1992년 1월부터 UDC의 소유권

을 소유하고 있다.

③ UDCC는 여러 종류의 여러 판으로 된 UDC의 마스터참조파일(MRF: Master Reference File)로 불리는 국제적인 데이터베이스를 구축하여 현재 헤이그왕립도서관(Royal Library in the Hague)에서 관리하고 있으며, 매년 갱신하고 있다. UDCC는 편집자(현재는 Dr. Maria Inês Cordeiro)와 자문위원을 국제적으로 위촉하고 UDC의 내용을 검토하고 개정에 기여하고 있다.

④ UDC 코어버전(core version)은 현재 67,000 항목 이상의 세목으로 구성되어 있으며, UDCC가 개정을 주도하고 있다. 개정결과는 연간(年刊)으로 발행되는 저널 *Extensions and Corrections to the UDC*에 소개된다.

⑤ 발행상황:

(가) 각국에서는 완전판, 중간판(완전판의 30% 정도), 간략판(포켓판)(완전판의 10% 정도), 특수주제판 등을 발행하고 있다.

(나) UDC는 현재 39개언어로 발행되고 있는데, 영어판이 가장 널리 사용되고 있다. 영어판은 2006년 BSI(British Standard Institution)에서 발행한 표준판(UDC: Universal Decimal Classification, Standard edition)이 있으며, 한국에서는 한국과학기술정보센터에 의해 한국어 간략판(1973)이 발행된 바 있다.

(다) 웹상에서 이용 가능한 UDC 전자판(electronic version)은 BSI를 통해 라이센스를 얻을 수 있다(http://www.udconline.net/). 전자판은 CD-ROM으로도 입수할 수 있는데, CD-ROM 버전은 스페인어판과 체코어판도 있다.

표의 구성과 내용, 기호법: (http://www.udcc.org/; 이창수 2008, pp.303-318; 최달현, 이창수 2005, pp.106-107)

① 원래 세계서지라는 서지편찬을 목적으로 개발된 분류표이며, 대표적인 준열거식분류표로 인정되고 있다.

② DDC 제5판을 주로 참고하였기 때문에 십진식에 의한 전개나 주류 및 강목의 구성체계, 계층구조 등의 면에서 유사한 점이 많다.

③ 분류기호는 십진식으로 구성되지만, DDC에서 세 자리를 채우기 위해 형식적으로 부가되는 주류나 강의 무의미한 '0'이나 '00'은 부가되지 않는다.

④ UDC의 테이블은 본표(main tables 또는 schedules)와 보조표(auxiliary tables)로 이루어지는데, 본표의 주류의 구성은 DDC와 유사하나, 언어와 언어학이 '8' 문학에 통합되고 주류 '4'는 사용하지 않는다(〈표 5-1〉 참조).

〈표 5-1〉 UDC의 주류의 구성(http://www.udcc.org/scheme.htm)

주류의 기호	주 류
0	일반사항 · 총류(Generalities)
1	철학 · 심리학(Philosophy, Psychology)
2	종교 · 신학(Religion, Theology)
3	사회과학(Social sciences)
4	
5	자연과학(Natural sciences)
6	기술과학(Technology)
7	예술(The arts)
8	언어 · 언어학 · 문학(Language, Linguistics, Literature)
9	지리 · 전기 · 역사(Geography, Biography, History)

⑤ 기호법의 전개는 DDC와 마찬가지로 십진식으로 계층적으로 전개되며, 세 자리 다음에는 소수점을 찍는다.

예:		
	3	사회과학
	37	교육
	371	교제도
	371.1	학교의 관리 · 교사 · 그 밖의 인원

⑥ 본표 이외에 합성을 위한 보조표(auxiliary tables)가 사용되는데, 여기에는 모든 주제에 공통적으로 사용되는 공통보조기호(common auxiliaries)와 특정주제에서만 사용되는 특수(고유)보조기호(special auxiliaries)가 있다. 기

호법으로는 아라비아숫자 외에도 다양한 특수문자들을 사용하고 있어 DDC에 비해 훨씬 더 복잡하다.

공통보조기호의 종류와 특성: (국제십진분류법 1979, pp.5-6; 윤희윤 2005, pp.167-175; 정필모 1991, pp.201-209; 최달현, 이창수 2005, pp.107-114; 최정태, 양재한, 도태현 1998, pp.134-138)

① 공통보조기호의 종류는 크게 구분하면 조합기호와 독립보조기호, 의존보조기호로 구분할 수 있다(영어표준판 기준).

(가) 조합기호: 분류하고자 하는 자료의 내용이 보조기호 또는 주분류기호 2개 이상에 해당하는 복합주제로 되어 있을 경우에 각 기호와 기호를 조합하여 복합기호로 표현하고자 할 때 사용하는 기호로, 부가기호(1a Co-ordination. Addition)와 상관기호(1b Relation. Subgrouping. Order-fixing)가 있다.

(나) 독립보조기호: '다른 분류기호와 조합하여 사용할 뿐만 아니라 보조기호 자체만으로도 사용할 수 있는 보조기호'(이창수 2008, p.306)이다.

ㄱ) 언어보조기호(1c Common auxiliaries of language)

ㄴ) 형식보조기호(1d Common auxiliaries of form)

ㄷ) 지리보조기호(1e Common auxiliaries of place)

ㄹ) 민족 · 국민성보조기호(1f Common auxiliaries of ethnic grouping and nationality)

ㅁ) 시대보조기호(1g Common auxiliaries of time)

(다) 의존보조기호: '보조기호 자체만으로는 사용할 수 없으며 다른 분류기호와 조합하여 사용하되, 기호의 앞부분에서는 사용할 수 없는 보조기호'(이창수 2008, p.306)이다.

ㄱ) UDC 이외의 기호법에 의한 주제세분(1h Specification by non-UDC notation (*, A/Z))

ㄴ) 속성, 재료, 관계 · 과정 · 조작, 사람 보조기호(1k Common auxiliaries of properties; materials; relations, processes and operations; persons and personal characteristics)

② 부가기호(Table 1a): 둘 이상의 복합주제가 아무런 관계나 영향 없이 독립적으로 되어 있을 때 사용하며, 첨가기호와 연속기호가 있다.

(가) 첨가기호(+ : plus): 독립된 복수주제를 결합하기 위한 기호이다. 'and'의 의미로 사용된다.

예: (7+8) 아메리카대륙(북미 및 남미)
53+54 물리와 화학

(나) 연속기호(/ : stroke): 복합주제의 내용에 해당하는 분류기호가 주분류표나 보조분류표 중에 연속되어 있을 때 처음 기호와 마지막 기호 사이에 사용하는 것이다. 'from' ~ 'to' ~의 의미로 사용된다.

예: 636.1/636.3 말(馬) · 소(牛) · 양(羊)
22/28 기독교

③ 상관기호(Table 1b): 둘 또는 그 이상의 주제가 상호간에 어떤 관계가 있을 때, 즉 서로 영향, 작용, 원인, 결과, 목적, 용도, 수단, 비교, 대조 등의 관계에 있을 경우에 사용하며, ' : ', ' :: ', ' [ ] '을 사용한다.

(가) ' : '(colon): 관련된 주제의 전후순서를 고정할 수 없을 경우에 사용한다. 따라서 채택되지 않은 순서의 기호는 분류부출을 하는 것이 바람직하다.

예: 17 : 7 또는 7 : 17 예술에 있어서의 윤리와 도덕
669.1 : 629.113 : 338 철강업과 자동차공업과의 경제적 관계

(나) ' :: '(double colon): 전후순서가 일정하여 고정적일 때 사용한다.

예: 575 :: 576.3 세포유전학

(다) ' [ ] '(square bracket): 복합기호 중 어느 한 편이 극히 종속적이고 부차적일 경우에 사용한다.

예: 31[63] 농업통계(통계중심일 경우)

④ 언어보조기호(Table 1c)(=...): 자료에 사용된 언어를 나타내기 위해 사용되는 보조기호로, 00-93의 기호를 사용하며(〈표 5-2〉 참조), 분류기호의 맨 마지막에 부여된다.

예: 34(03)=111 영어로 된 법률사전
54=521 일본어판 화학

〈표 5-2〉 UDC의 언어보조기호의 개요(일부)

주류의 기호	주 류
=00	다국어
=03	번역
=1 / =2	인도 · 유럽어
=11	게르만제국어
=111	영어
=112.2	독일어
=12	이탈리아계언어
=13	로마계언어
=131.1	이탈리아어
=133.1	프랑스어
=134.2	스페인어
=14	그리스어
=21	인도제어
=41	아프리카아시아제어
=51	우랄 · 알타이어계언어
=521	일본어
=531	한국어
=58	중국어 · 티벳어족
=81 / =82	북미 · 인디언계어
=9	인공어

⑤ 형식보조기호(Table 1d)((0...)): DDC의 표준세구분(T.1)에 해당하는 기호로, 자료의 성질이나 형식을 구분하기 위해 사용되며, 01-09의 숫자가 사

용된다(〈표 5-3〉 참조).

예: 1(03) 철학대사전
78(09) 음악사

〈표 5-3〉 UDC의 형식보조기호의 개요(일부)

기호	내 용
(01)	서지
(02)	일반도서
(03)	참고도서, 사전, 백과사전, 핸드북
(031)	백과사전
(04)	속간되지 않는 자료
(041)	팜플렛
(043)	논문, 학위논문
(046)	신문기사
(05)	연속간행물, 정기간행물, 잡지
(051)	정기간행물, 잡지, 대중잡지
(058)	연감, 명감
(06)	단체출판물
(07)	교육자료, 학습자료
(08)	전집, 회사출판물, 특수자료
(081)	개인전집
(082)	복수저자의 전집
(086)	입체자료, 시청각자료
(09)	역사적 기술, 역사자료, 법률자료

⑥ 지리(장소)보조기호(Table 1e)((…)): DDC의 지역구분표(T.2)에 해당하는 기호로, 자료의 지리적 특성을 나타내기 위해 사용된다(〈표 5-4〉 참조).

예: 1(73) 또는 (73)1 미국철학
66(44) 또는 (44)66 프랑스의 화학공학

〈표 5-4〉 UDC의 지리보조기호의 개요(일부)

기호	내 용
(1)	장소 및 공간 일반
(2)	자연지리학, 지문학(地文學)적 표시
(3)	고대세계의 장소
(4)	유럽
(410)	대영제국, 북아일랜드, 영국
(430)	독일
(44)	프랑스
(45)	이탈리아
(46)	이베리아반도
(460)	스페인
(470)	러시아연방
(5)	아시아
(51)	중국, 몽골, 한국
(510)	중국
(519)	한국
(519.3)	북한
(519.5)	남한
(520)	일본
(6)	아프리카
(7)	북중미
(73)	미국
(8)	남미
(9)	남태평양, 호주, 남북극

⑦ 민족 · 국민성보조기호(Table 1f)((=...)): 자료에서 다루고 있는 민족국민성을 나타내기 위해 사용된다. 민족을 나타내는 기호는 언어보조기호, 국민성을 나타내는 기호는 지리보조기호와 동일한 기호를 사용한다.

예: 174(=924) 유태인의 직업윤리
398(=133.1) 프랑스인의 민속

⑧ 시대(時)보조기호(Table 1g)("..."): 자료에서 다루고 있는 특정시대를 나타내기 위해 사용된다(〈표 5-5〉 참조).

예: 51"04/14" 중세의 수학
78"18" 19세기의 음악

〈표 5-5〉 UDC의 시대보조기호의 주요방식(일부)

기호	내 용
"-"	기원전, BC
"+"	AD
"19"	20세기(1900년대)
"04/14"	중세(5세기부터 15세기)
"2003"	2003년

⑨ UDC 이외의 기호법에 의한 주제세분(Table 1h)(문자·번호보조기호(* ; A/Z): 자료를 추가적으로 개별화하기 위해 해당자료에 나타나는 고유명사의 일부문자나 번호(숫자)를 차용하여 분류기호로 사용하는 방식이다. 문자(A/Z)의 경우는 해당명사 전체 또는 그 약칭을 그대로 UDC 기호 다음에 부기하고, 숫자의 경우에는 *을 앞세워 적는다.

예: 92Edison 또는 92E 에디슨의 전기
656.132(519.11)*288 서울의 288번 버스

⑩ 속성, 재료, 관계 · 과정 · 조작, 사람 보조기호(Table 1k)(-02; -03; -04; -05):
(가) -02 속성보조기호: 자료에서 다루고 있는 일반적인 특성이나 속성을 부차적으로 표현하고자 할 경우

(나) -03 재료보조기호: 대상물의 구성재료를 부차적으로 표현하고자 할 경우

(다) -04 속성보조기호: 대상물의 관계 · 과정 · 조작을 부차적으로 표현하고자 할 경우

(라) -05 자료에서 다루고 있는 사람의 여러 특성을 표현하고자 할 경우(〈표 5-6〉 참조)

예:	297-05	이슬람교 신자
	746-037	직물을 사용한 수예

〈표 5-6〉 UDC의 속성, 재료, 관계 · 과정 · 조작, 사람 보조기호의 개요 (-03 및 -05의 일부)

기호	내 용
-03	재료
-032	광물질-천연재료
-033	광물질-가공재료
-034	금속재료
-035	유기물 주원료 재료
-036	고분자재료 · 고무 · 플라스틱
-037	섬유재료 · 직물
-039	기타재료
-05	사람
-051	주체자 · 실행자
-052	목표자 · 의뢰인 · 이용자
-053	연령에 의한 구별
-053.1	태아(胎兒)
-053.9	노인
-054	국적 · 인종에 의한 구별
-055	성별 · 친족 등에 의한 구별
-056	육체적 · 정신적 상태에 의한 구별
-057	직업능력 · 지위에 의한 구별
-058	사회적 · 시민적 지위에 의한 구별

특수(고유)보조기호의 특성과 종류: (국제십진분류법 1979, pp.3-4; 이창수 2008, p.306; 최달현, 이창수 2005, pp.112-113)

① UDC의 주분류표의 특정주제를 세분하기 위해 해당주제에 대해서만 공통적으로 적용되는 보조표이다.

② 주분류표에 포함되어 열거되며, 해당보조기호의 왼쪽에 굵은 선을 그어서 표시한다.

③ 특수보조기호로는 ' –... '(hyphen), ' .0... '(point naught), ' ' ...' (apostrophe) 등이 사용된다. ' –... '는 해당보조기호가 ' .0... '보다 더 광범위한 부문에 적용될 때 사용되는데, 예를 들면 62에 있는 -1/-9는 62에서 69까지의 거의 전부문에 적용되지만 .0은 극히 제한된 범위에만 사용된다. 한편 ' '...'는 화학 및 화학공업 분야에서만 사용된다.

예:	809.51-23	중국어(宋代)
	636.088	가축의 용도와 훈련
	546.32'131	염화칼륨

분류기호의 조합 및 배열순서: (국제십진분류법 1973, pp.6-7; 윤희윤 2005, pp.174-175; 이창수 2008, pp.307-308)

① 하나의 주분류에 여러 개의 공통보조분류를 추가할 경우 그 순서는 '지리 – 시대 – 형식 – 언어'의 순서로 한다.

예: 66.(519)"1960"(083)=20 영어로 된 한국의 1960년대 화학공업제품의 대용품에 관한 규격

② 동일개념에 둘 이상의 특수(고유)보조분류가 설정되어 있을 경우에는 적용범위가 좁은 쪽을 우선적으로 채택한다. 따라서 '.0'과 '–'가 있을 경우에는 '.0'을 사용한다.

예: 664.85.039.5 과실(果實)의 방사선처리

③ 주분류의 조합 및 보조기호가 부가된 자료들이 여러 개 나타날 경우의 배열 순서는 〈표 5-7〉과 같다.

〈표 5-7〉 UDC 분류기호의 배열순서

기호	조합된 분류기호	의 미
=	=531	한국어
(0...)	(05)	연속간행물
(1/9)	(5)	아시아
"..."	"16"	17세기
+	636+637	가축과 농산물
/	636.1/.3	말, 소, 양
단독기호	636	가축
:	636 : 612	가축생리학
::		
=	636=111	영어로 된 가축자료
(0...)	636(05)	가축용 전문잡지
(1/9)	636(44)	프랑스의 축산업
(= ...)	636(=924)	유태인의 축산업
" "	636"1966"	1966년의 축산업
*		
A/Z	636Kim	김씨목장의 축산업
–0		
–1/–9		
.0	636.084	가축의 영양
'		

UDC의 장점: (윤희윤 205, pp.176-177; 최달현, 이창수 2005, p.115; 최정태, 양재한, 도태현 1998, p.141)

① 국제적 서지통정을 시도하여 개발된 분류표로 전 세계 자료정리의 일원화를 시도하였다.

② 분석합성식 분류원리를 도입하여 복합주제의 상세한 표현이 가능하다.
③ 십진법을 사용하고 있어 이론상 무한한 전개가 가능하고 신축적이다.
④ 과학기술분야의 전개가 상세하다.
⑤ 대부분 계층적 구조로 체계화되어 있어 서지분류는 물론 온라인 검색환경에도 적합하다.
⑥ 국제적인 관리기구인 UDCC에 의해 개정과 관리가 이루어지고 있어 보호와 육성이 지속적이다.

UDC의 단점: (윤희윤 2005, p.177; 최달현, 이창수 2005, p.115; 최정태, 양재한, 도태현 1998, pp.141-142)

① 당초 서지분류를 목적으로 개발된 분류표이기 때문에 기호가 복잡하고 길어질 수 있다.
② DDC에 비해 많은 다양한 형태의 특수기호를 포함한 보조기호를 사용하고 있어 서가상의 배열이 어렵다.
③ DDC와 마찬가지로 구성체계상에 많은 문제가 있으며, 새로운 주제를 삽입하기가 어렵다.
④ 분류항목의 전개가 서양중심으로 이루어져 있어 동양부문의 전개가 부족하다.

5.2. 미국의회도서관분류법(LCC)

LCC(Library of Congress Classification)의 탄생과 일반적 특성: (http://www.loc.gov/catdir/cpso/lcc.html)

① J. C. M. Hanson과 Charles Martel의 주도로 새로 이전된 미국의회도서관(LC)의 장서량과 특수성을 고려한 독자적인 분류표로 고안되어, 대부분은 1899년부터 1940년 사이에 발행되었다.
② 각 분야의 전문가들에 의해 유별로 작성되었고 현재도 그와 같은 방식으로 개정되고 있기 때문에, "서로 조정하여 작성된 특수분류표"(정필모 1991, p.228)라는 지적을 받고 있다.

③ 현재는 LC의 Cataloging Policy and Support Office에 의해 유지보수되고 있으며, 주간의 개정리스트는 웹사이트에 호스팅되고 있다. 인쇄본의 경우는 현재 41권의 분책형태의 분류표가 별도로 발행되고 있으며, LC의 CDS(Cataloging Distribution Service)를 통해 입수할 수 있으며, 온라인제품은 Classification Web(http://classificationweb.net/)을 통해 LCSH의 텍스트와 함께 웹상에서 접속할 수 있다. 인쇄본의 경우는 Gale Group에 의해 SUPERLCCSTM...: *Library of Congress Classification Schedules Combined with Additions and Changes*라는 서명으로 누적판이 발행되고 있다.

④ LC에서는 LCC 전체에 대한 공식적인 통합색인을 별도로 발행하고 있지 않으나, LCSH(Library of Congress Subject Heading)에 포함된 LCC 기호를 확인하여 색인처럼 활용할 수 있다. 또한 1970년에 마이크로폼으로 발행된 LC서가목록(Library of Congress Shelflist)과 M. L. Scott의 *Conversion Tables: LC-Dewey, Dewey-LC, and LC Subject Headings-LC and Dewey*(Englewood, Col: Libraries Unlimited, 1999)를 색인대용으로 활용할 수도 있다.

⑤ 알파벳 대문자 I, O, W, X, Y를 간격기호(공기호: gap notation)로 남겨둔 채 사용하지 않고 있다.

⑥ 열거식분류표의 대표적인 유형으로 일컬어지고 있다.

⑦ 주류의 전개는 Comte의 학문분류의 영향을 받은 Cutter의 전개분류법(EC)의 영향을 받고 있다.

⑧ 북미의 대학도서관과 연구도서관, 대규모 공공도서관에서 널리 채택하고 있으며, 국내의 경우 과학기술분야의 전문도서관에서 주로 채택하고 있다. 또한 MARC21의 주요분류기호로 사용되고 있다.

LCC의 주류의 구성: (http://www.loc.gov/catdir/cpso/lcco/)

① 전개분류법을 참고하였으며, 기본적으로 학문에 의한 분류표이다(〈그림 5-1〉 참조).

〈그림 5-1〉 LCC의 21개 주류(basic classes)의 개요
(http://www.loc.gov/catdir/cpso/lcco/)

A — GENERAL WORKS
B — PHILOSOPHY. PSYCHOLOGY. RELIGION
C — AUXILIARY SCIENCES OF HISTORY
D — WORLD HISTORY AND HISTORY OF EUROPE, ASIA, AFRICA, AUSTRALIA, NEW ZEALAND, ETC.
E — HISTORY OF THE AMERICAS
F — HISTORY OF THE AMERICAS
G — GEOGRAPHY. ANTHROPOLOGY. RECREATION
H — SOCIAL SCIENCES
J — POLITICAL SCIENCE
K — LAW
L — EDUCATION
M — MUSIC AND BOOKS ON MUSIC
N — FINE ARTS
P — LANGUAGE AND LITERATURE
Q — SCIENCE
R — MEDICINE
S — AGRICULTURE
T — TECHNOLOGY
U — MILITARY SCIENCE
V — NAVAL SCIENCE
Z — BIBLIOGRAPHY. LIBRARY SCIENCE. INFORMATION RESOURCES (GENERAL)

② 주류의 배열순서는 특정주제에 한정되지 않은 분야(A), 우주에 관한 인간의 이론과 정신(B), 인간의 사회생활, 환경의 영향, 사고의 기록 등(C-G), 인간의 경제적 및 사회적 발전(H-L), 인간의 미적활동(M-P), 이공계영역(Q-V), 서지 및 도서관학(Z)의 순서로 이루어져 있다(윤희윤 2005, pp.179-184; 최정태, 양재한, 도태현 1998, pp.178-179).

표의 형식: (Taylor 2006, pp.435-444)

① 대부분의 LCC의 개개의 분류표들은 서로 다른 전문가에 의해 편집되지만, 대체로 유사한 외적 및 내적 형식을 가지고 있다. 그러나 반드시 이와 같은 형식을 따르는 것은 아니라는 사실에 유의해야 한다.

② 외적형식(external format): 분류표의 물리적인 구성은 대체로 다음과 같다.

(가) 서문(preface) 또는 서주(prefatory note): 대체로 표제지 다음에 오며, 최근들어 더욱 간략해지는 경향이다.

(나) 개괄표(brief synopsis): 해당분류표의 일차적인 세목(대개는 알파벳 기호를 갖는 세목)을 열거한다.

(다) 개요표(outline): 해당분류표의 상세한 세목(알파벳 기호를 갖는 세목은 물론 알파벳과 숫자기호를 동시에 갖는 세목도 포함)을 열거한다. 개괄표가 없는 경우는 간략한 표의 형식을 갖추지만, 개괄표가 있는 경우는 더 상세한 세목들이 포함되는 경향이 있다.

(라) 기본표(schedule proper): 본표에 해당하는 부분으로 분류항목들이 분류기호와 함께 체계적으로 열거된다.

(마) 보조표(auxiliary table): 하나의 특정류의 기호에만 한정되어 사용되지 않고 둘 이상의 유에 적용하고자 고안된 보조표로, 대개 색인 앞에 나타난다.

(바) 색인(detailed index): 해당분류표의 분류항목들을 찾을 수 있도록 하기 위한 장치로, 수록범위나 깊이는 개개 표에 따라 다양하다.

③ 내적형식(internal format): 대부분의 분류표의 내적구조에 관한 조직은 통상 "Martel의 세븐포인트"(Martel's seven point)로 일컬어지는 다음과 같은 구조를 바탕으로 하고 있다. 그러나 LCC에서는 모든 개개 분류표에 필수적으로 요구되는 것이 아니기 때문에 이러한 시스템은 표에 따라 다양한 방식으로 적용되고 있다.

(가) 일반형식구분(general form divisions): DDC의 표준세구분(Table 1)과 유사한 방식으로, 자료를 정기간행물, 전집, 사전 등과 같은 표현형식에 의해 그룹화하고자 한다.

(나) 이론(theory), 철학(philosophy)

(다) 역사(history), 전기(biography)

(라) 논문(treatises), 일반저작(general works)

(마) 법률(law), 규정(regulation), 국가관계(state relations)

(바) 연구 및 교수(study and teaching), 조사연구(research), 교재(textbooks)

(사) 주제 및 주제의 세목(subjects and subdivisions of subjects)

기호법: (Taylor 2006, pp.444-446)

① 한 자리에서 세 자리의 알파벳 대문자, 한 자리에서 네 자리의 숫자로 된 정수, 그리고 경우에 따라서는 소수기호를 사용하는 혼합기호법의 방식이다.

② 경우에 따라서는 문자와 숫자로 이루어지는 LC Cutter Table의 기호에 의해 추가의 세구분이 이루어진다. 이 Cutter 기호는 분류기호의 일부로 사용되는 경우가 많으며, 일부의 경우에는 본표에 포함되어 있는 경우도 있다.

③ 예: (Saye 2000, pp.339-376)

(가) Z695.74.D8 1973 *How to catalog a rare book* by Duncan, 1973

Z	Bibliography and Library Science
662-1000.5	Libraries
665-718.8	Library science. Information science
687-718.8	The collections. The books
693-695.83	Cataloging
695.2-695.83	By form
695.74	Rare books
.D8	Duncan의 Cutter No.
1973	출판년

(나) TS1095.J3 E7 1980 *Modern paper manufacture in Japan* by Ervin, 1980

T	Technology
TS	Manufactures
1080-1268	Paper manufacture and trade
1090-1096	History
1094-1096	Modern
1095	Special countries, A-Z
.J3	Japan의 Cutter No.
E7	Ervin의 Cutter No.
1980	출판년

LCC의 장단점: (윤희윤 2005, pp.186-187; 정필모 1991, pp.243-244; 최달현, 이창수 2005, pp.101-102; 최정태, 양재한, 도태현 1998, p.184)

① 장점:

(가) 실용적인 분류표이다.

(나) 문헌적 근거(literary warrant)를 바탕으로 하고 있어 특히 대규모의 대학도서관과 연구도서관에 적합하다.

(다) 열거식분류표이기 때문에 기호합성의 필요성이 적다.

(라) 각각의 분류표가 주제전문가에 의해 개발되므로 해당주제에 적합한 분류가 가능하다.

(마) 분책별로 개정이 이루어지므로 해당분야의 요구에 따른 분류표의 최신성 유지에 적합하다.

② 단점:

(가) 범위주기(scope note)가 DDC에 비해 상세하지 못하다.

(나) 기호의 배분과 용어의 사용이 미국중심적이다.

(다) 분류표에 열거되지 않은 복합주제 및 복수주제의 저작을 분류하기가 곤란하다.

(라) 논리적 구분에 의한 분류 대신 알파벳순 배열이라는 임의적 순서를 사용하는 경우가 지나치게 많다.

(마) 문헌분류이론에 입각한 주제분석을 위한 정확하고 예측 가능한 이론적 토대가 부족하다.

(바) 전체 분류표에 적용할 수 있는 통일된 보조표가 갖추어져 있지 않아 조기성이 부족하다.

(사) 혼합기호법의 사용으로 서가배열이 복잡해진다.

5.3. 콜론분류법(CC)

CC(Colon Classification)의 **발전과 특성:** (윤희윤 2005, pp.187-189; 정필모 1991, pp.262-266)

① 인도의 도서관학자 S. R. Ranganathan이 Meccano set라는 조립식 장난감에서 얻은 아이디어를 바탕으로 고안한 분석합성식(패싯식) 분류법의 대표적인 유형이다.

② 1933년 초판이 발행되었으며, 1987년에 M. A. Gopinath의 개정에 의해 제7판의 제1권 본표가 발행된 바 있다.

③ 주류의 배열은 A. M. Ampere의 학문분류를 바탕으로 하고 있으며, 자연과학, 인문과학, 사회과학의 순으로 배열하고 있다.

④ 초판에서 각 패싯들을 구분해주는 패싯지시기호(facet indicator)로 콜론(:)을 사용하였기 때문에 CC라는 이름이 부여되었다.

⑤ 분류표의 설계와 분류작업의 단계를 아이디어단계(idea plane), 언어단계(verbal plane), 기호단계(notational plane)의 3단계로 구분하여 체계화한 이론을 바탕으로 작성되었다.

⑥ 이론적으로 우수하다는 평가를 받고 있으나, 주로 인도에서 사용되며, 다른 나라에서는 거의 사용되지 않는다.

CC **제7판의 구성:** (Colon Classification, 7th ed. 1989)

① 제7판의 제1권 본표는 Part A 서론(introduction), Part B 초보자용 지침(guidance to the beginner), Part C 일반규칙(general rules), Part D

일반구분 및 공통구분기호(general divisions and common isolates), Part E 특수구분기호(special isolates)로 구성되어 있다.

② 주제영역들은 '기본주제(basic subject) — 주주제(main subject) — 규범류(canonical class) — 기본범주(fundamental category)'로 점차 세분된다.

③ 기본주제표의 내용(일부): 기본주제의 배열은 추상적인 것에서 구체적인 것으로, 자연적인 것에서 인위적인 것으로 전개하고 있다(〈그림 5-2〉 참조).

〈그림 5-2〉 CC 기본주제표의 내용(일부발췌)

01	Generalia
1	Communication Science
2	Library and Information Science
3	Book Science
4	Mass Communication
5	Exhibition Technique
6	Museology/Museum Technique
7	Systems Research, Systemology
8	Management Science
A	Natural Sciences
B	Mathematics
C	Physics
D	Engineering
E	Chemistry
F	Chemical Technology
G	Biology
H	Geology
I	Botany
J	Agriculture
K	Zoology
L	Medicine
M	Useful Arts
N	Fine Arts

O	Literature
P	Linguistics
Q	Religion
R	Philosophy
S	Psychology
T	Education
U	Geography
V	History
W	Political Science
X	Economics (Macro -economics)
Y	Sociology
Z	Law

④ 기본기호에 부가되는 보조기호의 표로는 전체주제에 적용되는 공통구분기호(common isolate)와 특정주제에만 적용되는 특수구분기호(special isolate)가 설정되어 있다.

⑤ 공통구분기호는 언어구분기호(language isolate), 시대구분기호(time isolate), 지리구분기호(space isolates), 에너지공통구분기호(common energy isolates), 재료속성공통구분기호(common matter property isolates), 개성공통구분기호(common personality isolates), 선행공통구분기호(anteriorising common isolate) 등이 설정되어 있다.

⑥ CC에서는 불필요한 중복된 열거를 피하고 분류담당자에게 자율권을 부여하기 위해 연대기호표(chronological device), 지리기호표(geographical device), 주제기호표(subject device), 알파벳순기호표(alphabetical device), 열거순기호표(enumeration device) 등의 기호표를 마련하고 있다.

5개 기본범주(five fundamental categories): (Colon Classification, 7th ed. 1989; 윤희윤 2005, pp.192-194)

① CC에서는 각 유들을 5개의 기본범주로 구분하고 있는데, 그 내용은 〈표 5-8〉과 같다.

〈표 5-8〉 CC의 기본범주

범주명	패싯의 기호	패싯지시기호
Time	T	'(apostrophe)
Space	S	.(dot)
Energy	E	:(colon)
Matter	M	;(semi-colon)
Personality	P	,(comma)

② 5개의 기본범주의 열거순서(패싯배열식)는 구체성감소의 순서에 따라, [P] [M] [E] [S] [T]가 된다.

③ 각 기본범주의 의미:

(가) 시간(Time): 시대구분을 의미하며, 거의 모든 주제에 적용할 수 있다.

(나) 공간(Space): 지리(지역)구분을 의미하며, 거의 모든 주제에 적용할 수 있다.

(다) 기능(Energy): 활동, 작용, 공정, 문제 등을 나타낸다.

(라) 소재(Matter): 주제를 구성하는 물질의 주요소재나 사물의 원재료를 나타낸다.

(마) 개성(Personality): 주제를 구성하는 본질적인 속성을 나타낸다.

기호법: (Colon Classification, 7th ed. 1989; 윤희윤 2005, pp.195-198)

① 알파벳 대문자 및 소문자, 아라비아숫자, 각종의 특수문자를 사용하는 혼합 기호법을 채택하고 있다.

② 기본주제에서 사용하는 기호:

(가) 23개 알파벳 소문자(i, o, l을 제외한 a-z)

(나) 10개 아라비아숫자(0-9)

(다) 26개 알파벳 대문자(A-Z)

(라) 원괄호로 묶은 숫자(( ))

(마) 지시기호(indicator digit), 붙임표(-), 별표(*)

③ 특수구분기호와 공통구분기호의 기호:

(가) 23개 알파벳 소문자(i, o, l을 제외한 a-z)

(나) 10개 아라비아숫자(0-9)

(다) 26개 알파벳 대문자(A-Z)

(라) 그리스문자(△: Delta)

(마) 3개의 전치기호(* " ←)

(바) 11개의 지시기호(& ' . : ; - = → + ( ))

④ 예: (Satija 1989)

(가) 2V,56,B National library service in UK

(Library service의 패싯배열식은 2V, [1P1], [1P2], [1P3];[1MP1], 즉 2V,[Geographical area],[Library],[Section];[Property]이다)

2V	Library service (기본주제)	
56	United Kingdom [1P1]	
B	National library system [1P2]	

(나) V,44'M History of India in 19th century

(History의 패싯배열식 V,[1P1];[MP1]:[2MM1], 즉 History,[Community];[Property]:[Action]:[Method of action]이다.

V	History (기본주제)
44	India [1P1]
M	1800 to 1899 AD [T]

CC의 장단점: (김명옥 1989, pp.144-145; 윤희윤 2005, p.199; 최정태, 양재한, 도태현 1998, pp.198-199)

① 장점:

(가) 견실한 분류이론에 바탕으로 하고 있기 때문에 학문적 연구가치가 높은 분류표이다.

(나) 분석합성식으로 되어 있어 서가배열은 물론 정보검색에도 유용한 분류표이다.

(다) 합성주제와 복합주제의 다면적 기호화가 가능하다.

(라) 분류표가 열거식분류표에 비해 아주 간단하다.

(마) 분류기호의 합성을 위한 패싯배열식(facet formula)이 제시되어 있어 기호의 조합이 용이하다.

② 단점:

(가) 적용된 분류이론은 물론 용어와 규칙들을 이해하기가 용이하지 않다.

(나) 제7판의 경우 본표만이 발행된 상태로 미완성이다.

(다) 다양한 종류의 복잡하고 읽고 쓰기가 어려운 기호를 사용하고 있을 뿐만 아니라, 합성된 기호도 매우 복잡해진다.

(라) 기호의 조합방식이 복잡하여 실용성이 떨어지고 기억하기 어렵다.

(마) 개정될 때마다 달라지는 내용들이 많아 일관성 있게 적용하기가 어렵다.

제 5 장
현대의 주요 분류법

객관식문제 및 해설

1 다음 중 UDC에 대한 설명으로 가장 거리가 먼 것은?

① H. La Fontaine와 P. Otlet의 주창에 의해 개발이 이루어졌다.

② 기본적으로 DDC를 바탕으로 하고 있다.

③ 현재 국제도큐멘테이션연맹(FID)이 UDC의 개정과 관리에 대한 책임을 맡고 있다.

④ 1973년에 한국과학기술정보센터에 의해 한국어 간략판이 발행된 바 있다.

⑤ UDC의 개정결과는 Extensions and Corrections to the UDC에 소개된다.

해 설 ③ UDC는 1980년대까지 국제도큐멘테이션연맹(FID: Federation International de Documentation)에 의해 관리되어 왔으나, FID가 기능을 제대로 수행하지 못하게 됨에 따라 현재는 UDC Consortium (UDCC)에서 분류표의 개정과 발전을 주도하고 있다. UDCC는 FID와 UDC의 네덜란드, 스페인, 영국, 일본, 프랑스판의 출판사의 연합체로 출범되었으며, 1992년 1월부터 UDC의 소유권을 소유하고 있다.

2 다음 중 LCC의 주류배열에 가장 큰 영향을 미치고 있는 학문분류는?

① Bacon의 학문분류 ② Comte의 학문분류

③ Aristoteles의 학문분류 ④ Kant의 학문분류

⑤ Ampere의 학문분류

해 설 ② EC, LCC, NDC는 August Comte의 학문분류를 기초로 한 것으로, Bacon의 학문분류를 바탕으로 하는 DDC, UDC, KDC 등과는 그 계열을 달리하고 있다.

Answer 1 ③ 2 ②

3 다음 중 UDC에 대한 설명으로 가장 적합치 않은 것은?

① DDC 제5판을 주로 참고하였다.

② 분류기호는 DDC와 마찬가지로 십진식으로 구성되지만, 세 자리를 채우기 위해 형식적으로 부가되는 주류나 강의 무의미한 '00'이나 '0'은 부가되지 않는다.

③ 대표적인 열거식분류표로 인정되고 있다.

④ 본표에서 언어와 언어학이 문학류와 같은 유에 통합되어 있다.

⑤ 기호법의 전개는 십진식으로 계층적으로 전개되며, 세 자리 다음에는 소수점을 찍는다.

해 설 ③ UDC는 대표적인 준열거식분류표(semi-enumerative classification)로 인정되고 있다. ④ UDC에서는 언어와 언어학이 "8" 문학에 통합되고 주류 "4"는 사용하지 않는다.

4 다음 중 LCC의 작성에 가장 큰 영향을 미친 분류표는 어느 것인가?

① DDC ② UDC

③ EC ④ SC

⑤ CC

해 설 ③ C. A. Cutter에 의해 작성된 전개분류법(EC: Expansive Classification)은 특히 주류의 배열에 있어서 LCC에 큰 영향을 미치고 있다.

5 다음 중 통칭 서양의 4대분류법에 해당하지 않는 것은?

① LCC ② CC

③ SC ④ EC

⑤ DDC

해 설 일반적으로 서양의 4대분류법은 주제분류법(SC: Subject Classification)과 전개분류법(EC: Expansive Classification), 듀이십진분류법(DDC: Dewey Decimal Classification), 미국의회도서관분류법(LCC: Library of Congress Classification)을 말한다.

6 다음 중 현재 UDC의 개정작업과 관리를 맡고 있는 기구는 어느 것인가?

① IIB
② FID
③ IID
④ UDCC
⑤ BSI

해 설 ④ 현재 UDC는 FID와 UDC의 네덜란드, 스페인, 영국, 일본, 프랑스판의 출판사의 연합체로 출범한 UDC Consortium(UDCC)에서 분류표의 개정과 발전을 주도하고 있다.

7 다음 중 영미어권에서 가장 많이 사용되는 것으로 알려지고 있는 분류표는?

① DDC
② SC
③ UDC
④ LCC
⑤ CC

해 설 ① DDC는 35개 이상의 언어로 번역되어 있으며, 미국에서는 학교 및 공공도서관의 95%, 연구 및 학술도서관의 25%, 전문도서관의 25%가 이를 채택하고 있는 것으로 알려지고 있다.

8 다음 중 CC에서 사용하는 분류기호에 해당하지 않는 것은?

① 26개 알파벳 대문자
② 26개 알파벳 소문자
③ 10개 아라비아 숫자
④ 지시기호(&, +, = 등)
⑤ 그리스문자(delta)

해 설 ② CC에서는 알파벳소문자를 분류기호로 사용한다. 그러나 이 가운데 i, o, l을 제외한 23개 기호만이 사용된다.

Answer 3 ③ 4 ③ 5 ② 6 ④ 7 ① 8 ②

9 다음 중 과학기술분야의 도서관에서 전 세계에 걸쳐 널리 사용되고 있는 분류표는 어느 것인가?

① DDC ② UDC
③ LC ④ CC
⑤ BC

해 설 ② UDC는 현재 유럽(네덜란드, 스페인, 영국, 프랑스 등)과 남미, 일본 등에서 널리 사용되고 있으며, 소련과 동구권 국가에서 많이 채택되고 있는 분류표이다. 특히 러시아에서는 과학기술도서관의 분류표로 널리 사용하는 것으로 알려지고 있다.

10 LC, DDC, UDC, CC의 공통점은?

① 십진분류표 ② 열거식분류표
③ 패싯식분류표 ④ 특수분류표
⑤ 일반분류표

해 설 ⑤ 일반분류표(general classification)란 각 분야의 주제를 총망라하여 포괄적으로 조직한 분류표를 말한다. 특수분류표는 전문도서관이나 특수도서관을 위한 분류표이다.

11 다음은 UDC에 의해 부여된 분류기호이다. 그 설명으로 가장 적합한 것은 어느 것인가?

54(03)=521

① 일본에서 발행된 화학사전
② 일본어로 된 화학사전
③ 영국에서 발행된 화학잡지
④ 일본에서 발행된 화학잡지
⑤ 영국에서 발행된 물리사전

해 설 ② " = "는 언어보조기호이고, (03)은 사전을 나타내는 형식보조기호이다. 따라서 이 예는 "일본어로 된 화학사전"이다.

12 다음 중 혼합기호를 사용하는 대표적인 분류표는?

① DDC ② KDC
③ NDC ④ KDCP
⑤ CC

해 설 분류표에서 대개 문자나 숫자, 임의의 부호 또는 이들을 혼합한 기호를 분류기호로 사용하게 되는데, 이 가운데 어느 하나를 사용하는 것을 순수기호법(pure notation)이라 하고, 2가지 이상을 사용하는 것을 혼합기호법(mixed notation)이라 한다. 전자의 예로는 KDC, KDCP, DDC, NDC가 있으며, 후자의 예로는 CC, LCC, SC가 있다.

13 다음 중 국제십진분류법(UDC)에 가장 많은 영향을 준 분류표는?

① DDC ② CC
③ LCC ④ BC
⑤ EC

해 설 ① UDC를 계획했던 국제서지학회(IIB)는 기존의 분류표를 검토한 결과, 십진분류법은 각 언어를 초월하여 그 의미가 어느 나라에서나 동일하게 이해된다는 점과, 이 분류법에서 사용하고 있는 아라비아 숫자는 유일한 국제어라는 점, 십진원리는 무한히 확대시킬 수 있다는 점 등의 유리한 점 때문에 이를 채택하기로 하고, DDC를 재검토하여 불필요한 점을 생략하고 개정을 가하여 더 전개하고 몇 가지의 기호를 추가하여 UDC를 설계하였다.

14 UDC의 최초의 완전판(국제판)의 발행년도는 언제인가?

① 1876년 ② 1895년
③ 1899년 ④ 1901년
⑤ 1905년

해 설 ① 1876년은 DDC 초판의 발행년도이며, ② 1895년은 UDC 발행의 계기가 된 IIB의 국제회의가 Brussels에서 개최된 해이다. ③ 1899년은 UDC 국제판의 작업에 착수한 해이며, ⑤ 1905년에 이르러서 Manuel du Repertoire Bibliographique Universel이란 서명으로 불어로 간행되었다. ④ 1901년은 LCC의 완성년도이다.

Answer 9 ② 10 ⑤ 11 ② 12 ⑤ 13 ① 14 ⑤

15 다음 중 UDC에 대한 설명으로 적합하지 않은 것은?

① 원래 자료의 서가배열보다는 전 세계의 서지분류를 목적으로 작성된 분류표이다.

② 십진법을 적용하고 있어 기호가 융통성이 있고 전개성을 갖는다.

③ 과학기술분야에 특히 강점을 갖고 있다.

④ 아라비아숫자만을 사용하는 순수기호법의 분류표로 기호가 단순하고 간단하다.

⑤ 분석합성식 분류원리를 도입한 분류표로 CC의 개발에 큰 영향 미쳤다.

해 설 ④ DDC에 비해 많은 다양한 형태의 특수기호를 포함한 보조기호를 사용하고 있어 서가상의 배열이 어렵다.

16 다음 괄호 안에 들어갈 가장 적합한 것은 다음 중 어느 것인가?

> "UDC의 지리(장소)공통보조기호는 DDC의 (①)에 상당하는 보조표로, 자료의 지리적 특성을 기호로 나타내기 위해 사용된다."

① T.1 ② T.2

③ T.3 ④ T.5

⑤ T.7

해 설 ② UDC의 지리(장소)공통보조기호는 DDC의 지역구분표(T.2)에 해당하는 보조표로, 주제에 대한 분류기호 다음에 ( )를 사용하여 해당보조표의 기호를 추가하게 된다.

17 다음 중 CC의 장점에 대한 설명으로 올바르지 못한 것은?

① 견실한 분류이론을 바탕으로 하는 학문적 연구가치가 매우 높은 분류표이다.

② 서가배열과 정보검색에 모두 도움이 되는 신축적인 분류표이다.

③ 전 세계 여러 나라의 많은 도서관에서 채택하고 있는 실용적인 분류표이다.

④ 분석합성식의 패싯배열식이 지시되어 있어 기호의 합성이 용이하다.

⑤ 열거식분류표에 비해 분류표 자체가 매우 간단하다.

해 설 ①⑤ CC는 이론적면에서는 높은 평가를 받고 있으나, 인도의 도서관을 제외하면 실제로 이를 채택하고 있는 도서관은 거의 없다.

18 다음 중 UDC와 가장 거리가 먼 것은?

① 일반분류표 ② 열거식분류표

③ 십진식분류표 ④ 표준분류표

⑤ 종합분류표

해 설 ② UDC는 열거식분류표라기보다는 준열거식분류표에 해당한다고 할 수 있다.

19 다음 중 DDC의 지역구분표(T.2)에 해당하는 UDC의 보조표는 어느 것인가?

① 지리(장소)공통보조표 ② 관점공통보조표

③ 형식공통보조표 ④ 언어공통보조표

⑤ 민족·국가공통보조표

해 설 ① UDC에서는 자료의 지역적 특성을 기호화하기 위해 지리(장소)공통보조표를 마련하고 있는데, 이것은 DDC의 지역구분표(T.2)에 해당한다.

20 다음 중 UDC에 가장 밀접한 영향을 미친 것은?

① DDC 제3판 ② DDC 제4판

③ DDC 제5판 ④ CC 제1판

⑤ CC 제2판

해 설 ③ UDC는 DDC 제5판(1894)을 기초로 하여 이루어진 것이다.

21 다음 중 UDC를 가리키는 다른 명칭과 거리가 먼 것은?

① Classification Internationale Decimale

② The International Decimal Classification

③ The Expanded Dewey

④ The Brussels Expansion of Dewey

⑤ Abridged Edition of Dewey

해 설 ⑤ Abridged Edition of Dewey는 DDC의 간략판을 일컫는 것이다.

Answer 15 ④ 16 ② 17 ③ 18 ② 19 ① 20 ③ 21 ⑤

22 UDC의 주제에 대한 기호로서 현재 사용되지 않고 있는 번호는 다음 중 어느 것인가?

① 0 ② 1
③ 3 ④ 4
⑤ 9

해 설 ④ UDC의 주제의 기호 4에는 원래 Philology, Linguistics, Language가 위치해 있었으나, 1961년의 영어 간략판 이후로는 이들 분야가 8 아래로 옮겨졌기 때문에 현재는 기호 4는 사용되지 않고 있다.

23 다음 중 UDC의 개발과정에서 IIB가 DDC를 채택하게 된 주요 이유에 해당하지 않는 것은?

① 십진식분류법은 언어를 초월하여 그 의미를 어느 나라에서나 동의적으로 이해될 수 있다.
② DDC의 분류기호가 국제적으로 널리 이해될 수 있는 아라비아 숫자로 되어 있다.
③ DDC에서 채용하고 있는 십진원리는 무한히 전개시킬 수 있다.
④ DDC가 전 세계적으로 널리 보급되어 있다.
⑤ DDC는 그 분류에 있어 매우 이론적이며 논리적이다.

해 설 ⑤ DDC는 이론적인 분류표라기보다는 실제적이고 실용적인 분류표이다.

24 다음 중 DDC의 표준세구분(standard subdivisions)에 해당하는 UDC의 보조표는 어느 것인가?

① 시대공통보조표 ② 관점공통보조표
③ 형식공통보조표 ④ 언어공통보조표
⑤ 민족·국가공통보조표

해 설 ③ UDC에서는 주제가 표현된 형식을 표시하기 위해 형식공통보조표를 마련하고 있다.

25 다음 중 UDC의 Table 1k에서 사람의 여러 특성을 나타내기 위해 사용되는 보조표는 어느 것인가?

① -02 ② -03
③ -04 ④ -05
⑤ -07

해 설 ④ UDC에서는 자료의 주제가 사람의 여러 특성을 표현하고자 할 경우에는 -05를 사용한다.

26 UDC에서 어떤 주제를 표현하는 언어나 언어형식을 표시하기 위해 사용되는 기호는 어느 것인가?

① = ② +
③ "…" ④ .00
⑤ /

해 설 ① UDC에서는 자료에 표기된 언어를 나타내기 위해 언어공통보조표를 마련하고 있는데, 그 기호로는 "="를 사용한다.

27 다음 중 UDC의 장점에 대한 설명으로 적합하지 않은 것은?

① 분석합성식의 분류원리가 도입된 최초의 분류표이다.
② 아라비아 숫자에 의해 십진식의 체계로 구성되므로 기호의 융통성과 전개성이 있다.
③ 과학기술분야가 상세히 전개되어 있어 이 분야의 도서관에서 용이하게 사용할 수 있다.
④ 국제적인 관리기구인 UDCC에 의해 개정과 관리가 이루어지고 있어 보호와 육성이 지속적이다.
⑤ 분류항목의 배열이 동서양간의 균형을 유지하고 있어 사용하기에 편리하다.

해 설 ⑤ UDC는 분류항목의 배열이 서구중심이기 때문에 동양부문의 전개가 미약하다.

Answer 22 ④ 23 ⑤ 24 ③ 25 ④ 26 ① 27 ⑤

28 다음 중 UDC에서 사용하고 있는 공통보조표에 해당하지 않는 것은?

① 언어공통보조표

② 형식공통보조표

③ 지리(장소)공통보조표

④ 체계공통보조표

⑤ 민족·국민성공통보조표

해 설 ④ 체계공통보조표(systematic auxiliary schedules)는 Bliss의 서지분류표에 제공되어 있는 공통세구분표를 일컫는 용어이다.

29 다음 중 DDC의 T.2에 상당하는 UDC의 공통보조표는 어느 것인가?

① 언어공통보조표

② 형식공통보조표

③ 지리(장소)공통보조표

④ 민족·국적공통보조표

⑤ 관점공통보조표

해 설 ③ UDC의 지리(장소)공통보조표는 DDC의 지역구분표(T.2)와 마찬가지로, 자료의 지리적 특성을 나타내기 위한 보조표이다.

30 다음 중 UDC에서 사용하는 분류기호에 대한 설명으로 적합하지 않은 것은?

① 아라비아 숫자와 특수기호들을 사용한다.

② 광범위한 주제나 학문분야를 나타낼 경우는 짧은 기호를 사용하지만, 더 세분된 주제로 갈수록 더 긴 기호를 사용하게 된다.

③ 합성기호를 많이 사용하게 된다.

④ 다양한 보조기호를 마련하고 있다.

⑤ DDC에 비하여, 전반적으로 기호의 길이가 훨씬 짧아지게 된다.

해 설 ⑤ UDC는 주제와 강에 있어서는 DDC보다 분류기호의 길이가 짧다. 그러나 대부분의 경우 합성에 의해 분류기호를 작성하기 때문에, 그 길이가 길어지게 된다.

31 다음 중 UDC에서 분류표에 연속적으로 배정된 주제의 첫 번째 기호와 마지막 기호를 연결시키기 위해 사용하는 보조기호는?

① + ② [ ]
③ = ④ :
⑤ /

해 설 ⑤ 연속기호(/)는 독립주제가 분류표에 연속적으로 배정되어 있을 때 첫 기호와 마지막 기호를 연결시키기 위해 사용하는 기호이다.

32 다음 중 UDC와 가장 거리가 먼 것은?

① IIB ② FID
③ La Fontaine ④ CRG
⑤ Otlet

해 설 ①② IIB(국제서지학회)는 UDC의 계획을 세워 그 업무를 수행한 기관으로, 후에 FID(국제도큐멘테이션연맹)으로 명칭이 변경되었다. ③⑤ La Fontaine과 Otlet은 UDC를 완성한 사람들이다. ④ CRG(Classification Research Group)는 분류의 이론과 실제를 연구하기 위해 영국의 사서들이 구성한 비공식집단으로 UDC와는 직접적으로 관련이 없다.

33 다음 중 UDC에서 상호독립적인 각각의 주제를 결합시키기 위해 사용하는 보조기호는?

① + ② [ ]
③ = ④ :
⑤ /

해 설 ① UDC에서 사용하는 첨가기호(+)는 복수주제를 결합시키기 위해 사용된다. ⑤ 연속기호(/)는 독립주제가 분류표에 연속적으로 배정되어 있을 때 첫 기호와 마지막 기호를 연결시키기 위해 사용한다.

Answer 28 ④ 29 ③ 30 ⑤ 31 ⑤ 32 ④ 33 ①

34 다음 괄호 안에 들어갈 가장 적합한 것은 다음 중 어느 것인가?

> "UDC의 형식공통보조표는 DDC의 (①)에 상당하는 보조표로, 통상 주제와 형식을 조합하는 방식을 택하게 된다."

① T.1 ② T.2
③ T.3 ④ T.5
⑤ T.7

해 설 ① UDC의 형식공통보조표는 DDC의 표준세구분(T.1)에 해당하는 보조표이다.

35 다음 중 주요분류표와 보조표의 연결이 올바르지 않은 것은?

① EC – 공통세목과 지방표
② BC – 체계표(systemic auxiliary schedule)
③ SC – 범주표(categorical table)
④ DDC – 보조표(tables)
⑤ LCC – 표준구분표(standard subdivision)

해 설 ⑤ LCC는 열거식분류표의 대표적인 유형으로, 분류표 전반에 공통적으로 적용되는 별도의 보조표는 마련되어 있지 않다.

36 다음 중 분류표의 편찬자와 분류표의 명칭이 올바로 연결되지 않은 것은?

① La Fontaine와 Otlet – Universal Decimal Classification
② M. Dewey – Dewey Decimal Classification
③ J. D. Brown – Subject Classification
④ C. A. Cutter – Library of Congress Classification
⑤ H. E. Bliss – Bibliographic Classification

해 설 ④ C. A. Cutter는 Expansive Classification을 고안한 바 있으며, Library of Congress Classification은 Library of Congress에 의해 개발되고 있다.

37 UDC에서 어떤 자료가 작성된 언어를 지시하기 위해 사용되는 보조기호는 다음 중 어느 것인가?

① +　　② /
③ :　　④ =
⑤ [ ]

해 설 ④ 언어보조기호(=)는 자료에 사용된 언어를 나타내기 위해 사용되는 보조기호로, 00-93의 기호를 사용한다.

38 다음 중 UDC에 마련되어 있는 보조기호에 해당하지 않는 것은?

① 첨가기호(+)　　② 연속기호(/)
③ 분석합성기호(×)　　④ 형식보조기호((0...))
⑤ 언어구분기호(=)

해 설 ③ 분석합성기호(×)는 UDC의 보조기호에 포함되어 있지 않다.

39 다음 중 패싯분석(facet analysis)에 기초를 두고 있는 분류법은?

① DDC　　② NDC
③ CC　　④ SC
⑤ LCC

해 설 ③ Ranganathan의 콜론분류법(CC: Colon Classification)은 이른바 분석합성식분류법의 대표적 예로서, 패싯분석을 기초로 주제의 분석이 이루어지게 된다.

40 다음 중 UDC에서 '사람'을 나타내기 위해 사용하는 보조기호는 어느 것인가?

① -03　　② -05
③ =03　　④ =05
⑤ ::03

해 설 ② UDC에서는 자료에서 다루고 있는 사람의 여러 특성을 표현하고자 할 경우 '-05'로 시작되는 기호를 사용한다.

Answer 34 ①　35 ⑤　36 ④　37 ④　38 ③　39 ③　40 ②

41 다음 분류표 중 다른 학문적 분류표들과는 달리, 동일한 주제를 다루어지는 측면에 관계없이, 한 곳에 배당하는 분류표는 어느 것인가?

① LCC ② CC
③ SC ④ EC
⑤ DDC

해 설 ③ 현대의 대부분의 분류표는 동일주제라 하더라도 그 다루어지는 측면에 따라 본표의 여러 곳에 분산하는 이른바 학문적 분류를 택하고 있으나, 주제분류법(SC)은 동일한 주제는 한 곳에 모으는 방식을 채택하고 있다.

42 다음 중 UDC에 의할 경우 '53+54+55'와 같은 의미를 갖는 분류기호는 어느 것인가?

① 53:55 ② 53*55
③ 53/55 ④ 53&55
⑤ 53::55

해 설 ③ 연속기호(/ : stroke)는 복합주제의 내용에 해당하는 분류기호가 연속되어 있을 때 처음 기호와 마지막 기호 사이에 사용하는 것으로, 'from' ~ 'to' ~의 의미로 사용된다.

43 다음 중 Ranganathan에 의해 개발된 분류법은 어느 것인가?

① DDC ② UDC
③ LCC ④ SC
⑤ CC

44 다음 중 CC의 5개 기본범주(fundamental categories)에 해당하지 않는 것은?

① personality ② material
③ matter ④ time
⑤ energy

해 설 CC의 5개 기본범주는 Personality, Matter, Energy, Space, Time을 말하며, 대개의 경우 PMEST로서 일컬어지고 있다.

45 다음 중 UDC의 보조기호의 명칭과 그 기호의 연결이 올바르지 않은 것은 어느 것인가?

① 언어보조기호 ─ =

② 형식보조기호 ─ (0...)

③ 시대보조기호 ─ "..."

④ 지리(장소)보조기호 ─ (...)

⑤ 민족·국민성보조기호 ─ (...)

해 설 ⑤ 민족 · 국민성보조기호는 '(=...)'이다. '(...)'는 지리보조기호이다.

46 UDC에서는 해당자료에 나타나는 고유명사의 일부문자나 번호(숫자)를 차용하여 분류기호로 사용할 수 있도록 하고 있다. 이 경우 숫자를 표시하기 위해 UDC 기호 다음에 부기하는 기호는 어느 것인가?

① *　　② &

③ +　　④ :

⑤ =

해 설 ① 문자(A/Z)의 경우는 해당명사 전체 또는 그 약칭을 그대로 UDC 기호 다음에 부기하고, 숫자의 경우에는 *을 앞세워 적는다.

47 다음 중 CC의 개발에 가장 큰 영향을 미친 분류표는 어느 것인가?

① DDC　　② UDC

③ SC　　④ BC

⑤ LCC

해 설 ② 주패싯식분류표 또는 준열거식 분류표로 일컬어지고 있는 UDC는 합성의 요소를 담은 기호표, 공통보조표 및 특수보조표의 설정 등으로 CC에 많은 영향을 주었다.

Answer 41 ③ 42 ③ 43 ⑤ 44 ② 45 ⑤ 46 ① 47 ②

48 다음 중 콜론분류법(CC)에 대한 설명으로 가장 적합하지 않은 것은?

① S. R. Ranganathan에 의해 고안되었다.
② 1987년에 제7판이 간행된 바 있다.
③ 분석합성식 분류표의 대표적인 유형이다.
④ A. M. Ampere의 학문분류의 영향을 받고 있다.
⑤ 인문과학을 상위에 분류하고 있는 분류표이다.

해 설 ⑤ 콜론분류법은 기본주제를 자연과학 - 인문과학 - 사회과학의 순서로 배열하여, 자연과학을 상위에 분류하고 있는 대표적인 분류표의 하나이다.

49 다음 중 콜론분류법(CC)에 대한 설명과 가장 거리가 먼 것은?

① 알파벳대문자, 알파벳소문자, 아라비아숫자, 그리스문자, 기타 특수문자 등 다양한 분류기호를 사용하는 혼합기호법을 채택하고 있다.
② PMEST의 다섯 개 기본범주(fundamental categories)를 설정하고 있다.
③ 본표는 기본주제와 합성주제, 복합주제들의 각 주제와 이들을 배열하기 위한 열거순서(패싯배열식)로 구성된다.
④ 학문적인 측면에서는 높은 평가를 받고 있는 반면, 실제적으로는 인도를 제외한 국가에서는 이 분류표를 채택하고 있는 도서관이 거의 없다.
⑤ Meccano-set라는 조립식 장난감에서 기본적인 아이디어를 얻었다고 한다.

해 설 ③ 콜론분류법은 분석합성식 분류법의 대표적인 유형으로, 본표에는 기본주제와 각종 공통기호표, 이들의 합성을 위한 열거순서(citation order) 또는 패싯배열식(facet formula)이 포함되며, 복합주제나 합성주제는 합성을 통해 기호를 완성하게 된다.

50 다음 중 콜론분류법(CC)의 기본범주에서 가장 빈번하게 적용되는 것으로, 활동이나 작용, 공정, 문제 등을 나타내는 것은?

① Time ② Space
③ Energy ④ Matter
⑤ Personality

해 설 ③ Energy([E])는 활동이나 작용, 공정, 문제 등의 기능을 나타내는 것이다.

51 다음 중 콜론분류법(CC)의 기본범주와 패싯지시기호가 올바르게 연결되지 않은 것은?

① Time — ' (apostrophe)

② Space — . (full stop)

③ Energy — : (colon)

④ Matter — ; (semicolon)

⑤ Personality — ‘ (inverted comma)

해 설 ⑤ Personality의 패싯지시기호는 ,(comma)이다.

52 다음 중 콜론분류법(CC)의 기본범주에서 주제를 형성하는 본질적 속성을 나타내는 것은?

① Time ② Space

③ Energy ④ Matter

⑤ Personality

해 설 ⑤ Personality([P])(개성)는 주제의 본질적 속성을 나타내는 개념을 표시한다.

53 다음 중 CC의 주류배열에 가장 큰 영향을 미치고 있는 학문분류는?

① Bacon의 학문분류 ② Comte의 학문분류

③ Aristoteles의 학문분류 ④ Kant의 학문분류

⑤ Ampere의 학문분류

해 설 ⑤ 콜론분류법(CC)은 수학자 A. M. Ampere의 학문분류를 따르고 있다. Ampere는 학문을 우주론과 정신과학으로 나누었는데, Essai sur la Philosophie des Sciences에서 기초과학 다음에 실용기술과 응용과학을 배치한 바 있다. Ranganathan은 이에 따라, 자연과학, 인문과학, 사회과학의 순서를 택하고 있다.

Answer 48 ⑤ 49 ③ 50 ③ 51 ⑤ 52 ⑤ 53 ⑤

54 다음 중 콜론분류법(CC)의 장점과 가장 거리가 먼 것은?

① 분석합성식 문헌분류이론을 바탕으로 한, 학술적으로 가치가 높은 분류표이다.

② 서가배열과 정보검색 양면에서 유용한 분류표이다.

③ 기본주제와 패싯배열식만을 열거하고 있어 분류표 자체가 아주 간단하다.

④ 기호법이 비교적 간단하여 실제적으로 적용하는 데 많은 도움이 된다.

⑤ 합성주제나 복합주제의 다면적 측면을 기호화하는 데 적합하다.

해 설 ④ 콜론분류법에서는 알파벳대문자, 알파벳소문자, 아라비아숫자, 그리스문자, 기타 특수문자 등 다양한 분류기호를 사용하는 혼합기호법을 채택하고 있어, 기호 자체가 복잡하다.

55 다음 중 콜론분류법(CC)의 기본주제의 순서와 일치하는 것은?

① 총류 – 자연과학 – 인문과학 – 사회과학

② 총류 – 인문과학 – 사회과학 – 자연과학

③ 총류 – 사회과학 – 자연과학 – 인문과학

④ 총류 – 자연과학 – 사회과학 – 인문과학

⑤ 총류 – 사회과학 – 인문과학 – 자연과학

해 설 ① 콜론분류법은 기본주제를 자연과학 - 인문과학 - 사회과학의 순서로 배열하여, 자연과학을 상위에 분류하고 있는 대표적인 분류표의 하나이다.

56 다음의 괄호 안에 들어갈 가장 적합한 것들로 올바르게 짝지어진 것은?

> "(①)이(가) 1933년에 고안해낸 (②)은(는) 분석합성식 분류표의 대표적 유형으로, 학문적 연구가치가 아주 높은 분류표이다."

① La Fontaine와 Otlet – Universal Decimal Classification

② M. Dewey – Dewey Decimal Classification

③ S. R. Ranganathan – Colon Classification

④ C. A. Cutter – Expansive Classification

⑤ H. E. Bliss – Bibliographic Classification

57 다음 중 콜론분류법(CC)의 기본범주에서 지역구분과 가장 관계가 깊은 것은 어느 것인가?

① [T] ② [S]
③ [E] ④ [M]
⑤ [P]

해 설 ② [S](Space)는 지역구분 또는 공간을 의미하는 것으로, 모든 주제에 적용할 수 있다.

58 다음 중 콜론분류법(CC)의 기본범주에서 시대구분과 가장 관계가 깊은 것은 어느 것인가?

① [T] ② [S]
③ [E] ④ [M]
⑤ [P]

해 설 ① [T](Time)는 시대구분 또는 시간을 의미하는 것으로, 모든 주제에 적용할 수 있다.

59 다음 중 CC의 기본범주(fundamental category)에 대한 설명으로 가장 거리가 먼 것은 어느 것인가?

① Time은 시대구분을 의미하며, 거의 모든 주제에 적용할 수 있다.
② Energy는 활동, 작용, 공정, 문제 등을 나타낸다.
③ Space는 지리구분을 의미하며, 거의 모든 주제에 적용할 수 있다.
④ Personality는 주제를 구성하는 본질적인 속성을 나타낸다.
⑤ 일반적으로 불려지는 [P] [M] [E] [S] [T]의 순서는 구체성증가의 순서로 배열된 것이다.

해 설 ⑤ 기본범주의 열거순서(패싯배열식) [P] [M] [E] [S] [T]는 구체성감소의 순서에 따라 이루어진 것이다.

Answer 54 ④ 55 ① 56 ③ 57 ② 58 ① 59 ⑤

60 다음 중 CC 제7판의 편집자는 누구인가?

① M. A. Gopinath ② S. R. Ranganathan
③ M. P. Satija ④ K. Kumar
⑤ J. S. Mitchell

해 설 ① CC는 1987년에 M. A. Gopinath의 개정에 의해 제7판의 제1권 본표가 발행되었다.

61 다음 중 LCC에서 차후의 발전에 대비하기 위해 주류를 배정하지 않고 있는 이른바 간격기호(gap notation)에 해당하지 않는 것은?

① L ② O
③ W ④ X
⑤ Y

해 설 LCC에서는 I, O, W, X, Y를 간격기호로 사용하고 있다.

62 다음 중 미국적 성향이 가장 강한 분류표는 어느 것인가?

① DDC ② UDC
③ LCC ④ SC
⑤ CC

해 설 ③ LCC는 원래 미국의회도서관의 분류를 위해 작성된 분류표로서 미국적 성격이 강하다고 할 수 있다.

63 다음 중 혼합기호법을 채택하고 있는 분류표에 해당하지 않는 것은?

① UDC ② KDC
③ CC ④ LCC
⑤ EC

해 설 ② 한국십진분류법(KDC)은 아라비아숫자만을 기호로 사용하는, 순수기호법을 채택하는 분류표이다.

64 다음 중 LCC에 대한 설명으로 적합하지 않은 것은?

① 필요에 따라서 끊임없이 전문가에 의해 개정이 이루어지고 있다.
② 각 유가 분책으로 발행되고 있어 염가로 구입할 수 있다.
③ 주류의 배열은 C. A. Cutter의 EC의 영향을 받은 것이다.
④ 다양한 보조표를 중심으로 한 합성에 의해 기호가 작성된다.
⑤ 다양한 서지 및 상업출판물에 분류기호가 기록되고 있는 실용적인 분류법이다.

해 설 ④ LCC는 열거식분류표의 대표적인 유형으로, 본표 전반에 적용할 수 있는 보조표를 마련하고 있지 않다.

65 다음 중 미국의회도서관분류법(LCC)의 주류배열의 순서가 올바르게 연결된 것은 어느 것인가?

① General Works – Philosophy & Religion – History & Geography – Social Sciences – Arts – Sciences – Library science
② General Works – History & Geography – Social Sciences – Philosophy & Religion – Arts – Sciences – Library science
③ General Works – Philosophy & Religion – Social Sciences – History & Geography – Arts – Sciences – Library science
④ General Works – History & Geography – Philosophy & Religion – Social Sciences – Arts – Sciences – Library science
⑤ General Works – Sciences – Philosophy & Religion – History & Geography – Social Sciences – Arts – Library science

해 설 ① LCC의 주류의 배열은 특정주제에 한정되지 않은 분야(A: General works) - 우주에 관한 인간의 이론과 정신(B: Philosophy & Religion) - 인간의 사회생활, 환경의 영향, 사고의 기록 등(C-G: History & Geography) - 인간의 경제적 및 사회적 발전(H-L: Social Sciences) - 인간의 미적활동(M-P: Arts) - 이공계영역(Q-V: Sciences) - 서지 및 도서관학(Z: Bibliography & Library science)의 순서로 이루어져 있다.

Answer 60 ① 61 ① 62 ③ 63 ② 64 ④ 65 ①

66 다음 중 미국의회도서관분류법(LCC)의 주류배열에 가장 많은 영향을 미친 분류표는 어느 것인가?

① La Fontaine와 Otlet의 Universal Decimal Classification

② M. Dewey의 Dewey Decimal Classification

③ S. R. Ranganathan의 Colon Classification

④ C. A. Cutter의 Expansive Classification

⑤ H. E. Bliss의 Bibliographic Classification

해 설 ④ LCC의 개발 당시 미국의회도서관에서는 전개분류법(EC)을 참고하되 자관의 장서량과 특수성을 고려한 독자적인 분류표를 작성하기로 방침을 정한 바 있는데, 그에 따라 주류의 배열은 EC의 배열체계를 참고로 하여 구성하였다.

67 다음의 괄호 안에 들어갈 가장 적합한 것들로 올바르게 짝지어진 것은?

> "(①)의 세계서지통정(Universal Bibliographic Control)의 아이디어를 바탕으로 개발된 (②)은(는) 현재 UDCC에 의해 개정과 관리가 이루어지고 있으며, 특히 과학기술분야에 강점을 가지고 있는 분류표이다."

① La Fontaine와 Otlet – Universal Decimal Classification

② M. Dewey – Dewey Decimal Classification

③ S. R. Ranganathan – Colon Classification

④ C. A. Cutter – Expansive Classification

⑤ H. E. Bliss – Bibliographic Classification

68 미국회도서관분류법(LCC)에서는 주류의 분류기호로 알파벳대문자를 사용하고 있는데, 새로운 학문의 삽입을 위한 기호로 그 가운데 다섯 개의 알파벳을 간격기호(gap notation)로 남겨 두고 있다. 다음 중 이에 해당하지 않는 것은?

① I ② W

③ X ④ Y

⑤ Z

해 설 미국의회도서관분류법에서는 I, O, W, X, Y의 다섯 개 알파벳 대문자를 주류를 위한 간격기호로 남겨 두고 있다.

69 다음 중 미국의 대규모도서관에서 가장 널리 채용되고 있는 분류표는?

① FID의 Universal Decimal Classification

② M. Dewey의 Dewey Decimal Classification

③ S. R. Ranganathan의 Colon Classification

④ C. A. Cutter의 Expansive Classification

⑤ Library of Congress의 Library of Congress Classification

해 설 ⑤ 미국과 캐나다의 도서관에서는 85% 이상의 도서관이 DDC를 사용하고 15% 정도의 도서관만이 LCC를 채택하는 것으로 알려져 있으나, 50만권 이상의 대규모도서관에서는 62% 이상이 LCC를 채택하고 있는 것으로 알려지고 있다.

70 다음 중 미국의회도서관분류법(LCC)에 대한 설명으로 적합하지 않은 것은?

① 열거식분류표의 대표적인 유형이다.

② Cutter의 전개분류법(EC)의 영향을 받았다.

③ 미국과 캐나다의 공공도서관에서 가장 널리 사용하는 실용적인 분류표이다.

④ 알파벳대문자와 아라비아 숫자 등 혼합기호법을 채택하고 있다.

⑤ 분류표 전체에 걸쳐 조기성(助記性)이 부족하다.

해 설 ③ 미국에서는 공공도서관의 95% 이상이 DDC를 채택하고 있으며, LCC는 50만권 이상의 대규모도서관에서 60% 이상이 채택하고 있는 것으로 알려지고 있다.

71 다음 중 미국의회도서관분류법(LCC)의 장점과 거리가 먼 것은?

① 대규모 대학도서관과 연구도서관에 적합한 분류표이다.

② 각 분류표가 해당분야의 주제전문가에 의해 유지되고 갱신된다.

③ 풍부한 범위주기(scope note)를 갖추고 있어 분류표의 이해에 도움이 된다.

④ 필요에 따라 각 주제별로 수시개정이 이루어지므로 최신성의 유지가 용이하다.

⑤ 도서관자료의 구성에 근거한 실용적이고 현실적인 분류표이다.

해 설 ③ LCC의 경우는 DDC에 비해 범위주기가 부족하다는 단점이 있다.

Answer 66 ④ 67 ① 68 ⑤ 69 ⑤ 70 ③ 71 ③

72 다음 중 미국의회도서관분류법(LCC)의 단점에 해당하지 않는 것은?

① 각 주류의 분류표는 대개 자체색인을 가지고 있으나, 분류표 전체에 대한 종합적인 상관색인이 마련되어 있지 않다.
② 분류표 전체에 걸쳐 조기성이 유지되지 못하고 있어, 분류표가 너무 방대하다.
③ 기호의 배분이나 용어 등 여러 면에서 미국중심적이어서, 기타의 도서관에서는 그대로 사용하기가 불편하다.
④ 전체분류표를 통합관리하기가 어려워 분류표의 개정과 최신성 유지에 어려움이 많다.
⑤ 실용성은 높은 반면 이론적 기초가 부족하다.

해 설 ④ LCC는 필요에 따라 각 주제별로 전문가들에 의해 수시개정이 이루어질 수 있기 때문에 최신성의 유지가 용이하다는 장점을 가지고 있다.

73 다음의 괄호 안에 들어갈 가장 적합한 것들로 올바르게 짝지어진 것은?

> "미국의회도서관분류법(LCC)의 주류배열은 (①)이 개발한 (②)의 주류배열을 참고로 하였다."

① La Fontaine와 Otlet — Universal Decimal Classification
② M. Dewey — Dewey Decimal Classification
③ S. R. Ranganathan — Colon Classification
④ C. A. Cutter — Expansive Classification
⑤ H. E. Bliss — Bibliographic Classification

74 미국의회도서관분류법(LCC)은 주류의 기호법에서 이른바 문자에 의한 조기성(literal mnemonics)을 활용하고 있다. 즉 주류의 명칭의 첫 글자를 해당류의 기호로 사용하고 있는 것이다. 다음 중 그와 같은 예에 해당하지 않는 것은?

① Agriculture ② Music
③ Philology and Literature ④ Technology
⑤ Geography; Anthology; Folklore

해 설 ① LCC의 주류 가운데 문자에 의한 조기성을 갖는 유들은 지리 등(G: Geography; Anthology; Folklore)과 음악(M: Music), 언어와 문학(P: Philology and Literature), 기술(T: Technology) 등이다.

75 다음의 괄호 안에 들어갈 주제들이 올바른 순서로 짝지어진 것은?

> "미국의회도서관분류표(LCC)는 EC의 분류체계에 따라 주류배열을 하고 있는데, 그 순서는 General Works – Philosophy & Religion – (①) – (②) – (③) – (④) – Library science의 순서를 택하고 있다."

① Social Sciences – History & Geography – Arts – Sciences
② History & Geography – Social Sciences – Arts – Sciences
③ History & Geography – Social Sciences – Sciences – Arts
④ Social Sciences – History & Geography – Sciences – Arts
⑤ Sciences – Social Sciences – History & Geography – Arts

해 설 ② LCC의 주류의 배열은 특정주제에 한정되지 않은 분야(A: General works) – 우주에 관한 인간의 이론과 정신(B: Philosophy & Religion) – 인간의 사회생활, 환경의 영향, 사고의 기록 등(C–G: History & Geography) – 인간의 경제적 및 사회적 발전(H–L: Social Sciences) – 인간의 미적활동(M–P: Arts) – 이공계영역(Q–V: Sciences) – 서지 및 도서관학(Z: Bibliography & Library science)의 순서로 이루어져 있다.

76 다음 중 LCC의 개발에 가장 큰 직접적인 영향을 끼친 인물로 올바르게 연결된 것은 어느 것인가?

① J. C. M. Hanson과 Charles Martel
② H. La Fontaine와 P. Otlet
③ C. A. Cutter와 M. Dewey
④ C. A. Cutter와 S. R. Ranganathan
⑤ M. Dewey와 S. R. Ranganathan

해 설 ① LCC는 J. C. M. Hanson과 Charles Martel의 주도로 새로 이전된 미국의회도서관(LC)의 장서량과 특수성을 고려한 독자적인 분류표로 고안된 것이다.

Answer 72 ④ 73 ④ 74 ① 75 ② 76 ①

77 다음 중 LCC에 대한 설명으로 가장 거리가 먼 것은 어느 것인가?

① 각 분야의 전문가들에 의해 유별로 작성되고 개정되기 때문에, 서로 조정하여 작성된 특수분류표로 일컬어지고 있다.

② 현재 40권 이상의 분책형태의 분류표가 별도로 발행되고 개정되고 있다.

③ 개정내용은 계간(季刊)으로 발행되는 Library of Congress Classification – Additions and Changes를 통해 발표된다.

④ 주류의 전개는 Ampere의 학문분류의 영향을 받았다.

⑤ 열거식분류표의 대표적인 유형이다.

해 설 ④ 주류의 전개는 Comte의 학문분류의 영향을 받은 Cutter의 전개분류법(EC)의 영향을 받고 있다.

78 다음 〈보기〉 중 UDC 공통보조기호(common auxiliaries)의 특성에 대한 설명으로 적합한 것을 모두 모은 것은?

〈보 기〉

가. 보조기호 중 모든 주제에 공통적으로 사용되는 보조기호이다.
나. 기호법으로는 아라비아숫자 외에도 다양한 특수문자들을 사용한다.
다. 형식보조기호는 DDC의 문학형식구분(T.3)에 해당하는 보조기호이다.
라. 지리(장소)보조기호는 DDC의 지역구분표(T.2)에 해당하는 기호이다.

① 가 – 나
② 가 – 나 – 다
③ 가 – 나 – 라
④ 가 – 다 – 라
⑤ 나 – 다 – 라

해 설 다. 형식보조기호((0...))는 DDC의 표준세구분(T.1)에 해당하는 보조기호이다.

79 다음 〈보기〉 중 UDC에 관한 설명에 해당하는 것을 모두 모은 것은?

〈보 기〉

가. H. La Fontaine와 P. Otlet이 이 분류표의 개발을 주창한 바 있다.
나. 세계서지(universal bibliography)를 편성하기 위한 분류표로서 출발되었다.
다. 기본적으로 CC를 바탕으로 하였다.
라. 현재는 FID에서 분류표의 개정과 발전을 주도하고 있다.

① 가 − 나
② 가 − 나 − 다
③ 가 − 라
④ 나 − 다 − 라
⑤ 나 − 라

해 설 다. UDC는 기본적으로 DDC를 바탕으로 하였다. 라. 현재는 UDC Consortium (UDCC)에서 분류표의 개정과 발전을 주도하고 있다.

80 다음 〈보기〉 중 UDC의 표의 구성과 내용 등에 대한 설명으로 적합한 것을 모두 모은 것은?

〈보 기〉

가. 분류기호는 DDC와 마찬가지로 십진식으로 구성된다.
나. DDC에서 세 자리를 채우기 위해 형식적으로 부가되는 주류나 강의 무의미한 '0'이나 '00'은 부가되지 않는다.
다. 문학이 '4' 언어 및 언어학학에 통합되고 주류 '8'은 사용하지 않는다.
라. 세 자리 다음에는 소수점을 찍는다.

① 가 − 나
② 가 − 나 − 다
③ 가 − 나 − 다 − 라
④ 가 − 나 − 라
⑤ 나 − 다 − 라

해 설 다. UDC에서는 언어와 언어학이 '8' 문학에 통합되고 주류 '4'는 사용하지 않는다.

Answer 77 ④ 78 ③ 79 ① 80 ④

81 다음 〈보기〉 중 UDC의 공통보조기호의 이름과 그에 사용되는 기호의 연결이 올바른 것을 모두 모은 것은?

〈보 기〉	
가. 형식보조기호 – (0…)	나. 지리(장소)보조기호 – (…)
다. 시대보조기호 – "…"	라. 언어보조기호 – (=…)

① 가 – 나　　② 가 – 나 – 다
③ 가 – 다　　④ 나 – 다
⑤ 나 – 다 – 라

해 설 라. 언어보조기호는 괄호 없이 = 부호만을 앞세워 기재한다.

82 다음 〈보기〉 중 UDC의 분류기호와 해당내용의 연결이 올바른 것을 모두 모은 것은 어느 것인가?

〈보 기〉
가. 34(03)=111 – 영국에서 발행된 법률사전
나. 78(09) – 음악사
다. 1(4) – 유럽철학
라. 51"04/14" – 중세의 수학

① 가 – 나　　② 가 – 나 – 다
③ 가 – 나 – 다 – 라　　④ 나 – 다 – 라
⑤ 다 – 라

해 설 분류기호를 묻는 문제처럼 보이지만 보조기호의 내용에 관한 지식을 묻는 문제이다. 가. =은 언어보조기호이며, 따라서 34(03)=111은 "34(법률의 기본기호) + (03)(백과사전을 나타내는 형식보조기호) + =111(영어)"의 형식으로 만들어진 것이며, 영어로 된 발행된 법률사전이다. 나. 음악사는 "78(음악의 기본기호) + (09)(역사를 나타내는 형식보조기호) → 78(09)"가 된다. 다. 유럽철학은 "1(철학의 기본기호) + (4)(유럽을 나타내는 지리보조기호) → 1(4)"가 된다. 라. 중세의 수학은 "51(수학의 기본기호) + "04/14"(중세를 나타내는 시대보조기호) → 51 "04/14"가 된다. 여기서 "04/14"는 400년대부터 1400년대를 가리키는 것으로, 이 시기는 중세에 해당한다.

83 다음 〈보기〉 중 UDC의 특수(고유)보조기호에 대한 설명으로 적합한 것을 모두 모은 것은?

〈보 기〉

가. 기본적으로 주분류표의 특정주제를 세분하기 위해 사용되는 보조표이다.
나. 공통보조기호와 마찬가지로 별도의 표로서 제시되어 있다.
다. 기호로는 ' -... '(hyphen), ' 0... '(point naught), ' '...'(apostrophe) 등이 사용된다.

① 가 – 나
② 가 – 나 – 다
③ 가 – 다
④ 나 – 다
⑤ 다

해 설 나. UDC의 특수보조기호는 주분류표에 포함되어 열거된다.

84 다음 〈보기〉 중 UDC에 대한 설명으로 적합한 것을 모두 모은 것은?

〈보 기〉

가. DDC 제7판을 주로 참고하였다.
나. 분류표를 열거식과 준열거식, 분석합성식으로 구분할 경우, 대표적인 준열거식분류표로 인정되고 있다.
다. 현재는 UDCC가 개정을 주도하고 있다.
라. 한국에서는 한국과학기술정보센터에 의해 한국어 간략판(1973)이 발행된 바 있다.

① 가 – 나
② 가 – 나 – 다
③ 가 – 나 – 라
④ 나 – 다 – 라
⑤ 다 – 라

해 설 가. UDC는 DDC 제5판을 주로 참고하였다.

Answer 81 ② 82 ④ 83 ③ 84 ④

85 다음 〈보기〉 중 UDC의 상관기호에 대한 설명으로 적합한 것을 모두 모은 것은?

〈보 기〉

가. 둘 또는 그 이상의 주제가 상호간에 어떤 관계가 있을 때 사용하는 기호이다.
나. ‘ : ’(colon): 전후순서가 일정하여 고정적일 때 사용한다.
다. ‘ :: ’(double colon)은 관련된 주제의 전후순서를 고정할 수 없을 경우에 사용한다.
라. ‘ [ ] ’(square bracket)은 복합기호 중 어느 한 편이 극히 종속적이고 부차적일 경우에 사용한다.

① 가 − 나
② 가 − 나 − 다
③ 가 − 나 − 다 − 라
④ 가 − 라
⑤ 나 − 다

해 설 나. 전후순서가 일정하여 고정적일 때는 ‘ :: ’ (double colon)을 사용한다. 다. 관련된 주제의 전후순서를 고정할 수 없을 경우에는 ‘ : ’ (colon)을 사용한다.

86 다음 〈보기〉 중 UDC 이외의 기호법에 의한 주제세분(Table 1h)에 대한 설명으로 적합한 것을 모두 모은 것은 어느 것인가?

〈보 기〉

가. UDC 이외의 기호법에 의한 주제세분(Table 1h)은 자료를 추가적으로 개별화하기 위해 해당 자료에 나타나는 고유명사의 일부문자나 번호(숫자)를 차용하여 분류기호로 사용하는 방식이다.
나. 문자(A/Z)의 경우는 해당명사 전체 또는 그 약칭을 *을 앞세워 적는다.
다. 숫자의 경우에는 해당숫자 전체 또는 그 일부를 그대로 UDC 기호 다음에 부기한다.

① 가
② 가 − 나
③ 가 − 나 − 다
④ 가 − 다
⑤ 나 − 다

해 설 나. 문자(A/Z)의 경우는 해당명사 전체 또는 그 약칭을 그대로 UDC 기호 다음에 부기한다. 다. 숫자의 경우에는 *을 앞세워 적는다.

87 다음 〈보기〉 중 UDC의 장점에 대한 설명으로 적합한 것을 모두 모은 것은?

〈보 기〉
가. 분석합성식 분류원리를 도입하여 복합주제의 상세한 표현이 가능하다. 나. 인문과학분야의 전개가 상세하다. 다. 분류기호가 단순하고 간략하다. 라. 국제적인 관리 기구에 의해 개정과 관리가 이루어지고 있어 보호와 육성이 지속적이다.

① 가 – 나
② 가 – 나 – 다
③ 가 – 라
④ 나 – 다 – 라
⑤ 다 – 라

해 설 나. UDC는 과학기술분야의 전개가 상세하다. 다. UDC는 원래 서지분류를 목적으로 개발된 분류표이기 때문에 기호가 복잡하고 길어질 수 있다.

88 다음 〈보기〉 중 UDC의 주류의 기호와 그 내용의 연결이 적합한 것을 모두 모은 것은 어느 것인가?

〈보 기〉	
가. 2 – 종교 및 신학	나. 4 – 언어
다. 5 – 수학 및 자연과학	라. 9 – 지리, 전기, 역사

① 가 – 나 – 다
② 가 – 나 – 다 – 라
③ 가 – 나 – 라
④ 가 – 다 – 라
⑤ 나 – 다 – 라

해 설 나. UDC의 주류의 구성은 DDC와 유사하지만, 언어와 언어학이 '8'문학에 통합되고 주류 '4'는 사용하지 않는다.

Answer 85 ④ 86 ① 87 ③ 88 ④

89 다음 중 〈보기〉 가운데 UDC에서 사용하는 공통보조기호를 모두 모은 것은?

〈보 기〉	
가. 언어보조기호	나. 형식보조기호
다. 시대보조기호	라. 상관보조기호

① 가 － 나 ② 가 － 나 － 다
③ 가 － 다 － 라 ④ 나 － 다 － 라
⑤ 나 － 라

해 설 라. UDC의 상관기호는 기호합성을 위한 연결기호에 해당한다.

90 다음 〈보기〉 중 UDC의 분류기호와 그 내용의 연결이 적합한 것을 모두 모은 것은 어느 것인가?

〈보 기〉
가. 1(03)=111 － 영어로 된 철학백과사전
나. 02(09) － 문헌정보학사
다. 1(5) － 아시아철학
라. 7/17 － 예술에 있어서의 윤리와 도덕

① 가 － 나 ② 가 － 나 － 다
③ 가 － 나 － 다 － 라 ④ 가 － 다 － 라
⑤ 나 － 다 － 라

해 설 가. 영어로 된 철학백과사전은 "1(철학의 기본기호) + (03)(백과사전을 나타내는 형식보조기호) + =111(영어를 나타내는 언어보조기호) → 1(03)=111"이 된다. 나. 문헌정보학사는 "02(문헌정보학의 기본기호) + (09)(역사를 나타내는 형식보조기호) → 02(09)"가 된다. 다. 아시아철학은 "1(철학의 기본기호) + (5)(아시아를 나타내는 지리보조기호) → 1(5)"가 된다. 라. UDC에서 연속기호(/)는 복합주제의 내용에 해당하는 분류기호가 주분류표나 보조분류표 중에 연속되어 있을 때 처음 기호와 마지막 기호 사이에 사용하는 것이다. "예술에 있어서의 윤리와 도덕"의 경우처럼, 두 주제 사이의 상호관계를 나타낼 경우에는, 상관기호 중 콜론(:)을 사용해야 하여, 따라서 7:17이 될 것이다.

91 다음 〈보기〉 중 UDC에 관련이 깊은 것들로만 올바르게 연결된 것은?

〈보 기〉	
가. La Fontaine	나. FID
다. UDCC	라. Charles Martel

① 가 – 나 – 다
② 가 – 다 – 라
③ 가 – 라
④ 나 – 다 – 라
⑤ 나 – 라

해 설 가. H. La Fontaine은 P. Otlet과 함께 UDC를 고안한 바 있다. 나. 다. 국제도큐멘테이션연맹(FID: Federation International de Documentation)은 1980년대까지 UDC를 관리해왔으나, 기능을 제대로 수행하지 못하게 됨에 따라 현재는 UDC Consortium(UDCC)에서 분류표의 개정과 발전을 주도하고 있다. 라. Charles Martel은 Hanson과 함께 LCC의 고안에 참여한 바 있다.

92 다음 〈보기〉 중 UDC의 공통보조기호와 그에 해당하는 DDC의 보조기호의 연결이 올바른 것을 모두 모은 것은 어느 것인가?

〈보 기〉	
가. = – Table 4	나. (0...) – Table 1
다. (...) – Table 2	

① 가
② 가 – 나
③ 가 – 나 – 다
④ 나 – 다
⑤ 다

해 설 가. =은 언어보조기호로, DDC의 Table 6에 해당한다. 나. (0...)은 형식보조기호로, DDC의 Table 1에 해당한다. 다. (...)은 지리(장소)보조기호로, DDC의 Table 2에 해당한다.

Answer 89 ② 90 ② 91 ① 92 ④

93 다음 〈보기〉 중 UDC의 단점에 대한 설명으로 적합한 것들을 모두 모은 것은 어느 것인가?

〈보 기〉

가. 국제적인 상호협력에 의해 개정이 이루어지고 있기 때문에 분류표가 동서양 전 지역에 대해 균형 있는 전개가 이루어지고 있다.
나. 서가상의 배열이 어렵다.
다. 분류기호가 복잡하고 길어질 수 있다.
라. 다른 분류표에 비해 과학기술분야의 전개가 미흡하다.

① 가 – 나 ② 가 – 다
③ 가 – 라 ④ 나 – 다
⑤ 나 – 라

해 설 가. UDC는 분류항목의 전개가 서양중심으로 이루어져 있어 동양부문의 전개가 부족하다. 나. DDC에 비해 많은 다양한 형태의 특수기호를 포함한 보조기호를 사용하고 있기 때문에 서가상의 배열이 어렵다. 라. UDC는 과학기술분야의 전개가 상세하다는 장점을 가지고 있다.

94 다음 〈보기〉 중 LCC에 대한 설명으로 적합한 것을 모두 모은 것은 어느 것인가?

〈보 기〉

가. J. C. M. Hanson과 Charles Martel의 주도로 고안되었다.
나. 새로 이전된 미국의회도서관(LC)의 장서량과 특수성을 고려하여 고안되었다.
다. 개발당시부터 각 분야의 전문가들에 의해 유별로 작성되었다.
라. 주류의 전개는 Comte의 학문분류의 영향을 받고 있다.

① 가 – 나 ② 가 – 나 – 다
③ 가 – 나 – 다 – 라 ④ 가 – 다 – 라
⑤ 나 – 다 – 라

해 설 가. 나. 다. 라. 모두 LCC에 대한 적합한 설명이다.

95 다음 〈보기〉 중 LCC에 대한 설명으로 적합한 것을 모두 모은 것은?

〈보 기〉

가. 알파벳 대문자 I, O, X, Y, Z를 간격기호(공기호: gap notation)로 활용하고 있다.
나. 열거식분류표의 대표적인 유형으로 일컬어지고 있다.
다. LC에서 발행하는 LCC 전체에 대한 공식적인 통합색인을 활용할 수 있다.
라. LCC의 개정내용은 계간(季刊)으로 발행되는 Library of Congress Classification -Additions and Changes를 통해 발표된다.

① 가 – 나
② 가 – 나 – 다
③ 가 – 다 – 라
④ 나 – 라
⑤ 다 – 라

해 설 가. LCC의 간격기호는 I, O, W, X, Y이다. 다. LC에서는 LCC 전체에 대한 공식적인 통합색인을 별도로 발행하고 있지 않다.

96 다음 〈보기〉 중 LCC의 간격기호(gap notation)에 해당하는 것들로만 올바르게 짝지어진 것은 어느 것인가?

〈보 기〉

가. I
나. L
다. O
라. W
마. Z

① 가 – 나 – 다
② 가 – 나 – 다 – 라
③ 가 – 다 – 라
④ 나 – 다 – 마
⑤ 다 – 라 – 마

해 설 LCC의 간격기호는 I, O, W, X, Y이다.

Answer 93 ④ 94 ③ 95 ④ 96 ③

97 다음 〈보기〉 중 LCC의 장점에 해당하는 것을 모두 모은 것은 어느 것인가?

〈보 기〉

가. 문헌적 근거(literary warrant)를 바탕으로 하고 있어 특히 대규모의 대학도서관과 연구도서관에 적합한 분류표이다.
나. 열거식분류표로 기호합성의 필요성이 적다.
다. 각각의 분류표가 주제전문가에 의해 개발되기 때문에 상세한 범위주기(scope note)를 갖추고 있다.
라. 분책별로 개정이 이루어지므로 해당분야의 요구에 따른 분류표의 최신성 유지에 적합하다.

① 가 – 나　　② 가 – 나 – 다
③ 가 – 나 – 라　　④ 나 – 다 – 라
⑤ 다 – 라

해 설 다. LCC는 범위주기가 DDC에 비해 상세하지 못하다는 단점을 가지고 있다.

98 다음 〈보기〉 중 LCC의 단점에 해당하는 것을 모두 모은 것은 어느 것인가?

〈보 기〉

가. 기호의 배분과 용어의 사용이 미국 중심적이다.
나. 논리적 구분에 의한 분류 대신 알파벳순 배열이라는 임의적 순서를 사용하는 경우가 지나치게 많다.
다. 전체 분류표에 적용할 수 있는 통일된 보조표가 갖추어져 있지 않아 조기성이 부족하다.
라. 혼합기호법을 사용하고 있기 때문에 서가배열이 복잡해진다.

① 가 – 나 – 다　　② 가 – 나 – 다 – 라
③ 가 – 나 – 라　　④ 가 – 다 – 라
⑤ 나 – 다 – 라

해 설 가. 나. 다. 라. 모두 적합한 예에 해당한다.

99 다음 〈보기〉 중 CC의 장점에 해당하는 것들을 모두 모은 것은 어느 것인가?

〈보 기〉

가. 합성주제와 복합주제의 다면적 기호화가 가능하다.
나. 분류표가 열거식분류표에 비해 아주 간단하다.
다. 기호의 조합방식이 비교적 단순하여 실용적이다.
라. 견실한 분류이론에 바탕으로 하고 있어 학문적 연구가치가 높은 분류표이다.

① 가 － 나 － 다　　② 가 － 나 － 라
③ 가 － 다　　④ 나 － 라
⑤ 다 － 라

해 설 다. CC는 기호의 조합방식이 복잡하여 실용성이 떨어지고 기억하기 어렵다는 단점을 가지고 있다.

100 다음 〈보기〉 중 CC에 대한 설명으로 적합한 것을 모두 모은 것은 어느 것인가?

〈보 기〉

가. 1987년에 Girja Kumar의 개정에 의해 제7판의 제1권 본표가 발행된 바 있다.
나. 주류의 배열은 A. M. Ampere의 학문분류를 바탕으로 하고 있다.
다. 주류는 자연과학, 인문과학, 사회과학의 순으로 배열하고 있다.
라. 인도를 비롯한 동남아시아 국가의 여러 도서관에서 광범위하게 사용되고 있다.

① 가 － 나 － 다　　② 가 － 나 － 다 － 라
③ 나 － 다　　④ 나 － 라
⑤ 다 － 라

해 설 가. 제7판의 편찬자는 M. A. Gopinath이다. 라. 주로 인도에서 널리 사용되며, 다른 나라에서는 거의 사용되지 않는다.

Answer 97 ③　98 ②　99 ②　100 ③

101 다음 〈보기〉 중 LCC의 표의 형식과 기호법에 대한 설명으로 적합한 것을 모두 모은 것은 어느 것인가?

〈보 기〉

가. 대부분의 LCC의 개개의 분류표들은 서로 다른 전문가에 의해 편집되지만, 대체로 유사한 외적 및 내적 형식을 가지고 있다.
나. 대부분의 분류표의 내적구조에 관한 조직은 통상 "Martel의 세븐포인트"(Martel's seven point)로 일컬어지는 구조를 바탕으로 하고 있다.
다. 한 자리에서 세 자리의 알파벳 대문자, 한 자리에서 네 자리의 숫자로 된 정수, 그리고 경우에 따라서는 소수기호를 사용하는 혼합기호법의 방식이다.
라. 경우에 따라서는 숫자로만 이루어지는 LC Cutter Table의 기호에 의해 추가의 세구분이 이루어진다.

① 가 – 나 ② 가 – 나 – 다
③ 가 – 다 – 라 ④ 나 – 다 – 라
⑤ 나 – 라

해 설 라. LC Cutter Table은 문자와 숫자로 이루어진다.

102 다음 〈보기〉 중 CC의 기본범주명과 해당패싯지시기호의 연결이 적합한 것을 모두 모은 것은?

〈보 기〉

가. Personality – , 나. Matter – :
다. Energy – ; 라. Space – .

① 가 – 나 ② 가 – 나 – 라
③ 가 – 라 ④ 나 – 다
⑤ 나 – 다 – 라

해 설 나. 다. Matter의 패싯지시기호는 ;이고, Energy의 패싯지시기호는 :이다.

103 다음 〈보기〉 중 CC의 기본주제에서 사용하는 기호를 모두 모은 것은?

〈보 기〉
가. 26개 알파벳 소문자 나. 10개 아라비아숫자(0-9) 다. 26개 알파벳 대문자(A-Z) 라. 원괄호로 묶은 숫자(( ))

① 가 – 나
② 가 – 나 – 다
③ 가 – 다 – 라
④ 나 – 다 – 라
⑤ 다 – 라

해 설 가. 알파벳 소문자는 i, o, l을 제외한 a–z의 23개가 사용된다.

104 다음 〈보기〉 중 CC의 단점에 해당하는 것을 모두 모은 것은 어느 것인가?

〈보 기〉
가. 적용된 분류이론은 물론 용어와 규칙들을 이해하기가 용이하지 않다. 나. 제7판의 경우 본표만이 발행된 상태로 미완성이다. 다. 논리적 구분에 의한 분류 대신 알파벳순 배열이라는 임의적 순서를 사용하는 경우가 지나치게 많다. 라. 다양한 종류의 복잡하고 읽고 쓰기가 어려운 기호를 사용하고 있을 뿐만 아니라, 합성된 기호도 매우 복잡해진다.

① 가 – 나
② 가 – 나 – 라
③ 가 – 다 – 라
④ 나 – 다
⑤ 나 – 다 – 라

해 설 다. 항은 CC보다는 LCC의 단점에 해당한다.

Answer 101 ② 102 ③ 103 ④ 104 ②

105 다음 〈보기〉 중 UDC의 장점 및 단점에 대한 설명으로 적합한 것을 모두 모은 것은?

〈보 기〉

가. 분류항목의 전개가 서양중심으로 이루어져 있어 동양부문의 전개가 부족하다.
나. 합성된 분류기호가 복잡하고 길어질 수 있다.
다. 대부분 계층적 구조로 체계화되어 있어 서지분류는 물론 온라인 검색환경에도 적합하다.
라. 문헌적 근거(literary warrant)를 바탕으로 하고 있어 특히 대규모의 대학도서관과 연구도서관에 적합하다.

① 가 – 나
② 가 – 나 – 다
③ 가 – 다 – 라
④ 나 – 다
⑤ 나 – 라

해 설 라. UDC는 문헌적 근거와는 직접적 관련이 적다.

106 다음 〈보기〉 중 LCC의 장점 및 단점에 대한 설명으로 적합한 것을 모두 모은 것은 어느 것인가?

〈보 기〉

가. 분류표에 열거되지 않은 복합주제 및 복수주제의 저작을 분류하기가 곤란하다.
나. 범위주기(scope note)가 DDC에 비해 상세하지 못하다.
다. 실용적인 분류표이다.
라. 각각의 분류표가 주제전문가에 의해 개발되므로 해당주제에 적합한 분류가 가능하다.

① 가 – 나 – 다
② 가 – 나 – 다 – 라
③ 가 – 나 – 라
④ 나 – 다 – 라
⑤ 다 – 라

해 설 가. 나. 다. 라. 모두 적합한 설명에 해당한다.

107 다음 〈보기〉 중 CC의 기본범주와 그 의미 및 내용의 연결이 올바른 것을 모두 모은 것은?

〈보 기〉

가. Energy – 활동, 작용, 공정, 문제 등
나. Matter – 주제를 구성하는 본질적 속성
다. Personality – 주제를 구성하는 물질의 주요소재나 사물의 원재료

① 가
② 가 – 나
③ 가 – 나 – 다
④ 가 – 다
⑤ 나 – 다

해 설 나. 다. Matter는 주제를 구성하는 물질의 주요소재나 사물의 원재료를 나타내며, Personality는 주제를 구성하는 본질적 속성을 나타낸다.

Answer 105 ② 106 ② 107 ①

제 6 장
청구기호의 이해

6.1. 청구기호의 구성
6.2. 별치기호의 특성
6.3. 도서기호의 유형
6.4. 저자기호법의 종류와 사용법

제 6 장
청구기호의 이해

주요내용의 요약 및 해설

6.1. 청구기호의 구성

청구기호(번호)(call number)의 정의: "이용자가 도서를 청구하는 번호이며, 분류번호(혹은 서가번호) 다음에 도서기호 또는 저자기호로 되어 있다. 이것은 개개기호를 구별하기 위한 것이며, 서가상의 위치 및 다른 도서와의 관련된 위치도 나타내는데, 일반적으로 책등(書背)의 아래 부분에 표시한다."(문헌정보학 용어사전, p.362). "자료의 주제를 분석하여 분류기호로 변환하고 개별화 수단으로서의 도서기호 등을 부여함으로써 배가(配架)위치를 나타내는 일련의 기호 시스템"(윤희윤 2005, p.205)이다.

청구기호의 의미: (김남석 1999, p.11)

① 이용자의 입장: 필요로 하는 자료를 요구하기 위한 기호

② 도서관인의 입장: 도서관의 자료조직을 위한 자료의 배열위치를 결정해주는 재고번호

청구기호의 기능: (김남석 1999, p.13; 윤희윤 2005, pp.206-207)

① 자료의 유형구분, 관내에서의 실별위치, 실내에서의 서가위치, 특정서가에서의 배가위치를 결정하는 수단이다.

② 이용자 – 도서관 – 목록시스템 – 자료실 – 서가 – 자료를 직접적으로 연결하는 매개기호이다.

③ 이용자에게 대출청구(폐가제도서관의 경우)나 서가접근(개가제도서관의 경우)의 편의성을 제공한다.

④ 같은 종류의 자료를 한 곳에서 발견할 수 있게 하고, 동일저자의 저작들이 한 곳에서 검색될 수 있게 한다. 따라서 개가제열람방식의 경우 동일한 분류기호를 갖는 자료가 저자순이나 서명순, 연대순 등으로 배열되고 유사자료가 인접하여 배치되므로 특정자료의 검색기능과 인접자료의 브라우징 기능을 제공한다.

⑤ 신착자료의 배가위치를 결정하고, 반납자료의 재배가위치를 확인하는 수단이 된다.

⑥ 등록번호와 함께 장서점검을 위한 식별수단이 된다.

청구기호의 구성요소: (윤희윤 2005, pp.207-211)

① 별치기호(location device, location mark): 6.2. 참조

② 분류기호(classification number, class number, class mark, class notation)

③ 도서기호(book number, book mark): 6.3. 참조

(가) 저자기호: 6.4. 참조.

(나) 저작기호(work mark, work letter, title mark):

ㄱ) 도서기호의 일부를 구성한다.

ㄴ) "동일주제에 관한 한 저자의 여러 저작물을 구별하기 위하여 보통 저자기호 뒤에 부기하여 서가상의 위치를 정해주는 기호로, 보통 표제(서명)의 첫 단어의 첫 번째 문자를 붙인다."(문헌정보학용어사전, p.310).

ㄷ) 일본에서는 부차적 기호로 취급하기도 한다(윤희윤 2005, p.209).

④ 부차적 기호(additional number): 판차기호, 역자기호, 권호기호, 복본기호, 연도기호 등을 포함한다(윤희윤 2005, pp.209-210).

(가) 판차기호: 개정 및 증보 등과 같은 도서의 내용변화나 물리적 체제의 변화가 있을 경우 도서기호 다음에 아라비아숫자로 판의 변화를 표시해주는 기호이다.

(나) 역자기호: 원저작과 구별하기 위해 번역서에서 도서기호 다음에 부기하는 번역자에 대한 기호이다.

(다) 연도기호: 연감이나 연보, 백서(白書), 연차보고서 등 연차적으로 발행되는 자료의 출판연도나 개최연도를 나타내는 기호이다.

(라) 복본기호: 동일자료가 여러 권 입수되었을 경우 그 복본을 표시하는 기호이다. 통상 "C"로 표시된다.

(마) 색인 및 부록기호: 특정저작의 부록자료로 딸려있는 색인이나 부록을 원저작과 구별하기 위해 부여되는 기호로, 통상 "색인", "부록"으로 표시한다.

(바) 전기자기호: 저자와 피전자의 관계를 나타내는 기호이다.

(사) 권호기호: 총서나 전집 및 선집, 연속간행물의 권호를 나타내는 기호로, 통상 "V", "N" 뒤에 권호를 표시한다.

6.2. 별치기호의 특성

별치기호의 정의: "자료의 내용 또는 형태의 특수성이나 이용목적을 감안하여 별도의 서고(서가)에 배치하고자 할 경우에 분류기호 상단에 알파벳 대문자나 한글단어의 두문자(頭文字)로 표시하는 기호"(윤희윤 2005, p.207)이다.

별치기호의 유형: (김명옥 1989, pp.210-222; 윤희윤 2005, pp.211-214; 정필모 1991, pp.304-305; 최정태, 양재한, 도태현 1998, pp.279-286)

① 참고도서: "R"(reference) 또는 "참"(참고도서)을 사용하여 별치한다.

② 연속간행물(정기간행물 포함): "S"(serials)나 "P"(periodicals) 또는 "연"(연속간행물)이나 "정"(정기간행물)을 사용하여 별치한다.

③ 석사 및 박사학위논문: "TD"(thesis and dissertation)이나 "학"(학위논문)을 사용하거나 석사학위논문에 대해서는 "T"(thesis)나 "석"(석사학위논문), 박사학위논문에 대해서는 "D"(dissertation)나 "박"(박사학위논문)을 사용하여 별치한다.

④ 고서 및 귀중도서: 고서에 대해서는 "O"(old book)나 "고"(고서)를 사용하고, 귀중서나 희귀본에 대해서는 "C"(curiosity) 또는 "귀"(귀중본)나 "희"(희귀본)를 사용하여 별치한다.

⑤ 향토자료: "L"(local collection) 또는 "향"이나 "향토"(향토자료)를 사용하여 별치한다.

⑥ 정부간행물: "G"(government) 또는 "관"(관공서)이나 "정"(정부간행물)을 사용하여 별치한다.

⑦ 교과서: "T"(textbook) 또는 "교"(교과서)를 사용하거나 대학도서관에서 과제의 지원을 위한 지정도서로 활용될 경우에는 "Res"(reserve book) 또는 "지"(지정도서)를 사용하여 별치한다.

⑧ 아동도서: "J"(juvenile)나 "C"(child) 또는 "아"나 "아동"(아동)을 사용하여 별치한다.

⑨ 대형본 및 소형본: 대형본의 경우는 "E"(extra large size)나 "L"(large size) 또는 "대"(대형본)를 사용하고, 소형본의 경우는 "M"(minute) 또는 "소"(소형본)를 사용하여 별치한다.

⑩ 맹인용 점자도서: "B"(blind) 또는 "맹"(맹인)을 사용하여 별치한다.

⑪ 악보: "M"(music)이나 "S"(sound) 또는 "악"(악보)을 사용하여 별치한다.

⑫ 시청각자료: 유형에 따라 "TA"(tape)나 "SL"(slide), "FS"(film strip) 등을 사용하여 별치한다.

⑬ 문학작품: 소설의 경우 "F"(fiction)를 사용하여 별치하기도 한다.

⑭ 이상의 자료들은 반드시 별치해야 하는 것은 아니며, 이상의 별치기호는 도서관에서 해당자료들을 별치하고자 할 경우에만 사용된다는 사실에 유의해야 한다.

6.3. 도서기호의 유형

6.3.1. 도서기호의 정의와 특성

도서기호의 정의: "동일한 분류기호를 가진 도서를 개별화(individualizing)하고, 배열과 검색의 편의를 위해 순서를 정할 목적으로 부여되는 기호"(문헌정보학용어사전, p.88)이다. "도서가 분류된 다음 동일분류기호 내에서 각 도서의 서가상이나 서가목록 또는 분류목록상의 배열순위를 결정하기 위해서 분류기호 다음에 주어지는 기호"(정필모 1991, p.276)이다. "동일한 분류항목 내에 두 개 이상의 문헌이 모일 때 또는 이를 예상하여 이들을 각각 개별화하는 데 사용되는 기호법"(김남석 1999, p.23)이다.

도서기호의 필요성: (김남석 1999, p.24; 김명옥 1989, p.223, 윤희윤 2005, p.216)

① 도서를 일정한 순서에 따라 서가에 배열하기 위해 필요하다.
② 각 도서에 상호배타적인 성격의 간결하고 정확한 청구기호를 부여하기 위해 필요하다.
③ 특수한 형태의 자료를 서가상에 배열하기 위해 필요하다.
④ 열람자가 도서의 대출을 청구할 때 편리한 기호를 제공하기 위해 필요하다.
⑤ 반납도서의 서가상 재배열을 용이하게 하기 위해 필요하다.
⑥ 도서관의 장서를 검색하고 점검할 때 신속하고 정확하게 식별하기 위한 수단이 된다.

도서기호의 일반적 구성원칙: (윤희윤 2005, p.218)

① 도서관의 종류와 이용자계층, 장서의 규모 및 배치방식, 별치기호의 유무 및 세분정도, 분류기호의 상세도, 열람방식, 외국자료의 번자(飜字)여부 등을 고려하여 도서기호법을 선정한다.
② 도서기호는 개별화가 가능한 범위내에서 가능한 한 간단한 기호를 선택한다.

③ 동일분류기호가 많은 대규모 도서관에서는 도서기호를 정교하게 구성하고, 중간규모 이하의 도서관에서는 간단하게 구성한다.
④ 도서기호를 구성한 후에는 반드시 서가목록이나 목록데이터베이스에서 기존 자료에 부여된 기호와의 중복여부를 체크해야 한다.
⑤ 저자기호표에서 기호를 채기할 때는 해당저자명에 가장 근접한 이름의 기호를 채택해야 한다. 해당하는 기호가 없을 때는 바로 앞에 나오는 이름의 기호를 채택한다. 이로 인해 기호의 중복이 생길 때는 순차적인 배열이 가능하도록 저자기호를 조정해야 한다.
⑥ 저작기호의 경우, 서양서는 서명의 첫 자를 채기하되 관사로 시작되는 서명의 경우는 그 다음의 첫 키워드를 기호화하고, 동양서는 서명의 첫 자음을 기호화한다. 다만 해당기호가 기존의 기호와 중복될 경우에는 순차적인 배열이 가능하도록 저작기호를 조정해야 한다.
⑦ 동일저자의 저작이 개정이나 증보 등의 방식으로 물리적인 체제나 내용이 달라진 경우에는 해당도서기호에 판차기호를 추가로 부기하여 개별화해야 한다.
⑧ 특정전집이나 연속간행물에 동일한 도서기호가 부여될 경우에는 각 권에 권호기호나 연도기호를 부기하여 개별화해야 한다.

도서기호의 종류: 1) 수입순기호법, 2) 연대순기호법, 3) 저자기호법

6.3.2. 수입순기호법

수입순기호법(accession number system)의 특성: (김남석 1999, pp.43-45; 김명옥 1989, pp.224-225; 윤희윤 2005, pp.219-220; 정필모 1991, pp.276-277; 최정태, 양재한, 도태현 1998, pp.230-232)

① 동일분류기호 내의 자료에 대해 자료가 입수된 일련번호순으로 도서기호를 부여하여 개별화하는 방식이다.
② 일명 도착순기호법 또는 고정식기호법이라 한다.
③ Dewey가 Amherst 대학도서관에서 사용하였고, 국내의 경우 박봉석에 의해 권장된 바 있으나, 현재는 거의 채용되지 않고 있다.

④ 장점:

(가) 기호의 결정이 간단하다.

(나) 도서의 배열과 점검이 용이하다.

(다) 고정식배가법이기 때문에 신착도서의 배가를 위해 기존도서의 서가의 배치를 이동시켜야 할 필요성이 적어진다.

(라) 배열공간을 절약할 수 있다.

(마) 체계적인 표를 사용할 필요가 없다.

(바) 자료의 개별화가 용이하다.

(사) 숫자로 기호가 구성되므로 이용자에게도 편리하다.

⑤ 단점:

(가) 수입순이라는 우연적 요소를 기호화하기 때문에 체계적인 군집화가 불가능하다.

(나) 군집화가 작위적(作爲的)이고 비논리적이다.

(다) 동일분류기호 내의 동일저자의 저작들이 입수순서에 따라 무질서하게 분산된다.

(라) 이용자의 직접적인 자료검색이 불편하다.

(마) 해당기호와 해당자료의 서지사항이 일치하지 않는다.

(바) 자료의 발행년에 따른 순서가 무질서하다.

6.3.3. 연대순기호법

연대순기호법의 특성과 장단점, 종류: (김남석 1999, pp.55-65; 김명옥 1989, pp.225-232; 윤희윤 2005, pp.220-223; 정필모 1991, pp.278-284; 최정태, 양재한, 도태현 1998, pp.232-244)

① 동일분류기호 내의 자료를 당해자료의 출판연대순으로 배열하기 위해 자료의 간행연대를 알파벳문자나 아라비아숫자로 기호화하는 방식이다.

② 학문의 발전속도가 빠른 과학기술분야의 자료에 적합한 기호법이다.

③ 장점:

(가) 기호의 결정이 간단하고 자료를 배열하기가 용이하다.

(나) 자료의 발행년에 따른 순서가 분명하다.

(다) 도서기호를 통해 최신자료를 용이하게 검색할 수 있다.

(라) 발행연도를 그대로 도서기호로 사용하는 숫자순 연대표시의 경우는 체계화된 표를 사용할 필요가 없다.

(마) 간단한 문자나 숫자로 구성되므로 이용자에게도 편리하다.

④ 단점:

(가) 동일분류기호 내에서 한 저자의 저작이 한 곳에 집중되지 않는다.

(나) 이용자의 직접적인 자료검색이 불편하다.

(다) 도서기호와 해당자료의 서지사항이 일치되지 않는다.

(라) 동일주제나 형식의 자료를 한 곳에 모은다는 분류의 일반원칙에 어긋난다.

(마) 자료의 개별화가 용이하지 않다.

(바) 자료를 점검하기가 어렵다.

⑤ 종류:

(가) Biscoe의 연대순기호법: Biscoe가 1885년 Library Journal에 발표한 최초의 연대순도서기호법으로, 각 연대를 알파벳문자와 아라비아숫자를 결합하여(예: 1989 → Y9) 기호화하였다.

(나) Brown의 연대순기호법: Brown이 1906년 주제분류법(SC)에 발표한 기호법으로, 각 연도를 알파벳 소문자 두 자로(예: 1968 → ty) 기호화하였다.

(다) Ranganathan의 연대순기호법: Ranganathan이 1933년 콜론분류법(CC)에서 도서기호용 연대기호표로 발표한 기호법으로, 출판연대를 알파벳 대문자와 결합하여(예: 1986 → N86) 기호화하였다.

(라) 리재철의 새연대순도서기호법.

새연대순도서기호법의 특성과 사용법: (이 소절의 내용은 이재철 1986, 새연대순도서기호법의 내용을 요약하고 일부 예를 추가한 것으로, 독자의 편리한 이해를 위해 기호를 간략화하기 위해 적용된 예외규칙은 무시하였다. 따라서 예외규칙을 그대로 적용하고자 할 경우에는 원본을 참고하기 바란다).

① 리재철이 1983년 연대순도서기호법으로 발표된 것을 수정하여 1986년에 단행본으로 발행한 국내유일의 연대순기호법이다.

② 특성:

(가) 아라비아숫자만으로 연대기호를 구성한다.

(나) 전기나 문학 등의 일부예들은 종래의 저자기호법에 따라 자모순 도서기호를 부여한 다음에 연대기호를 부기하도록 하고 있다.

③ 자모순도서기호법에 해당되지 않는 자료의 연대순기호법:

(가) 연대기호 – 연대기호는 발행년을 서기와 아라비아 숫자로 통일하여 1900년대의 것은 그 마지막 두 자리 숫자, 2000년대의 것은 마지막 세 자리 숫자를 기호로 삼는다. 이 때 양서는 기호 말미에 "a"를 추가하여 동서와 구별한다.

> 예: 1981(동양서) → 81
> 2003(동양서) → 003
> 2003(서양서) → 003a

(나) 추정발행년 – 발행연도 표시가 없는 자료는 추정발행년을 연대기호로 하되, 2년 이상의 폭을 가진 것은 최근년도를 기호화한다.

> 예: 2001년이나 2002년 발행으로 추정되는 동양자료 → 002

(다) 신간으로 발행년 추정이 불가능한 도서는 수입년을 대상으로 기호화한다.

(라) 다른 판의 연대기호 – 동일저작의 판이 다른 것은 개정판이나 번역판, 주해판 등도 판이 다른 것으로 간주하여, 그 특정판의 발행년을 대상으로 연대기호로 매긴다. 다만 별법으로 원저작의 초판발행년을 대상으로 기호를 부여하거나, 초판발행년을 대상으로 한 기호에 그 특정판의 발행년을 그대로 판기호로 부기할 수도 있다.

> 예: 1970년 초판 → 70
> 1978년 개정판 → 78 (별법: 70 또는 "70" + "1978")

(마) 발행년이 다른 다권본과 일반도서적 성격을 띤 연간물 – 두 권 이상으로 이루어진 도서 및 일반도서적 성격을 띤 연간물을 한 곳에 모을 경우에는 그 최초로 발행된 권책의 발행년을 기준으로 전체의 연대기호를 매긴다.

④ 부차적 기호로서 입수순기호, 권차기호, 판기호, 복본기호를 부여하는 경우:

(가) 입수순기호 – 동일항목 내에서 동일한 연대기호를 갖는 도서가 둘 이상 있을 경우에는 두 번째 들어온 것부터 입수순표시로 동서는 "가"부터의 한글기본음절표의 음절자(가갸거겨순), 양서는 "b"부터 연대기호에 덧붙인다.

> 예: 경영학개론 / 박명호(1999) → 99
> 경영학개론 / 채서일(1999) → 99가
> 경영학개론 / 장홍섭(1999) → 99갸

(나) 판기호 – 동일저작의 개정판 등을 별법에 따라 원저작의 초판발행년을 대상으로 연대기호를 부여했을 경우에는 그 개정판이나 번역판, 주해판 등의 발행년의 서기연도를 그대로 판기호로 사용한다.

> 예: 1977년 초판발행자료의 1988년 개정판 → "77" + "1988"

(다) 권차기호 – 권차는 아라비아숫자로 통일하여 연대기호 다음 줄에 기재한다. 판기호가 있는 것은 판기호 다음에 이를 기재한다.

(라) 복본기호 – 동일자료의 복본은 두 번째 이후에 들어온 자료에 대해 "2"부터의 일련번호를 부여하되, 동서는 등호(=), 양서는 "C"를 앞세워 연대기호 및 권차기호의 다음 줄에 기재한다.

⑤ 자모순 도서기호법의 적용도서: (자모순도서기호의 예는 리재철의 한글순도서기호법 제5표의 예에 따랐음)

(가) 전기와 인물평 – 피전자(被傳者)나 피평자의 성명을 대상으로 자모순 도서기호(통상 저자기호)를 부여하고 난 후 연대기호를 매긴다.

(나) 족보, 세록(世錄), 가문의 인물지 – 그 대상이 되는 성씨에 의해 자모순 도서기호를 부여하고 난 후 연대기호를 매긴다. 이 때 "본관-성"의 순위로 되어 있는 대상어는 "성-본관"의 순위로 도치하여 기호를 매긴다(예: "해주오씨종친회"의 대상어는 "오해주"가 된다).

(다) 조직체에 관한 도서 – 단체나 기관 등에 관한 도서는 해당조직체명에 의해 자모순 도서기호를 부여한 후 연대기호를 매긴다.

(라) 지방지 및 지방사 – 분류표상에 특정한 분류기호를 갖지 않는 지역이나 강, 산, 고적 해당 지역 등은 그 이름을 대상으로 자모순 도서기호를 부여한 후 연대기호를 매긴다.

> 예: 불국사복원공사보고서(1976)
> → "불16"(불국사의 도서기호) + "76"(연대기호)

그러나 특정분류기호를 갖는 경우는 도서기호 없이 연대기호를 부여한다.

> 예: 한국지리(1974)
> → "911"(KDC의 한국지리 분류기호) + "74"(연대기호)

(마) 개인의 문학작품, 예술작품, 두드러진 철학자 및 사상가의 논저 – 먼저 자모순도서기호로서 저자기호와 서명기호를 함께 부여한 후 특정판의 연대기호를 매긴다.

> 예: 무정 / 이광수(1956) → "이' 15무"(도서기호) + "56"(연대기호)

(바) 분류표상 특정항목으로 설정되지 않은 특정경전 및 고전 – 해당경전이나 고전의 통일서명을 대상으로 자모순 도서기호를 부여한 후 연대기호를 매긴다.

> 예: 금강바라밀경(1955) → "금125"(도서기호) +"55"(연대기호)

(사) 1900년 이전 도서 및 그 영인본, 신판, 번역서 등 — 그 원본의 저자표시의 첫머리에 나오는 저자의 표목으로 올림형의 이름, 저자가 없는 경우는 그 통일서명을 대상으로 자모순 도서기호와 서명기호를 부여한 후 연대기호를 매긴다.

예: 삼국유사 / 일연 저; 이기백 역(1975)
→ "일64사"(도서기호 및 서명기호) + "75"(연대기호)

(아) 연속간행물 — 그 간행물명을 대상으로 자모순 도서기호를 부여한다.

예: 신동아 → 신25

(자) 특정저작의 비평, 해설, 색인 등 — 그 대상이 된 도서 및 그 특정판을 중심으로 도서기호를 부여한 후, 동서는 "ㅛ", 양서는 "Y"를 앞에 적고 해당자료의 연대기호를 매긴다.

예: 한국십진분류법해설/이병수(1968) → "66ㅛ68"
(해설대상인 한국십진분류법 제2판은 1966년에 발행되었음).

6.4. 저자기호법의 종류와 사용법

저자기호법의 특성과 장단점, 종류: (김남석 1999, pp.65-124; 김명옥 1989, pp.232-260; 박준식 1997, pp.15-131; 윤희윤 2005, pp.223-236; 정필모 1991, pp.284-301; 최정태, 양재한, 도태현 1998, pp.245-278)

① 저자기호는 동일분류기호 내에서 추가의 세분을 위해 저자명을 문자나 숫자, 기타기호로 조립하여 기호화한 것이다. 이 경우 저자명에는 기본저록(기입)의 표목의 대상이 되는 개인명이나 단체명, 회의명, 통일서명, 서명 등이 포함될 수 있다.

② 장점:
(가) 기호의 조직이 논리적이다.
(나) 저자의 문자순배열과 일치한다.
(다) 기호의 전개방법이 무한하다.
(라) 서지적 특징을 살린 기호법이다.
(마) 도서의 서가배열이 조직적이다.
(바) 저자명에 의한 집합과 작품의 개별화가 용이하다.

③ 단점:
(가) 기호의 구성방법이 복잡하다.
(나) 기호표를 일일이 확인해야 한다.
(다) 도서를 개별화하기 위해 복잡한 기호가 필요하게 된다.
(라) 도서를 서가에 배열하기가 어렵다.
(마) 도서를 점검하기가 어렵다.

④ 종류:
(가) 열거식기호법: 박봉석의 성별기호표, 고재창의 한국저자기호표, 이춘희의 동서저자기호표, 장일세의 동서저자기호표, 정필모의 한국문헌기호표, 국립중앙도서관의 동양서저자기호표, 박준식의 영미저자기호표, Cutter- Sanborn의 저자기호표, Olin의 저자기호표, Merrill의 저자기호표.
(나) 분석합성식기호법: 리재철의 한글순도서기호법, LC의 저자기호법(Cutter Table)

리재철의 한글순도서기호법: (이 소절의 내용은 이재철. 1982, 한글순도서기호법의 제5표를 중심으로 설명한 것으로, 구체적인 내용은 해당자료를 참고하기 바란다.)

① 현재 국내에서 동양자료의 도서기호로 가장 널리 사용되는 분석합성식 저자기호표로 제5표(완전형가표)가 주로 사용된다.

② 기호표의 구성: 한글을 자음과 모음으로 구분하여 각각 1-9까지의 숫자를 한 자리 또는 두 자리로 배정하고 다음과 같은 방식으로 이를 합성하여 사용하도록 하고 있다.(〈표 6-1〉은 제5표의 예임)

〈표 6-1〉 리재철의 한글순도서기호법(제5표)

자음기호		모음기호			
		초성이 "ㅊ" 이 아닌 글자		초성이 "ㅊ" 인 글자	
ㄱ ㄲ	1	ㅏ	2	ㅏ(ㅐ ㅑ ㅒ)	2
ㄴ	19	ㅐ(ㅑ ㅒ)	3	ㅓ(ㅔ ㅕ ㅖ)	3
ㄷ ㄸ	2	ㅓ(ㅔ ㅕ ㅖ)	4	ㅗ(ㅘ ㅙ ㅚ ㅛ)	4
ㄹ	29	ㅗ(ㅘ ㅙ ㅚ ㅛ)	5	ㅜ(ㅝ ㅞ ㅟ ㅠ ㅡ ㅢ)	5
ㅁ	3	ㅜ(ㅝ ㅞ ㅟ ㅠ)	6		
ㅂ ㅃ	4	ㅡ(ㅢ)	7	ㅣ	6
ㅅ ㅆ	5	ㅣ	8		
ㅇ	6				
ㅈ ㅉ	7				
ㅊ	8				
ㅋ	87				
ㅌ	88				
ㅍ	89				
ㅎ	9				

③ 사용법:

(가) 저자기호의 기본기호는 문자기호와 숫자기호로 이루어진다. 문자기호는 대상어의 첫 자(음절)를 그대로 채택하고, 숫자기호는 대상어의 둘째 자(음절)를 자음(초성)과 모음(중성)으로 분석하여 각각 표의 기호로 바꾸어 이를 합성한다.

예: 정필모 → 정898

(나) 표에 대표모음으로 나와 있지 않은 모음은 한글의 배열순위(ㅏ ㅐ ㅑ ㅒ ㅓ ㅔ ㅕ ㅖ ㅗ ㅘ ㅙ ㅚ ㅛ ㅜ ㅝ ㅞ ㅟ ㅠ ㅡ ㅢ ㅣ)에서 앞에 오는 대표모음의 기호를 선택한다.

예: 김규식 → 김16

(다) 기호화될 글자가 외자(단음절)일 경우에는 문자기호 다음에 콤마를 붙이고 그 다음글자의 자음(초성)만을 숫자기호화한다. 콤마가 있는 기호는 없는 기호의 앞에 배열한다.

> 예: 웹, 캐리 → 웹, 87

(라) 서로 다른 표목을 사용하는 경우임에도 불구하고 저자기호를 부여한 결과 기존자료와 동일한 기호를 갖게 될 경우에는 나중에 입수된 자료의 저자기호에 임의의 숫자(보통은 5부터 시작)를 추가하여 개별화한다.

> 예: 김수동 → 김56 (첫 번째 입수자료)
> 김수철 → 김565 (두 번째 입수자료)
> 김순희 → 김568 (세 번째 입수자료)

(마) 동일저자의 서로 다른 서명을 가진 저작들이 저자기호를 부여한 결과 기존자료와 동일한 기호를 갖게 될 경우에는 저작기호를 조정하여 차별화한다.

> 예: 이차돈의 사 / 이광수 → 이15이 (첫 번째 입수자료)
> 여성개조론 / 이광수 → 이15여 (두 번째 입수자료)
> 인생의 향기 / 이광수 → 이15인 (세 번째 입수자료)

(바) 판차가 있을 경우는 저작기호 다음에 판차를 숫자화하여 기재하고, 서명을 기본저록의 표목으로 채택한 경우에는 출판사의 첫 자를 저작기호로 사용하고 그 뒤에 판차를 기재한다. 아울러 판차보다 출판년도를 표시하는 것이 바람직한 것으로 판단되는 경우에는 판차 대신 출판년도를 기재한다.

> 예: 도서편목법 / 김남석, 제3판 → 김192도3
> 영한사전, 동아출판사, 제9판 → 영92동9
> (서명기본저록의 예)
> 한국도서관통계 / 한국도서관협회, 2002 → 한16한 2002
> (출판년도 기재의 예)

(사) 권호 및 복본기호는 도서기호와 다른 행에 기록하되, 권호는 대쉬(–), 복본기호는 등호(=)를 앞세워 적는다.

> 예: 서지학연구(서지학회), 제3권 제1호 → 서78서-3-1
> 도서관문화사/정필모, 오동근 공저 (4번째 복본) → 정898도=4

(아) 개인의 전기서나 비평서는 그 대상인물(被傳者)의 이름을 기호화하고, 저자명을 저작기호란에 기재한다. 그러나 자서전은 저자명을 기호화하되 저작기호를 부여하지 않는다.

> 예: 도산안창호 / 이광수 → 안82이
> 유치진자서전 → 유88

(자) 번역서는 저작기호나 판차기호 다음에 번역자의 성을 기재한다.

> 예: 정보사회와 공공도서관 / B. 어셔우드 저; 오동근 역 → 어54정오

Cutter-Sanborn 세 자리 저자기호표(Three-Figure Author Table): (윤희윤 2005, pp.227-229; 정필모 1991, pp.284-288)

① C. A. Cutter가 개발하고 K. G. Sanborn, E. M. Swift, P. K. Swanson 등에 의해 개정되고 발전된 열거식 저자기호표로, 서양서의 저자기호표로 국내외에서 가장 널리 사용되고 있다.

② 기호법의 기본구성은 성의 첫 글자와 아라비아 숫자로 구성된다.(자세한 내용은 부록 V 참조)

③ 사용법:

(가) 해당저자의 성의 첫 글자를 대문자로 기재하고, 그 다음에 그 저자에 해당하는 표의 숫자를 기재한다.

> 예: Newton → N561

(나) 어떤 저자명에 해당하는 번호가 없을 경우에는 바로 앞의 번호를 채택하여 기재한다.

> 예: Andrews, Helen → A566 (바로 앞의 기호)

(다) 두 저자가 동일한 번호를 갖게 될 경우에는 숫자 하나를 더 붙이는 것이 좋은데, 이때는 앞뒤에 여백이 있는 "5"를 사용하는 것이 좋다.

> 예: Reference Service / Krishnan Kumar → K96 (첫 번째)
> The Changing Concepts of Reference Service / Suseela Kumar → K965 (두 번째)

(라) 저자기호 다음에는 저작기호를 기재한다. 이 경우는 정관사나 부정관사를 제외한 서명의 첫 글자, 즉 첫 번째 키워드의 첫 글자를 소문자로 기재한다. 서명이 연도 등의 숫자로 시작될 때는 이를 영어로 읽어 그 첫 자를 기호화한다. 판차가 있을 경우에는 저작기호 다음에 부가한다.

> 예: Introduction to Cataloging and Classification / B. S. Wynar, 8th ed. → W985i8

(마) "0"(zero)은 알파벳 대문자 "O"와 혼동되기 쉬우므로 사용하지 않는다.

(바) "Mc, Mac, M"으로 시작되는 저자명은 모두 "Mac"으로 철자되는 것으로 취급한다.

> 예: McColvin → M129

(사) 서명을 기본저록의 표목으로 사용하는 자료(예를 들면 사전류, 연감류, 연속간행물, 종교경전, 무저자명고전 등)는 서명이나 표제의 첫 번째 키워드의 첫 글자를 기호화한다.

예: The World Almanac → W927

(아) 전기서는 그 대상인물(被傳者)의 이름을 기호화하고, 저자명을 저작기호란에 기재한다. 그러나 자서전은 저자명을 기호화하되 저작기호를 부여하지 않는다.

예: Whistler: Biography / Stanley Meintraub → W576m

LC 저자기호법(LC Cutter Table): (Taylor 2006, pp.450-454)

① 미국의회도서관(LC)에서 개발한 기호법으로 저자기호로 구성되는 기본저록의 표목의 첫 글자에 아라비아 숫자를 합성하여 작성하는 분석합성식 저자기호법이다.

② 기호표의 구성: 처음 글자가 (가) 모음으로 시작되는 경우, (나) "S"로 시작되는 경우, (다) "Qu"로 시작되는 경우, (라) 기타 자음으로 시작되는 경우와 (마) 이상의 경우를 적용하여 저자기호를 부여한 후 추가전개를 위해 숫자를 추가하는 경우로 구분하여 각각 2-9까지의 숫자를 아래 표와 같이 배정하고 이를 합성하여 사용하도록 하고 있다. (〈표 6-2〉 참조).

〈표 6-2〉 LC 저자기호법의 개요

처음글자 이후의 문자 / 사용숫자	첫 글자가 모음일 경우 (둘째문자)	첫 글자가 "S"일 경우 (둘째문자)	처음 글자가 "Qu"일 경우 (셋째문자)	첫 글자가 기타자음일 경우 (둘째문자)	추가전개를 위해 숫자를 추가할 경우 (셋째 또는 넷째문자)
2	b	a			
3	d	ch	a	a	a-d
4	l, m	e	e	e	e-h
5	n	h, i	i	i	i-l
6	p	m-p	o	o	m-o
7	r	t	r	r	p-s
8	s, t	u	t	u	t-v
9	u-y	w-z	y	y	w-z

③ 사용법: 저자기호의 기본기호는 문자기호와 숫자기호로 이루어진다. 문자기호는 대상어의 첫 문자를 그대로 채택하고, 숫자기호는 표의 지시에 따라 대상어의 둘째 또는 셋째 문자를 분석하여 표의 기호로 바꾸어 이를 합성한다. 필요에 따라서는 셋째 또는 넷째 문자를 표의 지시에 따라 기호화하여 추가할 수 있다.

(가) 모음으로 시작되는 경우:

예: Evans → E93 (둘째 문자 "v"의 "9" + 셋째 문자 "a"의 "3")

(나) "S"로 시작되는 경우:

예: Straus → S77 (둘째 문자 "t"의 "7" + 셋째 문자 "r"의 "7")

(다) "Qu"로 시작되는 경우:

예: Quality Control
→ Q35 (셋째 문자 "a"의 "3" + 넷째 문자 "l"의 "5")

(라) 기타 자음으로 시작되는 경우:

예: Hardy → H37 (둘째 문자 "a"의 "3" + 셋째 문자 "r"의 "7")

제 6 장

청구기호의 이해

객관식문제 및 해설

1 다음 중 청구기호의 기능에 대한 설명으로 가장 거리가 먼 것은 어느 것인가?

① 폐가제도서관의 경우 이용자에게 대출청구의 편의성을 제공한다.

② 신착자료의 배가위치를 확인하는 결정적 수단이 된다.

③ 특정자료를 다른 자료와 식별해주는 중요한 요소가 된다.

④ 반납자료의 재배가위치를 확인하는 수단이 된다.

⑤ 장서점검시 동일자료의 여부를 식별하는 기호가 된다.

해설 ③ 특정자료를 다른 자료와 식별해주는 요소는 서지기술(bibliographic description)이다.

2 다음 중 "동일주제에 관한 한 저자의 여러 저작물을 구별하기 위하여 보통 저자기호 뒤에 부기하여 서가상의 위치를 정해주는 기호"를 가리키는 용어로 가장 적합한 것은?

① 분류기호　　② 도서기호

③ 청구기호　　④ 저작기호

⑤ 복본기호

해설 ④ 저작기호(work mark, work letter, title mark)는 동일주제의 동일저자의 여러 저작물을 구별하기 위한 기호로, 보통 표제(서명)의 첫 단어의 첫 번째 문자를 붙인다.

Answer　1 ③　2 ④

3 다음 괄호 안에 들어갈 가장 적합한 용어로 올바르게 짝지어진 것은?

> "(①)는 도서관의 장서 가운데 특정자료를 식별하고 배가위치를 표시하는 일련의 기호로, (②)와 (③)를 포함한다."

① 분류기호 – 도서기호 – 저자기호

② 분류기호 – 저자기호 – 도서기호

③ 청구기호 – 저자기호 – 도서기호

④ 청구기호 – 도서기호 – 저자기호

⑤ 청구기호 – 분류기호 – 도서기호

해 설 ⑤ 청구기호(call number)는 이용자가 도서를 청구하는 기호로, 분류기호 다음에 도서기호 또는 저자기호 등을 추가하여 구성된다.

4 다음 중 이용자의 대출요구와 도서관의 장서관리 측면에서 필수불가결한 기호시스템으로 활용되는 것으로, 일반적으로 책등(書背)의 아래 부분에 표시되는 기호를 가리키는 용어로 가장 적합한 것은?

① 도서기호 ② 저자기호

③ 분류기호 ④ 청구기호

⑤ 별치기호

해 설 ④ 청구기호는 자료의 배가위치를 나타내는 일련의 기호시스템으로, 자료의 대출과 장서관리에 활용된다.

5 다음의 청구기호의 구성요소 가운데 부차적 기호에 해당하지 않는 것은 어느 것인가?

① 도서기호 ② 판차기호

③ 연도기호 ④ 복본기호

⑤ 권호기호

해 설 청구기호의 부차적 기호(additional number)에는 판차기호, 역자기호, 권호기호, 복본기호, 연도기호 등이 포함된다.

6 다음 중 연감이나 연보, 백서(白書), 연차보고서 등 연차적으로 발행되는 자료에 통상적으로 부여되는 부차적 기호는 어느 것인가?

① 저작기호
② 판차기호
③ 연도기호
④ 복본기호
⑤ 권호기호

해 설 ③ 연도기호는 연감이나 연보, 백서(白書), 연차보고서 등 연차적으로 발행되는 자료의 출판연도나 개최연도를 나타내는 기호이다.

7 다음 중 청구기호를 구성하는 최소단위로만 올바르게 짝지어진 것은 어느 것인가?

① 분류기호
② 분류기호 + 도서기호
③ 분류기호 + 별치기호
④ 도서기호 + 별치기호
⑤ 분류기호 + 도서기호 + 별치기호

해 설 ② 도서관자료의 절대다수를 차지하는 일반도서의 경우, 청구기호는 일반적으로 분류기호와 도서기호로 구성되며, 필요에 따라 별치기호와 부차적 기호가 추가된다.

8 다음 중 청구기호의 기능에 대한 설명으로 가장 거리가 먼 것은?

① 도서관에서 자료의 배가위치를 결정해주는 중요한 수단이 된다.
② 특히 폐가제도서관의 경우, 이용자에게 대출청구의 편의성을 제공해준다.
③ 반납된 자료의 재배가위치를 확인해주는 결정적인 수단이 된다.
④ 장서점검시 서가목록과 함께 동일자료의 판단여부를 식별하는 수단이 된다.
⑤ 저록 또는 기입(entry)의 배열위치를 결정하며, 검색어로서 검색의 수단이 된다.

해 설 ⑤ 저록이나 기입의 배열위치를 결정하고 검색어로서 검색의 수단이 되는 것은 표목(heading)이다.

Answer 3 ⑤ 4 ④ 5 ① 6 ③ 7 ② 8 ⑤

9 다음 중 아래 설명이 가리키는 용어로 가장 적합한 것은?

> "자료의 내용이나 형태의 특수성, 이용목적 등을 고려하여 별도의 장소에 배치하고자 할 경우에 사용되며, 대개 분류기호 상단에 별도의 문자로 표시된다."

① 청구기호 ② 분류기호
③ 별치기호 ④ 저자기호
⑤ 도서기호

해 설 ③ 별치기호는 소재기호라고도 하는데, 자료의 관리나 이용, 형태적인 특수성 등으로 별도로 비치하여 이용하는 것이 편리한 것으로 판단될 때 사용된다.

10 다음 중 청구기호의 주요구성요소에 해당하지 않는 것은 어느 것인가?

① 분류기호 ② 별치기호
③ 도서기호 ④ 복본기호
⑤ 등록번호

해 설 ⑤ 등록번호는 해당자료가 도서관에 입수된 순서에 따라 부여되는 일련번호로, 해당자료의 고유번호이기는 하나, 청구기호와는 무관하다.

11 다음 중 청구기호의 부차적 기호와 그에 대한 설명의 연결이 가장 적합치 않은 것은?

① 역자기호 – 원저작과 구별하기 위해 번역서에서 도서기호 다음에 부기하는 번역자에 대한 기호이다.
② 판차기호 – 개정 및 증보 등과 같은 도서의 내용변화나 물리적 체제의 변화가 있을 경우에 부여된다.
③ 복본기호 – 동일자료가 여러 권 입수되었을 경우에 부여된다.
④ 전기자기호 – 저자와 피전자의 관계를 나타내는 기호이다.
⑤ 권호기호 – 연감이나 연보, 백서(白書), 연차보고서 등 연차적으로 발행되는 자료의 출판연도나 개최연도를 나타내는 기호이다.

해 설 ⑤ 권호기호는 총서나 전집 및 선집, 연속간행물의 권호를 나타내는 기호이며, 연감이나 연보, 백서(白書), 연차보고서 등 연차적으로 발행되는 자료의 출판연도나 개최연도를 나타내는 기호는 연도기호이다.

12 다음 중 청구기호의 핵심이 되는 기호로, 자료의 주제와 형식 등을 기호로 변환한 것을 가리키는 용어로 가장 적합한 것은?

① 청구기호 ② 분류기호
③ 별치기호 ④ 저자기호
⑤ 도서기호

해 설 ② 분류기호는 분류표를 바탕으로 자료의 주제와 형식 등을 숫자나 문자 등의 기호로 변환하여 표시된다.

13 다음 중 사전이나 색인, 초록 등을 일반도서와 별도로 비치해두고 활용하기 위해 부여되는 별치기호로 가장 적합한 것은?

① S ② P
③ O ④ R
⑤ T

해 설 ④ 사전이나 색인, 초록 등의 참고자료의 별치기호로는 Reference의 머리글자인 "R"이나 참고문헌의 첫 글자 "참"을 사용한다.

14 연속간행물은 서지사항이나 발행빈도, 이용방법, 관리방식이 일반도서와 다르기 때문에 별치하여 관리하는 경우가 많다. 다음 중 연속간행물의 별치기호로 가장 적합한 것은?

① S ② D
③ O ④ R
⑤ T

해 설 ① 연속간행물의 별치기호로는 Serials의 머리글자인 "S"나 연속간행물의 첫 글자인 "연"을 사용하며, Periodicals의 머리글자인 "P"나 정기간행물의 첫 글자 "정"을 사용하기도 한다.

Answer 9 ③ 10 ⑤ 11 ⑤ 12 ② 13 ④ 14 ①

15 다음 중 총서나 전집 및 선집, 연속간행물의 권호를 나타내기 위해 통상 "V", "N" 뒤에 표시되는 기호를 가리키는 용어로 가장 적합한 것은?

① 저작기호 ② 판차기호
③ 연도기호 ④ 복본기호
⑤ 권호기호

해 설 ⑤ 권호기호는 총서나 전집 및 선집, 연속간행물의 권호를 나타내기 위해 사용되는 부차적 기호이다.

16 다음 괄호 안에 들어갈 가장 적합한 용어는 어느 것인가?

> "도서기호법의 종류는 고정식배가법과 상관식배가법의 기호법으로 구분하기도 하는데, 고정식배가법은 (①)처럼 도서 상호간의 관계를 무시한 채 우연성에 따라 일련번호를 부여하는 방법을 말한다."

① 저자기호법 ② 연대순기호법
③ 수입순기호법 ④ 저작기호법
⑤ 청구기호법

해 설 ③ 수입순기호법은 수입순이라는 우연적 요소를 일련번호로 사용하는 고정식배가법을 택하고 있다.

17 일반적으로 별치기호는 자료의 내용이나 형태의 특수성, 이용목적에 따라 별도의 장소에 배치하기 위해 부여된다. 다음 중 별치기호를 부여해야 할 자료로 적합치 않은 것은?

① 참고자료 ② 정기간행물
③ 학위논문 ④ 고서(古書)
⑤ 문학전집

해 설 ⑤ 별치기호를 사용하는 대표적인 유형으로는 참고자료와 정기간행물(연속간행물), 학위논문, 고서, 비도서자료, 아동도서, 향토자료, 대소형자료, 기념문고, 소설이나 전기 등이 있다.

18 학위논문은 논문의 체제나 성격, 두께 등이 일반도서와 성격이 다르다는 점에서, 별치하는 경우가 많다. 다음 중 학위논문의 별치기호로 가장 적합한 것은?

① S ② P
③ O ④ R
⑤ T

해 설 ⑤ 학위논문의 별치기호로는 Thesis의 머리글자 "T"나 Thesis and Dissertation의 약자 "TD", 학위논문의 첫 글자 "학"을 사용한다. 때로는 석사학위논문은 "T" 또는 "석", 박사학위논문은 "D" 또는 "박"으로 구분하는 경우도 있다.

19 다음 중 일반적으로 "S"나 "P" 등의 기호를 사용하여 별치되는 자료유형은 어느 것인가?

① 참고도서 ② 연속간행물(정기간행물)
③ 향토자료 ④ 석사 및 박사학위논문
⑤ 정부간행물

해 설 ② 연속간행물 및 정기간행물은 "S"(serials)나 "P"(periodicals) 또는 "연"(연속간행물)이나 "정"(정기간행물)을 사용하여 별치한다.

20 문헌분류에서는 별도의 분류 없이 별치기호와 분류기호의 기능을 겸하는 기호를 부여하는 경우도 있다. 그 대표적인 예는 소설과 전기이다. 다음 중 소설의 기호로 자주 사용되는 것은?

① B ② F
③ L ④ M
⑤ N

해 설 ② 소설의 경우는 그 작품의 양도 많고 이용율도 높아 별치하는 경우가 많은데, 이때는 Fiction의 머리글자 F를 사용하는 예가 많다.

Answer 15 ⑤ 16 ③ 17 ⑤ 18 ⑤ 19 ② 20 ②

21 문헌분류에서는 별도의 분류 없이 별치기호와 분류기호의 기능을 겸하는 기호를 부여하는 경우도 있다. 그 대표적인 예는 전기와 소설이다. 다음 중 전기의 기호로 자주 사용되는 것은?

① B ② F
③ L ④ M
⑤ P

해 설 ① 전기의 경우는 Biography의 머리글자 B를 사용하는 경우가 많다.

22 다음 중 분류기호의 기능에 대한 설명으로 적합치 않은 것은 어느 것인가?

① 동일한 주제나 형식의 자료를 동일한 곳에 모아주는 기능을 한다.
② 유사한 주제의 자료들을 인접서가에 모이게 하는 기능을 한다.
③ 군집(群集)된 서가 내에서 배열순서를 결정해준다.
④ 효과적이고 신속한 접근과, 열람, 대출을 가능하게 해준다.
⑤ 장서점검시 서가목록과 함께 동일자료의 판단여부를 식별하는 최종적인 수단이 된다.

해 설 ⑤ 장서점검시 서가목록과 함께 동일자료의 판단여부를 식별하는 수단이 되는 것은 청구기호이다. 분류기호가 동일한 경우라도, 서로 다른 많은 자료들이 있으므로, 분류기호만으로 동일자료를 판단하기는 어렵다고 할 수 있다.

23 다음 중 사전(辭典)이나 백과사전, 서지류, 색인, 목록, 등에 부여되는 별치기호는 어느 것인가?

① R ② P
③ F ④ O
⑤ G

해 설 ① 참고도서는 대개 일반도서와 별도로 배치하거나 참고열람실을 설치하여 별치하고, 관외대출은 금지하며 관내열람만을 가능하게 하도록 하는데, 이 경우의 별치기호로는 "R"이나 "참"(참고도서)으로 표시하게 된다.

24 별치기호 “L”은 다음 중 어떤 유형의 자료에 가장 적합한가?

① 참고도서 ② 연속간행물(정기간행물)
③ 향토자료 ④ 석사 및 박사학위논문
⑤ 정부간행물

해 설 ③ 향토자료는 일반적으로 “L”(local collection) 또는 “향”이나 “향토”(향토자료)를 사용하여 별치한다.

25 다음 중 문학작품에 부여되는 별치기호와 거리가 먼 것은?

① F ② P
③ R ④ D
⑤ E

해 설 ① F는 Fiction의 머리글자로서, 번역소설에 대하여 또는 소설 전체에 대하여 부여되는 별치기호이다. ② P는 Poetry의 머리글자, ④ D는 Drama의 머리글자, ⑤ E는 Essay의 머리글자로서 문학작품에 부여되는 별치기호들이다.③ R은 Reference의 머리글자로서 참고도서에 대하여 부여된다.

26 다음 중 소설에 대한 별치기호로 가장 적합한 것은 어느 것인가?

① R ② P
③ F ④ O
⑤ G

해 설 ③ 소설의 별치기호로는 Fiction의 머리글자를 따온 F를 사용하는 경우가 많다.

27 다음 중 별치자료와 별치기호의 연결이 적합치 않은 것은?

① 고서 – O ② 참고도서 – R
③ 소설 – F ④ 정부출판물 – G
⑤ 연속간행물 – C

해 설 ⑤ 연속간행물의 별치기호로는 S(serial), P(periodical), M(magazine), 연(연속간행물), 정(정기간행물) 등이 사용된다.

Answer 21 ① 22 ⑤ 23 ① 24 ③ 25 ③ 26 ③ 27 ⑤

28 다음 중 학위논문의 별치기호로 가장 적합한 것은?

① R ② Res
③ T ④ G
⑤ P

해 설 학위논문을 일반도서와 별치할 경우에는 T(thesis), 논(논문) 등의 기호를 부여하게 된다.

29 다음 중 연속간행물에 대한 별치기호로서 가장 적합하지 않은 것은?

① P ② M
③ S ④ 연
⑤ R

해 설 ⑤ R은 Reference의 머리글자로서 참고도서의 별치기호로 사용된다.

30 다음 중 도서관자료를 특수형태나 이용대상과 이용방법의 특수성, 이용빈도 및 자료의 특별한 보관의 필요성 등에 따라 보관할 수 있도록 하기 위해 부여하는 기호는?

① 도서기호 ② 별치기호
③ 저자기호 ④ 저작기호
⑤ 복본기호

해 설 ② 별치기호는 자료의 내용 또는 형태의 특수성이나 이용목적을 감안하여 별도의 서고나 서가에 배치하고자 할 경우에 사용한다.

31 맹인용의 점자도서는 주로 주제에 따라 분류하여 별치하게 되는데, 이 때 사용되는 별치기호로 가장 적합한 것은?

① R ② F
③ P ④ B
⑤ C

해 설 B는 Blind의 머리글자로서 점자도서의 별치기호로 사용되기도 한다.

32 다음 중 별치기호에 대한 설명으로 가장 적합치 않은 것은 어느 것인가?

① 청구기호의 중요한 일부로서 반드시 사용되어야 한다.
② 대개 분류기호 상단에 알파벳 대문자나 한글단어의 두문자(頭文字)로 표시된다.
③ 별도의 서고나 서가에 배치하고자 할 경우에 사용된다.
④ 참고도서의 별치기호로는 "R" 또는 "참"을 사용한다.
⑤ 연속간행물 및 정기간행물은 "S"나 "P" 또는 "연"이나 "정"을 사용한다.

해 설 ① 별치기호를 부여할 수 있는 자료들은 반드시 별치해야 하는 것은 아니며, 따라서 별치기호는 도서관에서 해당자료들을 별치하고자 할 경우에만 사용된다.

33 다음 괄호 안에 들어갈 가장 적합한 용어로 올바르게 짝지어진 것은?

> "(①)과 (②)은 도서 상호간의 관계에 따라 기호를 부여하는 이른바 상관식배가법(relative location)을 택하고 있는 대표적인 도서기호법이다."

① 저자기호법 – 연대순기호법　② 연대순기호법 – 수입순기호법
③ 수입순기호법 – 저자기호법　④ 저작기호법 – 수입순기호법
⑤ 청구기호법 – 연대순기호법

해 설 ① 저자기호법과 연대순기호법은 저자명이나 연도를 기호화하여 도서간의 관계를 나타낼 수 있도록 하는 상관식배가법의 기호법을 채택하고 있다.

34 다음 중 동일한 분류기호를 가진 각 자료를 개별화하는 데 사용되는 기호를 가리키는 용어로 가장 적합한 것은 어느 것인가?

① 청구기호　② 분류기호
③ 별치기호　④ 저자기호
⑤ 도서기호

해 설 ⑤ 도서기호는 같은 분류기호를 갖는 도서나 자료군의 배열순서를 결정하기 위해 부여하는 기호법이라고 할 수 있다.

Answer 28 ③ 29 ⑤ 30 ② 31 ④ 32 ① 33 ① 34 ⑤

35 다음 중 해당자료와 별치기호의 연결이 올바르지 못한 것은?

① 연속간행물 – P
② 학위논문 – T
③ 소설 – F
④ 고서(古書) – L
⑤ 지도자료 – M

해 설 ④ 고서의 별치기호로는 Old의 첫 자인 O나 Rare books의 첫 자인 R이 주로 사용된다.

36 별치기호 "J"나 "C"는 다음 중 어떤 유형의 자료에 가장 적합한가?

① 참고도서
② 연속간행물(정기간행물)
③ 향토자료
④ 아동도서
⑤ 정부간행물

해 설 ④ 아동도서는 "J"(juvenile)나 "C"(child) 또는 "아"나 "아동"(아동)을 사용하여 별치한다.

37 도서기호법 가운데 기호를 부여하기가 가장 편리한 방법은 어느 것인가?

① 저자기호법
② 연대순기호법
③ 수입순기호법
④ 저작기호법
⑤ 청구기호법

해 설 ③ 서가목록을 보고 수입순으로 일련번호를 부여하는 수입순기호법의 최대장점은 도서기호를 부여하는 방법이 아주 간단하다는 점이다.

38 다음 중 학문의 발전속도가 빠른 과학기술분야의 자료에 적합한 것으로 인정되고 있는 도서기호법은 어느 것인가?

① 저자기호법
② 연대순기호법
③ 수입순기호법
④ 저작기호법
⑤ 청구기호법

해 설 ② 연대순기호법은 동일한 분류번호를 가진 자료들을 출판연도순으로 배열하는 방법으로, 학문의 발전속도가 빠른 과학기술분야에 적합한 것으로 평가되고 있다.

39 다음 중 연대순기호법의 고안자에 해당하지 않는 사람은?

① W. C. Biscoe ② J. D. Brown
③ S. R. Ranganathan ④ 리재철
⑤ 박봉석

해 설 W. C. Biscoe와 J. D. Brown, S. R. Ranganathan은 모두 연대기호법을 고안한 사람들이며, 리재철은 1986년 새연대순도서기호법을 발행한 바 있다.

40 다음 중 상관식배가법(relative location)과 가장 관계가 깊은 도서기호법으로 올바르게 짝지어진 것은?

① 수입순기호법 ② 저자기호법
③ 연대순기호법 – 저자기호법 ④ 수입순기호법 – 연대순기호법
⑤ 연대순기호법 – 저자기호법 – 수입순기호법

해 설 상관식배가법의 기호법은 도서 상호간의 관계에 따라 기호를 부여하는 방식으로, 저자기호법과 연대순기호법이 여기에 해당한다. ① 수입순기호법은 고정식배가법에 해당한다.

41 다음 중 도서기호의 필요성에 대한 설명으로 가장 거리가 먼 것은 어느 것인가?

① 특수한 형태의 자료를 서가상에 배열하기 위해 필요하다.
② 도서를 일정한 순서에 따라 서가에 배열하기 위해 필요하다.
③ 반납도서를 서가상에 재배열을 용이하게 하기 위해 필요하다.
④ 열람자가 도서의 대출을 청구할 때 편리한 기호를 제공하기 위해 필요하다.
⑤ 특정자료를 해당도서관의 자료로 등록하기 위해 필요하다.

해 설 ⑤ 특정자료를 해당도서관의 자료로 등록하기 위해 필요한 것은 등록번호(accession number)이다.

Answer 35 ④ 36 ④ 37 ③ 38 ② 39 ⑤ 40 ③ 41 ⑤

42 다음 중 M. Dewey가 Amherst 대학도서관에서 사용하였고, 박봉석에 의해 권장된 바 있는 도서기호법은 어느 것인가?

① 저자기호법 ② 연대순기호법
③ 수입순기호법 ④ 저작기호법
⑤ 청구기호법

해 설 ③ 수입순기호법은 Amherst 대학도서관에서 사용되었고, 국내에서도 박봉석에 의해 권장된 바 있으나, 현재는 거의 채용되지 않고 있다.

43 다음 중 기본저록(기입)방식과 가장 관계가 깊은 도서기호법은 어느 것인가?

① 저자기호법 ② 연대순기호법
③ 수입순기호법 ④ 저작기호법
⑤ 청구기호법

해 설 ① 저자기호법은 원칙적으로 기본저록(기입)의 표목으로 채택된 저자명을 기호로 변환하는 방법이다.

44 다음 중 우리나라의 유일한 연대순 도서기호법인 새연대순도서기호법을 고안한 사람은?

① 박봉석 ② 정필모
③ 리재철 ④ 이춘희
⑤ 장일세

해 설 ③ 새연대순도서기호법은 1986년에 리재철에 의해 발행된 바 있다.

45 다음 중 전세계에 걸쳐 가장 보편적으로 사용되는 도서기호법은 어느 것인가?

① 저자기호법 ② 연대순기호법
③ 수입순기호법 ④ 저작기호법
⑤ 청구기호법

해 설 ① 기본적으로 저자의 성명을 기호화하는 저자기호법은 가장 일반적으로 사용되는 도서기호법이다.

46 다음 중 열거식 저자기호법에 해당하지 않는 것은?

① 이춘희의 동서저자기호표
② 장일세의 동서저자기호표
③ 정필모의 한국문헌기호표
④ 고재창의 한국저자기호표
⑤ 리재철의 한글순도서기호법

해 설 ⑤ 리재철의 한글순도서기호법은 국내에서 채용하고 있는 가장 대표적인 분석합성식 저자기호법이다.

47 다음 중 표목으로 채택된 저자명을 자음과 모음으로 분석한 다음 기호표에 배정되어 있는 각각의 아라비아 숫자를 조합하여 도서기호를 구성하는 방식을 택하고 있는 저자기호법은?

① 이춘희의 동서저자기호표
② 장일세의 동서저자기호표
③ 정필모의 한국문헌기호표
④ 고재창의 한국저자기호표
⑤ 리재철의 한글순도서기호법

해 설 ⑤ 표목으로 채택된 저자명을 자음과 모음으로 분석한 다음 기호표에 배정되어 있는 각각의 아라비아 숫자를 조합하여 도서기호를 구성하는 방식은 분석합성식 저자기호법을 의미하는 것으로, 국내의 경우 리재철의 한글순도서기호법이 대표적이다.

48 다음 중 새연대순도서기호법에 대한 설명으로 가장 거리가 먼 것은 어느 것인가?

① 현재로서는 국내유일의 연대순기호법이다.
② 리재철이 1983년 연대순도서기호법으로 발표된 것을 수정하여 1986년에 단행본으로 발행하였다.
③ 아라비아숫자만으로 연대기호를 구성한다.
④ 발행연도 표시가 없는 자료는 추정발행년을 연대기호로 한다.
⑤ 전기나 문학 등의 예를 포함한 모든 자료들에 대해 일차적인 도서기호로서 연대기호를 부기하도록 하고 있다.

해 설 ⑤ 전기나 문학 등의 일부예들은 종래의 저자기호법에 따라 자모순 도서기호를 부여한 다음에 연대기호를 부기하도록 하고 있다.

Answer 42 ③ 43 ① 44 ③ 45 ① 46 ⑤ 47 ⑤ 48 ⑤

49 다음 중 Cutter-Sanborn Three-Figure Author Table의 사용법에 대한 설명으로 올바르지 않은 것은?

① 저자기호표에서 저자의 성을 찾아내어, 그 첫 글자와 그 성에 해당하는 아라비아숫자를 함께 기재한다.

② 채택된 저자기호 다음에는 서명의 맨 처음에 나오는 키워드의 첫 자를 소문자로 기재한다.

③ 해당저자명의 기호가 저자기호표에 나타나지 않을 경우에는, 반드시 바로 다음에 나타나는 성명의 번호를 사용한다.

④ 한 저자의 서로 다른 저작물이 동일한 기호를 가질 경우에는, 저작기호를 조정하여 이를 구분해준다. 예를 들어, 나중에 입수된 저작에 대해 서명의 첫 번째 및 두 번째 키워드의 첫 글자를 함께 적어주는 것과 같다.

⑤ 전기서와 비평서 등 전기자료는 피전자(被傳者)의 이름을 기호화하고, 저자의 성을 저작기호로 대신한다.

해 설 ③ 해당저자명의 기호가 저자기호표에 나타나지 않을 경우에는, 반드시 바로 앞에 나타나는 성명의 번호를 사용해야 한다.

50 한글순도서기호법에서는 일부자료에 대해서는 종래의 저자기호법에 따라 자모순 도서기호를 부여한 다음에 연대기호를 부기하도록 하고 있다. 다음 중 그와 같은 예에 해당하지 않는 것은 어느 것인가?

① 족보 ② 지방지와 지방사

③ 전기 ④ 개인의 문학작품

⑤ 연감

해 설 한글순도서기호법에서 자모순 도서기호법의 적용도서에는 전기와 인물평, 족보, 세록(世錄), 가문의 인물지, 조직체에 관한 도서, 지방지 및 지방사, 개인의 문학작품, 예술작품, 두드러진 철학자 및 사상가의 논저, 분류표상 특정항목으로 설정되지 않은 특정경전 및 고전, 1900년 이전 도서 및 그 영인본, 신판, 번역서 등, 연속간행물, 특정저작의 비평, 해설, 색인 등이 있다. ⑤ 연감은 여기에 해당되지 않는다.

51 다음 중 저자의 성명을 근거로 미리 조합해 놓은 일람표에서 가장 적합한 기호를 선택하는 방식을 택하고 있는 저자기호법에 해당하지 않는 것은?

① 이춘희의 동서저자기호표　　② 장일세의 동서저자기호표
③ 정필모의 한국문헌기호표　　④ 박봉석의 성별기호표
⑤ 리재철의 한글순도서기호법

해 설 ⑤ 저자의 성명을 근거로 미리 조합해 놓은 일람표에서 가장 적합한 기호를 선택하는 방식을 택하고 있는 저자기호법은 열거식 저자기호법을 말한다. 리재철의 한글순도서기호법은 이와는 달리, 분석합성식 저자기호법에 해당한다.

52 다음 중 이른바 고정식배가법(fixed location)을 따르는 도서기호법은 어느 것인가?

① 저자기호법　　② 연대순기호법
③ 수입순기호법　　④ 저작기호법
⑤ 청구기호법

해 설 ③ 고정식배가법에 따르는 기호법은 도서 상호간의 관계를 무시하고 우연성에 따라 일련번호를 부여하는 방법이다. 수입순기호법은 수입순이라는 우연적 요소를 일련번호로 사용하는 방법을 택하고 있으므로, 이에 해당한다고 할 수 있다.

53 다음 중 동일한 분류항목 내에 두 개 이상의 문헌이 모일 때, 또는 이를 예상하여, 이들을 각각 개별화하기 위해 사용하는 기호법을 가리키는 용어로 가장 적절한 것은?

① 청구기호　　② 분류기호
③ 별치기호　　④ 저작기호
⑤ 도서기호

해 설 ⑤ 도서기호는 분류번호에 이은 2차적인 배열기준으로서, 동일한 분류항목내의 각 문헌에 대한 배열위치를 최종적으로 확정해주는 기호법이다.

Answer 49 ③　50 ⑤　51 ⑤　52 ③　53 ⑤

54 다음 중 저자기호의 채용여부를 결정하는 데 있어 고려해야 할 요소로 가장 거리가 먼 것은?

① 장서의 규모와 성격
② 상세한 분류표의 사용여부
③ 각각의 문헌을 개별화하는 다른 방법의 채용여부
④ 저자기호의 보조 없이 문헌을 출납할 수 있는 능력과 소요시간
⑤ 주제명표목의 부여여부

해 설 ⑤ 주제명표목의 부여여부는 도서의 서가상 배열과는 무관한 것으로, 저자기호의 채택여부와는 전혀 관계가 없다.

55 다음 중 수입순도서기호법의 장점에 해당하지 않는 것은?

① 기호의 결정이 간단하다.
② 도서의 배열과 점검이 용이하다.
③ 도서의 상호간의 관계에 따라 기호가 부여되므로, 이용자에게 편리하다.
④ 배열을 할 때 추가의 공간을 필요로 하지 않는다.
⑤ 신착도서를 배열하기 위해 이미 배열된 도서의 서가위치를 이동할 필요가 없다.

해 설 ③ 도서상호간의 관계에 따라 기호를 부여하는 상관적배가법에 따르는 도서기호법은 저자기호법과 연대순기호법이다.

56 다음 중 저자기호법에 대한 설명으로 가장 거리가 먼 것은 어느 것인가?

① 다른 도서기호법에 비해 기호의 구성방법이 비교적 복잡하다.
② 저자기호는 동일분류기호 내에서 추가의 세분을 위해 저자명을 기호화한 것이다.
③ 통상의 경우 문자나 숫자, 기타기호로 조립하여 기호화하게 된다.
④ Cutter-Sanborn 세 자리 저자기호표(Three-Figure Author Table)는 분석합성식 저자기호법의 대표적인 유형이다.
⑤ 경우에 따라서 개인명이나 단체명, 회의명, 통일서명, 서명 등이 기호화의 대상에 포함될 수 있다.

해 설 ④ Cutter-Sanborn Three-Figure Author Table은 열거식 저자기호법의 대표적인 유형이다.

57 다음 중 우리나라 최초의 저자기호법을 고안한 사람은?

① 리재철
② 정필모
③ 박봉석
④ 고재창
⑤ 이춘희

해 설 ③ 우리나라 최초의 저자기호법은 1947년 박봉석이 편찬한 조선십진분류표의 권말에 수록된 성별기호표(姓別記號表)이다.

58 다음 괄호 안에 들어갈 가장 적합한 용어는 어느 것인가?

> "(①)은 학문의 발전과정을 일목요연하게 브라우징(browsing)할 수 있기 때문에, 학문의 발전 속도가 빠른 과학기술분야 자료 이용자의 시간과 노력을 줄여줄 수 있는 기호법이라 할 수 있다."

① 저자기호법
② 연대순기호법
③ 수입순기호법
④ 저작기호법
⑤ 청구기호법

해 설 ② 연대순기호법은 동일분류기호내의 자료들이 연대나 연도순으로 서가상에 배열되기 때문에 과학기술분야의 이용자에게 특히 도움이 될 수 있다.

59 다음 중 저자기호법에 대한 설명으로 올바르지 못한 것은?

① 원칙적으로 기본저록(기입)의 표목으로 채택된 개인저자나 단체저자 등의 저자명을 기호화한다.
② 동일저자의 저작을 한 곳에 모으면서 개별화할 수 있다는 장점이 있다.
③ 기호를 부여하는 방법이 아주 간단하여 사용하기에 편리하다.
④ 전 세계적으로 가장 보편적으로 사용되는 도서기호법이다.
⑤ 전기자료는 피전자(被傳者)의 이름을 기호화한다.

해 설 ③ 저자기호법을 사용하여 도서기호를 부여할 때는, 기호표와 서가목록을 참조해야 하며, 동일분류번호내에서 동일저자기호가 부여될 경우 이를 개별화하기 위한 방법이 아주 복잡하다는 문제가 있다.

Answer 54 ⑤ 55 ③ 56 ④ 57 ③ 58 ② 59 ③

60 다음 중 리재철의 한글순도서기호법에 대한 설명으로 가장 거리가 먼 것은 어느 것인가?

① 열거식 저자기호법의 대표적인 유형이다.
② 국내에서 동양서의 저자기호표로 가장 널리 사용되고 있다.
③ 한글을 자음과 모음으로 구분하여 각각 1-9까지의 숫자를 부여하고 있다.
④ 저자기호의 기본기호는 문자기호와 숫자기호로 이루어진다.
⑤ 개인의 전기서나 비평서는 그 대상인물(被傳者)의 이름을 기호화한다.

해 설 ① 리재철의 한글순도서기호법은 분석합성식 저자기호법의 대표적인 유형이다.

61 다음 중 한글을 자음과 모음으로 구분하고, 각각에 1-9의 한 자리 또는 두 자리 숫자를 배정하여, 이를 합성하여 저자기호로 사용할 수 있도록 고안된 저자기호표는?

① 이춘희의 동서저자기호표
② 장일세의 동서저자기호표
③ 정필모의 한국문헌기호표
④ 박봉석의 성별기호표
⑤ 리재철의 한글순도서기호법

해 설 ⑤ 리재철의 한글순도서기호법은 자음과 모음을 분석하여 기호화하고 이를 합성하여 저자기호로 사용하도록 하는 분석합성식 저자기호표에 해당한다.

62 다음 중 도서기호의 필요성과 가장 거리가 먼 것은 어느 것인가?

① 도서를 일정한 순서에 따라 서가에 배열하기 위해
② 각 도서에 간단하고 정확한 청구기호를 부여하기 위해
③ 반납도서를 서가상에 배열하기 위해
④ 자료의 특수한 형태, 이용대상과 이용방법의 특수성, 이용빈도 및 자료의 특별한 보관의 필요성을 나타낼 수 있도록 하기 위해
⑤ 열람자가 도서를 청구할 때 편리한 부호를 제공하기 위해

해 설 ④ 자료의 특수한 형태, 이용대상과 이용방법의 특수성, 이용빈도 및 자료의 특별한 보관의 필요성을 나타낼 수 있도록 하기 위한 기호는 별치기호이다.

63 Cutter-Sanborn Three-Figure Author Table은 국내에서 서양서용 저자기호로 가장 널리 사용되는 기호법의 하나이다. 다음 중 그 사용법에 대한 설명으로 가장 거리가 먼 것은?

① 전기서와 비평서 등 전기자료는 피전자(被傳者)의 이름을 기호화하고, 저자의 성을 저작기호로 대신한다.

② "Mc, Mac, M"으로 시작되는 이름은 모두 Mac으로 철자되는 것으로 취급한다.

③ 사전류나 무저자명자료와 같이, 서명을 표목으로 채택하는 자료는 서명을 기호화한다. 다만 그 첫 단어가 관사로 시작될 때는 그 다음의 키워드를 기호화한다.

④ 연속간행물 등의 권호기호는 v.와 n.으로 표기하고, 복본기호는 c.로 표기한다.

⑤ 두 저자가 동일한 번호를 가질 경우에는, 숫자 하나를 더 추가하는 것이 좋다. 이 때는 1부터 일련번호순으로 기호를 부여해야 한다.

해 설 ⑤ 저자기호에 추가되는 기호는 5를 선택하는 것이 좋다. 왜냐하면 5는 추가의 숫자를 삽입할 필요가 있을 때, 그 양측에 여백이 있기 때문이다.

64 다음 중 이재철의 한글순도서기호법의 사용법에 대한 설명으로 가장 적합치 않은 것은?

① 표목으로 채택된 저자명이나 서명의 첫 자(음절)를 그대로 채기한 다음, 그 첫 자의 자음(초성)과 모음(중성)을 기호화하여 조합한다.

② 표에 배정되지 않은 모음은 한글의 배열순위에서 선치(先置)하는 대표모음의 기호를 선택한다.

③ 전기서와 비평서 등 전기자료는 피전자(被傳者)의 이름을 기호화하고, 저자의 성을 저작기호로 대신한다.

④ 판차나 권호보다도 연도기입이 바람직한 통계연보 및 연감류 등은 출판연도를 기호화한다.

⑤ 번역서는 저작기호나 판차기호 다음에 번역자의 성을 부기(附記)한다.

해 설 ① 저자기호의 기본기호는 문자기호와 숫자기호로 이루어진다. 문자기호는 대상어의 첫 자(음절)를 그대로 채택하고, 숫자기호는 대상어의 둘째 자(음절)를 자음(초성)과 모음(중성)으로 분석하여 각각 표의 기호로 바꾸어 이를 합성한다.

Answer 60 ① 61 ⑤ 62 ④ 63 ⑤ 64 ①

65 다음 중 동일한 분류기호 안에서 각 저작을 개별화하여 도서의 배가위치를 결정하기 위한 기호를 가리키는 용어로 가장 적합한 것은?

① 청구기호 ② 별치기호
③ 도서기호 ④ 권책기호
⑤ 복본기호

해 설 ③ 도서기호는 동일한 분류기호를 가진 도서를 개별화(individualizing)하고, 배열과 검색의 편의를 위해 순서를 정할 목적으로 부여되는 기호이다.

66 리재철의 한글순도서기호법의 기본기호는 문자기호와 숫자기호로 이루어진다. 문자기호는 대상어의 첫 자(음절)를 그대로 채택한다. 그렇다면 숫자기호는 대상어의 어느 글자를 분석하여 사용하는가?

① 첫째 자(음절)의 자음(초성)
② 첫째 자(음절)의 자음(초성)과 모음(중성)
③ 둘째 자(음절)의 자음(초성)
④ 둘째 자(음절)의 자음(초성)과 모음(중성)
⑤ 첫째 자(음절)의 자음(초성)과 둘째 자의 모음(중성)

67 다음 중 수입순도서기호법의 장점에 대한 설명으로 가장 적합치 않은 것은?

① 기호의 결정이 간단하다.
② 도서의 배열이 용이하다.
③ 도서의 점검이 용이하다.
④ 고정식배가법이므로 신착도서의 배열을 위하여 이미 배열된 도서의 서가위치를 이동할 필요가 없게 된다.
⑤ 특히 개가식도서관의 이용자에게 도움이 된다.

해 설 수입순서도서기호법은 우연성을 기초로 한 것으로서, 동일한 주제에 관한 동일한 저자의 저서라도 그 도서관에서의 수입일시 또는 정리일시의 상이에 따라서 무질서하게 분산되기 때문에 특히 개가식 도서관의 이용자에게 불편을 초래하게 된다.

68 도서기호 가운데 당해 도서관에 자료가 입수되어 분류된 순서에 따라 기호를 부여하는 방법은?

① 연대기호법 ② 수입순기호법
③ 저자기호법 ④ 문헌기호법
⑤ 분석합성식 기호법

해 설 수입순기호법은 자료가 수입되어 분류된 순서에 따른 수입순일련번호를 부여하는 것이다.

69 다음 중 연대기호법의 작성자에 해당하지 않는 사람은?

① Biscoe ② Brown
③ 리재철 ④ Ranganathan
⑤ Cutter

해 설 ⑤ Cutter가 작성한 도서기호법은 저자기호법이다.

70 리재철의 한글순도서기호법에 따를 경우, 다음 중 "이광수 저, 도산안창호"의 도서기호(저작기호 포함)로 가장 적합한 것은 어느 것인가?

① 안82 ② 안82도
③ 안82이 ④ 아82
⑤ 아82도

해 설 ③ 한글순도서기호법에서 문자기호는 대상어의 첫 자(음절)를 그대로 채택하고, 숫자기호는 대상어의 둘째 자(음절)를 자음(초성)과 모음(중성)으로 분석하여 각각 표의 기호로 바꾸어 이를 합성한다. 이 때 개인의 전기서는 그 대상인물(被傳者)의 이름을 기호화하고, 저자명을 저작기호란에 기재한다. 따라서 "안 + 8 + 2 + 이 → 안82이"가 된다.

Answer 65 ③ 66 ④ 67 ⑤ 68 ② 69 ⑤ 70 ③

71 다음 중 특히 과학이나 기술 분야의 자료에 적합한 것으로 인정되고 있는 도서기호법은 어느 것인가?

① 연대기호법
② 수입순기호법
③ 저자기호법
④ 문헌기호법
⑤ 별치기호법

해 설 ① 연대순도서기호법은 학문의 발전 속도가 빠른 과학기술분야의 자료에 적합한 기호법으로 평가되고 있다.

72 다음 중 수입순도서기호법의 장점으로 가장 거리가 먼 것은?

① 기호의 결정이 간단하다.
② 이용자의 직접적인 자료검색이 용이하다.
③ 체계화된 표를 사용할 필요가 없다.
④ 자료의 배열이 용이하다.
⑤ 자료의 개별화가 용이하다.

해 설 수입순도서기호법은 입수된 순서에 따라 일련번호가 부여되므로 체계적인 분류가 이루어지지 않는다. ② 따라서 이용자의 직접적인 자료검색에는 불편한 방법이다.

73 Cutter-Sanborn Three-Figure Author Table의 사용법에 대한 설명으로 가장 올바르지 못한 것은?

① Cutter-Sanborn표에서 당해저자의 성의 첫머리 몇 글자를 찾아내어 거기에 쓰여진 첫 글자 다음의 숫자를 적는다.
② 어떤 성명에 꼭 알맞은 번호가 없을 경우에는 바로 다음의 번호를 사용한다.
③ 두 명의 저자가 동일한 번호를 갖게 되는 경우에는 숫자를 하나 더 추가하는 것이 좋은데, 5를 채용하는 것이 좋다.
④ 서가배열에서 Cutter-Sanborn 번호는 십진배열을 해야 한다.
⑤ 동일한 저자의 서로 다른 책을 구별하기 위해서는 서명의 최초의 키워드에서 한 글자를 채택하여 이를 기호에 추가하도록 한다.

해 설 어떤 성명에 알맞은 번호가 없는 경우에는 바로 앞의 번호를 사용하게 된다.

74 다음 중 Subject Classification과 관계가 깊은 도서기호법은 어느 것인가?

① 수입순도서기호법

② 고정식도서기호법

③ 연대순도서기호법

④ 저자기호법

⑤ 문헌기호법

해 설 고정기호법(fixed location)은 수입순기호법과 동일한 것이다.James Duff Brown은 1906년 Subject Classification을 창안하면서 연대순기호법을 발표하였는데, 이는 두 자리의 알파벳 소문자로 각 연대를 기호화하고 있다.

75 리재철의 한글순도서기호법에 따를 경우, 다음 중 "박준식 저, 참고봉사론, 제3판"의 도서기호(저작기호 및 판차기호 포함)로 가장 적합한 것은 어느 것인가?

① 박76　　② 박76참

③ 박76참3　　④ 박76참-3

⑤ 박76참=3

해 설 ③ 리재철의 한글순도서기호법에서는 판차가 있을 경우는 저작기호 다음에 판차를 숫자화하여 기재하도록 하고 있다.

76 다음 중 저자기호법의 장점에 해당하지 않는 것은 어느 것인가?

① 기호의 전개방법이 무한하다.

② 기호의 구성방법이 간단하다.

③ 기호의 조직이 논리적이다.

④ 도서의 배가가 조직적이다.

⑤ 동일저자의 저작을 한 곳에 모을 수 있다.

해 설 저자기호표를 사용할 경우에는 기호표를 일일이 확인해야하고, 또한 기호의 구성방법이 복잡하며 배가와 장서점검이 복잡하다는 단점이 있다.

Answer 71 ① 72 ② 73 ② 74 ③ 75 ③ 76 ②

77 다음 중 우리나라 최초로 사용된 저자기호표는 어느 것인가?

① 리재철의 동서저자기호표
② 정필모의 한국문헌기호표
③ 박봉석의 성별기호표
④ 이춘희의 동서저자기호표
⑤ 장일세의 동양서저자기호표

해 설 1947년에 박봉석의 조선십진분류표(KDCP)에 발표된 성별기호표가 우리 나라 최초의 저자기호표라 할 수 있다.

78 Cutter-Sanborn Three-Figure Author Table을 사용할 경우 두 명의 저자가 동일한 번호를 갖게 될 때는 숫자 하나를 추가하도록 하고 있다. 이때 가장 적합한 숫자는?

① 1　　② 3
③ 5　　④ 7
⑤ 9

해 설 5를 사용할 경우에는 다시 추가의 숫자가 필요하게 될 경우 그 양측에 동일한 간격이 있기 때문에, 이를 채택하는 것이 바람직할 것이다.

79 다음 중 이른바 분석합성식 저자기호법은?

① 박봉석의 성별기호법
② 리재철의 한글순도서기호법
③ 이춘희의 동서저자기호표
④ 장일세의 동양서저자기호표
⑤ 정필모의 한국문헌기호표

해 설 ② 한글순도서기호법은 한글을 자음과 모음으로 구분하여 각각 1-9까지의 숫자를 한 자리 또는 두 자리로 배정하고 이를 합성하여 사용하도록 하고 있는 분석합성식 저자기호표이다.

80 다음 중 리재철의 한글순도서기호법에서 권호기호 앞에 사용하도록 하고 있는 기호는 어느 것인가?

① −　　② =
③ +　　④ 0
⑤ (

해 설 ① 한글순도서기호법에서 권호기호는 도서기호와 다른 행에 기록하되, 대쉬(−)를 앞세워 적는다.

81 Cutter-Sanborn Three-Figure Author Table에서는 동일한 저자의 서로 다른 책을 구별하기 위해서 서명의 최초의 키워드에서 첫 글자를 취하여 추가하도록 하고 있다. 이를 무엇이라 하는가?

① 도서기호　　② 저작기호
③ 별치기호　　④ 문헌기호
⑤ 연대기호

해 설 ② 저자기호 다음에는 저작기호를 기재하게 되는데, 이 경우는 정관사나 부정관사를 제외한 서명의 첫 글자, 즉 첫 번째 키워드의 첫 글자를 소문자로 기재한다.

82 다음 중 새연대순도서기호법의 저자는?

① 박봉석　　② 이춘희
③ 장일세　　④ 정필모
⑤ 리재철

해 설 ⑤ 새연대순도서기호법은 리재철이 1983년 연대순도서기호법으로 발표된 것을 수정하여 1986년에 단행본으로 발행한 국내유일의 연대순기호법이다.

Answer 77 ③　78 ③　79 ②　80 ①　81 ②　82 ⑤

83 다음 중 리재철의 한글순도서기호법에서 복본기호 앞에 사용하도록 하고 있는 기호는 어느 것인가?

① –　　② =
③ +　　④ 0
⑤ (

해 설 ② 한글순도서기호법에서 복본기호는 도서기호와 다른 행에 기록하되, 등호(=)를 앞세워 적는다.

84 다음 중 열거식의 저자기호법과 가장 거리가 먼 것은?

① 정필모의 한국문헌기호표
② 장일세의 동양서저자기호표
③ 이춘희의 동서저자기호표
④ 고재창의 한국저자기호표
⑤ Elrod의 저자기호표

해 설 Elrod의 저자기호법은 1955년에 연세대학교 도서관의 부관장으로 재직했던 J. M. Elrod가 고안한 것으로 저자명의 첫 세자를 저자기호로 채기하는 방식이다.

85 다음 중 도서기호의 구성에 관한 일반원칙으로 적합치 않은 것은?

① 도서기호의 길이는 도서관이 동일분류기호 내에 소장하고 있는 자료의 양에 따라야 한다.
② 저자기호표에서 번호를 선택할 때는 가장 가까이 명시된 성명이 포함된 번호를 택한다.
③ 여러 권으로 된 자료는 이를 구별할 수 있는 도서기호를 부여한다.
④ 복본은 동일한 도서기호를 부여한다.
⑤ 한 자료의 판차를 도서기호에 부여함으로써 판차별에 의한 구분을 가능하게 한다.

해 설 ③ 여러 권으로 된 자료는 모두 동일한 도서기호를 부여해야 한다. 그리고 책이나 목록에 v.1, v.2 또는 –1, –2 등을 청구기호의 일부로 채기하여 권수에 따라 구분되게 한다.

86 다음 괄호 안에 들어갈 가장 적합한 용어는 어느 것인가?

> "(①)는 도서기호를 보조하기 위한 기호로, 동일분류 중에 동일저자의 저작을 서명별로 그 배열순위를 정해준다."

① 저자기호 ② 연대순기호
③ 수입순기호 ④ 저작기호
⑤ 청구기호

해 설 ④ 저작기호는 도서가 동일한 분류기호를 가질 때 동일저자가 저술한 어느 한 서명과 다른 서명을 구분해주는 도서기호의 한 부분이다.

87 다음 중 도착순기호법, 고정식기호법과 같은 의미를 갖는 도서기호법은?

① 저자기호법 ② 연대순기호법
③ 수입순기호법 ④ 저작기호법
⑤ 청구기호법

해 설 ③ 수입순기호법은 동일분류기호 내의 자료를 수입된 순서에 따라 일련번호를 주어 개별화하는 방법으로, 도착순기호법 또는 고정식기호법이라고도 한다.

88 다음 중 도서기호와 가장 거리가 먼 것은?

① 저자기호 ② 저작기호
③ 연대기호 ④ 권호번호
⑤ 분류기호

해 설 ⑤ 분류기호는 도서기호와 함께, 청구기호의 핵심적인 부분이다. 저자기호와 저작기호, 연대기호, 권호번호는 도서기호의 일부를 구성하는 요소들이다.

Answer 83 ② 84 ⑤ 85 ③ 86 ④ 87 ③ 88 ⑤

※ 다음은 리재철의 한글순도서기호법 제5표의 일부이다. 이를 보고 다음 물음에 답하시오([문 89] - [문 91]).

자음기호		모음기호			
		초성이 "ㅊ"이 아닌 글자		초성이 "ㅊ"인 글자	
ㄱ ㄲ	1	ㅏ	2	ㅏ(ㅐ ㅑ ㅒ)	2
ㄴ	19	ㅐ(ㅑ ㅒ)	3	ㅓ(ㅔ ㅕ ㅖ)	3
ㄷ ㄸ	2	ㅓ(ㅔ ㅕ ㅖ)	4	ㅗ(ㅘ ㅙ ㅚ ㅛ)	4
ㄹ	29	ㅗ(ㅘ ㅙ ㅚ ㅛ)	5	ㅜ(ㅝ ㅞ ㅟ ㅠ ㅡ ㅢ)	5
ㅁ	3	ㅜ(ㅝ ㅞ ㅟ ㅠ)	6	ㅣ	6
ㅂ ㅃ	4	ㅡ(ㅢ)	7		
ㅅ ㅆ	5	ㅣ	8		
ㅇ	6				
ㅈ ㅉ	7				
ㅊ	8				
ㅋ	87				
ㅌ	88				
ㅍ	89				
ㅎ	9				

89 다음 중 "자동화목록법서설 : KORMARC 포멧을 중심으로 / 현규섭 저"의 저자기호로 가장 적합한 것은 어느 것인가?

① 현94　　② 현93

③ 현16　　④ 현15

⑤ 현72

해 설 ③ 현(저자명의 첫 글자) + 1(둘째 자의 초성 "ㄱ"의 기호) + 6(둘째 자의 중성 "ㅠ"의 기호) → 현16

90 다음 중 "도서관학 통론 / 최성진 저"의 저자기호로 가장 적합한 것은 어느 것인가?

① 최85 ② 최84
③ 최54 ④ 최53
⑤ 최78

해 설 ③ 최(저자명의 첫 글자) + 5(둘째 자의 초성 "ㅅ"의 기호) + 4(둘째 자의 중성 "ㅓ"의 기호) → 최54

91 다음 중 "(이봉순 자서전)도서관할머니 이야기 / 이봉순 지음"의 저자기호(저작기호 포함)로 가장 적합한 것은 어느 것인가?

① 이68이 ② 이68
③ 이45이 ④ 이45
⑤ 이456

해 설 ④ 자서전은 저자명을 기호화하되 저작기호를 부여하지 않는다. 따라서 "이(저자명의 첫 글자) + 4(둘째 자의 초성 "ㅂ"의 기호) + 5(둘째 자의 중성 "ㅗ"의 기호) → 이45"가 된다.

92 다음 중 도서기호법 가운데 수입순기호법의 장점과 가장 거리가 먼 것은?

① 기호의 결정이 간단하다.
② 자료의 발행년에 따라 순서가 결정되므로 순서가 분명하다.
③ 자료의 배열이 용이하다.
④ 자료의 점검이 용이하다.
⑤ 체계화된 표를 사용할 필요가 없다.

해 설 ② 수입순기호법은 자료의 발행년과 관계없이 입수순에 따라 기호를 부여하게 되므로, 발행년에 따른 순서가 무질서하다는 문제점이 있다.

Answer 89 ③ 90 ③ 91 ④ 92 ②

※ 다음은 LC Cutter Table의 일부이다. 이를 보고 다음 물음에 답하시오.([문 93] – [문 96])

① 첫 글자가 모음일 경우:

둘째 글자:	b	d	l-m	n	p	r	s-t	u-y
사용 기호	2	3	4	5	6	7	8	9

② 첫 글자가 "S"일 경우:

둘째 글자:	a	ch	e	h-i	m-p	t	u	w-z
사용 기호:	2	3	4	5	6	7	8	9

③ 첫 글자가 "Qu"일 경우:

다음 글자:	a	e	i	o	r	t	y
사용 기호:	3	4	5	6	7	8	9

④ 첫 글자가 기타 자음일 경우:

둘째 글자:	a	e	i	o	r	u	y
사용 기호:	3	4	5	6	7	8	9

③ 추가전개의 경우:

다음 글자:	a-d	e-h	i-l	m-o	p-s	t-v	w-z
사용 기호:	3	4	5	6	7	8	9

93 다음 중 "Library Bookselling / by F. T Bell and Frank Seymour Smith"의 저자기호로 가장 적합한 것은 어느 것인가?

① B45　　② B433

③ B35　　④ F35

⑤ F43

해 설 ① B(저자명의 첫 글자) + 4(기타 자음으로 시작되는 경우의 둘째 자 "e"의 기호) + 5(셋째 자 "l"의 기호) → B45

94 다음 중 "Problems in Library Management / by A. J. Anderson"의 저자기호로 가장 적합한 것은 어느 것인가?

① A53 ② A545
③ P76 ④ A76
⑤ P53

해설 ① A(저자명의 첫 글자) + 5(모음으로 시작되는 경우의 둘째 자 "n"의 기호) + 3(셋째 자 "d"의 기호) → A53

95 다음 중 "Library Automation / by Stephen R. Salmon"의 저자기호로 가장 적합한 것은 어느 것인가?

① L25 ② S25
③ L53 ④ S53
⑤ S74

해설 ② S(저자명의 첫 글자) + 2("S"로 시작되는 경우의 둘째 자 "a"의 기호) + 5(셋째 자 "l"의 기호) → S25

96 다음 중 "Chemistry / James Vincent Quagliano"의 저자기호로 가장 적합한 것은 어느 것인가?

① C34 ② c34
③ Q34 ④ q34
⑤ J34

해설 ③ Q(저자명의 첫 글자) + 3("Qu"로 시작되는 경우의 Qu 다음의 문자 "a"의 기호) + 4(넷째 자 "g"의 기호) → Q34

Answer 93 ① 94 ① 95 ② 96 ③

97 다음 중 도서기호법 가운데 연대순기호법의 장점과 가장 거리가 먼 것은?

① 기호의 결정이 간단하다.

② 자료의 발행년에 따라 순서가 결정되므로 순서가 분명하다.

③ 도서의 배열과 점검이 용이하다.

④ 자료의 개별화가 용이하다.

⑤ 체계화된 표를 사용할 필요가 없다.

해 설 ④ 연대순기호법은 자료에 표시된 발행년도를 기호화한 것으로, 개별화가 용이하지 않다는 문제점을 안고 있다.

98 Cutter-Sanborn Three-Figure Author Table의 사용법에 대한 설명으로 가장 올바른 것은?

① C. A. Cutter가 개발한 대표적인 분석합성식 저자기호표이다.

② 기호법의 기본구성은 성의 첫 글자와 아라비아 숫자로 구성된다.

③ 해당저자의 성의 첫 글자를 소문자로 기재한다.

④ 두 저자가 동일한 번호를 갖게 될 경우에는 숫자 하나를 더 붙이는 것이 좋은데, 이 때는 "1"부터 시작하여 차례로 사용하는 것이 좋다.

⑤ 전기서는 그 저자이름을 기호화하고 대상인물(被傳者)의 이름을 추가한다.

해 설 ① Cutter-Sanborn Three-Figure Author Table은 열거식 저자기호표이다. ③ 해당저자의 성의 첫 글자를 대문자로 기재한다. ④ 동일한 번호를 갖는 두 저자의 경우에 숫자를 추가할 때는 앞뒤에 여백이 있는 "5"를 사용하는 것이 좋다. ⑤ 전기서는 그 대상인물(被傳者)의 이름을 기호화하고, 저자명을 저작기호란에 기재한다.

99 리재철의 한글순도서기호법에 따를 경우, 다음 중 "D. J. 세이거 저; 임명순 등역, 공공도서관운영론"의 도서기호(저작기호 및 번역기호 포함)로 가장 적합한 것은 어느 것인가?

① 세68　　② 세68임

③ 세68공　　④ 세68임공

⑤ 세68공임

해 설 ⑤ 리재철의 한글순도서기호법에서는 번역서는 저작기호 다음에 번역자의 성을 기재하도록 하고 있다.

100 다음 〈보기〉 중 청구기호(call number)에 대한 설명으로 적합한 것을 모두 모은 것은?

〈보 기〉
가. 자료의 배가(配架)위치를 나타내는 일련의 기호시스템이다. 나. 개개기호를 구별하기 위한 것이며, 서가상의 위치 및 다른 도서와의 관련된 위치도 나타내준다. 다. 일반적으로 책등(書背)의 아래 부분에 표시한다. 라. 이용자의 입장에서는 도서관의 자료조직을 위한 자료의 배열위치를 결정해 주는 재고번호라는 의미를 갖는다.

① 가 – 나　　② 가 – 나 – 다
③ 가 – 라　　④ 나 – 다 – 라
⑤ 나 – 라

해 설 라. 청구기호가 도서관의 자료조직을 위한 자료의 배열위치를 결정해주는 재고번호라는 견해는 도서관인의 입장에서의 의미이다. 이용자의 입장에서는 필요로 하는 자료를 요구하기 위한 기호라는 의미를 갖는다.

101 다음 〈보기〉 중 청구기호의 구성요소 가운데 부차적 기호(additional number)에 해당하는 것을 모두 모은 것은?

〈보 기〉	
가. 별치기호	나. 판차기호
다. 역자기호	라. 복본기호

① 가 – 나　　② 가 – 나 – 다
③ 가 – 나 – 라　　④ 가 – 다 – 라
⑤ 나 – 다 – 라

해 설 부차적 기호는 판차기호, 역자기호, 권호기호, 복본기호, 연도기호, 전기자기호 등을 포함한다.

Answer 97 ④ 98 ② 99 ⑤ 100 ② 101 ⑤

102 다음 〈보기〉 중 청구기호의 기능에 대한 설명으로 적합한 것을 모두 모은 것은?

〈보 기〉

가. 이용자 – 도서관 – 목록시스템 – 자료실 – 서가 – 자료를 직접적으로 연결하는 매개기호이다.
나. 개가제도서관의 경우 이용자에게 대출청구의 편의성을 제공한다.
다. 같은 종류의 자료를 한 곳에서 발견할 수 있게 하고, 동일저자의 저작들이 한 곳에서 검색될 수 있게 한다.
라. 신착자료의 배가 및 반납자료의 재배가위치를 확인하는 결정적 수단이 된다.

① 가 – 나
② 가 – 나 – 다
③ 가 – 나 – 다 – 라
④ 가 – 다 – 라
⑤ 나 – 다 – 라

해 설 나. 이용자에게 대출청구의 편의성을 제공하는 것은 폐가제도서관의 경우에 해당한다.

103 다음 〈보기〉 중 저작기호(work mark, work letter, title mark)에 대한 설명으로 적합한 것을 모두 모은 것은?

〈보 기〉

가. 동일주제에 관한 한 저자의 여러 저작물을 구별하기 위하여 사용된다.
나. 보통 저자기호 뒤에 부기하여 서가상의 위치를 정해주는 기호이다.
다. 일반적으로 표제(서명)의 첫 단어의 첫 번째 문자를 붙인다.
라. 일본에서는 부차적 기호로 취급하기도 한다.

① 가 – 나
② 가 – 나 – 다
③ 가 – 나 – 다 – 라
④ 나 – 다 – 라
⑤ 나 – 라

해 설 가. 나. 다. 라. 모두 적합한 예에 해당한다.

104 다음 〈보기〉 중 청구기호의 구성요소와 그 예의 연결이 적절한 것을 모두 모은 것은?

〈보 기〉	
가. 복본기호 – C	나. 권호기호 – V, N
다. 별치기호 – S, T	라. 색인 및 부록기호 – R

① 가 – 나　　② 가 – 나 – 다
③ 가 – 나 – 다 – 라　　④ 나 – 다
⑤ 다 – 라

해 설 가. 복본기호는 동일자료가 여러 권 입수되었을 경우 그 복본을 표시하는 기호로, 통상 "C"로 표시한다. 나. 권호기호는 총서나 전집 및 선집, 연속간행물의 권호를 나타내는 기호로, 통상 "V", "N" 뒤에 권호를 표시한다. 다. 별치기호는 별도의 배치를 나타내주는 기호로, 다양한 예들이 있는데, 통상 "S"는 연속간행물, "T"는 (석사)학위논문을 나타낸다. 라. 색인 및 부록기호는 특정저작의 부록자료로 딸려있는 색인이나 부록을 원저작과 구별하기 위해 부여하는 기호로, 통상 "색인", "부록"으로 표시한다.

105 다음 〈보기〉 중 별치자료와 해당별치기호의 예가 적합한 것을 모두 모은 것은 어느 것인가?

〈보 기〉	
가. (석사)학위논문 – T	나. 고서자료 – O
다. 향토자료 – L	라. 정부간행물 – G
마. 맹인용점자도서 – J	

① 가 – 나 – 다　　② 가 – 나 – 다 – 라
③ 가 – 나 – 다 – 라 – 마　　④ 나 – 라 – 마
⑤ 다 – 라 – 마

해 설 마. 맹인용 점자도서는 "B"(blind) 또는 "맹"(맹인)을 사용하여 별치한다. "J" juvenile)는 "C"(child)와 함께 아동도서의 별치기호로 사용되는 경우가 많다.

Answer 102 ④　103 ③　104 ②　105 ②

106 다음 〈보기〉 중 별치기호에 대한 설명으로 적합한 것을 모두 모은 것은?

〈보 기〉

가. 자료의 내용 또는 형태의 특수성이나 이용목적을 감안하여 별도의 서고나 서가에 배치하고자 할 경우에 사용한다.
나. 통상 분류기호 상단에 알파벳 대문자나 한글단어의 두문자(頭文字)로 표시한다.
다. 소설의 경우 "F"(fiction)를 사용하여 별치하기도 한다.
라. 참고도서는 대개 별치기호 "P" 또는 "S"를 사용하여 별치한다.

① 가 – 나 ② 가 – 나 – 다
③ 가 – 나 – 라 ④ 나 – 라
⑤ 다 – 라

해 설 라. 참고도서는 일반적으로 별치기호 "R"(reference) 또는 "참"(참고도서)을 사용하여 별치한다.

107 다음 〈보기〉 중 연대순도서기호법에 대한 설명으로 적합한 것을 모두 모은 것은?

〈보 기〉

가. 특히 인문과학분야의 자료에 적합한 기호법이다.
나. 동일분류기호 내에서 한 저자의 저작이 한 곳에 집중되지 않는다는 단점이 있다.
다. 동일주제나 형식의 자료를 한 곳에 모은다는 분류의 일반원칙에 어긋난다.
라. 기호의 결정이 간단하고 자료를 배열하기가 용이하다.

① 가 – 나 ② 가 – 나 – 다
③ 가 – 나 – 라 ④ 나 – 다 – 라
⑤ 다 – 라

해 설 가. 연대순도서기호법은 학문의 발전속도가 빠른 과학기술분야의 자료에 적합한 기호법이다.

108 다음 〈보기〉 중 도서기호에 대한 설명으로 적합한 것을 모두 모은 것은?

〈보 기〉

가. 도서가 분류된 다음 동일분류기호 내에서 각 도서의 서가상이나 서가목록 또는 분류목록상의 배열순위를 결정하기 위해서 분류기호 다음에 주어지는 기호이다.
나. 동일한 분류기호를 가진 도서를 개별화(individualizing)하고, 배열과 검색의 편의를 위해 순서를 정할 목적으로 부여되는 기호이다.
다. 동일한 자료가 여러 권 입수되었을 때 그 복본을 표시하기 위한 기호이다.
라. 동일한 분류항목 내에 두 개 이상의 문헌이 모일 때 또는 이를 예상하여 이들을 각각 개별화하는 데 사용되는 기호법이다.

① 가 – 나
② 가 – 나 – 다
③ 가 – 나 – 라
④ 나 – 라
⑤ 다 – 라

해 설 다. 동일한 자료가 입수되었을 때 그 복본을 표시하기 위한 기호는 복본기호이다.

109 다음 〈보기〉 중 수입순도서기호법에 대한 설명으로 적합한 것을 모두 모은 것은 어느 것인가?

〈보 기〉

가. 일명 도착순기호법 또는 고정식기호법이라고도 한다.
나. Dewey가 Amherst 대학도서관에서 사용한 바 있다.
다. 국내의 경우 박봉석에 의해 권장된 바 있다.
라. 자료를 개별화하기가 불편하다는 단점이 있다.

① 가 – 나
② 가 – 나 – 다
③ 가 – 나 – 라
④ 나 – 라
⑤ 다 – 라

해 설 라. 수입순기호법은 자료의 개별화가 용이하다는 장점이 있다.

Answer 106 ② 107 ④ 108 ③ 109 ②

110 다음 〈보기〉 중 저자기호법에 대한 설명으로 적합한 것을 모두 모은 것은 어느 것인가?

〈보 기〉

가. 기본저록(기입)의 표목의 대상이 되는 개인명이나 단체명, 회의명, 통일서명, 서명 등을 문자나 숫자, 기타기호로 조립하여 기호화한다.
나. 기호의 조직이 논리적이라는 장점이 있다.
다. 기호의 구성방법이 복잡하다는 단점이 있다.
라. 도서기호를 통해 최신자료를 용이하게 검색할 수 있다.

① 가 – 나
② 가 – 나 – 다
③ 가 – 나 – 라
④ 나 – 다
⑤ 나 – 다 – 라

해 설 라. 도서기호를 통해 최신자료를 용이하게 검색할 수 있는 장점을 가지고 있는 도서기호는 연대순도서기호법이다.

111 다음 〈보기〉 중 도서기호의 필요성에 대한 설명으로 적합한 것들을 모두 모은 것은 어느 것인가?

〈보 기〉

가. 도서를 일정한 순서에 따라 서가에 배열하기 위해 필요하다.
나. 자료형태의 특수성을 감안하여 별도의 서고나 서가에 배치하도록 하기 위해 필요하다.
다. 열람자가 도서의 대출을 청구할 때 편리한 기호를 제공하기 위해 필요하다.
라. 반납도서를 서가상에 재배열을 용이하게 하기 위해 필요하다.

① 가 – 나
② 가 – 나 – 다
③ 가 – 나 – 다 – 라
④ 가 – 다 – 라
⑤ 나 – 다 – 라

해 설 나. 별도의 서고나 서가에 배치할 수 있도록 하기 위한 것은 별치기호이다.

112 다음 〈보기〉 중 연대순기호법의 개발자로만 올바르게 연결된 것은?

〈보 기〉

가. Ranganathan　　나. Brown
다. 리재철　　라. 박봉석

① 가 – 나　　② 가 – 나 – 다
③ 가 – 나 – 다 – 라　　④ 나 – 다 – 라
⑤ 나 – 라

해 설 가. 나. Ranganathan과 Brown은 각각 자신들이 고안한 분류표와 함께 사용할 수 있는 연대순도서기호법을 개발한 바 있다. 다. 리재철은 새연대순도서기호법을 개발하였다. 라. 박봉석은 성별저자기호표를 발표한 바 있으나, 연대순기호법과는 관련이 없다.

113 다음 〈보기〉 중 열거식저자기호법에 해당하는 기호법을 모두 모은 것은 어느 것인가?

〈보 기〉

가. 고재창의 한국저자기호표
나. 정필모의 한국문헌기호표
다. 장일세의 동서저자기호표
라. 리재철의 한글순도서기호법

① 가 – 나　　② 가 – 나 – 다
③ 가 – 나 – 다 – 라　　④ 나 – 다
⑤ 나 – 다 – 라

해 설 라. 리재철의 한글순도서기호법은 분석합성식기호법에 해당한다.

Answer 110 ② 111 ④ 112 ② 113 ②

114 다음 〈보기〉 중 수입순도서기호법의 장점에 대한 설명으로 적합한 것을 모두 모은 것은?

〈보 기〉

가. 고정식배가법이기 때문에 신착도서의 배가를 위해 기존도서의 서가의 배치를 이동시켜야 할 필요성이 적어진다.
나. 도서의 서가배열이 조직적이다.
다. 배열공간을 절약할 수 있다.
라. 체계적인 표를 사용할 필요가 없다.

① 가 － 나 － 다 ② 가 － 다 － 라
③ 가 － 라 ④ 나 － 다 － 라
⑤ 나 － 라

해 설 나. 도서의 서가배열이 조직적인 것은 저자기호법의 장점에 해당한다.

115 다음 〈보기〉 중 새연대순도서기호법에 대한 설명으로 적합한 것을 모두 모은 것은 어느 것인가?

〈보 기〉

가. 리재철이 1983년 연대순도서기호법으로 발표된 것을 수정하여 1986년에 단행본으로 발행한 것이다.
나. 현재로서는 공간(公刊)된 국내유일의 연대순기호법이다.
다. 모든 자료에 대해 아라비아숫자로 된 연대기호만으로 도서기호를 구성한다.
라. 경우에 따라 부차적 기호로서 입수순기호, 권차기호, 판기호, 복본기호를 부여할 수 있도록 하고 있다.

① 가 － 나 ② 가 － 나 － 다
③ 가 － 나 － 라 ④ 나 － 다 － 라
⑤ 다 － 라

해 설 다. 전기나 문학 등의 일부예들은 종래의 저자기호법에 따라 자모순 도서기호를 부여한 다음에 연대기호를 부기하도록 하고 있다.

116 다음 〈보기〉 중 저자기호법의 장점에 대한 설명으로 적합한 것을 모두 모은 것은 어느 것인가?

〈보 기〉

가. 서지적 특징을 살린 기호법이다.
나. 기호의 조직이 논리적이다.
다. 도서의 서가배열이 조직적이다.
라. 기호의 결정이 간단하고 자료를 배열하기가 용이하다.

① 가 - 나
② 가 - 나 - 다
③ 가 - 나 - 라
④ 나 - 다 - 라
⑤ 다 - 라

해 설 라. 저자기호법은 기호의 구성방법이 복잡하고, 도서를 서가에 배열하기가 어렵다는 단점이 있다.

117 다음 〈보기〉 중 리재철의 한글순도서기호법에 대한 설명으로 적합한 것을 모두 모은 것은 어느 것인가?

〈보 기〉

가. 현재 국내에서 동양자료의 도서기호로 가장 널리 사용되는 저자기호법이다.
나. 한글을 자음과 모음으로 구분하여 각각 2-9까지의 숫자를 한 자리 또는 두 자리로 배정하고 이를 합성하여 저자기호로 사용하도록 하고 있다.
다. 주로 사용되는 것은 제5표(완전형가표)이다.
라. 분석합성식 저자기호표이다.

① 가 - 나
② 가 - 나 - 다
③ 가 - 다 - 라
④ 나 - 다 - 라
⑤ 나 - 라

해 설 나. 리재철의 한글순도서기호법에서는 1-9까지의 숫자를 사용하도록 하고 있다.

Answer 114 ② 115 ③ 116 ② 117 ③

118 다음 〈보기〉 중 연대순도서기호법의 단점에 대한 설명으로 적합한 것을 모두 모은 것은 어느 것인가?

〈보 기〉

가. 자료의 개별화가 용이하지 않다.
나. 동일분류기호 내에서 한 저자의 저작이 한 곳에 집중되지 않는다.
다. 도서기호와 해당 자료의 서지사항이 일치되지 않는다.
라. 기호의 구성방법이 복잡하다.

① 가 – 나 ② 가 – 나 – 다
③ 가 – 나 – 다 – 라 ④ 나 – 다 – 라
⑤ 다 – 라

해 설 라. 기호의 구성방법이 복잡한 것은 저자기호법의 단점에 해당한다.

119 다음 〈보기〉 중 새연대순기호법 중 자모순도서기호법에 해당되지 않는 자료의 연대순기호법에 대한 설명으로 적합한 예들을 모두 모은 것은 어느 것인가?

〈보 기〉

가. 연대기호는 발행년을 서기와 아라비아 숫자로 통일하여 1900년대의 것은 그 마지막 세 자리 숫자, 2000년대의 것은 네 자리 숫자를 기호로 삼는다.
나. 발행연도 표시가 없는 자료는 추정발행년을 연대기호로 하되, 2년 이상의 폭을 가진 것은 최근연도를 기호화한다.
다. 신간으로 발행년 추정이 불가능한 도서는 수입년을 대상으로 기호화한다.
라. 두 권 이상으로 이루어진 도서 및 일반도서적 성격을 띤 연간물을 한 곳에 모을 경우에는 그 최초로 발행된 권책의 발행년을 기준으로 전체의 연대기호를 매긴다.

① 가 – 나 – 다 ② 가 – 나 – 라
③ 가 – 다 ④ 나 – 다 – 라
⑤ 다 – 라

해 설 가. 1900년대의 것은 그 마지막 두 자리 숫자, 2000년대의 것은 마지막 세 자리 숫자를 기호로 삼는다.

120 다음 〈보기〉 중 리재철의 한글순도서기호법의 사용법에 대한 설명으로 적합한 것을 모두 모은 것은 어느 것인가?

〈보 기〉

가. 저자기호의 기본기호는 문자기호와 숫자기호로 이루어지는데, 문자기호는 대상어의 첫 자(음절)를 그대로 채택하고, 숫자기호는 대상어의 첫째 자(음절)를 자음(초성)과 모음(중성)으로 분석하여 각각 표의 기호로 바꾸어 이를 합성한다.

나. 판차가 있을 경우는 저작기호 다음에 판차를 숫자화하여 기재하고, 서명을 기본저록의 표목으로 채택한 경우에는 출판사의 첫 자를 저작기호로 사용하고 그 뒤에 판차를 기재한다.

다. 동일저자의 서로 다른 서명을 가진 저작들이 저자기호를 부여한 결과 기존자료와 동일한 기호를 갖게 될 경우에는 나중에 입수된 자료의 저자기호에 임의의 숫자(보통은 5부터 시작)를 추가하여 개별화한다.

라. 권호 및 복본기호는 도서기호와 다른 행에 기록하되, 권호는 대쉬(-), 복본기호는 등호(=)를 앞세워 적는다.

① 가 － 나　　② 가 － 나 － 다
③ 가 － 다 － 라　　④ 나 － 다 － 라
⑤ 나 － 라

해 설 가. 숫자기호는 대상어의 둘째 자(음절)를 대상으로 한다. 다. 동일저자의 서로 다른 서명을 가진 저작들이 저자기호를 부여한 결과 기존자료와 동일한 기호를 갖게 될 경우에는 저작기호를 조정하여 차별화한다.

Answer 118 ② 119 ④ 120 ⑤

121 다음 〈보기〉 중 연대순저자기호법의 단점에 대한 설명으로 적합한 것을 모두 모은 것은 어느 것인가?

〈보 기〉

가. 동일주제나 형식의 자료를 한 곳에 모은다는 분류의 일반원칙에 어긋난다.
나. 동일분류기호 내에서 한 저자의 저작이 한 곳에 집중되지 않는다.
다. 우연적 요소를 기호화하기 때문에 체계적인 군집화가 불가능하다.
라. 자료의 개별화가 용이하지 않다.

① 가 – 나 – 다
② 가 – 나 – 다 – 라
③ 가 – 나 – 라
④ 나 – 다 – 라
⑤ 나 – 라

해 설 다. 수입순이라는 우연적 요소를 기호화하는 것은 수입순기호법이다. 도서관의 입장에서 책의 출판연도를 우연적 요소라고 보기 어렵다.

122 다음 〈보기〉 중 새연대순기호법의 자모순 도서기호법 적용도서의 도서기호 부여방법에 대한 설명으로 적합한 것을 모두 모은 것은?

〈보 기〉

가. 전기와 인물평은 피전자(被傳者)나 피평자의 성명을 대상으로 자모순 도서기호(통상 저자기호)를 부여하고 난 후 연대기호를 매긴다.
나. 개인의 문학작품, 예술작품, 두드러진 철학자 및 사상가의 논저는 먼저 자모순도서기호로서 저자기호와 서명기호를 함께 부여한 후 특정판의 연대기호를 매긴다.
다. 분류표상 특정항목으로 설정되지 않은 특정경전 및 고전은 해당경전이나 고전의 통일서명을 대상으로 자모순 도서기호를 부여한 후 연대기호를 매긴다.
라. 특정저작의 비평, 해설, 색인 등은 그 대상이 된 도서 및 그 특정판을 중심으로 도서기호를 부여한 후, 동서는 "ㅛ", 양서는 "Y"를 앞에 적고 해당자료의 연대기호를 매긴다.

① 가 – 나 ② 가 – 나 – 다
③ 가 – 나 – 다 – 라 ④ 나 – 다 – 라
⑤ 다 – 라

해 설 가. 나. 다. 라. 모두 적합한 설명에 해당한다.

123 다음 〈보기〉 중 새연대순기호법의 부차적 기호의 부여방법에 대한 설명으로 적합한 것을 모두 모은 것은 어느 것인가?

〈보 기〉

가. 동일항목 내에서 동일한 연대기호를 갖는 도서가 둘 이상 있을 경우에는 두 번째 들어온 것부터 입수순표시로 동서는 "가"부터의 한글기본음절표의 음절자(가갸거겨순), 양서는 "a"부터 연대기호에 덧붙인다.
나. 권차는 아라비아숫자로 통일하여 연대기호 다음 줄에 기재한다.
다. 동일자료의 복본은 두 번째 이후에 들어온 자료에 대해 "2"부터의 일련번호를 부여하되, 동서는 "C", 양서는 등호(=)를 앞세워 연대기호 및 권차기호의 다음 줄에 기재한다.
라. 동일저작의 개정판 등을 별법에 따라 원저작의 초판발행년을 대상으로 연대기호를 부여했을 경우에는 그 개정판이나 번역판, 주해판 등의 발행년의 서기연도를 그대로 판기호로 사용한다.

① 가 – 나 – 다 ② 가 – 나 – 다 – 라
③ 가 – 다 ④ 나 – 라
⑤ 다 – 라

해 설 가. 연대기호를 기호화할 때 양서는 기호 말미에 "a"를 추가하여 동서와 구별하기 때문에, 입수순표시에서 양서는 "b"부터 연대기호에 덧붙인다. 다. 동서는 등호(=), 양서는 "C"를 앞세워 연대기호 및 권차기호의 다음 줄에 기재한다.

Answer 121 ③ 122 ③ 123 ④

124 다음 〈보기〉 중 한글순도서기호법의 사용방법에 대한 설명으로 적합한 것을 모두 모은 것은?

〈보 기〉

가. 판차가 있을 경우는 저작기호 다음에 판차를 숫자화하여 기재하고, 서명을 기본저록의 표목으로 채택한 경우에는 출판사의 첫 자를 저작기호로 사용하고 그 뒤에 판차를 기재한다.
나. 권호 및 복본기호는 도서기호와 다른 행에 기록하되, 권호는 등호(=), 복본기호는 대쉬(-)를 앞세워 적는다.
다. 개인의 전기서나 비평서는 그 대상인물(被傳者)의 이름을 기호화하고, 저자명을 저작기호란에 기재한다. 그러나 자서전은 저자명을 기호화하되 저작기호를 부여하지 않는다.
라. 번역서는 저작기호나 판차기호 다음에 번역자의 이름(名)의 첫 자를 기재한다.

① 가 - 나　　② 가 - 나 - 다
③ 가 - 다　　④ 나 - 다 - 라
⑤ 다 - 라

해 설 나. 권호는 대쉬(-), 복본기호는 등호(=)를 앞세워 적는다. 라. 번역서는 저작기호나 판차기호 다음에 번역자의 성을 기재한다.

125 다음 〈보기〉 중 LC 저자기호법(LC Cutter Table)에 대한 설명으로 적합한 것을 모두 모은 것은?

〈보 기〉

가. C. A. Cutter가 개발하고 K. G. Sanborn, E. M. Swift, P. K. Swanson 등에 의해 개정되고 발전된 저자기호법이다.
나. 기본저록의 표목의 첫 글자에 아라비아 숫자를 합성하여 저자기호를 작성한다.
다. 분석합성식 저자기호법이다.
라. 5개의 경우로 구분하여 각각 2-9까지의 숫자를 배정하고 이를 합성하여 사용하도록 하고 있다.

① 가 – 나　　　　　　② 가 – 나 – 다
③ 가 – 나 – 다 – 라　　④ 나 – 다 – 라
⑤ 다 – 라

해 설 가. C. A. Cutter가 개발하고 K. G. Sanborn, E. M. Swift, P. K. Swanson 등에 의해 개정되고 발전된 것은 Cutter–Sanborn Author Table이다. 라. LC 저자기호법에서는 처음 글자가 ① 모음으로 시작되는 경우, ② "s"로 시작되는 경우, ③ "Qu"로 시작되는 경우, ④ 기타 자음으로 시작되는 경우, ⑤ 이상의 경우를 적용하여 저자기호를 부여한 후 추가전개를 위해 숫자를 추가하는 경우로 구분하여 각각 2–9까지의 숫자를 부여하도록 하고 있다.

126 다음 〈보기〉 중 Cutter–Sanborn Three Figure Author Table의 사용 방법으로 적합한 것을 모두 모은 것은 어느 것인가?

〈보 기〉

가. 어떤 저자명에 해당하는 번호가 없을 경우에는 바로 다음의 번호를 채택하여 기재한다.
나. 두 저자가 동일한 번호를 갖게 될 경우에는 숫자 하나를 더 붙이는 것이 좋은데, 이 때는 앞뒤에 여백이 있는 "5"를 사용하는 것이 좋다.
다. 저자기호 다음에는 저작기호를 기재한다. 이 경우는 정관사나 부정관사를 제외한 서명의 첫 글자, 즉 첫 번째 키워드의 첫 글자를 대문자로 기재한다.
라. 서명을 기본저록의 표목으로 사용하는 자료(예를 들면 사전류, 연감류, 연속간행물, 종교경전, 무저자명고전 등)는 서명이나 표제의 첫 번째 키워드의 첫 글자를 기호화한다.

① 가 – 나　　　　　　② 가 – 나 – 다
③ 가 – 다 – 라　　　　④ 나 – 라
⑤ 다 – 라

해 설 가. 어떤 저자명에 해당하는 번호가 없을 경우에는 바로 앞의 번호를 채택하여 기재한다. 다. 첫 번째 키워드의 첫 글자를 소문자로 기재한다.

Answer 124 ③ 125 ④ 126 ④

※ 다음은 LC Cutter Table의 전개표이다. 이를 보고 다음 물음에 답하시오. ([문 127] – [문 131])

처음글자 이후의 문자 / 사용 숫자	첫 글자가 모음일 경우 (둘째문자)	첫 글자가 "S"일 경우 (둘째문자)	처음 글자가 "Qu"일 경우 (셋째문자)	첫 글자가 기타자음일 경우(둘째문자)	추가전개를 위해 숫자를 추가할 경우 (셋째 또는 넷째문자)
2	b	a			
3	d	ch	a	a	a-d
4	l, m	e	e	e	e-h
5	n	h, i	i	i	i-l
6	p	m-p	o	o	m-o
7	r	t	r	r	p-s
8	s, t	u	t	u	t-v
9	u-y	w-z	y	y	w-z

127 다음 〈보기〉 중 위 표에 따를 경우 해당자료와 그 저자기호(저작기호 포함)의 연결이 적절한 것을 모두 모은 것은 어느 것인가?

〈보 기〉
가. Library Management / R. Stueart — S78l 나. The Public Library . . . / B. Usherwood — U84t 다. History of Libraries . . . / M. H. Harris — H37h

① 가 – 나
② 가 – 나 – 다
③ 가 – 다
④ 나 – 다
⑤ 다

해 설 가. S(기본저록 표목(Stueart, Robert)의 첫 글자) + 7("s"로 시작되는 경우의 둘째 자 "t"의 기호) + 8(셋째 자 "u"의 기호) + l(서명의 첫 글자) → S78l. 나. U(기본저록 표목(Usherwood, Bob)의 첫 글자) + 8(모음으로 시작되는 경우의 둘째 자 "s"의 기호) + 4(셋째 자 "h"의 기호) + p(정관사 "The"를 제외한 서명의 첫 글자) → U84p. 다. H(기본저록 표목(Harris, M. H.)의 첫 글자) + 3(기타자음으로 시작되는 경우의 둘째 자 "a"의 기호) + 7(셋째 자 "r"의 기호) + h(서명의 첫 글자) → H37h

128 다음 〈보기〉 중 위 표에 따를 경우 해당 자료와 그 저자기호(저작기호 포함)의 연결이 적절한 것을 모두 모은 것은 어느 것인가?

〈보 기〉

가. The Sun Also Arises / by Ernest Hemingway — H46s
나. The Poetic and Dramatic Works of Alfred Lord Tennyson / Robert Taylor — T46p
다. Anatomy of Human Body / by Henry Gray. — 25th ed. / edited by Charles Mayo Goss — G67a

① 가 – 나
② 가 – 나 – 다
③ 가 – 다
④ 나 – 다
⑤ 다

해 설 가. H(기본저록 표목(Hemingway, Ernest)의 첫 글자) + 4(기타자음으로 시작되는 경우의 둘째 자 "e"의 기호) + 6(셋째 자 "m"의 기호) + s(정관사 "The"를 제외한 서명의 첫 글자) → H46s. 나. T(기본저록 표목(Tennyson, Alfred Lord)의 첫 글자) + 4(기타자음으로 시작되는 경우의 둘째 자 "e"의 기호) + 6(셋째 자 "n"의 기호) + p(정관사 "The"를 제외한 서명의 첫 글자) → T46p. 다. G(기본저록 표목(Gray, Henry)의 첫 글자) + 7(기타자음으로 시작되는 경우의 둘째 자 "r"의 기호) + 3(셋째 자 "a"의 기호) + a(서명의 첫 글자) → G73a

Answer 127 ③ 128 ①

129 다음 〈보기〉 중 위 표와 AACR2의 규정에 따를 경우 해당 자료와 그 저자기호(저작기호 포함)의 연결이 적절한 것을 모두 모은 것은 어느 것인가?

〈보 기〉

가. Food and Principle . . . / M. Bennion — B46f
나. On World Government / by D. Alighierie; translated by H. Schneider — S36o
다. The Poems of John Keats / edited by Jack Stillinger — K43p

① 가
② 가 – 나
③ 가 – 나 – 다
④ 가 – 다
⑤ 나 – 다

해 설 가. B(기본저록 표목(Bennion, M.)의 첫 글자) + 4(기타자음으로 시작되는 경우의 둘째 자 "e"의 기호) + 6(셋째 자 "n"의 기호) + f(서명의 첫 글자) → B46f. 나. A(기본저록 표목(Alighierie, D.)의 첫 글자) + 4(모음으로 시작되는 경우의 둘째 자 "l"의 기호) + 5(셋째 자 "i"의 기호) + o(서명의 첫 글자) → A45o. 다. K(기본저록 표목(Keats, John)의 첫 글자) + 4(기타자음으로 시작되는 경우의 둘째 자 "e"의 기호) + a(셋째 자 "a"의 기호) + p(정관사 "The"를 제외한 서명의 첫 글자) → K43p

130 다음 〈보기〉 중 위 표에 따를 경우 해당자료와 그 저자기호(저작기호 포함)의 연결이 적절한 것을 모두 모은 것은 어느 것인가?

〈보 기〉

가. Abraham Lincoln: a Biography / by Benjamin P. Thomas — L56t
나. My Autobiography / by Benito Mussolini — M87m
다. Hamlet / by William Shakespeare; edited by O. B. Davis — S53h

① 가 – 나
② 가 – 나 – 다
③ 가 – 다
④ 나 – 다
⑤ 다

해 설 가. L(피전기자(被傳記者)의 표목(Lincoln, Abraham)의 첫 글자) + 5(기타자음으로 시작되는 경우의 둘째 자 "i"의 기호) + 6(셋째 자 "n"의 기호) + t(기본저록 표목

(Thomas, Benjamin P.)의 첫 글자) → L56t. 나. M(기본저록 표목(Mussolini, Benito)의 첫 글자) + 8(기타자음으로 시작되는 경우의 둘째 자 "u"의 기호) + 7(셋째 자 "s"의 기호) → M87(자서전은 저자를 기본저록으로 하여 저자기호를 부여하며 저자기호 다음에는 저작기호를 생략하여 전기 중 가장 앞에 배열될 수 있도록 한다). 다. S(기본저록 표목(Shakespeare, William)의 첫 글자) + 5("s"로 시작되는 경우의 둘째 자 "h"의 기호) + 3(셋째 자 "a"의 기호) + h(서명의 첫 글자) → S53h

131 다음 〈보기〉 중 위 표에 따를 경우 해당자료와 그 저자기호(저작기호 포함)의 연결이 적절한 것을 모두 모은 것은 어느 것인가?

〈보 기〉

가. Lectures in Criticism / Elliott Coleman — C65l
나. Time for Poetry / May Hill Arbuthnot — A73t
다. An Introduction to Classification . . . / Marty Bloomberg and Hans Weber — W43i

① 가 – 나
② 가 – 나 – 다
③ 가 – 다
④ 나 – 다
⑤ 다

해 설 가. C(기본저록 표목(Coleman, Elliott)의 첫 글자) + 6(자음으로 시작되는 경우의 둘째 자 "o"의 기호) + 5(셋째 자 "l"의 기호) + l(서명의 첫 글자) → C65l. 나. A(기본저록 표목(Arbuthnot, May Hill)의 첫 글자) + 7(모음으로 시작되는 경우의 둘째 자 "r"의 기호) + 3(셋째 자 "b"의 기호) + t(서명의 첫 글자) → A73t. 다. B(기본저록 표목(Bloomberg, Marty)의 첫 글자) + 5(기타자음으로 시작되는 경우의 둘째 자 "l"(실제로는 그 앞의 기호 "i")의 기호) + 6(셋째 자 "o"의 기호) + i(부정관사 "a"를 제외한 서명의 첫 글자) → B56i.

Answer 129 ④ 130 ③ 131 ①

※ 다음은 리재철의 한글순도서기호법(제5표)의 전개표이다. 이를 보고 다음 물음에 답하시오([문 132] – [문 136])

자음기호	모음기호	
	초성이 "ㅊ"이 아닌 글자	초성이 "ㅊ"인 글자
ㄱ ㄲ 1 ㄴ 19 ㄷ ㄸ 2 ㄹ 29 ㅁ 3 ㅂ ㅃ 4 ㅅ ㅆ 5 ㅇ 6 ㅈ ㅉ 7 ㅊ 8 ㅋ 87 ㅌ 88 ㅍ 89 ㅎ 9	ㅏ 2 ㅐ(ㅑ ㅒ) 3 ㅓ(ㅔ ㅕ ㅖ) 4 ㅗ(ㅘ ㅙ ㅚ ㅛ) 5 ㅜ(ㅝ ㅞ ㅟ ㅠ) 6 ㅡ(ㅢ) 7 ㅣ 8	ㅏ(ㅐ ㅑ ㅒ) 2 ㅓ(ㅔ ㅕ ㅖ) 3 ㅗ(ㅘ ㅙ ㅚ ㅛ) 4 ㅜ(ㅝ ㅞ ㅟ ㅠ ㅡ ㅢ) 5 ㅣ 6

132 다음 〈보기〉 중 위 표에 따를 경우 해당자료와 그 저자기호(저작기호 포함)의 연결이 적절한 것을 모두 모은 것은 어느 것인가?

〈보 기〉
가. 자료목록학 / 김남석 – 김192자 나. 문헌분류론 / 정필모 – 정898문 다. 한국문헌정보학의 문제들 / 이재철 – 이68한

① 가 – 나
② 가 – 나 – 다
③ 가 – 다
④ 나 – 다
⑤ 다

해 설 가. 김(기본저록 표목 "김남석"의 첫 글자) + 19(둘째 자 "남"의 첫 자음 "ㄴ"의 기호) + 2(둘째 자의 모음 "ㅏ"의 기호) + 자(서명의 첫 글자) → 김192자. 나. 정(기본저록 표목 "정필모" 의 첫 글자) + 89(둘째 자 "필"의 첫 자음 "ㅍ"의 기호) + 8(둘째 자의 모음 "ㅣ"의 기호) + 문(서명의 첫 글자) → 정898문. 다. 이(기본저록 표목 "이재철"의 첫 글자) + 7(둘째 자 "재"의 첫 자음 "ㅈ"의 기호) + 3(둘째 자의 모음 "ㅐ"의 기호) + 한(서명의 첫 글자) → 이73한

133 다음 〈보기〉 중 위 표에 따를 경우 해당자료와 그 저자기호(저작기호 포함)의 연결이 적절한 것을 모두 모은 것은 어느 것인가?

〈보 기〉

가. 영어사전, 민중서림, 제9판 – 민76영9
나. 출판연감 / 대한출판협회, 2004년판 – 대92출 2004
다. 가곡집 / 김진균, 제3판 – 김78가3

① 가 – 나
② 가 – 나 – 다
③ 가 – 다
④ 나 – 다
⑤ 다

해 설 가. 영(기본저록 표목 "영어사전"의 첫 글자) + 6(둘째 자 "어"의 첫 자음 "ㅇ"의 기호) + 4(둘째 자의 모음 "ㅓ"의 기호) + 민(출판사의 첫 글자) + 9(해당판의 기호) → 영64민9. 나. 대(기본저록 표목 "대한출판협회"의 첫 글자) + 9(둘째 자 "한"의 첫 자음 "ㅎ"의 기호) + 2(둘째 자의 모음 "ㅏ"의 기호) + 출(서명의 첫 글자) + 2004(출판연도) → 대92출 2004. 다. 김(기본저록 표목 "김진균"의 첫 글자) + 7(둘째 자 "진"의 첫 자음 "ㅈ"의 기호) + 8(둘째 자의 모음 "ㅣ"의 기호) + 가(서명의 첫 글자) + 3(해당판의 기호) → 김78가3.

Answer 132 ① 133 ④

134 다음 〈보기〉 중 위 표에 따를 경우 해당자료와 그 저자기호(저작기호 포함)의 연결이 적절한 것을 모두 모은 것은 어느 것인가?

〈보 기〉
가. 한국정보관리학회지 / 한국정보관리학회, 제4권 제2호 ― 한16 -4-2
나. 도서관학통론 / 최성진 (4번째 복본) ― 최54도 =4
다. 심리학개론 / 김철수 ― 김84심

① 가 ― 나 ② 가 ― 나 ― 다
③ 가 ― 다 ④ 나 ― 다
⑤ 다

해 설 가. 한(기본저록 표목 "한국정보관리학회지"의 첫 글자) + 1(둘째 자 "국"의 첫 자음 "ㄱ"의 기호) + 6(둘째 자의 모음 "ㅜ"의 기호) + −4−2(권호의 기호) → 한16 −4−2. 나. 최(기본저록 표목 "최성진"의 첫 글자) + 5(둘째 자 "성"의 첫 자음 "ㅅ"의 기호) + 4(둘째 자의 모음 "ㅓ"의 기호) + 도(서명의 첫 글자) + =4(복본기호) → 최54도 =4. 다. 김(기본저록 표목 "김철수"의 첫 글자) + 8(둘째 자 "철"의 첫 자음 "ㅊ"의 기호) + 3(둘째 자의 모음 "ㅓ"의 기호: 초성이 "ㅊ"인 글자의 경우) + 심(서명의 첫 글자) → 김83심.

135 다음 〈보기〉 중 위 표에 따를 경우 해당자료와 그 저자기호(저작기호 포함)의 연결이 적절한 것을 모두 모은 것은 어느 것인가?

〈보 기〉
가. 이승만박사전 / 서정주 ― 이57서
나. 임병직회고록 / 임병직 ― 임44임
다. 세계사 100장면 / 박은봉, 제9쇄 ― 박67세9

① 가 ② 가 ― 나
③ 가 ― 나 ― 다 ④ 나 ― 다
⑤ 다

해 설 가. 이(피전기자명 "이승만"의 첫 글자) + 5(둘째 자 "승"의 첫 자음 "ㅅ"의 기호) + 7(둘째 자의 모음 "ㅡ"의 기호) + 서(기본저록의 표목 "서정주"의 첫 글자) → 이57서. 나. 임(기본저록 표목 "임병직"의 첫 글자) + 4(둘째 자 "병"의 첫 자음 "ㅂ"의 기호) + 4(둘째 자의 모음 "ㅕ"의 기호) → 임44(자서전은 저자를 기본저록으로 하여 저자기호를 부여하며 저자기호 다음에는 저작기호를 생략하여 전기중 가장 앞에 배열될 수 있도록 한다). 다. 박(기본저록 표목 "박은봉"의 첫 글자) + 6(둘째 자 "은"의 첫 자음 "ㅇ"의 기호) + 7(둘째 자의 모음 "ㅡ"의 기호) + 세(서명의 첫 글자) → 박67세(판과 달리, 쇄는 별도로 저자기호에 추가하지 않는다).

136 다음 〈보기〉 중 위 표에 따를 경우 해당자료와 그 저자기호(저작기호 포함)의 연결이 적절한 것을 모두 모은 것은 어느 것인가?

〈보 기〉

가. 도큐멘테이션개설 / 사공철 – 사15도
나. 정보사회론 / 한복희, 기민호 공저 – 한45정
다. 문학비평의 이해 / 김지원 – 김78문

① 가 – 나
② 가 – 나 – 다
③ 가 – 다
④ 나 – 다
⑤ 다

해 설 가. 사(기본저록 표목 "사공철"의 첫 글자) + 1(둘째 자 "공"의 첫 자음 "ㄱ"의 기호) + 5(둘째 자의 모음 "ㅗ"의 기호) + 도(서명의 첫 글자) → 사15도. 나. 한(기본저록 표목 "한복희"의 첫 글자) + 4(둘째 자 "복"의 첫 자음 "ㅂ"의 기호) + 5(둘째 자의 모음 "ㅗ"의 기호) + 정(서명의 첫 글자) → 한45정. 다. 김(기본저록 표목 "김지원"의 첫 글자) + 7(둘째 자 "지"의 첫 자음 "ㅈ"의 기호) + 8(둘째 자의 모음 "ㅣ"의 기호) + 문(서명의 첫 글자) → 김78문.

Answer 134 ① 135 ① 136 ②

※ 다음은 Cutter-Sanborn Three-Figure Author Table의 전개표의 일부이다. 이를 보고 다음의 가상의 예들에 대한 물음에 답하시오([문 137] - [문 139]).

La	111	Ma	Lafu	171	Maco
Lab	112	Mab	Lag	172	Macp
Labar	113	Mac	Lagar	173	Macq
Labat	114	Macal	Lage	174	Macr
Labbe	115	Macar	Lagi	175	Macs
Labe	116	Macart	Lagn	176	Macv
Labeo	117	Macau	Lago	177	Macw
Labi	118	Macb	Lagr	178	Mad
Labil	119	Macbr	Lagre	179	Madd

137 다음 〈보기〉 중 위 표에 따를 경우 해당자료와 그 저자기호(저작기호 포함)의 연결이 적절한 것을 모두 모은 것은 어느 것인가?

〈보 기〉

가. John McAdams: a Biography / by James Labi — M113l
나. My Autobiography / by Benito McAmis — M114
다. An Introduction to Computer Architecture / Marty McAuley — M117i

① 가 - 나　　② 가 - 나 - 다
③ 가 - 다　　④ 나 - 다
⑤ 다

해 설 가. M(피전기자(被傳記者)의 표목(McAdams, John)의 첫 글자) + 113(McAdams의 바로 앞에 해당하는 기호 “Mac”의 기호) + l(기본저록 표목(Labi, James)의 첫 글자) → M113l. 나. M(기본저록 표목(McAmis, Benito)의 첫 글자) + 114(McAmis의 바로 앞에 해당하는 기호 “Macal”의 기호) → M114(자서전은 저자를 기본저록으로 하여 저자기호를 부여하며 저자기호 다음에는 저작기호를 생략하여 전기중 가장 앞에 배열될 수 있도록 한다). 다. M(기본저록 표목(McAuley, Marty)의 첫 글자) + 117(McAuley의 바로 앞에 해당하는 기호 “Macau”의 기호) + i(부정관사 “An”를 제외한 서명의 첫 글자) → M117i.

138 다음 〈보기〉 중 위 표에 따를 경우 해당자료와 그 저자기호(저작기호 포함)의 연결이 적절한 것을 모두 모은 것은 어느 것인가?

〈보 기〉

가. Hospital Management / R. McArthur — M116h
나. The Public Service . . . / H. Labbe — L115t
다. History of Museum . . . / M. H. Lagerlog — L174h

① 가 — 나 ② 가 — 나 — 다
③ 가 — 다 ④ 나 — 다
⑤ 다

해 설 가. M(기본저록 표목(McArthur, R.)의 첫 글자) + 116(Macarthur의 바로 앞에 해당하는 기호 "Macart"의 기호) + h(서명의 첫 글자) → M116h. 나. L(기본저록 표목(Labbe)의 첫 글자) + 115("Labbe"의 기호) + p(정관사 "the"를 제외한 서명의 첫 글자) → L115p. 다. L(기본저록 표목(Lagerlog, M. H.)의 첫 글자) + 174(Lagerlog의 바로 앞에 해당하는 기호 "Lage"의 기호) + h(서명의 첫 글자) → L174h.

139 다음 〈보기〉 중 위 표와 AACR2의 규정에 따를 경우 해당자료와 그 저자기호(저작기호 포함)의 연결이 적절한 것을 모두 모은 것은 어느 것인가?

〈보 기〉

가. Food and Principle . . . / Jordi Labanda — L112f
나. On World Government / by Kathryn Labbouff; translated by B. McAlhone — M114o
다. The Poems of John McAllister / edited by Jack Lagerkvist — M114p

① 가 ② 가 — 나
③ 가 — 나 — 다 ④ 가 — 다
⑤ 나 — 다

Answer 137 ② 138 ③ 139 ④

해 설 가. L(기본저록 표목(Labanda, Jordi)의 첫 글자) + 112(Labanda의 바로 앞에 해당하는 기호 “Lab”의 기호) + f(서명의 첫 글자) → L112f. 나. L(기본저록 표목(Labbouff, Kathryn)의 첫 글자) + 115(Labbouff의 바로 앞에 해당하는 기호 “Labbe”의 기호) + o(서명의 첫 글자) → L115o. 다. M(기본저록 표목(McAllister, John)의 첫 글자) + 114(McAllister의 바로 앞에 해당하는 기호 “Macal”의 기호) + p(정관사 “The”를 제외한 서명의 첫 글자) → M114p

140 다음 〈보기〉 중 분석합성식 저자기호법에 해당하는 것을 모두 모은 것은?

〈보 기〉

가. 장일세의 동서저자기호표
나. 리재철의 한글순도서기호법
다. Cutter-Sanborn의 저자기호표
라. LC의 저자기호법(Cutter Table)

① 가 – 나　② 가 – 다
③ 가 – 라　④ 나 – 다
⑤ 나 – 라

해 설 나. 라. 분석합성식 저자기호법의 대표적인 예로는 리재철의 한글순도서기호법과 LC의 저자기호법(Cutter Table)이 있다.

Answer 140 ⑤

부 록

Ⅰ. DDC 제23판의 주류표, 100 구분표, 보조표

Ⅱ. KDC 제6판의 개요표, 조기표

Ⅲ. Cutter-Sanborn Three-Figure Author Table

Ⅳ. 간략식 저자기호법

I

DDC 제23판의 주류표, 100 구분표, 조기표

주 류 표

000	컴퓨터과학 · 정보 · 일반저작 (Computer science, information & general works)
100	철학 및 심리학 (Philosophy & Psychology)
200	종　교 (Religion)
300	사회과학 (Social sciences)
400	언　어 (Language)
500	과　학 (Sciences)
600	기　술 (Technology)
700	예술 및 레크리에이션 (Arts & recreation)
800	문　학 (Literature)
900	역사 및 지리 (History & geography)

◘ 100구분표(The Hundred Divisions) ◘

KDC		DDC	
000	**총　　류**	**000**	**Computer science, knowledge & systems**
010	도서학, 서지학	010	Bibliographies
020	문헌정보학	020	Library & information sciences
030	백과사전	030	Encyclopedias & books of facts
040	강연집, 수필집, 연설문집	040	[Unassigned]
050	일반 연속간행물	050	Magazines, journals & serials
060	일반 학회, 단체, 협회, 기관, 연구기관	060	Associations, organizations & museums
070	신문, 저널리즘	070	News media, journalism & publishing
080	일반 전집, 총서	080	Quotations
090	향토자료	090	Manuscripts & rare books
100	**철　　학**	**100**	**Philosophy**
110	형이상학	110	Metaphysics
120	인식론, 인과론, 인간학	120	Epistemology
130	철학의 체계	130	Parapsychology & occultism
140	경　　학	140	Philosophical schools of thought
150	동양철학, 동양사상	150	Psychology
160	서양철학	160	Philosophical logic
170	논 리 학	170	Ethics
180	심 리 학	180	Ancient, medieval & eastern philosophy
190	윤리학, 도덕철학	190	Modern western philosophy
200	**종　　교**	**200**	**Religion**
210	비교종교	210	Philosophy & theory of religion
220	불　　교	220	The Bible
230	기 독 교	230	Christianity
240	도　　교	240	Christian practice & observance
250	천 도 교	250	Christian pastoral practice & religious orders
260	[미 사 용]	260	Christian organization, social work & worship
270	힌두교, 브라만교	270	History of Christianity
280	이슬람교(회교)	280	Christian denominations
290	기타 제종교	290	Other religions
300	**사회과학**	**300**	**Social sciences, sociology & anthrophology**
310	통계자료	310	Statistics
320	경 제 학	320	Political science
330	사회학, 사회문제	330	Economics
340	정 치 학	340	Law
350	행 정 학	350	Public administration & military science
360	법률, 법학	360	Social problems & social services
370	교 육 학	370	Education
380	풍속, 예절, 민속학	380	Commerce, communications & traortation
390	국방, 군사학	390	Customs, etiquette & folklore

KDC		DDC	
400	**자연과학**	**500**	**Sciences**
410	수 학	510	Mathematics
420	물 리 학	520	Astronomy
430	화 학	530	Physics
440	천 문 학	540	Chemistry
450	지 학	550	Earth sciences & geology
460	광 물 학	560	Fossils & prehistoric life
470	생명과학	570	Biology
480	식 물 학	580	Plants (Botany)
490	동 물 학	590	Animals (Zoology)
500	**기술과학**	**600**	**Technology**
510	의 학	610	Medicine & health
520	농업, 농학	620	Engineering
530	공학, 공업 일반, 토목공학, 환경공학	630	Agriculture
540	건축, 건축학	640	Home & family management
550	기계공학	650	Management & public relations
560	전기공학, 통신공학, 전자공학	660	Chemical engineering
570	화학공학	670	Manufacturing
580	제 조 업	680	Manufacture for specific uses
590	생활과학	690	Construction of buildings
600	**예 술**	**700**	**Arts**
610	[미 사 용]	710	Area planning & landscape architecture
620	조각, 조형예술	720	Architecture
630	공 예	730	Sculpture, ceramics & metalwork
640	서 예	740	Graphic arts & decorative arts
650	회화, 도화, 디자인	750	Painting
660	사진예술	760	Printmaking & prints
670	음 악	770	Photography, computer art, film, video
680	공연예술, 매체예술	780	Music
690	오락, 스포츠	790	Sprots, games & entertainment
700	**언 어**	**400**	**Language**
710	한 국 어	410	Linguistics
720	중 국 어	420	English & Old English languages
730	일본어 및 기타 아시아제어	430	German & related languages
740	영 어	440	French & related languages
750	독 일 어	450	Italian, Romanian & related languages
760	프랑스어	460	Spanish, Portuguese, Galician
770	스페인어 및 포르투갈어	470	Latin & Italic languages
780	이탈리아어	480	Classical & modern Greek languages
790	기타 제어	490	Other languages

KDC		DDC	
800	**문 학**	**800**	**Literature, rhetoric & criticism**
810	한국문학	810	American literature in English
820	중국문학	820	English & Old English literatures
830	일본문학 및 기타 아시아 제문학	830	German & related literatures
840	영미문학	840	French & related literatures
850	독일문학	850	Italian, Romanian & related literatures
860	프랑스문학	860	Spanish, Portuguese, Galician literatures
870	스페인 및 포르투갈문학	870	Latin & Italic literatures
880	이탈리아문학	880	Classical & modern Greek literatures
890	기타 제문학	890	Other literatures
900	**역 사**	**900**	**History**
910	아 시 아	910	Geography & travel
920	유 럽	920	Biography & genealogy
930	아프리카	930	History of ancient world (to ca. 499)
940	북아메리카	940	History of Europe
950	남아메리카	950	History of Asia
960	오세아니아, 양극지방	960	History of Africa
970	[미 사 용]	970	History of North America
980	지 리	980	History of South America
990	전 기	990	History of other areas

◈ 조 기 표 ◈

Table 1. Standard Subdivisions

－01	**Philosophy and theory**
－011	Systems
－012	Classification
－014	Communication
－015	Scientific principles
－(016)	Bibliographies, catalogs, indexes
－019	Psychological principles
－02	**Miscellany**
－021	Tabulated and related materials
－022	Illustrations, models, miniatures
－023	The subject as a profession, occupation, hobby
－024	The subject for people in specific occupations
－025	Directories of persons and organizations
－(026)	Law
－027	Patents and identification marks
－028	Auxiliary techniques and procedures; apparatus, equipment, materials
－029	Commercial miscellany
－03	**Dictionaries, encyclopedias, concordances**
－04	**Special topics**
－05	**Serial publications**
－06	**Organizations and management**
－068	Management

– 07	**Education, research, related topics**
– 071	Education
– 072	Research
– 074	Museums, collections, exhibits
– 075	Museum activities and services
– 076	Review and exercise
– 078	Use of apparatus and equipment in study and teaching
– 079	Competitions, awards, awards, financial support
– 08	**Group of people**
– 081	People by gender or sex
– 082	Women
– 083	Young people
– 084	People in specific stages of adulthood
– 085	Relatives
– 086	People by miscellaneous social attributes
– 087	People with disabilities and illnesses, gifted persons
– 088	Occupational and religious groups
– 089	Ethnic and national groups
– 09	**History, geographic treatment, biography**
– 091	Areas, regions, places in general
– 092	Biography
– 093-099	Specific continents, countries, localities; extraterrestrial worlds

Table 2. Geographic Areas, Historical Periods, Biography

– 001 – 009	Standard subdivisions
– 01 – 05	Historical periods
– 1	**Areas, regions, places in general; oceans and seas**
– 11	Frigid zones
– 12	Temperate zones (Middle latitude zones)
– 13	Torrid zone (Tropics)
– 14	Land and landforms
– 15	Regions by type of vegetation
– 16	Air and water
– 17	Socioeconomic regions
– 18	Other kinds of terrestrial regions
– 19	Space
– 2	**Biography**
– 3	**Ancient world**
– 31	China to 420
– 32	Egypt to 640
– 33	Palestine to 70
– 34	South Asia to 647
– 35	Mesopotamia and Iranian Plateau to 637
– 36	Europe north and west of Italian Peninsula to ca.499
– 37	Italian Peninsula to 476 and adjacent territories to 476
– 38	Greece to 323
– 39	Other parts of ancient world

-4	**Europe**
-41	British Isles
-42	England and Wales
-43	Germany and neighboring central European countries
-44	France and Monaco
-45	Italy, San Marino, Vatican City, Malta
-46	Spain, Andorra, Gibraltar, Portugal
-47	Russia and neighboring east European countries
-48	Scandinavia
-49	Other parts of Europe
-5	**Asia**
-51	China and adjacent areas
-519	Korea
-52	Japan
-53	Arabian Peninsula and adjacent areas
-54	India and neighboring south Asian countries
-55	Iran
-56	Middle East (Near East)
-57	Siberia (Asiatic Russia)
-58	Central Asia
-59	Southeast Asia
-6	**Africa**
-61	Tunisia and Libya
-62	Egypt and Sudan
-63	Ethiopia and Eritrea
-64	Morocco, Ceuta, Melilla, Western Sahara, Canary Islands
-65	Algeria
-66	West Africa and offshore islands
-67	Central Africa and offshore islands
-68	Republic of South Africa and neighboring southern African countries
-69	South Indian Ocean islands

－7	**North America**
－71	Canada
－72	Mexico, Central America, West Indies, Bermuda
－73	United States
－74	Northeastern United States (New England and Middle Atlantic states)
－75	Southeastern United States (South Atlantic states)
－76	South central United States
－77	North central United States
－78	Western United States
－79	Great Basin and Pacific Slope of United States
－8	**South America**
－81	Brazil
－82	Argentina
－83	Chile
－84	Bolivia
－85	Peru
－86	Colombia and Ecuador
－87	Venezuela
－88	Guiana
－89	Paraguay and Uruguay
－9	**Australasia, Pacific Ocean islands, Atlantic Ocean islands, Arctic islands, Antarctica, extraterrestrial worlds**
－93	New Zealand
－94	Australia
－95	New Guinea and neighboring countries of Melanesia
－96	Polynesia and other Pacific Ocean islands
－97	Atlantic Ocean islands
－98	Arctic islands and Antarctica
－99	Extraterrestrial worlds

Table 3. Subdivisions for the Arts, for Individual Literatures, for Specific Literary Forms

Table 3A. Subdivisions for Works by or about Individual Authors

- 1 Poetry
- 2 Drama
- 3 Fiction
- 4 Essays
- 5 Speeches
- 6 Letters
- 8 Miscellaneous writings

Table 3B. Subdivisions for Works by or about More than One Author

- 01 - 09 [Standard subdivisions; collections; history, description, critical appraisal]
- 1 Poetry
- 2 Drama
- 3 Fiction
- 4 Essays
- 5 Speeches
- 6 Letters
- 7 Humor and satire
- 8 Miscellaneous writings

Table 3C. Notation to Be Added Where Instructed in Table 3B, 700.4, 791.4, 808–809

- 001 - 009 Standard subdivisions
- 01- 09 Specific periods
- 1 Arts and literature displaying specific qualities of style, mood, viewpoint
- 2 Literature displaying specific elements
- 3 Arts and literature dealing with specific themes and subjects
- 4 Literature emphasizing subjects
- 8 Literature for and by ethnic and national groups
- 9 Literature for and by groups of people with specific attributes, residents of specific areas

Table 4. Subdivisions of Individual Languages and Language Families

–01 – 09	Standard subdivisions and special topics of subdivisions of individual languages and language families
–1	**Writing systems, phonology, phonetics of the standard form of the language**
–2	**Etymology of the standard form of the language**
–3	**Dictionaries of the standard form of the language**
–5	**Grammar of the standard form of the language**
–7	**Historical and geographic variations, modern nongeographic variations**
–8	**Standard usage of the language (Prescriptive linguistics)**

Table 5. Ethnic and National Groups

–05 – 09	[People of mixed ancestry with ethnic origins from more than one continent; Europeans and people of European descent]
–1	**North Americans**
–2	**British, English, Anglo-Saxons**
–3	**Germanic people**
–4	**Modern Latin peoples**
–5	**Italians, Romanians, related groups**
–6	**Peoples who speak, or whose ancestors spoke, Spanish, Portuguese, Galician**
–7	**Other Italic peoples**
–8	**Greeks and related groups**
–9	**Other ethnic and national groups**

Table 6. Languages

− 1	**Indo-European languages**
− 2	**English and Old English (Anglo-Saxon)**
− 21	English
− 3	**Germanic languages**
− 31	German
− 4	**Romance Languages**
− 41	French
− 5	**Italian, Dalmatian, Romanian, Rhaetian, Sardinian, Corsican**
− 51	Italian
− 6	**Spanish and Portuguese, Galician**
− 61	Spanish
− 69	Portuguese and Galician
− 7	**Italic languages**
− 71	Latin
− 8	**Hellenic languages**
− 81	**Classical Greek**
− 89	Modern **Greek**
− 9	**Other languages**
− 95	Languages of east and southeast Asia
− 951	Chinese
− 956	Japanese
− 957	Korean

Ⅱ

KDC 제6판의 개요표, 조기표

주 류 표

000	총 류
100	철 학
200	종 교
300	사회과학
400	자연과학
500	기술과학
600	예 술
700	언 어
800	문 학
900	역 사

강 목 표

000 총 류 010 도서학, 서지학 020 문헌정보학 030 백과사전 040 강연집, 수필집, 연설문집 050 일반연속간행물 060 일반 학회, 단체, 협회, 기관, 연구기관 070 신문, 저널리즘 080 일반 전집, 총서 090 향토자료	500 기술과학 510 의 학 520 농업, 농학 530 공학, 공업일반, 토목공학, 환경공학 540 건축, 건축학 550 기계공학 560 전기공학, 통신공학, 전자공학 570 화학공학 580 제 조 업 590 생활과학
100 철 학 110 형이상학 120 인식론, 인과론, 인간학 130 철학의 체계 140 경 학 150 동양철학, 동양사상 160 서양철학 170 논 리 학 180 심 리 학 190 윤리학, 도덕철학	600 예 술 610 [미 사 용] 620 조각, 조형미술 630 공 예 640 서 예 650 회화, 도화, 디자인 660 사진예술 670 음 악 680 공연예술, 매체예술 690 오락, 스포츠
200 종 교 210 비교종교 220 불 교 230 기 독 교 240 도 교 250 천 도 교 260 [미 사 용] 270 힌두교, 브라만교 280 이슬람교(회교) 290 기타 제종교	700 언 어 710 한 국 어 720 중 국 어 730 일본어 및 기타 아시아 제어 740 영 어 750 독 일 어 760 프랑스어 770 스페인어 및 포르투갈어 780 이탈리아어 790 기타 제어
300 사회과학 310 통계자료 320 경 제 학 330 사회학, 사회문제 340 정 치 학 350 행 정 학 360 법률, 법학 370 교 육 학 380 풍습, 예절, 민속학 390 국방, 군사학	800 문 학 810 한국문학 820 중국문학 830 일본문학 및 기타 아시아 제문학 840 영미문학 850 독일문학 860 프랑스문학 870 스페인 및 포르투갈 문학 880 이탈리아문학 890 기타 제문학
400 자연과학 410 수 학 420 물 리 학 430 화 학 440 천 문 학 450 지 학 460 광 물 학 470 생명과학 480 식 물 학 490 동 물 학	900 역 사 910 아 시 아 920 유 럽 930 아프리카 940 북아메리카 950 남아메리카 960 오세아니아, 양극지방 970 [미 사 용] 980 지 리 990 전 기

◘ 요 목 표 ◘

000 총 류

000 총 류 001 지식 및 학문 일반 002 [미 사 용] 003 이론 체계 및 시스템 004 컴퓨터과학 005 프로그래밍, 프로그램, 데이터 006 [미 사 용] 007 [미 사 용] 008 [미 사 용] 009 [미 사 용]	050 일반연속간행물 051 한 국 어 052 중 국 어 053 일 본 어 054 영 어 055 독 일 어 056 프랑스어 057 스페인어 058 기타 제언어 059 연 감
010 도서학, 서지학 011 저 작 012 필사본, 판본, 제본 013 출판 및 판매 014 개인서지 및 목록 015 국가별 서지 및 목록 016 주제별 서지 및 목록 017 특수서지 및 목록 018 일반서지 및 목록 019 장서목록	060 일반 학회, 단체, 협회, 기관, 연구기관 061 아 시 아 062 유 럽 063 아프리카 064 북아메리카 065 남아메리카 066 오세아니아, 양극지방 067 일반지역 068 해 양 069 박물관학
020 문헌정보학 021 도서관 행정 및 재정 022 도서관 건축 및 설비 023 도서관 경영, 관리 024 수서, 정리 및 보존 025 도서관 봉사 및 활동 026 일반도서관 027 학교 및 대학 도서관 (028) 기록관리 029 독서 및 정보매체의 이용	070 신문, 저널리즘 071 아 시 아 072 유 럽 073 아프리카 074 북아메리카 075 남아메리카 076 오세아니아, 양극지방 077 일반지역 078 특정주제의 신문 079 [미 사 용]
030 백과사전 031 한 국 어 032 중 국 어 033 일 본 어 034 영 어 035 독 일 어 036 프랑스어 037 스페인어 038 이탈리아어 039 기타 제언어	080 일반 전집, 총서 081 개인의 일반전집 082 2인 이상의 일반 전집, 총서 083 [미 사 용] 084 [미 사 용] 085 [미 사 용] 086 [미 사 용] 087 [미 사 용] 088 [미 사 용] 089 [미 사 용]
040 강연집, 수필집, 연설문집 041 한 국 어 042 중 국 어 043 일 본 어 044 영 어 045 독 일 어 046 프랑스어 047 스페인어 048 이탈리아어 049 기타 제언어	090 향토자료 091 [미 사 용] 092 [미 사 용] 093 [미 사 용] 094 [미 사 용] 095 [미 사 용] 096 [미 사 용] 097 [미 사 용] 098 [미 사 용] 099 [미 사 용]

100 철 학

100 철 학 101 철학 및 이론의 효용 102 잡 저 103 사전, 사전, 용어사전 104 강연집, 수필집 105 연속간행물 106 학회, 단체, 협회, 기관, 회의 107 지도법, 연구법 및 교육, 교육자료 108 총서, 전집, 선집 109 철 학 사	150 동양철학, 동양사상 151 한국 철학, 사상 152 중국 철학, 사상 153 일본 철학, 사상 154 동남아시아 제국 철학, 사상 155 인도 철학, 사상 156 중앙아시아 제국 철학, 사상 157 시베리아 철학, 사상 158 서남아시아 제국 철학, 사상 159 아라비아반도 철학, 사상
110 형이상학 111 방 법 론 112 존 재 론 113 우주론 및 자연철학 114 공 간 115 시 간 116 운동과 변화 117 구 조 118 힘과 에너지 119 물질과 질량	160 서양철학 161 [미 사 용] 162 미국철학 163 북구철학 164 영국철학 165 독일, 오스트리아 철학 166 프랑스, 네덜란드 철학 167 스페인철학 168 이탈리아철학 169 러시아철학
120 인식론, 인과론, 인간학 121 인 식 론 122 인 과 론 123 자유 및 필연 124 목 적 론 125 가 치 론 126 철학적 인간학 127 [미 사 용] 128 [미 사 용] 129 [미 사 용]	170 논 리 학 171 연 역 법 172 귀 납 법 173 변증법적 논리학 174 기호, 수리 논리학 175 오 류 176 삼단논법 177 가설, 가정 178 유 추 179 논증, 설득
130 철학의 체계 131 관념론 및 연관철학 132 비판철학 133 합 리 론 134 인문주의 135 경 험 론 136 자연주의 137 유 물 론 138 과학주의 139 기 타	180 심 리 학 181 심리학각론 182 차이심리학 183 발달심리학 184 이상심리학 185 생리심리학 186 임상심리학 187 심령연구 및 비학, 초심리학 188 상법, 운명판단 189 응용심리학 일반
140 경 학 141 역류(한역) 142 서 류 143 시 류 144 예 류 145 악 류 146 춘 추 류 147 효 경 148 사 서 149 [미 사 용]	190 윤리학, 도덕철학 191 일반윤리학 각론 192 가정윤리 193 국가 및 정치 윤리 194 사회윤리 195 직업윤리 일반 196 오락 및 경기 윤리 197 성윤리 및 생식윤리 198 소비윤리 199 도덕훈, 교훈

200 종 교

200 종 교	250 천 도 교
201 종교철학 및 종교사상	251 교리, 교의
202 잡 저	252 창시자(교주) 및 제자
203 사전, 사전	253 경전, 성전
204 자연종교, 자연신학	254 신앙록, 신앙생활, 수도생활
205 연속간행물	255 선교, 포교, 전도, 교육 활동
206 학회, 단체, 협회, 기관, 회의	256 종단, 교단
207 지도법, 연구법 및 교육, 교육자료	257 예배형식, 의식, 의례
208 총서, 전집, 선집	258 동학교분파
209 종 교 사	259 단군교, 대종교
210 비교종교	260 [미 사 용]
211 교 리	261 [미 사 용]
212 종교창시자(교주) 및 제자	262 [미 사 용]
213 경전, 성전	263 [미 사 용]
214 종교신앙, 신앙록, 신앙생활, 수도생활	264 [미 사 용]
215 선교, 포교, 전도, 교육 활동	265 [미 사 용]
216 종단, 교단(교당론)	266 [미 사 용]
217 예배형식, 의식, 의례	267 [미 사 용]
218 종파, 교파	268 [미 사 용]
219 신화, 신화학	269 [미 사 용]
220 불 교	270 힌두교, 브라만교
221 불교교리	271 교리, 교의
222 부처, 보살, 불제자	272 창시자(교주) 및 제자
223 경전(불전, 불경, 대장경)	273 경전, 성전
224 종교신앙, 신앙록, 신앙생활	274 신앙록, 신앙생활, 수도생활
225 포교, 교육, 교화 활동	275 선교, 포교, 전도, 교육 활동
226 사 원 론	276 종단, 교단
227 법회, 의식, 행사(의궤)	277 예배형식, 의식, 의례
228 종 파	278 종파, 교파
229 라 마 교	279 자이나교
230 기 독 교	280 이슬람교(회교)
231 기독교 신학, 교의학(조직신학)	281 교리, 교의
232 예수 그리스도, 사도	282 창시자(교주) 및 제자
233 성서(성경)	283 경전, 성전
234 종교신앙, 신앙록, 신앙생활	284 신앙록, 신앙생활, 수도생활
235 전도, 교육, 교화 활동, 목회학	285 선교, 포교, 전도, 교육 활동
236 교 회 론	286 종단, 교단
237 예배, 의식, 성례	287 예배형식, 의식, 의례
238 교 파	288 종파, 교파
239 유대교(유태교)	289 조로아스터교(요교, 배화교)
240 도 교	290 기타 제종교
241 교의, 신선사상	291 아 시 아
242 교주, 개조(장도릉)	292 유 럽
243 도 장	293 아프리카
244 신앙록, 신앙생활	294 북아메리카
245 포교, 전도, 교육, 교육 활동	295 남아메리카
246 사원론(도관)	296 오세아니아, 양극지방
247 행사, 법술	297 [미 사 용]
248 교 파	298 [미 사 용]
249 [미 사 용]	299 기타 다른 기원의 종교

300 사회과학

300 사회과학 301 사회사상 302 잡 저 303 사전, 사전 304 강연집, 수필집, 연설문집 305 연속간행물 306 학회, 단체, 협회, 기관, 회의 307 연구법, 연구방법 및 교육, 교육자료 308 총서, 전집, 선집 309 사회 · 문화 사정	350 행 정 학 351 아 시 아 352 유 럽 353 아프리카 354 북아메리카 355 남아메리카 356 오세아니아, 양극지방 357 일반지역 358 [미 사 용] 359 지방자치 및 지방행정
310 통계자료 311 아 시 아 312 유 럽 313 아프리카 314 북아메리카 315 남아메리카 316 오세아니아, 양극지방 317 일반지역 318 [미 사 용] 319 인구통계	360 법률, 법학 361 국 제 법 362 헌 법 363 행 정 법 364 형 법 365 민 법 366 상 법 367 사법제도 및 소송법 368 기타 제법 369 각국 법 및 예규
320 경 제 학 321 경제각론 322 경제정책 323 산업경제 일반 324 기업경제 325 경 영 326 상업, 교통, 통신 327 금 융 328 보 험 329 재 정	370 교 육 학 371 교육 정책 및 행정 372 학교 행정 및 경영, 보건 및 교육 지도 373 학습지도, 교육방법 374 교육과정 375 유아 및 초등 교육 376 중등교육 377 대학, 전문, 고등 교육 378 평생교육 379 특수교육
330 사회학, 사회문제 331 사 회 학 332 사회 조직 및 제도 333 [미 사 용] 334 사회문제 335 생활문제 336 [미 사 용] 337 여성문제 338 사회복지 339 사회단체	380 풍습, 예절, 민속학 381 의식주의 풍습 382 연령별, 성별, 신분별 사회계층의 풍습 383 사회생활의 풍습 384 관혼상제 385 예 절 386 축제, 세시풍속 387 [미 사 용] 388 민 속 학 389 문화인류학
340 정 치 학 341 국가형태 342 국가와 개인 및 집단 343 [미 사 용] 344 선 거 345 입 법 346 정 당 347 [미 사 용] 348 [미 사 용] 349 외교, 국제 관계	390 국방, 군사학 391 군사행정 392 전략, 전술 393 군사 교육 및 훈련 394 군사 시설 및 장비 395 군특수기술근무 396 육 군 397 해 군 398 공 군 399 고대병법

400 자연과학

400 자연과학	450 지 학
401 철학 및 이론	451 지구물리학
402 잡저(편람, 제표, 서지, 인명록)	452 지 형 학
403 사전, 백과사전	453 기상학, 기후학
404 강연집, 수필집, 연설문집	454 해 양 학
405 연속간행물	455 구조지질학
406 학회, 단체, 기관, 회의	456 지 사 학
407 지도법, 연구법 및 교육, 교육자료	457 고생물학(화석학)
408 전집, 총서	458 응용지질학 일반 및 광상학
409 과 학 사	459 암 석 학
410 수 학	460 광 물 학
411 산 수	461 원소광물
412 대 수 학	462 황화광물
413 통 계 학	463 할로겐화광물
414 해 석 학	464 산화광물
415 기 하 학	465 규산 및 규산염광물
416 위상수학	466 기타 산화물을 포함한 광물
417 삼 각 법	467 유기광물
418 해석기하학	468 [미 사 용]
419 기타 산법	469 결 정 학
420 물 리 학	470 생명과학
421 고체역학	471 인 류 학
422 유체역학	472 생 물 학
423 기체역학	473 생명론, 생물철학
424 음향학, 진동학	474 세포학(세포생물학)
425 광 학	475 미생물학
426 열 학	476 생물진화
427 전기학 및 전자학	477 생물지리학
428 자 기	478 현미경 및 현미경검사법 일반
429 현대물리학	479 생물 채집 및 보존
430 화 학	480 식 물 학
431 이론화학과 물리화학	481 일반 식물학
432 화학 실험실, 기기, 시설	482 은화식물
433 분석화학	483 엽상식물
434 합성화학 일반	484 조 균 류
435 무기화학	485 현화식물, 종자식물
436 금속원소와 그 화합물	486 나자식물
437 유기화학	487 피자식물
438 고리형화합물	488 단자엽식물
439 고분자화합물과 기타 유기물	489 쌍자엽식물
440 천 문 학	490 동 물 학
441 이론천문학	491 일반 동물학
442 실지천문학	492 무척추동물
443 기술천문학	493 원생동물, 해면동물, 자포동물, 선형동물
444 [미 사 용]	494 연체동물, 의연체동물
445 지 구	495 절지동물, 곤충류
446 측 지 학	496 척삭(척색)동물
447 항해천문학	497 어류, 양서류, 파충류
448 역법, 측시법	498 조 류
449 각국의 역	499 포 유 류

500 기술과학

500 기술과학
501 기술 철학 및 이론
502 잡 저
503 사전, 백과사전, 용어집
504 강연집, 수필집, 연설문집
505 연속간행물
506 학회, 단체, 기관, 회의
507 연구법 및 교육지도법
508 전집, 총서
509 기 술 사
510 의 학

511 기초의학
512 임상의학 일반
513 내 과 학
514 외 과
515 치과의학, 이비인후과학, 안과학 및 기타 임상의학
516 산부인과, 소아과학
517 건강증진, 공중보건 및 예방의학
518 약 학
519 한 의 학
520 농업, 농학

521 농업기초학
522 농업경제
523 재배 및 보호
524 작 물 학
525 원 예
526 임학, 임업
527 축 산 학
528 수 의 학
529 수산업, 생물자원의 보호, 수렵업
530 공학, 공업일반, 토목공학, 환경공학

531 토목공학
532 토목역학, 토목재료
533 측 량
534 도로공학
535 철도공학
536 교량공학
537 수리공학
538 항만공학
539 위생, 도시, 환경 공학
540 건축, 건축학

541 건축재료
542 건축 시공 및 적산
543 구조역학 및 건축일반구조
544 친환경건축 및 특정목적건축
545 건물 세부구조
546 건축 환경, 설비, 배관 및 파이프 부설
547 난방, 환기 및 공기조화 공학
548 건축마감 및 인테리어
549 각종 건물

550 기계공학
551 기계 역학, 요소 및 설계
552 공구와 가공장비
553 열공학과 원동기
554 유체역학, 공기역학, 진공학
555 정밀기계
556 자동차공학
557 철도차량, 기관차
558 항공우주공학, 우주항법학
559 기타 공학
560 전기공학, 통신공학, 전자공학

561 전기 회로, 계측, 재료
562 전기 기계 및 기구
563 발 전
564 송전, 배전
565 전등, 조명, 전열
566 [미 사 용]
567 통신공학
568 무선공학
569 전자공학
570 화학공학

571 공업화학약품
572 폭발물, 연료 공업
573 음료기술
574 식품공학
575 납, 유지, 석유, 가스 공업
576 요업 및 관련공업
577 세탁, 염색 및 관련공업
578 고분자화학공업
579 기타 유기화학공업
580 제 조 업

581 금속 제조 및 가공업
582 철 및 강철 제품
583 철기류 및 소규모철공
584 제재업, 목공업, 목제품
585 피혁 및 모피 공업
586 펄프, 종이 및 관련공업
587 직물 및 섬유 공업
588 의류제조
589 소형상품제조
590 생활과학

591 가정관리 및 가정생활
592 의 복
593 몸치장(몸단장), 화장
594 식품과 음료
595 주택관리 및 가정설비
596 공동주거용 주택 시설관리
597 가정위생
598 육 아
599 [미 사 용]

600 예 술

600 예 술	650 회화, 도화, 디자인
601 미술이론, 미학	651 채색 이론 및 실제
602 미술 재료 및 기법	652 회화의 재료 및 기법
603 미술 용어사전, 백과사전	653 시대별 및 국별 회화
604 미술의 주제	654 주제별 회화
605 미술연속간행물	655 [미 사 용]
606 미술분야의 학회, 단체, 기관, 회의	656 소묘, 도화
607 미술의 지도법, 연구법 및 교육, 교육자료	657 만화, 삽화
608 미술 전집, 총서	658 디 자 인
609 미 술 사	659 판 화
610 [미 사 용]	660 사진예술
611 [미 사 용]	661 사진기, 사진재료
612 [미 사 용]	662 사진촬영기술
613 [미 사 용]	663 음화처리
614 [미 사 용]	664 양화처리(인화)
615 [미 사 용]	665 [미 사 용]
616 [미 사 용]	666 특수사진술
617 [미 사 용]	667 사진응용
618 [미 사 용]	668 사 진 집
619 [미 사 용]	669 [미 사 용]
620 조각, 조형미술	670 음 악
621 [미 사 용]	671 음악 이론 및 기법
622 조소 재료 및 기법	672 종교음악
623 목 조	673 성 악
624 석 조	674 극음악, 오페라
625 금 동 조	675 기악합주
626 점토조소, 소조	676 건반악기 및 타악기
627 기타 재료	677 현 악 기
628 전각, 인장	678 관악기(취주악기)
629 제 상	679 한국음악 및 동양전통음악
630 공 예	680 공연예술, 매체예술
631 도자공예, 유리공예	681 극장, 제작, 연출, 연기
632 금속공예	682 연 희
633 보석, 갑각, 패류, 알 공예	683 [미 사 용]
634 목, 죽, 화훼, 왕골 공예	684 각종 연극
635 칠 공 예	685 무용, 발레
636 염직물공예, 섬유공예	686 라디오극(방송극) 및 음성(소리)매체 예술
637 고무, 플라스틱 공예	687 텔레비전극 및 시청각매체 방송 예술
638 미술가구	688 영 화
639 [미 사 용]	689 대중연예
640 서 예	690 오락, 스포츠
641 한자서체	691 오 락
642 한자서법	692 체육학, 스포츠
643 한글서체	693 체조, 놀이
644 기타 서법	694 육상경기
645 [미 사 용]	695 구 기
646 펜 습 자	696 수상경기, 공중경기
647 낙관, 수결(서명)	697 동계스포츠
648 서보, 서첩, 법첩	698 무예 및 기타 경기
649 문 방 구	699 기타 오락 및 레저스포츠

700 언 어

700 언 어 701 언 어 학 702 잡 저 703 사 전 704 강연집, 수필집 705 연속간행물 706 학회, 단체, 기관, 회의 707 지도법, 연구법 및 교육, 교육자료 708 전집, 총서 709 언어사 및 언어정책, 언어행정	750 독 일 어 751 음운, 음성, 문자 752 어원, 어의 753 사 전 754 어 휘 755 문 법 756 작 문 757 독본, 해석, 회화 758 방언(사투리) 759 기타 게르만어파
710 한 국 어 711 음운, 음성, 문자 712 어원, 어의 713 사 전 714 어 휘 715 문 법 716 작 문 717 독본, 해석, 회화 718 방언(사투리) 719 [미 사 용]	760 프랑스어 761 음운, 음성, 문자 762 어원, 어의 763 사 전 764 어 휘 765 문 법 766 작 문 767 독본, 해석, 회화 768 방언(사투리) 769 프로방스어
720 중 국 어 721 음운, 음성, 문자 722 어원, 어의 723 사 전 724 어 휘 725 문법, 어법 726 작 문 727 독본, 해석, 회화 728 방언(사투리) 729 [미 사 용]	770 스페인어 및 포르투갈어 771 음운, 음성, 문자 772 어원, 어의 773 사 전 774 어 휘 775 문 법 776 작 문 777 독본, 해석, 회화 778 방언(사투리) 779 포르투갈어
730 일본어 및 기타 아시아 제어 731 음운, 음성, 문자 732 어원, 어의 733 사 전 734 어 휘 735 문법, 어법 736 작 문 737 독본, 해석, 회화 738 방언(사투리) 739 기타 아시아 제어	780 이탈리아어 781 음운, 음성, 문자 782 어원, 어의 783 사 전 784 어 휘 785 문 법 786 작 문 787 독본, 해석, 회화 788 방언(사투리) 789 루마니아어
740 영 어 741 음운, 음성, 문자 742 어원, 어의 743 사 전 744 어 휘 745 문 법 746 작 문 747 독본, 해석, 회화 748 방언(사투리) 749 앵글로색슨어	790 기타 제어 791 [미 사 용] 792 인도-유럽어족 793 아프리카 제어 794 북아메리카 인디언어 795 남아메리카 인디언어 796 오스트로네시아어족 797 셈어족(셈어파) 798 함어족(함어파) 799 국제어(인공어) 및 기타 언어

800 문 학

800 문 학 801 문학이론 802 문장작법, 수사학 803 사전, 사전 804 수필집, 강연집 805 연속간행물 806 학회, 단체, 기관, 회의 807 지도법 및 연구법, 교육, 교육자료 808 전집, 총서 809 문학사, 평론	850 독일문학 851 시 852 희 곡 853 소 설 854 수 필 855 연설, 웅변 856 일기, 서간, 기행 857 풍자 및 유머 858 르포르타주 및 기타 859 기타 게르만문학
810 한국문학 811 시 812 희 곡 813 소 설 814 수 필 815 연설, 웅변 816 일기, 서간, 기행 817 풍자 및 유머 818 르포르타주 및 기타 819 [미 사 용]	860 프랑스문학 861 시 862 희 곡 863 소 설 864 수 필 865 연설, 웅변 866 일기, 서간, 기행 867 풍자 및 유머 868 르포르타주 및 기타 869 프로방스문학
820 중국문학 821 시 822 희 곡 823 소 설 824 수 필 825 연설, 웅변 826 일기, 서간, 기행 827 풍자 및 유머 828 르포르타주 및 기타 829 [미 사 용]	870 스페인 및 포르투갈 문학 871 시 872 희 곡 873 소 설 874 수 필 875 연설, 웅변 876 일기, 서간, 기행 877 풍자 및 유머 878 르포르타주 및 기타 879 포르투갈문학
830 일본문학 및 기타 아시아 제문학 831 시 832 희 곡 833 소 설 834 수 필 835 연설, 웅변 836 일기, 서간, 기행 837 풍자 및 유머 838 르포르타주 및 기타 839 기타 아시아 제문학	880 이탈리아문학 881 시 882 희 곡 883 소 설 884 수 필 885 연설, 웅변 886 일기, 서간, 기행 887 풍자 및 유머 888 르포르타주 및 기타 889 루마니아문학
840 영미문학 841 시 842 희 곡 843 소 설 844 수 필 845 연설, 웅변 846 일기, 서간, 기행 847 풍자 및 유머 848 르포르타주 및 기타 (849) 미국문학	890 기타 제문학 891 [미 사 용] 892 인도-유럽계문학 893 아프리카 제문학 894 북아메리카 인디언문학 895 남아메리카 인디언문학 896 오스트로네시아문학 897 셈족문학 898 함족문학 899 기타 문학

900 역 사

900 역 사	950 남아메리카
901 역사 철학 및 이론	951 콜롬비아
902 역사보조학	952 베네수엘라와 기아나 지역
903 사전, 사전	953 브 라 질
904 강연집, 사평	954 에콰도르
905 연속간행물	955 페 루
906 학회, 단체, 기관, 회의	956 볼리비아
907 지도법, 연구법 및 교육, 교육자료	957 파라과이, 우루과이
908 전집, 총서	958 아르헨티나
909 세계사, 세계문화사	959 칠 레
910 아 시 아	960 오세아니아, 양극지방
911 한 국	961 [미 사 용]
912 중 국	962 오스트레일리아(호주)
913 일 본	963 뉴질랜드
914 동남아시아	964 파푸아뉴기니
915 인디아와 남부아시아	965 멜라네시아
916 중앙아시아	966 미크로네시아와 인접국가
917 시베리아	967 폴리네시아와 하와이
918 서남아시아, 중동	968 대서양제도
919 아라비아반도와 인접지역	969 양극지방
920 유 럽	970 [미 사 용]
921 고대 그리스(희랍고대사)	971 [미 사 용]
922 고대 로마	972 [미 사 용]
923 스칸디나비아	973 [미 사 용]
924 영국, 아일랜드	974 [미 사 용]
925 독일과 중앙유럽	975 [미 사 용]
926 프랑스와 인접국가	976 [미 사 용]
927 스페인과 인접국가	977 [미 사 용]
928 이탈리아와 인접국가	978 [미 사 용]
929 러시아와 동부유럽	979 [미 사 용]
930 아프리카	980 지 리
931 북아프리카	981 아시아지리
932 [미 사 용]	982 유럽지리
933 [미 사 용]	983 아프리카지리
934 서아프리카	984 북아메리카지리
935 [미 사 용]	985 남아메리카지리
936 중앙아프리카	986 오세아니아와 양극 지리
937 동아프리카	987 지역구분 일반지리
938 남아프리카	988 해 양
939 남인도양제도	989 지도 및 지도책
940 북아메리카	990 전 기
941 캐 나 다	991 아시아전기
942 미국(미합중국)	992 유럽전기
943 멕 시 코	993 아프리카전기
944 중앙아메리카(중미제국)	994 북아메리카전기
945 과테말라, 벨리즈, 엘살바도르	995 남아메리카전기
946 온두라스	996 오세아니아와 양극 전기
947 니카라과	997 [미 사 용]
948 코스타리카, 파나마	998 주제별 전기
949 서인도제도	999 계보, 족보

◘ 조 기 표 ◘

1. 표준구분표

- −01 철학 및 이론
- −02 잡저(雜著)
- −03 사전(辭典), 사전(事典), 인용어사전, 용어집, 약어집
- −04 강연집, 수필집, 연설문집
- −05 연속간행물
- −06 각종 단체, 조직(학회, 단체, 협회, 기관, 회의) 및 경영
- −07 지도법, 연구법 및 교육, 교육자료
- −08 총서, 전집, 선집
- −09 역사 및 지역구분

2. 지역구분표

- −1 아시아
  - −11 대한민국
  - −12 중국
  - −13 일본
  - −14 동남아시아
  - −15 인디아와 남부아시아
  - −16 중앙아시아
  - −17 시베리아
  - −18 서남아시아, 중동(中東)
  - −19 아라비아반도와 인접지역

-2 유 럽
-21 고대 그리스
-22 고대 로마
-23 스칸디나비아
-24 영국, 아일랜드
-25 독일과 중앙유럽
-26 프랑스와 인접국가
-27 스페인과 인접국가
-28 이탈리아와 인접국가
-29 러시아와 동부유럽
-3 아프리카
-4 북아메리카
-41 캐나다
-42 미국(미합중국)
-43 멕시코
-44 중앙아메리카(중미제국)
-45 과테말라, 벨리즈, 엘살바도르
-5 남아메리카(남미)
-6 오세아니아, 양극지방 [전 오세아니아]
-7 지역구분 일반
-8 해 양

[3. 한국지역구분표]

한국지역구분표는 지역구분표로 통합한다.

지역구분표 -111-1199와 같이 세분한다.

[4. 한국시대구분표]

한국시대구분표는 본표의 기호로 대체한다.

본표 911.01-.082와 같이 세분한다.

3. 국어구분표

- -1 한국어
- -2 중국어
- -3 일본어
  - -39 기타 아시아 제어
- -4 영어
- -5 독일어
  - -59 기타 게르만어
- -6 프랑스어
- -7 스페인어
  - -79 포르투갈어
- -8 이탈리아어
- -9 기타 제어
  - -928 러시아어

4. 문학형식구분표

- -1 시
- -2 희곡
- -3 소설
- -4 수필, 소품
- -5 연설, 웅변
- -6 일기, 서간, 기행
- -7 풍자 및 유머
- -8 르포르타주 및 기타

7. 언어공통구분표

- -1 음운 및 문자
- -2 어원
- -3 사전
- -4 어휘
- -5 문법
- -6 작문
- -7 독본, 해석, 회화
- -8 방언(사투리)

8. 종교공통구분표

- -1 교리, 교의
- -2 종교창시자(교주) 및 제자
- -3 경전, 성전
- -4 종교신앙, 신앙록, 신앙생활, 수도생활
- -5 선교, 포교, 전도, 교화(교육) 활동
- -6 종단, 교단
- -7 예배형식, 의식, 의례
- -8 종파, 교파

Cutter-Sanborn Three-Figure Author Table

Ba	111	Ca	Ba	171	Calz	Barbu	241	Capet	Basi	311	Carr
Bab	112	Cab	Balb	172	Cam	Barc	242	Capg	Basili	312	Carr,M.
Babe	113	Cabas	Balbo	173	Camas	Barch	243	Capi	Basin	313	Carrar
Babi	114	Cabe	Balc	174	Camb	Barcl	244	Capit	Basir	314	Carre
Babr	115	Cabi	Bald	175	Cambi	Bard	245	Capo	Bask	315	Carret
Bac	116	Cabo	Balder	176	Cambo	Bardi	246	Capon	Basn	316	Carri
Bacci	117	Cabr	Baldi	177	Cambr	Bardo	247	Capp	Bass	317	Carril
Bach	118	Cac	Baldo	178	Cambri	Bare	248	Capper	Basse	318	Carrin
Bache	119	Cach	Baldu	179	Camd	Barf	249	Cappo	Basset	319	Carro
Bachell	121	Cad	Baldw	181	Came	Barg	251	Capr	Bassi	321	Cars
Bachet	122	Cade	Baldwin,M.	182	Camer	Bari	252	Capre	Basso	322	Cart
Bachi	123	Cadet	Bale	183	Cami	Barin	253	Capri	Bassu	323	Carter
Bachm	124	Cadi	Bales	184	Camm	Bark	254	Capro	Bast	324	Carter,L.
Baci	125	Cado	Balf	185	Camo	Barker	255	Capu	Baste	325	Carter,S.
Back	126	Cad	Bali	186	Camp	Barki	256	Caq	Basti	326	Carth
Bacm	127	Cae	Ball	187	Campbell	Barl	257	Car	Basto	327	Carti
Baco	128	Caes	Balla	188	Campbell,H.	Barlo	258	Caraf	Bat	328	Carto
Bacon,M.	129	Caf	Ballar	189	Campbell,M.	Barn	259	Caram	Bates	329	Cartw
Bacr	131	Cag	Balle	191	Campbell,S.	Barnes	261	Caran	Bath	331	Carv
Bad	132	Cah	Balli	192	Campbell,W.	Barnh	262	Carat	Bathu	332	Cary
Bade	133	Cai	Ballo	193	Campe	Barnu	263	Carb	Bati	333	Cary,M
Baden	134	Cail	Balm	194	Campen	Baro	264	Carbo	Bato	334	Cas
Badg	135	Cain	Balo	195	Camper	Baron	265	Carc	Batt	335	Casan
Badi	136	Cair	Bals	196	Campi	Baroni	266	Card	Batti	336	Casat
Bado	137	Cais	Balt	197	Campis	Barot	267	Cardi	Bau	337	Case
Badr	138	Caiu	Balu	198	Campo	Barr	268	Cardo	Baud	338	Casen
Bae	139	Caj	Bam	199	Campr	Barras	269	Cardw	Baudio	339	Casi
Baer	141	Cal	Bamp	211	Camu	Barre	271	Care	Baudo	341	Caso
Baert	142	Calan	Ban	212	Can	Barrer	272	Carew	Baudr	342	Casp
Baf	143	Calas	Banc	213	Canan	Barret	273	Carey	Baudu	343	Cass
Bag	144	Calc	Band	214	Canb	Barrett	274	Carey,H.	Baue	344	Casse
Bagi	145	Cald	Bane	215	Canc	Barri	275	Carey,M.	Bauf	345	Cassi
Bagl	146	Calde	Bang	216	Cand	Barrin	276	Carey,S.	Baug	346	Cast
Bagn	147	Caldw	Bani	217	Candi	Barro	277	Cari	Baum	347	Caste
Bago	148	Cale	Bank	218	Candl	Barrow	278	Carl	Baumg	348	Castel
Bags	149	Calen	Bann	219	Cando	Barry	279	Carlet	Baun	349	Casteln
Bah	151	Calf	Bao	221	Cane	Barry,L.	281	Carleton	Baur	351	Casten
Bai	152	Calh	Bap	222	Canf	Bars	282	Carli	Baut	352	Casti
Bail	153	Cali	Bar	223	Cani	Bart	283	Carlis	Bav	353	Castil
Baile	154	Calin	Barag	224	Cann	Barth	284	Carlo	Bavi	354	Castl
Bailey,L.	155	Calk	Baran	225	Canni	Barthel	285	Carlt	Bax	355	Casto
Bailey,S.	156	Call	Barat	226	Canno	Bartho	286	Carly	Bay	356	Castr
Baill	157	Calle	Barau	227	Cano	Bartholo	287	Carm	Baye	357	Casw
Baillo	158	Calli	Barb	228	Cans	Barti	288	Carn	Bayl	358	Cat
Bails	159	Callim	Barbar	229	Cant	Bartl	289	Carne	Bayly	359	Catel
Baily	161	Callin	Barbat	231	Canti	Bartlett,M.	291	Carno	Bayn	361	Cath
Bain	162	Callis	Barbau	232	Canto	Barto	292	Caro	Baz	362	Cathc
Bair	163	Callo	Barbe	233	Cantr	Barton	293	Caron	Bazi	363	Cathe
Bait	164	Calm	Barber	234	Cantw	Bartr	294	Carp	Bazo	364	Cati
Baj	165	Calo	Barbet	235	Canu	Baru	295	Carpenter	Be	365	Catl
Bak	166	Calt	Barbi	236	Cap	Barw	296	Carpenter,L.	Beal	366	Cato
Bake	167	Calv	Barbil	237	Cape	Bas	297	Carpenter,S.	Bean	367	Catr
Baker,M.	168	Calvi	Barbo	238	Capel	Basc	298	Carpi	Bear	368	Catt
Baks	169	Calvo	Barbou	239	Capen	Base	299	Carpo	Beat	369	Catto

Beau — Clift

Beau	371	Cau	Bellen	441	Chalt	Beri	511	Chauv	Bev	571	Cig
Beauch	372	Caul	Beller	442	Cham	Berk	512	Chav	Bew	572	Cil
Beaucl	373	Caum	Belli	443	Chamber	Berkl	513	Chaz	Bey	573	Cim
Beauf	374	Caus	Bellin	444	Chambers	Berl	514	Che	Bez	574	Cin
Beaug	375	Caut	Bellm	445	Chambers,M.	Berlin	515	Chee	Bh	575	Cini
Beauh	376	Cav	Bello	446	Chambo	Berm	516	Chel	Bi	576	Cio
Beaul	377	Caval	Bellon	447	Chambr	Bern	517	Chem	Bian	577	Cip
Beaum	378	Cave	Bellow	448	Chami	Bernar	518	Chen	Bianco	578	Cir
Beaumo	379	Caven	Bellu	449	Champ	Bernard,J.	519	Chep	Biar	579	Cis
Beaun	381	Cavendish,L	Belm	451	Champe	Bernard,M.	521	Cher	Bib	581	Cit
Beaup	382	Cavi	Belo	452	Champi	Bernard,T.	522	Chero	Bibl	582	Civ
Beaur	383	Cavo	Belt	453	Champl	Bernardi	523	Cheru	Bic	583	Cl
Beaus	384	Cax	Belv	454	Chan	Bernat	524	Ches	Bid	584	Clag
Beauv	385	Cay	Bem	455	Chandl	Berne	525	Chest	Bide	585	Clai
Beauvo	386	Caz	Ben	456	Chandler,M.	Bernet	526	Chet	Bie	586	Clam
Beb	387	Ce	Benc	457	Chanl	Bernh	527	Chev	Biel	587	Clan
Bec	388	Ceci	Bend	458	Chann	Berni	528	Chevi	Bien	588	Clap
Bece	389	Ced	Bendo	459	Chant	Berno	529	Chevr	Bies	589	Clapp
Bech	391	Cei	Bene	461	Chao	Berns	531	Chey	Bif	591	Clar
Bechs	392	Cel	Benede	462	Chap	Bero	532	Chi	Big	592	Clark
Beck	393	Cell	Benedi	463	Chapi	Berr	533	Chich	Bigl	593	Clark,G.
Becke	394	Cels	Benef	464	Chapl	Berry	534	Chif	Bigo	594	Clark,M.
Becker	395	Cen	Benel	465	Chapm	Bers	535	Chil	Bil	595	Clark,S.
Becker,P.	396	Cens	Beng	466	Chapman	Bert	536	Child	Bill	596	Clark,W.
Becki	397	Cent	Beni	467	Chapp	Berte	537	Childs	Bille	597	Clarke
Becm	398	Ceo	Benj	468	Chapu	Berth	538	Chill	Billi	598	Clarke,G.
Bed	399	Cep	Benn	469	Char	Berthe	539	Chin	Billo	599	Clarke,M.
Bede	411	Cer	Bennett	471	Chard	Berthi	541	Chip	Bim	611	Clarke,S.
Bedi	412	Cerc	Bennett,M.	472	Chare	Bertho	542	Chis	Bin	612	Clarke,W.
Bedr	413	Cerd	Beno	473	Chari	Berti	543	Chit	Bing	613	Clarks
Bee	414	Cere	Bens	474	Charl	Bertin	544	Chla	Binn	614	Clary
Beer	415	Ceri	Bent	475	Charles	Berto	545	Cho	Bio	615	Clau
Beg	416	Cero	Benth	476	Charles,M.	Bertol	546	Chois	Bior	616	Claus
Begi	417	Cerr	Bentl	477	Charles,S.	Berton	547	Chol	Bir	617	Clav
Begu	418	Cert	Bento	478	Charlet	Bertr	548	Chom	Bird	618	Clax
Beh	419	Cerv	Benw	479	Charlo	Bertrand,F	549	Chop	Birk	619	Clay
Behr	421	Ces	Beo	481	Charlt	Bertrand,N.	551	Chor	Bis	621	Clay,M.
Bei	422	Ceso	Ber	482	Charm	Bertu	552	Chou	Bish	622	Clay,T.
Beis	423	Cet	Berar	483	Charn	Berw	553	Chr	Biss	623	Cle
Bek	424	Cev	Berau	484	Charp	Bes	554	Chri	Bit	624	Clee
Bel	425	Cey	Berc	485	Charr	Besl	555	Christi	Biz	625	Clem
Belan	426	Ch	Berck	486	Chart	Beso	556	Christo	Bj	626	Clement
Belch	427	Chabe	Bere	487	Chas	Bess	557	Chro	Bl	627	Clen
Bele	428	Chabo	Beren	488	Chass	Bessem	558	Chry	Blackb	628	Cleo
Belg	429	Chabr	Berens	489	Chast	Bessi	559	Chu	Blackm	629	Cler
Beli	431	Chac	Beres	491	Chastil	Best	561	Church	Blacks	631	Clerk
Belk	432	Chad	Beret	492	Chat	Bet	562	Church,M.	Blackw	632	Clerke
Bell	433	Chaf	Berg	493	Chath	Bethm	563	Churchill	Blag	633	Clerm
Bell L	434	Chai	Bergan	494	Chati	Beto	564	Chut	Blai	634	Cles
Bell R	435	Chais	Berge	495	Chatt	Bett	565	Ci	Blair	635	Clev
Bellan	436	Chal	Berger	496	Chau	Beu	566	Cian	Blak	636	Cli
Bellav	437	Chall	Bergh	497	Chaul	Beul	567	Cib	Blakes	637	Clif
Belle	438	Chalm	Bergi	498	Chaun	Beus	568	Cic	Blan	638	Clifford,M.
Bellege	439	Chalo	Bergm	499	Chaus	Beut	569	Cie	Blanch	639	Clift

Blanch — Bruns / Clin — Craw

Blanche	641	Clin	Bond	711	Colling	Boure	771	Cook	Brer	841	Costel
Bland	642	Cliv	Bone	712	Collins	Bourg	772	Cooke	Bres	842	Coster
Blanq	643	Clo	Bonf	713	Collins,S.	Bourgo	773	Cooke,M.	Bress	843	Cot
Blas	644	Clon	Bonh	714	Collo	Bouri	774	Cool	Bret	844	Coti
Blau	645	Clos	Boni	715	Colly	Bourn	775	Coom	Brett	845	Coto
Ble	646	Clot	Bonn	716	Colm	Bourr	776	Coop	Breu	846	Cott
Blen	647	Clou	Bonnet	717	Coln	Bous	777	Cooper,H.	Brew	847	Cotter
Bli	648	Clow	Bonni	718	Colo	Bout	778	Cooper,O.	Brews	848	Cotti
Blis	649	Clu	Bono	719	Colon	Bouth	779	Coot	Bri	849	Cottl
Blo	651	Cn	Bons	721	Colp	Bouto	781	Cop	Brid	851	Cotto
Blod	652	Co	Bont	722	Colq	Bouv	782	Cope	Bridgm	852	Coty
Blom	653	Cobb	Bonv	723	Cols	Bov	783	Copi	Brie	853	Cou
Blon	654	Cobbet	Boo	724	Colt	Bow	784	Copl	Brig	854	Coud
Bloo	655	Cobd	Boot	725	Colto	Bowdi	785	Copp	Brigh	855	Coul
Blos	656	Cobh	Bor	726	Colu	Bowe	786	Coq	Brighto	856	Coup
Blou	657	Cobo	Bord	727	Colv	Bowl	787	Cor	Bril	857	Coupl
Blu	658	Cobu	Borden	728	Com	Bowr	788	Coran	Brin	858	Cour
Blunt	659	Coc	Bordi	729	Comb	Boy	789	Corb	Bris	859	Courc
Bly	661	Coch	Bore	731	Combes	Boye	791	Corbin	Brist	861	Courl
Bo	662	Cochin	Borg	732	Come	Boyl	792	Corbo	Brit	862	Court
Bob	663	Cochr	Borgi	733	Comi	Boys	793	Corc	Bro	863	Courte
Boc	664	Cock	Borgo	734	Comm	Br	794	Cord	Brock	864	Courti
Bock	665	Cockb	Borl	735	Como	Brab	795	Cordi	Broe	865	Courtn
Bod	666	Cocke	Born	736	Comp	Brac	796	Cordo	Brog	866	Courto
Bodi	667	Coco	Borr	737	Compan	Brack	797	Core	Brok	867	Cous
Bodl	668	Cocq	Bors	738	Compt	Brad	798	Cori	Brom	868	Couss
Boe	669	Cod	Bort	739	Coms	Bradf	799	Cork	Bron	869	Coust
Boeh	671	Codm	Bos	741	Comt	Bradl	811	Corm	Broo	871	Cout
Boer	672	Coe	Bosch	742	Comy	Brads	812	Corn	Brooke	872	Coutu
Boet	673	Coes	Bose	743	Con	Brag	813	Corne	Brooks	873	Cov
Bog	674	Cof	Boso	744	Conc	Brai	814	Cornel	Bros	874	Cow
Bogi	675	Coffin	Boss	745	Cond	Bram	815	Corner	Brou	875	Cowl
Boh	676	Cog	Bossu	746	Condo	Bran	816	Cornet	Brous	876	Cowp
Bohn	677	Cogs	Bost	747	Cone	Brand	817	Cornh	Brow	877	Cox
Boi	678	Coh	Bot	748	Conf	Brandi	818	Corni	Brown,H.	878	Cox,R.
Boil	679	Coig	Both	749	Cong	Brando	819	Corno	Brown,M.	879	Coxe
Boin	681	Coit	Bott	751	Coni	Brandt	821	Cornw	Brown,T.	881	Coy
Bois	682	Cok	Bou	752	Conk	Brar	822	Coro	Browne	882	Coz
Boisg	683	Col	Bouche	753	Cono	Bras	823	Corr	Browne,M.	883	Cr
Boiss	684	Colb	Bouchi	754	Conr	Brat	824	Corre	Browne,S.	884	Crad
Boit	685	Colbu	Boucho	755	Cons	Brau	825	Corri	Browni	885	Craf
Bok	686	Colby	Boud	756	Const	Brav	826	Cors	Bru	886	Crai
Bol	687	Colc	Bouf	757	Constan	Bray	827	Cort	Bruce,J.	887	Craik
Bole	688	Cold	Boug	758	Constanti	Bre	828	Cortes	Bruck	888	Crak
Boli	689	Cole	Bouh	759	Cont	Brec	829	Corti	Brue	889	Cram
Boll	691	Coleb	Boui	761	Conte	Bred	831	Corto	Brug	891	Cran
Bolli	692	Colem	Bouil	762	Conti	Bree	832	Corv	Bruh	892	Crao
Bolo	693	Coler	Boul	763	Conto	Breg	833	Cory	Brum	893	Crap
Bolt	694	Colet	Boull	764	Contr	Breh	834	Cos	Brun	894	Cras
Bom	695	Colev	Boun	765	Contu	Brei	835	Cosp	Brunet	895	Crat
Bomi	696	Coli	Bour	766	Conv	Brem	836	Coss	Bruni	896	Crato
Bon	697	Coll	Bourc	767	Conw	Bren	837	Cost	Brunn	897	Crau
Bonap	698	Collet	Bourd	768	Cony	Brenn	838	Costan	Bruno	898	Crav
Bonar	699	Colli	Bourdi	769	Coo	Brent	839	Coste	Bruns	899	Craw

Brunsw — Bz	/	Crawl — Cza
Brunsw	911	Crawl
Brus	912	Cre
Brut	913	Cree
Bruy	914	Crei
Bry	915	Crel
Bryc	916	Creo
Bu	917	Crep
Buc	918	Creq
Buche	919	Cres
Bucho	921	Cresp
Buck	922	Cress
Bucki	923	Cresw
Buckl	924	Cret
Buckm	925	Creu
Bucks	926	Crev
Bud	927	Crew
Bue	928	Cri
Buf	929	Cril
Bug	931	Crin
Bui	932	Cris
Bul	933	Crist
Bulk	934	Crit
Bull	935	Critt
Bulle	936	Criv
Bulli	937	Cro
Bullo	938	Crock
Bulo	939	Croe
Bulw	941	Crof
Bun	942	Croi
Bu	943	Crok
Buoni	944	Crol
Bur	945	Crom
Burb	946	Cromw
Burc	947	Cron
Burck	948	Croo
Burd	949	Cros
Burdet	951	Cross
Bure	952	Crou
Burf	953	Crow
Burg	954	Croy
Burges	955	Cru
Burgh	956	Crum
Burgo	957	Crus
Burh	958	Cs
Burk	959	Ct
Burl	961	Cu
Burm	962	Cub
Burn	963	Cuc
Burnet	964	Cud
Burney	965	Cue
Burnh	966	Cui
Burns	967	Cul
Burr	968	Culp
Burre	969	Cum
Burri	971	Cumm
Burro	972	Cun
Burt	973	Cunn
Burto	974	Cup
Bury	975	Cur
Bus	976	Curr
Busch	977	Curs
Bush	978	Curt
Bushn	979	Curtis,J.
Buss	981	Curtis,P.
Bust	982	Curw
But	983	Curz
Buti	984	Cus
Butl	985	Cushing,M.
Butler,M.	986	Cushm
Butler,T.	987	Cust
Butt	988	Cut
Butto	989	Cutl
Bux	991	Cutt
Buy	992	Cuv
By	993	Cuy
Byn	994	Cy
Byr	995	Cyc
Byro	996	Cyl
Bys	997	Cyr
Byt	998	Cz
Bz	999	Czo

Da — Dem / Fa — Ferral

Da	111	Fa	Dana,S.	171	Fairh	Daum	241	Farran	Dee	311	Feit
Dabi	112	Fab	Danb	172	Fairl	Daun	242	Farrar	Deer	312	Feld
Dabl	113	Fabb	Danc	173	Fais	Daur	243	Farrar,J.	Def	313	Feli
Dabn	114	Fabe	Danck	174	Fait	Daus	244	Farrar,S.	Defo	314	Felic
Dabo	115	Faber	Danco	175	Faiv	Dav	245	Farre	Defor	315	Felin
Dabr	116	Faberi	Dand	176	Fak	Dave	246	Farri	Defr	316	Felix
Dac	117	Fabert	Dando	177	Fal	Davenp	247	Fars	Deg	317	Fell
Daci	118	Fabi	Dandr	178	Falc	Daves	248	Fas	Degl	318	Felle
Dacr	119	Fabil	Dane	179	Falck	Davi	249	Fass	Dego	319	Felli
Dad	121	Fabiu	Danf	181	Falco	Davids	251	Fast	Degr	321	Fello
Dae	122	Fabr	Dang	182	Falcone	Davidson	252	Fat	Deh	322	Fellow
Dael	123	Fabre	Dani	183	Falconer,M.	Davidson,M.	253	Fati	Deho	323	Felo
Daf	124	Fabri	Daniel	184	Falconet	Davie	254	Fato	Dei	324	Fels
Dag	125	Fabrian	Daniell	185	Falcu	Davies	255	Fau	Deis	325	Felt
Dagl	126	Fabric	Daniels	186	Fald	Davies,J.	256	Fauch	Dej	326	Felto
Dago	127	Fabrin	Dank	187	Fale	Davies,P.	257	Fauci	Dejo	327	Felton,M.
Dagu	128	Fabris	Dann	188	Falg	Davig	258	Faud	Dek	328	Feltr
Dah	129	Fabriz	Danp	189	Fali	Davil	259	Faug	Dekr	329	Felv
Dahl	131	Fabro	Dans	191	Falk	Davis	261	Faul	Del	331	Fen
Dai	132	Fabrot	Dant	192	Falken	Davis,H.	262	Faulh	Delac	332	Fene
Dail	133	Fabry	Danti	193	Falkn	Davis,M.	263	Faulk	Delaf	333	Feni
Dair	134	Fabu	Danto	194	Fall	Davis,S.	264	Faun	Delai	334	Fenn
Dak	135	Fabv	Dantz	195	Fallet	Davis,W.	265	Faur	Delal	335	Fennel
Dal	136	Faby	Danv	196	Fallo	Davo	266	Fauri	Delam	336	Fenner
Dalb	137	Fac	Danvi	197	Fals	Davr	267	Faus	Delan	337	Fenni
Dalc	138	Faccio	Dany	198	Fam	Davy	268	Fausti	Delap	338	Fenno
Dale	139	Fach	Danz	199	Fan	Daw	269	Faustu	Delar	339	Feno
Dales	141	Faci	Dao	211	Fane	Dawk	271	Fauv	Delat	341	Fens
Dalg	142	Facis	Dap	212	Fani	Daws	272	Fav	Delau	342	Fent
Dalh	143	Facu	Dar	213	Fann	Day	273	Fave	Delav	343	Fenw
Dall	144	Fad	Darc	214	Fano	Day,J.	274	Favi	Delb	344	Feo
Dallas	145	Fadi	Dard	215	Fans	Day,S.	275	Favo	Delc	345	Fer
Dalle	146	Fadl	Darde	216	Fant	Dayt	276	Favr	Dele	346	Ferb
Dalli	147	Fae	Dare	217	Fanto	Daz	277	Favre	Deles	347	Ferd
Dalm	148	Faen	Dari	218	Fantu	De	278	Faw	Deleu	348	Ferdo
Dalp	149	Faes	Dark	219	Far	Deal	279	Fawe	Delf	349	Fere
Dalr	151	Fag	Darl	221	Farc	Dean	281	Fawk	Delfo	351	Ferg
Dalt	152	Fage	Darm	222	Fare	Dean,M.	282	Fay	Delg	352	Fergu
Daly	153	Fagel	Darn	223	Farg	Deane	283	Faye	Deli	353	Ferguson,M.
Dam	154	Fagg	Daro	224	Fari	Deane,M.	284	Fayet	Delis	354	Ferguss
Damas	155	Fagi	Darr	225	Farin	Dear	285	Fayo	Deliu	355	Ferh
Damb	156	Fagn	Dart	226	Faring	Deb	286	Fayt	Delk	356	Feri
Dame	157	Fah	Daru	227	Farini	Debo	287	Faz	Dell	357	Ferl
Dami	158	Fahr	Darw	228	Faris	Debr	288	Fe	Dello	358	Ferm
Damin	159	Fai	Das	229	Farj	Debu	289	Feb	Delm	359	Ferme
Damis	161	Fail	Dass	231	Farl	Dec	291	Fec	Delo	361	Fermo
Damm	162	Fain	Dat	232	Farley,M.	Dece	292	Fed	Delor	362	Fern
Damo	163	Fair	Dath	233	Farm	Dech	293	Feder	Delp	363	Fernand
Damop	164	Fairban	Dati	234	Farmer,M.	Deci	294	Fedo	Delr	364	Ferne
Damp	165	Fairc	Dau	235	Farn	Deck	295	Fee	Dels	365	Ferni
Dampi	166	Fairf	Daubi	236	Farnh	Deco	296	Feh	Delt	366	Ferno
Dan	167	Fairfax,M.	Dauc	237	Faro	Decour	297	Fei	Delv	367	Fero
Dana,H.	168	Fairfie	Daud	238	Farq	Decr	298	Feildi	Delz	368	Ferr
Dana,M.	169	Fairfield,M.	Daul	239	Farr	Ded	299	Fein	Dem	369	Ferral

Deman — Dodd / Ferram — Floris

Deman	371	Ferram	Des	441	Fian	Devons	511	Finl	Dig	571	Flach
Demar	372	Ferran	Desau	442	Fias	Devos	512	Finlays	Dige	572	Flaco
Demau	373	Ferrant	Desb	443	Fib	Devot	513	Finley	Digg	573	Flad
Demb	374	Ferrar	Desbo	444	Fic	Devr	514	Finn	Digh	574	Flag
Dembo	375	Ferrari	Desc	445	Fich	Dew	515	Fino	Dign	575	Flah
Deme	376	Ferraro	Desch	446	Fici	Dewe	516	Fins	Dil	576	Flai
Demet	377	Ferrars	Descl	447	Fick	Dewes	517	Fio	Dilk	577	Flam
Demi	378	Ferrary	Desco	448	Fico	Dewet	518	Fiore	Dill	578	Flamen
Demid	379	Ferrat	Descr	449	Fid	Dewey	519	Fiori	Dillo	579	Flami
Demil	381	Ferrau	Dese	451	Fide	Dewi	521	Fiorin	Dilw	581	Flamm
Demm	382	Ferre	Deses	452	Fie	Dewitt	522	Fir	Dim	582	Flams
Demo	383	Ferrei	Desf	453	Field	Dewitt,M.	523	Fire	Din	583	Flan
Demon	384	Ferreo	Desg	454	Field,H.	Dewl	524	Firm	Ding	584	Fland
Demop	385	Ferrer	Desgr	455	Field,M.	Dex	525	Firmin	Dini	585	Flandr
Demor	386	Ferrero	Desh	456	Field,S.	Dext	526	Firn	Dino	586	Flat
Demos	387	Ferret	Desi	457	Field,W.	Dexter,M.	527	Firo	Dins	587	Flau
Demou	388	Ferri	Desir	458	Fielde	Dey	528	Fis	Dio	588	Flav
Demp	389	Ferrib	Desj	459	Fieldi	Deyn	529	Fische	Diod	589	Flavi
Den	391	Ferric	Desl	461	Fields	Deys	531	Fise	Diog	591	Flavu
Dene	392	Ferrin	Deslo	462	Fields,J.	Dez	532	Fish	Dion	592	Flax
Denh	393	Ferrio	Desm	463	Fields,S.	Dh	533	Fisher	Diop	593	Fle
Deni	394	Ferris	Desmo	464	Fien	Dhe	534	Fisher,J.	Dios	594	Flee
Denis	395	Ferro	Desmou	465	Fier	Dho	535	Fisher,M.	Diot	595	Fleetw
Denison	396	Ferron	Desn	466	Fies	Di	536	Fisher,S.	Dip	596	Flei
Denm	397	Ferrou	Deso	467	Fiesco	Diam	537	Fisher,W.	Dir	597	Flem
Denn	398	Ferru	Desp	468	Fieso	Dian	538	Fisk	Dirc	598	Fleming,M.
Denne	399	Ferry	Despl	469	Fif	Diap	539	Fisk,M.	Dirk	599	Flemm
Denni	411	Fert	Despo	471	Fig	Dias	541	Fiske	Dis	611	Fles
Denny	412	Feru	Despor	472	Figi	Diaz	542	Fiske,M.	Disn	612	Flet
Deno	413	Fes	Despr	473	Figo	Dib	543	Fiss	Disr	613	Fletcher,J.
Dent	414	Fessen	Desr	474	Figr	Dibd	544	Fit	Dist	614	Fletcher,P.
Denton	415	Fessenden,M.	Dess	475	Figu	Dic	545	Fitch,J.	Dit	615	Fletcher,S.
Denv	416	Fessi	Dest	476	Figui	Dice	546	Fitch,S.	Dits	616	Fleu
Deny	417	Fessl	Destr	477	Figul	Dick	547	Fitt	Ditt	617	Fleuri
Deo	418	Fest	Desv	478	Fil	Dicke	548	Fitz	Div	618	Fleury
Dep	419	Fet	Det	479	Filas	Dicker	549	Fitza	Dix	619	Flex
Depl	421	Fett	Deti	481	File	Dickey	551	Fitzb	Dixo	621	Fli
Depo	422	Feu	Deto	482	Fili	Dicki	552	Fitzc	Dixw	622	Flin
Depp	423	Feuer	Detr	483	Filip	Dickinso	553	Fitzg	Dj	623	Flint
Depr	424	Feug	Detz	484	Fill	Dicks	554	Fitzgerald,M	Dje	624	Flint,J.
Depu	425	Feui	Deu	485	Fille	Did	555	Fitzh	Dji	625	Flint,S.
Deq	426	Feuill	Deus	486	Filli	Didi	556	Fitzj	Djo	626	Flip
Der	427	Feut	Deux	487	Fillm	Dido	557	Fitzm	Dm	627	Flit
Derby,M.	428	Fev	Dev	488	Filo	Didr	558	Fitzn	Dmi	628	Flo
Derc	429	Fevr	Deve	489	Fils	Die	559	Fitzp	Dmo	629	Flog
Dere	431	Fevret	Dever	491	Fin	Diel	561	Fitzr	Do	631	Floo
Derh	432	Few	Devi	492	Finch	Dien	562	Fitzs	Dob	632	Flor
Deri	433	Fey	Devig	493	Finck	Dier	563	Fitzt	Dobe	633	Florent
Derl	434	Feyer	Devil	494	Find	Dies	564	Fitzw	Dobr	634	Flores
Derm	435	Feyn	Devin	495	Fine	Diet	565	Fiu	Dobs	635	Flori
Dern	436	Ffa	Devis	496	Finet	Dietr	566	Fix	Doc	636	Florid
Dero	437	Ffo	Devl	497	Fing	Dieu	567	Fiz	Doch	637	Florin
Derr	438	Fi	Devo	498	Fini	Diez	568	Fl	Dod	638	Florio
Derw	439	Fiam	Devon	499	Fink	Dif	569	Flac	Dodd	639	Floris

Doddr — Dunbar, M. / Floru — Frie

Doddr	641	Floru	Dorl	711	Ford,M.	Dre	771	Foun	Ducon	841	Fras
Dodds	642	Flot	Dorm	712	Fordh	Drel	772	Fouq	Ducr	842	Fraser M
Dode	643	Flott	Dorn	713	Fordy	Dres	773	Four	Ducro	843	Frass
Dodg	644	Flow	Dorni	714	Fore	Dreu	774	Fourcr	Dud	844	Frat
Dodge,M.	645	Floy	Doro	715	Forem	Drev	775	Fouri	Dude	845	Frau
Dodi	646	Flu	Dorr	716	Fores	Drew	776	Fourm	Dudi	846	Frav
Dods	647	Flur	Dors	717	Forester	Drex	777	Fourn	Dudl	847	Fray
Dodw	648	Fly	Dorse	718	Foresti	Drey	778	Fourni	Dudley,L.	848	Fraz
Doe	649	Fo	Dort	719	Forf	Dri	779	Fourniv	Dudley,S.	849	Fre
Doel	651	Fob	Dorv	721	Forg	Drink	781	Fourq	Dudo	851	Frec
Doer	652	Foc	Dos	722	Forl	Driv	782	Fout	Due	852	Fred
Does	653	Fod	Dosi	723	Form	Dro	783	Fov	Duer	853	Free
Dog	654	Foe	Doss	724	Forman	Drog	784	Fow	Duf	854	Freel
Doh	655	Fog	Dot	725	Forme	Drol	785	Fowl	Duff	855	Freem
Dohn	656	Fogl	Dou	726	Formo	Drom	786	Fowler,H.	Duffe	856	Freer
Doi	657	Foh	Doubl	727	Forn	Dros	787	Fowler,M.	Duffi	857	Frees
Dois	658	Foi	Douc	728	Forr	Drou	788	Fowler,S.	Duffy	858	Freg
Dol	659	Foin	Doue	729	Forrest,M.	Drouo	789	Fowler,W.	Dufl	859	Frego
Dolb	661	Foix	Doug	731	Forrester	Drov	791	Fox	Dufo	861	Freh
Dolc	662	Fok	Dough	732	Fors	Droy	792	Fox,M.	Dufourn	862	Frei
Dole	663	Fol	Dougl	733	Forst	Droz	793	Fox,S.	Dufr	863	Freig
Dolg	664	Folg	Douglas,G.	734	Forster,M.	Dru	794	Fox,X.	Dufres	864	Freil
Doll	665	Foli	Douglas,M.	735	Forsy	Drum	795	Foxe	Dufu	865	Freim
Dom	666	Folk	Douglas,S.	736	Fort	Drur	796	Foy	Dug	866	Freir
Domb	667	Foll	Douglas,W.	737	Forte	Drus	797	Fr	Dugo	867	Frek
Dome	668	Folli	Doul	738	Fortes	Dry	798	Frach	Dugu	868	Frel
Domi	669	Folq	Dour	739	Forth	Dryd	799	Frad	Duh	869	Frem
Domin	671	Fols	Dous	741	Forti	Drys	811	Frag	Duhe	871	Fremi
Domit	672	Fom	Douv	742	Fortin	Du	812	Frai	Duho	872	Fremo
Domn	673	Fomtani	Dov	743	Fortis	Dub	813	Fram	Dui	873	Fren
Don	674	Fon	Dow	744	Forto	Dube	814	Fran	Duil	874	French,H.
Donal	675	Fonf	Dowd	745	Fortu	Dubo	815	France	Duis	875	French,M.
Donalds	676	Fonn	Dowe	746	Fos	Dubois M	816	Franch	Duj	876	French,S.
Donat	677	Fons	Dowl	747	Fosc	Dubos	817	Franci	Duk	877	French,W.
Donc	678	Font	Down	748	Fosd	Dubou	818	Francis	Dul	878	Frend
Dond	679	Fontai	Downh	749	Fosg	Dubr	819	Francis,M.	Dulau	879	Freni
Done	681	Fontan	Downi	751	Foss	Dubu	821	Franciu	Dulc	881	Frer
Dong	682	Fonte	Dows	752	Fosse	Duc	822	Franck	Duli	882	Freret
Doni	683	Fonten	Doy	753	Fost	Ducar	823	Francke	Dull	883	Frero
Donk	684	Fonti	Doyl	754	Foster	Ducas	824	Franckl	Dulo	884	Fres
Donn	685	Fontr	Doz	755	Foster,H.	Duce	825	Franco	Dum	885	Fresh
Donner	686	Foo	Dr	756	Foster,M.	Duch	826	Francon	Dumas	886	Fresn
Dono	687	Foot	Drac	757	Foster,S.	Duchat	827	Frang	Dumay	887	Fress
Dont	688	Foote	Drae	758	Foster,W.	Duche	828	Frank	Dume	888	Fret
Donz	689	Foote,M.	Drag	759	Fot	Duches	829	Franke	Dumm	889	Freu
Doo	691	Fop	Drak	761	Fother	Duchi	831	Frankl	Dumo	891	Frev
Dop	692	For	Drake,M.	762	Fou	Ducho	832	Franklin,H.	Dumon	892	Frew
Dor	693	Forbes,H.	Drake,S.	763	Fouch	Duci	833	Franklin,M.	Dumont	893	Frey
Dorat	694	Forbes,M.	Dran	764	Foud	Duck	834	Franklin,S.	Dumor	894	Freyl
Dore	695	Forbes,S.	Drap	765	Foug	Ducke	835	Franq	Dumou	895	Freyt
Dori	696	Forbi	Draper,M	766	Foui	Duckw	836	Frant	Dumour	896	Frez
Dorig	697	Forc	Drapp	767	Foul	Ducl	837	Franz	Dun	897	Fri
Dorio	698	Forch	Dray	768	Foulo	Duclo	838	Frap	Dunb	898	Frid
Doris	699	Ford	Drayt	769	Foulq	Duco	839	Frar	Dunbar,M.	899	Frie

Dunc — Dz / Friedl — Fyr

Dunc	911	Friedl
Duncan,M.	912	Fries
Dunco	913	Fril
Dund	914	Frin
Dundo	915	Frip
Dung	916	Frir
Dunh	917	Fris
Duni	918	Frisw
Dunk	919	Frit
Dunl	921	Friz
Dunlo	922	Fro
Dunn	923	Frobi
Dunni	924	Froc
Duno	925	Froe
Duns	926	Froel
Dunt	927	Frog
Dunu	928	Froh
Dup	929	Froi
Dupar	931	From
Dupe	932	Fromm
Duperr	933	Fron
Dupi	934	Frons
Dupl	935	Front
Duples	936	Fronto
Dupo	937	Fror
Dupont	938	Fros
Dupor	939	Frost
Dupp	941	Frot
Dupr	942	Frou
Dupres	943	Frow
Dupu	944	Fru
Dupuy	945	Frun
Duq	946	Fry
Dur	947	Fry,M.
Duran	948	Frye
Durand,M.	949	Fu
Durant	951	Fuchs
Duras	952	Fud
Duraz	953	Fue
Durd	954	Fuen
Dure	955	Fues
Duret	956	Fuf
Durey	957	Fug
Durf	958	Fugg
Durfo	959	Fuh
Durh	961	Fui
Duri	962	Ful
Duriv	963	Fulg
Duro	964	Fulk
Durr	965	Full
Durs	966	Fuller,H.
Duru	967	Fuller,M.
Duruy	968	Fuller,S.
Dury	969	Fuller,W.
Dus	971	Fullert
Duse	972	Fullo
Dusi	973	Fulm
Duss	974	Fult
Dut	975	Fulv
Duti	976	Fum
Duto	977	Fume
Dutr	978	Fumi
Dutt	979	Fun
Dutton	981	Fund
Duv	982	Funk
Duval	983	Fur
Duvau	984	Furi
Duve	985	Furl
Duvet	986	Furm
Duvi	987	Furn
Duy	988	Furnes
Dw	989	Furni
Dwi	991	Furs
Dwight,J.	992	Furt
Dwight,S.	993	Fus
Dy	994	Fuss
Dye	995	Fust
Dyer	996	Fusu
Dym	997	Fy
Dyr	998	Fyo
Dz	999	Fyr

Ga — Geri / Ha — Hauf

Ga	111	Ha	Gallio	171	Halh	Garri	241	Hank	Geh	311	Harrington,M.
Gab	112	Haas	Gallo	172	Hali	Garris	242	Hanm	Gei	312	Harrio
Gabi	113	Hab	Gallois	173	Halif	Garro	243	Hann	Geis	313	Harris
Gabio	114	Haber	Gallow	174	Hall	Gart	244	Hanne	Gel	314	Harris,F.
Gabl	115	Habert	Gallu	175	Hall,D.	Garz	245	Hanni	Geld	315	Harris,M.
Gabo	116	Habi	Gallus	176	Hall,G.	Gas	246	Hanno	Gele	316	Harris,S.
Gabr	117	Hac	Gallw	177	Hall,J.	Gasco	247	Hano	Geli	317	Harris,W.
Gabriel	118	Hack	Galo	178	Hall,M.	Gask	248	Hanr	Gell	318	Harrison
Gabro	119	Hacket	Galt	179	Hall,S.	Gasp	249	Hans	Gelli	319	Harrison,F.
Gac	121	Hackett	Galto	181	Hall,W.	Gass	251	Hanso	Gelo	321	Harrison,M.
Gaco	122	Hackl	Galv	182	Hallam	Gasset	252	Hanw	Gem	322	Harrison,S.
Gad	123	Hackm	Galw	183	Halle	Gassi	253	Haq	Gemm	323	Harrison,W.
Gade	124	Haco	Gam	184	Hallec	Gasso	254	Har	Gen	324	Hars
Gado	125	Had	Gamai	185	Haller	Gast	255	Harb	Gend	325	Hart
Gads	126	Hadd	Gamal	186	Hallet	Gaston	256	Harc	Gene	326	Hart,M.
Gae	127	Haddo	Gamb	187	Halley	Gastr	257	Harcou	Genes	327	Harte
Gaer	128	Hade	Gambar	188	Halli	Gat	258	Hard	Genet	328	Harte,M.
Gaet	129	Hadf	Gambe	189	Hallig	Gates	259	Harden	Geng	329	Harti
Gaf	131	Hadl	Gambi	191	Halliw	Gati	261	Hardi	Geni	331	Hartl
Gag	132	Hadr	Gambo	192	Hallo	Gatt	262	Hardie	Genl	332	Hartley
Gage,M.	133	Hae	Gamm	193	Hallow	Gatti	263	Harding	Genn	333	Hartm
Gagi	134	Hael	Gamo	194	Halm	Gau	264	Hardinge	Genne	334	Harto
Gagl	135	Haen	Gan	195	Halp	Gauc	265	Hardo	Geno	335	Harts
Gago	136	Haer	Gando	196	Hals	Gaud	266	Hardt	Gens	336	Hartu
Gai	137	Haeu	Gang	197	Halt	Gaudi	267	Hardw	Gent	337	Hartw
Gail	138	Haf	Gann	198	Ham	Gauf	268	Hardy	Gentil	338	Hartz
Gaill	139	Hafi	Gans	199	Hamb	Gaul	269	Hardy,G.	Gentr	339	Harv
Gaim	141	Hag	Gant	211	Hamd	Gault	271	Hardy,M.	Genu	341	Harvey
Gain	142	Hagem	Gar	212	Hame	Gaun	272	Hardy,S.	Geo	342	Harvey,M.
Gains	143	Hagen	Garb	213	Hameli	Gaur	273	Hardy,W.	Geof	343	Harw
Gair	144	Hager	Garbo	214	Hamer	Gaus	274	Hare	Geoffri	344	Has
Gaj	145	Hagg	Garc	215	Hamert	Gaut	275	Hare,M.	Geoffro	345	Hasd
Gal	146	Hags	Garci	216	Hami	Gauth	276	Haren	Geor	346	Hase
Galau	147	Hagu	Gard	217	Hamil	Gauti	277	Harew	George	347	Hasel
Galb	148	Hah	Garde	218	Hamilton,G.	Gauz	278	Harf	George,H.	348	Hasen
Gald	149	Hai	Gardi	219	Hamilton,M.	Gav	279	Harg	George,S.	349	Hask
Gale	151	Hail	Gardiner	221	Hamilton,S.	Gavau	281	Hari	Georges	351	Haski
Gale,M.	152	Hain	Gardiner,H.	222	Hamilton,W.	Gave	282	Hario	Georgi	352	Hasl
Galen	153	Haines	Gardiner,M.	223	Haml	Gavi	283	Harl	Gep	353	Hass
Galer	154	Haj	Gardiner,S.	224	Hamm	Gaw	284	Harle	Ger	354	Hasse
Galf	155	Hak	Gardn	225	Hammo	Gay	285	Harley	Geran	355	Hassel
Gali	156	Hakl	Gardner	226	Hammond,G.	Gaye	286	Harlo	Gerar	356	Hast
Galig	157	Hal	Gardner,H.	227	Hammond,M.	Gayl	287	Harm	Gerard,M.	357	Hastings
Galil	158	Hald	Gardner,P.	228	Hamo	Gayo	288	Harmo	Gerardi	358	Hastings,M.
Galit	159	Halde	Gare	229	Hamp	Gaz	289	Harn	Gerau	359	Hasw
Galitz	161	Hale	Garf	231	Hamps	Gazo	291	Harni	Gerb	361	Hat
Gall	162	Hale,G.	Gari	232	Hampt	Ge	292	Haro	Gerber	362	Hatf
Gallan	163	Hale,M.	Garl	233	Han	Geb	293	Harp	Gerbi	363	Hath
Gallat	164	Hale,S.	Garn	234	Hanc	Gec	294	Harper,G.	Gerbo	364	Hathert
Gallau	165	Hale,W.	Garnet	235	Hancock,M.	Ged	295	Harper,M.	Gerc	365	Hats
Galle	166	Halen	Garni	236	Hand	Gedi	296	Harr	Gerd	366	Hatt
Gallet	167	Hales	Garo	237	Hane	Gee	297	Harri	Gere	367	Hatz
Galli	168	Halet	Garr	238	Hanf	Geer	298	Harriman,M.	Gerh	368	Hau
Gallim	169	Half	Garre	239	Hang	Gef	299	Harrin	Geri	369	Hauf

Gerl — Gonn / Haug — Hij

Gerl	371	Haug	Gibbons	441	Heathe	Giot	511	Heng	Gn	571	Hersc
Germ	372	Haul	Gibbs	442	Heato	Giov	512	Henk	Gni	572	Herse
German	373	Haun	Gibbs,H.	443	Heb	Giove	513	Henkel	Go	573	Hert
Germi	374	Haup	Gibbs,S.	444	Heben	Giovi	514	Henl	Gob	574	Hertf
Germo	375	Haur	Gibe	445	Heber	Gir	515	Henn	Gobi	575	Herts
Gern	376	Haus	Gibi	446	Hebert	Giral	516	Henni	Goc	576	Hertz
Gero	377	Hauss	Gibn	447	Hec	Girar	517	Hennin	God	577	Herv
Gerr	378	Hausso	Gibs	448	Heck	Girard M	518	Henr	Godd	578	Hervey
Gerry	379	Haut	Gibson,H.	449	Hecker	Girarde	519	Henrio	Gode	579	Hervey,M.
Gers	381	Hautem	Gibson,S.	451	Hect	Girardi	521	Henry	Godef	581	Herw
Gerso	382	Hautp	Gic	452	Hed	Girau	522	Henry,G.	Godes	582	Herz
Gerst	383	Hav	Gid	453	Hedg	Giraul	523	Henry,M.	Godf	583	Hes
Gert	384	Havel	Gie	454	Hedi	Gird	524	Henry,S.	Godi	584	Hese
Gerv	385	Haven	Gies	455	Hedl	Giri	525	Henry,W.	Godin	585	Hesm
Gervas	386	Haven,M.	Gif	456	Hedo	Giro	526	Hens	Godk	586	Hess
Gervi	387	Haver	Giffe	457	Hedw	Giron	527	Hent	Godm	587	Hesse
Gery	388	Havi	Giffo	458	Hee	Girou	528	Hentz	Godo	588	Hest
Ges	389	Haw	Gig	459	Heer	Girt	529	Hep	Godon	589	Het
Gesn	391	Hawes	Gigo	461	Hef	Gis	531	Her	Godw	591	Hett
Gess	392	Hawk	Gih	462	Heg	Gise	532	Herar	Godwin,M	592	Heu
Gest	393	Hawkins	Gil	463	Heges	Gisl	533	Herau	Goe	593	Heum
Get	394	Hawkins,M.	Gilbert	464	Hegh	Gism	534	Herb	Goed	594	Heur
Geu	395	Hawks	Gilbert,J.	465	Hei	Giso	535	Herber	Goel	595	Heus
Gev	396	Hawl	Gilbert,S.	466	Heil	Git	536	Herbert	Goep	596	Hev
Gey	397	Hawo	Gilc	467	Heim	Giu	537	Herbert,M.	Goer	597	Hew
Gez	398	Haws	Gild	468	Hein	Gius	538	Herbi	Goes	598	Hewe
Gf	399	Hawt	Gildo	469	Heinr	Giv	539	Herc	Goet	599	Hewi
Gh	411	Hax	Gile	471	Heins	Gl	541	Herd	Goetz	611	Hewit
Ghei	412	Hay	Giles	472	Heinz	Glad	542	Here	Gof	612	Hewl
Gher	413	Hay,M.	Gilf	473	Heis	Glads	543	Hereu	Gog	613	Hews
Gherard	414	Hayden	Gili	474	Hel	Glai	544	Herf	Goh	614	Hex
Gherardi	415	Hayden,M.	Gill	475	Heli	Glan	545	Herg	Goi	615	Hey
Gherardo	416	Haydon	Gille	476	Hell	Glanv	546	Heri	Gois	616	Heyf
Gherl	417	Haye	Gilles	477	Helle	Glap	547	Herio	Gol	617	Heyl
Ghes	418	Hayes,M.	Gillesp	478	Helm	Glas	548	Heris	Gold	618	Heym
Ghey	419	Hayg	Gillet	479	Helmh	Glass	549	Herl	Goldi	619	Heyn
Ghez	421	Hayl	Gilli	481	Helmo	Glau	551	Herm	Goldo	621	Heys
Ghi	422	Haym	Gillm	482	Helo	Glauc	552	Hermann	Golds	622	Heyw
Ghid	423	Hayn	Gillo	483	Help	Glaz	553	Herme	Goldsc	623	Hi
Ghil	424	Haynes	Gills	484	Helps	Gle	554	Hermi	Goldsm	624	Hib
Ghir	425	Hays	Gilly	485	Helv	Gled	555	Hermo	Gole	625	Hibo
Ghis	426	Hayt	Gilm	486	Helw	Glei	556	Hermon	Goli	626	Hic
Ghisli	427	Hayw	Gilman	487	Hem	Gleig	557	Hern	Golo	627	Hick
Gi	428	Haz	Gilmo	488	Heme	Glen	558	Hernd	Golov	628	Hicke
Giac	429	Haze	Gilp	489	Hemm	Gli	559	Hero	Golt	629	Hicko
Gial	431	Hazl	Gim	491	Hemp	Glin	561	Herol	Gom	631	Hicks
Giam	432	He	Gin	492	Hems	Glo	562	Heron	Gombe	632	Hid
Gian	433	Headl	Gino	493	Hen	Glos	563	Herp	Gome	633	Hie
Gianno	434	Heal	Gio	494	Henc	Glou	564	Herr	Gomm	634	Hig
Giar	435	Hear	Giof	495	Hend	Glov	565	Herrer	Gon	635	Higg
Giat	436	Hearn	Giol	496	Henderson	Glover	566	Herri	Gond	636	Higgins
Gib	437	Heat	Gior	497	Henderson,M.	Glu	567	Herrin	Gondi	637	Higginson
Gibbe	438	Heath,M.	Giorg	498	Hendr	Gly	568	Herrm	Gone	638	High
Gibbo	439	Heathc	Giorgio	499	Henf	Gm	569	Hers	Gonn	639	Hij

Gont — Gual / Hil — Hui

Gont	641 Hil	Goun	711 Hoffman,M.	Grat	771 Hond	Grew	841 Hour
Gonz	642 Hild	Goup	712 Hofl	Grati	772 Hone	Grey	842 Hous
Gonzal	643 Hilder	Gour	713 Hofm	Gratt	773 Honi	Grey,G.	843 Houst
Goo	644 Hildr	Gourd	714 Hog	Grau	774 Hono	Grey,M.	844 Hout
Gooc	645 Hill	Gourg	715 Hogar	Grav	775 Hont	Grey,S.	845 Hov
Good	646 Hill,G.	Gourl	716 Hogg	Graves	776 Hoo	Gri	846 Hovey
Goode	647 Hill,M.	Gous	717 Hoh	Gravi	777 Hood,M.	Grid	847 How
Goodel	648 Hill,S.	Gout	718 Hohenl	Gray	778 Hoof	Grie	848 Howard
Gooden	649 Hilla	Gouv	719 Hohenz	Gray,G.	779 Hoog	Grif	849 Howard,G.
Goodf	651 Hille	Gov	721 Hok	Gray,M.	781 Hook	Griffin	851 Howard,M.
Goodh	652 Hiller	Gow	722 Hol	Gray,S.	782 Hooke	Griffin,M.	852 Howard,S.
Goodm	653 Hillh	Gower	723 Holb	Gray,W.	783 Hooker	Griffith	853 Howard,W.
Goodr	654 Hilli	Goy	724 Holbr	Grays	784 Hooker,M.	Griffith,M.	854 Howd
Goodrich,M.	655 Hills	Goz	725 Holc	Graz	785 Hoop	Griffiths	855 Howe
Goodw	656 Hilt	Gr	726 Hold	Gre	786 Hooper,G.	Griffo	856 Howe,G.
Goodwin,M.	657 Him	Grab	727 Holder	Greav	787 Hooper,M.	Grig	857 Howe,M.
Goody	658 Himi	Graber	728 Holds	Greb	788 Hooper,S.	Gril	858 Howe,S.
Gook	659 Hin	Grac	729 Hole	Grec	789 Hoor	Grillo	859 Howel
Gor	661 Hincks	Graci	731 Holg	Greco	791 Hop	Grim	861 Howi
Gordon	662 Hind	Grad	732 Holi	Gred	792 Hopf	Grime	862 Howis
Gordon,G.	663 Hing	Grado	733 Holl	Gree	793 Hopk	Grimk	863 Howit
Gordon,M.	664 Hinr	Grae	734 Holland	Greel	794 Hopkins,G.	Grimm	864 Howl
Gordon,S.	665 Hins	Graes	735 Holland,G.	Green	795 Hopkins,M.	Grimo	865 Howle
Gore	666 Hint	Graf	736 Holland,M.	Green,G.	796 Hopkins,S.	Grin	866 Hows
Gorg	667 Hip	Graft	737 Holland,S.	Green,M.	797 Hopkinson	Grinf	867 Hox
Gorh	668 Hir	Grah	738 Holley	Green,S.	798 Hopp	Grinn	868 Hoy
Gori	669 Hirs	Graham,G.	739 Holli	Greene	799 Hopt	Gris	869 Hoyt
Gorm	671 Hirt	Graham,M.	741 Hollin	Greene,J.	811 Hor	Grisw	871 Hoyt,M.
Goro	672 Hirz	Graham,S.	742 Hollis	Greene,S.	812 Horl	Griv	872 Hoz
Gorr	673 His	Grai	743 Hollis,M.	Greenh	813 Horn	Gro	873 Hr
Gors	674 Hit	Gral	744 Hollist	Greenl	814 Hornb	Groe	874 Hu
Gort	675 Hitchi	Gram	745 Hollo	Greeno	815 Horne	Grol	875 Hub
Gos	676 Hitt	Grammo	746 Holly	Greenw	816 Horner	Gron	876 Hubbard,M.
Goss	677 Hj	Gramo	747 Holm	Gref	817 Hors	Gros	877 Hube
Gosse	678 Ho	Gran	748 Holme	Greg	818 Horsl	Gross	878 Hubert
Gossel	679 Hoar	Granc	749 Holmes	Gregg	819 Horst	Grosv	879 Hubn
Gosso	681 Hob	Grand	751 Holmes,G.	Gregori	821 Hort	Grot	881 Hubs
Gost	682 Hobb	Grandes	752 Holmes,M.	Gregory	822 Horten	Grou	882 Huc
Got	683 Hobh	Grandi	753 Holmes,S.	Gregory,M.	823 Horto	Grov	883 Hud
Goth	684 Hobs	Grandm	754 Holo	Grei	824 Horw	Groves	884 Huddl
Gott	685 Hoc	Grandv	755 Holr	Grel	825 Hos	Gru	885 Huds
Gotti	686 Hocd	Grane	756 Hols	Gren	826 Hosk	Grue	886 Hudson,M.
Gottis	687 Hod	Grang	757 Holste	Greni	827 Hosm	Grul	887 Hue
Gou	688 Hodg	Granger	758 Holt	Grenv	828 Hosp	Grun	888 Huet
Gouf	689 Hodges,M.	Grani	759 Holw	Grep	829 Hoss	Grund	889 Huf
Goug	691 Hodgs	Grant	761 Holy	Gres	831 Host	Grune	891 Hug
Gough	692 Hods	Grant,H.	762 Holz	Gress	832 Hot	Grup	892 Hugh
Gouj	693 Hoe	Grant,S.	763 Hom	Gresw	833 Hotm	Grut	893 Hughes
Goul	694 Hoel	Grantl	764 Homb	Gret	834 Hott	Gry	894 Hughes,M.
Goulb	695 Hoes	Granv	765 Home	Gretto	835 Hou	Gryp	895 Hugo
Gould	696 Hoey	Grap	766 Homer	Greu	836 Houd	Gu	896 Hugon
Gould,J.	697 Hof	Gras	767 Homes	Grev	837 Houe	Guad	897 Hugu
Gould,S.	698 Hoff	Grass	768 Homm	Grevi	838 Houg	Guai	898 Hugui
Gouls	699 Hoffm	Grassi	769 Hon	Grevy	839 Houn	Gual	899 Hui

Guald — Gyz		Huit — Hyr	Guald — Gyz		Huit — Hyr
Guald	911	Huit	Gul	971	Husk
Gualt	912	Hul	Gulg	972	Huss
Guan	913	Hull	Gull	973	Hut
Guar	914	Hulli	Gum	974	Hutchins
Guari	915	Hulm	Gun	975	Hutchinson
Guarn	916	Hulo	Gunn	976	Hutchinson,G.
Guas	917	Huls	Gunt	977	Hutchinson,M.
Guat	918	Hum	Gur	978	Hutchinson,S.
Guaz	919	Humb	Gure	979	Huth
Gub	921	Hume	Gurn	981	Huti
Gud	922	Hume,M.	Gus	982	Hutt
Gudm	923	Humf	Gut	983	Hutter
Gue	924	Humi	Guth	984	Hutto
Guel	925	Humm	Gutt	985	Hutton,M.
Guen	926	Hump	Guy	986	Hux
Gueno	927	Humphreys	Guyar	987	Huy
Guep	928	Humphri	Guye	988	Huys
Guer	929	Humps	Guyo	989	Huz
Guere	931	Hun	Guys	991	Hw
Gueri	932	Hunc	Guyt	992	Hy
Guern	933	Hund	Guz	993	Hyde
Guerr	934	Hune	Gw	994	Hyde,H.
Guerri	935	Hunf	Gwy	995	Hyde,P.
Gues	936	Hung	Gy	996	Hyl
Guet	937	Huni	Gyll	997	Hyn
Gueu	938	Hunn	Gys	998	Hyp
Guev	939	Hunt	Gyz	999	Hyr
Guf	941	Hunt,G.			
Gug	942	Hunt,M.			
Gui	943	Hunt,S.			
Guib	944	Hunte			
Guic	945	Hunter			
Guid	946	Hunter,M.			
Guidi	947	Hunter,S.			
Guido	948	Hunting			
Guie	949	Huntington			
Guig	951	Huntington,G.			
Guij	952	Huntington,M.			
Guil	953	Huntington,S.			
Guild	954	Huntl			
Guild,M.	955	Hunto			
Guile	956	Hunts			
Guill	957	Huo			
Guille	958	Hup			
Guilli	959	Hur			
Guillo	961	Hurd,M.			
Guillot	962	Hurdi			
Guim	963	Hure			
Guin	964	Huri			
Guir	965	Hurl			
Guis	966	Hurls			
Guise	967	Hurt			
Guit	968	Hus			
Guiz	969	Huse			

Ja — Jy		Ka — Ky	Ja — Jy		Ka — Ky
Ja	11	Ka	Johnson,W.	71	Knight,M.
Jac	12	Kah	Johnst	72	Kno
Jackson,J.	13	Kai	Johnston,M.	73	Know
Jackson,S.	14	Kal	Joi	74	Knox
Jaco	15	Kam	Jol	75	Ko
Jacobi	16	Kan	Jon	76	Koc
Jacobs	17	Kap	Jones,G.	77	Koe
Jacop	18	Kar	Jones,M.	78	Koen
Jacq	19	Kas	Jones,S.	79	Koh
Jacqui	21	Kau	Jons	81	Kol
Jae	22	Kaw	Jor	82	Kon
Jaf	23	Kay	Jos	83	Kop
Jag	24	Ke	Joss	84	Kor
Jah	25	Keat	Jot	85	Kort
Jal	26	Kee	Jou	86	Kos
Jam	27	Kei	Jow	87	Kot
James,M.	28	Keith	Joy	88	Kou
James,S.	29	Kel	Joyc	89	Kr
Jameso	31	Kem	Ju	91	Krau
Jami	32	Kemp	Jud	92	Kre
Jan	33	Ken	Juds	93	Kro
Jann	34	Kenn	Jul	94	Kru
Jans	35	Kennedy	Jun	95	Ku
Jaq	36	Kennedy,M.	Jus	96	Kuh
Jar	37	Kent	Juv	97	Kus
Jarv	38	Kep	Jux	98	Kw
Jas	39	Ker	Jy	99	Ky
Jau	41	Kerr			
Jay	42	Kes			
Je	43	Ket			
Jeb	44	Key			
Jeff	45	Kh			
Jeffre	46	Ki			
Jeffri	47	Kie			
Jel	48	Kil			
Jem	49	Kim			
Jen	51	Kin			
Jenk	52	King			
Jenks	53	King,J.			
Jenn	54	King,P.			
Jer	55	Kings			
Jero	56	Kins			
Jerv	57	Kip			
Jes	58	Kir			
Jew	59	Kirk			
Ji	61	Kirs			
Jo	62	Kit			
Joc	63	Kl			
Joe	64	Klein			
Joh	65	Kli			
Johnso	66	Klo			
Johnson,G.	67	Kn			
Johnson,M.	68	Kne			
Johnson,S.	69	Kni			

La — Lauderd / Ma — Marshall.M.

La	111	Ma	Lafu	171	Maco	Lams	241	Malb	Lape	311	Maran
Lab	112	Mab	Lag	172	Macp	Lamy	242	Malc	Laph	312	Marb
Labar	113	Mac	Lagar	173	Macq	Lan	243	Malco	Lapi	313	Marc
Labat	114	Macal	Lage	174	Macr	Lanc	244	Mald	Lapl	314	Marcel
Labbe	115	Macar	Lagi	175	Macs	Lancaster,M.	245	Male	Lapo	315	March
Labe	116	Macart	Lagn	176	Macv	Lance	246	Males	Lapp	316	Marche
Labeo	117	Macau	Lago	177	Macw	Lancel	247	Malet	Lapr	317	Marchet
Labi	118	Macb	Lagr	178	Mad	Lancey	248	Malev	Lar	318	Marchm
Labil	119	Macbr	Lagre	179	Madd	Lanci	249	Malh	Larc	319	Marci
Labl	121	Macc	Lagu	181	Made	Lanco	251	Mali	Lard	321	Marco
Labo	122	Maccal	Lagui	182	Madi	Lancr	252	Mall	Larg	322	Marcu
Labor	123	Maccar	Lah	183	Mado	Land	253	Mallet	Lari	323	Mare
Labou	124	Macch	Laho	184	Mae	Lande	254	Malli	Lark	324	Maren
Labour	125	Macci	Lai	185	Mael	Lander	255	Mallo	Larn	325	Mares
Labr	126	Maccl	Lain	186	Maes	Landes	256	Malm	Laro	326	Maret
Labru	127	Maccli	Laing	187	Maf	Landi	257	Malo	Larochef	327	Marg
Lac	128	Macclu	Lair	188	Mag	Lando	258	Malou	Larochej	328	Marge
Lacam	129	Macco	Lais	189	Magat	Landon	259	Malp	Larom	329	Margo
Lace	131	Maccor	Laj	191	Mage	Landor	261	Malt	Laron	331	Margu
Lach	132	Maccr	Lak	192	Magen	Landr	262	Malv	Larou	332	Mari
Lachap	133	Maccu	Lal	193	Magg	Lands	263	Mam	Larr	333	Marian
Lachas	134	Macd	Lalann	194	Magi	Landu	264	Mame	Larri	334	Marie
Lachat	135	Macdon	Lali	195	Magl	Lane	265	Mami	Lart	335	Marig
Lachau	136	Macdonn	Lall	196	Magn	Lane,M.	266	Man	Laru	336	Maril
Lache	137	Macdou	Lalle	197	Magni	Laneh	267	Manas	Las	337	Marin
Lachm	138	Macdow	Lalli	198	Magno	Lanf	268	Manc	Lasal	338	Marine
Laci	139	Macdu	Lallo	199	Magnu	Lang	269	Manci	Lasan	339	Marini
Lack	141	Mace	Lally	211	Mago	Lang,M.	271	Mand	Lasc	341	Mario
Laco	142	Macer	Lalo	212	Magr	Langd	272	Mander	Lasco	342	Mariot
Lacor	143	Macf	Lam	213	Magu	Langdo	273	Mandr	Lase	343	Mariu
Lacos	144	Macfi	Laman	214	Mah	Lange	274	Mane	Lasi	344	Marj
Lacou	145	Macg	Lamar	215	Mahm	Langen	275	Manet	Lask	345	Mark
Lacr	146	Macgo	Lamarm	216	Maho	Langer	276	Manf	Lass	346	Markl
Lacro	147	Macgr	amart	217	Mai	Langet	277	Mang	Lasse	347	Marl
Lacros	148	Macgu	Lamb	218	Maig	Langf	278	Mani	Lassu	348	Marli
Lacru	149	Mach	Lamba	219	Mail	Langh	279	Manl	Last	349	Marlo
Lact	151	Macho	Lambe	221	Maille	Langi	281	Mann	Lat	351	Marm
Lacy	152	Maci	Lambert	222	Mailly	Langl	282	Mann,M.	Lath	352	Marmon
Lad	153	Mack	Lamberti	223	Maim	Langle	283	Manni	Lathr	353	Marn
Ladd	154	Macke	Lambi	224	Main	Langlo	284	Manning,M.	Lathrop,G.	354	Maro
Ladi	155	Macken	Lambo	225	Maine	Langr	285	Manno	Lathrop,M.	355	Marot
Lado	156	Mackenz	Lambr	226	Maint	Langt	286	Mans	Lati	356	Marou
Ladr	157	Mackenzie,M.L.	Lambt	227	Mainw	Langu	287	Mansf	Latim	357	Marq
Lae	158	Macki	Lame	228	Mair	Lanj	288	Mansi	Lato	358	Marr
Laf	159	Mackn	Lamet	229	Mairo	Lank	289	Manso	Latour	359	Marri
Lafay	161	Macl	Lami	231	Mais	Lanm	291	Mant	Latourr	361	Marro
Lafe	162	Maclay	Lamir	232	Mait	Lann	292	Mantel	Latr	362	Marry
Laff	163	Macle	Lamo	233	Maj	Lano	293	Manto	Latri	363	Mars
Lafi	164	Maclel	Lamon	234	Majo	Lans	294	Manu	Latro	364	Marsd
Lafo	165	Macleo	Lamot	235	Mak	Lansd	295	Manv	Latu	365	Marsh
Lafont	166	Maclu	Lamou	236	Mal	Lant	296	Manz	Lau	366	Marsh,M.
Lafor	167	Macm	Lamp	237	Malan	Lanz	297	Map	Laud	367	Marshall
Lafos	168	Macmu	Lampi	238	Malas	Lao	298	Mar	Laude	368	Marshall,G.
Lafr	169	Macn	Lampr	239	Malat	Lap	299	Marai	Lauderd	369	Marshall,M.

Laudi — Lessi / Marshm — Milc

Laudi	371	Marshm	Leb	441	Matthews,M.	Legen	511	Meier	Lenoir	571	Merril
Laudo	372	Marsi	Lebe	442	Matthews,S.	Leger	512	Meig	Lenor	572	Merrit
Lauf	373	Marso	Leber	443	Matthi	Legg	513	Meil	Lens	573	Merry
Laug	374	Marst	Lebi	444	Matti	Legi	514	Mein	Lent	574	Mers
Laum	375	Mart	Lebl	445	Matu	Legn	515	Meis	Lenz	575	Mert
Laun	376	Martel	Leblo	446	Maty	Lego	516	Mej	Leo	576	Merv
Laur	377	Marten	Lebo	447	Mau	Legr	517	Mel	Leod	577	Merz
Laure	378	Marti	Lebor	448	Mauds	Legras	518	Melc	Leof	578	Mes
Laurenc	379	Martin	Lebou	449	Maug	Legro	519	Mele	Leon	579	Mesm
Laurens	381	Martin,G.	Lebr	451	Maun	Legu	521	Melf	Leonard	581	Mesn
Laurent	382	Martin,M.	Lebret	452	Maup	Leh	522	Meli	Leonc	582	Mesni
Laurenti	383	Martin,S.	Lebri	453	Maur	Lehm	523	Melis	Leone	583	Mess
Lauri	384	Martind	Lebru	454	Mauri	Leho	524	Mell	Leonh	584	Messe
Laurie	385	Martine	Lec	455	Maurice,M.	Lei	525	Mellen	Leoni	585	Messi
Lauris	386	Martini	Lecar	456	Maurit	Leic	526	Melli	Leont	586	Mest
Lauro	387	Marto	Lecc	457	Mauro	Leid	527	Mello	Leop	587	Met
Laus	388	Martu	Lech	458	Mauru	Leig	528	Melo	Leot	588	Metc
Laut	389	Marty	Leche	459	Maury	Leigh,M.	529	Melu	Leow	589	Mete
Lauv	391	Marv	Leck	461	Mav	Lein	531	Melv	Lep	591	Metey
Lav	392	Marx	Lecl	462	Maw	Leis	532	Melz	Lepai	592	Meth
Lavale	393	Mary	Leclu	463	Max	Leit	533	Mem	Lepau	593	Meto
Lavall	394	Mas	Leco	464	Maxi	Lej	534	Men	Lepe	594	Metr
Lavalli	395	Masc	Lecom	465	Maxw	Lejo	535	Menar	Lepell	595	Mett
Lavar	396	Mase	Lecon	466	May	Lek	536	Menc	Lepi	596	Metz
Lavat	397	Mash	Lecoq	467	May,M.	Lel	537	Mend	Lepl	597	Meu
Lavau	398	Maso	Lecou	468	Mayer	Leland,M.	538	Mendes	Lepo	598	Meur
Lave	399	Mason,G.	Lecr	469	Mayh	Lele	539	Mendo	Lepr	599	Meus
Lavi	411	Mason,M.	Lect	471	Mayn	Leli	541	Mene	Leps	611	Mew
Lavil	412	Mason,S.	Led	472	Mayne	Lell	542	Menen	Lepu	612	Mey
Lavis	413	Masq	Lede	473	Mayo	Lelo	543	Menes	Leq	613	Meyer,M.
Lavo	414	Mass	Ledo	474	Mayr	Lem	544	Meng	Ler	614	Meyn
Law	415	Masse	Ledr	475	Maz	Lemai	545	Meni	Lerd	615	Meyr
Law,M.	416	Massey	Ledy	476	Maze	Lemais	546	Menl	Lerm	616	Meys
Lawe	417	Massi	Lee	477	Mazz	Lemait	547	Menn	Lero	617	Mez
Lawl	418	Massing	Lee,G.	478	Mazzon	Lemar	548	Mens	Leroux	618	Mi
Lawrence	419	Masso	Lee,M.	479	Me	Lemas	549	Ment	Leroy	619	Mic
Lawrence,G.	421	Masson,M.	Lee,S.	481	Meade	Leme	551	Menz	Leroy,M.	621	Mich
Lawrence,M.	422	Massu	Lee,W.	482	Meado	Lemere	552	Mer	Les	622	Michau
Lawrence,S.	423	Mast	Leec	483	Mean	Lemet	553	Merc	Lesb	623	Miche
Lawrence,W.	424	Masu	Leed	484	Meas	Lemi	554	Mercer	Lesc	624	Michi
Laws	425	Mat	Leek	485	Meb	Lemo	555	Merci	Lesch	625	Micho
Lay	426	Math	Leen	486	Mec	Lemon	556	Merco	Lesco	626	Mico
Layc	427	Mather	Lees	487	Meck	Lemonn	557	Mercy	Lescu	627	Mid
Layn	428	Mathew	Lef	488	Med	Lemot	558	Mere	Lesd	628	Middleton
Layt	429	Mathews	Lefebv	489	Medi	Lemoy	559	Meredith	Lesg	629	Middleton,M
									Lesl	631	Mie
Laz	431	Mathi	Lefer	491	Medn	Lemp	561	Meri	Lesley	632	Mier
Lazz	432	Matho	Lefeu	492	Medo	Lemu	562	Merin	Lesley,M.	633	Mif
Le	433	Mati	Lefev	493	Medu	Len	563	Meriv	Leslie	634	Mig
Leac	434	Mats	Lefo	494	Mee	Lend	564	Merl	Leslie,G.	635	Mign
Leak	435	Matt	Lefr	495	Meer	Lene	565	Merli	Leslie,M.	636	Migno
Leam	436	Matth	Leg	496	Meg	Leng	566	Merm	Leslie,S.	637	Mil
Lean	437	Matthew	Legar	497	Meger	Lenn	567	Mero	Less	638	Milb
Lear	438	Matthews	Legat	498	Meh	Lennox	568	Merr	Lessi	639	Milc
Leav	439	Matthews,G.	Lege	499	Mei	Leno	569	Merrif			

Lesso — Lovell / Mild — Moser

Lesso	641	Mild	Lici	711	Mohu	Lisl	771	Montc	Lombard	841	Morell
Lest	642	Mile	Lid	712	Moi	Liss	772	Monte	Lombardi	842	Morelli
Lestr	643	Miles	Liddo	713	Moir	List	773	Monteb	Lombe	843	Moren
Lesu	644	Milf	Lide	714	Mois	Lisz	774	Montef	Lombr	844	Moret
Let	645	Mill	Lido	715	Moit	Lit	775	Monteg	Lome	845	Moreti
Letell	646	Mille	Lie	716	Mok	Litch	776	Montel	Lomo	846	Morf
Leth	647	Miller	Liebn	717	Mol	Litte	777	Montem	Lon	847	Morg
Leti	648	Miller,G.	Liec	718	Mole	Littl	778	Monter	Long	848	Morgan,G
Leto	649	Miller,M.	Lief	719	Moles	Littleb	779	Montes	Long,M.	849	Morgan,M.
Lett	651	Miller,S.	Lieu	721	Moli	Littlet	781	Montess	Longc	851	Morge
Leu	652	Miller,W.	Liev	722	Molin	Littr	782	Montf	Longe	852	Morgeus
Leul	653	Millet	Lig	723	Molini	Liu	783	Montfl	Longf	853	Morh
Leus	654	Milli	Lightf	724	Molis	Liv	784	Montfo	Longh	854	Mori
Lev	655	Millin	Lign	725	Molit	Livermore,M.	785	Montg	Longi	855	Morie
Levas	656	Millo	Ligo	726	Moll	Livings	786	Montgo	Longl	856	Morig
Leve	657	Mills	Ligu	727	Mollo	Livingston,M	787	Montgomery	Longs	857	Moril
Lever	658	Milm	Lil	728	Molo	Livingstone	788	Montgomery,M	Longu	858	Morin
Lever,M.	659	Miln	Lill	729	Molt	Liz	789	Month	Longus	859	Morini
Levere	661	Milo	Lily	731	Moly	Ll	791	Monti	Loni	861	Moris
Leves	662	Milt	Lim	732	Mom	Llo	792	Montig	Lons	862	Morit
Levet	663	Min	Limb	733	Momm	Lloyd	793	Montl	Loo	863	Morl
Levi	664	Mine	Limi	734	Mon	Lly	794	Montlu	Lop	864	Morle
Levin	665	Mini	Lin	735	Monal	Lo	795	Montm	Lor	865	Morlo
Levis	666	Mino	Linc	736	Monas	Lob	796	Montmi	Lord	866	Morn
Levr	667	Mint	Lincoln,G.	737	Monc	Lobe	797	Montmo	Lord,M.	867	Moro
Levy	668	Minu	Lincoln,M.	738	Moncl	Lobk	798	Monto	Lore	868	Moron
Lew	669	Mio	Lincoln,S.	739	Moncr	Lobo	799	Montp	Lorenz	869	Moros
Lewe	671	Mir	Lincoln,W.	741	Mond	Loc	811	Montr	Lorg	871	Moroz
Lewin	672	Miran	Lind	742	Mone	Loch	812	Montri	Lori	872	Morr
Lewis	673	Mirb	Linde	743	Mong	Lock	813	Montro	Loring	873	Morrell
Lewis,G.	674	Mire	Linden	744	Moni	Locke	814	Montv	Loring,M	874	Morri
Lewis,M.	675	Miri	Lindes	745	Monk	Locker	815	Monu	Lorm	875	Morris
Lewis,S.	676	Miro	Lindl	746	Monl	Lockh	816	Monz	Lorr	876	Morris,G
Lewis,W.	677	Mirz	Lindn	747	Monm	Lockw	817	Moo	Lorry	877	Morris,M
Lewk	678	Mis	Linds	748	Monn	Locky	818	Moon	Lort	878	Morrison
Lex	679	Mit	Lindsay,M.	749	Monni	Loco	819	Moor	Los	879	Morrison,G
Ley	681	Mitchell	Lindsel	751	Mono	Lod	821	Moore	Loso	881	Morrison,M.
Leybu	682	Mitchell,M.	Lindsey	752	Monr	Lodg	822	Moore,G.	Lot	882	Morrison,S.
Leyd	683	Mitf	Lindsey,M.	753	Monroe	Lodi	823	Moore,M.	Loti	883	Morrison,W.
Leyl	684	Mith	Lindw	754	Mons	Lodo	824	Moore,S.	Lott	884	Mors
Leys	685	Mitt	Ling	755	Monso	Loe	825	Moore,W.	Lotz	885	Morse,G.
Lez	686	Mn	Lini	756	Monst	Loes	826	Moq	Lou	886	Morse,M.
Lezo	687	Mo	Linl	757	Mont	Loew	827	Mor	Loug	887	Mort
Lh	688	Moce	Linn	758	Montag	Lof	828	Moral	Loui	888	Morti
Lheu	689	Mod	Lins	759	Montague	Loft	829	Moran	Loun	889	Morto
Lho	691	Modes	Lint	761	Montai	Log	831	Morat	Loup	891	Morton,M.
Lhu	692	Modi	Linw	762	Montal	Loge	832	Moraz	Lour	892	Morv
Li	693	Moe	Lio	763	Montale	Loh	833	Morc	Lout	893	Mory
Lib	694	Moer	Lip	764	Montan	Loi	834	Mord	Louv	894	Mos
Liber	695	Mof	Lipp	765	Montano	Loisel	835	More	Louvo	895	Mosch
Libo	696	Mog	Lippm	766	Montar	Lok	836	More,M.	Lov	896	Moscho
Libr	697	Moh	Lips	767	Montau	Lol	837	Moreau	Love	897	Mose
Lic	698	Mohl	Lir	768	Montb	Lolm	838	Moreh	Lovel	898	Mosel
Licht	699	Mohr	Lis	769	Montbr	Lom	839	Morel	Lovell	899	Moser

Lovell, M. — Lyv / Moses — Myt

Lovell, M. — Lyv		Moses — Myt
Lovell,M.	911	Moses
Low	912	Mosl
Lowe	913	Moss
Lowell	914	Mosso
Lowell,G	915	Most
Lowell,M	916	Mosto
Lowell,S	917	Mot
Lowi	918	Moth
Lown	919	Motl
Lowr	921	Mott
Lowt	922	Motte
Loy	923	Motz
Loys	924	Mou
Loz	925	Mouf
Lu	926	Moul
Lubbo	927	Moult
Lube	928	Moun
Lubi	929	Mour
Luc	931	Moure
Lucan	932	Mous
Lucas	933	Mouss
Lucc	934	Mout
Luce	935	Mov
Luch	936	Mow
Luci	937	Mox
Lucin	938	Moy
Luciu	939	Moz
Luck	941	Mu
Lucr	942	Muc
Lucy	943	Mud
Lud	944	Mudg
Ludl	945	Mudi
Ludo	946	Muel
Ludr	947	Mueller,M.
Ludw	948	Muen
Luf	949	Muf
Lug	951	Mug
Lui	952	Muh
Luis	953	Mui
Luk	954	Mul
Lul	955	Mulf
Lully	956	Mulg
Lum	957	Muli
Luml	958	Mull
Lums	959	Mulli
Lun	961	Mulr
Lund	962	Mum
Lung	963	Mun
Lunt	964	Munck
Lup	965	Mund
Lupt	966	Munf
Lur	967	Muno
Lus	968	Munr
Lush	969	Muns
Lusi	971	Munt
Luss	972	Mur
Lut	973	Murc
Luto	974	Murd
Lutz	975	Mure
Luv	976	Murg
Lux	977	Muri
Luy	978	Murp
Luz	979	Murr
Ly	981	Murray
Lycu	982	Murray,G.
Lyd	983	Murray,M.
Lye	984	Murray,S.
Lyl	985	Mus
Lym	986	Muse
Lyn	987	Musg
Lynd	988	Musp
Lynn	989	Muss
Lyo	991	Must
Lyr	992	Mut
Lys	993	Mutr
Lysi	994	Muz
Lyso	995	My
Lyt	996	Mye
Lyttl	997	Myl
Lytto	998	Myr
Lyv	999	Myt

Na — Nect / Pa — Peco

Na	No.	Pa	Na	No.	Pa	Na	No.	Pa	Na	No.	Pa
Na	111	Pa	Nali	171	Palm	Nas	241	Parker,J.	Naumann	311	Patm
Naas	112	Pab	Nall	172	Palme	Nasaf	242	Parker,M.	Naun	312	Pato
Nab	113	Pac	Nals	173	Palmer	Nasal	243	Parker,S.	Naus	313	Patou
Nabb	114	Pacc	Nam	174	Palmer,G.	Nasc	244	Parker,W.	Nauss	314	Patr
Nabe	115	Pace	Nan	175	Palmer,M.	Nasco	245	Parkes	Nauz	315	Patt
Nabi	116	Pach	Nanc	176	Palmer,S.	Nase	246	Parkh	Nav	316	Patten
Nabo	117	Paci	Nane	177	Palmer,W.	Naser	247	Parki	Navag	317	Patterson
Nac	118	Pacin	Nang	178	Palmers	Nash	248	Parkinson,M	Navai	318	Patterson,M.
Nach	119	Pack	Nani	179	Palmi	Nash,F.	249	Parkman	Navar	319	Pattes
Nachi	121	Paco	Nanin	181	Palo	Nash,J.	251	Parkman,M.	Navarr	321	Patti
Nachm	122	Pacu	Nanini	182	Pals	Nash,M.	252	Parks	Navarro	322	Patto
Nacho	123	Pad	Nann	183	Palt	Nash,S.	253	Parm	Nave	323	Pau
Nacht	124	Pado	Nanni	184	Palu	Nasi	254	Parment	Navez	324	Paul
Nack	125	Padu	Nanno	185	Pam	Nasm	255	Parmi	Navi	325	Pauld
Nad	126	Pae	Nannu	186	Pamph	Nasmith	256	Parn	Navil	326	Paule
Nadal	127	Paez	Nanq	187	Pan	Nasmith,M.	257	Paro	Navo	327	Pauli
Nadar	128	Pag	Nans	188	Panc	Nasmyth	258	Parr	Naw	328	Paulin
Nadas	129	Pagani	Nanso	189	Pand	Nasmyth,M.	259	Parr,M.	Nawr	329	Paull
Nadast	131	Pagano	Nant	191	Pane	Naso	261	Parri	Nay	331	Paulm
Nadau	132	Page	Nanteu	192	Pani	Nasol	262	Parro	Nayli	332	Pauls
Nadaul	133	Page,M.	Nanti	193	Paniz	Nason	263	Parrot	Naylo	333	Paulu
Nade	134	Pagen	Nao	194	Pann	Nasr	264	Parry	Naz	333	Paus
Nader	135	Paget	Nap	195	Pano	Nass	265	Parry,M.	Nazar	335	Paut
Nadi	136	Pagi	Napier	196	Pans	Nassau	266	Pars	Nazo	336	Pauw
Nadj	137	Pagit	Napier,C.	197	Pant	Nasse	267	Parsons	Nazz	337	Pav
Nado	138	Pagl	Napier,F.	198	Panto	Nassi	268	Parsons,G.	Ne	338	Pavi
Nae	139	Pagn	Napier,J.	199	Panz	Nast	269	Parsons,M.	Neal,F.	339	Pavo
Naeg	141	Pah	Napier,M.	211	Pao	Nat	271	Parsons,S.	Neal,J.	341	Pax
Naek	142	Pai	Napier,S.	212	Paolo	Natali	272	Parsons,W.	Neal,M.	342	Paxt
Nael	143	Pail	Napier,W.	213	Pap	Natar	273	Part	Neal,S.	343	Pay
Naer	144	Pain	Napio	214	Pape	Nath	274	Parto	Neal,W.	344	Payer
Naev	145	Paine,G.	Napl	215	Papi	Nathans	275	Partr	Neale	345	Payn
Naf	146	Paine,M.	Napo	216	Papil	Nathu	276	Parv	Neale,G.	346	Payne
Nag	147	Paine,S.	Napp	217	Papin	Nati	277	Pas	Neale,M.	347	Pays
Nagi	148	Paint	Nar	218	Papo	Nativ	278	Pasc	Neale,S.	348	Paz
Nagl	149	Pais	Narbo	219	Paq	Nato	279	Pasch	Neander	349	Pe
Nagli	151	Paj	Narbor	221	Par	Natt	281	Pasco	Neander,J.	351	Peabody
Nago	152	Pak	Narc	222	Parad	Natte	282	Pasi	Neander,P.	352	Peabody,G.
Nah	153	Pal	Nard	223	Paran	Natti	283	Paso	Neap	353	Peabody,M.
Nahl	154	Palai	Nardin	224	Parav	Natto	284	Pasq	Near	354	Peabody,S.
Nai	155	Palaz	Nare	225	Parc	Natu	285	Pass	Neat	355	Peac
Nail	156	Pale	Nares	226	Pard	Natz	286	Passan	Neate	356	Peaco
Naim	157	Pales	Nares,M.	227	Pare	Nau	287	Passe	Neav	357	Peak
Nair	158	Paley	Narg	228	Paren	Naub	288	Passi	Neb	358	Peal
Nait	159	Palf	Nari	229	Parf	Nauc	289	Passo	Nebe	359	Pear
Naiv	161	Palg	Narin	231	Pari	Naud	291	Past	Neben	361	Pears
Naj	162	Pali	Narn	232	Paris	Naudet	292	Pasto	Nebr	362	Pearson,M.
Nak	163	Palis	Narp	233	Parish	Naudi	293	Pastor	Nebu	363	Peas
Nakw	164	Pall	Narr	234	Parisi	Naudo	294	Pat	Nec	364	Pec
Nal	165	Pallav	Nars	235	Park	Naue	295	Pate	Neck	365	Pecc
Naldi	166	Palle	Narst	236	Park,M.	Nauer	296	Paters	Necker	366	Peck
Naldin	167	Palli	Naru	237	Parke	Naug	297	Paterson,M.	Necker,M.	367	Peck,M.
Naldo	168	Pallis	Narv	238	Parker	Naul	298	Pati	Neco	368	Peckh
Nale	169	Pallu	Narvy	239	Parker,F.	Naum	299	Patis	Nect	369	Peco

Ned — Nicolau / Ped — Pilk

Ned	371	Ped	Nepo	441	Peri	Neve	511	Petti	Ney,P.	571	Philp
Nee	372	Pedro	Nepos	442	Perier	Nevel	512	Petty	Neyl	572	Phin
Neeb	373	Pee	Ner	443	Perig	Never	513	Petz	Neyn	573	Phip
Need	374	Peel	Nere	444	Perigo	Nevers	514	Peu	Neyr	574	Pho
Needham,M.	375	Peer	Neri	445	Perin	Nevers,G.	515	Pey	Nez	575	Phor
Neef	376	Peg	Nerin	446	Peris	Nevers,M.	516	Peyro	Ng	576	Phr
Neefe	377	Pei	Nerit	447	Perk	Nevers,S.	517	Peys	Ni	577	Phry
Neel	378	Peirc	Nerl	448	Perkins	Nevers,W.	518	Peyst	Nib	578	Phy
Neele	379	Peirs	Nero	449	Perkins,J.	Neveu	519	Peyt	Nibe	579	Pi
Neer	381	Pel	Neroc	451	Perkins,P.	Nevi	521	Pez	Nibo	581	Pian
Nees	382	Pelet	Neron	452	Pern	Nevill	522	Pezr	Nic	582	Piat
Nef	383	Pelh	Ners	453	Pero	Neville	523	Pf	Nican	583	Piatt
Neg	384	Peli	Neru	454	Perr	Neville,J.	524	Pfe	Nicc	584	Piaz
Negr	385	Pell	Nerv	455	Perre	Neville,P.	525	Pfei	Niccoli	585	Pic
Negri	386	Pelle	Nervet	456	Perri	Nevin	526	Pfeiffer	Niccolini	586	Picar
Negri,G.	387	Peller	Nes	457	Perrier	Nevins	527	Pfeiffer,M.	Niccolo	587	Picc
Negri,M.	388	Pellet	Nesb	458	Perrin	Nevins,M.	528	Pfen	Nice	588	Piccin
Negri,S.	389	Pellew	Nese	459	Perro	Nevit	529	Pfi	Nicep	589	Piccio
Negri,W.	391	Pelli	Nesl	461	Perrot	Nevy	531	Pfl	Nicer	591	Picco
Negrier	392	Pello	Nesm	462	Perry	New	532	Ph	Nicet	592	Pich
Negro	393	Pelt	Ness	463	Perry,G.	Newb	533	Phal	Nicetas	593	Picho
Negron	394	Pemb	Nessel	464	Perry,M.	Newbe	534	Phale	Nich	594	Pick
Neh	395	Pemberton	Nessi	465	Perry,S.	Newbu	535	Phan	Nichol	595	Picker
Nehr	396	Pembr	Nessm	466	Pers	Newc	536	Phar	Nichol,M.	596	Pickering,M
Nei	397	Pen	Nesso	467	Perso	Newco	537	Phe	Nicholas	597	Picket
Neil	398	Pendl	Nest	468	Pert	Newcomb,M.	538	Phel	Nicholas,J.	598	Pico
Neile	399	Penh	Net	469	Perti	Newcombe	539	Phelps,J.	Nicholas,P.	599	Picou
Neill	411	Peni	Nets	471	Peru	Newcome	541	Phelps,P.	Nicholl	611	Pict
Neill,J.	412	Penn	Nett	472	Pes	Newd	542	Pher	Nicholl,M.	612	Pid
Neill,P.	413	Pennel	Nette	473	Pesc	Newe	543	Phi	Nicholls	613	Pie
Neils	414	Penni	Netter	474	Pese	Newell	544	Phil	Nicholls,G.	614	Pien
Neip	415	Penno	Nettl	475	Pess	Newell,G.	545	Philb	Nicholls,M.	615	Pier
Neis	416	Penny	Nettleton	476	Pest	Newell,M.	546	Phile	Nichols	616	Pierce,G.
Neit	417	Penr	Neu	477	Pet	Newell,S.	547	Phili	Nichols,C.	617	Pierce,M.
Nek	418	Pens	Neube	478	Peter	Newh	548	Philid	Nichols,F.	618	Pierce,S.
Nel	419	Pent	Neud	479	Peterb	Newl	549	Philip	Nichols,J.	619	Pierl
Nell	421	Pep	Neue	481	Peters	Newm	551	Philipp	Nichols,M.	621	Pierp
Nelli	422	Pepi	Neuf	482	Peters,J.	Newman,D.	552	Philippi	Nichols,S.	622	Pierr
Nello	423	Pepo	Neufv	483	Peters,P.	Newman,J.	553	Philippu	Nichols,W.	623	Pierres
Nels	424	Pepp	Neug	484	Petersen	Newman,M.	554	Philips	Nicholson	624	Piers
Nelson,C.	425	Pepy	Neuh	485	Peterson	Newman,S.	555	Philips,M.	Nicholson,D.	625	Piet
Nelson,F.	426	Per	Neuk	486	Peth	Newman,W.	556	Phill	Nicholson,J.	626	Pietro
Nelson,J.	427	Perau	Neul	487	Peti	Newn	557	Phillip	Nicholson,M.	627	Pif
Nelson,M.	428	Perc	Neum	488	Petis	Newp	558	Phillips	Nicholson,S.	628	Pig
Nelson,R.	429	Perci	Neuman	489	Petit	Newt	559	Phillips,F.	Nicholson,W.	629	Pige
Nelson,S.	431	Percy	Neuman,G.	491	Petito	Newton	561	Phillips,J.	Nici	631	Pigg
Nelson,W.	432	Percy,M.	Neuman,M.	492	Peto	Newton,C.	562	Phillips,M.	Nick	632	Pign
Nem	433	Perd	Neumar	493	Petr	Newton,F.	563	Phillips,S.	Nico	633	Pigo
Nemi	434	Pere	Neun	494	Petrei	Newton,J.	564	Phillips,W.	Nicol	634	Pih
Nemn	435	Pereg	Neus	495	Petri	Newton,M.	565	Philo	Nicolai	635	Pik
Nemo	436	Perei	Neusi	496	Petrin	Newton,S.	566	Philoc	Nicolai,J.	636	Pike,M.
Nen	437	Perel	Neut	497	Petro	Newton,W.	567	Philom	Nicolai,P.	637	Pil
Neo	438	Perez	Neuv	498	Petru	Ney	568	Philos	Nicolas	638	Piles
Nep	439	Perg	Nev	499	Pett	Ney,J.	569	Philox	Nicolau	639	Pilk

Nicolay — Not / Pill — Pran

Nicolay	641	Pill	Niles,S.	711	Planchet	Noes	771	Poll	Nori	841	Portaf
Nicole	642	Pillo	Niles,W.	712	Plane	Noet	772	Pollard,M.	Norm	842	Portal
Nicolet	643	Pilo	Nim	713	Plant	Nof	773	Polle	Norman,M.	843	Porte
Nicoli	644	Pim	Nin	714	Planti	Nog	774	Polli	Normanb	844	Porter
Nicoll	645	Pin	Nini	715	Plas	Nogaro	775	Pollio	Normand	845	Porter,F.
Nicollet	646	Pinar	Nino	716	Plat	Noge	776	Pollo	Normand,J.	846	Porter,J.
Nicolls	647	Pinc	Ninu	717	Platn	Nogh	777	Pollock,M.	Normand,P.	847	Porter,M.
Nicolls,J.	648	Pind	Nio	718	Plato	Nogu	778	Polo	Normandy	848	Porter,S.
Nicolls,P.	649	Pine	Nip	719	Platt	Noh	779	Polt	Normann	849	Porter,W.
Nicolo	651	Pinel	Niq	721	Plau	Nohr	781	Poly	Normant	851	Porth
Nicols	652	Pinet	Nis	722	Play	Noi	782	Polyc	Noro	852	Porti
Nicolson	653	Ping	Nisb	723	Playfo	Noiret	783	Polym	Norr	853	Portm
Nicolson,M.	654	Pinh	Nisbet,M.	724	Ple	Noirot	784	Pom	Norris,C.	854	Porz
Nicom	655	Pink	Nisl	725	Plen	Nok	785	Pome	Norris,F.	855	Pos
Nicome	656	Pinn	Niss	726	Ples	Nol	786	Pomf	Norris,J.	856	Poss
Nicon	657	Pino	Nisso	727	Pley	Nolan	787	Pomm	Norris,M.	857	Post
Nicop	658	Pins	Nit	728	Pli	Nolan,J.	788	Pomp	Norris,R.	858	Postl
Nicor	659	Pint	Nith	729	Plo	Nolan,P.	789	Pompi	Norris,S.	859	Pot
Nicos	661	Pinz	Nito	731	Plou	Nold	791	Pompo	Norris,W.	861	Pote
Nicot	662	Pio	Nits	732	Plow	Noli	792	Pon	Norry	862	Poth
Nicou	663	Pioz	Nitt	733	Plu	Noll	793	Poncel	Nors	863	Poti
Nid	664	Pip	Niv	734	Plum	Nollek	794	Poncet	North	864	Poto
Nie	665	Piper	Niver	735	Plumm	Nollet	795	Ponch	North,G.	865	Pott
Nied	666	Piq	Nix	736	Plump	Nolli	796	Pond	North,M.	866	Potter
Niel	667	Pir	Niz	737	Plun	Nolp	797	Poni	North,S.	867	Potter,G.
Niell	668	Piri	Nj	738	Pluy	Nolt	798	Pons	Northa	868	Potter,M.
Niels	669	Pirk	No	739	Po	Nom	799	Ponso	Northampton	869	Potter,S.
Niem	671	Piro	Noail	741	Poco	Nomu	811	Pont	Northampton,M.	871	Potti
Nieme	672	Piron	Noailles,M.	742	Pod	Non	812	Pontb	Northb	872	Pou
Niemo	673	Pis	Noak	743	Poe	Noni	813	Ponte	Northc	873	Poui
Niep	674	Pisani	Nob	744	Poel	Nonn	814	Pontec	Northe	874	Poul
Nier	675	Pisano	Nobi	745	Poer	Nonz	815	Pontev	Northn	875	Poull
Niero	676	Pisc	Nobl	746	Pog	Noo	816	Ponti	Northo	876	Poult
Niet	677	Pise	Noble	747	Poh	Noom	817	Pontm	Northr	877	Pour
Nieu	678	Piso	Noble,D.	748	Pohl	Noor	818	Ponto	Northu	878	Pous
Nieul	679	Pist	Noble,J.	749	Poi	Noot	819	Ponz	Northw	879	Pout
Nieup	681	Pit	Noble,M.	751	Poin	Nop	821	Poo	Northwo	881	Pow
Nieuw	682	Pitc	Noble,S.	752	Poins	Nor	822	Poole	Norto	882	Powell
Nif	683	Pith	Noble,W.	753	Poir	Norbert	823	Poor	Norton,C.	883	Powell,F
Nig	684	Piti	Nobr	754	Pois	Norbert,M.	824	Poort	Norton,F.	884	Powell,J
Niger	685	Pitm	Noby	755	Poisso	Norbl	825	Pop	Norton,J.	885	Powell,M
Niget	686	Pitr	Noc	756	Poit	Norby	826	Pope,M.	Norton,M.	886	Powell,S
Nigh	687	Pits	Noch	757	Poiti	Norc	827	Poph	Norton,R.	887	Power
Nightengale	688	Pitt	Noci	758	Poix	Nord	828	Popi	Norton,S.	888	Powers
Nigr	689	Pitti	Nocr	759	Poj	Norden	829	Popo	Norton,W.	889	Pown
Nih	691	Pitto	Nod	761	Pok	Nordenh	831	Popp	Norv	891	Poy
Nik	692	Pitts	Nodu	762	Pol	Nordens	832	Por	Norw	892	Poyn
Niko	693	Piu	Noe	763	Pole	Nordt	833	Porc	Norwich,M.	893	Poz
Nikon	694	Pix	Noed	764	Polem	Nore	834	Porci	Norwo	894	Pozzo
Nil	695	Piz	Noel	765	Polen	Norf	835	Pord	Norwood,M.	895	Pr
Niles	696	Pl	Noel,D.	766	Poli	Norfolk,J.	836	Pori	Norz	896	Prad
Niles,D.	697	Plac	Noel,J.	767	Polier	Norfolk,P.	837	Porp	Nos	897	Prae
Niles,J.	698	Placi	Noel,M.	768	Polig	Norg	838	Porr	Nost	898	Praet
Niles,M.	699	Plan	Noel,S.	769	Polit	Norgh	839	Port	Not	899	Pran

Note — Nyt / Pras — Pyt / Qua — Quo

Note — Nyt		Pras — Pyt	Note — Nyt		Pras — Pyt
Note	911	Pras	Num	971	Pru
Noth	912	Prat	Nun	972	Prun
Notk	913	Pratt	Nunu	973	Pry
Notr	914	Pratt,F.	Nur	974	Ps
Nott	915	Pratt,J.	Nus	975	Pt
Nott,G.	916	Pratt,M.	Nut	976	Pu
Nott,M.	917	Pratt,S.	Nutt,J.	977	Puc
Nott,S.	918	Prau	Nutt,P.	978	Pug
Notti	919	Prax	Nutta	979	Pui
Nottingham	921	Pray	Nuttall,M.	981	Pul
Nottn	922	Pre	Nutter	982	Pull
Notto	923	Prec	Nutter,G.	983	Pult
Nou	924	Prei	Nutter,M.	984	Pun
Noue	925	Prem	Nutter,S.	985	Pur
Nouet	926	Pren	Nutting	986	Purs
Noug	927	Prent	Nutting,G.	987	Pus
Nouh	928	Pres	Nutting,M.	988	Put
Noul	929	Prescott	Nuv	989	Putnam
Nour	931	Prescott,G.	Nuy	991	Putnam,G.
Nourr	932	Prescott,M.	Nuz	992	Putnam,M.
Nours	933	Prescott,S.	Ny	993	Putnam,S.
Nouv	934	Presl	Nye	994	Puy
Nov	935	Press	Nyk	995	Py
Novar	936	Prest	Nym	996	Pyl
Nove	937	Preston	Nyo	997	Pyn
Novelli	938	Preston,G.	Nys	998	Pyr
Novello	939	Preston,M.	Nyt	999	Pyt
Nover	941	Preston,S.	Qua	1	
Noves	942	Preston,W.	Quat	2	
Novi	943	Preu	Que	3	
Novio	944	Prev	Quer	4	
Noviu	945	Pri	Ques	5	
Now	946	Price,M.	Qui	6	
Nowe	947	Prich	Quin	7	
Nowell,M.	948	Prie	Quir	8	
Noy	949	Pries	Quo	9	
Noyer	951	Prieu			
Noyes	952	Prim			
Noyes,C.	953	Prime			
Noyes,F.	954	Prin			
Noyes,J.	955	Prince,G.			
Noyes,M.	956	Prince,M.			
Noyes,R.	957	Prince,S.			
Noyes,S.	958	Prio			
Noyes,W.	959	Pris			
Noz	961	Prit			
Nu	962	Pro			
Nuce	963	Proc			
Nuci	964	Proct			
Nug	965	Prom			
Nugent	966	Pros			
Nugent,J.	967	Prot			
Nugent,S.	968	Prou			
Nul	969	Prov			

Ra — Reinhard / Ta — Thay

Name	No.	Name	Name	No.	Name	Name	No.	Name	Name	No.	Name
Ra	111	Ta	Rame	171	Tanz	Rauch	241	Taylor,F.	Reco	311	Tenni
Rab	112	Tab	Ramel	172	Tap	Rauco	242	Taylor,H.	Red	312	Tenny
Rabau	113	Tabe	Rami	173	Tapl	Raud	243	Taylor,J.	Redd	313	Tent
Rabe	114	Tabo	Ramm	174	Tapp	Rauf	244	Taylor,M.	Rede	314	Teo
Raben	115	Tac	Ramo	175	Tappan,M.	Raul	245	Taylor,P.	Redf	315	Ter
Rabi	116	Tacf	Ramou	176	Tar	Raum	246	Taylor,S.	Redg	316	Tere
Rabu	117	Tach	Ramp	177	Taras	Raup	247	Taylor,W.	Redi	317	Terg
Rac	118	Taci	Rams	178	Tarau	Raus	248	Taz	Redm	318	Terh
Rach	119	Taco	Ramsay,J.	179	Tarb	Raut	249	Tc	Redo	319	Term
Raci	121	Tad	Ramsay,P.	181	Tard	Rauz	251	Tche	Redp	321	Tern
Rack	122	Tado	Ramsd	182	Tardieu	Rav	252	Tcho	Ree	322	Terp
Raco	123	Tae	Ramse	183	Tardif	Raven	253	Te	Reed	323	Terr
Rad	124	Taf	Ramu	184	Tare	Ravens	254	Teb	Reed,G.	324	Terras
Radc	125	Tag	Ran	185	Targ	Raves	255	Tec	Reed,M.	325	Terre
Rade	126	Tagl	Rand	186	Tari	Ravi	256	Ted	Reed,S.	326	Terri
Radem	127	Taglias	Rand,M.	187	Tarin	Raw	257	Tedm	Reed,W.	327	Terrin
Radet	128	Taglio	Randall	188	Tarl	Rawl	258	Tee	Rees	328	Terro
Radi	129	Tai	Randall,M.	189	Tarn	Rawlin	259	Tef	Reese	329	Terry
Rado	131	Tail	Rande	191	Taro	Rawlinson	261	Teg	Reev	331	Ters
Radu	132	Taille	Rando	192	Tarr	Raws	262	Tei	Reeves	332	Tert
Radz	133	Tailli	Randolph,G.	193	Tars	Ray	263	Teif	Reg	333	Terw
Rae	134	Tain	Randolph,M.	194	Tartar	Ray,M.	264	Teil	Regg	334	Terz
Raen	135	Tais	Randon	195	Tarti	Rayb	265	Teis	Regi	335	Tes
Raf	136	Tak	Rang	196	Taru	Raye	266	Teix	Regio	336	Tesau
Raffen	137	Tal	Rani	197	Tas	Raym	267	Tel	Regis	337	Tesc
Raffl	138	Talbot	Rank	198	Task	Raymond	268	Telem	Regn	338	Tess
Rafn	139	Talbot,G.	Ranken	199	Tasm	Raymond,G.	269	Teles	Regnau	339	Tessi
Rag	141	Talbot,M.	Ranki	211	Tass	Raymond,M.	271	Telf	Regne	341	Tessin
Ragg	142	Talbot,S.	Rans	212	Tasse	Raymond,S.	272	Teli	Regni	342	Test
Ragl	143	Tale	Rant	213	Tassi	Raymond,W.	273	Tell	Rego	343	Teste
Rago	144	Talf	Ranz	214	Tasso	Rayn	274	Teller	Regu	344	Testi
Ragu	145	Talh	Rao	215	Tasson	Rayne	275	Tellez	Reh	345	Testo
Ragus	146	Tali	Rap	216	Tat	Rayno	276	Telli	Reht	346	Testu
Rah	147	Tall	Raph	217	Tate,M.	Rayo	277	Tello	Rei	347	Tet
Rahn	148	Talley	Rapi	218	Tath	Raz	278	Tem	Reicha	348	Tetr
Rai	149	Talli	Rapo	219	Tati	Razou	279	Teme	Reiche	349	Tetz
Raik	151	Talm	Rapp	221	Tatt	Re	281	Temm	Reichen	351	Teu
Rail	152	Talo	Ras	222	Tau	Read	282	Temp	Reichm	352	Teut
Raim	153	Tam	Rasch	223	Taubn	Read,H.	283	Tempest,M.	Reid	353	Tev
Rain	154	Tamb	Rase	224	Tauc	Read,M.	284	Templ	Reid,D.	354	Tew
Raine	155	Tambe	Rask	225	Taul	Reade	285	Temple,G.	Reid,F.	355	Tex
Rainey	156	Tambou	Rasp	226	Taun	Reade,M.	286	Temple,M.	Reid,J.	356	Tey
Raini	157	Tame	Raspo	227	Taup	Reading	287	Temple,S.	Reid,M.	357	Th
Raino	158	Tami	Rass	228	Taus	Real	288	Templet	Reid,S.	358	Thac
Rainv	159	Tamp	Rast	229	Taut	Reb	289	Ten	Reid,W.	359	Thacher,G.
Rait	161	Tan	Rasto	231	Tav	Rebell	291	Tend	Reif	361	Thacher,M.
Rak	162	Tanc	Rat	232	Tave	Rebo	292	Tene	Reil	362	Thacher,S.
Ral	163	Tand	Ratc	233	Taver	Rebs	293	Teni	Reim	363	Thack
Rals	164	Tane	Rath	234	Taverni	Rec	294	Tenis	Rein	364	Thai
Ram	165	Tank	Raths	235	Tax	Recco	295	Tenn	Reine	365	Thal
Ramaz	166	Tann	Rati	236	Tay	Rech	296	Tennant,M.	Reinec	366	Tham
Ramb	167	Tanner,M.	Ratt	237	Tayler	Rechen	297	Tenne	Reiner	367	Than
Rambu	168	Tans	Ratz	238	Taylor	Reck	298	Tenney	Reinh	368	Thau
Ramd	169	Tant	Rau	239	Taylor,C.	Recl	299	Tenney,M.	Reinhard	369	Thay

Reinhart — Robert / Thayer, G. — Todl

Reinhart	371	Thayer,G.	Retz	441	Thil	Richard	511	Thorne	Righ	571	Tild
Reinho	372	Thayer,M.	Reu	442	Thilo	Richard,G.	512	Thorney	Rign	572	Tile
Reinm	373	Thayer,S.	Reul	443	Thim	Richard,M.	513	Thornt	Ril	573	Tili
Reins	374	The	Reum	444	Thio	Richards	514	Thornton,M.	Rill	574	Till
Reis	375	Theb	Reus	445	Thir	Richards,F.	515	Thornw	Rim	575	Tille
Reiset	376	Thei	Reuss	446	Thirl	Richards,J.	516	Thoro	Rimi	576	Tillet
Reisi	377	Theim	Reut	447	Thiro	Richards,M.	517	Thorp	Rimm	577	Tilli
Reiss	378	Thek	Reuv	448	This	Richards,S.	518	Thorpe	Rin	578	Tillo
Reit	379	Thel	Rev	449	Tho	Richards,W.	519	Thorpe,G.	Rinc	579	Tilly
Rej	381	Thelo	Revell	451	Thol	Richardson	521	Thorpe,M.	Ring	581	Tils
Rel	382	Thelw	Rever	452	Thom	Richardson,D.	522	Thorpe,S.	Ringo	582	Tim
Rell	383	Them	Reves	453	Thoman	Richardson,J.	523	Thort	Rint	583	Timb
Rem	384	Then	Revi	454	Thomas	Richardson,M.	524	Thou	Rinu	584	Timm
Remb	385	Theo	Rex	455	Thomas	Richardson,S.	525	Thoui	Rio	585	Timo
Reme	386	Theoc	Rey	456	Thomas,C.	Richardson,W.	526	Thour	Rios	586	Timp
Remi	387	Theod	Reyb	457	Thomas,F.	Riche	527	Thout	Riou	587	Tin
Remin	388	Theodo	Reym	458	Thomas,H.	Richel	528	Thouv	Rip	588	Tind
Remo	389	Theodos	Reyn	459	Thomas,J.	Richer	529	Thr	Ripley	589	Tink
Remu	391	Theog	Reyni	461	Thomas,M.	Richi	531	Thre	Ripley,R.	591	Tinn
Remy	392	Theon	Reyno	462	Thomas,P.	Richm	532	Thu	Riplry,H.	592	Tins
Ren	393	Theop	Reynolds,G.	463	Thomas,S.	Richmond,M.	533	Thui	Ripp	593	Tint
Renar	394	Theophi	Reynolds,M.	464	Thomas,W.	Richt	534	Thul	Riq	594	Tio
Renau	395	Theopo	Reynolds,S.	465	Thomass	Richter	535	Thun	Ris	595	Tip
Renaul	396	Theor	Reynolds,W.	466	Thomassy	Richter,M.	536	Thur	Riss	596	Tir
Rend	397	Theos	Rez	467	Thomo	Richter,S.	537	Thurl	Rist	597	Tiri
Rendu	398	Ther	Rh	468	Thomp	Rici	538	Thurlo	Rit	598	Tis
Rene	399	Theri	Rhe	469	Thompson	Rick	539	Thurm	Ritchie,G	599	Tisch
Renes	411	Therm	Rhen	471	Thompson,C.	Rico	541	Thurn	Ritchie,M.	611	Tische
Reng	412	Thero	Rhet	472	Thompson,F.	Rid	542	Thuro	Rits	612	Tischl
Reni	413	Thes	Rhi	473	Thompson,H.	Riddel	543	Thurs	Ritt	613	Tisd
Renn	414	Thess	Rho	474	Thompson,J.	Ride	544	Thurston	Ritter	614	Tiss
Rennev	415	Theu	Rhod	475	Thompson,M.	Ridl	545	Thurston,G.	Ritter,M.	615	Tissi
Renni	416	Thev	Rhodes	476	Thompson,P.	Ridley,M.	546	Thurston,M.	Riv	616	Tisso
Renny	417	Theveni	Rhodes,M.	477	Thompson,S.	Rido	547	Thurston,S.	Rivan	617	Tit
Reno	418	Theveno	Rhodo	478	Thompson,T.	Rie	548	Thw	Rivar	618	Titi
Renou	419	Thew	Rhou	479	Thompson,W.	Riec	549	Thy	Rivau	619	Titin
Rens	421	Thex	Ri	481	Thomsen	Ried	551	Ti	Rive	621	Tito
Rent	422	Thi	Rib	482	Thomson	Riedi	552	Tib	Rivers	622	Titt
Renu	423	Thiard	Ribb	483	Thomson,G.	Rief	553	Tibe	Rives	623	Titu
Renv	424	Thib	Ribe	484	Thomson,M.	Rieg	554	Tibn	Rivet	624	Tix
Rep	425	Thibaul	Ribes	485	Thomson,S.	Rieh	555	Tic	Rivi	625	Tiz
Rept	426	Thibaut	Ribo	486	Thomson,W.	Riem	556	Tick	Rivo	626	Tk
Req	427	Thibo	Ric	487	Thor	Rien	557	Ticknor	Riz	627	To
Rer	428	Thic	Ricardo	488	Thore	Riep	558	Tid	Ro	628	Tob
Res	429	Thie	Ricc	489	Thores	Ries	559	Tie	Robar	629	Tobi
Resch	431	Thiel	Ricci	491	Thori	Riese	561	Tief	Robb	631	Toc
Rese	432	Thielm	Ricciar	492	Thoris	Riesn	562	Tiel	Robbins	632	Tocq
Resen	433	Thiem	Riccio	493	Thork	Riet	563	Tiep	Robbins,F.	633	Tod
Resn	434	Thien	Ricco	494	Thorl	Rieu	564	Tier	Robbins,J.	634	Todd,G.
Ress	435	Thier	Rice	495	Thorm	Rig	565	Tif	Robbins,M.	635	Todd,M.
Rest	436	Thierry	RiceG	496	Thorn	Rigaul	566	Tig	Robbins,S.	636	Todd,S.
Ret	437	Thierry,M.	RiceM	497	Thornb	Rigb	567	Tigl	Robbins,W.	637	Tode
Reth	438	Thiers	Rich	498	Thornd	Rige	568	Tigr	Robe	638	Todh
Rett	439	Thies	RichM	499	Thorndi	Rigg	569	Til	Robert	639	Todl

Robert, G. — Rost / Toe — Trit

Robert,G.	641	Toe	Roeb	711	Torti	Rond	771	Tram
Robert,M.	642	Toep	Roed	712	Torto	Rone	772	Tran
Roberts	643	Toes	Roeh	713	Tos	Rong	773	Trap
Roberts,F.	644	Tof	Roel	714	Tose	Rons	774	Trapp
Roberts,J.	645	Tog	Roem	715	Toss	Ronz	775	Tras
Roberts,M.	646	Toi	Roep	716	Tost	Roo	776	Trat
Roberts,S.	647	Tol	Roer	717	Tot	Rook	777	Trau
Roberts,W.	648	Tolb	Roes	718	Tott	Roop	778	Trauts
Robertson	649	Tole	Roet	719	Totten	Roor	779	Trav
Robertson,J.	651	Toll	Rog	721	Tottl	Roos	781	Travers,M.
Robertson,S.	652	Tolm	Roger	722	Tou	Root	782	Travi
Robes	653	Tolo	Roger,M.	723	Toul	Root,M.	783	Trax
Robi	654	Tols	Rogers	724	Toulm	Rop	784	Tre
Robin	655	Tom	Rogers,D.	725	Toulo	Ropes	785	Trebo
Robine	656	Tomb	Rogers,G.	726	Toup	Roq	786	Tred
Robins	657	Tomi	Rogers,J.	727	Tour	Ror	787	Trei
Robinson	658	Tomk	Rogers,M.	728	Tourn	Ros	788	Trel
Robinson,D.	659	Toml	Rogers,S.	729	Tourno	Rosar	789	Trem
Robinson,G.	661	Tomm	Rogers,W.	731	Touro	Rosc	791	Tremo
Robinson,J.	662	Tomp	Roget	732	Tourr	Rosco	792	Tren
Robinson,M.	663	Ton	Rogg	733	Tourv	Roscoe,G.	793	Trench,M.
Robinson,S.	664	Tone	Rogi	734	Tous	Roscoe,M.	794	Trenck
Robinson,T.	665	Tong	Rogn	735	Tousse	Rose	795	Trent
Robinson,W.	666	Tonn	Rogu	736	Tout	Rose,G.	796	Tres
Robs	667	Tont	Roh	737	Tow	Rose,M.	797	Tresh
Roby	668	Too	Rohl	738	Tower,M.	Roseb	798	Tresi
Roc	669	Tooke,M.	Rohr	739	Towers	Rosec	799	Tress
Rocc	671	Tool	Roi	741	Towg	Rosel	811	Treu
Roch	672	Toom	Rok	742	Towl	Rosem	812	Trev
Roche	673	Top	Roko	743	Town	Rosen	813	Trevi
Rochef	674	Toph	Rol	744	Towne	Rosenk	814	Trevis
Rochem	675	Topl	Role	745	Townel	Rosenm	815	Trevo
Roches	676	Tor	Rolf	746	Townl	Rosenw	816	Trevor,M.
Rochet	677	Tord	Rolfe,M.	747	Towns	Roset	817	Trew
Rochf	678	Tore	Roli	748	Townsend,G.	Rosew	818	Trez
Rochm	679	Toren	Roll	749	Townsend,M.	Rosi	819	Tri
Rocho	681	Tores	Rolles	751	Townsend,S.	Rosin	821	Trian
Rock	682	Torg	Rollett	752	Townsend,W.	Rosn	822	Trib
Rocki	683	Tori	Rolli	753	Townsh	Ross	823	Tric
Rockw	684	Torl	Rollin	754	Townsend,M.	Ross,G.	824	Trico
Rod	685	Torn	Rollo	755	Townso	Ross,M.	825	Trie
Rodd	686	Torno	Rom	756	Toy	Ross,S.	826	Trier
Rode	687	Torq	Romai	757	Toz	Ross,W.	827	Tries
Roder	688	Torr	Roman	758	Tr	Rossel	828	Trig
Rodew	689	Torre	Romano	759	Trac	Rosset	829	Tril
Rodg	691	Torren	Romanu	761	Tracy	Rossi	831	Trim
Rodi	692	Torrent	Romb	762	Tracy,M.	Rossi,G.	832	Trin
Rodm	693	Torres	Rome	763	Trad	Rossi,M.	833	Trinci
Rodn	694	Torrey	Romey	764	Trae	Rossig	834	Trio
Rodo	695	Torri	Romi	765	Trag	Rossin	835	Trip
Rodr	696	Torrig	Romm	766	Trai	Rossl	836	Tripp
Rodw	697	Torrin	Romu	767	Traill,M.	Rossm	837	Tris
Roe	698	Tors	Ron	768	Train	Rosso	838	Trist
Roe,M.	699	Tort	Ronc	769	Tral	Rost	839	Trit

Rosw — Rz / Triv — Tzs

Rosw	841	Triv
Rot	842	Trivu
Rote	843	Tro
Rotg	844	Trog
Roth	845	Troi
Rothen	846	Trol
Roths	847	Trollo
Rothw	848	Trollope,M.
Rotr	849	Trom
Rott	851	Tromp
Rou	852	Tron
Roub	853	Tronci
Rouc	854	Trons
Roug	855	Troo
Rouget	856	Trop
Roui	857	Tros
Rouj	858	Trot
Roul	859	Trou
Roup	861	Troui
Rouq	862	Trouv
Rous	863	Trow
Rouss	864	Troy
Roussel	865	Tru
Roussele	866	Trud
Rousset	867	Trum
Roust	868	Trumbull
Rout	869	Trumbull,J.
Roux	871	Trumbull,S.
Rouy	872	Trur
Rov	873	Trus
Rovet	874	Trut
Rovi	875	Try
Row	876	Tryp
Rowan	877	Ts
Rowe	878	Tscher
Rowe,M.	879	Tschi
Rowel	881	Tschu
Rowi	882	Tse
Rowl	883	Tu
Rowle	884	Tub
Rows	885	Tuber
Rox	886	Tuc
Roxb	887	Tuch
Roy	888	Tucher
Roye	889	Tuck
Royer	891	Tucker
Royo	892	Tucker,G.
Roz	893	Tucker,M.
Ru	894	Tucker,S.
Ruben	895	Tucker,W.
Rubi	896	Tuckerman
Rubr	897	Tuckerman,M.
Ruc	898	Tucket
Ruch	899	Tud
Ruck	911	Tudi
Ruckers	912	Tudo
Rud	913	Tue
Rudd	914	Tuf
Rude	915	Tufts,M.
Rudi	916	Tuk
Rudo	917	Tul
Rue	918	Tull
Ruef	919	Tulloch
Ruel	921	Tulloch,M.
Ruf	922	Tullus
Ruffi	923	Tully
Ruffn	924	Tulo
Ruffo	925	Tum
Rufi	926	Tun
Rufu	927	Tuns
Rug	928	Tup
Rugg	929	Tur
Ruggi	931	Turb
Ruggl	932	Turc
Ruh	933	Turco
Rui	934	Ture
Rul	935	Turen
Rum	936	Turg
Rumm	937	Turgo
Rums	938	Turi
Run	939	Turk
Rund	941	Turl
Rung	942	Turn
Runn	943	Turnbull,M.
Ruo	944	Turne
Rup	945	Turner,C.
Rupp	946	Turner,F.
Rupr	947	Turner,H.
Rur	948	Turner,J.
Rus	949	Turner,M.
Rusch	951	Turner,P.
Rush	952	Turner,S.
Rush,M.	953	Turner,T.
Rusht	954	Turner,W.
Rushw	955	Turnh
Rusk	956	Turno
Rusp	957	Turp
Russ	958	Turr
Russel	959	Turrett
Russell	961	Turri
Russell,D.	962	Turt
Russell,F.	963	Turv
Russell,J.	964	Tus
Russell,M.	965	Tuss
Russell,P.	966	Tut
Russell,S.	967	Tutt
Russell,W.	968	Tuy
Russi	969	Tw
Rust	971	Twee
Rut	972	Twi
Rutg	973	Twin
Ruth	974	Twis
Rutherf	975	Twy
Ruthv	976	Twys
Ruti	977	Ty
Rutl	978	Tyc
Rutland,M.	979	Tye
Rutledge	981	Tyl
Rutt	982	Tyler,G.
Ruv	983	Tyler,M.
Rux	984	Tyler,S.
Ruy	985	Tyler,W.
Ruyt	986	Tym
Ruz	987	Tyn
Ry	988	Tyndall
Ryan,M.	989	Tyng
Ryc	991	Typ
Ryd	992	Tyr
Rye	993	Tyrrell
Ryl	994	Tys
Rym	995	Tyt
Rys	996	Tytler
Ryt	997	Tytler,S.
Ryv	998	Tz
Rz	999	Tzs

Va — Vaughan, S. / Wa — Webbe

Va	111	Wa	Valh	171	Walei	Vanders	241	Walton,M.	Varil	311	Warwick,M.
Vac	112	Waas	Vali	172	Wales	Vanderw	242	Walw	Varin	312	Was
Vacc	113	Wac	Valin	173	Wales,M.	Vandeu	243	Wam	Variu	313	Waser
Vaccar	114	Wachs	Valk	174	Walf	Vandev	244	Wan	Varl	314	Wash
Vacco	115	Wack	Vall	175	Walg	Vandi	245	Wand	Varley	315	Washburn,M.
Vach	116	Wad	Vallad	176	Wali	Vando	246	Wang	Varlo	316	Washi
Vach	117	Waddi	Vallan	177	Walk	Vandy	247	Wanh	Varn	317	Washington
Vachi	118	Wade	Vallar	178	Walker,D.	Vandyk	248	Wanl	Varney	318	Washington,G.
Vacho	119	Wade,M.	Vallau	179	Walker,F.	Vane	249	Wann	Varnh	319	Washington,M.
Vacq	121	Wadh	Valle	181	Walker,J.	Vane,M.	251	Wans	Varni	321	Wass
Vad	122	Wadington	Vallee	182	Walker,M.	Vanee	252	Wap	Varnu	322	Wasser
Vade	123	Wadl	Vallem	183	Walker,P.	Vang	253	War	Varo	323	Wassi
Vadi	124	Wads	Valler	184	Walker,S.	Vanh	254	Warburton	Varot	324	Wat
Vae	125	Wadsworth,M	Valles	185	Walker,T.	Vanhe	255	Warburton,M.	Varr	325	Waterf
Vag	126	Wae	Vallet	186	Walker,W.	Vanho	256	Ward	Vart	326	Waterh
Vah	127	Wael	Vallett	187	Wall	Vanhu	257	Ward,C.	Varu	327	Waterl
Vai	128	Waf	Valli	188	Wallace,D.	Vani	258	Ward,F.	Vas	328	Waterm
Vail	129	Wag	Vallis	189	Wallace,F.	Vanl	259	Ward,J.	Vasc	329	Waters
Vaill	131	Wagen	Vallo	191	Wallace,J.	Vanloo	261	Ward,M.	Vasco	331	Waters,M.
Vais	132	Wagn	Vallon	192	Wallace,M.	Vanm	262	Ward,P.	Vase	332	Waterst
Vaj	133	Wagner,G.	Vallot	193	Wallace,P.	Vanmo	263	Ward,S.	Vash	333	Waterw
Vak	134	Wagner,M.	Vallou	194	Wallace,S.	Vann	264	Ward,W.	Vasi	334	Watk
Val	135	Wagner,S.	Valls	195	Wallace,W.	Vanne	265	Warde	Vasq	335	Watke
Valad	136	Wah	Valm	196	Wallc	Vannes	266	Wardl	Vass	336	Watkinson
Valar	137	Wahlen	Valmy	197	Wallen	Vannet	267	Ware	Vassall	337	Wats
Valaz	138	Wai	Valo	198	Waller	Vanni	268	Ware,D.	Vasse	338	Watson,D.
Valb	139	Waill	Valor	199	Walley	Vannin	269	Ware,J.	Vassi	339	Watson,J.
Valc	141	Wain	Valp	211	Walli	Vannu	271	Ware,M.	Vast	341	Watson,M.
Valck	142	Wainwright	Valpy	212	Wallingf	Vano	272	Ware,S.	Vat	342	Watson,S.
Valckenb	143	Wais	Valr	213	Wallingt	Vanp	273	Ware,W.	Vater	343	Watson,W.
Vald	144	Wait	Vals	214	Wallis	Vanr	274	Waren	Vath	344	Watt
Valdes	145	Waite	Valt	215	Wallo	Vanro	275	Warh	Vati	345	Watt,J.
Valdi	146	Wak	Vam	216	Walm	Vans	276	Wari	Vatin	346	Watt,P.
Valdo	147	Wakef	Van	217	Waln	Vansa	277	Waring,M.	Vatk	347	Watti
Valdr	148	Wakeh	Vanb	218	Walp	Vansc	278	Warn	Vato	348	Watts
Vale	149	Wakel	Vanbr	219	Walpole,M.	Vansi	279	Warner	Vatr	349	Watts,D.
Valeg	151	Wal	Vanbu	221	Walr	Vansp	281	Warner,D.	Vatt	351	Watts,J.
Valen	152	Walch	Vanc	222	Wals	Vant	282	Warner,J.	Vatti	352	Watts,M.
Valens	153	Walch,J.	Vanco	223	Walsh	Vanu	283	Warner,M.	Vau	353	Watts,S.
Valent	154	Walch,P.	Vand	224	Walsh,D.	Vanv	284	Warner,S.	Vauban	354	Wau
Valenti	155	Walck	Vande	225	Walsh,J.	Vanw	285	Warner,W.	Vaubl	355	Waut
Valentin	156	Walco	Vandel	226	Walsh,M.	Vap	286	Warr	Vauc	356	Waw
Valentine	157	Wald	Vanden	227	Walsh,S.	Var	287	Warren,C.	Vauch	357	Way
Valentine,J	158	Walde	Vander	228	Walsh,W.	Varan	288	Warren,F.	Vaud	358	Wayl
Valentine,P	159	Waldeg	Vanderbu	229	Walsi	Varc	289	Warren,J.	Vaudoy	359	Wayn
Valentini	161	Waldem	Vanderc	231	Walt	Vard	291	Warren,M.	Vaudr	361	We
Valer	162	Walden	Vanderd	232	Walter,G.	Vare	292	Warren,P.	Vaudrey	362	Weal
Valeri	163	Walder	Vanderh	233	Walter,M.	Varel	293	Warren,S.	Vaug	363	Weav
Valerio	164	Waldm	Vanderho	234	Walter,S.	Varen	294	Warren,W.	Vaughan	364	Web
Valeriu	165	Waldo	Vanderl	235	Walters	Varenn	295	Warri	Vaughan,C.	365	Webb
Valery	166	Waldor	Vanderm	236	Walth	Vares	296	Wart	Vaughan,F.	366	Webb,G.
Vales	167	Waldr	Vanderme	237	Walther	Varg	297	Wartens	Vaughan,J.	367	Webb,M.
Valet	168	Walds	Vandermo	238	Walto	Vargu	298	Warto	Vaughan,M.	368	Webb,S.
Valg	169	Wale	Vanderp	239	Walton,G.	Vari	299	Warw	Vaughan,S.	369	Webbe

Vaughan,W.	371	Webber	Vello	441	Welch,M.	Verh	511	Wes	Verv	571	Whi
Vaugi	372	Webber,M.	Vellu	442	Welck	Verhag	512	Wesen	Verw	572	Whid
Vaugo	373	Weber	Velly	443	Weld	Verhe	513	Wesl	Very	573	Whip
Vaul	374	Weber,G.	Velp	444	Weld,M.	Verho	514	Wesley,M.	Verz	574	Whipple,J.
Vaulo	375	Weber,M.	Velt	445	Welde	Verhu	515	Wess	Ves	575	Whipple,P.
Vault	376	Weber,S.	Veltr	446	Welh	Veri	516	West	Vesey	576	Whis
Vaum	377	Webs	Ven	447	Well	Verin	517	WestD	Vesi	577	Whit
Vauq	378	Webster,C.	Venan	448	Weller	Verj	518	WestJ	Vesl	578	Whitaker,M.
Vaus	379	Webster,F.	Venc	449	Welles	Verk	519	WestM	Vesp	579	Whitb
Vaut	381	Webster,J.	Vences	451	Wellesl	Verl	521	West,S.	Vespu	581	Whitc
Vauv	382	Webster,M.	Vend	452	Welli	Verm	522	West,W.	Vesq	582	White
Vauvi	383	Webster,P.	Vendr	453	Wells	Verme	523	Westb	Vest	583	White,C.
Vaux	334	Webster,S.	Vene	454	Wells,G.	Vermeu	524	Westc	Vestr	584	White,F.
Vaux,G.	385	Webster,W.	Veneg	455	Wells,M.	Vermi	525	Weste	Vet	585	White,J.
Vaux,M.	386	Wech	Venel	456	Wells,S.	Vermil	526	Wester	Vetch	586	White,M.
Vauxc	387	Weck	Venet	457	Wellw	Vermo	527	Westerm	Veth	587	White,P.
Vauz	388	Wed	Venez	458	Wels	Vermoo	528	Westg	Veti	588	White,S.
Vav	389	Wede	Veni	459	Welse	Vern	529	Westh	Vetr	589	White,W.
Vavi	391	Wedel	Venin	461	Welsh	Verne	531	Westm	Vett	591	Whitef
Vay	392	Wedg	Venn	462	Welsh,J.	Vernet	532	Westmi	Vetto	592	Whiteh
Vaz	393	Wedgw	Venner	463	Welsh,P.	Verneu	533	Westmo	Vetu	593	Whiteho
Ve	394	Wee	Venni	464	Welt	Verney	534	Westo	Veu	594	Whitel
Veau	395	Weeks	Vent	465	Welw	Verney,M.	535	Weston,G.	Vey	595	Whitf
Vec	396	Weeks,M.	Vento	466	Wem	Verni	536	Weston,P.	Veys	596	Whitg
Vecchi	397	Weem	Ventr	467	Wen	Vernin	537	Westp	Vez	597	Whiti
Vecchio	398	Weer	Ventu	468	Wenc	Verniz	538	Westr	Vi	598	Whiting
Vece	399	Weev	Venturi	469	Wend	Verno	539	Wet	Vial	599	Whiting,G.
Vecellio	411	Weg	Venu	471	Wendl	Vernon,G.	541	Wetm	Viale	611	Whiting,M.
Vecn	412	Wegn	Venut	472	Wendo	Vernon,M.	542	Wett	Viall	612	Whiting,S.
Veco	413	Weh	Ver	473	Wendt	Vernon,S.	543	Wetts	Vialo	613	Whiting,W.
Ved	414	Wehr	Verac	474	Weng	Vernu	544	Wetz	Vian	614	Whitm
Vedd	415	Wei	Veral	475	Weni	Verny	545	Wex	Vianen	615	Whitman,M.
Vedo	416	Weich	Verar	476	Wenl	Vero	546	Wey	Viani	616	Whitmore
Vee	417	Weid	Verb	477	Went	Veron	547	Weye	Viann	617	Whitney
Veen	418	Weidm	Verbi	478	Wentworth,G.	Verona	548	Weyl	Viar	618	Whitney,D.
Veer	419	Weig	Verbo	479	Wentworth,M.	Verone	549	Weym	Viardo	619	Whitney,J.
Vees	421	Weik	Verc	481	Wentz	Verp	551	Wh	Viart	621	Whitney,M.
Veg	422	Weil	Verci	482	Wenz	Verpo	552	Whal	Vias	622	Whitney,S.
Vegi	423	Wein	Verd	483	Wep	Verr	553	Whart	Viau	623	Whitney,W.
Vegl	424	Weinm	Verdi	484	Wer	Verri	554	Wharton,M.	Vib	624	Whitt
Veh	425	Weir	Verdig	485	Werde	Verril	555	What	Vibi	625	Whitti
Vei	426	Weis	Verdo	486	Were	Verrim	556	Whe	Vibn	626	Whitting
Veil	427	Weise	Verdu	487	Weren	Verrio	557	Wheatl	Vic	627	Whittl
Veit	428	Weisk	Verdy	488	Werf	Verro	558	Wheato	Vicar	628	Whitw
Veitch	429	Weiss	Vere	489	Werl	Verru	559	Whed	Vicars	629	Why
Veith	431	Weiss,J.	Verel	491	Wern	Vers	561	Whee	Vicat	631	Wi
Vel	432	Weiss,P.	Verels	492	Werner	Verschu	562	Wheeler	Vice	632	Wib
Velas	433	Weissen	Verg	493	Werner,G.	Verse	563	Wheeler,G.	Vicenti	633	Wic
Velasq	434	Weit	Vergar	494	Werner,M.	Verso	564	Wheeler,P.	Vich	634	Wichi
Veld	435	Weits	Verge	495	Wernh	Verst	565	Wheelo	Vici	635	Wichm
Vele	436	Weitz	Verger	496	Werni	Versto	566	Wheelw	Vick	636	Wick
Veli	437	Wek	Vergi	497	Werns	Vert	567	Whelp	Vickers	637	Wickh
Vell	438	Wel	Vergn	498	Werp	Verto	568	Whet	Vico	638	Wid
Velle	439	Welch	Vergy	499	Wert	Veru	569	Whew	Vicom	639	Wide

Vicq — Vol / Widm — Woodw

Vicq	641	Widm	Vilh	711	Willen	Vincent,F.	771	Wingf	Vitelli	841	Woe
Vict	642	Wie	Vill	712	Willer	Vincent,J.	772	Wingr	Viten	842	Woel
Victor,G.	643	Wiede	Villaf	713	Willes	Vincent,M.	773	Wink	Viter	843	Woer
Victor,M.	644	Wiedem	Villal	714	Willey	Vincent,S.	774	Winkelm	Vitet	844	Wof
Victor,S.	645	Wieg	Villam	715	Willi	Vincent,W.	775	Winkl	Vito	845	Wog
Victorin	646	Wiel	Villan	716	William	Vinch	776	Winn	Vitr	846	Woh
Vicu	647	Wien	Villano	717	William,G.	Vinci	777	Wins	Vitro	847	Woi
Vid	648	Wier	Villanu	718	William,M.	Vinck	778	Winslow	Vitru	848	Wol
Vidal,M.	649	Wies	Villar	719	William,S.	Vind	779	Winslow,G.	Vitry	849	Wolcott
Vidau	651	Wiese	Villaret	721	Williams	Vindi	781	Winslow,M.	Vitt	851	Wolcott,M.
Vide	652	Wiess	Villari	722	Williams,D.	Vine	782	Winslow,S.	Vitti	852	Wold
Vidi	653	Wif	Villars	723	Williams,F.	Vinet	783	Winst	Vitto	853	Wolf
Vido	654	Wig	Villars,G.	724	Williams,J.	Ving	774	Wint	Vitu	854	Wolf,J.
Vidu	655	Wigg	Villars,M.	725	Williams,M.	Vini	785	Winter,G.	Viv	855	Wolf,P.
Vie	656	Wiggl	Villars,S.	726	Williams,P.	Vink	786	Winter,M.	Vivari	856	Wolffe
Viei	657	Wigh	Villav	727	Williams,S.	Vinn	787	Winter,S.	Vive	857	Wolffe,J.
Vieillo	658	Wightm	Ville	728	Williams,W.	Vino	788	Winterf	Vivi	858	Wolffe,P.
Viel	659	Wigm	Villec	729	Williamson	Vint	789	Winth	Viviani	859	Wolfg
Viell	661	Wign	Villef	731	Williamson,J.	Vinton	791	Winthrop	Vivien	861	Wolfr
Vien	662	Wigr	Villeg	732	Williamson,P.	Vinton,G.	792	Winthrop,J.	Vivier	862	Wolk
Vienne	663	Wik	Villego	733	Willin	Vinton,M.	793	Winthrop,P.	Vivo	863	Woll
Vienno	664	Wil	Villeh	734	Willis	Vinton,S.	794	Wintr	Viz	864	Wolle
Vier	665	Wilbr	Villel	735	Willis,M.	Vio	795	Winw	Vl	865	Wolm
Viet	666	Wilbu	Villem	736	Willist	Violl	796	Wio	Vlam	866	Wolo
Vieu	667	Wilc	Villen	737	Willm	Viom	797	Wip	Vlas	867	Wols
Vieus	668	Wild	Villene	738	Willmo	Vion	798	Wir	Vle	868	Wolt
Vieuv	669	Wildb	Villep	739	Willo	Viot	799	Wirt	Vli	869	Woltm
Vieux	671	Wilde	Villeq	741	Wills	Vip	811	Wis	Vliet	871	Wolz
Vig	672	Wilde,M.	Viller	742	Willso	Vipo	812	Wise	Vo	872	Wom
Vige	673	Wilder	Villerm	743	Wilm	Vir	813	Wise,M.	Voelc	873	Woo
Viger	674	Wildm	Villero	744	Wilmo	Vire	814	Wisem	Voell	874	Wood,C.
Vigh	675	Wildt	Villers	745	Wilr	Virey	815	Wisn	Voer	875	Wood,F.
Vigi	676	Wile	Villers,M.	746	Wils	Virg	816	Wiss	Voet	876	Wood,J.
Vigil	677	Wilf	Villes	747	Wilson,C.	Virgin	817	Wist	Vog	877	Wood,M.
Vign	678	Wilh	Villet	748	Wilson,F.	Viri	818	Wisw	Vogel	878	Wood,P.
Vignal	679	Wili	Villeu	749	Wilson,J.	Virl	819	Wit	Vogel,M.	879	Wood,S.
Vignau	681	Wilk	Villi	751	Wilson,M.	Viru	821	Wite	Vogh	881	Wood,W.
Vigne	682	Wilkes	Villiers	752	Wilson,P.	Vis	822	With	Vogi	882	Woodbri
Vigner	683	Wilki	Villiers,F	753	Wilson,S.	Visch	823	Witheri	Vogl	883	Woodbridge,M
Vignes	684	Wilkins	Villiers,J	754	Wilson,W.	Visco	824	Withers	Vogler,M.	884	Woodbu
Vigni	685	Wilkins,M.	Villiers,M	755	Wilt	Visconti,G	825	Witi	Vogo	885	Woodbury,M
Vigno	686	Wilkinson	Villiers,S	756	Wilton,M.	Visconti,M	826	Wits	Vogt	886	Woodc
Vignon	687	Wilkinson,M	Villiers,W	757	Wim	Visconti,S	827	Witt	Vogt,M.	887	Woodf
Vigny	688	Wilks	Villo	758	Win	Visd	828	Witte	Vogu	888	Woodh
Vigo	689	Will	Villon	759	Winche	Vise	829	Witten	Voi	889	Woodho
Vigor	691	Willar	Villot	761	Winck	Visi	831	Wittg	Voigt	891	Woodhu
Vigr	692	Willard,D.	Vilm	762	Winckl	Vism	832	Witti	Voigt,G.	892	Woodm
Vigu	693	Willard,J.	Vils	763	Wind	Viss	833	Witz	Voigt,M.	893	Woodr
Vigui	694	Willard,M.	Vim	764	Windh	Visse	834	Witzl	Voigt,S.	894	Woods
Vil	695	Willard,S.	Vimo	765	Windi	Vit	835	Wix	Voil	895	Woods,J.
Vilain	696	Willard,W.	Vin	766	Winds	Vital	836	Wl	Voir	896	Woods,M.
Vilar	697	Willc	Vinc	767	Wine	Vitalis	837	Wo	Vois	897	Woods,S.
Vilat	698	Wille	Vincent	768	Wines	Vite	838	Wod	Voit	898	Woods,W.
Vilb	699	Willem	Vincent,C.	769	Wing	Vitel	839	Wodes	Vol	899	Woodw

Volc – Vz / Woodward, J. – Wz			/ Xa – Xy /			Ya – Yvo /			Za – Zy		
Volc	911	Woodward,J.	Vossi	971	Wurtz	Ya	11	Za	Young,E.	71	Zim
Volck	912	Woodward,P.	Vou	972	Wurz	Yac	12	Zab	Young,G.	72	Zimmer
Volckm	913	Wool	Voul	973	Wus	Yah	13	Zac	Young,J.	73	Zimmermann
Vold	914	Woolm	Vow	974	Wy	Yai	14	Zacco	Young,M.	74	Zimmermann,G.
Volg	915	Woolr	Voy	975	Wyatt	Yak	15	Zach	Young,P.	75	Zimmermann,M.
Volk	916	Wools	Voys	976	Wyatt,M.	Yal	16	Zachar	Young,S.	76	Zimmermann,S.
Volke	917	Woolw	Voz	977	Wyc	Yale	17	Zacu	Young,T.	77	Zin
Volkh	918	Woot	Vr	978	Wyd	Yale,M.	18	Zag	Young,W.	78	Zink
Volkm	919	Wor	Vre	979	Wye	Yales	19	Zah	Youngm	79	Zinz
Volko	921	Worcester,G.	Vri	981	Wyk	Yan	21	Zai	Youngs	81	Zir
Volky	922	Worcester,M.	Vries	982	Wyl	Yane	22	Zal	Yous	82	Zit
Voll	923	Worcester,S.	Vril	983	Wyle	Yani	23	Zam	Youss	83	Zo
Vollm	924	Word	Vro	984	Wym	Yann	24	Zambo	Yoz	84	Zoc
Vollw	925	Wordsw	Vs	985	Wyn	Yao	25	Zamo	Yp	85	Zoe
Volm	926	Wordsworth,S.	Vu	986	Wynf	Yar	26	Zamp	Yps	86	Zol
Voln	927	Worl	Vui	987	Wyng	Yard	27	Zan	Yr	87	Zon
Volney	928	Worm	Vuil	988	Wynn	Yarf	28	Zane	Yri	88	Zop
Volo	929	Woro	Vuit	989	Wynne,M.	Yarr	29	Zang	Yrie	89	Zot
Volp	931	Wors	Vul	991	Wynt	Yat	31	Zani	Ys	91	Zou
Volpi	932	Wort	Vulp	992	Wyo	Yates,G.	32	Zann	Ysen	92	Zs
Volpin	933	Worthington	Vuls	993	Wyr	Yates,M.	33	Zano	Yss	93	Zu
Vols	934	Worthington,M	Vuo	994	Wys	Yates,S.	34	Zant	Yu	94	Zuc
Volt	935	Wortl	Vuy	995	Wyss	Yatm	35	Zap	Yule	95	Zun
Voltch	936	Wot	Vy	996	Wyt	Yb	36	Zar	Yv	96	Zur
Volte	937	Wott	Vyr	997	Wytt	Ye	37	Zari	Yve	97	Zw
Volto	938	Wou	Vys	998	Wyv	Yeam	38	Zaro	Yves	98	Zwi
Voltr	939	Wr	Vz	999	Wz	Year	39	Zau	Yvo	99	Zy
Voltu	941	Wran	Xa	1		Yeat	41	Ze			
Voltz	942	Wrat	Xan	2		Yeb	42	Zec			
Volu	943	Wrax	Xav	3		Yef	43	Zed			
Volv	944	Wre	Xe	4		Yem	44	Zeg			
Von	945	Wren	Xen	5		Yen	45	Zei			
Vond	946	Wri	Xer	6		Yeo	46	Zeif			
Vonk	947	Wright	Xl	7		Yep	47	Zeis			
Vono	948	Wright,C.	Xu	8		Yet	48	Zeit			
Voo	949	Wright,F.	Xy	9		Yez	49	Zel			
Voor	951	Wright,J.				Yh	51	Zell			
Vop	952	Wright,M.				Yl	52	Zelo			
Vor	953	Wright,S.				Yn	53	Zelt			
Voro	954	Wright,W.				Yo	54	Zen			
Vors	955	Wris				Yon	55	Zeno			
Vorster	956	Writ				Yonge,G.	56	Zent			
Vort	957	Wro				Yonge,M.	57	Zep			
Vory	958	Wroth				Yonge,S.	58	Zer			
Vos	959	Wu				Yonge,W.	59	Zes			
Vose	961	Wul				Yor	61	Zet			
Vose,D.	962	Wulfh				York,J.	62	Zeu			
Vose,H.	963	Wulfr				York,P.	63	Zev			
Vose,J.	964	Wulfs				Yorke	64	Zi			
Vose,M.	965	Wun				Yorke,M.	65	Zie			
Vose,S.	966	Wuns				Yot	66	Zieg			
Vose,W.	967	Wur				You	67	Zies			
Vosm	968	Wurm				Young	68	Zif			
Voss	969	Wurt				Young,C.	69	Zil			

Aa — Allison, M.

111	Aa	171	Acci	241	Ador	311	Ait	371	Ales
112	Aal	172	Acco	242	Adr	312	Aj	372	Alessi
113	Aar	173	Ace	243	Adri	313	Ak	373	Alew
114	Aars	174	Aces	244	Ads	314	Aker	374	Alex
115	Aas	175	Ach	245	Ady	315	Akers	375	Alexander,C.
116	Aba	176	Achar	246	Ae	316	Al	376	Alexander,J.
117	Abal	177	Ache	247	Aeg	317	Alain	377	Alexander,M.
118	Abar	178	Achi	248	Ael	318	Alam	378	Alexander,S.
119	Abat	179	Achm	249	Aem	319	Alan	379	Alexander,W.
121	Abau	181	Aci	251	Aen	321	Alar	381	Alexandre
122	Abb	182	Ack	252	Aer	322	Alard	382	Alexandre,M.
123	Abbat	183	Ackw	253	Aes	323	Alary	383	Alexandro
124	Abbe	184	Acl	254	Aeso	324	Alav	384	Alexi
125	Abbo	185	Aco	255	Aet	325	Alb	385	Alfa
126	Abbot	186	Acq	256	Afa	326	Alban	386	Alfe
127	Abbot,J.	187	Acr	257	Affl	327	Albar	387	Alfi
128	Abbot,M.	188	Act	258	Afr	328	Albe	388	Alfo
129	Abbot,S.	189	Acu	259	Aga	329	Alber	389	Alford
131	Abbott	191	Ada	261	Agar	331	Alberi	391	Alfr
132	Abbott,J.	192	Adal	262	Agas	332	Albero	392	Alfred
133	Abbott,M.	193	Adam	263	Agat	333	Albert	393	Alfri
134	Abbott,S.	194	Adam,J.	264	Agay	334	Alberti	394	Alg
135	Abd	195	Adam,M.	265	Age	335	Albi	395	Alger
136	Abdul	196	Adam,S.	266	Agg	336	Albini	396	Algh
137	Abdy	197	Adam,W.	267	Agi	337	Albinu	397	Alh
138	Abe	198	Adami	268	Agis	338	Albiz	398	Ali
139	Abel	199	Adamo	269	Agl	339	Albo	399	Alif
141	Abel,L.	211	Adams	271	Agn	341	Albr	411	Alig
142	Aben	212	Adams,F.	272	Agnes	342	Albri	412	Alip
143	Aber	213	Adams,G.	273	Agnew	343	Albriz	413	Alis
144	Abercr	214	Adams,J.	274	Agno	344	Albro	414	Alison,M.
145	Aberd	215	Adams,M.	275	Ago	345	Albu	415	Alk
146	Abern	216	Adams,N.	276	Agou	346	Alc	416	All
147	Abert	217	Adams,S.	277	Agr	347	Alcan	417	Allan
148	Abi	218	Adams,T.	278	Agri	348	Alcar	418	Allan,M.
149	Abing	219	Adams,W.	279	Agrip	349	Alcaz	419	Allard
151	Abk	221	Adamson	281	Agro	351	Alce	421	Allas
152	Abl	222	Add	282	Agu	352	Alci	422	Alle
153	Abn	223	Adde	283	Aguil	353	Alcip	423	Allein
154	Abo	224	Addi	284	Aguir	354	Alco	424	Allem
155	Abou	225	Addison	285	Ah	355	Alcot	425	Allen
156	About	226	Addison,M.	286	Ahm	356	Alcu	426	Allen,H.
157	Abov	227	Ade	287	Ahr	357	Ald	427	Allen,J.
158	Abr	228	Adelh	288	Ai	358	Alden	428	Allen,N.
159	Abrah	229	Adelo	289	Aig	359	Alden,S.	429	Allen,S.
161	Abrai	231	Aden	291	Aik	361	Alder	431	Allen,T.
162	Abre	232	Adet	292	Aiki	362	Alders	432	Allen,W.
163	Abri	233	Adh	293	Ail	363	Aldi	433	Allens
164	Abru	234	Adi	294	Aim	364	Aldo	434	Aller
165	Abu	235	Adison,S.	295	Ain	365	Aldr	435	Alle
166	Abul	236	Adk	296	Ains	366	Ale	436	Alli
167	Abur	237	Adl	297	Ainsw	367	Alem	437	Alling
168	Aca	238	Adm	298	Air	368	Alen	438	Allis
169	Acc	239	Ado	299	Ais	369	Alep	439	Allison,M.

441 Allo
442 Alls
443 Ally
444 Alm
445 Alman
446 Almas
447 Alme
448 Almen
449 Almi

451 Almo
452 Almon
453 Alo
454 Alon
455 Alos
456 Alp
457 Alpi
458 Alq
459 Alr

461 Als
462 Alsop
463 Alste
464 Alsto
465 Alt
466 Alte
467 Alth
468 Alti
469 Alto

471 Alu
472 Alv
473 Alvare
474 Alve
475 Alvi
476 Alvo
477 Alvw
478 Alz
479 Ama

481 Amad
482 Amal
483 Amalt
484 Aman
485 Amar
486 Amas
487 Amat
488 Amato
489 Amau

491 Amb
492 Ambi
493 Ambl
494 Ambo
495 Ambr
496 Ambros
497 Ambu
498 Ame
499 Amelo

511 Amen
512 Amer
513 Ames
514 Ames,M.
515 Amh
516 Ami
517 Amin
518 Amm
519 Ammir

521 Ammo
522 Amn
523 Amo
524 Amor
525 Amos
526 Amp
527 Amps
528 Ams
529 Amu

531 Amy
532 Ana
533 Anam
534 Anas
535 Anat
536 Anax
537 Anb
538 Anc
539 Anch

541 Anci
542 Anco
543 And
544 Andereas
545 Anders
546 Anderson
547 Anderson,D.
548 Anderson,J.
549 Anderson,M.

551 Anderson,R.
552 Anderson,T.
553 Anderson,W.
554 Andr
555 Andral
556 Andre
557 Andrea
558 Andree
559 Andrei

561 Andres
562 Andrew
563 Andrew,M.
564 Andrewe
565 Andrews
566 Andrews,E.
567 Andrews,J.
568 Andrews,M.
569 Andrews,R.

571 Andrews,T.
572 Andrews,W.
573 Andri
574 Andro
575 Andron
576 Andros
577 Andry
578 Ane
579 Aner

581 Ang
582 Angeli
583 Angell
584 Angelo
585 Angelu
586 Angen
587 Anger
588 Angi
589 Angl

591 Anglu
592 Ango
593 Angou
594 Angu
595 Angus
596 Anh
597 Ani
598 Anim
599 Anis

611 Ank
612 Anl
613 Ann
614 Annes
615 Anni
616 Anq
617 Ans
618 Ansel
619 Ansi

621 Ansl
622 Anso
623 Ansp
624 Anst
625 Anstey
626 Ansti
627 Ant
628 Antho
629 Anti

631 Antim
632 Antio
633 Antip
634 Anto
635 Antoni
636 Antr
637 Anv
638 Ao
639 Ap

641 Apel
642 Api
643 Apo
644 Apollo
645 Apos
646 App
647 Appi
648 Appl
649 Appleton

651 Appleton,J.
652 Appleton,T.
653 Appu
654 Apr
655 Apt
656 Aqu
657 Aquin
658 Ara
659 Arag

661 Aram
662 Aran
663 Arat
664 Arb
665 Arbl
666 Arbo
667 Arbu
668 Arc
669 Arch

671 Archer
672 Archer,M.
673 Archi
674 Arci
675 Arco
676 Ard
677 Ardo
678 Are
679 Areh

681 Aren
682 Aret
683 Aretin
684 Arez
685 Arf
686 Arg
687 Argel
688 Argen
689 Argent

691 Argenti
692 Argi
693 Argo
694 Argu
695 Argy
696 Ari
697 Arib
698 Arid
699 Arig

711 Arin
712 Ario
713 Arip
714 Aris
715 Aristi
716 Aristo
717 Aristop
718 Ariu
719 Ariz

721 Ark
722 Arkw
723 Arl
724 Arling
725 Arlo
726 Arlu
727 Arm
728 Arme
729 Armi

731 Armis
732 Armit
733 Armitage,M.
734 Arms
735 Armstrong
736 Armstrong,J.
737 Armstrong,M.
738 Armstrong,S.
739 Armstrong,W.

741 Army
742 Arn
743 Arnal
744 Arnau
745 Arnaul
746 Arnay
747 Arnd
748 Arne
749 Arni

751 Arno
752 Arnold
753 Arnold,D.
754 Arnold,G.
755 Arnold,H.
756 Arnold,J.
757 Arnold,M.
758 Arnold,S.
759 Arnold,T.

761 Arnold,W.
762 Arnoldi
763 Arnon
764 Arnot
765 Arnou
766 Arnoult
767 Arns
768 Arnu
769 Aro

Arou — Azz

771	Arou	841	Aspi	911	Audi	971	Axo
772	Arp	842	Aspl	912	Audin	972	Axt
773	Arr	843	Aspr	913	Audl	973	Aya
774	Arre	844	Ass	914	Audo	974	Ayc
775	Arri	845	Assen	915	Audr	975	Ayd
776	Arrig	846	Asser	916	Audu	976	Aye
777	Arriv	847	Assh	917	Aue	977	Ayers
778	Arro	848	Assi	918	Auf	978	Ayl
779	Arrows	849	Asso	919	Aug	979	Aylm
781	Ars	851	Assu	921	Augi	981	Aylw
782	Arsi	852	Ast	922	Augu	982	Aym
783	Arsl	853	Aste	923	Augus	983	Ayn
784	Art	854	Asti	924	Aul	984	Ayr
785	Artau	855	Astl	925	Aum	985	Ayres
786	Arte	856	Asto	926	Aun	986	Ayrt
787	Arth	857	Aston,M.	927	Aur	987	Ays
788	Arthur	858	Astor	928	Auri	988	Ayt
789	Arthur,M.	859	Astr	929	Auriv	989	Ayton
791	Arthur,S.	861	Asu	931	Auro	991	Aza
792	Arto	862	Ata	932	Aus	992	Azar
793	Aru	863	Atch	933	Austen	993	Aze
794	Arunt	864	Ate	934	Austen,M.	994	Azev
795	Arv	865	Ath	935	Austin	995	Azi
796	Arw	866	Athe	936	Austin,J.	996	Azo
797	Arz	867	Athen	937	Austin,M.	997	Azr
798	Asa	868	Ather	938	Austin,T.	998	Azy
799	Asb	869	Atherton,M.	939	Aut	999	Azz
811	Asc	871	Athi	941	Autr		
812	Asch	872	Ati	942	Auv		
813	Aschen	873	Atk	943	Aux		
814	Ascl	874	Atkins,M.	944	Auz		
815	Asco	875	Atkinson	945	Ava		
816	Ase	876	Atkison,J.	946	Avan		
817	Asf	877	Atkison,M.	947	Avau		
818	Asg	878	Atkison,T.	948	Ave		
819	Ash	879	Atky	949	Avell		
821	Ashbu	881	Atl	951	Aven		
822	Ashburt	882	Atr	952	Aver		
823	Ashby	883	Att	953	Avero		
824	Ashe	884	Atter	954	Avery		
825	Asher	885	Atti	955	Avery,M.		
826	Ashl	886	Attw	956	Avez		
827	Ashm	887	Atw	957	Avi		
828	Asht	888	Aub	958	Avil		
829	Ashton,M.	889	Aubert	959	Avit		
831	Ashw	891	Aubery	961	Avo		
832	Asi	892	Aubes	962	Avos		
833	Asio	893	Aubi	963	Avr		
834	Ask	894	Aubin	964	Awa		
835	Askew	895	Aubr	965	Awb		
836	Asm	896	Aubry	966	Awd		
837	Aso	897	Aubu	967	Awi		
838	Asp	898	Auc	968	Ax		
839	Asper	899	Aud	969	Axel		

	Ea — Ez				Ia — Izm				Oa — Oz		
11	Ea	71	Erm	11	Ia	71	Iro	11	Oa	71	Ori
12	Eam	72	Err	12	Ib	72	Irv	12	Ob	72	Orl
13	Eas	73	Ers	13	Ibn	73	Is	13	Obr	73	Orlo
14	Eat	74	Es	14	Ibr	74	Isab	14	Obs	74	Orm
15	Eb	75	Esd	15	Ic	75	Isam	15	Oc	75	Orn
16	Eber	76	Esl	16	Ich	76	Isar	16	Och	76	Orr
17	Ec	77	Esp	17	Ick	77	Isc	17	Oco	77	Ors
18	Ech	78	Ess	18	Id	78	Ise	18	Oconn	78	Ort
19	Eck	79	Est	19	Ide	79	Ish	19	Ocor	79	Orto
21	Ed	81	Esti	21	Ido	81	Isi	21	Oct	81	Os
22	Eden	82	Estr	22	Ie	82	Isl	22	Od	82	Osg
23	Edg	83	Et	23	If	83	Ism	23	Ode	83	Osm
24	Edm	84	Eth	24	Ig	84	Isn	24	Odi	84	Oss
25	Edw	85	Eto	25	Ih	85	Iso	25	Odo	85	Ost
26	Edwards	86	Eu	26	Ik	86	Iss	26	Odon	86	Osw
27	Ef	87	Eug	27	Il	87	Ist	27	Odr	87	Ot
28	Eg	88	Eul	28	Ili	88	It	28	Oe	88	Oti
29	Ege	89	Eup	29	Ill	89	Ith	29	Oer	89	Ott
31	Egl	91	Eus	31	Im	91	Itt	31	Of	91	Ottl
32	Egr	92	Ev	32	Imb	92	Iu	32	Off	92	Otw
33	Eh	93	Eve	33	Iml	93	Iv	33	Ofl	93	Ou
34	Ei	94	Ew	34	Imp	94	Ive	34	Og	94	Ous
35	Ein	95	Ewi	35	In	95	Ives	35	Ogl	95	Ouv
36	Eis	96	Ex	36	Inc	96	Ivo	36	Oh	96	Ov
37	El	97	Ey	37	Inch	97	Ix	37	Ohe	97	Ow
38	Elea	98	Eyr	38	Ind	98	Iz	38	Ohm	98	Ox
39	Elen	99	Ez	39	Indi	99	Izm	39	Oi	99	Oz
41	Elg			41	Indo			41	Ok		
42	Eli			42	Indu			42	Ol		
43	Elis			43	Inf			43	Olb		
44	Ell			44	Ing			44	Old		
45	Elle			45	Inge			45	Ole		
46	Elli			46	Ingel			46	Oli		
47	Ellis			47	Inger			47	Olip		
48	Elm			48	Ingh			48	Oliv		
49	Els			49	Ingi			49	Olivi		
51	Elt			51	Ingl			51	Olm		
52	Elw			52	Ingli			52	Olo		
53	Em			53	Ingo			53	Oly		
54	Emm			54	Ingr			54	Om		
55	Emp			55	Ingre			55	Ome		
56	En			56	Ini			56	Omo		
57	Eng			57	Inm			57	Omu		
58	Engl			58	Inn			58	On		
59	Enn			59	Ins			59	Ons		
61	Ent			61	Int			61	Oov		
62	Eo			62	Inv			62	Op		
63	Ep			63	Inw			63	Opp		
64	Epi			64	Io			64	Or		
65	Er			65	Ir			65	Orb		
66	Erd			66	Iren			66	Ord		
67	Ere			67	Iret			67	Ore		
68	Eri			68	Iri			68	Orf		
69	Erl			69	Irl			69	Org		

Sa — Sear

111	Sa	171	Salm	241	Sap	311	Schar	371	Schom
112	Saar	172	Salmon	242	Saq	312	Schat	372	Schon
113	Sab	173	Salo	243	Sar	313	Schau	373	Schoo
114	Sabb	174	Salomon	244	Sard	314	Sche	374	Schop
115	Sabe	175	Salon	245	Sarg	315	Sche	375	Schor
116	Sabi	176	Salt	246	Sarm	316	Sched	376	Schot
117	Sabl	177	Salter	247	Sarr	317	Schef	377	Schou
118	Sabr	178	Saltm	248	Sars	318	SchefferJ	378	Schra
119	Sac	179	Salto	249	Sart	319	Schei	379	Schrei
121	Sach	181	Salu	251	Sarto	321	Scheif	381	Schrey
122	Saco	182	Salv	252	Sas	322	Scheit	382	Schro
123	Sacr	183	Salve	253	Sat	323	Schel	383	Schroet
124	Sad	184	Salvi	254	Satu	324	Schem	384	Schu
125	Sade	185	Salvin	255	Sau	325	Schen	385	Schube
126	Sadl	186	Salvo	256	Saul	326	Schep	386	Schul
127	Sae	187	Sam	257	Saun	327	Scher	387	Schultz
128	Saf	188	Samh	258	Saup	328	Schet	388	Schulz
129	Sag	189	Samm	259	Saur	329	Scheu	389	Schulz,J.
131	Sah	191	Samo	261	Saut	331	Schi	391	Schulze
132	Sai	192	Samp	262	Sauv	332	Schick	392	Schum
133	Saint,A	193	Sams	263	Sav	333	Schie	393	Schun
134	Saint,An	194	San	264	SavageJ	334	Schif	394	Schur
135	Saint,B	195	SanF	265	Savar	335	Schil	395	Schus
136	Saint,C	196	SanL	266	Savars	336	Schim	396	Schut
137	Saint,E	197	SanS	267	Savi	337	Schin	397	Schuy
138	Saint,F	198	Sanb	268	Savo	338	Schir	398	Schw
139	Saint,G	199	Sanc	269	Savot	339	Schl	399	Schwar
141	Saint,H	211	Sanch	271	Saw	341	Schle	411	Schwarz
142	Saint,I	212	Sancr	272	Sax	342	Schlei	412	Schwe
143	Saint,Ju	213	Sand	273	Saxo	343	Schles	413	Schwei
144	Saint,J	214	Sande	274	Say	344	Schleu	414	Schwem
145	Saint,L	215	Sanders	275	Sayl	345	Schli	415	Schwer
146	Saint,M	216	Sanderson	276	Sba	346	Schlo	416	Sci
147	Saint,N	217	Sandf	277	Sca	347	Schlu	417	Scin
148	Saint,O	218	Sando	278	Scae	348	Schm	418	Scip
149	Saint,P	219	Sandr	279	Scal	349	Schmi	419	Scir
151	SaintR	221	Sands	281	Scalab	351	Schmidt	421	Sco
152	SaintS	222	Sandy	282	Scali	352	Schmidt,F.	422	Scog
153	SaintSimon	223	Sane	283	Scam	353	Schmidt,J.	423	Scor
154	SaintU	224	Sanf	284	Scap	354	Schmidt,L.	424	Scot
155	SaintV	225	Sang	285	Scar	355	Schmidt,S.	425	Scott
156	Sainte	226	Sangr	286	Scarl	356	Schmit	426	Scott,G.
157	SainteM	227	Sani	287	Scars	357	Schmo	427	Scott,J.
158	Sais	228	Sann	288	Scav	358	Schn	428	Scott,M.
159	Sal	229	Sans	289	Sce	359	Schneider,J.	429	Scott,S.
161	Salan	231	Sant	291	Sch	361	Schni	431	Scott,W.
162	Sald	232	Santag	292	Schad	362	Schnne	432	Scou
163	Sale	233	Santar	293	Schae	363	Schno	433	Scr
164	Salg	234	Sante	294	Schaef	364	Scho	434	Scri
165	Sali	235	Santi	295	Schaer	365	Schoe	435	Scro
166	Salis	236	Santis	296	Schaf	366	Schoen	436	Scu
167	Salisbury	237	Santo	297	Schal	367	Schoenl	437	Scul
168	Sall	238	Sanu	298	Schall	368	Schoep	438	Sea
169	Sallo	239	Sao	299	Scham	369	Schol	439	Sear

Seat — Spri

441	Seat	511	Sevi	571	Sie	641	Smil	711	Soo
442	Seav	512	Sew	572	Sien	642	Smit	712	Sop
443	Seb	513	Sewall,S.	573	Sies	643	Smith,B.	713	Sor
444	Sec	514	Seward	574	Sig	644	Smith,C.	714	Sori
445	Seco	515	Sewel	575	Sigf	645	Smith,D.	715	Sos
446	Secr	516	Sewell	576	Sigi	646	Smith,E.	716	Sost
447	Sed	517	Sewell,S.	577	Sigis	647	Smith,F.	717	Sot
448	Sedg	518	Sex	578	Sign	648	Smith,G.	718	Soto
449	Sedl	519	Sey	579	Sigu	649	Smith,H.	719	Sou
451	See	521	Seym	581	Sil	651	Smith,J.	721	Souf
452	Seel	522	Seyt	582	Silb	652	Smith,John	722	Soul
453	Seem	523	Sfo	583	Sili	653	Smith,Jos	723	Souli
454	Seg	524	Sha	584	Sill	654	Smith,L.	724	Soum
455	Segr	525	Shaf	585	Silo	655	Smith,M.	725	Sous
456	Segu	526	Shai	586	Silv	656	Smith,O.	726	Sout
457	Sei	527	Shak	587	Silve	657	Smith,R.	727	Southe
458	Seid	528	Shal	588	Sim	658	Smith,Rob't	728	Southw
459	Seif	529	Shap	589	Sime	659	Smith,S.	729	Souv
461	Seil	531	Shar	591	Siml	661	Smith,Sol.	731	Sow
462	Seis	532	Sharpe	592	Simm	662	Smith,T.	732	Spa
463	Sej	533	Shat	593	Simo	663	Smith,W.	733	Spaf
464	Sel	534	Shaw	594	Simon	664	Smith,Wm.	734	Spal
465	Self	535	Shaw,L.	595	Simon,J.	665	Smits	735	Span
466	Selk	536	Shaw,S.	596	Simon,P.	666	Smo	736	Spar
467	Sell	537	Shaw,W.	597	Simond	667	Smy	737	Sparr
468	Sello	538	Shay	598	Simone	668	Smythe	738	Spat
469	Selv	539	She	599	Simoni	669	Sna	739	Spau
471	Sem	541	Shed	611	Simons	671	Sne	741	Spe
472	Seml	542	Shef	612	Simp	672	Sni	742	Spee
473	Semp	543	Shei	613	Simps	673	Sno	743	Spel
474	Sen	544	Shel	614	Sims	674	Snow	744	Spen
475	Sene	545	Shelley	615	Sin	675	Sny	745	Spencer
476	Senf	546	Shen	616	Sincl	676	Soa	746	Spencer,S.
477	Seni	547	Shep	617	Sing	677	Sob	747	Spene
478	Senn	548	Sheph	618	Sins	678	Soc	748	Spens
479	Sep	549	Shepp	619	Sir	679	Sod	749	Sper
481	Ser	551	Sher	621	Sirm	681	Soe	751	Sperr
482	Seras	552	Sheri	622	Sis	682	Sog	752	Spet
483	Sere	553	Sherm	623	Sism	683	Soi	753	Sph
484	Serg	554	Sherw	624	Siv	684	Sol	754	Spi
485	Seri	555	Shi	625	Six	685	Sole	755	Spie
486	Serm	556	Shil	626	Ska	686	Soli	756	Spil
487	Serr	557	Ship	627	Ske	687	Solis	757	Spin
488	Serre	558	Shir	628	Ski	688	Soll	758	Spino
489	Serro	559	Sho	629	Skr	689	Solo	759	Spir
491	Serv	561	Shr	631	Sla	691	Solt	761	Spit
492	Servin	562	Shu	632	Sle	692	Soly	762	Spo
493	Ses	563	Sib	633	Sli	693	Som	763	Spon
494	Sest	564	Sibl	634	Slo	694	Somer	764	Spoo
495	Set	565	Sic	635	Sma	695	Somerse	765	Spot
496	Seu	566	Sici	636	Smar	696	Somerv	766	Spr
497	Sev	567	Sico	637	Sme	697	Somm	767	Spran
498	Sever	568	Sid	638	Smel	698	Son	766	Spre
499	Severus	569	Sidn	639	Smi	699	Sonn	769	Spri

Spro — Szy

771	Spro	841	Stet	911	Stratt	971	Swa
772	Spu	842	Steu	912	Strau	972	Swan
773	Squ	843	Stev	913	Straw	973	Swar
774	Squir	844	Stevens	914	Stre	974	Swe
775	Sta	845	Stevens,M.	915	Street	975	Swet
776	Stad	846	Stevens,S.	916	Stri	976	Swi
777	Stadl	847	Stevenson	917	Strickl	977	Swift
778	Stae	848	Stevenson,M.	918	Strin	978	Swin
779	Staf	849	Stew	919	Stro	979	Swint
781	Stah	851	Stewart,M.	921	Strog	981	Sya
782	Stai	852	Stewart,T.	922	Stron	982	Syd
783	Stam	853	Stey	923	Strong	983	Syk
784	Stan	854	Sti	924	Strong,P.	984	Syl
785	Stand	855	Stie	925	Strot	985	Sylv
786	Stanh	856	Stil	926	Stroz	986	Sym
787	Stanl	857	Still	927	Stru	987	Symm
788	Stanley,J.	858	Stim	928	Stry	988	Symo
789	Stanley	859	Stimp	929	Stu	989	Symp
791	Stans	861	Stir	931	Stuart,J.	991	Syms
792	Stant	862	Stit	932	Stuart,M.	992	Syn
793	Stap	863	Sto	933	Stud	993	Syng
794	Stapl	864	Stoc	934	Stuk	994	Syp
795	Star	865	Stockl	935	Stur	995	Syr
796	Starr	866	Stockt	936	Sturm	996	Sza
797	Stat	867	Stod	937	Stut	997	Sze
798	Stau	868	Stoddard,M.	938	Stuy	998	Szi
799	Ste	869	Stoddard,S.	939	Sua	999	Szy
811	Steb	871	Stoe	941	Sub		
812	Sted	872	Stoel	942	Suc		
813	Stee	873	Stof	943	Sud		
814	Steele	874	Stok	944	Sue		
815	Steev	875	Stol	945	Suev		
816	Stef	876	Stolt	946	Suf		
817	Steffe	877	Ston	947	Sug		
818	Stei	878	Stone,J.	948	Sui		
819	Stein	879	Stone,M.	949	Sul		
821	Steind	881	Stone,T.	951	Sullivan,M.		
822	Steine	882	Stoo	952	Sullivan,S.		
823	Steinm	883	Stop	953	Sully		
824	Stel	884	Stor	954	Sulp		
825	Sten	885	Stork	955	Sum		
826	Steno	886	Storr	956	Sumn		
827	Step	887	Story	957	Sun		
828	Stephen	888	Story,S.	958	Sunderl		
829	Stephen,M.	889	Stou	959	Sup		
831	Stephen,S.	891	Stow	961	Sur		
832	Stephens	892	Stowe	962	Surr		
833	Stephens,G.	893	Stowell	963	Surv		
834	Stephens,L.	894	Stra	964	Sus		
835	Stephens,R.	895	Strad	965	Sut		
836	Stephenson	896	Straf	966	Suth		
837	Stephenson,R.	897	Stran	967	Sutt		
838	Ster	898	Strat	968	Suz		
839	Stern	899	Strath	969	Svi		

Ua — Uz

11	Ua
12	Ub
13	Ube
14	Uber
15	Ubi
16	Uc
17	Uch
18	Ud
19	Ude
21	Udi
22	Ue
23	Uf
24	Uffi
25	Uffo
26	Ug
27	Ugo
28	Uh
29	Uhd
31	Uhl
32	Uht
33	Ui
34	Uk
35	Ukr
36	Ul
37	Ule
38	Ulf
39	Uli
41	Ull
42	Ullo
43	Ulm
44	Ulp
45	Ulr
46	Uls
47	Ult
48	Um
49	Umbr
51	Umf
52	Uml
53	Ums
54	Un
55	Unde
56	Underw
57	Ung
58	Uni
59	Uns
61	Unt
62	Unw
63	Unz
64	Uo
65	Up
66	Upd
67	Uph
68	Upm
69	Ups
71	Upt
72	Ur
73	Urbi
74	Urc
75	Ure
76	Uri
77	Url
78	Uro
79	Urq
81	Urr
82	Urs
83	Urv
84	Us
85	Ush
86	Usl
87	Uss
88	Ust
89	Ut
91	Utl
92	Utr
93	Utt
94	Uv
95	Uw
96	Ux
97	Uy
98	Uyt
99	Uz

간략식 저자기호법

Elrod식 저자기호법[1]

Elrod식 저자기호법은 연세대학교 도서관학과에 재직한 바 있는 J. McRee Elrod가 고안한 것으로, 국내의 몇몇 대학도서관에서 사용하는 비교적 간략한 방식의 저자기호법이다.

1) **기호의 구성:** 저자 기호의 대상어(대개는 기본 저록의 표목)의 첫 세 글자와 서명의 첫 글자를 그대로 음절철로 적는다.
예: 목록조직론 / 정필모 → 정필모목

2) **특수한 경우의 사용법:**
① 공저자: 첫 저자(기본저록의 표목)를 기준으로 한다.
예: 도서관문화사 / 정필모, 오동근 공저 → 정필모도 (첫 저자 기준)
② 번역서: 서양서는 Cutter-Sanborn Three-Figure Author Table에 의하고, 동양서는 표시된 음절을 적는다.
예: 만유인력 / Newton 저; 김철수 역 → N561만김
삼국지 / 나관중 저; 황석영 역 → 나관중삼황
③ 전기서: 피전자를 기호화하고 저자명의 첫 글자를 저작 기호로 한다.
예: 도산안창호 / 이광수 → 안창호이
④ 서명(표제) 기본 저록의 경우: 기본저록으로 사용되는 표제의 첫 세 글자를 기재한다.
예: 영한사전, 동아출판사, 제9판 → 영한사

1) 주로 김연경. 문헌자료조직론. 서울: 경인문화사, 2002. pp.239-240.의 내용을 참고하였으며, 오동근 저, DDC 22의 이해 (대구: 태일사, 2007), pp.382-383.의 내용을 전재하였다.

⑤ 단체명 기본 저록의 경우: 기본 저록으로 사용되는 단체명의 첫 세 글자를 기재한다.

예: 국립중앙도서관 → 국립중

⑥ 통일 서명(표제): 통일 표제로 사용되는 표제의 첫 세 글자를 기재한다.

예: 열녀춘향수절가 → 춘향전열

DDC 약식저자기호법[2)]

DDC 제20판의 서론에서는 소규모 도서관에서 도서 기호(저자 기호)를 대신하여 사용할 수 있는 일반적인 배열 장치를 다음과 같이 소개하고 있다.

1) **기호의 구성:** 책등(spine)에 기본 저록(대개는 저자)의 첫 세 글자를 기재한다.

예: Charles Evans → Eva

John Straus → Str

Thomas Hardy → Har

2) **전기 및 소설:** 전기에 대해서는 분류 기호 대신에 "B", 소설에 대해서는 분류 기호 대신에 "F"를 부여한다. 특히 소설의 경우에는 어느 저자의 작품을 나타내기 위해 서명(표제)의 첫 글자를 저작 기호로 추가할 수 있다. 이 경우에는 도서 기호(저자 기호)로 사용되는 문자는 대문자로 표시하고 저작 기호로 추가되는 문자는 소문자로 표시한다.

예: Whistler: Biography / Stanley Meintraub → B

Whi

(피전자인 Whistler의 첫 세 글자)

A Farewell to Arms / Ernest Hemingway → F

HEMf

(저자 Hemingway의 첫 세 글자와, 맨 앞에 오는 관사를 제외한 서명의 첫 글자)

2) Melvil Dewey. *Dewey Decimal Classification and relative index*. 20th ed. New York: Forest Press, 1989. pp.xlix-l. DDC의 서론에 소개되어 있던 도서 기호에 대한 이 내용은 제21판 이후에는 삭제되었다. 이 부분은 오동근 저, DDC 22의 이해 (대구: 태일사, 2007), pp.383-384.의 내용을 전재하였다.

참고문헌

Dewey, Melvil. 2011. *Dewey Decimal Classification and Relative Index.* 23rd ed. New York: Forest Press.

Oh, Dong-Geun. 2012. "Developing and Maintaining a National Classification System, Experience from Korean Decimal Classification." *Knowledge Organization.* 39(2): 72-82.

Ranganathan, S. R. 1967. *Prolegomena to Library Classification.* 3rd ed. New York: Asia Publishing House.

Ranganathan, S. R. 1989. *Colon Classification,* 7th ed. Bangalore: Sarada Ranganathan Endowment for Library Science.

Taylor, A. G. 2006. *Wyner's Introduction to Cataloging and Classification.* 10th ed. Englewood, Col.; Libraries Unlimited, Inc.

髙橋良平. 2015. "日本十進分類法新訂10版の概要." カレントアウェアネス 324: 11-14.

국립중앙도서관. 2006. 국립중앙도서관 60년사. 서울: 국립중앙도서관.

김남석. 1999. 도서기호. 제3개정증보판. 대구: 계명대학교출판부.

김명옥. 1986. 자료분류론. 서울: 구미무역출판부.

김성원. 1989. DDC 기호의 조기성에 대한 연구. 석사학위논문, 연세대학교 대학원.

김영귀. 1983. 베이컨이 현대분류법에 끼친 영향. 도서관, 38(2): 46-54.

김정소. 1983. 자료분류론. 대구: 계명대학교출판부.

김정현. 2009. 문헌분류의 실제. 개정판. 대구: 태일사.

김창하. 2007. 서양 목록법 이론 연구. 박사학위논문, 중앙대학교 문헌정보학과.

김태수. 2000. 분류의 이해. 서울: 문헌정보처리연구회.

남태우. 1992. "분류기호법에서의 조기성 연구." 도서관학, 22: 179-217.

남태우, 김창하. 2007. 목록법이론. 대구: 태일사.

도태현. 2003. 한국의 목록규칙변천사. 서울: 한국도서관협회.

박봉석. 1947. 조선십진분류표. 서울: 국립도서관.

박준식. 1998. 영미저자기호표연구. 대구: 계명대출판부.

박준택. 1980. 일반논리학. 증보수정판. 서울: 박영사.

사공철 등편. 1996. 문헌정보학용어사전. 서울: 한국도서관협회.
澁川雅俊. 1985. 目錄の歷史. 東京: 勁草書房.
小倉親雄. 1990. 미국도서관사상의 연구: Melvil Dewey의 사상과 그의 업적. 박희영 역. 서울: 아세아문화사.
오동근. 1994. Ranganathan의 문헌분류에 관한 규범적 원칙. 도서관학논집, 21: 195-229.
______. 1998. 분석적 합성식 문헌분류법에 관한 연구, 한국문헌정보학회지, 32(3): 55-76.
______. 2000. 도서관인 박봉석의 생애와 사상. 대구: 태일사.
______. 2001. DDC 연구. 대구: 태일사.
______. 2007. DDC 22의 이해. 대구: 태일사.
______. 2015. 최신분류론. 대구: 태일사.
______. 1998. "분석적 합성식 문헌분류법에 관한 연구." 한국문헌정보학회지, 32(2): 55-76.
______, 배영활, 여지숙. 2002. KDC의 이해. 대구: 태일사.
______, 배영활, 여지숙. 2009. KDC 5의 이해. 대구: 태일사.
______, 배영활, 여지숙. 2011. "DDC 제23판의 특성과 KDC 제5판 개정을 위한 함의." 한국도서관·정보학회지, 42(3): 209-227.
______, 여지숙, 배영활. 2014. 한국십진분류법 제6판의 이해와 적용. 대구: 태일사.
윤희윤. 2015. 정보자료분류론. 제5판. 대구: 태일사.
이병수. 1979. 도서분류법의 비교와 분류의 실제. 서울: 광덕문화사.
이재철. 1973. 동서저자기호표. 제2판. 서울: 아세아문화사.
이재철. 1982. 한글순도서기호법. 서울: 아세아문화사.
이재철. 1986. 새 연대순도서기호법. 서울: 아세아문화사.
이창수. 2014. 자료분류론. 서울: 한국도서관협회.
이창수. 2008. UDC 표준판의 구조적 특성 분석. 한국도서관·정보학회지, 39(3): 299-320.
이창수, 유검홍. 2002. 외국의 분류법이 중국의 문헌분류법에 끼친 영향. 한국도서관·정보학회지, 33(1): 143-167.
이춘희. 1960. 동서저자기호표. 서울: 성균관대학교도서관.
일본도서관정보학회 용어사전편집위원회 편. 문헌정보학 용어 사전. 오동근 역. 대구: 태일사.
日本図書館協会 分類委員会. 2015. 日本十進分類法. 新訂10版. 東京: 日本図書館協会.
장일세. 1964. 동양저자기호표. 서울: 신서각.
정필모. 1982. 한국문헌기호표. 개정판. 서울: 중앙대학교도서관학회.
정필모. 1991. 문헌분류론. 서울: 구미무역출판부.

정필모, 오동근 공역. 1998. 문헌분류이론. 서울: 구미무역출판부. (원저: Buchanan, Brian. 1979. *Theory of library classifications*. London: Clive Bingley.)

정필모. 1991. 문헌분류론. 서울: 구미무역.

志保田務. 2013. 情報資源組織論. 京都: ミネルヴァ書房.

志保田務, 高鷲忠美, 平井尊士. 2012. 情報資源組織法. 東京: 第一法規.

천혜봉. 1970. 고서분류목록법. 상. 서울: 한국도서관협회.

최달현, 이창수. 2005. 정보자료의 분류. 서울: 한국도서관협회.

최정태, 양재한, 도태현. 2007. 문헌분류의 이론과 실제. 부산: 부산대학교출판부.

타케우치 사토루. 2012. 랑가나단 박사의 도서관학 5법칙에서 배우는 도서관이 나아갈 길. 오동근역. 대구: 태일사.

韓國科學技術情報센터. 1973. 國際十進分類法: 韓國語簡略版. 서울: 韓國科學技術情報센터.

한국도서관협회. 1964. 한국십진분류법. 서울: 한국도서관협회.

____________. 1966. 한국십진분류법. 수정판. 서울: 한국도서관협회.

____________. 1980. 한국십진분류법. 제3판. 서울: 한국도서관협회.

____________. 1996. 한국십진분류법. 제4판. 서울: 한국도서관협회.

____________. 1997. 개정 제4판 한국십진분류법해설. 서울: 한국도서관협회.

____________. 2009. 한국십진분류법. 제5판. 서울: 한국도서관협회.

____________. 2013. 한국십진분류법. 제6판. 서울: 한국도서관협회.

◘ 저자소개 ◘

• 오 동 근(吳東根)

문학사(영어영문학), 이학사(전자계산학), 경영학사(경영학)
중앙대학교대학원 도서관학과 (도서관학석사)
경북대학교대학원 경영학과 (경영학석사)
중앙대학교대학원 문헌정보학과 (문학박사)
행정자치부 외무고등고시(PSAT) 출제위원 및 시험위원 역임
중앙인사위원회 사서직공무원 승진시험위원 역임
중앙인사위원회 고등고시 출제위원 역임
중등교원 신규임용고시(사서교사) 출제위원 역임
국회도서관 사서직 채용시험 출제위원 역임
각종 공무원 채용시험(사서직 및 기록관리) 출제위원(전국, 서울, 경기, 대전, 울산, 충남 등) 역임
교육인적자원부 도서관정책자문위원 역임
국립어린이청소년도서관 자문위원 역임
한국도서관·정보학회 부회장, 편집위원장, 학술위원장, 윤리위원장, 학회장 역임
한국문헌정보학회 편집위원장 역임
대구광역시 달서구립도서관 운영위원장, 수성구립도서관 운영위원장 역임
한국도서관협회 분류위원장 (현재)
국제학술지 *Journal of Information Science Theory and Practice* (Scopus등재지) 공동편집위원장(현재)
국제학술단체 I-LISS(International Library and Information Science Society) 회장(현재)
계명대학교 문헌정보학과 교수(현재)

〈주요 저서 및 역서〉
문헌분류이론(공역)(구미무역출판부, 1989)
도서관문화사(공저)(구미무역출판부, 1991)
공공도서관운영론(공역)(구미무역출판부, 1991)
영미편목규칙 제2판 간략판(공역)(구미무역출판부, 1992)
도서관경영론(공역)(계명대학교출판부, 1993)
서지정보의 상호교류(공역)(아세아문화사, 1993)
도서관정보관리편람(공편)(한국도서관협회, 1994)
문헌정보학 연구 입문: 의의와 방법(공역편)(계명대학교출판부, 1995)
정보사회와 공공도서관(역)(한국도서관협회, 1996)
한국십진분류법 제4판(공편)(한국도서관협회, 1996)
도서관·정보센터경영론(공역)(계명대학교출판부, 1997)
개정제4판 한국십진분류법 해설(공편)(한국도서관협회, 1997)
학위논문의 작성과 지도(공역)(계명대학교출판부, 1999)
도서관인 박봉석의 생애와 사상(엮음)(도서출판 태일사, 2000)
DDC 연구(저)(도서출판 태일사, 2001)
KDC의 이해(공저)(도서출판 태일사, 2002)
MARC의 이해(역)(도서출판 태일사, 2002)
학술정보론(공역)(도서출판 태일사, 2002)
주·참고문헌 어떻게 작성할 것인가(공저)(도서출판 태일사, 2002)
국제표준서지기술법(단행본용 2002년판)(공역편)(도서출판 태일사, 2003)
객관식 자료조직론 해설 I: 문헌분류편(편저)(도서출판 태일사, 2004)
메타데이터의 이해(역) (도서출판 태일사, 2004)
도서관·정보센터의 고객만족경영(공역)(도서출판 태일사, 2004)
객관식 자료조직론 해설 II: 목록조직편(편저)(도서출판 태일사, 2005)
영미편목규칙 제2판 핸드북(역)(도서출판 태일사, 2005)
〈계속〉

〈주요 저서 및 역서〉 〈계속〉
영미편목규칙 제2판 간략판 제4판(역)(도서출판 태일사, 2006)
MARC 21 전거레코드의 이해(역)(도서출판 태일사, 2006)
DDC 22의 이해(저)(도서출판 태일사, 2006)
KORMARC의 이해(공저)(도서출판 태일사, 2006)
문헌정보학연구의 현황과 과제(역)(도서출판 태일사, 2007)
객관식 자료조직론 해설 III: 목록이론·서지기술편(편저)(도서출판 태일사, 2008)
객관식 자료조직론 해설 IV: 표목·목록자동화편(편저)(도서출판 태일사, 2008)
한국십진분류법 제5판(공편)(서울: 한국도서관협회, 2009)
객관식자료조직론해설 I: 문헌분류편, 제3개정판(대구: 도서출판 태일사, 2009)
공공도서관경영론(역)(대구: 도서출판 태일사, 2009)
FRBR의 이해(공역)(대구: 도서출판 태일사, 2010)
공공도서관 어린이서비스(공역)(대구: 도서출판 태일사, 2010)
도서관서비스의 평가와 측정(역)(대구: 도서출판 태일사, 2010)
문헌정보학 용어 사전(역)(대구: 도서출판 태일사, 2011)
랑가나단 박사의 도서관학의 5법칙에서 배우는 도서관이 나아갈 길(역)(대구: 도서출판 태일사, 2012)
한국십진분류법 제6판(공편)(서울: 한국도서관협회, 2013)
한국십진분류법 제6판의 이해와 적용(공저)(대구: 도서출판 태일사, 2014)
최신분류론(대구: 도서출판 태일사, 2015)
정보자원의 조직화와 제공(공역)(대구: 도서출판 태일사, 2016)
문헌정보학의 기초(공역)(대구: 도서출판 태일사, 2017)
정보자원의 사회제도와 경영(공역)(대구: 도서출판 태일사, 2017)

제4개정판

객관식 자료조직론 해설 I (문헌분류편)

2019년 8월 10일 제4개정판 2쇄 인쇄
2019년 8월 20일 제4개정판 2쇄 발행
편저자 _ 오동근
펴낸이 _ 김선태
발행처 _ 도서출판 태일사(www.taeilsa.com)
주 소 _ (우) 41968 대구광역시 중구 2 · 28길 26-5(남산1동)
전 화 _ (053)255-3602 / 팩스 (053)255-4374
등 록 _ 1991년 10월 10일 제6-37호

값 30,000 원

 ISBN 978-89-92866-98-9 93020